JN241442

建築書の解剖学

The Anatomy
of the Architectural Book

アンドレ・タヴァレス 著
千代章一郎 訳

鹿島出版会

This volume is published by
the Canadian Centre for Architecture (CCA), Montréal,
and Kajima Institute Publishing Co., Ltd.,
based on books and albums held by the CCA.

First published in English as *The Anatomy of the Architectural Book*,
by the CCA and Lars Müller Publishers
and Portuguese as *Uma Anatomia do Livro de Arquitectura*,
by the CCA and Dafne Editora.

Japanese translation published by
arrangement with The Canadian Centre for Architecture
and Dafne Editora through The English Agency (Japan) Ltd.

目次

凡例

・本文・註釈において、( )内は原著者による補足、[ ]内は訳者による補足である。
・註釈において、邦訳のある文献は書誌情報を訳註として補足している。

技術の変化は未踏の領域に私たちをいざない、魅力と喪失の双方を直感的に呼び起こす。混乱、それは熟考するための絶好の機会となる。存続するもの、しかし同じではない何ものかを熟考することができる。アンドレ・タヴァレスによるこの大著は、印刷物とデジタル技術が絡み合い、いまだ共存する道が見いだせない時代に到来した。

建築書は固有の存在、いやむしろ固有の企てそのものである。タヴァレスが19世紀半ばに生みだされた書誌学的な「コーパス［言語集積］」を注意深く解読して発見したことである。作家や建築家たちによる写真と彩色石版の実験は、エジプトやギリシアの建物からクリスタル・パレスまで、古代と現代の建築物の双方の表現と解釈を一変させた。文章と画像——色彩、質感、旋律、構造——による驚くべき組み合わせが読書体験を形成し、そうすることによって、建築についての理念が伝えられた。

なぜ書物なのか。フィリス・ランバート［カナダ建築センター（CCA）の創設者］が述べているように、書物は幾度も振り返ることのできる資料であり、カナダ建築センター（CCA）も長年それに携わってきた。しかし丹念に選び抜かれた図版を掲載したこの特別な書物は、CCAのコレクションを通した「感傷的な旅」でもある。タヴァレスは、数か月をかけて図書室の棚を調べ、建築関連の出版物の500年を静かにひもといていった。

研究と知的生産を目的とした蔵書の一部を解剖するだけでなく、知を流布する手段について挑発的な洞察を加えたタヴァレスに謝意を表したい。

カナダ建築センター長　ミルコ・ザルディーニ

プロローグ——はてしなく続く図書館の横断

1995年の夏、ヨーロッパと北アメリカの書店にレム・コールハースとブルース・マウによる重厚な『S, M, L, XL』が並んだ[1]。1923年の『建築をめざして』においてル・コルビュジエ（1887–1965）が求めたものを繰り返していた[2]。「ほかにない書物。ほかの何ものにも似ていない」[3]。しかしなぜ建築家たちは常識を超えた書物をつくることに誇りを持つのであろうか。唯一無二の建物をつくることが仕事ではないのか。

型破りの建築書もある。というのも書物づくりについてほとんど知らない建築家が携わっているから当然である。建築家の戦略は実践の経験から導かれる。建築家は矛盾する複数の意図と技術的な制約を調停する必要性に絶えず迫られている。そのため、建築家は書物を出版しようとするとき、出版業界について無知であっても必要なものを見つける方法を知っていると思っているし、出版社や編集者の慣例を破ることを恐れてもいない。結果はしばしば驚くべきものとなる。

建築家の書物が普通の書物と異なるもう一つの要因としては、建築家が書物を建築空間のように考えていることである。書物と同様、建物においても建築家は論理的な流れの道筋を設定することによって意味をつくろうとする。したがって、どちらの形式も部屋から部屋へ、頁から頁へ、空間的な経験を物理的に把握するのと同じ戦略をとることになる。エル・リシツキー（1890–1941）はウラジミール・マヤコフスキー（1893–1930）の『声のために』[4]の書物をつくったとき、「書物の建設者」と署名し、建築の知と書物の知に横たわるこの交錯について説明を加えた[5]。この書物は声に出して読まれるべきものである。頁は著者が込めた意味を読者の空間に投影するための手段である。この空間的な作用は、グーテンベルク（1398–1468）の活版印刷技術よりもずっと以前に、黙読によって筆記の技術的革命がもたらされたという事実にも関連している。句読点の発明が、意味の生産において不可欠な道具となった[6]。リシツキーは「プロウン」［「新しきものを確立するためのプロジェクト Proyekt po ustanovleniyu novogo」の略記。幾何学的構成を基調とするリシツキーの作品の称号］において建築、絵画、彫刻の空間的な限界を曖昧にした。『声のために』の詩でも同じことを行い、視覚的に映える紙面のなかに文字を配してマヤコフスキーの語り口を再創造した。ものとしての書物の体裁は目を釘づけにして手に取るようにいざなうためではなく、まさに生の声を意識させるためであった。詩は、声に出して読まれることによって、社会的な体験を共有できる。

ル・コルビュジエとコールハースの書物は、いわゆる「芸術家の書物」[7]

1 Rem Koolhaas, Bruce Mau, and Jennifer Sigler, eds., *Small, Medium, Large, Extra-Large: Office for Metropolitan Architecture* (Rotterdam: 010 Publishers, 1995)［レム・コールハース著、太田佳代子・渡辺佐智江訳『S, M, L, XL+』筑摩書房、2015年］; Rem Koolhaas, "Shared Dilemmas," in *Irma Boom: The Architecture of the Book. Books in Reverse Chronological Order 2013–1986* (Eindhoven: Lecturis, 2013), pp.10–19.

2 Beatriz Colomina, *Privacy and Publicity: Modern Architecture as Mass Media* (1994: repr., Cambridge, MA: The MIT Press, 1998), p.119［ビアトリス・コロミーナ著、松畑強訳『マスメディアとしての近代建築——アドルフ・ロースとル・コルビュジエ』鹿島出版会、1996年］; Jean-Louis Cohen, introduction to *Toward an Architecture*, by Le Corbusier, trans. John Goodman (Los Angeles: The Getty Research Institute, 2007), pp.1–78［ル・コルビュジエ著、吉阪隆正訳『建築をめざして』鹿島出版会、1967年／ル・コルビュジエ＝ソーニエ著、樋口清訳『建築へ』中央公論美術出版、2003年］

3 "Ce livre est implacable. Il ne ressemble à aucun autre," *Vient de paraître*、『建築をめざして』のための広告。原本はFLC B2 (15)。Cohen, introduction to *Toward an Architecture*（註2参照）に再録

4 Vladimir Mayakovsky, *Dlia golosa* (Berlin: Lutze & Vogt, 1923). *For the Voice* (London: The British Library, 2000) の全三巻本の第1巻として出版。全三巻本にはペーター・フランスによる英訳（第2巻）とパトリシア・レイリングの編集による Patricia Railing, ed., *Voices of Revolution: Collected Essays*（第3巻）も収録されている。また Mayakovsky and El Lissitzky, *Per la voce* (Milan: Ignazio Maria Gallina, 2002) も参照

5 Irena Murray, "Affirming the New: Art and Architecture in Soviet Avant-Garde Publications, 1918–1932," in *Architectural Drawings of the Russian Avant-Garde, Soviet Avant-Garde Publications, 1917–1935* (Montreal: CCA, 1991), pp.6–19.

6 Malcolm Parkes, "Lire, écrire, interpréter le texte: Pratiques monastiques dans le haut Moyen Âge," in Guglielmo Cavallo and Roger Chartier, eds., *Histoire de la lecture dans le monde occidental* (Paris: Seuil, 2001), pp.115–30. 原著 *Storia della lettura nell mondo occidentale* (Rome: Laterza, 1995).

ではなく、大部数をねらっていた。独自性はメッセージを普及させる手段それ自体にある。そしてあまたの建築書とは異なり、ほかの建築家にとって参考となる作品集というよりも、建築的な論争の核心に迫ろうとする挑戦であった。製図室や教室ではなくカフェ、建築学校の廊下、まちの界隈、そして最終的には図書館でも読まれることになったが、書物づくりを通して読者を議論に引き込み、書かれた言葉だけではありえない書物になった[8]。文章と画像の相乗効果を高める視覚操作が功を奏し、読者を驚かせながらも理解しやすい物語を伝え、書物の主張ができあがる。文字を読まなくても、建築的な議論がそのまま書物になっている。

書物は単なるものではない。［文化史家の］ロバート・ダーントンがいうには[9]、印刷業者から読者まで、紙業者から書店に至るまで、多くの当事者の連関を考慮する必要がある。建築書の場合、建築それ自体が主役である。したがって、ル・コルビュジエやコールハースの書物は建物と同じように独特である。ヴィラ・サヴォワやヴィラ・ダラヴァの存在を前にして、奇をてらった文言は無用である。建築の長い歴史において、建築書については当然のごとく内容に焦点が当てられ、編集上の戦略は問題にはならなかった。『建築をめざして』や『S, M, L, XL』のような建築理論の書物は見過ごされ、非常に特殊で専門的な問題を扱った書物とされた[10]。しかし本書の目的は、建築書の論法を批評したり内容を分析したりすることではなく、どのようにして建築書が生みだされたのかを問題にしたい。リシツキーによる自己の存在証明を思いだしてみよう。本書では建築家が書物づくりの技術と関わって、書物の建設者となるまでの過程が書かれている。

工業化の波

建物の建設が書物の文化から逃れられないように、建築の書物づくりも建築論から逃れることはできない。この二重の横断的関係を調べ、建築書を解剖することによって、建物を建てることと書物をつくることは別のことであるにもかかわらず、相互に関連して影響を及ぼしていることを議論したい。書物の文化と建物の文化との相互連関を調べることによって、建築的な知が書物から建物へと流れ込み、そしてまたある建築的な実践が独創的な書物を生みだし、頁や出版物を使って建築的な理念を伝達し、循環していく軌跡をたどることができる。

本書の目的は、建築書が特有の知を具体化する方法を明らかにすることである。そのために、建築の歴史や書物の歴史よりも、むしろ書物をつくる過程に焦点を当てる。そして建築家によってつくられた書物のかたちは、編集作業というよりも建築的な論理から導きだされるという一つの仮説の

7 「芸術家の書物」の総説については、Anne Mœglin-Delcroix, *Esthétique du livre d'artiste 1960–1980: Une introduction à l'art contemporain*, rev. ed. (1997; Marseilles: Le Mot et le reste, 2012) を参照。Paulo Pires do Vale, ed., *Infinite Tasks: When Art and Book Unbind Each Other* (Lisbon: Fundação Calouste Gulbenkian, 2012) も参照

8 言葉で読者を惹きつけることに成功した建築書の一つは、Aldo Rossi, *A Scientific Autobiography*, trans. Lawrence Venuti (Cambridge: The MIT Press, 1981)［アルド・ロッシ著、三宅理一訳『アルド・ロッシ自伝』鹿島出版会、1984年］

9 Robert Darnton, "What is the history of books?" (1982), in *The Case for Books: Past, Present, and Future* (New York: Public Affairs, 2009), pp.175–206.

10 建築書が独自の形式として扱われることはほとんどなく、写真本と比べると注目されることも少なかった。Martin Parr and Gerry Badger, *The Photobook: A History*, 2 vols. (London: Phaidon, 2004–6); Horacio Fernández, *Fotografía pública: Photography in Print 1919–1939* (Madrid: Aldeasa, Museo Nacional Centro de Arte Reina Sofía, 1999) を参照。Michelle Debat, ed., *La Photographie et le livre: Analyse de leurs rapports multiformes, nature de la photographie, statut du livre* (Paris: Trans Photographic Press, 2003) も参照

限界を探りたい。言説や図像だけではなく、書物とその形式の関係も一義的ではなく、それ自体が固有の建築的な理念を伝えてきた[11]。書物をつくることと建築をつくることには専門的な類似点はほとんどないが、書物の重さ、大きさ、質感などの物質的な特性は、この二つの物質文化を近づけるのに十分である。

この捉えどころのない仮説をどのようにして把握すればいいのであろうか。建築に焦点を絞ろうとすると物質の迷宮を前にして怯んでしまうことになる。たとえごく小さな図書館であってもあなどれない。しかし、一日一日、一冊一冊と出合いを重ねながら、自分の直感を裏づけることができた。建築書は20世紀に印刷されたものであれ15世紀に印刷されたものであれ、共通の基盤を受け継いでいる。世紀が違えば書物の物質的な特性もはっきりと異なってくるが、私と書物との身体的な出合いは歴史的な連続性も暗示していた。それらの書物はすべて、ものとしての特性だけで建築的な理念を伝えようとしているように見えた。建物とは無関係な書物の大きさ、紙面のざらつきやなめらかさ、彫版印刷のインクの濃さや銅版画の繊細さを具現化しようとしていた。このような歴史的資料の「コーパス」は魅惑的であった。全貌はほとんど誰も見たことがなく、出版物や展覧会のために書誌がつくられる場合でも、建築家として築きあげた功績が基準となり、建築の書物づくりの一貫性によって選ばれることはない[12]。そのようなわけで、「コーパス」の概念を念頭に置きながら、工業化という時代における建築書の総合的な肖像画を描くために、その起源に遡行し、またデジタル技術が伝統的な建築書の出版に代わろうとしている工業化以後の時代の読者にも関心を拡げたい。

書物の歴史は専門分化の歴史であり、著者が書物づくりから徐々に切り離されていく歴史でもある[13]。書物は社会の縮図である。著者と読者の間には紙やインクの供給元と出版社、さらに販売業者、宣伝戦略、検閲さえも介入する[14]。建築の生産もまたこの複雑な社会的状況に置かれているために、最終的な結果は関係するさまざまな人間の目論見が入り組んで一つになっているはずであり、書物の生産と建築の生産の対応を考えることは、学術的に価値のある賭けである。

産業革命によって製紙と機械印刷機という新しい技術が導入されて大部数の印刷が可能となり、出版の分業が徐々に進んでいった。1830年代初頭、読者や消費者の習慣の変化に対応し、出版業のあらゆる分野で新しい書物が登場した。ますます複雑になる流通網と安定した生産工程を管理する必要性によって[15]、著者は出版からますます疎遠になった。著者と出版社を取り持つ重要な仲介者である編集者の登場に伴って分業がさらに進み、出版業が重要な営利事業になり始めた。建築書はどこかこうした力学の周縁にあった。通常の大衆に訴えかけることが目的ではなかったからであるが、

11 デザイン史の最近の取り組みは内容を伝える形式を重要視している。Sara De Bondt and Fraser Muggeridge, eds., *The Form of the Book Book*, (2009; repr., London: Occasional Papers, 2010); Kevin G. Barnhurst and John Nerone, *The Form of News: A History* (New York: The Guilford Press, 2001); *Architecture & typographie: Quelques approches historiques* (Paris: Éditions B42, 2011).

12 Carroll L. V. Meeks, "Books and Buildings, 1449–1949," *Journal of the Society of Architectural Historians* 8, nos.1–2 (January–June 1949): pp.55–67. Joseph Rykwert, "The Roots of Architectural Bibliophilia," *Design Book Review* 18 (Spring 1990): pp.9–13; Alan Powers, "The Architectural Book: Image and Accident," in Kester Rattenbury, *This Is Not Architecture: Media Constructions* (London: Routledge, 2002), pp.157–73も参照

13 フランシス・クリンドラー「マルクス主義美術史家」の指摘によると、印刷業は分業の「黎明期の兆候」を示している。複製可能な木版の生産は二つの専門技術を伴う。製図工が木版に図案を描き、彫版工がそこに彫っていく。この生産過程は建築とよく似ている。印刷による分業はルネサンスにおいて建築が自立した学問として登場したのと同じ時期であった。Francis D. Klingender, *Art and the Industrial Revolution* (1947; rev. ed. 1968; repr., Frogmore, UK: Paladin, 1975), pp. 57–71.

14 ロバート・ダーントンとロジェール・シャルティエが書物史という学問領域を切り開いて以来、エイドリアン・ジョーンズやリア・プライスのような著者が技術と文化を結びつけて印刷の意義を再考し、マーシャル・マクルーハンやエリザベス・アイゼンシュタインに比べて情報伝達技術の影響には重きを置いていない。David Finkelstein and Alistair McCleery, eds., *The Book History Reader* (2002; repr., London: Routledge, 2006); Marshall McLuhan, *The Gutenberg Galaxy: The Making of Typographic Man* (Toronto: University of Toronto Press, 1962); Elizabeth L. Eisenstein, *The Printing Revolution in Early Modern Europe* (Cambridge: Cambridge University Press, 1993); Adrian Johns, *The Nature of the Book: Print and Knowledge in the Making* (Chicago: University of Chicago Press, 1998); Leah Price, *How to Do Things with Books in Victorian Britain* (Princeton: Princeton University Press, 2012) を参照。書物史の批評については、Leah Price, "The Tangible Page," *London Review of Books*, October 31, 2002, pp.36–39を参照

かといって建築書や建築文化が影響を受けなかったわけではない。実際、工業生産が建築書のかたちを変えていき、建築自体も工業によって変容していった[16]。

19世紀が出版の新しい枠組みを確立したとすれば、建築書としてのさらなる歩みは20世紀初頭に始まった。当時、建築家は新しい工業時代を表現する美的言語を開発しようとし、その格闘は近代運動の神話に刻まれた。神話であろうとなかろうと、近代の建築家は自らの目標を達成するために情報伝達が不可欠な場に置かれた[17]。生産［建物］と再生産［書物］が表裏一体となり、出版を伝達手段とし、専門家だけではなく広い読者を巻き込んだ。建物同様、工業の美学は建築書にも内包されるようになった。

ほぼ一世紀を隔てた二つの時期において、工業化された書物（および編集者）が台頭し、これまでにない視覚装置として書物が編成される（装丁家は書物づくりの複雑な意思決定の連鎖に参入する）。そういうわけで、この問題は本書の議論に示唆を与えてくれた。長い歴史の時間において建築書は無限にあるかのように見えるが、この二つの時期は紛れもなく出版の著しい発展と建築の著しい発展が同期していたことを示している。

はてしなく続く図書館

本書で取りあげる書誌はヨーロッパが中心である[18]。論じた書物の地理的な主軸はパリとロンドン（ドイツ、ロシア、アメリカとのつながりもある）であり、特定の場所で書物を研究することによって関連する文化領域と異質な建築環境を相対化することができた。どこにいても、主たる問いは同じである。建築書とは何か。答えの一つはヒョンミン・パイにある。パイによる19世紀に関する研究では「建築の言説の場を構成するさまざまな分野」として「歴史書、学術書、百科事典、辞書、記事、素描、建設の手引書、便覧、仕様書、要覧」を取りあげている[19]。さらにパイは作品集と建築雑誌という二つの主要な分野を加え、どちらも教育、職業的な実践、そして建築家が宣伝するための基本的な手段と捉えている。

機関誌や雑誌の考察が、この研究の目的である建築書という領域の境界を定める手段となった。書物と雑誌は生産技術としては同じであり、内容的にも密接に関連していることが多いが[20]、形式としては異なる目的を持っている[21]。雑誌は大抵共同してつくられ、定期的に出され、流通網によって提供されるために永続性という幻想のもとで著される書物とは異なる。類似点やよくある転載［雑誌の書籍化など］にもかかわらず、両者は異なる領域に属している。それでも、雑誌のなかに建築書の痕跡を見つけることができる。簡単な例をあげれば、雑誌の書評を拾い読みすれば、あ

15 Christine Haynes, *Lost Illusions: The Politics of Publishing in Nineteenth-Century France* (Cambridge, MA: Harvard University Press, 2010). John Feather, *A History of British Publishing* (1988; repr., London: Routledge, 1996) も参照

16 Charles B. Wood III, “Asher Benjamin, Andrew Jackson Downing: Two Divergent Forms of Bookmaking,” in *American Architects and Their Books to 1848*, ed. Kenneth Hafertepe and James F. O'Gorman (Amherst: University of Massachusetts Press, 2001), pp.181–98.

17 Joan Ockman and Beatriz Colomina, eds., *Architectureproduction* (New York: Princeton Architectural Press, 1988).

18 研究の大部分はモントリオールのカナダ建築センターにおいて行われた。ロンドンでは王立英国建築家協会とロンドン国立美術館、パリでは国立美術史研究所のジャック・ドゥセの蔵書、チューリッヒでは建築理論・建築史研究所（GTA）において行われた。

19 Hyungmin Pai, *The Portfolio and the Diagram: Architecture, Discourse, and Modernity in America* (Cambridge, MA: The MIT Press, 2002), p.22.

20 ル・コルビュジエとアメデ・オザンファンによる芸術雑誌『レスプリ・ヌーヴォー』は建築家による叢書、『今日の装飾芸術』や『ユルバニスム』の最初の実験場であった。Colomina, *Privacy and Publicity*（註2参照）、「頁対頁」（下記pp.131–141）も参照

21 Marc Saboya, *Presse et architecture au XIXe siècle: César Daly et la revue générale de l'architecture et des travaux publics* (Paris: Picard, 1991); Hélène Lipstadt, “The Building and the Book in César Daly's ‘Revue Générale de l'Architecture,’” in Ockman and Colomina, *Architectureproduction*, pp.25–55（註17参照）

22 Hakon Ahlberg and Francis Rowland Yerbury, *Swedish Architecture of the Twentieth Century* (London: Ernest Benn, 1925). 本書はロンドンのアーネスト・ベンとニューヨークのチャールズ・スクリブナーズ・サンズによって英語で、ベルリンのエルンスト・ワスマスによってドイツ語で出版された。*AA Journal*, April 1, 1925; *The Builder*, March 20, 1925, and June 11, 1926; *Journal of the American Institute of Architects* 14, no.5 (May 1926) を参照

23 Mathieu Lommen, ed., *The Book of Books: 500 Years of Graphic Innovation* (London: Thames & Hudson, 2012).

24 Louise Purbrick, ed., *The Great Exhibition of 1851: New Interdisciplinary Essays* (2001; repr., Manchester: Manchester University Press, 2013), p.1. アサ・ブリッグスとニコラウス・ペヴスナーからの引用

る年の出版史を再構築することができる。たとえば、今日では知られていないが、1925年に最も称賛された書物の一つがハコン・アールベルグ（1891–1984）とフランシス・イエルベリー（1885–1970）による『スウェーデンの20世紀建築』[22]であったことがわかる。建築書という分野の外側にありながら、コーパスの機能を立派に果たし、書物の批判的な受容と建築の実践への影響を記録している。

理論的な学術書から作品集や図版集まで、書物の分野は書物の機能と印刷流通の慣例の変化に伴って進化してきた。移り変わりを追いかけることは、建築書という分野の見取り図を描くためには根本的に重要であり、個人、専門家、または大衆の利用のために整備された図書館と関連づけることもできる。とはいえ、本書の論点はそれほど広くはない。本書で考えたいのは、建築的な理念の形式化の道具として、特有の知の具現化の試みとして、書き手が書物をどのように用いていたのかということであり、読み手に内容を知らしめる手段としての書物を扱いたいわけではない。主たる目的は趣向を凝らした書物を議論することではなく[23]、書物のかたちが建築家の独自の理念と絡み合っているような、そんなありきたりではない書物を選んでいる。

1851年と1925年がこの研究の節目として早々に選ばれたが、後に影響を与えることになる起点や発端の年ではない。ワイン生産の言葉を借りれば、ヴィンテージになるかもしれない年である。1851年の潮流は、ロンドンのクリスタル・パレスによって幕が上がった。建築的な成果として「完璧なヴィンテージ」あるいは「19世紀中期の宝石」と見なされ[24]、ジョン・ラスキン（1819–1900）の『ヴェネツィアの石』、ジャック・イニャス・イトルフ（1792–1867）の『ギリシアにおける多彩色の建築』、ジュリオ・レイの『フィラデルフィア広告・図版録』のような異色の書物がつくられた。1851年に出版された建築書の調査を正当化するのに十分な事実であり、その年だけでも一つの図書館で100件の参考文献が得られた[25]。全体としては、あまり知られていない「傑作」やほとんど忘れられてしまった希少本や豪華本はさておき、似たり寄ったりの退屈な書物ばかりが出てくる。1851年と対比される20世紀初頭から選ぶと、またしても博覧会が中心となった。1925年にパリで開催された「装飾芸術国際博覧会」はロンドン博を導火線とする工業生産の姿を要約していた。その年の書物にはル・コルビュジエの『今日の装飾芸術』、ヘンドリック・ヴェイデフェルド（1885–1987）の『アメリカ人建築家フランク・ロイド・ライトの全仕事』、そして『国際建築』と『絵画・写真・映画』を含むヴァルター・グロピウス（1883–1969）とラースロー・モホリ＝ナジ（1895–1946）編集の「バウハウス叢書」第1巻があった。いくつかの建築雑誌を1925年からざっと見ても、その年に出版された400あまりの建築書が出てきた[26]。どうしてこの年なのか。エル・リシ

25 王立英国建築家協会において実施されたため、ほとんどはイギリスの書物である。

26 『ビルダー』と『ジ・アーキテクチュアル・レコード』の出版一覧表が最も整理されていたため、400冊の書物のほとんどは英語である。

27 Adolf K. Placzek, ed., *Avery's Choice: Five Centuries of Great Architectural Books—One Hundred Years of an Architectural Library, 1890–1990* (New York: G. K. Hall, 1997); The Mark J. Millard Architectural Collection, 4 vols. (Washington, DC: National Gallery of Art; New York: George Braziller, 1993–2000); Lawrence Hall Fowler and Elizabeth Baer, eds., *The Fowler Architectural Collection of the Johns Hopkins University* (Baltimore, Evergreen House Foundation, 1961); Giovanni Maria Fara and Daniela Tovo, eds., *La raccolta palladiana Guglielmo Cappelletti del Centro Internazionale di Studi di Architettura Andrea Palladio di Vicenza* (Vicenza, IT: Centro Internazionale di Studi di Architettura Andrea Palladio, 2001); Eileen Harris and Nicholas Savage, eds., *British Architectural Books and Writers, 1556–1785* (Cambridge: Cambridge University Press, 1990); Royal Institute of British Architects, *Early Printed Books, 1478–1840: Catalogue of the British Architectural Library Early Imprints Collection*, 5 vols. (London: Bowker-Saur, 1994–2003); Elisabetta Bresciani, ed., *Modern: Architekturbücher aus der Sammlung Marzona. Architecture books from the Marzona collection* (Vienna, Schlebrügge, 2003); Jean-Philippe Garric, ed., *Bibliothèques d'atelier: Édition et enseignement de l'architecture, Paris 1785–1871* (Paris: Institut National d'Histoire de l'Art, 2011).

28 Mario Carpo, *Architecture in the Age of Printing: Orality, Writing, Typography, and Printed Images in the History of Architectural Theory*, trans. Sarah Benson (Cambridge, MA: The MIT Press, 2001). 原本は *L'architettura dell'età della stampa* (Milan: Jaca Book, 1998) として出版された。

29 Catherine de Smet, *Le Corbusier: Architect of Books*, trans. Deke Dusinberre (Baden: Lars Müller, 2005) and de Smet, *Vers une architecture du livre. Le Corbusier: Édition et mise en pages 1912–1965* (Baden: Lars Müller, 2007). *Le Corbusier et le livre: Edicions originals dels llibres de Le Corbusier* (Barcelona: Col·legi d'Arquitectes de Catalunya, 2005) も参照

ツキーの『声のために』とル・コルビュジエの『建築をめざして』が1923年だからであろうか。それからまもなく判明したことであるが、1851年と1925年は手がかりの一つに過ぎず、それを頼りにより広く調査することになった。

建築書の歴史が知られていないわけではない。図書館の参考図書や図書目録、国家的な調査に基づく包括的な著作収集に至るまで、多くの書誌情報がすでに公開されている[27]。さらに、マリオ・カルポの講義録『印刷時代の建築』の英訳[28]、カトリーヌ・ド・スメのル・コルビュジエ研究[29]、リチャード・ウィットマンによる公共圏と印刷の関係に関する研究[30]を契機に、多くの事例研究が書物史を援用して建築史の領域を広げている[31]。しかしながら、具体的な書物の歴史に焦点を合わせるあまり、書物と建物の錯綜した関係性についてはいまだ解明されていない[32]。

1851年と1925年に焦点を当て、その間を除外するという本書の構想は、二次資料から示唆されたものを含め、図書館において豊富な書物に直面したときに崩壊した。こうして、特定の書物を用いてその歴史的な枠組みを調べることから、書物の世界における知の流通に注視することへと目的が変わった。建築書は想像上の建物のようなものであり、机上で読んでいると、15世紀の頁が20世紀の紙面と共鳴しているかのようであった。このような目に見える近接性によって時間軸が溶解し、すべての建築書を絡み合った「コーパス」として捉えることが可能となった。その関係性をひもとくことによって本書の仮説の検証可能性が高まった。建築家による書物という形式は、明らかに建築的な論拠から生まれていた。

解剖学的仮説

本書は二部構成である。第I部は二つの論考からなり、一件の建物と一冊の書物に焦点を当てている。建物の方はクリスタル・パレスである。1851年にハイド・パークに建設する際、この建物は彩色石版による書物の実験的効果やギリシア建築の多彩色に関する議論を書物から吸収した。そして1854年にシドナムで再建されると、写真が建物を書物の領域に連れ戻した。書物の方は1929年のジークフリート・ギーディオン(1888–1968)による『解放された生活』である。この建築史家は近代住宅についての議論をもとに書物自体を存在感のあるものにした。二つの事例は、建築が印刷という知を具現化し、書物が建築という知を具現化することを物語っている。

第II部は1851年と1925年という時間の断面を切り取るところから出発し、「コーパス」を解剖するという方法論をとっている。道具立ては質感、表面、旋律、構造、尺度という五つの概念であり、それによって書物という

30 Richard Wittman, *Architecture, Print Culture, and the Public Sphere in Eighteenth-Century France* (London: Routledge, 2007).

31 いくつかの論集は豊かな関連情報を提供してくれる。Pierre de la Ruffinière du Prey, ed., *Architects, Books & Libraries* (Kingston, ON: Agnes Etherington Art Centre, Queen's University, 1995); Vaughan Hart and Peter Hicks, eds., *Paper Palaces: The Rise of the Renaissance Architectural Treatise* (New Haven: Yale University Press, 1998); Hafertepe and O'Gorman, *American Architects and Their Books to 1848*(註16参照); Jean-Michel Leniaud and Béatrice Bouvier, *Le Livre d'architecture: XVe–XXe siècle. Édition, representations et bibliothèques* (Paris: École des Chartes, 2002); Kenneth Hafertepe and James F. O'Gorman, eds., *American Architects and Their Books, 1840–1915* (Amherst: University of Massachusetts Press, 2007); Jean-Philippe Garric, Valérie Nègre, and Alice Thomine-Berrada, eds., *La Construction savante: Les Avatars de la littérature technique* (Paris: Picard, 2008); Jean-Phillipe Garric, Estelle Thibault, and Emilie d'Orgeix, eds., *Le Livre et l'architecte* (Wavre, BE: Mardaga, 2011); Pierre Chabard and Marilena Kourniati, eds., *Raisons d'écrire: Livres d'architectes 1945–1999* (Paris: Éditions de la Villette, 2013).

32 建築の定期刊行物への関心も高まっているが、これまでの研究は公共圏と出版内容との関係に焦点を当て、出版意図を検証するために建築理論を用いる傾向があった。プリンストン大学における情報伝達手段と近代性に関する研究はビアトリス・コロミーナが主導して精力的に活動しており、展覧会を開催して『Clip, Stamp, Fold』という関連出版物を出した。Beatriz Colomina and Craig Buckley, eds., *Clip, Stamp, Fold: The Radical Architecture of Little Magazines, 196x to 197x* (Barcelona: Actar, 2010).

ものの特性を分析し、建築的な知との交差を見定めようとしている。この方法論は技術的な決定要因を特定したくなる誘惑から逃れ、たとえばある特定の印刷技術が建築的な実践の起爆剤になったと断定せず[33]、建物を書物として読むという安易な隠喩に陥ることからも逃れる試みである。隠喩は有意義かつ美しき議論をもたらし、書物というものを考えるときによく使われるが、この研究の目的は言説を解きほぐすことではない。実際、隠喩に頼ると目が曇らされ、建築家が自らの理念を書物というかたちに落とし込む際の闘いが見えなくなってしまう。解剖は言説の隠喩的な層を切り裂き、建築の書物と建築の論理の力学に迫ろうとする。

書物と建物は目的もかたちも歴然として異なっているが、似ているところもたくさんある。どちらも特殊な知の声明であり、使える素材から意味を構築し、そのかたちと用途を正当化する社会的習性の襞のなかに織り込む。書物と建物の連関を明らかにすること、そして建物によって得られる具体的な経験と書物によって得られる具体的な経験をよりよく理解すること、とりわけ読者に建築を届けるために書物がどのように構成されているかをよりよく理解することが本書の目論見である。

33 フランス語訳の序文において、カルポも認めているように、書物の歴史に関するごく最近の文献にあたると、因果関係は最初に示唆したほど直接的ではなかったようである。Mario Carpo, *Architecture in the Age of Printing*（註28参照）, translated by Ginette Morel as *L'Architecture à l'âge de l'imprimerie: Culture orale, culture écrite, livre et reproduction mécanique de l'image dans l'histoire des théories architecturales* (Paris: La Villette, 2008).

第 I 部

『ディッキンソンの1851年大博覧会総覧図』(1854年)
女王到着の待機
[CCA CAGE MT690 (W12272)]

彩られた交差路——紙から宮殿へ

印刷の色彩、建物の色彩

1851年は彩色石版画による建築書が数多く出版された年である。なかでも、古代ギリシア建築に関する二冊の書物を見れば、建築書における図版と建物における空間認知の関係の本質を探ることができる。ジャック・イニャス・イトルフ[1]による『ギリシアにおける多彩色の建築』は多彩色に関する（イトルフ自身を含む）研究の集大成であり[2]、フランシス・クランマー・ペンローズ（1817–1903）による『アテネ建築の原則の研究』はパルテノンのエンタシスの幾何学的分析である[3]。両書ともに彩色石版と白黒彫版印刷を特徴としている。

ペンローズがパルテノンの着彩法には明るくなかったからか[4]、主な論点は視覚補正であった。ギリシア人たちは建物のかたちの完璧な幾何学性を演出するために、人の目によって引き起こされる視覚的な歪みを取り除くために部分補正していた。書物には、建物の形状と幾何学的な変形を記した平易な実測図が記載されている。情報は正確であるが、図版はどこか単調である。彩色石版によって、ペンローズは「色彩の証拠」を記録したとしているが、最も重要な図版はパルテノンの北西隅の堅牢で重厚な外観を強調するために、「キアロスクーロ［明－暗の対比］」によって描かれている。同じ視点場の透視図は鮮やかな色彩で彩られ、彩色石版の可能性が余すところなく発揮されている。イトルフの研究の関心はギリシアの多彩色にあり、彩色石版は自らの発見を伝えるのに適していたからである。

建築的多彩色に関する議論は彩色石版と関連づけられるであろうか。同時に現れたことは直接的な因果関係というよりもほとんど偶然である可能性が高い[5]。しかし、白色のギリシア建築という考えが流布したのは大理石の色だけではなく、その当時普及していた白黒彫版印刷によって記録されたからではないかという疑問も起こる[6]。そうであれば、色彩豊かなギリシア建築という考えの普及も、その当時彩色石版が使われていたからであると結論づけることができる。いずれにしても、色彩を用いた石版印刷画が導入された後には、多彩色理論を支持するほとんどの人は彩色石版に

1 Michael Kiene, *Jacques Ignace Hittorff: Précurseur du Paris d'Haussmann* (Paris: Éditions du Patrimoine, Centre des Monuments Nationaux, 2011); *Hittorff: Un architecte du XIXème* (Paris: Musée Carnavalet, 1986).

2 Jacques Ignace Hittorff, *Restitution du temple d'Empédocle à Sélinonte; ou, L'Architecture polychrome chez les Grecs* (Paris: Firmin Didot Frères, 1851).

3 Francis Cranmer Penrose, *An Investigation of the Principles of Athenian Architecture* (London: Longman Co. & Paternoster Row & John Murray, 1851).

4 『前掲書』、図版1：「パルテノンの北西隅は『キアロスクーロ』によって刳り型に刻まれた装飾と色彩の痕跡を示す。」

5 デイヴィッド・ヴァン・ゼントンは多彩色についてのこれまでの議論を調査し、彩色石版による古代遺跡の再現と建築による再生産の方法を検証した。David Van Zanten, *The Architectural Polychromy of the 1830s* (New York: Garland Publishing, 1977), pp.18–35.

6 Robin Middleton, introduction to Julien-David Le Roy, *The Ruins of the Most Beautiful Monuments of Greece* (Los Angeles: Getty Research Institute, 2004), pp.1–199.

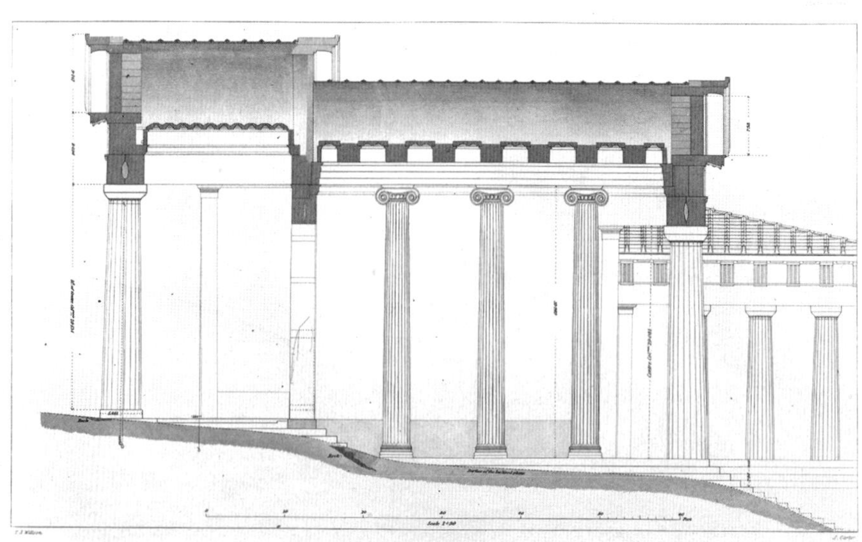

Propylæa, Longitudinal Section, looking South.

Published by W. Longman & Co MDCCCL.

よって印刷していたが、建築の幾何学的な比例を正確に描写するために彫版印刷画も掲載していた。色彩を用いた石版印刷の強みは紙の品質の向上とも関係している。

彩色石版と多彩色建築は1820年代の出版物において初めて結びつき、書物の歴史と建築の歴史との間に明確な関係が確立された。書物史においては、アロイス・ゼネフェルダー（1771–1834）が初めてその「発明」を売り込んだ1796年以降、石版を用いた印刷が急速に広まった。1818年、ゼネフェルダーが彩色石版を開発するつもりであることを表明した当時、すでに色彩を用いた石版印刷の技術的な可能性が試されていた[7]。建築史においては、カトルメール・ド・カンシー（1755–1849）である[8]。ド・カンシーは1806年に「建築的多彩色」という用語を造語し[9]、建築におけるギリシア彫刻の色彩の使用について研究を始めた[10]。ド・カンシーは18世紀後期のギリシア建築の色彩の存在に関する諸説に精通していた。先駆的な出版物として、1758年と1762年、ジュリアン＝ダヴィッド・ル・ロワ（1724–1803）の『ギリシアの最も美しい記念碑の廃墟』[11]と、ジェームス・ステュアート（1713–88）とニコラス・レベット（1720–1804）による『アテネの遺跡とギリシアの記念建造物』[12]が登場した。1824年に多彩色理論の真偽に関する建築界での激しい論争が始まったのは、イトルフが研究を初めて発表したときであった。数年の間、イトルフとラウル・ロシェット（1790–1854）はギリシア建築における色彩の使用の範囲に関する論争に明け暮れていた。文献史料に基づいて、イトルフは鮮やかに彩られた建築要素だけでなく、壁画が内外に描かれた寺院についても論じた。ロシェットはギリシア人たちが建物の木板に塗装した可能性を認めるにとどめ、漆喰に直接色彩を施していたことを事実とはしなかった[13]。見解の不一致はイトルフが『ギリシアにおける多彩色の建築』において論点を整理して練り直し、イギリスとドイツの建築家や考古学者からの報告書によってギリシア建築における色彩の存在が確認されることによって解決した。論争の本質そのものは、書物と建築の関係を理解するにはさほど重要ではないように思われる。後にアンリ・ラブルースト（1801–75）はパエストゥムの古代遺跡に関するイトルフの先駆的研究を重要文献と見なしていたが、論争自体は「重大ではない」とした[14]。書物と建築の関係を理解することとは一見無関係であるにしても、図版のある書物が立て続けに出版されて賛否の議論を築いたことは重要である。

19世紀半ばからの彩色石版印刷は柔らかい色彩と発色のよい紙の質感が特徴である。石版印刷の工程においてインクを滑らかに流し込めるようになったからであり、巧妙な色彩や質感を強調するために、金や銀のインクを用いて金属のように反射させることもよくある。紙の表面は石版において重要な要素であり、建築を表現するときに、陰影をつけて三次元形態

← **フランシス・ペンローズ**
『アテネ建築の原則の研究』
（1851年）
プロピュライア、長手南側断面図
［CCA MAIN M8146］

← **ジャック・イニャス・イトルフ**
『ギリシアにおける多彩色の建築』
（1851年）
エンペドクレス寺院、長手断面図
［CCA MAIN M4848 c.2］

7 Société Industrielle de Mulhouse, *Rapport sur la chromolithographie: Nouveau procédé produisant des lithographies coloriées, de l'invention de M. G. Engelmann, lu dans la séance du 29 mars 1837* (Mulhouse, FR: J. P. Risler, 1837); Godefroy Engelmann, *Traité théorique et pratique de lithographie* (Mulhouse, FR: P. Baret, [1839]).

8 Antoine-Chrysostome Quatremère de Quincy, *Le Jupiter olympien: ou, L'art de La sculpture antique constdéré sous un nouveau point de vue* (Paris: Firmin Didot, 1815).

9 Robin Middleton, "Hittorff's polychrome campaign," in *The Beaux-Arts and Nineteenth-Century French Architecture*, ed. Robin Middleton (1982; repr., London: Thames & Hudson, 1984), pp. 175–95; David Van Zanten, "Architectural Polychromie: Life in Architecture," in Middleton, *The Beaux-Arts*, pp. 197–215.

10 Marie-Françoise Billot, "Recherches aux XVIIIe et XIXe siècles sur la polychromie de l'architecture greque," in *Paris-Rome-Athènes*, ed. Marie-Christine Hellmann et al. (Paris: École Nationale Supérieure des Beaux-Arts, 1982), pp.61–125、ここではp.78

11 Julien-David Le Roy, *Les Ruines des plus beaux monuments de la Grèce* (Paris: H. L. Guerin & L. F. Delatour, 1758), translated by David Britt as *The Ruins of the Most Beautiful Monuments of Greece*（註6参照）

12 James Stuart and Nicholas Revertt, *The Antiquities of Athens* (London: John Haberkorn, 1762).

13 Billot, "Recherches," pp.85–88（註10参照）

14 Henri Labrouste, *Notice sur M. Hittorff, lue dans la séance ordinaire du 29 août 1868* (Paris: Firmin-Didot, 1868), pp.7–8. Van Zanten, *The Architectural Polychromy of the 1830s*, p.206（註5参照）からの引用

ディックビー・ワイヤット
『19世紀の工業芸術』(1851年)

大博覧会に展示された工業製品を彩色石版によって図解した図集は、色彩が実物そのものに輝きを与えた。クリスタル・パレスとその展示に関する彩色石版による書物たちは書物から建物へ、そしてまた書物へと舞い戻る円環をつくりあげた。[CCA CAGE MT690 (W3852)]

を表現する伝統的な建築図版とは一線を画す。この雰囲気はすでにアクアチント版画［銅版画］やメゾチント版画のようなエッチング技術によって可能となっていたために、凹版と石版の両方を用いた書物に使われた技術については一般的な読者に混乱を生じさせた。しかし、印刷の専門家であれば違いは一目瞭然であったはずである[15]。彩色石版には色分解の工程があり、単色を紙に一枚ずつ直接載せていく。透視図よりも正投象［平面図・立面図・断面図を作成する投影図法］に適しているが、石版によって深い色彩表現にするには多くの色が必要となる。彩色石版の限界や他の技術の存在を考慮に入れると、彩色石版が多彩色の議論のなかで特別な位置を占める理由が疑われるかもしれない。妥当な説明の一つは経費である。石版印刷はエッチングよりも安価で、時間もさほどかからず、著者が学術論争において自らの立場を迅速に表明するには魅力的な選択肢であった。

彩色石版の使用は多彩色の書物に限られていなかった。1851年の大博覧会とクリスタル・パレスの輝きを記念し、彩色石版印刷による二冊の精巧な大著がつくられた。マシュー・ディックビー・ワイヤットの『19世紀の工業芸術』[16]と『ディッキンソンの1851年大博覧会総覧図』[17]である。ワイヤットの彩色石版は色彩の層を重ねることによって手の込んだ工業製品

15 彩色石版は色彩図版を手工業的なばらつきから多少なりとも改善した。複製を比較して鑑定してみると、手作業で加えられた色彩は正確さを疑わせるに十分である。

16 Matthew Digby Wyatt, *The Industrial Arts of the Nineteenth Century: A Series of Illustrations of the Choicest Specimens Produced by Every Nation at the Great Exhibition of Works of Industry, 1851*, 2 vols. (London: Day & Son, 1851).

17 Joseph Nash, Louis Haghe, and David Roberts, *Dickinson's Comprehensive Pictures of the Great Exhibition of 1851* (London: Dickinson Brothers, 1854).

ペンローズ『原則の研究』(1851年)

パルテノンの北西隅の眺め。刳り型に刻まれた装飾を「キアロスクーロ」によって表している。彩色石版はギリシア建築に色彩豊かな印象を与え、白色大理石の純朴な構造物という古代の範型を描きだした白黒の彫版印刷とは一線を画している。ギリシア神殿がもともと鮮やかな色彩で塗装されていたというイトルフの主張は、建物が印刷技術の発展を促す明白な事例である。
[CCA MAIN M8146]

イトルフ『多彩色の建築』(1851年)

パルテノンの部分立面図に装飾塗装と彫刻彩色が確認できる。
[CCA MAIN M4848 c.2]

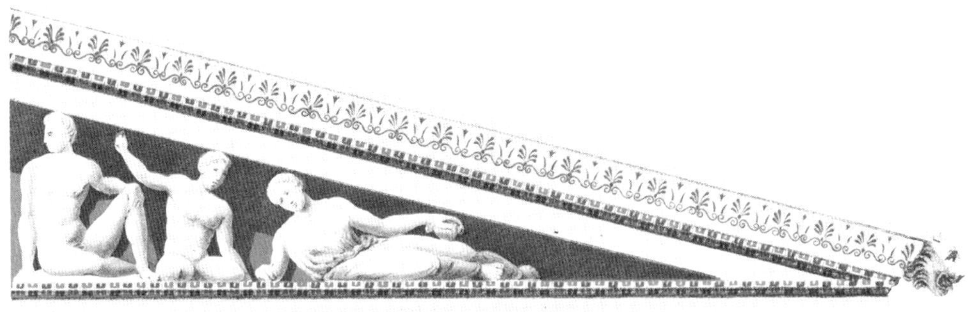

『ディッキンソンの1851年大博覧会総覧図』（1854年）
クリスタル・パレスの色彩は、印刷物から得た知識によっているために、おのずと彩色石版による書物の主役となった。書物においては、ビクトリア朝の服装は背景と完全に一体化し、社交的な振る舞い、建築、そしてその表現の連続性を強調している。
[CCA CAGE MT690 (W12272)]

（花瓶、磁器、タペストリー）の図版をつくっているが、ものだけが描かれ、大博覧会の文脈からは引き離されている。一方、ディッキンソンの図版はすべてが文脈を示している。訪問者の服装から建物に使用される色彩まで、詳細にわたってクリスタル・パレスの色彩豊かな環境を一体となった場面として紹介している。このような記念本においては、彩色石版が建物とその内容を色鮮やかな書物の世界へ引き込んでいく。古代建築の色彩調査と同じ印刷技術を使い、また同じような工程を経ていながら、目的はまったく異なっている。調査の成果を記録するのではなく、「時空を超えた刺激的な資料を提示することによって」、現代の建築設計を再構築することを目指している。建築、そしてクリスタル・パレスそのものが、こうした異なる目的の中間に位置している。建築によって、そして建築を通して、その内容、技術性能、物性の知識が咀嚼されて伝播していった。こうした絡み合いはすべて色彩と関連している。

色彩はクリスタル・パレスの建築内部において重要な役割を担っている[18]。オーウェン・ジョーンズ（1809–74）[19]は建築家でありまた大博覧会事業監督者の一人でもあり、鋼構造物に施す色彩の戦略を練り、工業的な灰

18 Giovanni Brino, *Crystal Palace: Cronaca di un'avventura progettuale* (Genoa: Sagep Editrice, 1995). シドナムのクリスタル・パレスの詳述史については、J. R. Piggott, *Palace of the People: The Crystal Palace at Sydenham, 1854–1936* (Madison: University of Wisconsin Press, 2004) を参照

19 Carol A. Hrvol Flores, *Owen Jones: Design, Ornament, Architecture, and Theory in an Age in Transition* (New York: Rizzoli, 2006).

色や赤みがかった塗料を均質に塗ることによる単調さを避けようとした。ジョーンズのやり方は、柱と梁を異なる原色によって分割することであった。「水平部分には赤色、凹面には青色、凸面には黄色、青色と黄色の間は白色の垂直線」。そして窓の小間には「赤色、黄色、青色の織物を掛けて」飾る[20]。それには二重の効果があった。訪れる人々は構造体を間近で見ると強い原色を目にして建物と展示物を視覚的に分離することができ、遠くに目をやると建物の圧倒的な規模によってすべてが融合するという経験をすることになる。このように、ジョーンズは色彩を用いることによって、今日ワイヤットの図集でじっくりと見ることのできるすばらしい工業製品と、ディッキンソンの総覧図で目にすることのできるクリスタル・パレスというすばらしい舞台の効果をはっきりと区別していた。ジョヴァンニ・ブリノが指摘しているように、クリスタル・パレスにおけるジョーンズの配色は、当時の物理学と化学の進歩から恩恵を受けていた。19世紀初頭にはアイザック・ニュートン（1642–1727）の光学的発見が修正され、ジョージ・フィールド（1777–1854）が色彩学の学術論文を発表して色彩の屈折を測定する道具を編みだし、ミシェル＝ウジェーヌ・シュヴルール（1786–1889）は色彩の対比的調和を支配する法則を理論化した。ジョーンズはフィールドとシュヴルールの理論を知っており、クリスタル・パレスの色彩をめぐる激しい論争の渦中においても引用していた[21]。

ジョーンズ自身は1836年から1845年までの間に『アルハンブラの平・立・断面図および詳細図』[22]を出版し、色彩と彩色石版双方の専門家として認められるようになった[23]。ジョーンズが初めて彩色石版に取り組んだ書物であり、結果的に建築調査における画期的な出来事となった[24]。ジョーンズは1834年に「現地において」アルハンブラを調査した。ジュール・グリー（1804–34）と一緒であったが、書物の「原画の作成に取り組んでいる最中に」[25]、グリーはグラナダでコレラによって死去した。その直後、ジョーンズはイギリスに戻って出版印刷作業に取りかかった。キャサリン・フェリーは『アルハンブラ』の出版経緯を詳細に検証し、極めて正確で完成度の高い図版の制作にジョーンズがどのように携わり、既存の印刷技術を改善して洗練された品質に高め、書物において建築的な経験を再現したのかがわかるようになった。図版は1836年にデイ・アンド・ハーゲ社［ウィリアム・デイとルイス・ハーゲによる］から出版されたが、ジョーンズは出来に失望して友人に手紙を書いている。「印刷業者に刷らせた私の仕事は恐ろしい時間の無駄、紙の無駄、ひいてはお金の無駄になってしまった」[26]。エジプトの素描を出版しようとしていた友人、ジョセフ・ボノミ（1796–1878）にも助言している。「最初から印刷業者と結びつくな。……一つの仕事にだけ心を砕いてくれる印刷業者はいない。こういう場合には絶対に必要なのだが」。ジョーンズはすぐさま彩色図版を印刷する別のや

→ **オーウェン・ジョーンズ、ジュール・グリー『アルハンブラの平・立・断面図および詳細図』（1842–45年）**

左ページ　彫版印刷：バルカの間［船の間とも。もともとはアラビア語で祝福の意。ムハンマド5世による増築であるが、1890年に消失］からアラヤネスの中庭［貯水槽の中庭、天人花の中庭とも］を望む。

右ページ　彩色石版印刷：アルコーブの窓、二姉妹の間

［CCA MAIN M4905］

20　Piggott, *Palace of the People*, p.14（註18参照）。初期の構想において指定された色彩。『ディッキンソンの1851年大博覧会総覧図』において、柱は青色、白色、黄色であり、桁の下面は赤色、そして翼廊の肋は青色、黄色、黄色、青色が交互に繰り返されている。

21　Brino, *Crystal Palace*, p.81（註18参照）

22　Owen Jones and Jules Goury, *Plans, Elevations, Sections, and Details of the Alhambra: From Drawings Taken on the Spot in 1834* (London: Owen Jones, 1842–45).

23　Juan Calatrava, Mariam Rosser-Owen, Abraham Thomas, and Rémi Labrusse, *Owen Jones y la Alhambra* (Granada: Patronato de la Alhambra y Generalife, 2011); Flores, *Owen Jones*, pp.37–41（註19参照）

24　Kathryn Ferry, "Printing the Alhambra: Owen Jones and Chromolithography" *Architectural History* 46 (2003), pp.175–88.

25　Jones and Goury, *Plans*, n.p.（註22参照）「1834年8月28日、グラナダにおいてコレラで亡くなった建築家、ジュール・グリーの思い出に。原図作成準備に取りかかっていたなか、この著作は友オーウェン・ジョーンズによって刻まれた。」

26　ジョーンズの手紙の引用について、フェリーは Michael Darby, *Owen Jones and the Eastern Ideal* (doctoral dissertation, University of Reading, 1974), pp.52–54から引いている。

PATIO DE LA ALBERCA.

LA VENTANA. SALA DE LAS DOS HERMANAS.
ALHAMBRA.

ジョーンズ、グリー
『アルハンブラ』（1842–45年）

左　彫版印刷の詳細：バルカの間からアラヤネスの中庭を望む。
右　彩色石版印刷の詳細：アルコーブの窓、二姉妹の間。
彫版から彩色石版による印刷まで、二つ折り大判に描かれたアルハンブラの網羅的な詳細図は、この建築物の複雑で執拗な装飾にふさわしい。
[CCA MAIN M4905]

り方を試し始め、1836年の夏には自らの工房で印刷を行い、より満足のいく結果を得た[27]。ジョーンズは私財を投じてまで書物を完全なものにしようとして、なんとか出版社との商業的関係を維持し、1856年には同じ出版社から『装飾の文法』も出版している。その思惑は財政危機を招いたが[28]、それでも『アルハンブラ』は彩色石版技術の大いなる進歩をもたらした。出版社と著者である建築家との間で書物について突っ込んだ対話が起こったことは重要であり、中身の建築的な質を議論することがきっかけとなって印刷技術が発展した。ともあれ、出版社との交渉の難しさにもかかわらず、独立した建築家として工芸品をつくるかのようにして商業出版において使われる技術を向上させようとした。『アルハンブラ』は技術的および化学的な分野での建築色彩の専門家としてジョーンズの評判を確固たるものにし、建築の仕事と結びついて、色彩豊かなクリスタル・パレスの空間を手がける任務を勝ちとることになった。

『アルハンブラ』において、彫版と彩色石版の相補性は彫版画を見れば明白である。複雑な幾何学的装飾を緻密で正確に記録した彫版画は想像力には訴えず、再現的な描写と微視的な詳細ばかりで、普通の知覚よりもはるかに抽象的な表現である。彩色石版は違う。彩色された紙面の平坦性（おそらく石版印刷の線の精度が落ちるため）が幾何学模様（石版印刷の細部描写）と溶け合って明暗と大きさの感覚をつくりだして『アルハンブラ』の雰囲気を補完している。正確かつ表現豊か、分析的かつ総合的、そして視覚的再現として極めて洗練されているにもかかわらず、この書物の野望は純粋に

27　Ferry, "Printing the Alhambra," p.180, note 28（註24参照）。フェリーはジョーンズがボノミに宛てた1836年6月17日付けの手紙（Cambridge University Library, Add 9389/2/J/18）を引用している。

28　図版の品質を改善しようとしたジョーンズの投資は経済的損失をもたらした。販売価格は500部を基準にしていた。しかしフェリーの説によれば、ジョーンズの生前には381部を超えなかった可能性がある（『前掲書』p.182）。ジョーンズの死後、書籍商バーナード・クワリッチは石版と彫版（ジョーンズが保存していたもの）を購入して書物を直接再版したために、この再版は1836–45年の初版とほとんど区別がつかない。

イトルフ『多彩色の建築』（1851年）の図版

サン＝ヴァンサン＝ド＝ポール教会、パリ、1824–44年
［CCA MAIN M4848 c.2］

学術的でも審美的でもなかった。あくまで実用書であり、ジョーンズ自身の建築実践とも関連して、歴史的建造物を現代の建築設計の手法として提示していた[29]。

1850年12月、クリスタル・パレスの装飾の概要説明に際して、オーウェン・ジョーンズはイトルフによるサン＝ヴァンサン＝ド＝ポール教会（パリ、1824–44）の多彩色の構想を「あらゆる国のなかでも新しい時代の装飾として完璧な見本であることは明らか」[30]と称賛している。クリスタル・パレスの構想に至る過程とイトルフのギリシア建築の彩色石版印刷の距離は、1851年の1月に王立英国建築家協会［RIBA］で開催されたギリシアの多彩色に関する会議においていっそう接近し、『ギリシアにおける多彩色の建築』という書物にまとめられた[31]。出席者のなかにはオーウェン・ジョーンズとマイケル・ファラデー（1791–1867）[32]がいて、ゴットフリート・ゼンパー（1803–79）、フランシス・ペンローズ、ジェームス・ファーガソン（1808–86）、エクトール・オロー（1801–72）もいた。イトルフの書物の強みの一つは、今日の建築事業に多彩色を導入するという明確な意図であり、二つの方法で行われた。イトルフはギリシアの修復と並行して自らの構想を明らかにし

29 『アルハンブラ』が色彩的にも技術的にも成功したことから、ジョーンズが彩色石版に魅せられるようになったことは、1856年の『装飾の文法』に明らかである。幾何学図案と文様の図録であり、今日でも商業用に用いられている。16色も使って印刷された『装飾の文法』は彩色石版による究極の建築書である。Sonia Ashmore, "Owen Jones and the V&A Collections" *V&A Online Journal* 1 (Autumn 2008); Owen Jones, *The Grammar of Ornament* (London: Day & Son, 1856).

30 オーウェン・ジョーンズは Middleton, "Hittorlff's Polychrome Campaign," p. 189, note 12（註9参照）から引用している。Owen Jones, "On the Decorations Proposed in the Exhibition Building in Hyde Park," RIBA, December 16, 1850, printed in *Lectures on Architecture and the Decorative Arts* (London: Strangeways & Walden, 1863), p.10. Brino, *Crystal Palace*, p.84（註18参照）も参照

一 **ルードヴィヒ・ザント**
『ヴィルヘルマ――ヴェルテンベルクのギヨーム陛下のムーア風ヴィラ』の図版(1855年)
ヴィルヘルマ、シュトゥットガルト、1837–46
[CCA M4859 GF1367; ID:87-B14957]

ただけではなく、古典建築と現代建築が重なり合う可能性についても理論化した。さらに建設技術を追求し、イトルフ自身の建物にも彩色を施すようになり、サン=ヴァンサン=ド=ポール教会の西側ファサードには、火山石を焼成した被覆材である「オーヴェルニュ溶岩」が使われた。ヴォルヴィックあるいは「エナメル溶岩」としても知られ、ほかにはない恒久的な彩色の陶磁器材として1834年からイトルフは頻繁に使用した[33]。サン=ヴァンサン=ド=ポール教会において、この材料は石の代用品とされ、ステンドグラス、梁天井、そして主身廊の柱の「スカグリオラ[人工大理石]」仕上げを補う色彩となった[34]。さまざまな技術と工程を調和させて独創的な建物を生みだす「芸術の調整者としての役割を担う建築家の」声明として教会が建てられた[35]。

イトルフとジョーンズはともに青年期の旅を通して古代建築から学び、ゼンパー、ルードヴィヒ・ザント(1796–1857)、フランツ・クリスチャン・ガウ(1790–1854)、ほかにもイタリア、ギリシア、エジプトで建築家たちと出合い、重要な調査を次々と行って彩色石版画を出版した[36]。イトルフとジョーンズがパリとロンドンでしたように、ザントは協働調査の試みを現代的な建物に反映させ、シュトゥットガルト郊外の王宮と公園からなるヴィルヘルマ[37]にムーア様式を取り入れた[38]。結果としてつくられたのは別ものであった。ヴィルヘルマは後期バロック様式の古典的な構造と、グラナダの穏やかな風から遠く離れた架空のムーア様式との雑種である。

自らの旅の記録とは別に、19世紀の建築家たちは書物を印刷することによってこうした折衷的な文献を首尾よく編み直し、やってみたいことを表現することができた。書物から得た図像や知識に触発され、それを求める顧客もいた。ヴィルヘルマがよい例であるが、新しい表現とその規範となる建築との視覚的共鳴は、多くの場合、工業製品とりわけ成型磁器と鉄製品によって技術的に解決され、審美的な目標が達成された。クリスタル・パレスへの賛美として出版された大著同様、ザントがヴィルヘルマについて出版した書物[39]は完成した建物が最終的には書物のなかに正当な場所を得るというザントの願いを裏づけている。こうして、建物をつくることと書物をつくることがお互いに近づいていく。再現することと建設することの相互調整が一致の鍵であり、建築家は書物を建物に、建物を書物に変えていった。

色彩の喪失

クリスタル・パレスはジョセフ・パクストン(1803–65)一人の作とされることが多いが、工業建築としては集団的な産物であり、共同作業によって首

31 Van Zanten, *The Architectural Polychromy*, p.211, notes 72, 73(註5参照)。ヴァン・ゼントンは*The Civil Engineer and Architect's Journal* 14 (1851): pp.5–7, 42–50から引用している。

32 ファラデーは光学史における重要人物の一人である。

33 Middleton, "Hittorlff's polychrome campaign," p.191(註9参照)。「オーヴェルニュ溶岩」はフェリックス・デュバンによる美術学校の四つの丸窓、そしてアナトール・ジャルが画家ジュール・ジョリヴェ邸(11、Cité Malesherbes、Paris; 1856–58)に構想した壁板にも用いられた。

34 イトルフが構想した舞台においてP・L・C・チチェリ[人物不明]が用いた常套手段。写真の先駆者ルイ・ダゲールとの共同である。

35 サン=ヴァンサン=ド=ポール教会はイトルフ作とされているが、教会側は法的に父であるジャン=バティスト・ルペール作とした。1838年1月に施された教会の装飾に関する『記憶』は二人の共著であり、1842年に『ラルシスト[芸術家]』誌に掲載された。Middleton, "Hittorff's polychrome campaign," p.189(註9参照)

36 Kathryn Ferry, "Inspired by Egypt: Owen Jones and Architectural Theory," in *Who Travels Sees More: Artists, Architects and Archaeologists Discover Egypt and the Near East*, ed. Diane Fortenberry (Oxford: Oxbow Books, 2007), pp.101–17.

37 Elke von Schulz, *Die Wilhelma in Stuttgart ein Beispiel orientalisierender Architektur im 19. Jahrhundert und ihr Architekt Karl Ludwig Zanth* (doctoral dissertation, Eberhard Karls University Tübingen, 1976).

38 ザントは1837年から事業に関与した。しばらくして、当初の躯体が1842年から1846年にかけて建設された。

39 Ludwig Zanth, *La Wilhelma: Villa mauresque de Sa Majesté le roi Guillaume de Wurtemberg, exécutée d'après les plans et sous la direction de L. de Zanth* (Paris: Firmin-Didot, 1855).

フィリップ・ヘンリー・デラモッテ
『シドナム、クリスタル・パレスの
写真情景』（1855年）

北端から見た身廊、モンティ噴水の始点から
[CCA PH1986:1187:046]

尾一貫した作品となる好例であった。ヘンリー・コール（1808–82）の指揮のもと、「建築委員会」のさまざまな委員たちから建設につながる意見が集められた[40]。ジョーンズとワイヤットは内部空間の原理を提案した。技術者チャールズ・フォックス（1810–74）は、フォックス・アンド・ヘンダーソン社の監督者として構造面で大きく貢献し、パクストンの案を迅速かつ実現可能な建築工程にのせた。チャールズ・バリー（1795–1860）は建築表現をもっと洗練できると主張し、ほかにも多くの人々が細部にわたって貢献した[41]。クリスタル・パレスのもう一つの際立った特徴は格子状の空間の均一性であった。内部空間の無限の拡がりは、実際には500mの長さの腸詰めのようなかたちであるが、あたかも全世界を一気に迎え入れたように思わせたに違いない。それは共同作業によって世界の経験を共有するための建物であった。

ハイド・パークにわずか8か月間で建てられ、大きな反響を呼んだこの構造物は大博覧会終了後に解体、売却され、シドナムにおけるさらに大規模で野心的な建物を建設するために再利用された。私企業のクリスタル・パレス・カンパニーが所有するこの第二の事業は、商業的野心と大衆への教唆、あるいは娯楽を組み合わせたものであった。先代よりも長く、高く、重く[42]。シドナムにおける宮殿の建設は23か月を要し、1854年6月に一般公開された。入場料と賃貸収入は積み重なる運営費用に見合わず、商業的な成功にはおぼつかなかったが、建築史上において長く語り継がれた。1866年の火災によって深刻な被害を被った後に復元され、1911年に競売によって売却されたが、最終的には1936年の火災によって完全に破壊されてしまった。

ピーター・バリーンとチャールズ・ファウラーの書物、『クリスタル・パレス——建築の歴史と建設の不思議』[43]は、建築の構想と建設の過程を大衆受けする表現によって壮大な物語に仕立てた。1851年に出版され、これまでの出版物の成果（挿絵入りの新聞から案内本や図録に至るまで）を巧みにまとめあげて大博覧会の多様性を賛美している[44]。産業革命の時代に開発された技術を取りあげた図像を採用し、機械の効率性という理想を伝えているが、大部分は説明的で啓蒙的な文章を添えた線描画である[45]。1851年にクリスタル・パレスを一般公開したときには10年前に登場した写真技術はほとんど用いられず、刻々と進む建設を新聞によって告知する場合を除いて、写真は木版に安直に転写されていた[46]。1854年は大きく異なっていた。シドナムでの再建が進むにつれ、カンパニーの公式写真家であるフィリップ・ヘンリー・デラモッテ（1821–89）は毎週敷地を記録し、1855年、その写真が画集『シドナム、クリスタル・パレスの写真情景』にまとめられ[47]、これまでの10年の間に建築の新しい認識の起爆剤となっていた写真本という新たな領域を建物の世界にもたらした。

40 「建築委員会は二人の貴族、三人の建築家（チャールズ・バリー、チャールズ・コッカレル、トーマス・ドナルドソン）、三人の技術者（ロバート・スティーブンソン、イザムバード・キングダム・ブルネル、ウィリアム・キュービット）から構成された」。Piggott, *Palace of the People*, p.5（註18参照）

41 Andrew Saint, *Architect and Engineer: A Study on Sibling Rivalry* (New Haven: Yale University Press, 2007), pp.131–34.

42 Piggott, *Palace of the People*, p.40（註18参照）

43 Peter Berlyn and Charles Fowler, *The Crystal Palace: Its Architectural History and Constructive Marvels* (London: James Gilbert, 1851).

44 John Tallis, *Tallis's History and Description of the Crystal Palace, and the Exhibition of the World's Industry in 1851* (London: J. Tallis & Co., [1852]); John Weale, *London Exhibited in 1851* (London: John Weale, [1851]); *Illustrated Catalogue of the Exhibition of the Industry of All Nations* (London: James S. Virtue, [1851]); *Official Descriptive and Illustrated Catalogue of the Great Exhibition of the Works of Industry of All Nations, 1851* (London: Spicer and Sons, [1851]). クリスタル・パレスの書誌については下記を参照。Piggott, *Palace of the People*, pp.223–27（註18参照）; Louise Purbrick, ed., *The Great Exhibition of 1851: New Interdisciplinary Essays* (2001; repr., Manchester: Manchester University Press, 2013) も参照

45 David Brett, "Drawing and the Ideology of Industrialization," *Design Issues* 3, no.2 (Autumn 1986), pp.59–72.

46 Michel Melot, *The Art of Illustration* (New York: Skira | Rizzoli, 1984), pp.158–59.

47 Philip Henry Delamotte, *Photographic Views of the Progress of the Crystal Palace, Sydenham* ([London]: Directors of the Crystal Palace Company, 1855).

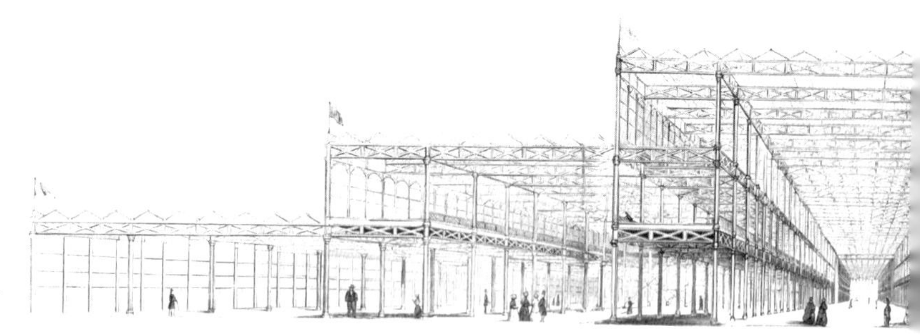

ピーター・バリーン、チャールズ・ファウラー『クリスタル・パレス――建築の歴史と建設の不思議』(1851年)

[CCA MAIN T690 (W3865)]

1839年9月、フランスにおいてダゲレオタイプ［ルイ・ジャック・マンデ・ダゲール（1787–1851）によって発明された写真術。銀板写真］が発表された直後、書物にこの新しい手段が採り入れられた。最も早い例の一つは、1840年から1842年にかけてニコラ＝マリ・ペマル・ルルブール（1807–73）によって出版された『ダゲール風の小旅行』[48]であり、ダゲレオタイプの急速な世界的普及の証左となっている。この書物をつくるために、ダゲレオタイプを石版に直接転写し[49]、画像を滑らかな紙に印刷することによって、鮮明な光の色合いと広範囲の影が再現された。独特の雰囲気を醸しだし、写真レンズでしか捉えられない正確な現実の姿を再現している。

『ダゲール風の小旅行』は世界各地から集められた旅行写真を二巻にまとめた写真集であり、一巻はヨーロッパからアジア、もう一巻はアメリカからアフリカを収めている。ルルブールの書物に貢献した人のなかには結婚してカナダの富豪貴族となったフランス人実業家ピエール＝ギュスターヴ・ジョリー・ド・ロトビニエール（1798–1865）もいた。1839年10月に『東方への旅』[50]に取り組むまで写真を撮ったことはなかったが、カナダからパリに着き、ルルブールと契約を結んで写真を提供した。実験的で過酷な

48 Nicolas-Marie Paymal Lerebours, ed., *Excursions daguerriennes: vues et monuments les plus remarquables du globe*, 2 vols. (Paris: Rittner et Goupil | Lerebours | Hr. Bossange, 1841).

49 この写真印刷工程はイポリット・ルイ・フィゾー（1819–96）によって開発された。Melot, *The Art of Illustration*, pp.163–71（註46参照）

50 Pierre-Gustave Joly de Lotbinière, *Voyage en Orient (1839–40): Journal d'un voyageur curieux du monde et d'un pionnier de la daguerréotypie*, transcribed by Georges Aubin and Renée Blanchet, annotated by Jacques Desautels (Quebec: Presses de l'Université Laval, 2011).

The
Crystal Palace:
Architectural History
and
Constructive Marvels.
By
Peter Berlyn, and Charles Fowler, Junr
London:
James Gilbert, Paternoster Row.

撮影であったにもかかわらず、旅の間は正確な写真の撮影にこだわり続けた[51]。ロトビニエールは建築家ではなく、『ダゲール風の小旅行』も「狭義の」建築書とは考えられないが、写真は直ちにエクトール・オローの1841年の建築書『ムハンマド・アリーの肖像画とビネットで飾られた文章を付したエジプトとヌビアの眺め』[52]の図版に使われた。『ダゲール風の小旅行』同様、オローの書物は建築的な著作に写真を採り入れた初期の実例であり、『エジプトとヌビアの眺め』は建築の再現という点において前例のない正確さを帯びていた。専門書ではなかったが、購読者目録からも明らかなように、建築家による一般的な建築旅行本として読むこともできる[53]。

オローはギリシア建築を中心とするボ・ザールとは縁を切り、1837年にエジプトを訪れた。オーウェン・ジョーンズが1832年に訪れてからわずかな時間しか経っていない。オローはその後グラナダに行ってアルハンブラの調査を開始した[54]。アンリ・ラブルーストのパエストゥム再建が古典主義への新しい眼差しを促し[55]、建築的な思考が手法の合理化と建物の社会的機能に対する関心へと移行していった時期である。オローの書物に見られるこの精神の兆候は、エジプトの改革派であるムハンマド・アリー（1769–

51 ルクソール付近で、ロトビニエールは次のように日記に書いている。「こんな困難にめげず挑戦し、自分の思い出となるものについて考え、人に与える喜びについて考えている。そしてこの国で初めてこの試みを行っていると思うと、ある種の満足も感じている。私にとってはやはり解決すべき問題である」。『前掲書』pp. 191–92

52 Hector Horeau, *Panorama d'Égypte et de Nubie avec un portrait de Méhémet-Ali* (Paris: Chez l'auteur, 1841).

53 オローは自分自身で写真を撮影したわけではないが、建築家の書物として早い段階からこの新しい技術を用いていたことは注目に値する。旅行本にありがちな、どちらかといえば説明的な書物である。建築思想を理路整然と語るというよりも、ヴィヴァン・デノンの5巻からなる画期的な書物の民族学的な手法にならっている。Vivant Denon, *Voyage dans la basse et la haute Égypte pendant les campagnes du général Bonaparte* (Paris: P. Didot, 1802).

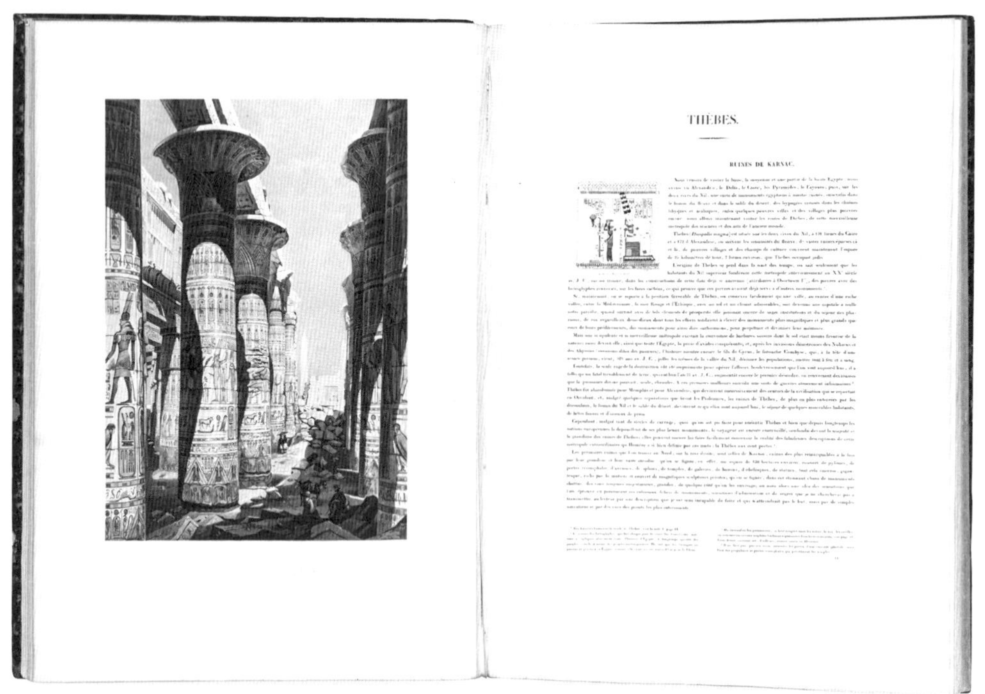

THÈBES.

RUINES DE KARNAC.

エクトール・オロー『エジプトとヌビアの眺め』(1841年)

[CCA PH1979:0611]

1849)の名が書名に使われたことにも表れている。オローは自身の建築において重要な技術革新が、政治改革にも作用すると考えていた[56]。鉄骨造の専門家であるオローは、1850年に三週間にわたって実施されたクリスタル・パレスの設計競技で一等を獲得し、建設が依頼されると信じ込んでいた。1851年1月ロンドンにおいて出版されたイトルフの彩色石版の書物には、RIBAで発表するオローの姿が描かれている。たしかに、協議会に出向いた多くの建築家が大展覧会とクリスタル・パレスに魅せられ、書物をつくることにも熱心であった。

RIBAの協議会に出席したもう一人はジェームス・ファーガソンであり、1856年にクリスタル・パレス・カンパニーの幹事に任命されていた。ファーガソンは野心的な書き手であり、建築や芸術史の正式な訓練を受けずに、「太古から現代まで、あらゆる国々の」建築史を余すところのなく描きだそうと目論んでいた[57]。ファーガソンの書物は不正確さと独りよがりな見解によって批判されていたが[58]、図版の使い方は書物になりそうな建築写真の幅を拡げた。写真は遠方にある建築物に近づく完璧な手段であり、建物を分類して調査研究書として整理するための方法になるとファーガソンは見ていた。1966年のグジャラート、ダーワッド、ビジャプールにおけるインド建築についての三部作[59]の特徴は、原版を一枚一枚頁に貼りつ

54 ジョーンズとグリーのエジプト画はオーウェン・ジョーンズによって出版された。*Views on the Nile: From Cairo to the Second Cataract* (London: Graves & Warmsley, 1843). オローについては、Françoise Boudon and François Loyer, *Hector Horeau, 1801–1872: Catalogue des dessins et des œuvres figurées d'Hector Horeau* (Paris: L'Equerre | Direction de l'architecture, [1978]); Paul Dufournet, *Hector Horeau précurseur: Idées, techniques, architecture* (Paris: C. Massin | Académie d'architecture, 1980) を参照

55 Neil Levine, "The Romantic Idea of Architectural Legibility: Henri Labrouste and the Neo-Grec," in *The Architecture of the École des Beaux-Arts*, ed. Arthur Drexler (New York: The Museum of Modern Art, 1977), pp. 325–416.

56 エクトール・オローの小説風の伝記については、Michel Ragon, *Un si bel espoir* (Paris: Albin Michel, 1998) を参照

57 James Fergusson, *The Illustrated Handbook of Architecture: Being a Concise and Popular Account of the Different Styles of Architecture Prevailing in All Ages and All Countries* (London: John Murray, 1855).

けていることである[60]。可能になったのは、ルイ＝デジレ・ブランカール＝エヴラール（1802–72）が発明した工業製品同様の写真の大量印刷技術[61]［卵の白身を使った印画紙「鶏卵紙」］があったからである。1852年、マキシム・ド・キャンプ（1822–94）は、ブランカール＝エヴラール方式を自らの書物『エジプト、ヌビア、パレスチナ、シリア』[62]に使用した。この優雅な図集はギュスターヴ・フロベール（1821–80）とともにヴィヴァン・デノン（1747–1825）、オロー、ロトビニエールの足跡をめぐって旅した中東の記録であった。

1850年代と1860年代につくられた書物は黎明期の写真技術を使って建築調査の領域を飛躍的に拡大し、これまでの印刷物にはない建物の多様性を持たせた。建物の細部と周りの眺めが組み合わされて、写真独特の印象的な表情が出せるようになった。フィッシャー・フォン・エルラッハ（1656–1723）の『歴史的建築の構想』が18世紀に出版されたことと同様に[63]、写真を用いた調査が19世紀に活発になったことは重要である。違いは視覚的な手段であった。初期の『図集』[64]が図面を用いて地理的にも歴史的にも多様な構造物を関連づけたのに対し、建築の写真本は建物の細かなところまで現実を正確に描写していた。『ダゲール風の小旅行』の頁をめくると、ロンドンのセント・ポール寺院からアレクサンドリアのムハンマド・アリーのハーレムへ、アテネのプロピュライアからセントヘレナ島のロングウッド・ハイスへ、サン・マルコ寺院からヌビアのフィラエ遺跡の屋根のない寺院へと目に飛び込んでくる。写真が数多くの寄稿者によって撮影されたという事実にもかかわらず、書物は世界の建築を一貫したものにまとめあげている。

体裁についていえば、デラモッテの『シドナム、クリスタル・パレスの写真情景』はジョン・クック・ボーン（1814–96）による英国鉄道の地形図集を彷彿とさせる[65]。土木工学の分野では、建物の敷地を描きだす手段として書物の図面が廃れてすぐさま写真に置き換わった。書物は建物を売り込むことから将来の投資を呼び込むことまで、さまざまな目的を持っていたが[66]、クリスタル・パレスの鉄骨造と内装を撮影したデラモッテの写真は、大博覧会[67]によって火のついた出版熱にあやかった多くの書物に掲載された。さらに興味深いことに、デラモッテの写真が繰り返し複製されているうちに、建物の白黒の図版が主流となり、ハイド・パークではお馴染みの色彩がかき消されてしまった。オーウェン・ジョーンズはシドナムの建物に異なる色彩体系を採用し、淡い青・白・黄色の縞模様の代わりに、柱の上に真っ赤な色彩を置いて屋根組みを青色と白色に統一したが[68]、写真術はシドナムの色彩豊かな環境を灰色の世界に変えてしまった。

1854年のクリスタル・パレスは、1851年のクリスタル・パレスとは場所、規模、寿命、色彩、そして目的が大きく異なっていた。（1851年のハイド・パークの姿である）ディッキンソンの彩色石版と（1854年のシドナムの）デラモッテ

58 Nikolaus Pevsner, "James Fergusson," in *Some Architectural Writers of the Nineteenth Century* (Oxford, Clarendon Press, 1972), pp.238–51; Maurice Craig, "James Fergusson," in *Concerning Architecture: Essays on Architectural Writers and Writing Presented to Nikolaus Pevsner*, ed. John Summerson (London: Allen Lane the Penguin Press, 1968), pp. 140–52.

59 James Fergusson and Theodore C. Hope, *Architecture at Ahmedabad, the Capital of Goozerat* (London: John Murray, 1866); James Fergusson and Meadows Taylor, *Architecture in Dharwar and Mysore* (London: John Murray, 1866); James Fergusson, *Architecture at Beejapoor, an Ancient Mahometan Capital in the Bombay Presidency* (London: John Murray, 1866).

60 ファーガソンの膨大な出版物を時系列で見てみると、一貫して新しい写真技術を用いて図版を印刷することを優先させ、それを実現すべく資金調達に努めていたことがわかる。James Fergusson, *Illustrations of the Rock-Cut Temples of India: Selected from the Best Examples of the Different Series of Caves at Ellora, Ajunta, Cuttack, Salsette, Karli and Mahavellipore* (London: John Weale, 1845); *An Historical Inquiry into the True Principles of Beauty in Art, More Especially with Reference to Architecture* (London: Longman, Brown, Green, and Longmans, 1849); *The Palaces of Nineveh and Persepolis Restored: An Essay on Ancient Assyrian and Persian Architecture* (London: John Murray, 1851).

61 Isabelle Jammes, *Blanquart-Evrard et les origines de l'édition photographique française: Catalogue raisonné des albums photographiques édités, 1851–1855* (Geneva: Librairie Droz, 1981).

62 Maxime Du Camp, *Various Views of Historical Sites and Temples, Egypt, Palestine, Syria* (Paris: Gide et J. Baudry, 1852).

63 Pier Paolo Tamburelli, "Fischer auf der Reise nach Stonehenge." *San Rocco* 8: "What's Wrong with the Primitive Hut?" (Winter 2013), pp.146–65.

64 「愛称としての大きさ」（下記pp.285–300）を参照

65 John C. Bourne, *Drawings of the London and Birmingham Railway* (London: J. C. Bourne, 1839); John C. Bourne, *The History and Description of the Great Western Railway: Including Its Geology, and the Antiquities of the District through Which It Passes* (London: David Bogue, 1846). 鉄道敷設の様子を描く挿絵作家としてのJ・C・ボーンの著作が注目されるようになったのは、フランシス・D・クリンダーによる数々の著作の功績の一つである。Francis D. Klingender, *Art and the Industrial Revolution* (1947; rev. ed. 1968; repr., Frogmore, UK: Paladin, 1975).

ジェームス・ファーガソン『インド建築のさまざまな様式の図解』(1869年)、撮影は複数の写真家による

[CCA PH1993:0429:001–015]

ジェームス・ファーガソン『アーメダバードの建築』(1866年)、撮影トーマス・ビグス

[CCA PH2007:0004]

ジェームス・ファーガソン『ダーワッドとマイソールの建築』(1866年)、撮影トーマス・ビグス、ウィリアム・ヘンリー・ピグー、A・C・B・ニール博士

[CCA PH1980:1219:001–100]

多作であったファーガソンは、建築の調査を記録するために写真という新しい技術に依拠していた。1860年代に出版したインドの書物においては、いくつかの撮影行脚から抜粋した画像を使用していた。書物の大きさや印刷技術を変えることによって、ファーガソンはインドの記念碑の建築経験を伝えようとしていた。

ニコラ=マリ・ペマル・ルルブール編『ダゲール風の小旅行』(1841年)

フィラエ神殿、ヌビア、1839年、撮影ジョリー・ド・ロトビニエール
[CCA PH1982:0789.02:019]

CRYSTAL PALACE.

TRANSEPT

の写真をじっくり眺めるという幸運に恵まれた人なら、同じ建物に対する著しい表現の違いを経験することになる。どちらの書物も、写真を主とした透視図の二つ折り判の画集であるが、用いる技術によってまったく別々の世界が生みだされ、色彩を用いるか白黒を用いるかによって違いが際立っている。書物を印刷する工程の違いの結果であり、内容と絡み合いながらまったく異なる二つの建築のかたちを描きだしている。

← **フィリップ・ヘンリー・デラモッテ『クリスタル・パレスの内部』(1854年頃)**

写真を用いた書物によって世界中の建築を旅することができたように、建築は自らを印刷物として再現した。写真は書物と建物の相対的な位置をないまぜにし、両方の視覚体験を統一した。
[CCA PH1978:0074:001-020]

夢の国

シドナムのクリスタル・パレスの趣旨は前身のハイド・パークとは異なる。各国の産業功績を展示する代わりに、シドナムは教育と娯楽を両立させた。公園の上部に設置されたテラスには先史時代の動物の彫刻やヴェルサイユ宮殿を上回る壮大な上水道があり、建物には世界各地の商品や植物が展示されて、古代から現代までの芸術と建築の歴史を石膏で再現する中庭が続いていた。1852年の大博覧会の結果を踏まえ、オーウェン・ジョーンズはシドナムの建設事業なるものを構想した。

> よろしいですか、文明の威光はこの空っぽの建築物から生まれるのです。とはいえ、こうも想像します。広大な身廊が太古から今日までの完璧な文明史が刻み込まれた彫刻によって彩られている姿を。ロンドンの霧で見えない広場の偉人たちの彫像が配置されている姿を。遠くかけ離れた場所のあらゆる地域の植物が柱を伝い、梁を伝っていく姿が頭に浮かびます。側廊には自然を征服する人間の証しである収集品があり、毎日何百人もの人々が目だけではなく心でも見ることを教えられるのです。支配される者だけではなく支配する者に対しても教育するのです。このような構想が気高く愛情を込めて実施されることになれば、[ハイド・パークにおける]大博覧会の[商業的な]成功さえ失敗です。[69]

「芸術の中庭」は新築に際して大きな投資であり、目玉の一つとなった[70]。当時の雑誌によると、クリスタル・パレスは「ただの展示場ではなく、すばらしい学校」であり、古代の建物の大模型を展示して「かつて試みられなかったやり方で目から教育する」「写真を書物で見ることも、彫刻の断片を大英博物館などで見ることもできる。しかし建物そのものの生き写しが目の前に現れたとしたらどうだろう」[71]。「芸術の中庭」は北東脇と北西脇にあてがわれ、10個の大きな色彩石膏が置かれていた[72]。多くは間仕切り壁があり、さまざまな時代の建築を再現しているほか、ヨーロッパ各地の博

66 Michael Collins, *Record Pictures: Photographs from the Archives of the Institution of Civil Engineers* (Göttingen: Steidl-Mack, 2004).

67 Matthew Digby Wyatt, *Views of the Crystal Palace and Park, Sydenham* (London: Day & Son, 1854); [Samuel Phillips], *The Palace and Park: Its Natural History, and Its Portrait Gallery* (Sydenham: Crystal Palace Library, [1854]). 1911年の競売本でもデラモッテの写真であった。*The Crystal Palace Sydenham*(出版地不明、1911)

68 Piggott, *Palace of the People*, pp.31-32(註18参照)

69 1852年4月の芸術学会におけるオーウェン・ジョーンズの講演。*Lectures on the Results of the Great Exhibition of 1851* (London: D. Bogue, 1852-1853), 2: p.300. Piggott, *Palace of the People*, p.29(註18参照)からの引用

70 Stephanie Moser, *Designing Antiquity: Owen Jones, Ancient Egypt and the Crystal Palace* (New Haven: Yale University Press, 2012).

71 *Chambers's Edinburgh Journal* 561 (1853): p.322. Moser, *Designing Antiquity*, p.67(註70参照)からの引用

72 エジプト、ギリシア、ローマ、ニネベ、アルハンブラ、ビザンチン、中世、ルネサンス、イタリア、近代彫刻の石膏模型

物館収蔵品の鋳造によって芸術と建築の歴史を渉猟できるようになっていた。せっかくの石膏模型も、温室として使用された建物の湿気の多い環境に置くのは賢明な選択ではなかったようである。大英博物館の動物学者にしてみれば、「蛾が動物の剥製を攻撃し、緑色系の昆虫が石膏模型に住み着く」[73]。さらに娯楽か教育かどっちつかずという批判にも事欠かなかった[74]。にもかかわらず、「芸術の中庭」は成功し、その統一性は高く評価された。『クリスタル・パレス案内』は説明している。

> 展覧会ではすべてがうまく融合して、各々が明瞭である。そして調和の取れた見事な展示の効果によって、広大な施設の内外にわたって混乱が避けられている。「大いなる迷路」の平面構成は明瞭でわかりやすくもあり、芸術的か産業的かを問わず、訪問者はあらゆる場所を確かめることができる。自然であろうと芸術であろうと、すべての展示物が同じ原則で並んでいる。そういうわけで、よく練られた書物のように、訪問者は主題から主題へと自分の判断で進み、必要な情報を得て、迷宮のなかをとまどうことなく歩むことができる。[75]

ジョーンズ自身による「エジプトの中庭」とアルハンブラの二つは、とくに印象的であった。「エジプトの中庭」のヒエログリフで刻まれた碑文は告げる。「建築家たち、画家たち、そして彫刻家たちがまるで書物のようにこの宮殿を建て、あらゆる国の男女を教唆している」[76]。この比喩は付録の文献に翻訳されて上述の案内本にも再録されている。実際に、碑文には真実味がある。クリスタル・パレスではエジプトのスフィンクスに迎えられてアルハンブラの「獅子の中庭」の複製を通り抜け、『ダゲール風の小旅行』の写真を見るかのように世界を空想旅行することができた。その意味で中庭は書物の模造品と呼ばれる。ジャネット・バーガーは「多くの点において新しいパレスは写真の『小旅行』や旅行写真の三次元化である」としているし、ステファニー・モーザーは「この種の経験は19世紀に流行した旅行写真に匹敵し、遠く離れた土地の異国の世界への視覚的な旅に導かれた」ことを強調している[77]。しかしながら、書物と建物の関係を理解するためには、この比喩を慎重に検討しなければならない。

中庭は、16世紀後半以来、若い貴族の教育の重要な機会であったグランド・ツアーをお手軽に味わうことのできる教育的な仕掛けであった。オーウェン・ジョーンズもそうであったように、芸術家や建築家は中庭にある過去の代表的な作品を連れだって訪れ、素描し、測定した。学術的な野心と出版市場の拡大に伴って、旅の成果はたいへん凝ったつくりの書物となった。ジョーンズの『ナイルの眺め』と『アルハンブラ』もそうであるが、旅行それ自体よりも手間と時間がかかった。とりわけ実際の経験から得た

73 ジョン・エドワード・グレイは大英博物館の動物学部門長。Piggott, *Palace of the People*, p.50（註18参照）からの引用

74 最終的に教育が勝利を勝ち取った。大博覧会の利益はサウス・ケンジントン博物館（後のビクトリア&アルバート博物館）の基金となり、美術工芸品に対する大衆意識を醸成する役割を担った。

75 Samuel Phillips and F. K. J. Shenton, *Guide to the Crystal Palace and Its Park and Gardens*, rev. ed. (1854; Sydenham: Crystal Palace Library, 1860), p.12.

76 Piggott, *Palace of the People*, p.76（註18参照）; Moser, *Designing Antiquity*, p.87（註70参照）

77 Janet Buerger, *The Crystal Palace: Photographs by Philip H. Delamotte* (Rochester: International Museum of Photography at George Eastman House, 1980); Moser, *Designing Antiquity*, p.12（註70参照）。「想像豊かなこどもは、ルイス・キャロルのアリスのように、軽々しく鏡を通り抜けて書物の三次元世界に踏み込む感覚を持っている」。Piggott, *Palace of the People*, p.76（註18参照）も参照

フィリップ・ヘンリー・デラモッテ『シドナム、クリスタル・パレスの写真情景』（1855年）
「エジプトの中庭」入口
［CCA PH1986:1187:059］

デラモッテ（1855年）
アルハンブラの「獅子の中庭」入口
［CCA PH1986:1187:064］

直接的な知識をさらなる研究によって充実させようとしたときにはそうである。このような旅行記の書物はグランド・ツアーの範囲を拡大し、歴史的建造物に関する最新の目撃情報を読者に提供し、当時の設計において参照されるようになった。

「エジプトの中庭」はこのことを物語っているのかもしれない。建築家フリードリッヒ・アウグスト・シュテューラー（1800–65）によって1850年に建てられたベルリンの新博物館［ノイエス・ムゼウム］のエジプトの部屋のように、巨大な複製や考古学的な資料の現物を設置する代わりに、全体を7つの中庭によって構成し、古代エジプト建築を身体的に体験できるような装飾が新しく組み合わされた。場面場面の連続性が注意深く演出された。部屋の広さの変化、薄暗い部屋から明るい部屋への移動、密度の高い列柱広間と対比的な通廊、ずらりと並ぶスフィンクスは、訪問者がまるでエジプトにいるかのように思わせた[78]。書物が情報源であったことは、ジョン・ガードナー・ウィルキンソン（1797–1875）からジョーンズの同僚ボノミに宛てた手紙が明らかにしている。

『ダゲール風の小旅行』（1841年）
アルハンブラ

78 Moser, *Designing Antiquity*, p.104（註70参照）

月曜日か火曜日に来られるのでしたら……私の著作から彫刻を模写してください。無駄な労力をかけることなく時間の節約になりますから。クリスタル・パレスの壁に最適なものを選ぶこともできるでしょう……ただ置かれる場所を正確に測ってきてください。どのような題材がお望みかだいたい決まっていると思います。選ぶ可能性があるからといって、クリスタル・パレスのためにすべて使うことは不可能です。できるとしたらここで全体をよく見て選び、すぐ模写することです。[79]

「芸術の中庭」のもう一つの情報源は『建築の宮殿』という1840年に出版されたプリマスの建築家ジョージ・ワイトウィックによる一冊の書物であった[80]。ワイトウィックの見解によると、当時の建築家＝著者は「専門家向けの学術論文」しか出さず、結果、「学識はないわりに感受性の強い読者たちには……小説を読むような共感が生まれるとは思えなかった。建築の細部や比例の記述は退屈で苦痛以外の何ものでもなかった」[81]。『建築の宮殿』はその状況を変えようとする試みであり、「偉大な表現者の家系の代表者たち」が住む空想の「歴史の公園」を描きだし[82]、インド、中国、エジプト、ギリシア、そしてローマからゴシック、アングロ＝ギリシア、アングロ＝イタリアまでさまざまな建物を再現している。1850年代に写真本が一時代を築くより前のことであるが、写真の発明と時を同じくする旅行本の貢献もたしかにあったのかもしれない。バース近郊のプライアー公園にあるパラディオ様式の橋やウィリアム・チェンバーズ（1723–96）によるキュー植物園のパゴダのような異国風の複製建物も参照されたのかもしれないが、規模もそこに込められた野望もワイトウィックの目論見には及ばない[83]。書物のなかの「歴史の公園」の一番のお手本はロンドン動物園であり、1828年の開館当時にかなりの好奇心を大衆に呼び起こした[84]。動物園の構造物は訪問客が直接体で感じることによって建築的な知識を得る機会を提供し、ワイトウィックの書物のなかの架空の「建築家の王子さま」が楽しみ方を助言した。

手引きとなる説明書を私の執事が皆々さまに特別に配布いたしましょう。地図を携えて歩けば、オウム返しのおしゃべりな興行師に耳を傾けることなく、自分自身の感受性、観察、考察を頼りに巡礼の旅を執り行うことができます。[85]

書物はクリスタル・パレスの教養を実現する道具であり、ワイトウィックの「手引書」は建築の宮殿を愉しむために使われた。クリスタル・パレス・カンパニーは、クリスタル・パレス全体の公式案内本と、「芸術の中庭」の別

79 Wilkinson to Bonomi, letter, March 11, 1853, Cambridge University Library, Bonomi Correspondence and Papers, MS. Add. 9389/2/W/120. Moser, *Designing Antiquity*, pp.114–15（註70参照）からの引用

80 George Wightwick, *The Palace of Architecture: A Romance of Art and History* (London: J. Fraser, 1840). ワイトウィックの書物が「芸術の中庭」に「着想と影響を与えた」可能性をモーザーは示唆している。Moser, *Designing Antiquity*, pp. 64–66, 124（註70参照）を参照

81 Wightwick, *The Palace of Architecture*, p. 17（註80参照）

82 『前掲書』p.3

83 John Dixon Hunt, "'Ut pictura poesis': Il giardino e il pittoresco in Inghilterra (1710–1750)," in *L'architettura dei giardini d'Occidente. Dal Rinascimento al Novecento*, ed. Monique Mosser and Georges Teyssot, 3rd ed. (1990; Milan: Electa, 1999), pp.227–38.

84 Harriet Ritvo, "The Order of Nature: Constructing the Collections of Victorian Zoos," in *New Worlds, New Animals. From Menagerie to Zoological Park in the Nineteenth Century*, ed. R. J. Hoage and William A. Deiss (Baltimore: The Johns Hopkins University Press, 1996), pp.43–50.

85 Wightwick, *The Palace of Architecture*, p. 4（註80参照）

→ **ジョージ・ワイトウィック**
『建築の宮殿』（1840年）
[CCA MAIN 3606 GF1881/W765; ID:86-B4997]

冊を出版し、さらに外部の出版社からも数多く出版された[86]。『ロンドン・ジャーナル』は評している。「案内本というものは、正確であるが役に立たない。案内本の数が多すぎて、案内本を詰め込んでおく旅行鞄が必要になってしまう。お金持ちなら、お付きの者を雇って持たせることもできるが」[87]。それでも、「芸術の中庭」の出版物は、各々の庭の著者たちが学術的な正確さを折り込みながら幅広い読者に向けてわかりやすく執筆したために、訪問の際になくてはならないものとなった。パレス再建の開会式では、「宮廷衣装を着た著者陣が紅い絨毯の舞台を登り、主催者の足元に置かれ」[88]、いやがおうにも式典の威厳は高まった。

シドナムのクリスタル・パレスについて書かれたデラモッテの書物には、鉄骨造の進歩的な建設技術を示す写真に加えて、芸術作品を集めた中庭についての詳細な資料も豊富に含まれている。「アルハンブラの中庭」の図版は『ダゲール風の小旅行』とよく似ていて、読者は書物と建物の間を行ったり来たりすることになる。『小旅行』に掲載された写真と、ジョーンズの『アルハンブラ』の図面を比較してみると、クリスタル・パレスの「アルハンブラの中庭」にこちらの図面が翻訳されていることがわかる。『シドナム、クリスタル・パレスの写真情景』の記録を目にし[89]、そしてもう一度写真本に目をやる。本物と偽物の逆説に迷い込み[90]、「アルハンブラの中庭」を最初に見た後にアルハンブラそのものを訪問した人々は本物に「友オーウェン・ジョーンズの著作よりはるかに劣るもの」[91]を感じた。マルセル・プルースト（1871–1922）も同じことを経験していた。フランス文化財博物館にある鋳造の正門模型を訪ねた後、プルーストが「現場において」本物を見たとき、それはまるで「石でできた老いぼれ女房のようで、小じわも数えられた」。それに比べて、鋳造は「普遍的な不滅の」容姿と「えもいわれぬ美しさ」があった[92]。現在19世紀後半の石膏模型狂を調査しているマリ・レンディングは、その気持ちを代弁して、「複製というものはほかに代えがたく完璧である。本物は時間と真実性の犠牲者である」[93]と記している。究極的には、書物は場所と時間を超えることができる。19世紀の旅行者たちが古代の建築との出合いを通じて追い求めたのは、そうした書物であった。

86 モーザーは1854年から1901年までの間に28の関連文献をあげている。
87 *London Journal* 20, no.499 (1854): p.22. Moser, *Designing Antiquity*, p.71（註70参照）からの引用
88 Piggott, *Palace of the People*, p.68（註18参照）
89 Lerebours, *Excursions*, 1: p.11（註48参照）; Jones and Goury, *Plans*, plate 15（註22参照）; Delamotte, *Photographic Views*, p.140（註47参照）
90 Walter Benjamin, "The Work of Art in the Age of Mechanical Reproduction" (1936), in *Illuminations: Essays and Reflections*, trans. Harry Zohn (New York: Schocken Books, 2007), pp.217–51.
91 Piggott, *Palace of the People*, p.90（註18参照）。ピゴットはジョージ・エリオットとG・H・ルーズを引用している。
92 Mari Lending, "Proust and Plaster," *AA Files* 67 (2013): pp.46–48.
93 『前掲書』。これに関するレンディングの近刊書は『流動する記念碑——マスメディアとしての建築石膏型』である。

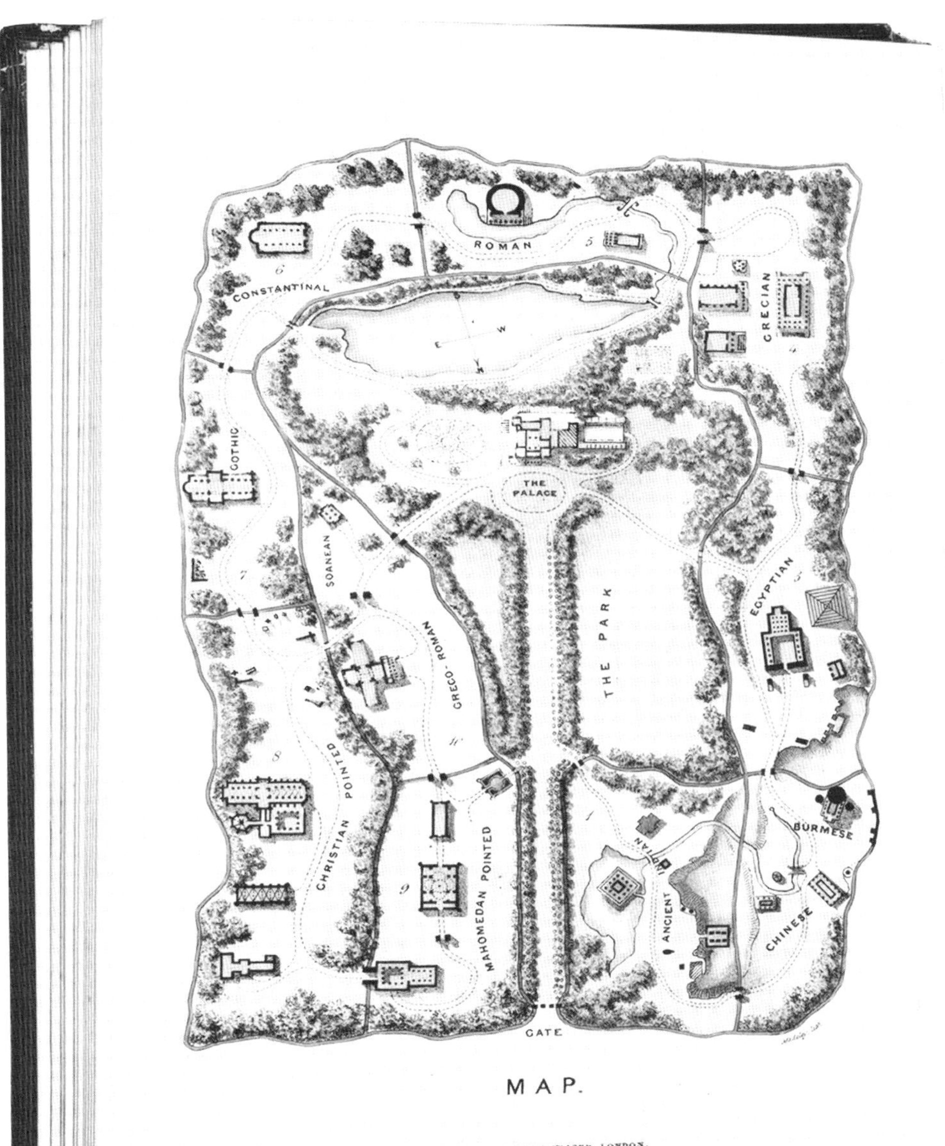
ROMAN
5
6
CONSTANTINAL
GRECIAN
4
GOTHIC
THE PALACE
SOANEAN
7
GRECO-ROMAN
THE PARK
EGYPTIAN
3
8
CHRISTIAN POINTED
MAHOMEDAN POINTED
9
10
1
INDIAN
ANCIENT
BURMESE
CHINESE
GATE
MAP.
PUBLISHED BY JAMES FRASER. LONDON.

マックス・エルンスト・ヘフェリー、ギルスバーガー社の書店、チューリッヒ、1926年

エーリヒ・メンデルゾーンの『アメリカ』、グロッツの『鉛筆とはさみ』、1923年のバウハウス展図録、そして『バウハウスの舞台』が陳列されている。

[ETH GTA 40-1:2 N]

不器用な近代——『解放された生活』とジークフリート・ギーディオンの織機

摩擦

新しい時代の建築家たちがこれまでに不器用であることに甘んじたことがあったであろうか。たしかに服装や靴選びはもちろんのこと、自動車を選ぶときはそうではなかったが、この疑いは『解放された生活』[1]、1929年に出版されたジークフリート・ギーディオンの書物[2]を見ていたときに生まれた。ギーディオンは美術史家として経歴を重ねてきたが[3]、この書物では現代の住宅の諸問題を建築的な視点から論じようとしており、それはギーディオンがチューリッヒの建築家たちと住宅や家具の生産に取り組んでいた時期であった[4]。『解放された生活』は建築家による書物ではないが、新しい時代の建築の文化に深く根ざしている。それにもかかわらず、書物はどこかぎこちなく、ギーディオンの詳細な著書目録のなかでは書き損じのように見えてしまう。ソクラテス・ジョルジアディスは「決まった形式が欠けているだけでなく、わざとらしく、ひどく醜い」と評した[5]。『解放された生活』は新しい時代特有の不器用さが表れた珍しい例である。

不器用であろうとなかろうと、『解放された生活』は巧拙な書物づくりが価値を生んだ書物である[6]。ギーディオンの場合、書物づくり自体が矛盾であった。建築における「空間の相互侵入」[7]を書物の体裁に採り入れようとするあまり、書物の印刷の技術的な常識を無視することになってしまったからである。こうして、ギーディオンは細部にこだわる手仕事を「破滅的な暴政」と見なし、自らの書物を部品の集積ではなく一つの「全体」とするために闘った[8]。不器用さはこの衝突から来ているが、危うさがあったとしても、ギーディオンの見た目に対する直感は個性の強い書物を生みだした[9]。

書物の歴史のなかで、『解放された生活』は視覚的にも技術的にも亜流と考えられるかもしれない。参考にしたドイツやソビエトではもっと上手なやり方が利用されていたからである[10]。ギーディオンは、住宅に求めていた規範的な原理を書物の体裁に反映させた同時代のヤン・チヒョル

1 Sigfried Giedion, *Befreites Wohnen* (Zurich: Orell Füssli, 1929).

2 Arthur Rüegg, "Befreites Wohnen, Sigfried Giedion," in *Schweizer Fotobücher 1927 bis heute: Eine andere Geschichte der Fotografie* (Baden: Lars Müller, 2012), pp.52–57. ドロシー・フーバの序文つきの1985年の再版も参照。Sigfried Giedion, *Befreites Wohnen*(Frankfurt am Main: Syndikat, 1985).

3 Sokratis Georgiadis, *Sigfried Giedion: An Intellectual Biography* (1989; repr., Edinburgh: Edinburgh University Press, 1993).

4 Friederike Mehlau-Wiebking, Arthur Rüegg, and Ruggero Tropeano, *Schweizer Typenmöbel 1925–1935: Sigfried Giedion und die Wohnbedarf AG* (Zurich: gta Verlag, 1989).

5 Georgiadis, *Sigfried Giedion*, p.77(註3参照)

6 Richard Sennett, *The Craftsman* (2008; repr., London: Penguin Books, 2009)［リチャード・セネット著、高橋勇夫訳『クラフツマン』筑摩書房、2016年］

7 Sigfried Giedion, *Building in France, Building in Iron, Building in Ferroconcrete*, trans. J. Duncan Berry, with an introduction by Sokratis Georgiadis (Santa Monica, CA: The Getty Center for the History of Art and the Humanities, 1995), pp.178–79. 原本は*Bauen in Frankreich, Bauen in Eisen, Bauen in Eisenbeton* (Leipzig: Klinkhardt & Biermann, 1928).

8 『前掲書』p.179。「標準化されれば細部の破滅的な暴政をまぬがれる。あらゆる意味において将来はこう理解される。細部はなく全体だけがある!」

ト（1902–74）の新しい取り組み[11]には目を向けようとしなかった。1930年代後半のギーディオンのアメリカでの出版物は、ヘルベルト・バイヤー（1900–85）［バウハウス出身の写真家］が手がけたが、それまでは形式と内容の整合性が取れていなかった[12]。おそらく、『解放された生活』の欠陥による緊張感が不器用な書物と呼ばれる所以であるが、しかしそれがこの書物の興味深さでもある。『解放された生活』の危うさによって書物がどのようにつくられているかがわかり、厳密な制限の枠組みにおいて、論点、文章、図版が複雑に織り交ぜられていく様子を目の当たりにすることができる。結局のところ、書物の生産は工業的でありながら、ギーディオンという書物の織機はむしろ職人的であった。

視覚の流れをつくること

『解放された生活』の表紙は、「光、光、光、空気、空気、空気、開口、開口、開口」という単語が配置され、空気［Luft］、光［Licht］、開口［Oeffnung］の活字を音楽的に配置し、新しい時代の住宅のテラスで太陽を浴びる恋人たちの姿を柔らかに演出している[13]。4番目の単語である「動作」は、動きを意味し、5頁めに読者の目を捉える宣言として登場する。

> 美？
> 美は私たちの生活様式にふさわしい家を意味する。
> 必要なのは光、空気、動作、開口。[14]

「動作」という言葉は表紙には出てこないが、動きの感覚は明らかに活版印刷と写真図版の相互作用をもたらす要素であり、ギーディオンの友人ラースロー・モホリ＝ナジ[15]の『絵画・写真・映画』[16]における「活字写真」であることは間違いない。ギーディオンが家のなかを動くことによって何を説明しようとしたのかはわからないが、外部と内部の移行、「呪われし世界」[17]の解放に向けた社会運動、あるいはノイエス・バウエン［「新建築」を目指した黎明期のドイツ近代建築運動の呼称］の建築家たちが率いる革命的な建築運動を示唆しているのかもしれない。後者であるとしたら、『解放された生活』が1928年6月のラ・サラと1929年10月のフランクフルトにおいて開催された近代建築国際会議［CIAM］[18]の最中に出版されたことは重要である。

『解放された生活』は現代建築に関するギーディオンの二冊目の書物であった。一年前、『フランスの建物、鉄の建物、鉄筋コンクリートの建物』が出版され、直後に開催された最初のCIAMにおいてギーディオンは事

9 ギーディオンの直感については、Stanislaus von Moos, "Die Industriekultur und der 'eilige Leser': Giedion, Mumford und die Ikonographie des 'Machine Age,'" in *Hülle und Fülle: Festschrift für Tilmann Buddensieg*, ed. Andreas Beyer, Vittorio Lampugnani, and Gunter Schweikhart (Alfter, DE: Verlag und Datenbank der Geisteswissenschaften, 1993), pp.359–97を参照。フォン・モースはマンフォードに焦点を当てた下記の論文を先に出版した。"The Visualized Machine Age; or, Mumford and the European Avant-Garde," in *Lewis Mumford: Public Intellectual*, ed. Thomas Hughes and Agatha Hughes (Oxford: Oxford University Press, 1990), pp.181–232, 403–14.

10 Margit Rowell and Deborah Wye, *The Russian Avant-Garde Book 1910–1934* (New York: The Museum of Modern Art, 2002).

11 Jan Tschichold, *The New Typography: A Handbook for Modern Designers*, trans. Ruari McLean (1995: repr., Berkeley: University of California Press, 2006). 原本は *Die neue Typographie: Ein Handbuchfür zeitgemäss Schaffende* (Berlin: Bildungsverband der Deutschen Buchdrucker, 1928) として出版された。

12 ギーディオンのアメリカ合衆国とヨーロッパとの関係については、Reto Geiser, "Giedion In Between: A Study of Cultural Transfer and Transatlantic Exchange, 1938–1968" (doctoral dissertation, ETH Zurich, 2010). とりわけ the chapter "Communicating Architectural History: Photography, Graphic Arts and the Role of the Artist" を参照。ヘルベルト・バイヤーについてはpp.194–211を参照

13 J. Christoph Bürkle and Ruggero Tropeano, *Die Rotach-Häuser: Ein Prototyp des Neuen Bauens in Zürich* (Zurich: gta Verlag, 1994); Ruggero Tropeano and Cristina Tropeano, "Max Ernst Haefeli: Case d'abitazione, Zurigo 1928," *Domus* 752 (September 1993), pp.98–106; Sonja Hildebrand, Bruno Maurer, and Werner Oechslin, eds., *Haefeli Moser Steiger: Die Architekten der Schweizer Moderne* (Zurich: gta Verlag, 2007).

14 Giedion, *Befreites Wohnen*, p.5（註1参照）。コリン・ホールによる翻訳はGeorgiadis, *Sigfried Giedion*, p.78（註3参照）からの引用。原文は、"SCHONHEIT? SCHON ist ein Haus. das unserem Lebensgefühl entspricht. Dieses verlangt: LICHT, LUFT, BEWEGUNG, ÖFFNUNG."

ジークフリート・ギーディオン
『解放された生活』(1929年)

ギーディオンがヘリット・リートフェルトに書物を謹呈したのは1929年10月29日、ウォール街大暴落によって知られる暗黒の火曜日であった。二人は「最小限住居」について議論するCIAMのためにフランクフルトにいた。

4

Schlafzelle
in einem
1928
erbauten
Zuchthaus

Foto „I. A. Z."

Nicht nur Zuchthauszellen sperren wir von Luft und Licht ab. Eisen und Eisenbeton gestatten dem Licht freiesten Einlaß. Aber Behörden und „aesthetische" Paragraphen sorgen dafür, daß unsere Wohnhäuser und öffentlichen Bauten, Kranken- und Schulhäuser, Postgebäude, Banken, zwecks Erhöhung ihrer „Monumentalität" ihre freien Öffnungen durch steinerne Attrappen wieder verhängen. Künstlich umgeben wir uns mit Kerkermauern.

5

R. DÖCKER

Krankenhaus
Waiblingen

1926/28

Foto R. Döcker

Ausblick von einem Zimmer auf die Terrassen und die Landschaft (vgl. Abb. 57, 58). Der Skelettbau gestattet, die Wand in Glas aufzulösen. Nur die Konstruktion bleibt stehen. Die Landschaft strömt herein. Der Kranke fühlt sich nicht mehr von der Welt isoliert. Der Kranke braucht Licht und psychische Erheiterung ebenso notwendig wie Antisepsis. Wir aber bauen im allgemeinen unsere Krankenhäuser wie Zuchthäuser und Kasernen.

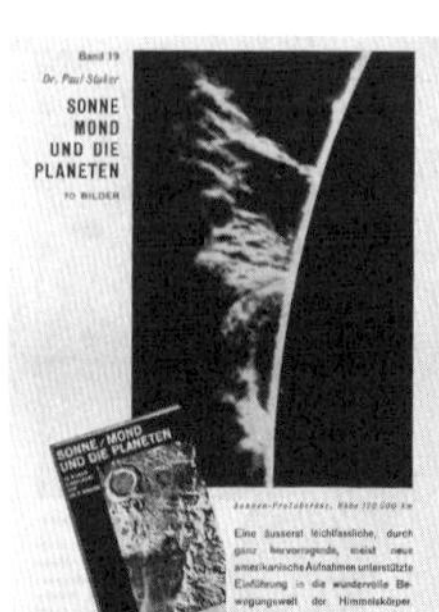

1

2-1

2-2

3

4

1 **「シャウビュッシャー」の広告、1929年頃**

広告にあるように、「シャウビュッシャー」は「時間を節約し、一秒たりとも無駄にできない現代人のため」の書物であった。したがって、叢書は「手際よくまとめられ、手に取りやすく、たいへん安い」。

2 **『今日のドイツの交通と事務所建築』（1925年と1926年）**

［CCA MAIN 1772 and NA2599.8.M958.A35 1926］

3 **『共同体の建築』**（1928年）

［CCA W2175; 10:85-86615］

4 **『住宅と集落』**（1929年）

［CCA MAIN W2551］

務局長に任命された。『フランスの建物』は建築家向けの書物であり、ライプツィヒの建築系出版社であるクリンクハルト・アンド・ビールマンによって出版されたが、『解放された生活』は美術史家エミール・シェファー(1874–1944)が監修した「シャウビュッシャー」叢書第14巻としてオレル・フュズリ社から出版された[19]。「シャウビュッシャー」は人気を博していた大判写真本であり、いろいろな主題を扱っていた[20]。現在、叢書で最も評価の高い書物はモイ・ヴェール(1904–95)の写真による『東の強制居住地区』である[21]。ほかにも犬の品種、教皇の日常業務、運動と余暇、とりわけアドルフ・ベーネ(1885–1948)による週末や野外生活賛歌である『週末、人に必要なもの』などの書物があり、1920年代後半の建築論を反映した書物『技術の美』や『宿泊施設の新潮流』のような建築専門書もあった[22]。

写真本の形式は戦間期に人気を博した。簡潔で明快な表題、短い導入文に続いて、話題を視覚的に表現する図版が選ばれるのが一般的であった。八つ折り判にして大量部数を発行し、安価な印刷技術を使うことによって経費が低く抑えられた。四つ折り判の写真本はずっと洗練されていたが、造本には費用がかかりすぎた[23]。ドイツ語圏においては、カール・ロベルト・ランゲヴィッシェ(1874–1931)によって出版されていた「青本」叢書が図版本の大量生産の典型であった[24]。ギーディオンも「青本」を数冊蔵書し、とりわけヴァルター・ミュラー=ヴュルコウ(1886–1964)の現代建築に関する「青本」は、『解放された生活』の原型になっている。なかでも1925年と1926年の二版ある『今日のドイツの交通と事務所建築』、1928年の『共同体の建築』、さらに1929年の『住宅と集落』については、ギーディオンの『解放された生活』と直接競合することになった[25]。ギーディオンは「青本」を参考にしていたとはいえ[26]、ミュラー=ヴュルコウとは根本的に異なる構造と内容になるような編集をすることになった。

「青本」をはじめとする建築写真本は主に写真によって構成されていたために、建物の形態的な側面に読者の関心を向けさせ、[1928年の]ラ・サラ宣言においてギーディオンが建築的な議論から閉めだそうとした「美学的考察」をむしろ強調することになった[27]。そして、オリヴィエ・ルゴンが指摘しているように、ギーディオンは写真本が陥る形式主義を克服するために、「美的現象」の概念を生理学的な知覚にまで拡大しようとした[28]。同時に、ギーディオンは比較的安価で手に入りやすい書物が建築の議論を一般の人々にもたらすと考え、自らの写真本の出版を非常に重要視していた。

晩年、ギーディオンは述べている。歴史家の「観察はつねに我々が芸術家と呼ぶ視覚の専門家とともにあらねばならない。芸術家こそ我々が気づく前に『心の奥底の』生活に何が起こっているのかを象徴してみせるからである」[29]。『解放された生活』の執筆中、「視覚の専門家」とはモホリ=ナジやエル・リシツキーのような前衛芸術家のことであり、出版業界にお

15 モホリ=ナジとギーディオンとの私的友情と知的交流については、Olivier Lugon, “Neues Sehen, Neue Geschichte: László Moholy-Nagy, Sigfried Giedion und die Ausstellung *Film und Foto*,” in *Sigfried Giedion und die Fotografie, Bildinszenierungen der Moderne*, ed. Werner Oechslin and Gregor Harbusch (Zurich: gta Verlag, 2010), pp.88–105を参照

16 László Moholy-Nagy, *Malerei, Photographie, Film* (Munich: Albert Langen, 1925), translated by Janet Seligman as *Painting, Photography, Film* (Cambridge, MA: The MIT Press, 1973)[ラースロー・モホリ=ナジ著、利光功訳『絵画・写真・映画』中央公論美術出版、1993年]

17 Georgiadis, *Sigfried Giedion*, p.77(註3参照)

18 Antoine Baudin, *Hélène de Mandrot et la Maison des Artistes de La Sarraz* (Lausanne: Payot, 1998), pp.56–70; Jacques Gubler, *Nationalisme et internationalisme dans l'architecture moderne de la Suisse*, 2nd ed. (1975: Geneva: Archigraphie, 1988), pp.145–61; Martin Steinmann, *CIAM Dokumente 1928–1939* (Basel: Birkhäuser, 1979); Eric Mumford, *The CIAM Discourse on Urbanism: 1928–1960* (Cambridge, MA: The MIT Press, 2000).

19 Stefan Kern, *Die Schaubücher (SB): Eine Buchreihe des Orell Füssli Verlags, Zürich, 1929–1932* (diploma dissertation, Verband der Bibliotheken und der Bibliothekarinnen, St. Gallen, 1993).

20 40冊からなる叢書は1929年6月から1931年11月にかけて出版された。Roland Jaeger, “Gegensatz zum Lesebuch,” in *Autopsie: Deutschsprachige Fotobücher 1918 bis 1945*, ed. Manfred Heiting and Roland Jaeger (Göttingen: Steidl, 2012), pp.314–31.

21 叢書第27巻、Moï Ver, *Ein Ghetto im Osten (Wilna)* (Zürich: Orell Füssli, 1931). Moï Ver, *Paris: 80 photographies* (1931; facsimile ed., Paris: Éditions 7L, 2004)も参照

22 叢書第1巻、Paul Melchior Krieg, *Das Tagewerk eines Papstes* (Zurich: Orell Füssli, 1929); 叢書第3巻、Hanns Günther, *Technische Schönheit* (Zurich: Orell Füssli, 1929); 叢書第9巻、Walter Amstutz, *Neue Wege im Hotelbau: Hotel Alpina und Hotel Edelweiss* (Zurich: Orell Füssli, 1929); 叢書第26巻、Adolf Behne, *Wochenende, und was man dazu braucht* (Zurich: Orell Füssli. 1931); 叢書第29巻、Theodor Knottnerus-Meyer, *Hunderassen, Rassenhunde* (Zurich: Orell Füssli, 1929).

いて新しい美学を構築していた人たちであった[30]。ギーディオンによる先鋭的な視覚表現は文章と図像のありきたりな弁証法的関係を組み換えた。ル・コルビュジエが『建築をめざして』において組み込んだ文章－図像の衝突[31]さえも乗りこえ、文章、図像、素描、草稿、そしてほかの異種の要素を重ね合わせた「活字写真」の物語に置き換えた。

ギーディオンは『解放された生活』を写真本の標準的な図版構成とせずに、「自然や建築から独立した存在の正当性を持つ自律的な構造」とした[32]。目標は書物それ自体が主張することであった。モホリ＝ナジが、書物とはだらだらとした内容の「灰色」の連続ではなく、「切れ目のない視覚（独立した頁の首尾一貫したつながり）」であるべきと訴えたことへの応答である[33]。

ギーディオンが書物の序文において明言しているように、著者として内容を伝達するために「視覚的な手段」を使用することを自らに課し、その制約を肯定的なものとして受け止めた[34]。集めた証拠から物語を紡ぎだすという歴史家としての訓練を受けてきたギーディオンの書きぶりは、文字のコラージュへと発展していった。写真家でもあったギーディオンは、歴史学的な推論を引きだす視覚的な情報の重要性を認めていた。ギーディオンの歴史学的な方法論において、図像と文章は切り離すことができない。切り抜きや走り書きは写真とともに研究の整理棚に収められ、新しい議論の基礎を形成する。したがって、書物づくりは分析と知覚の組み合わせである。ギーディオンは文章か写真かのどちらかに絞ることなく、建築の情報伝達体系として書物を紡いだ。それはアルプスの静かな夏の家のなかのことであった[35]。

写真を撮影すること

美術史家としてのギーディオン[36]はハインリヒ・ヴェルフリン（1864–1945）の弟子であり、ヴェルフリンの指導による最初の著作『後期バロック様式とロマン的古典主義』[37]を1922年に出版した。結論の要点は、「バロックとロマン主義は正反対である」[38]ことであり、ヴェルフリンによる対概念を用いた方法論から導きだされた結論であった。様式への信仰ともいうべきこの考え方は、芸術の歴史を展開するのには有効であり、形態の視覚的な分析に深く根を下ろしていた[39]。ジェラルディン・ジョンソンが指摘したように[40]、形式主義者による美術史は、芸術作品の写真の入手可能性と印刷物の再現性に大きく依存している。ヴェルフリン自身、視覚的に正確な記録が作品についての知識を豊かにすることの重要性を強調し、彫刻を撮影する正しい方法について書いた[41]。

マルセイユのラースロー・モホリ＝ナジ、ギーディオンの撮影、1929年

［ETH GTA 438-F-8-1-1］

23 出版広告によると、「シャウビュッシャー」はもともと2.4マルク、3スイスフランの値がついていた。Canadian Centre for Architecture, Architectural Publishing: Printed Ephemera, 1910–1940 (Main Z316. J3, 1910). 出版社の経営危機時の1933年には半額で売られていた。Kern, *Die Schaubucher*, pp.24–25（註19参照）

24 カールは旅行本『欧州山岳写真』（1876–1908）とエミール・シェファーの『山岳写真』（1911–23）を「シャウビュッシャー」叢書の前身と見なしている。Kern, *Die Schaubücher*, p.11（註19参照）

25 Rosemarie Wesp, “Der Autor und sein Produzent: Die Geschichte von vier Blauen Biichern,” in *KonTEXTe: Walter Muller-Wulckow und die deutsche Architektur von 1900–1930*, ed. Gerd Kuhn (Konigstein im Taunus: Langewiesche, 1999), pp.13–46.

26 レイナー・バンハムは「青本」を「新書版」と捉え、近代運動の歴史的な地位を確立しようとしたミュラー＝ヴュルコウの功績を評価しているが、「特別に新しい建築の出現であるとは認識せず、進歩的であろうとなかろうと、20世紀のすべての建築を一括りに扱っていた」ことも事実である。Reyner Banham, *Theory and Design in the First Machine Age*, 2nd ed. (1960; repr., Cambridge, MA: The MIT Press, 1980), p.308.［レイナー・バンハム著、石原達二＋増成隆士訳『第一機械時代の理論とデザイン』鹿島出版会、1976年］

27 Sigfried Giedion, “Die Internationale Vereinigung des Neuen Bauens,” *Schweizerische Bauzeitung* (1928): pp.47–48. Georgiadis, *Sigfried Giedion*, p.77. note 84（註3参照）からの引用

28 Lugon, “Neues Sehen, Neue Geschichte”（註15参照）

29 Sigfried Giedion, “History and the Architect,” *Zodiac* 1 (1957): p.56. Panayotis Tournikiotis, *The Historiography of Modern Architecture* (Cambridge, MA: The MIT Press, 1999), p.45, note 30からの引用

Tizian

schied zur linearen Umgrenzung des einzelnen Teils: dort sperren sich die Formen gewissermaßen gegeneinander und sind durch Betonung der immanenten Gegensätze auf ein Maximum selbständiger Wirkung gebracht, während hier mit der Dämpfung der tektonischen Werte auch die einzelne Form an Selbständigkeit und Eigenbedeutung verloren hat. Aber auch damit ist nicht alles gesagt. Was immer für Mittel aufgeboten seien, der Bedeutungsakzent der einzelnen Teile innerhalb des Ganzen will erfaßt sein, wie stark die Form einer Wange zum Beispiel neben Nase und Auge und Mund zur Geltung kommt. Neben dem einen Typus relativ reiner Koordination gibt es unendlich viele Modalitäten von Subordination.

Es kann zur Klärung beitragen, wenn man sich die Zurüstung eines Kopfes nach Haartracht und Kopfbedeckung vergegenwärtigt, wo die Begriffe von Vielheit und Einheit eine dekorative Geltung erhalten. Wir hätten schon im vorigen Kapitel davon sprechen können. Die Verbindung mit Tektonik und Atektonik ist eine ganz nahe. Erst das klassische 16. Jahrhundert bringt in flachen Hüten und Mützen, die die Breitform der Stirn aufnehmen, den gefühlten Gegensatz zur Hochform des Gesichts und im schlichten Fall der Haare wird aller Horizontalität im Kopf ein kontrastierender Rahmen geschaffen. Die Tracht des 17. Jahrhunderts hat dieses System nicht annehmen können. So stark die Mode wechselt, es läßt sich

176

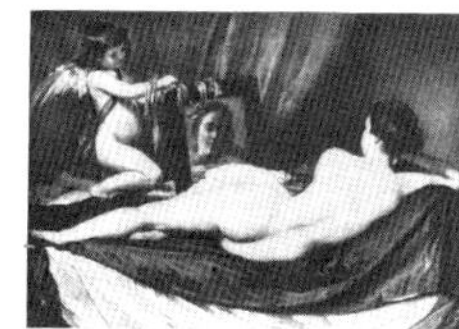

Velasquez

doch in allen Varianten des Barock ein durchgehender Zug nach der einheitlichern Bewegung feststellen. Nicht nur in den Richtungen, auch in der Flächenbehandlung ist es weniger auf Scheidung und Gegensatz als auf Verbindung und Einheit abgesehen.

Noch deutlicher wird das in der Darstellung des Gesamtkörpers. Hier handelt es sich um Formen, die in frei beweglichen Gelenken hängen und darum haben die Möglichkeiten geballter oder freier Wirkung einen großen Spielraum. Ein Inbegriff renaissancemäßiger Schönheit ist Tizians liegende Bella, die den Typus des Giorgione aufgenommen hat. Lauter klar begrenzte Einzelglieder zu einer Harmonie gefügt, in der der einzelne Ton als solcher vollkommen deutlich weiterklingt. Jedes Gelenk kommt rein zum Ausdruck und jeder Abschnitt zwischen den Gelenken ist eine Form, die in sich geschlossen wirkt. Wer wollte hier von Fortschritten in der anatomischen Wahrheit sprechen! Aller naturalistisch-stoffliche Inhalt tritt zurück gegenüber der Vorstellung einer bestimmten Schönheit, die die Auffassung geleitet hat. Wenn irgendwo, sind bei diesem Zusammenklingen schöner Formen musikalische Gleichnisse am Platz.

Der Barock hat ein anderes Ziel. Er sucht nicht die gegliederte Schönheit, die Gelenke werden dumpfer empfunden, die Anschauung verlangt nach dem Schauspiel der Bewegung. Es braucht nicht der italienisch pathe-

12 Wölfflin, Grundbegriffe 177

ハインリヒ・ヴェルフリン
『美術史の基礎概念』(1915年)

ハインリヒ・ヴェルフリンは講義で展開した方法を踏襲し、『美術史の基礎概念』では二台のスライド映写機と同じような工夫を凝らして図版を対比させている。この頁では、ティッチアーノとベラスケスのヴィーナスを左右対称にすることによって、かたちに対する理解がルネサンスとバロックで異なることを論証している。[ETH GTA NSL 2-BIB 48]

目がひとたび見やすさと見にくさの違いに気づいてしまうと、今日の書物の挿絵や図版を見るのは大変な苦痛である。それにしてもどうしてこんなにも歪んだ見方をするのだろう、と頁をめくるたびに言いたくなる。[42]

ヴェルフリンにとって、「正常な視点は当然ながらまず正面から直接見ることにほかならない」[43]。この中立的な視点は観察者が対象の形式的な特徴を最もよく理解できるようにするためであった。形態要素が表現手段として研究の主題になると、時代とともにどのように変化していくのかを比較することが美術史学の方法論の中心になった。ラファエロ(1483–1520)とティッチアーノ、あるいはレンブラントとベラスケスの作品の比較分析は、それぞれの絵画をより深く理解することが目的ではなく、比較によって歴史の流れのなかで「想像力の変容の過程全体」を評価することを目的としていた[44]。芸術の発展に関するヴェルフリンの認識は形式的な対概念に拠っている。すなわち線画から絵画へ、平滑面から凸凹面へ、閉じられた形式から開かれた形式へ、多数性から統一性へ、そして主題の絶対的および相対的な明瞭性[45]。対となった図像の比較分析から得られた知見である。

この戦略は『美術史の基礎概念』[46]の紙面構成に明白である。ヴェルフリンの最も著名な書物であり、1915年に出版されたが、見開き頁に配置された図版がルネサンスとバロックの様式の隔たりを説明している。多様性から統一性へ至る流れを記述する際、ヴェルフリンはティッチアーノ[47]とベラスケスのヴィーナスを考察し[48]、「ベラスケスによる横たわるヴィーナスにおける根本的な感情はティッチアーノとなんと異なることだろうか」[49]

30 Robin Kinross, *Modern Typography: An Essay in Critical History*, 2nd ed. (1992: London: Hyphen Press, 2004).

31 「ル・コルビュジエの書物では、写真が……決して融合することのない図像と文章の衝突の申し子であり、両者の緊張関係から意味がもたらされる」。Beatriz Colomina, *Privacy and Publicity: Modern Architecture as Mass Media* (1994: repr., Cambridge, MA: The MIT Press, 1998), p.119.

32 Moholy-Nagy, *Malerei, Photographie, Film*, p.16(註16参照)

33 László Moholy-Nagy, "Zeitgemäße Typografie," *Offset* 7 (1926): pp.375–85. Kinross, *Modern Typography*, pp.116–17(註30参照)からの引用

34 Giedion, *Befreites Wohnen*, p.4(註1参照)。原文は "Es ist ganz gut, wenn der Autor einmal nicht zu 'Wort' kommen kann und gezwungen ist, sich auf optische Art auszudrücken."

35 Arthur Rüegg, "Giedions 'Arbeitszekke' in Frauenkirch-Lengmatt," in *Sigfried Giedion und die Fotografie*, pp.188–89(註15参照)

36 ギーディオンはニコラウス・ペヴスナーやエミール・カウフマンと並んで、近代建築史の開拓者の一人と見なされている。

37 Sigfried Giedion, *Spätbarocker und romantischer Klassizismus* (Munich: Bruckmann, 1922).

38 『前掲書』p.10。Georgiadis, *Sigfried Giedion*, p.16(註3参照)からの引用

39 ジョルジアディスはヴェルフリンの「視覚型」(*optisches Schema*)とギーディオンの「基本形態」(*Urform*)を同一視している。Georgiadis, *Sigfried Giedion*, p.17(註3参照)

40 Geraldine A. Johnson, "'(Un)richtige Aufnahme': Renaissance Sculpture and the Visual Historiography of Art History," *Art History* 36, no.1 (February 2013): pp.12–51.

41 三つの論考が1896年、1897年、そして1915年に出版された。英語版で読めるハインリヒ・ヴェルフリンの試論については、Heinrich Wölfflin and Geraldine A. Johnson, "How One Should Photograph Sculpture," *Art History* 36, no.1 (February 2013): pp.52–71.

と声高に問いかける。ヴェルフリンはティッチアーノのヴィーナスにおける「自己充足的な形態」に読者の目を導く。「明確な美の観念が……構想を統括し」、そしてヴィーナスの身体の部分を一つの完璧な統一体として組み立てつつ、色調の変化によって形式的な独立性を強調している。かたやベラスケスは、統一性そのものをつくりだしている。「身体はなお一層優美に組み立てられているが、それがねらう効果は自立した形態ではなく、むしろ全体を一つにまとめ、一つの動機にしたがわせることで各肢体を独立した部分として均等に強調しないようにすることである」。図版を対比することによって、ヴェルフリンは読者に明白な視覚的証拠を提供する。

この紙面構成は、ヴェルフリンが講義で使っていた手法の書物化である。ヴェルフリンが頻繁に二台のスライド映写機を学術的に用いた功績は大きい[50]。1890年以降の美術史では広く使用されていたが[51]、スライドを用いた講義では音声と画像が空間的に噛み合っていなければならない。ヴェルフリンの学生、フランツ・ランズベルガーは師の講義の経験について述べている。

> ヴェルフリンは即興演説の達人である。学生たちと同じ暗闇のなかに自分自身もいて、学生たちと同じように目を画像に向ける。そしてすべてを関係づけて理想的な鑑賞者となり、言葉は全員の共通の体験を引きだす。ヴェルフリンは作品について静かに考え、近づいていく……。芸術が語りかけてくるのを待っている。判決はゆっくりとやって来る。少しためらいながら。[52]

この証言が伝えるように、講義室では画像を分析することよりももっと多くのことが行われていた。部屋はさながら劇場であり、観客と演目に横たわる空白に教授の声がこだましていた。講義という演技の本質は劇場において解読される[53]。ギーディオンはそこに関心を持った。美術史研究を完成させる前に、戯曲「労働」を書き、ウィーン、ライプツィヒ、バーゼル、ベルリンにおいて上演されていた。興味深いことに、ヴェルフリンによる図像並置と関連して、戯曲の場面の一つとして「正反対の二つの建築概念」[54]が描かれている。ジョルジアディスが示唆しているように、ギーディオンは建築論者ではなく劇作家になりたかった。「美術史と創造的芸術に横たわる明らかな二項対立がある」と考え、劇場なら「科学として探査せずに自らの考えを公にできる」[55]かもしれないと感じていた。戯曲執筆の理由や戯曲の中身とは別に、二つの興味深い論点がある。一つは議論の媒体として大衆的な芸術形式を選ぶことによって広く公衆に訴えかけようとする野心。もう一つは演劇的な技術を意識していたことであり、とりわけヴェルフリンが二台のスライド映写機を演劇的に利用したことである[56]。教授

→『解放された生活』のための
ギーディオンの草稿、図版69

高山の陸屋根。執筆に際して、ギーディオンは説明文が図版の内容を表し、書物の筋書きを導くようにした。原寸見本ではメアケンバーによる写真であるが、最終的な出版物では同じ写真家の別の建築写真に差し替えられた。
［ETH GTA 43-T-4］

42『前掲書』p.58.
43『前掲書』p.54.
44 Heinrich Wölfflin, *Principles of Art History: The Problem of the Development of Style in Later Art*, trans. M. D. Hottinger, 7th ed. (1915; New York: Dover, 1950), p.227.［ハインリヒ・ヴェルフリン著、守屋謙二訳『美術史の基礎概念——近世美術に於ける様式発展の問題』岩波書店、1936年］
45『前掲書』。とりわけpp.14–16を参照
46 Heinrich Wölfflin, *Kunstgeschichtliche Grundbegriffe: Das Problem der Stilentwickelung in der neueren Kunst* (Munich: Bruckmann, 1915).
47 ティッチアーノのヴィーナスについての近年の読解において、その絵画についてのさまざまな視覚的分析の対立が浮き彫りにされている。Daniel Arasse, "La femme dans le coffre," in *On n'y voit rien: Descriptions* (2000; repr. Paris: Denoël, 2010), pp.125–73を参照
48 Titian, *Venus of Urbino*, 1538, Uffizi, Florence; Diego Velázquez, *The Toilet of Venus*; or, *The Rokeby Venus*, 1647–1651, National Gallery, London.
49 Wölfflin, *Principles of Art History*, p.169（註44参照）
50 Johnson, "(Un)richtige Aufnahme," p. 21（註40参照）
51 Trevor Fawcett, "Visual Facts and the Nineteenth-Century Art Lecture," *Art History* 6, no.4 (1983), pp.442–60; Fawcett, "Graphic versus Photographic in the Nineteenth-Century Reproduction," *Art History* 9, no.2 (1986): pp.185–212.
52 Franz Landsberger, *Heinrich Wolfflin* (Berlin: Elena Gottschalk, 1924), pp.93–94. Robert S. Nelson, "The Slide Lecture, or the Work of Art History in the Age of Mechanical Reproduction," *Critical Inquiry* 26, no.3 (Spring 2000): pp. 414–434からの引用、ここではp.419
53 Nelson, "The Slide Lecture," p.416（註52参照）を参照。ネルソンは演劇を分析することによってヴェルフリンの方法論に光を当てている。Wendy Wasserstein, "The Heidi Chronicles," in *"The Heidi Chronicles" and Other Plays* (New York: Vintage Books, 1991), pp.160, 205–6.
54 Georgiadis, *Sigfried Giedion*, p.6（註3参照）
55『前掲書』p.4.

genau herstellung !!

— 9cm —

Abb. 2 DAS FLACHE DACH IM HOCH gebirge:
Parsennhütte (2500 m) bei Davos.
Bei einer durchschnittlichen Schneehöhe
von 2 m ist das flache Dach das
beste Schutzmittel gegen den Angriff
des Windes und herabfallende Schnee
massen. (FOTO: MEERCÄMPER

1 **『解放された生活』のためのギーディオンの覚え書きと切り抜き、準備稿、1928–29年**

ギーディオンの手にかかると、文章は特定の画像に関する多くの情報源から得た着想を拾い集めた作業の成果であった。文章と画像の本質的な絡み合いはモンタージュの方法と同じであり、書物はそれらを統合して正確にかたちにした。
［ETH GTA 43-T-4］

2 **『解放された生活』のためのギーディオンの註釈付きタイプ原稿、1928–29年**

文章は最後の最後まで修正され、その都度加筆され、註釈が追加され、削除された。
［ETH GTA 43-T-4］

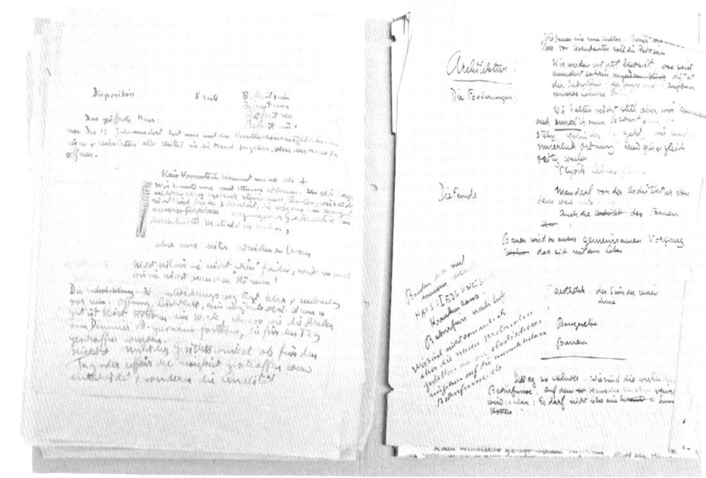

1-1

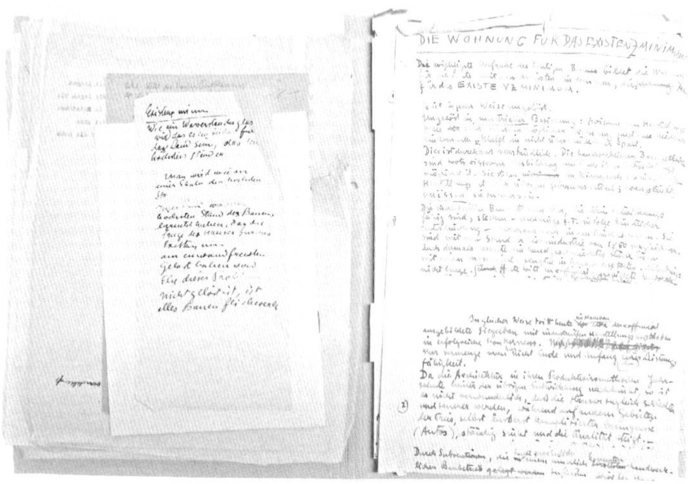

1-2

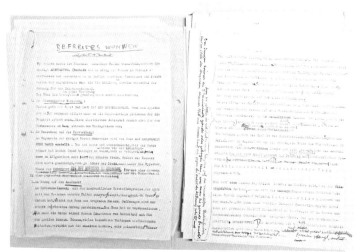

2

ヴェルフリンの演技は、書物の形式をとった彫刻の撮影方法に関する一節よりもはるかに手が込んでいた。ロバート・ネルソンは気づかせてくれる。

> ヴェルフリンにとって、スライド講義は印刷された書物よりも都合がよかった。頁を順にめくるように講義することもできるが、もっと複雑な構造にすることもできたからである。さらに、口頭であれば、登壇者は「明快にするために（そしておもてなしとして）誇張して語り、いつでもそれを撤回する」ことができた。[57]

とはいえ、書物の方がスライド講義より優れている面もあった。より幅広い読者を獲得し、影響を与え続けることができたからである。映画はスライド講義の優れた点を書物に翻訳する鍵を提供していたのかもしれない。実際、19世紀後半のスライド講義は黎明期の映画とさほど変わらず、少ない技術的な知識や費用で同様の編集やモンタージュができるようになった。1929年に『解放された生活』が出版されたとき、写真、映画、書物の結びつきは十分に理解されていた[58]。そしてギーディオンによる書物の紙面構成の源泉が映画であることは明白であり、ヴェルフリンの講義や写真の使い方にも影響を受けていた。『解放された生活』の紙面構造は、あたかも講義をするようにギーディオンの建築的な議論を築きあげたといえるかもしれない。

ギーディオンは書物と講義の関係を真剣に考えていた。『空間 時間 建築』の読者に予告しているように、「講義や討論において話された言葉をまったく違った媒質の印刷された文字に変換させるということが、この書物を構成するにあたっての課題であった」[59]。レト・ガイザーは、ギーディオンにおいて英語がもたらす不確かさを分析し[60]、1948年以降のギーディオンの研究と著作に長年にわたって緊密に協力していた編集者のジャクリーヌ・ティリット（1905–83）が貢献していたことを述べている[61]。実際、ギーディオンは1948年にハーバード大学のチャールズ・エリオット・ノートン講義［詩人であるエリオットが1925年に設立した連続講演］を任されることになり、英語［の使用］が大いなる知的挑戦となった。ティリットはギーディオンの文章作法を革新的コラージュと表現した。

> ギーディオンは決して順を追って書きませんでした。一過性の記事を除いて。書物の全体構想は頭のなかにだけあって、決して紙面には落とし込みませんでした。これこれしかじかの問題はこう扱うべきである、これこれしかじかの物、これこれしかじかの場所は訪れて見てから書くべきである。順番は状況に応じて変わりました。第一印象と参考文献は必ずその場で書き留め、実際に作業に着手したときに参照し

56 ギーディオンは講義においてスライド映写機を二台用いていた。ジャクリーヌ・ティリットによる寄稿、Paul Hofer and Ulrich Stucky, eds., *Hommage à Giedion: Profile seiner Persönlichkeit* (Basel: Birkhäuser, 1971), pp.124–25を参照

57 Nelson, "The Slide Lecture," p.430（註52参照）。ヴェルフリンについては*Italien und das deutsche Formgefühl* (Munich: Bruckmann, 1931), p.vからの引用

58 『前掲書』

59 Sigfried Giedion, *Space, Time and Architecture*, 4th ed. (1941; Cambridge, MA: Harvard University Press, 1965), p. viii.［ジークフリート・ギーディオン著、太田實訳『空間 時間 建築』丸善、1969年］Geiser, "Giedion In Between," p.160（註12参照）からの引用

60 Geiser, "Giedion In Between," pp.155–71（註12参照）

61 シカゴのラースロー・モホリ＝ナジが最初に二人を引き合わせた。

ていました。[62]

紙の切れ端の文章は、当然のようにギーディオンが講義のために選んだ画像と混じり合っていた。「ギーディオンは目下取り組んでいる課題について講義を続けていればいつも満足していた」とティリットは回想している。「慎重に選んだスライドから講義の骨格を構成し、講義をしながら議論が展開していく」からであり[63]、講義をすることと出版することになる議論の間にある密接な関係が容易にわかる。図版と文章は単に対をなしているわけではない。両者は緊張関係をもたらし、読者は著者の論点に巻き込まれていく。

急ごしらえの書物

『解放された生活』の依頼の経緯はよくわからない。スイスの印刷出版会社オレル・フュズリは1928年4月にエミール・シェファーと契約して「シャウビュッシャー」叢書の監修を依頼した。最初の書物が出たのは1929年の夏の終わりであり[64]、ギーディオンの書物も出版された。ギーディオンのやり取りから推論すると、「シャウビュッシャー」叢書として出そうとしたのは、モホリ＝ナジと企画していた雑誌出版の構想についてオレル・フュズリをうまく説得できなかったからのようである[65]。出版社からの手紙によると[66]、『解放された生活』はギーディオンではなく、出版社の企画であり、やるかどうかも、どうやるのかも、ギーディオンに考える時間はなかったらしい。ギーディオンは1928年11月19日までに決断しなければならなかった。建築家に写真の提供を求める手紙を書き始め、11月23日の土曜日にはオレル・フュズリに「住宅についての」書物のあらましを伝えた[67]。ギーディオンはねらいを明確に定める。地価の上昇による新しい生活様式に必要なもの、すなわち「生存の基本条件［最小限住居 Minimum Dwelling: 1929年CIAM第二回の議題］」[68]を説明し、建築がどう役立つのかを示すことである。出版社に求めた特別な条件は、通常の「シャウビュッシャー」の図版構成ではなく、『フランスの建物』の体裁を参考にするということであった。

シェファーと出版社の双方がギーディオンの条件を受け入れたが、紙面構成に満足できない場合には拒否する権利も手放さなかった。ギーディオンの手紙に対する前向きな返答として、原稿送付の締め切りが1月15日に設定された。つまり、初めは任務を達成するためにたった49日しかなかったことになる（もっともこの期限は契約締結時に1月31日に延期された）[69]。この締め切りがどれほど深刻であったかを考えてみるのは無駄ではない。

62 Tyrwhitt, in Hofer and Stucky, *Hommage a Giedion*, p.124（註56参照）

63 Geiser, “Giedion In Between,” p.158（註12参照）

64 Kern, *Die Schaubucher*, p.22（註19参照）

65 チューリッヒからギーディオンがモホリ＝ナジに宛てた1928年11月29日の手紙。GTA-A 43-K-1928-11-29 (G) 1:3

66 チューリッヒからオレル・フュズリがギーディオンに宛てた1928年11月27日の手紙。GTA-A 43-K-1928-11-27:1:2

67 チューリッヒからギーディオンがオレル・フュズリに宛てた1928年11月23日の手紙。GTA-A 43-K-1928-11-23 (G).「個性的な図版を掲載したくありません。前著『フランスの建物』を見ればわかります」。原文は以下の通り。“Einzelne Abbildungen möchte ich nicht beilegen. Meine Art, die Dinge zu beleuchten, geht ja deutlich a us meinem letzten Buch ‘Bauen in Frankreich’ hervor.”

68 「生存の基本条件」は戦後の住宅難に対して合理的建築に解決を求めた近代の建築家たちの要点であった。衛生に関する基準と最小許容床面積を確保するための基準が定められ、政府がすべての市民に保証することになっていた。近代の建築家たちはそのような基準を達成できる技術と解決策があり、低所得者層が直面する住宅問題に答えることができると主張した。

69 ギーディオンは12月7日に契約書の控えを受け取り、12月21日に署名して送り返した。大きな変更は30部の献本の要求であった。ギーディオンは書物が広く国際的に流通して受け入れられることに非常に熱心であった。「書物の多くの部分に、未発表の写真や著者が撮影した写真が含まれています。一般の読者だけでなく専門家にとっても価値があります。書評にとっても重要なことだと思います。私の前著を宣伝してくれた組織には学識者や批評家もいます。全面的に協力してくれるでしょう。書物はドイツ、フランス、オランダ、ベルギーで注目を浴びました。おそらく貴社の叢書をほかの方法では手の届かないところに届けることができると思います」。ギーディオンがオレル・フュズリに宛てた手紙（草稿は12月12日）。Zurich, December 24, 1928, GTA-A 43-K-1928-12-24 (G)

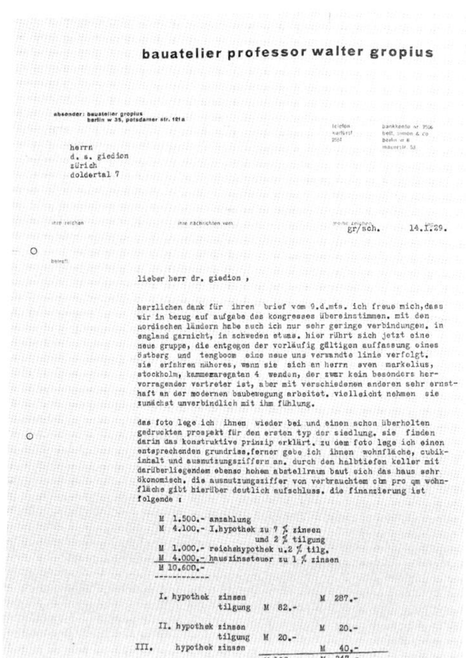

bauatelier professor walter gropius

absender: bauatelier gropius
berlin w 35, potsdamer str. 121a

telefon kurfürst 2584

bankkonto nr. 7506
bett, simon & co
berlin w 8
mauerstr. 53

herrn
d. s. giedion
zürich
doldertal 7

ihre zeichen — ihre nachrichten vom — meine zeichen gr/sch. — 14.I.29.

betrifft

lieber herr dr. giedion ,

herzlichen dank für ihren brief vom 9.d.mts. ich freue mich,dass wir in bezug auf aufgabe des kongresses übereinstimmen. mit den nordischen ländern habe auch ich nur sehr geringe verbindungen, in england garnicht, in schweden etwas. hier rührt sich jetzt eine neue gruppe, die entgegen der vorläufig gültigen auffassung eines östberg und tengboom eine neue uns verwandte linie verfolgt. sie erfahren näheres, wenn sie sich an herrn sven markelius, stockholm, kammemaregaten 4 wenden, der zwar kein besonders hervorragender vertreter ist, aber mit verschiedenen anderen sehr ernsthaft an der modernen baubewegung arbeitet. vielleicht nehmen sie zunächst unverbindlich mit ihm fühlung.

das foto lege ich ihnen wieder bei und einen schon überholten gedruckten prospekt für den ersten typ der siedlung. sie finden darin das konstruktive prinzip erklärt. zu dem foto lege ich einen entsprechenden grundriss.ferner gebe ich ihnen wohnfläche, cubikinhalt und ausnutzungsziffern an. durch den halbtiefen keller mit darüberliegendem ebenso hohem abstellraum baut sich das haus sehr ökonomisch. die ausnutzungsziffer von verbrauchtem cbm pro qm wohnfläche gibt hierüber deutlich aufschluss. die finanzierung ist folgende :

M 1.500.- anzahlung
M 4.100.- I.hypothek zu 7 % zinsen
und 2 % tilgung
M 1.000.- reichshypothek u.2 % tilg.
M 4.000.- hauszinssteuer zu 1 % zinsen
M 10.600.-

I. hypothek zinsen M 287.-
tilgung M 82.-
II. hypothek zinsen M 20.-
tilgung M 20.-
III. hypothek zinsen M 40.-
M 102.- M 347.-

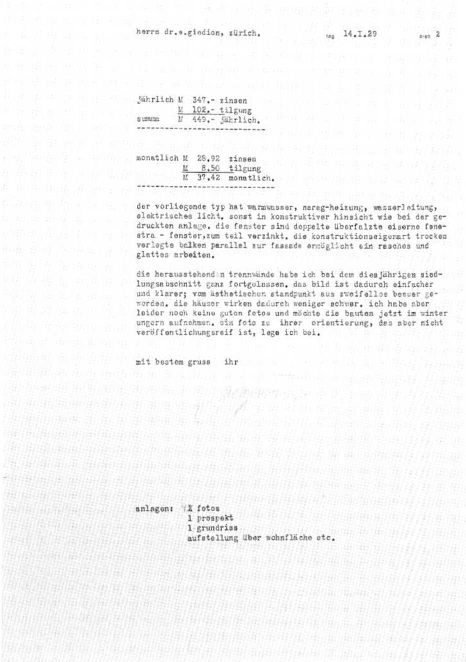

herrn dr.s.giedion, zürich. — tag 14.I.29 — blatt 2

jährlich M 347.- zinsen
M 102.- tilgung
summa M 449.- jährlich.

monatlich M 28.92 zinsen
M 8.50 tilgung
M 37.42 monatlich.

der vorliegende typ hat warmwasser, narag-heizung, wasserleitung, elektrisches licht. sonst in konstruktiver hinsicht wie bei der gedruckten anlage. die fenster sind doppelte überfalzte eiserne fenestra - fenster,zum teil verzinkt. die konstruktionseigenart trocken verlegte balken parallel zur fassade ermöglicht ein rasches und glattes arbeiten.

die herausstehenden trennwände habe ich bei dem diesjährigen siedlungsabschnitt ganz fortgelassen. das bild ist dadurch einfacher und klarer; vom ästhetischen standpunkt aus zweifellos besser geworden. die häuser wirken dadurch weniger schwer. ich habe aber leider noch keine guten fotos und möchte die bauten jetzt im winter ungern aufnehmen. ein foto zu ihrer orientierung, das aber nicht veröffentlichungsreif ist, lege ich bei.

mit bestem gruss ihr

anlagen: 1 fotos
1 prospekt
1 grundriss
aufstellung über wohnfläche etc.

ヴァルター・グロピウスから
ギーディオンに宛てた手紙、
1929年1月14日

『解放された生活』の依頼後、ギーディオンは個人的な人脈を使って資料を集めて議論を裏づけようとした。グロピウスはデッサウ・テルテン住宅団地の建設費や抵当費について回答し、補完図版31の情報源として用いられた。
[ETH GTA 43-K-1929-01-14]

誰が強制しようとしたのだろうか。ティリットが何年か後に述べているように、「出版社はあせっていたのかもしれない」。しかし、「ギーディオンは不本意であったら決して無理はしていなかったと思う」。そして案の定、厳しい締め切りのはずが、書物が出るまでには時間がかかった。報酬明細によると、最終的には4月末までに原稿がわたされたようである[70]。初校は6月21日、二校は7月2日、そして校了は8月3日である。しかし、このような時間的余裕があったとしても、1920年代後半の加速度的に進む時間の流れのなかで、非常に短期間でつくられた。出版の全工程は5か月にも満たなかった。

出版の緊急性はギーディオンの書簡をざっと見ても明らかである。皮切りとなる手紙に続いて12月1日の土曜日に画像の提供を依頼する手紙を建築家にまとめて書き、12月28日の土曜日にはまた別の手紙を書き、そして最終的には1月16日と31日に電話をかけていた[71]。ジャン・バドヴィチ（1893–1956）には「近代住居についての出版を準備していて、短期間に仕上げる必要があるために」[72]貸していた図版の返却を求めた。つまり書物を仕上げるためには1928年12月から1929年1月までの約2か月しかなかったことになる。最終的な紙面構成が決まるまでにさらに3か月を要したとしてもである。手紙で依頼したのは書物の内容の一部に過ぎない。残りは写真本の企画が持ちあがる前からつくられていた。『フランスの建

70 契約の規定では執筆料は1,250フランである。出版社の控えの覚書によると5月4日（200フラン）と7月6日（1,050フラン）の二回払いで支払われた。

71 GTA-A文書にはリチャード・デッカーに宛てた11月19日の手紙、ジャン・バドヴィチに宛てた11月29日の手紙、グレガー・ポールソン、ヘリット・リートフェルト、リチャード・デッカー、セーガー、コーネリアス・ファン・エーステレン、フェルナンド・クラマーに宛てた12月1日の手紙、12月28日にジャン・タイガー、マルセル・ブロイヤー、ブルーノ・タウト、ビクトール・ブルジョワ、キルパー（シュトゥットガルト）、ベルニナ鉄道に宛てた手紙、ヤン・ヴィルス、マルト・スタム、ジャン・タイガーに宛てた1月16日の手紙、J・J・P・アウトに宛てた1月22日の手紙、フランツ・クラウゼに宛てた1月31日の手紙の複写がある。

→ **ギーディオン『フランスの建物』（1928年）、表紙と48–49頁**

近代建築に関するギーディオンの最初の書物の装丁はラースロー・モホリ＝ナジであったが、出版社はブルーノ・タウトの書物の経験から「芸術的生産」には乗り気ではなかった。ビールマンがギーディオンに言ったのは「建築の書物においても、簡素で明快なものが時機に適っているのではないか」。要するに『解放された生活』のために装丁家を雇う金がなかったのであるが、ギーディオンは自前でつくった方が内容にふさわしい書物をつくれることを証明して見せた。
[CCA MAIN NA2599.8.G454.A35 1928?, Full cover and page lay-out (pp. 48, 49) from: Sigfried Giedion, BAUEN IN FRANKREICH, Berlin: Klinkhardt & Biermann Verlag, 1928. Permission by Paul & Peter Fritz Literary Agency on behalf of The Estate of Sigfried Giedion.]

物』として出版された研究成果やギーディオンがその頃オランダとフランスへの旅行で収集した写真が含まれていた。CIAMを通じて培ってきた関係もまた重要であった。それでも、表紙の写真からアルプスのサナトリウムの写真まで、文章と同様に、この書物のためだけの写真も数多くある。

驚くべきことに、『解放された生活』の内容と図版の戦略は『フランスの建物』とはかなり異なっている。後者は現代建築が形成される歴史的過程をたどっているが、『解放された生活』は現代建築の特徴のなかでも利便性と実用性を強調している。序文に歴史的な文脈の多少の説明があるものの、歴史についての論文でも建築のあるべき姿を示す書物でもない。理路整然と首尾一貫した議論を組み立てながら、特定の建物を紹介するのではなく、一つの大きな展望を示すことを目指していた。このような的の絞り方は、書物の形式と内容の双方にとって決定的である。建築表現に関する通常の議論を回避し、的を絞った主題、たとえば構造体系、地面と建物の関係、あるいは窓と扉のさまざまな問題に議論を集中することができる。

レト・ガイザーが言うには、『フランスの建物』は「実質的に二つの書物の重ね合わせであり、別々に読むことも組み合わせて読むこともできる」[73]。ギーディオンはこれを「せっかちな読者」[74]への贈り物と説明している。

> 本書は忙しい読者が解説文つきの図版によって議論の道筋を理解することができるように書かれ、構成されている。本文では、より詳細な説明を加えている。註釈はより広範な参照を提供している。[75]

『フランスの建物』には長く温め熟成させるだけの期間があった。ギーディオンが1927年1月から5月にかけて出版される『キケロ』の連載記事に関して出版人ゲイルグ・ビールマンと初めて連絡をとったのは1926年10月であった。連載記事を書物にする前に、1928年2月にギーディオンはベルリンとハノーバーにおいて記事に関連する講義を行い[76]、1928年3月から5月にかけて活字が組まれて校正され、チューリッヒでの出版は最終的に1928年6月であった。ギーディオンとビールマンが企画に着手してから20か月以上経っていた[77]。長い時間をかけ、丹念に、そして慎重に執筆された『フランスの建物』と、短い時間しかかけずに主題を限定した『解放された生活』には大きな隔たりがある。両者の草稿を比較すると、一冊目の書物では断片的な切り抜きを集めて数々の草案を練って予備原稿をまとめ、活字化し、おびただしい註釈を付与してゲラ刷りに手を加え、ようやく印刷にまわされた。二冊目の書物はずっと短い時間でつくられ、書きっぱなしの原稿はほとんど見直されていない。

写真本という体裁において文章は二次的であるが、ギーディオンが書物の形式と内容との関係に注意を払わなかったわけではない。ギーディオ

72 チューリッヒからギーディオンがバドヴィチに宛てた1928年11月29日の手紙。GTA-A 43-K-1928-11-29 (G):1/3. 原文は以下の通り。"...à cause d'une publication sur l'habitation moderne que je prépare et que je dais finir en peu de temps."
73 Geiser, "Giedion In Between," p.193（註12参照）
74 「せっかちな読者」については、von Moos, "Die Industriekultur"（註9参照）を参照
75 Giedion, *Building in France*, p.83（註7参照）
76 アルフレッド・ゲルホーンはベルリンの州立図書館におけるギーディオンの講演（1928年2月6日）について、成熟した内容と「たった三つの言葉だけで全体像を示し、本質を貫く非常に簡潔な話し方」であったと回想している。Georgiadis, introduction to Giedion, *Building in France*, p.47（註7参照）からの引用。講演は「ノイエス・バウエン」叢書の一冊として配付された。コーネリアス・ファン・エーステレン、エーリヒ・メンデルゾーン、ミース・ファン・デル・ローエ、マーティン・メクラー、J・J・P・アウトによる講演もある。
77 『前掲書』pp.44–46.

1878 ——→ 1926

Abb. 44. AUSSTELLUNG, PARIS 1878. VESTIBUL, HAUPTEINGANG gegen die Seine. KONSTRUKTEUR: EIFFEL

Die repräsentative Blecharchitektur der Kuppeln ist nur ein Teil im Gesamtbild. Wichtig ist der Mut, mit dem hier eine funktionelle Verbindung von Glas und Eisen gegeben ist: GLASWAND und die Einheitlichkeit, mit der das gläserne Vordach vorkragt. Diese Vordacher unterschneiden deutlich das früher vom Beschauer sofort als überprüfbar geforderte Verhältnis von Stütze und Last in einem baulichen System.

Der eigentliche Ausstellungsbau fügte sich wieder der länglichen Form des Champ de Mars an. Ein Reckteck: 350×700 m. Man ging u. a. von der ellipsoidalen Form zum Rechteck über, da man erfahren hatte, daß an den Kurven die nach innen gebogenen Trägerformen im demontierten Zustand schwerer wieder verwendbar waren als die geraden. (Encycl. d'arch. 1878, pag. 36.)
Eine Reihe parallel angeordneter Galerien zog sich in die Tiefe, überragt und flankiert von den beiden „galeries des machines". An den beiden Schmalseiten liefen
Abb. 44 vor den Galerien Vestibüle. Eiffel konstruierte das monumental ausgebildete Vestibül, das gegen die Seine lag. Die Ecken und die Mitte des Vestibüls wurden durch große „Dômes métalliques" hervorgehoben, deren aufgeblähte Volumen und fragwürdige Architektur schon von den Zeitgenossen als „fort discutable" bezeichnet wurden. (Encycl. d'arch. 1878, pag. 62.) Man zwang in diesen Kuppeln das Eisen auf sehr gewalttätige Weise Monumentalformen anzunehmen, die seiner Materie fremd waren. Das Resultat ist eine offenkundige Blecharchitektur.
Trotzdem: an dieser Stelle darf nicht vergessen werden, daß längs des ganzen Vestibüls ein gläsernes Vordach, eine „marquise vitrée" vorsprang. Phrasenlos und von vollendeter Leichtheit. Man spürt in diesen Details die Hand Eiffels, der zu gleicher Zeit mit L. C. Boileau beim ersten Warenhaus mit Eisenskelett (Bon Marché) eine ähnliche „marquise vitrée anbrachte.

48

Abb. 45. W. GROPIUS: BAUHAUS DESSAU 1926

Erst nach einem halben Jahrhundert ist man imstande, die Spannungen[1], die in den Materialien liegen, wirklich auszunützen und den dekorativen Schleim zu überwinden.

[1]) Spannung im ästhetischen Sinn.

1926

Abb. 46. J. F. STAAL: LADENSTRASSE (Jan Everthstraat), AMSTERDAM 1926

Das frei vorkragende Schutzdach beginnt erst jetzt unbefangen verwendet zu werden.

49

ンは二校と三校で、「シャウビュッシャー」で用いられている標準的な書体を変更した。アール・デコを思わせる優雅な曲線の書体から、H・バートホールドの書体アクチデンツ・グロテスクに似た堅い書体に変えた。この書体は図版の雑多なコラージュとよく合っていて、統一的な書物にするという意図と一致していた。出版社に対して出版を許諾する手紙のなかで、ギーディオンは文章と図版を別々の頁に振り分けるという「シャウビュッシャー」叢書の組版は「無意味」であるとした。ギーディオンは『解放された生活』をそうしたくなかった。

> 図版ですが、いまどき本文と図版を厳密に分ける書物など無意味です。読者の興味を引くような序文に続いて、文章と図版を組み合わせて、絵本のようにしてみるつもりです。[78]

これは書物の論理の反転である。文章に挿絵を添える代わりに、図版の流れそのものが議論を構成することになる。ギーディオンは紙面構成を決めかねていたが、書物の建築的な内容を伝達するための主要な手段として写真を使用する意思は当初からはっきりしていた。同じ手紙においてギーディオンはこう書いていた。

> 読者が明るく開かれた部屋にいると思えるように、すべての写真を選びました。どの場所にも光が降り注いでいます。[79]

周知のように、出版社は了承したものの、図版があまり小さくなりすぎないように注文をつけた[80]。ガイザーが指摘しているように、『解放された生活』は「ギーディオンのこれまでの書物とは違い、紙面構成にそぐわないまるで素描のような文字や、頁によっては本当に手書きの文章もある」[81]。そんな批評をされるかもしれないと思い、ギーディオンは書物に予防線を張った。

> 著者が伝えなければならないことを伝えるために言葉を使えず、視覚的に表現するしかなかったとしてもまったく問題ありません。要するに、今回の場合、(肯定的な意味において)説明するのではなく明快に比較できるような紙面構成にします……。そうすれば、必然的に図版の構成だけが目につくようになり、おそらく読者はもっといろいろと調べたくなると思います。[82]

ギーディオンは『フランスの建物』のように『解放された生活』でも文章と図版を結合させたかった。しかし「シャウビュッシャー」の体裁では切り

78 ギーディオンからフュズリに宛てた1928年11月23日の手紙(註67参照)。原文は “Abbildungen: Bücher, bei denen Text und Abbildungen streng von einander getrennt sind, sind im Grunde heute ein Nonsense. Ich werde nach der von Ihnen gewünschten Einleitung zur Hebung des Publikuminteresses die Abbildungen textlich wie eine illustrlerte Erzählung miteinander verbinden.”

79 『前掲書』。原文は “Alle Aufnahmen sind so ausgewählt, dass das Publikum a us ihrer Gesamtheit begreifen lernt, dass wir heute auf offene, leichte und dem Licht in allen Teilen zugängliche Wohnungen hinsteuern.”

80 フュズリからギーディオンに宛てた1928年11月27日の手紙(註66参照)。「ご提案についてシェファー博士と話し合い、受け入れることにしたいと思います。ただし作業の進捗状況については定期的にお知らせいただきたい。また現像写真の見本についても我々の方に提供していただきたい。原則的に、仕事の進め方についてはお任せしますが、状況は把握しておきたいと思いますし、我々の合理的な要求に対しては投げださないことを確約いただきたい。このような小さな書物の場合には例外的に文章と図版を一緒に印刷したいのですが、図版を小さくしすぎないように気をつけていただきたい」。原文は “Wir haben Ihren Vorschlag mit Herrn Dr. Schaeffer besprochen und erklären uns mit Ihrem Vorgehen einverstanden, aber immerhin so, dass Sie uns iiber den Verlauf der Arbeit regelmässig orientieren und uns anhand eines Beispiels hier nochmals zeigen, wie die Sache aussehen wird. Im grossen Ganzen mischen wir uns in Ihre Dispositionen nicht ein, möchten aber doch auf dem Laufenden gehalten sein und von Ihnen auch die Zusage erhalten, dass Sie unsere evt. berechtigten Wiinsche nicht ohne weiteres abweisen. Bel Ihrem Biindchen wollen wir auch die Ausnahme machen und Text und Bilder zusammen drucken, doch wollen Sie bitte darauf achten, dass die Bilder nicht zu klein sein diirfen.”

81 Geiser, “Giedion In Between,” p.192(註12参照)

82 ギーディオンは von Moos, “The Visualized Machine Age,” p.217(註9参照)から引用している。

20

62. Byvœt u. Duiker, Arbeitersanatorium Hilversum 1927/28, Pavillon
63. Pfleghard u. Hæfeli, Volksheilstätte in Davos 1907
64. Pfleghard u. Hæfeli, Volksheilstätte in Davos 1907, Detail
65. Pfleghard u. Hæfeli, Volksheilstätte in Davos 1907, Liegehalle, von Gaberell

3. Die Oeffnung des Hauses

Flaches und begehbares Dach

66. Steildach und Flachdach im Gebirge
67. Begehbares Dach in Ascona (um 1900)
68. Begehbares Dach in Ascona (um 1900) Ansicht
69. Flachdach im Gebirge (Parsenn)
70. Flachdach im Süden (Cesarò, Sizilien)
71. Flachdächer einer Vorstadt im Haag (um 1900)
72. Flachdächer in Afrika (Blida, Marokko)
73. Le Corbusier, Haus in Ville d'Avray 1928
74. Le Corbusier, Haus in Ville d'Avray 1928, Dachgarten

Das Haus ohne Sockel

75. Le Corbusier, Erdgeschoß des Obdachlosenheims Paris 1927
76. M. E. Hæfeli, Pfeilerhalle, Häuser Wasserwerkstraße Zürich 1927/28

Fenster und Fensterwand

77. Le Corbusier, Schiebefenster, Obdachlosenheim Paris 1928
78. R. J. Neutra, Fensterwand des Appartement Hauses in Los Angeles 1927/28
79. R. Steiger, Schiebefenster, Kilchberg-Zürich 1927/28
80. R. Steiger, Schiebefenster, Kilchberg-Zürich 1927/28 Detail
81. Le Corbusier, Haus in Ville d'Avray 1928, Fensterwand

Luft, Licht und Bewegung

82. Sportplatz auf dem Hausdach (André Lurçat) Paris 1927
83. Tennisspielerin
84. Schwimmbassin aus Glasbeton, Entwurf von H. und B. Rasch, 1928
85. Strandbad
86. Stadion der olympischen Spiele in Amsterdam 1926/28 Arch. Jan Wils.

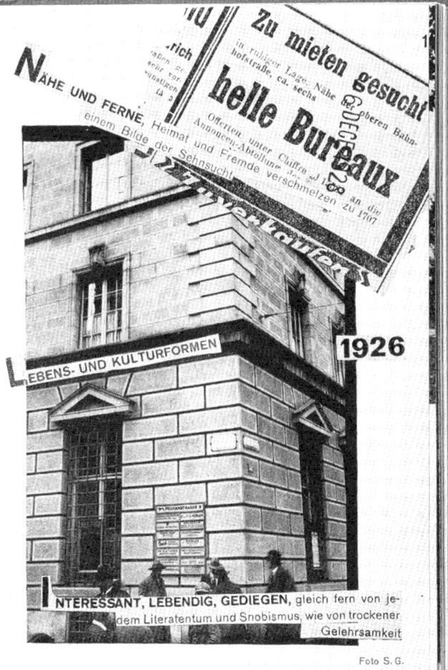

Wir verkleben unsere Häuser mit „monumentalen" Mauern, trotzdem neue Konstruktionsmöglichkeiten uns alle Mittel in die Hand geben, um in unsere Wohn- und Arbeitsräume Licht und Luft einströmen zu lassen.

ギーディオン『解放された生活』(1929年)、20頁と図版1

紙質を変えることによって、文章頁から図版へ移行する[右頁21頁から光沢紙]。図版は書物の内容の多くを担っているが、視覚による物語はダダのようなコラージュによって幕を開け、チューリッヒで建設中の石造建物には似つかわしくない演出をしている。

離さざるをえなかった。後に見るように、文章は図版とは異なる物語の構造を持っている。しかしながら、ギーディオンは小さな書物を手がけることの利点を見いだした。わずかな頁に図版を並置すると集中力が高まり[83]、結果的に読者はより深く読み込むことができる。内容の経済学であり、「生存の基本条件」という建築の主張とも一致している。

物語を操ること

この書物は二つの異なる紙に印刷されている。最初の20頁分は文章が大部分を占め、二つの図解図[84]だけが挿入され、つや消しの黄味がかった紙に印刷されている。通常の語り口とは異なり、冒頭にいくつかの概念をまとめて整理している。一つの文章は極端に短く単刀直入であり、紙面構成にも注意が払われている。最初の頁はさながら詩のようであり、「必要」と「美」という二つの見出しが住宅問題を解決するための糸口となっている[5頁]。戦略として美を使うこと。それによって人々は開かれた空間と新たな生活経験を満たすことができる。手頃な家賃で望むものを得るために

83 ギーディオンにとって書物の小ささがもたらすもう一つの利点は「癒し」効果であった。Giedion, *Befreites Wohnen*, p.4(註1参照)。原文は "Auch das knappe Format, die Einordnung in eine große Serie, kann heilsam wirken." [「簡素な紙面構成でも叢書にしてみると癒し効果がある。」]

84 ヴァルター・グロピウスの記事からの引用。図解図は本文におけるさまざまな都市構造の密度の問題を明示している。

ギーディオン『解放された生活』（1929年）の見開き頁

本文の最初の頁は独立した見開き頁として構想された。左頁には現代生活の説明が示され、過去の生活を説明する右頁と向かい合っている［6–7頁］。エル・リシツキーによって理論化されたように、太字、大文字、異なる文字の大きさによって「印刷の位相学」が形成されている。これらの見開き頁に続く文章は密度に関するグロピウスの図解図によっていったん中断される［14–15頁］。次に、86枚の図版が区切りもないままに配列される。最初の図版は、ダダのモンタージュから始まり、アーネスト・メイによるフランクフルトの「プラウンハイム集合住宅」に面した広大な芝生の写真であり［図版27］、「生存の基本条件［最小限住居］」の命題につながる議論を展開していく。続いて、建設費と技術に関連する図版を使って、ヒルフェルスムとシュトゥットガルトの療養所が取りあげられる［図版32］。先行事例となるダボスの図版によって、陸屋根、持ちあげられた床、大きな水平窓に焦点が当てられて主題がはっきりとしてくる［図版63、64、65］。結びには、体操、スポーツ、公衆衛生の問題が組み込まれ、アムステルダムのオリンピック・スタジアムの図版で締めくくられている。

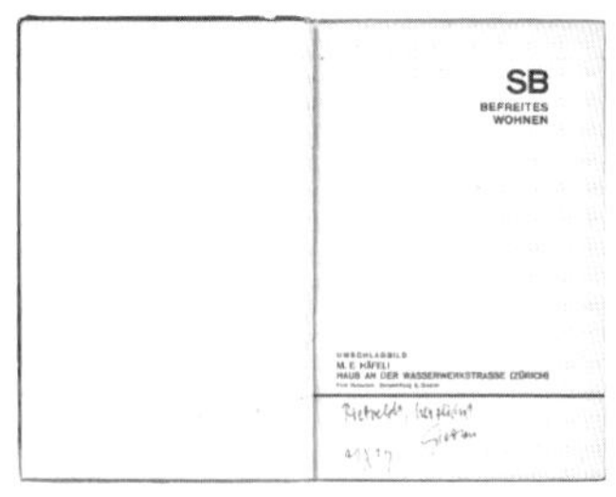

1頁

2頁　3頁

図版2　図版3

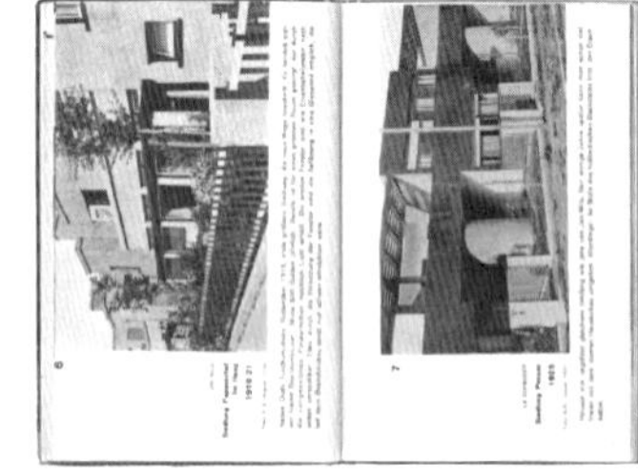

図版6　図版7

図版14　図版15

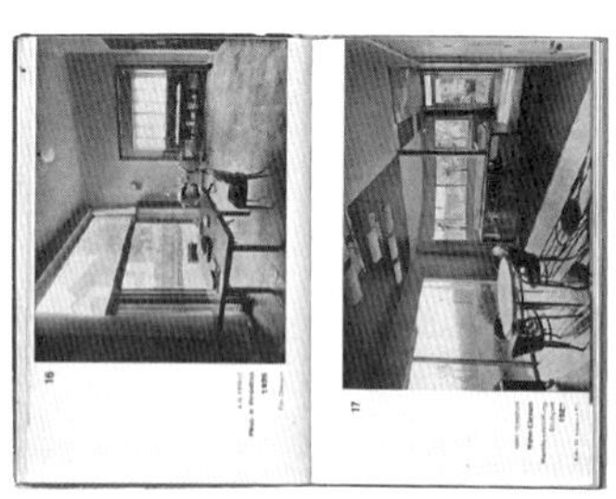

図版16　図版17

図版24　図版27

図版32　図版33

図版63、64　図版65

図版69　図版70

4頁　5頁　6頁　7頁　14頁　15頁

図版8　図版9　図版10　図版11　図版12　図版13

図版18　図版19　図版20　図版21　図版22　図版23

図版47　図版51、52　図版59　図版60　図版61　図版62

図版71　図版72　図版75　図版76　図版82　図版83

『解放された生活』のゲラ刷り、1929年7月19日、21日、8月3日

ゲラ刷りは三組あり、文章の紙面構成と書体に大幅な調整が加えられている。ギーディオンが内容に関して視覚的な一貫性を与えていった過程がわかる。
[ETH GTA 43-T-4]

6月と8月のゲラ刷りの書体の詳細

二校の後にギーディオンは書体をオーロラ・グロテスクに切り替えた。通常の「シャウビュッシャー」において使用される書体とは大幅に異なる書体の選択であった。オーロラは1912年頃にC・E・ウェーバーによってつくられ、いくつかの改良版がヨーロッパにおいて非常によく使われた。1926年の書体目録には九つの名称の同じ書体が掲載されている。
[ETH GTA 43-T-4]

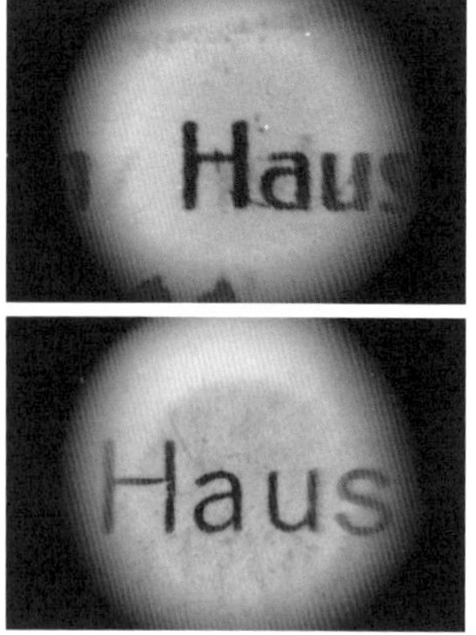

4

Wie bei Pflanzen und Tieren, so erscheint auch in der Architektur eine neue Rasse erst nach dem Verschwinden der alten.

Die Rasse der HOHENPRIESTER DER STEINARCHITEKTUR wird, wie die vorsündflutlichen Tiere, verschwinden müssen, um einem neuen konstruktiven Geschlecht Platz zu machen.

JOBARD, 1849

VORBEMERKUNG

Es ist ganz gut, wenn der Autor einmal nicht zu „Wort" kommen kann und gezwungen ist, sich auf optische Art auszudrücken. Also in diesem Fall: mehr durch Gegenüberstellungen (im positiven Sinn) auszusagen, als durch Erläuterungen.

Auch das knappe Format, die Einordnung in eine große Serie, kann heilsam wirken. Der Autor wird dadurch genötigt, den zur Verfügung stehenden Raum möglichst auszunützen. Daraus ergibt sich zwangsläufig eine größere Konzentration der Bildanordnung und für den Leser vielleicht eine eindringlichere Uebersicht.

Frauenkirch-Lengmatt S. GIEDION
März 1929.

5

Wir wollen befreit sein:

vom Haus mit dem Ewigkeitswert und seiner Folge:
vom Haus mit den teuren Mieten
vom Haus mit den dicken Mauern und seiner Folge:
vom Haus als Monument
vom Haus, das uns durch seinen Unterhalt versklavt:
vom Haus, das die Arbeitskraft der Frau verschlingt

Wir wollen

das geöffnete Haus
das billige Haus
das Haus, das uns das Leben erleichtert
das Haus, das unserem Körpergefühl entspricht
das Haus, das sich im Gleichklang mit dem ganzen übrigen Leben befindet
das Haus für das EXISTENZMINIMUM.

SCHÖNHEIT?

SCHON ist ein Haus, das unserem Lebensgefühl entspricht. Dieses verlangt: LICHT, LUFT, BEWEGUNG, OFFNUNG.

SCHON ist ein Haus, das leicht aufruht und allen Bedingungen des Terrains sich anpassen kann.

SCHON ist ein Haus, das gestattet, in Berührung mit Himmel und Baumkronen zu leben.

SCHON ist ein Haus, das an Stelle von Schatten (Fensterpfeiler) Licht hat (Fensterwände).

SCHON ist ein Haus, dessen Räume kein Gefühl von EINGESPERRT-SEIN aufkommen lassen.

SCHON ist ein Haus, dessen Reiz aus dem Zusammenwirken wohlerfüllter Funktionen besteht.

『解放された生活』のゲラ刷り、1929年7月21日
[ETH GTA 43-T-4]

は、建物は永遠性を求めて建設されなければならないという考えから抜けだすべきである。また、記念碑と厚い壁を求めてエネルギーを消費しなければならないという考えから抜けだすべきである。続く論述の見開き頁には太字の書体と倍角の番号が振られ、過去の問題理解と現代の視点との対比が強調される[6–7頁]。前衛的な修辞的戦略にのっとり、書物はこれまでの生活とは反対の新しい生活形態を宣言する。破壊的な意味ではなく自然な進歩として、より合理的な現在によって過去が克服される。歴史的な視野から見た議論の展開は、視覚的な証拠を使って新しい建築が最終的によりよい生活環境を万人にもたらすことを証明しようとする。印刷の体裁が書物のなかでこの見開き頁の議論において明らかに一役買っている。偶数頁は過去、すなわち「過去の景」を、奇数頁は現在、すなわち「現在の景」に捧げられ、一目で比較することができる。

鍵になる住宅供給の問題は10頁に掲載された「生存の基本条件」という呪文を唱えなくとも十分に明らかにされている。サンテリアの警句「あまねく世代に家を！」[85]を引用して、ギーディオンは家賃をいくつかの手段を用いて減らすことができると主張する。投資と償却の経済収支をはかり、

85 「あまねく世代に家を！」はアントニオ・サンテリアの警句の一つであり、1914年に発表された『新都市』の素描に添えた格言であった。同年、「未来派建築宣言」を刊行し、次のように宣言した。「家は私たちよりも長生きしない。あまねく世代が自らの都市をつくる必要がある」。原文は“Le case dureranno men a di noi. Ogni generazione dovrà fabbricarsi la sua città.”

62. 66

Flachdach u. Steildach

Schwerer Unglücksfall vor einem Schulhaus.
La Chaux-de-Fonds, 20. Dez. pt. Am Mittwochvormittag ereignete sich vor einer Schule in La Chaux-de-Fonds ein schwerer Unglücksfall. Durch den überaus starken Schneefall der letzten Tage hatten sich auf dem Dach des Schulgebäudes hohe Schneemassen aufgetürmt und große Eisklumpen gebildet, sodaß es den Schülern untersagt war, während der Pausen ins Freie zu gehen. Mittwochvormittag stürzte nun vom Dache eine große Eismasse gerade in dem Moment herab als die Schüler die Schule verließen. Drei Schüler wurden dabei erheblich verletzt, und einer davon erlitt sogar einen Schädelbruch, an dessen Folgen er noch am gleichen Tag im Spital starb.

67 Ascona

68 Dach Ascona

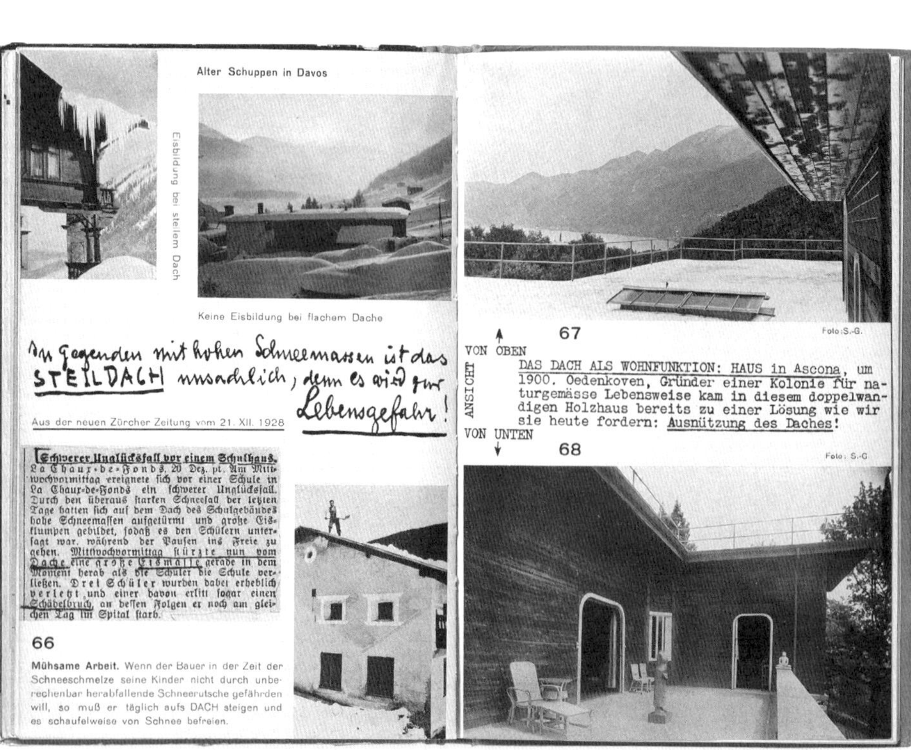

Alter Schuppen in Davos

Eisbildung bei steilem Dach

Keine Eisbildung bei flachem Dache

In Gegenden mit hohen Schneemassen ist das STEILDACH unsachlich, denn es wird zur Lebensgefahr!

Aus der neuen Zürcher Zeitung vom 21. XII. 1928

Schwerer Unglücksfall vor einem Schulhaus.
La Chaux-de-Fonds, 20. Dez. pt. Am Mittwochvormittag ereignete sich vor einer Schule in La Chaux-de-Fonds ein schwerer Unglücksfall. Durch den überaus starken Schneefall der letzten Tage hatten sich auf dem Dach des Schulgebäudes hohe Schneemassen aufgetürmt und große Eisklumpen gebildet, sodaß es den Schülern untersagt war, während der Pausen ins Freie zu gehen. Mittwochvormittag stürzte nun vom Dache eine große Eismasse gerade in dem Moment herab als die Schüler die Schule verließen. Drei Schüler wurden dabei erheblich verletzt, und einer davon erlitt sogar einen Schädelbruch, an dessen Folgen er noch am gleichen Tag im Spital starb.

66

Mühsame Arbeit. Wenn der Bauer in der Zeit der Schneeschmelze seine Kinder nicht durch unberechenbar herabfallende Schneerutsche gefährden will, so muß er täglich aufs DACH steigen und es schaufelweise von Schnee befreien.

67 — Foto: S.-G.

ANSICHT VON OBEN

DAS DACH ALS WOHNFUNKTION: HAUS in Ascona, um 1900. Oedenkoven, Gründer einer Kolonie für naturgemässe Lebensweise kam in diesem doppelwandigen Holzhaus bereits zu einer Lösung wie wir sie heute fordern: Ausnützung des Daches!

ANSICHT VON UNTEN

68 — Foto: S.-G.

工業化を活用し、建設費を削減する。体操が身体の解放と現代の生活様式を表現したように、これらの力学を考慮しながら、建築は新しい社会的条件、経済動向に見合う空間の合理性を表現すべきであるとした。

図版は光沢紙80頁にわたり、ギーディオンは最初の20頁よりもはるかに詳細に議論を展開している。順を追って説明したり一枚一枚の図版を羅列したりする代わりに、統一性のない図版群が頁ごとに連動するように、わずかに共通する視覚的要素を使って変奏して物語を構成している。最初の連結要素は図版番号であり、写真の説明文とは切り離されているが、冒頭の頁［6–7頁］の大きな頁番号と同じ大きさに設定されている。この85番までの数字[86]の位置は頁によって異なり、読者は頁によっては書物を回転させせなければならない。絶え間なく動かすことによって、ものとしての書物、つまりこれまで以上に操作を必要とする書物になる。二つ目の要素は説明文の体裁であり、三種類の重みづけが設定されている（建物の建築家を識別するための薄い大文字、建物と竣工年を表す太字の小文字、および写真家の名前を記した薄い小文字）。番号と説明文はときに空白を挟みながら組み合わされ、書物のなかで読者を導く大胆な組版となっている。多くの場合、三要素の説明文の後に、建築家名と同じ薄い文字の文章が追加される。通常は斜体によって頁の図版に添えられているが、この紙面構成によって説明文は本文と同じ役割を担うことになる。図版を中央に配置して周囲に空白を設けることもない。各図版は裁ち落としである。この前衛的な割り付け[87]は一つの革新であり、ギーディオンは頁の領域を拡張し、『フランスの建物』において用いた対角線の力動性を再び用いて、ここではさらに小さな頁に収めた。図版を左右へ、上下へとずらしながら、頁にできた白い領域を強調し、読者の目を左右へ、上下へと動かし、構成のなかに異なる種類の視覚的要素を取り込んでいる。

← **『解放された生活』の組見本と校了原稿における水平屋根の見開き頁、1928年6月**

本書のなかでもとくに印象的な見開き頁であり、モンテ・ヴェリタの勾配屋根と水平屋根の落ち着いた機能性を対比させている。［頁上部二枚の写真の］左から右の頁に向かって連続する地平線がダボスとアスコナを結んでいるが、組見本においてはそうではない。［校了原稿においては］活字と手書きを混雑させ、傾斜屋根の危険性を大袈裟に強調している。［ETH GTA 43-T-4］

共同的な努力を織り込むこと

『解放された生活』はラ・サラにおけるCIAMの余波として理解されている。ジャック・ギュブラーが指摘したように、1928年の最初のCIAMにおいては、いかなる教義も押しつけることなく、近代建築の共同調査と成果の共同発表が奨励された[88]。エスペラントはまだ夢であったが、当時可能であると思われたのは、言語の壁を取り除くための一つの方法は、視覚的に伝達することであった。1929年のフランクフルト会議の資料を見れば明らかなように[89]、この方法を発表の基準にすることによって、異なる言語を話し、異なる問題に直面している建築家たちの包括的な対話が可能になった。『解放された生活』では、ドイツ語の文章と思い切った写真の割り

86 いくつかの図版番号は大きさが不揃いである。なかでも図版1と図版41は準備段階では図版に組み込まれていなかった。

87 1929年までには、裁ち落とし写真は書物の表紙や雑誌ではよくあるやり方であったが、書物においてはめったになかった（素描や色の裁ち落としはよく使われていた）。

88 Gubler, *Nationalisme et internationalisme*, p.161（註18参照）

89 Mumford, *The CIAM Discourse on Urbanism*, pp.41–43（註18参照）

付けが分離されている。国際的な建築言語を開かれたものにしようとする試みとしては、ラ・サラの共同調査の追求と同じである[90]。たしかに、『解放された生活』で紹介されている幅広い建築家や作品の選択は、ギーディオンがCIAMを通してつくりあげた国際的な提携と符合する[91]。書物は「世論に影響を与えるために」ラ・サラにおいて考案された共同的な戦術とも一致して、住まいの「感傷的な概念」を拒絶し、図版は建築のあるべき姿というよりも「新しい建築の基礎を国民に」知らせる信頼すべき事例として用いられている。ラ・サラ宣言に刻まれた「建築と世論」[92]という問題に対する実体を与えることによって、ギーディオンは「基本的な真理の体系」を確立し、「家政学の基礎」[93]を打ち立てつつあった。この書物の暗黙裏の目的は、特定の建物や建築家だけを強調しないということだけではなく、相互に依存するモンタージュの頁の連続によって個々の図版の意味に弾力性を持たせることである。図版は確立された象徴というよりも、むしろ繰り広げられる議論の一翼を担っている。

議論の土台として、最初のモンタージュとして設定されたのは、石の記念碑性と建物の永遠性という先見を捨てて、自然とのより密接な関係を求める人間の欲求を満たした写真である。パリの植物園にあるシャルル・ロオー・ド・フルリ（1801–75）による鉄骨の温室[94]とル・コルビュジエのヴィラ・シュタインとを対照させた——あるいは結びつけた——見開き頁では、この書物においてギーディオンの常套手段である歴史学的な方法論が登場する［図版2と図版3］。この組み合わせが示しているのは、新しい時代の工業的な建設における自然な進化である[95]。次頁の見開きはCIAMの声明「太陽の効用、影の悪影響」をこれ以上ないほど明快に視覚化している［図版4と図版5］。独房の表現を問題にしているのか、大衆に「記念碑性」の美的概念を押しつけようとしているのかはわからないが、ピュージンの『対比』の方法を用いて[96]、ギーディオンは薄暗い刑務所の独房と光り輝く病院を対置し、建築の持つ野蛮性と対比される、建築がもたらす健康の効果を強調している[97]。ここで読者は書物を横にし、ヤン・ヴィルスによるハーグの「ジードルンク［集合住宅］」とル・コルビュジエによるペサックの住宅団地を見ることになり、従来のレンガ壁から鮮明なプリズムのヴォリュームへと、新しい住宅の可能性の歴史的瞬間を描いていることがわかる［図版6と図版7］。ル・コルビュジエ的な大西洋横断汽船の例では、イタリアの船舶が引き合いに出され、工業的な生産体系によってもたらされる外装の技術的な美しさが、似つかわしくない内装の表現によって裏切られている［図版8と図版9］。工業化された輸送手段に関連して、次にギーディオンは大きく開放された車窓のあるスイスの山岳電車の図版によって、ル・コルビュジエのヴィラ・クックの開口部との機能的かつ美学的な結びつきを示し［図版10と図版11］、短い説明文によって、ル・コルビュジ

90 Steinmann, *CIAM Dokumente 1928–1939*, pp.12–21（註18参照）

91 86枚の図版は32人の建築家による作品である。ル・コルビュジエの建築が最も多く登場し（10枚の図版）、続いてアウト（5枚の図版）、アーネスト・メイ、ルドルフ・スタイガー、ビジュエットとダイガー（各4枚）である。また8か国の建物を確認することができる。ドイツ（25枚の図版）、スイス（21枚の図版）、フランス（15枚の図版）、オランダ（14枚の図版）、米国（2枚の図版）、そしてソビエト連邦、モロッコ、イタリア（各1枚の図版、イタリアとモロッコの図版は土着建築である）。ギーディオンによる図版は15枚だけである。

92 Ulrich Conrads, "CIAM's La Sarraz Declaration (1928)," in *Programs and Manifestoes on 20th-Century Architecture*, trans. Michael Bullock (Cambridge, MA: The MIT Press, 1971).

93 ラ・サラ宣言は「住居の一般経済、土地資産の原則とその道徳的意義、太陽の効能、影の悪影響、不可欠な衛生、家計経済の合理化、家庭生活における機械装置の使用等」に言及する。『前掲書』

94 La Serre des Cactées, Jardin des Plantes, Paris, pp.1834–36.

95 ギーディオンはこの見開き頁に植物園の縦長の図版とシュタイン邸の横長の図版を配置している［図版2と図版3］。それによって右頁の下部に余白を大きく取ることができ、二枚の対照的な図版によって引き起こされる緊張を相殺している。同じような配置は図版12と図版13、重厚な建造物とエッフェル塔の軽さを対比するときにも用いられている。

96 「感情の対立」（下記pp.158–170）を参照

97 Giedion, *Befreites Wohnen*, plate 5（註1参照）

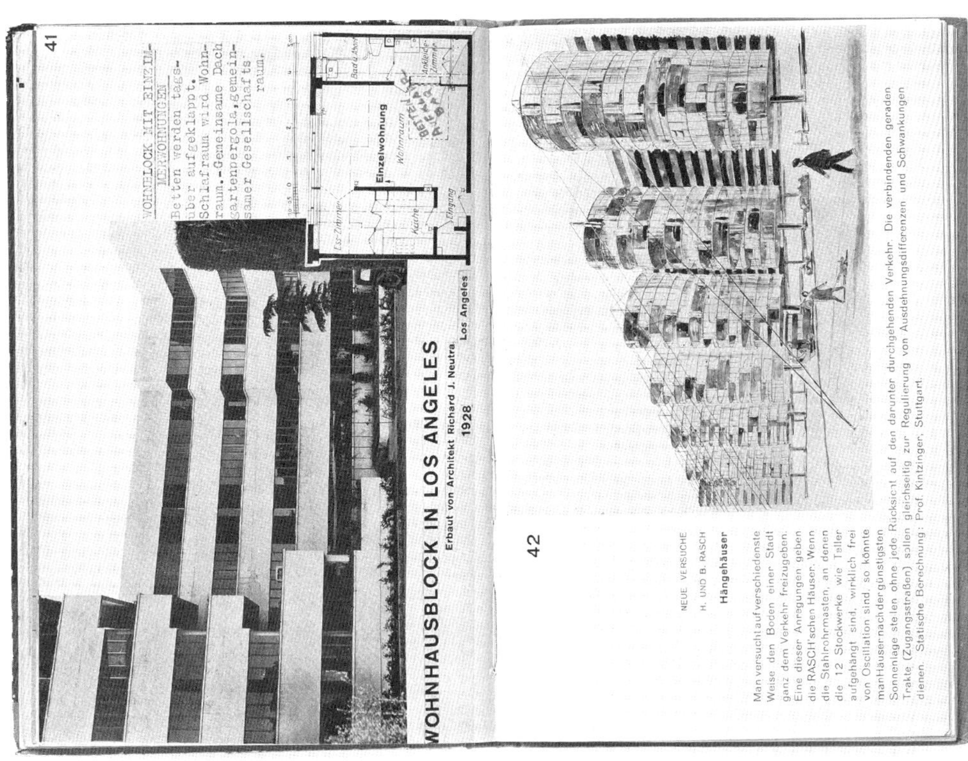

41

WOHNBLOCK MIT EINZIMMERWOHNUNGEN
Betten werden tagsüber aufgeklappt. Schlafraum wird Wohnraum.-Gemeinsame Dachgartenpergola, gemeinsamer Gesellschaftsraum.

WOHNHAUSBLOCK IN LOS ANGELES
Erbaut von Architekt Richard J. Neutra
1928
Los Angeles

42

NEUE VERSUCHE
H. UND B. RASCH
Hängehäuser

Man versucht auf verschiedenste Weise den Boden einer Stadt ganz dem Verkehr freizugeben. Eine dieser Anregungen geben die RASCH'schen Häuser. Wenn die Stahlrohrmasten, an denen die 12 Stockwerke wie Teller aufgehängt sind, wirklich frei von Oscillation sind, so könnte man Häuser nach der günstigsten Sonnenlage stellen ohne jede Rücksicht auf den darunter durchgehenden Verkehr. Die verbindenden geraden Trakte (Zugangsstraßen) sollen gleichseitig zur Regulierung von Ausdehnungsdifferenzen und Schwankungen dienen. Statische Berechnung: Prof. Kintzinger, Stuttgart.

エの「水平横長窓」の原理が新しいコンクリート構法の論理を当てはめたものであることを説明している。ここで書物をもう一度縦に回転させ、構造原理に話題が移り、チューリッヒにある重厚なファサードとエッフェル塔の軽量鉄骨構造を対置し、オスマンのパリにそそり立つ螺旋階段の躍動感を斜めの構図の写真によって強調している［図版12と図版13］。もう一度横に戻して、エッフェル塔の骨組みと、ポール・アルタリア（1892–1959）とハンス・シュミット（1893–1972）によって建設中のヴェンケンハルデの住宅の機能的な白亜のファサード写真が比較される［図版14と図版15］。手前には木製吊りあげ装置と煉瓦があり、完成した建物の白い表面（工業生産の骨組みと手作業の煉瓦壁との組み合わせ）によって隠された混在構造が暴きだされる［図版14］。続いて読者は内部空間に目を移し、オーギュスト・ペレ（1874–1954）とギュスターヴ・ペレ（1876–1953）のペレ兄弟によるヴェルサイユの住宅[98]がシュトゥットガルトのワイゼンホーフにあるハンス・シャロウン（1893–1972）の住宅群と並置される［図版16と図版17］。二枚の図版では、ペレ兄弟による住宅のシュボホン［建築写真などを専門にする写真代理店］の写真では、高い天井と石貼りの床の部屋に柔らかいパリの光が影を落とす。一方、シャロウンの建物では低い天井の部屋のリノリウムの床をまた

ギーディオン『解放された生活』（1929年）、図版41と図版42

図版41の番号に使用される不規則な書体の処理。ギーディオンによるさまざまな素材のぞんざいな貼りつけが紙面構成の不器用さを際立たせている。リチャード・ノイトラによる建物の写真を補完する平面図が頁を占領し、説明文はどこかの活字が貼りつけられ、ダダイストのコラージュというより場当たり的な印象を受ける。

98　同じ写真は『解放された生活』の広報冊子の原寸見本に使用された。GTA-A 43.

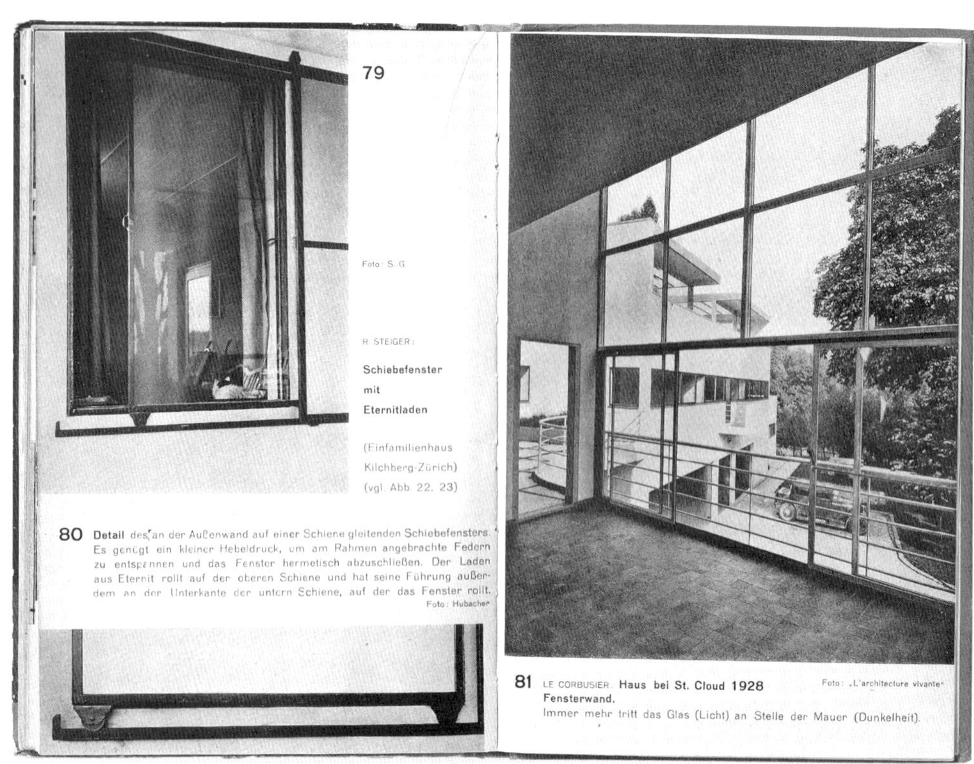

79

Foto: S. G

R. STEIGER:

Schiebefenster mit Eternitladen

(Einfamilienhaus Kilchberg-Zürich) (vgl. Abb. 22, 23)

80 **Detail** des an der Außenwand auf einer Schiene gleitenden Schiebefensters. Es genügt ein kleiner Hebeldruck, um am Rahmen angebrachte Federn zu entspannen und das Fenster hermetisch abzuschließen. Der Laden aus Eternit rollt auf der oberen Schiene und hat seine Führung außerdem an der Unterkante der untern Schiene, auf der das Fenster rollt.

Foto: Hubacher

81 LE CORBUSIER. **Haus bei St. Cloud 1928** Foto: „L'architecture vivante"

Fensterwand.

Immer mehr tritt das Glas (Licht) an Stelle der Mauer (Dunkelheit).

ギーディオン『解放された生活』（1929年）

いで日没（あるいは日の出）に光が差し込んで陰影のはっきりとした影を落としている。次頁の見開きは、再びル・コルビュジエである。読者は階段から明るいテラスへと導かれ、書物の主題の「散策」が完成する［図版18と図版19］。開放性への自然な必要性と新しい建築技術の可能性、内部の表現と外部の表現の一貫性、一貫性のための主要素である窓、新しい窓の形式と演出を可能にする構造体系、構造体系と建築表現の関係性、立ちあがった内部の表現の新しさ、居住空間の延長を提供する陸屋根。続く頁において、こうした主題が個別の住宅の内部空間に適用されて展開していく。ルドルフ・スタイガー（1900–82）、マルト・スタム（1899–1986）、ヘリット・リートフェルト（1888–1964）、マルセル・ブロイヤー（1902–81）が登場し、室内空間の可能性、可動家具、引き戸のような壁、機械設備、革新的素材、機能の革新的な組み合わせを示し、そしてピスカトール［劇場監督］の寝室にある体操器具によって頁の流れを締めくくる［図版26］。そしていよいよ「生存の基本条件」に突入する。

最初の図版群について説明が長くなったのは、『解放された生活』の図版、文章、紙面構成をばらばらに分析していると捉えることのできない根本的な論点を指摘するためである。見開き頁とその配列順が内容と意味の複雑な編み目をつくりだす。とりわけ陸屋根の利点に焦点を当てた見開き頁には、ギーディオンによる三枚の写真（図版66、図版67、図版68）が収められている。ギーディオンによる図版はこれだけであるが、見開き頁は全部で五枚の写真のほかに、さらに多くの図版［新聞の切り抜きなど］によって構成されている。見開き頁のやり方を踏襲し、頁ごとに異なる主題を提示する［74頁まで］。左頁にはギーディオンによるダボスの冬の風景写真（図版66）[99]、右頁にはロカルノ近郊のモンテ・ヴェリタにあるイダ・ホフマンとアンリ・オーデンコーベンの木造住宅（図版67と図版68）を掲載することによって、ギーディオンは自然主義者の共同体によって開拓された生活への取り組みを称賛する[100]。図版番号のない図版三枚は、すべて左頁に寄せられ、新聞の切り抜きと傾斜した屋根に積もる雪の危険性を示す二枚の写真が収められている。原寸見本と比較すると、ギーディオンは最終の紙面構成において右頁にある図版と入れ替えたことがわかる。ギーディオンは頁の下にあったティチーノ山脈を上に移動させ、左頁上のダボスの風景との連続性をつくりだした。加えて、左にあった図版番号のない二枚の写真を頁の左上と右下の角に移動させて対角線を形成し、新聞の切り抜きによって差し迫った悲劇の到来を強調した。屋根に降り積もる雪は通りを静かに歩いている人々に落ちる（そして殺す）だけでなく、雪下ろしの時期には屋根の上で働いている人々が落下する（そして殺される）危険性もあるというわけである。この対角線は見開き頁の上部をつないで右頁に続く水平線によって相殺され、アルプスの広々とした眺めが読者を落ち着かせ、心地よい「生活」を手にとることができる。文章は写真によって演出された劇を強調するかのように置かれ、太い鉛筆の手書き（左）と正式なタイプ文字（右）、新聞の切り抜き書体と書物のサンセリフ書体とを対比させている。すべての文章は異なる形式であり、下線、太字、小文字と大文字の混在、頁揃えの違いなど、リシツキーによる「印刷の位相学［タイポロジーのトポロジー］」[101]をつくりだしている。結果として生じる雑然さは「空所恐怖症」を示唆し、これだけ多くの要素があると、見開き頁そのものが新しい時代の書物の表現としては不器用なものになりかねない。それにもかかわらず、活字と書体、画像、紙面構成が重なって両義的な意味を生みだし、読者は単語や文章、あるいは写真という視覚的な証拠をすべて結び合わせるように要請される。

頁の流れは映画的である。書物の視覚的戦略によって「建築的な散策」へと導かれる。訪問者の目と足は建物へと向かう。結果として動的な空間認識をもたらし、建築環境に対する感性的な反応を引きだす[102]。建築は映画の先駆者とも考えられるが[103]、セルゲイ・エイゼンシュテイン（1898–1948）が論じたように[104]、映画はギーディオンの参考文献の一つであったモホリ＝ナジの『絵画・写真・映画』における「都市の動態」の先駆けでも

99 Sigfried Giedion, negative film, GTA-A 43-F-DNS-51-8-1:1N.

100 ジークフリート・ギーディオンによる『解放された生活』の原寸見本の頁。

101 Maria Gough, "Contains Graphic Material: El Lissitzky and the Topography of G," in *G: An Avant-Garde Journal of Art, Architecture, Design, and Film, 1923–1926*, ed. Detlef Mertins and Michael W. Jennings (Los Angeles: Getty Research Institute, 2010), pp.21–51.

102 モホリ＝ナジ、リシツキー、ギーディオンが興味を抱いた建築的空間と映画的抽象や音楽的旋律の相互作用はハンス・リヒター（1888–1976）［ドイツの画家、映画監督］において研究された。David Wittenberg, *"Befreites Wohnen" 1929: Erinnerungen an ein Manifest der modernen* (Museum für Gestaltung Zürich, 1998), DVD, 32 min.; Andres Janser and Arthur Rüegg, *Hans Richter: New Living, Architecture, Film, Space* (Baden: Lars Müller Publishers, 2001); Timothy O. Benson and Philippe-Alain Michaud, eds., *Hans Richter: La Traversée du siècle* (Metz: Centre Pompidou-Metz, 2013).

103 ギーディオンによるモンタージュとコラージュの使用と映画との関係については、下記を参照。Davide Deriu, "Montage and Modern Architecture: Giedion's Implicit Manifesto," *Architectural Theory Review* 12, no.1 (August 2007): pp.36–59.

104 Sergei Eisenstein, "Montage and Architecture" (ca.1937), with an introduction by Yve-Alain Bois, *Assemblage* 10 (1989): pp.111–15.『前掲書』からの引用。「直感的な統合」（下記pp.201–211）も参照

あった[105]。それゆえ、建築が映画より先に、映画が書物より先にあるとすれば、建築が書物より先にあり、モンタージュは両者を横断して「見る者に感情的な効果を及ぼす」[106]ことを可能にする。スライド講義から映画、書物、建築へ、そしてまた映画へと結び合わせることによって、『解放された生活』の戦略的なモンタージュはこれらすべての伝達形式の間に共通の基盤をつくりだし、新しい時代の建築を広く大衆に提示する[107]。

切り貼り

それ以前の出版物から画像と文章を切り抜くことが、『解放された生活』の図版作成に用いられた主要な戦略の一つであった。たとえば、同じ頁に貼りつけられた図版37と図版38［図版番号なし］は、背もたれ椅子の二つの図版であるが、一つはアーネスト・メイとオイゲン・カウフマン設計のフランクフルトの「ジードルンク」の寝台である。同じような写真の対は1929年6月号の『新しいフランクフルト』[108]にも掲載され、『解放された生活』のほかの写真も多数掲載されている[109]。雑誌が出版されたとき、書物の方はすでに出来上がっていたが、同じ背もたれ椅子の画像でも、書物では異なる紙面構成になっているのはやはり興味深い。雑誌の紙面はかなり大きく、それ自体が寝台を工業製品として宣伝することに一役買っていて、CIAMの標準判型の白い紙面に慎重に説明文が割り付けられている。雑誌ではすっきりと整理された紙面構成であったが、ギーディオンの書物では二つの画像が紙面を占領している。おそらく小さな画像になることを懸念した出版社への配慮であるが、補足情報を入れる余白さえない。代わりに、平面図が切り貼りされ、活字の説明文が細い筋のように切り取られて不均等に配置されている。二つの紙面構成を比較すると、ギーディオンの書物は不器用で手を抜いたように見えるかもしれない。ギーディオンは厳密さに欠いた書物の言い訳をたくさんしたが、論旨の手抜きはしなかったし、形式的にもっと一貫したものをつくるために内容を制限するような譲歩はしなかった。これは『解放された生活』の最大の成果と思われる。ギーディオンは書物そのものの一貫性よりも、自らの主張の一貫性とそれを下支えする根拠を提示することに力を注いだ。

画像狩猟

1928年11月19日月曜日、オレル・フュズリに書物に対する要求と希望を書き送る数日前、ギーディオンはヴァイブリンゲン診療所の写真を追加し

一 ギーディオン『解放された生活』（1929年）、フランクフルトの折りたたみ寝台の図版

活字の説明文や平面図が余白のない折りたたみ寝台の二つの画像の上に切り貼りされ、通常の説明文や画像番号をつける場所がなくなっている。
［CCA MAIN 9291 / MAIN W8078］

『新しいフランクフルト』、フランクフルトの寝台の広告、1929年6月

『解放された生活』に掲載されたのと同じ図版が雑誌『新しいフランクフルト』の非営利広告に掲載されている。かなり大きな頁にすべての情報が適切な大きさとしかるべき場所に慎重に置かれている。この方法は次の10月にCIAM会議で採用される基準にしたがっている。
［CCA CAGE W.N483］

105 Von Moos, "Die Industriekultur," p.363（註9参照）
106 セルゲイ・エイゼンシュテイン『前掲書』からの引用［翻訳］
107 ギーディオンによる建築概念と画像のモンタージュを対象としたヒルデ・ハイネンの研究に続いて、デイビット・デルルは精神分析的な方法論を用いて『フランスの建物』のモンタージュ手法を解釈し、次のように結論づけた。「文章と画像の相互作用は近代建築の本質を表す適切な手段を見つけたいというギーディオンの望みの現れである。しかしながら、ギーディオンは『ノイエス・バウエン』の美徳を称賛しているものの、相互貫入という独自の概念に包含される流動的で相関的な性質を完全に捉えることができなかった。ギーディオンはこの自己敗北の窮地を自覚し、紙面に投影するように文章と写真を配してなかば映画的な効果をつくりだそうとした」。Deriu, "Montage and Modern Architecture," p.55（註103参照）
108 *Das Neue Frankfurt: Monatsschrift für die Probleme moderner Gestaltung* 3, no.6 (June 1929): p.128.
109 Sigfried Giedion, "Bauen in der Schweiz" *Das Neue Frankfurt* 3, no.6 (June 1929): pp.105–17.

NACHTSTELLUNG

TAGESSTELLUNG (DURCH VORHANG VERDECKBAR)

DAS FRANKFURTER BETT

Das Frankfurter Bett ist aus der Raumnot eines Bürgerhaushaltes entstanden. Es ist das Letzte einer Reihe von Modellen, die Jahre hindurch in der Praxis erprobt, verbessert und vereinfacht wurden.

Tagsüber benötigt es nur etwa 0,3 qm Raum, hat einfache Linien und ist aus bestem Stahlrohr hergestellt. Die Matratze hat 24 Federn aus erstklassigem Stahl. Die beim Klappen zu leistende Arbeit ist durch eine sinnreiche Federkonstruktion auf ein Minimum herabgesetzt.

Vom Ausschuß 6 der Reichsforschungsgesellschaft für Wirtschaftlichkeit im Bau- und Wohnungswesen e. V., Berlin, nach Vergleich verschiedener Klappbetten ALLEIN ALS ZWECKMÄSSIG ERKANNT.

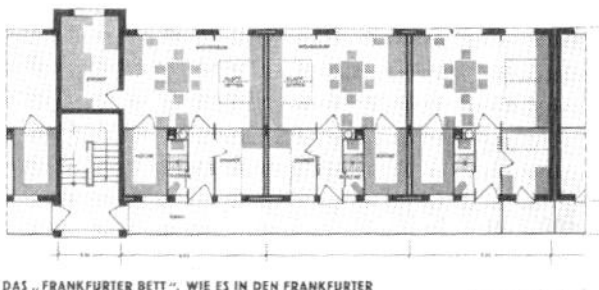

DAS „FRANKFURTER BETT", WIE ES IN DEN FRANKFURTER KLEINSTWOHNUNGEN EINGEBAUT IST.

HEERDT-LINGLER
G. M. B. H.

FRANKFURT AM MAIN
UNIONHAUS · STEINWEG 9
FERNSPRECHER: AMT RÖMER 570

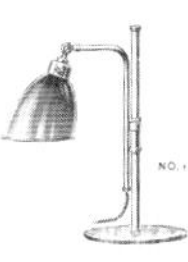

リチャード・デッカー、ヴァイブリンゲン診療所、シュトゥットガルト、1926–28年

ギーディオンがデッカーに依頼したのは、最近竣工したばかりの病院の内部空間と外部空間の連続性を説明するための画像であった。同じ画像は後にデッカー自身の書物『テラスの型』にも使われ、『解放された生活』でも対照的な刑務所の独房の図版とともに掲載されている（図版5）。写真は療養所という医学的な図像として、後にハウザー・アム・ヴァーサーヴェルク＝シュトラウス［集合住宅］を『解放された生活』の表紙に使うときに参考にされた。

たいとリチャード・デッカーに書き送った。ギーディオンはほしい画像を非常に正確に説明している。

> 戸外の寝台写真には満足していますが、窓のある壁が見えるように病棟内を見せたいのです。最近では写真を完全に逆光で撮影することもできますから。[110]

書物の重要な部分について出版社と合意する直前でも写真を手に入れたいというこの衝動は、ギーディオンの戦略において文章の筋立てよりも視覚的なものを優先していたことを裏づけている[111]。二週間後、書物に関連したおびただしい手紙を書くことに費やした土曜日、ギーディオンはデッカーに再び手紙を書き、ヴァイブリンゲン診療所と一緒にゾンネストラール療養所のテラスにある寝台を見せたいといいだした[112]。コーネリアス・ファン・エーステレンにも手紙を書き、ビジュエットとダイガーと連絡を取ってゾンネストラール療養所の情報を得ようとしていた。ギーディオンは写真に人が写っていることで書物を生き生きさせたいという。

> 写真をいくらか提供していただけないでしょうか。現住所を知らない建築家から直接入手することが実際できるでしょうか。できれば、内部から見た写真、つまり現実に使われているところがわかる写真をお願いします。「空っぽの」建築の画像は死んだように見えます。[113]

住まいに関する視覚的な物語を構築するためにギーディオンが念頭に置いていたのは、療養所に関する医学書であった。新しい建築についての物語の冒頭を飾る病院の写真［図版5］、そして書物の最後を飾る体操と野外空間の写真［図版86］である。ギーディオンのアルペンの家がダボスの近く、おそらく当時ヨーロッパで最も有名な保養地であったフライエンキルヒにあったことを忘れてはならない[114]。つまりギーディオンは医学の実践の場の間近にいて、身体の修辞学に精通していた。

12月15日、デッカーはヴァイブリンゲン診療所の二枚の写真[115]をギーディオンに送っているが、間近の出版物に使うためすぐに返却するように頼んでいた。デッカー自身の書物、『テラスの型』[116]の新規性を損なわないよう、特定の書物にだけ使うようにとも伝えていた。ギーディオンが使用した三枚目の写真はデッカーへの依頼の記述に合致するが（『解放された生活』の図版5、『テラスの型』の図版27）、デッカーから送られてきた二枚の画像のうちの一枚であるかどうか、あるいは追加されたものであるかどうかはわからない。デッカーの説明文は「テラス、欄干、そして田園地帯の景色を望む、ツインベッドルームの開いた窓から」である［同じ写真を掲載したギー

110 チューリッヒから1928年11月19日にギーディオンがデッカーに宛てた手紙。GTA-A 43-K-1928-11-19 (G) 1/3. 原文は "Ich freue mich sehr auf die Aufnahme mit der Betten im Freien, aber ebenso würde Ich gern das Innere eines Krankensaales bringen, allerdings so, dass die Ansicht die Fensterwand umfasst, obwohl Aufnahmen gegen das Licht heute noch richtig gemacht werden können."

111 Von Moos, "The Visualized Machine Age"（註9参照）

112 チューリッヒから1928年12月1日にギーディオンがデッカーに宛てた手紙。GTA-A 43-K-1928-12-1 (G) 1/5.

113 チューリッヒから1928年12月1日にギーディオンがエーステレンに宛てた手紙。GTA-A 43-K-1928-12-1 (G) 1/5. 原文は "Sie mir seinerzeit in einem Zeitungsausschnitt sandten. Könnten Sie mir einige Photos verschaffen und zwar direct von den Architekten, deren Adresse ich im Augenblick nicht habe. Womoglich auch eine Aufnahme von innen nach aussen, eine Aufnahme, die die ganze Sache im Betrieb zeigt, den die 'Leeren' Architekturaufnahmen wirken für uns heute vielfach unlebendig."

ディオンの図版5の説明文は、「部屋からテラスや風景を眺める。軸組構造によって壁がガラスになる。構造だけが残る。風景は内側に流れてくる。患者はもはや世界から孤立していると感じることはない。患者は消毒剤を必要とするのと同様に、光と心理的刺激を切実に必要としている。しかし一般の病院は刑務所や兵舎のようにつくられている。」]。風景の重なりが明快に説明されているが、『解放された生活』の表紙は同じような風景の重なりに人が含まれている。

1928年の冬、『フランスの建物』は期待したように売れなかった[117]。出版社によると、わずか700部しか売れず、出版社は商業的失敗を書名のせいにした。

> 間違いなく書名のせいです。最後の最後にあなたにねじ伏せられたことを本当に後悔しています。どんな結果になるかはわかっていましたし、はっきりと証明して見せますが、このような場合は昔ながらの出版社の賢明な経験を頭ごなしに拒絶してはならないのです。[118]

こうしたことがあって、ギーディオンは執筆中の新しい書物の書名に今まで以上に注意深くなっていたに違いない。数日前にギーディオンは『新しい時代の生活』を仮題とする新しい書物の契約書を受け取っていた[119]。当

マックス・エルンスト・ヘフェリー、ロタッハ住宅、チューリッヒ、1928年
[ETH GTA 43-T-4]

114 Kasimir Edschmid, *Davos: Die Sonnenstadt im Hochgebirge* (Zurich: Orell Füssli, 1932).

115 シュトゥットガルトから1928年12月15日にデッカーがギーディオンに宛てた手紙。GTA-A 43-K-1928-12-15:1/2.

116 Richard Döcker, *Terrassen Typ: Krankenhaus, Erholungsheim, Hotel, Bürohaus, Einfamilienhaus, Siedlungshaus, Miethaus und die Stadt* (Stuttgart: F. Wedekind, 1929).

117 ライプツィヒから1928年11月27日に出版社クリンクハルト・アンド・ビールマンがギーディオンに宛てた手紙。GTA-A 43-K-1928-11-27:1/2.

初の一般的な『生活』では「短すぎる」[120]と出版社が見なしたことによる修正であった。ほかの代替案として『新しい時代の生活文化』と『今日の建物』も検討されたが、ギーディオンは少なくともコーネリアス・ファン・エーステレンに意見を求めた12月1日からすでに『解放された生活』を念頭に置いていた。

> 私は住まいに関する叢書として小さな書物をつくることになっています。『解放された生活』にしようと思っていますが、大自然に開かれ、機能的で塵一つない生活にふさわしいほかの題名があるでしょうか。[121]

ファン・エーステレンはこの題名については答えなかったが、そのときから『解放された生活』に固まった。それから『フランスの建物、鉄の建物、鉄筋コンクリートの建物』という三つの言葉の組み合わせを彷彿とさせる三対の単語「光、空気、開口」が加わり、活字と写真を組み合わせた表紙につながった。

表紙をよりよく理解するためには、書物の構造と論点の構造との一貫性を考察してみることが有効である。序文のいくつかの箇所において、ギーディオンは経済の必要性とさまざまな建築要素を正しく組み立てる必要性を強調している。ギーディオンは、多くの論者同様、19世紀を「二元論」によって生活がさまざまな側面に分断された歴史の混乱期と見ていた。課題はこの断絶を克服し、技術の視覚的表現を通して生活のあらゆる側面を結びつけることであった。書物の全体構造をこの建築的な主張の比喩と見なすことは難しくない。

118 1928年12月12日にゲイルグ・ビールマンがギーディオンに宛てた手紙。Georgiadis, introduction to *Building in France*, p.56, note 186（註7参照）からの引用。ドイツ語版第二版やフランス語版はギーディオンの生前に出版されなかったが、書名は *Ursprung des neuen Bauens*［新しい建物の起源］や *L'Origine de l'architecture moderne*［近代建築の起源］に変更されてしまった。ギ・バランジェによるフランス語訳が2000年にようやく出版された（ジャン＝ルイ・コーエンによる序文）。Sigfried Giedion, *Construire en France, construire en fer, construire en beton* (Paris: Éditions La Villette, 2000).

119 チューリッヒから1928年12月12日にオレル・フュズリがギーディオンに宛てた手紙。GTA-A 43-K-1928-12-7:1/3.

120 チューリッヒからオレル・フュズリがギーディオンに宛てた手紙。Zurich, November 27, 1928, GTA-A 43-K-1928-11-27:1:2.「『生活』の書名では少し短すぎる」。原文は "Der Titel 'Wohnen' ist etwas zu knapp."

121 チューリッヒから1928年12月1日にギーディオンがエーステレンに宛てた手紙。GTA-A 43-K-1928-12-1 (G) 1/5. 原文は "Ich soli in einer Sammlung ein Bändchen über 'Wohnen' zusammenstellen, das ich 'Befreites Wohnen' nennen möchte oder wissen Sie einen besseren Titel für das ungehinderte, funktionelle, staubfreie, nach aussen geöffnete Wohnen?"

ジークフリート・ギーディオンと
カローラ・ギーディオン、
ヴァルター・ヒューゲルショファーと
アリス・ヒューゲルショファー、
カール・フバッハー
『解放された生活』表紙の写真撮影、
1928–29年の冬

晴れた冬の午後、美術史家の一行はフバッハーのカメラに向かってポーズをとり、書物の表紙を飾る完璧な図版をつくろうとしていた。逆光の写真には、開放的な居間と周囲の景観を媒介するテラスの空間を楽しむこの家の住人が写っている。[ETH GTA 43-T-4]

ギーディオンの意欲とは裏腹に、印刷物の部数が一万部であるという工業的性格と、手づくりの品質との間には矛盾がある(工業製品の工程を表現することを目的とした建物が実際には手仕事の技術によって建てられているという急進的な近代建築における矛盾と似ている)。『解放された生活』の註釈を見れば、ギーディオンが産業革命以前の時代の構造上および建設上の制約を克服し、新しい建築の可能性を理解するための鍵として建築材料を捉えていたことがわかる。ガラス、鉄筋コンクリート、および鉄はすべて、元素の化学変換を利用した複雑な材料である。木や石とは異なり、工業と技術の結果である。「我々は家を建てるだけではない。まずはじめに材料を『建てる』」[122]。これは書物にも当てはまることである。オフセット印刷では写真も均質に処理され、写真、描画、および文章を一つの頁にまとめることができる。たしかに、この技術的な手順の単純さがあるからこそ、出版社は「シャウビュッシャー」叢書の慣例を変えることに同意した。ギーディオンは85頁にわたる通常の写真の構成ではなく、手作業で写真を切り抜き、文章をモンタージュして交互に組み合わせて書物の組見本に貼りつけた。そしてこの手作業を工業的に印刷する。工業と手仕事のはざまにあるこの工程のおかげで、書物の内容を伝えることが可能になった。ギーディオンが主張する新しい時代の建築の双方向性[人間的であることと工業的であることの相互作用への期待]と同じである。

書物の表紙はカール・フバッハーによる写真が中央に配され、写真にはマックス・エルンスト・ヘフェリー(1901–76)によって設計されたチューリッヒにある三棟の住宅の並びにある、ハウザー・アム・ヴァーサーヴェルク=シュトラウスのバルコニーに二人の男女、おそらくギーディオンとその妻カローラ・ギーディオン=ヴェルガー(1893–1979)[123]が写っている[124]。

122 Giedion, *Befreites Wohnen*, p.11(註1参照)。「我々はいわば実験室において元素から新しい材料をつくりだし、以前とはまったく異なる方法で使用する」。原文は“Laboratoriumsmäßig setzen wir die neuen Materialien gleichsam aus Elementen zusammen, urn sie in ganz anderer Weise als früher für unsere Zwecke gestaltbar zu rna chen.”

123 Bürkle and Tropeano, Die Rotach-Häuser, p.54(註13参照)

124 バルコニーの写真は当時のヴァルター・ヒューゲルショファー教授が所有していた中央の家である。『前掲書』、note 13

テラスでのお茶とビスケット、1928–29年冬

写真撮影後、くつろぐ一行。
[ETH GTA 43-T-4]

画像は層が重なっていくような構図［室内外の床面、バルコニーのテラス、街並み、背景の山々の奥行きのある構図］であり、ギーディオンがヴァイブリンゲン診療所から見せたかった構図［図版5］を反映している。しかし、デッカーの写真は斜めから、フバッハーの写真は正面からである。前景は背後から光の差す居間であり、リノリウムの床に敷き詰められた薄い絨毯、テーブル、そしてヘフェリーとエルンスト・カドラー＝ヴェーゲリによって設計された工業製品の椅子[125]が置かれている。窓枠が淡い影を部屋のなかに落とし、閾を形成して外への眺望を三分割している。窓の向こう側には、バルコニーがあり、男が冬の日没の川を見つめている。女は寝椅子にもたれている。中央の女の脚とハイヒールが目立つ[126]。背景も、川、向こうの街、遠くの山の三層になっている。太字の大文字によって「光、空気、開口」の三語が画像の上に浮かんでいる。三段に重ねて配置され、下に各々の単語が小さな文字で繰り返されている。上の方は、少し大きな文字になり、「光」と「空気」が窓上部の暗い壁に白色で印刷され、「開口」は明るい空に重ねて黒色で印刷されている。黒色の「開口」とは対照的に、小さな「開口」の場合は街に重なって白色である。小さな「光」は一つだけが白く、ほかは黒い。このような「印刷の位相学」は表紙に視覚的な残響をつくりだすだけではなく、内側と外側、前景と背景、あるいは三分割された窓枠の左方、中央、右方の間で絶え間なく焦点を動かす。読者の目は画像のあ

125 椅子はヴォーゲンベダルフ社から購入されたが、1926年頃からホルゲングラールス社によって製造されていた。Mehlau-Wiebking, Rüegg, and Tropeano, *Schweizer Typenmöbel 1925–1935*, p.155（註4参照）

126 椅子に座る女性は、1929年4月にロンドンの雑誌『ザ・スタジオ』に掲載されたシャルロット・ペリアンとル・コルビュジエの寝椅子LC4の写真を彷彿とさせる。

らゆるところに動きだしていく。

ギーディオンのアーカイブには表紙のための一連の写真がある。表紙には収まりにくい横長の画像では、内側と外側の敷居となる暖房器具の上に設えられた腰掛けに男が一人座り、細い金属の窓枠から外を見つめている。その先にある街の伝統的な家屋のなかに教会の尖塔が建っている。多くの写真では、バルコニーが写り、閾にいるという感覚をつくりだそうとしているが、寂しそうな一人の人物に代わって、多くの人と家具が組み込まれている。ある一枚の写真にギーディオンがいるため、表紙の人物もまたギーディオンであることがわかる[127]。被写体と写真家が撮影後にお茶とお菓子をともにしている写真もある[128]。残りの四枚の写真は焦点や採光にこだわり、画像の構成に二案あったことがわかる[129]。どれも居間、家具、風景、そして人間との間に相互関係が生みだされ、人の笑顔を見るに撮影はくつろいだひとときだったようである。家具と人物を並び替えることによって、物理的な動きが表紙の印象を生みだす。人物を意図的に動かして、お互いに反応し合うような劇的な視覚効果を生みだし、最終的には活字の構成によって強化される。

職人

まとまった写真のアーカイブから表紙のつくり方が再現できるように、書物の組見本から紙面構成の作業も明らかになる。『フランスの建物』については紙面構成に関する素描が豊富にあり、鉛筆とはさみを使って熱心に作業をしていたギーディオンの姿が目に浮かぶようである。46頁と47頁の紙面構成の少し珍しいモンタージュでは、ギーディオンは新聞紙に（おそらく紙を使い果たしたのだろう）画像と文章を貼っていた。結果的に出来上がった書物の白色の背景とは対照的に、揺れ動くかのような視覚的経験が生まれている。ギーディオンは『解放された生活』をつくるときでも画像と文章の構成に同じような策を用いていたようである。切り抜き帖には、初稿に何度も手書きの修正が加えられ、さらに活字原稿、そしてゲラ刷りにも、何層にも修正が加えられている。見開きの構成と内容についての、継続的かつ直感的なつくり直しであり、すでに見てきたように、両者は密接に絡み合っていた。工程は手仕事的であり、草稿から最終的な出版物に至るまで書物の細部に注意が払われていた。機械工程によって手の痕跡を簡単に消してしまえるはずであるが、最終的な出版物には不器用さの痕跡が残されている。とはいえ、すべての作業工程は慎重に検討され、単に文章を書きつけるのではなく、紙面構成に合わせて書き直して編集され、ところどころ特定の箇所を強調するための活字の処理が用いられた。画像はほかの

127 無記名であるが、おそらくカール・フバッハーの写真である。Giedion Archive, GTA-A 43-T-4 (18).
128 『前掲書』、GTA-A 43-T-4 (9).
129 『前掲書』、GTA-A 43-T-4 (19–22).

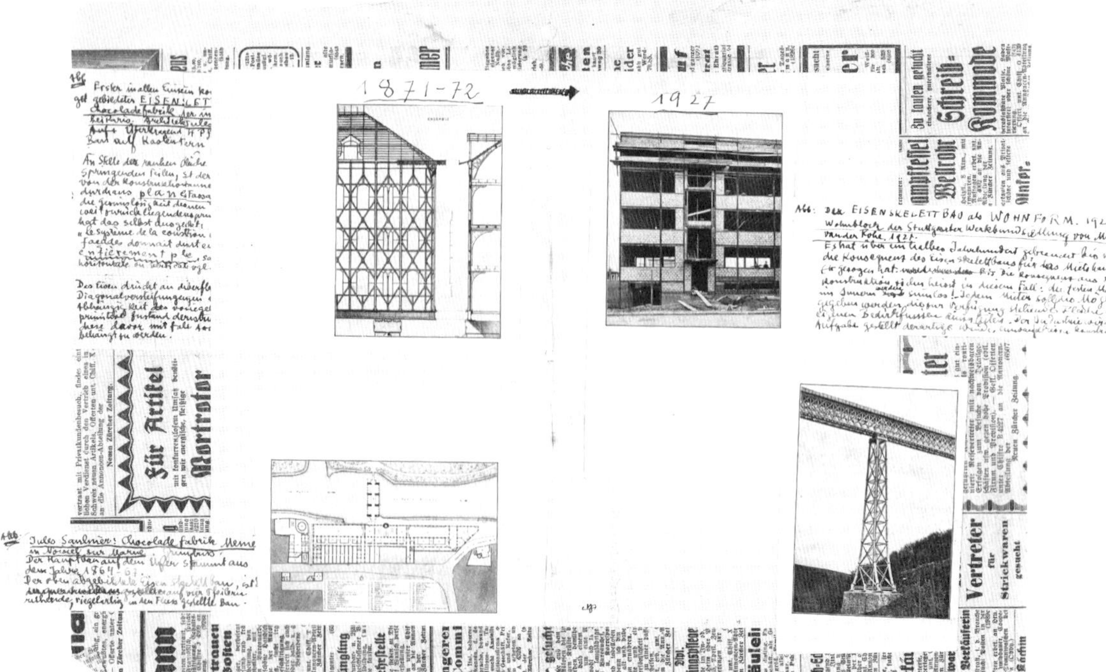

1871—72

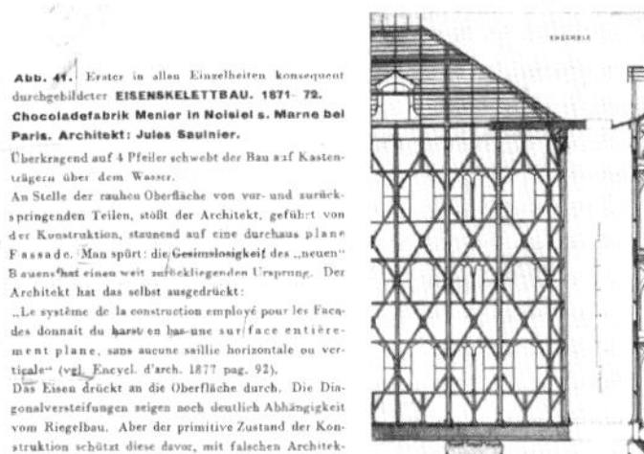

Abb. 41. Erster in allen Einzelheiten konsequent durchgebildeter **EISENSKELETTBAU. 1871—72. Chocoladefabrik Menier in Noisiel s. Marne bei Paris. Architekt: Jules Saulnier.**

Überkragend auf 4 Pfeiler schwebt der Bau auf Kastenträgern über dem Wasser.

An Stelle der rauhen Oberfläche von vor- und zurückspringenden Teilen, stößt der Architekt, geführt von der Konstruktion, staunend auf eine durchaus plane Fassade. Man spürt: die Gesimslosigkeit des „neuen" Bauens hat einen weit zurückliegenden Ursprung. Der Architekt hat das selbst ausgedrückt:

„Le système de la construction employé pour les Facades donnait du haut en bas une surface entièrement plane, sans aucune saillie horizontale ou verticale" (vgl. Encycl. d'arch. 1877 pag. 92).

Das Eisen drückt an die Oberfläche durch. Die Diagonalversteifungen zeigen noch deutlich Abhängigkeit vom Riegelbau. Aber der primitive Zustand der Konstruktion schützt diese davor, mit falschen Architekturteilen behängt zu werden.

1927

Abb. 43. Der EISENSKELETTBAU als WOHNFORM. 1927. Wohnblock der Stuttgarter Werkbundsiedlung von Mies van der Rohe. 1927.

Es hat uber ein halbes Jahrhundert gebraucht, bis man die Konsequenz des Eisenskelettbaus für das Miets haus gezogen hat. Die Konsequenz aus der Konstruktion ziehen heißt in diesem Fall: die festen Wände im Innern werden sinnlos! — Jedem Mieter soll die Möglichkeit gegeben werden, die zur Verfügung stehende Fläche nach eigenen Bedürfnissen einzuteilen. Der Industrie wird die Aufgabe gestellt, derartige Wände einwandfrei zu konstruieren.

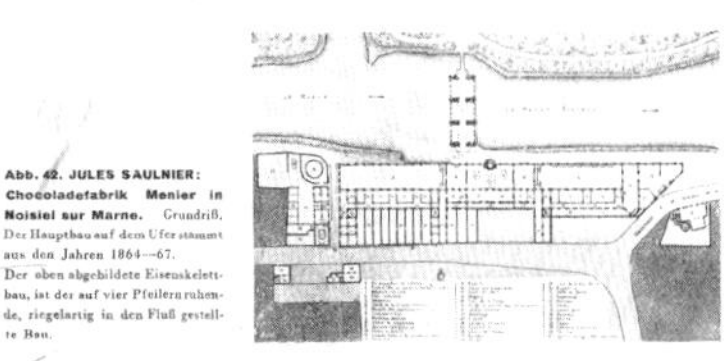

Abb. 42. JULES SAULNIER: Chocoladefabrik Menier in Noisiel sur Marne. Grundriß. Der Hauptbau auf dem Ufer stammt aus den Jahren 1864—67.

Der oben abgebildete Eisenskelettbau, ist der auf vier Pfeilern ruhende, riegelartig in den Fluß gestellte Bau.

38

Abb. 44. PONT DU BELLON. 1868—71.

2 Pfeiler, Hohe 48 m. Totale Länge: 231 m. Brückenträger: 45 m.

Der Pfeiler, bei aller Kühnheit, verbreitert sich noch nach der Basis (vgl. Collignon „chemins de fer". Enthält Photos von Brücken, Bahnhöfen usw. aus dem Zeitraum 1850—1880).

39

画像や文章と連動し、それぞれのよさが引き立つように構成され、あるいは選択された。これを実現するために、ギーディオンは書物の生産全体の流れを自家薬籠中のものとしなければならなかった。文章と画像、あるいは紙面構成と文章の置き方を切り離してしまうような、19世紀半ばから20世紀に印刷された典型的な量産書物に対抗するためである。

ギーディオンは工業化によって引き起こされた分断を建築が克服できると主張した。ギーディオンの戦略は手仕事的な技術を復活させ、書物という形式によって理念を組み立てることであった。実践は図版の大量印刷という技術革新によって可能になったが、ギーディオンはさまざまな要素を混ぜ合わせるという机上での体験も楽しみ、言葉と図像がぴったりくるような位置を慎重に調整した。リチャード・セネットが職人に求める三つの基本的な資質、「限定する能力、問う力、開拓する能力。まず問題を具体化し、次にその特徴について思案し、最後にその意味を展開する能力」[130]をギーディオンに見いだすことができる。ギーディオンは書物において文章と画像を紡ぎ、「それがどのような効果をもたらすのかは物事を修正することによってわかる」というセネットの見解を具体化した[131]。ヴァルター・ベンヤミンがギーディオンに手紙で『フランスの建物』に対する謝意を表し[132]、書物に「衝撃を受けた」だけではなく、ものとしての特質、手仕事のように丹念につくられた工業生産物のオーラを称賛したことは偶然の一致であろうか。

> あなたの書物は誰もが親しめる稀有な体験です。何か(人か、書物か、家か、特定の人物かもしれません)に触れる前から、触れることが最も重要であると思わせるのです。[133]

不器用な織物／まとまりのあるもの

織物はギーディオンが考えるに産業革命の強力な象徴であり、世界を切り裂き、人生に新たな可能性を開いた。ギーディオンは書物を織物として、世界の破片をまとまりのある生地として織り合わせようとした。作業は複雑であった。それゆえに、『解放された生活』が不器用に見えても不思議ではないが、本当はそうではない。不器用に見えるからこそ書物が丁寧につくられていることが透けて見える。ギーディオンが工業生産を推し進めようと議論していたことからは思いもよらない可視性である。いずれにせよ、こうした両義性はものとしての書物が建築的な論理といかに関わるのかを理解させてくれる[134]。

← **ギーディオン『解放された生活』の紙面構成の検討とゲラ刷り(1928年頃)**

ギーディオンによる紙面構成は視覚的な内容と文章内容を重ね合わせることだけに限らない。ここでは、おそらく背景の紙がなくなったためか、新聞紙を使って見開き頁を囲い、原寸見本に絶妙な密度を加えていた。ゲラ刷りの段階にも、注意書きや修正を加えて最終稿を直し続けていた。
[ETH GTA 43-T-3]

130 Sennett, *The Craftsman*, p.277(註6参照)

131 『前掲書』p.199.

132 Heinz Brüggemann, "Walter Benjamin und Sigfried Giedion oder die Wege der Modernität," *Deutsche Vierteljahrsschrift für Literaturwissenschaft und Geistesgeschichte* 70 (1996): pp.443–74. ベンヤミンの手紙のフランス語訳については、下記を参照。Jean-Louis Deotte, *Walter Benjamin et la forme plastique: Architecture, technique, lieux* (Paris: L'Harmattan, 2012).

133 Giedion, *Building in France*, p.53, note 183(註7参照)

134 註釈として引用した文章以外にも、ギーディオンの著作と思想に関する広範な文献がある。主な参考文献としては *Sigfried Giedion 1888–1968: Der Entwurf einer modernen Tradition*, exh. cat., Institut für Geschichte und Theorie der Architektur (gta) with the Museum für Gestaltung Zürich (Zurich: Ammann Verlag, 1989); Dorothee Huber, ed., *Sigfried Giedion: Wege in die Öffentlichkeit. Aufsätze und unveröffentlichte Schriften aus den Jahren 1926–1956* (Zurich: gta Verlag, 1987); Vittorio Magnago Lampugnani and Marlene Dörrie, eds., "Sigfried Giedion: Un progetto storico / Sigfried Giedion: A History Project," *Rassegna* 8, no.25 (March 1986); Detlef Mertins, "Transparencies Yet to Come: Sigfried Giedion and the Prehistory of Architectural Modernity" (doctoral dissertation, Princeton University School of Architecture, 1996).

ギーディオン、印刷には至らなかった『解放された生活』の広告の紙面構成の検討

［ETH GTA 43-T-3］

工業的な印刷／手仕事的な書物

書物の紙面構成に前衛的な印刷技法を用いて、一見して明快な意味を読者に提示する。にもかかわらず、紙面をつくりあげる複雑な工程が最終的な印刷物に露呈する。目の前にあるものは、書物を手づくりすることと印刷という産業技術の本質との間に横たわる解消し得ない不和を露呈している。書物を手仕事でつくりあげることに細心の注意を払っていたにもかかわらず、その職人的な性格を産業技術を用いて表明しているために、不器用な外観になってしまう。

理由を説明できるとすれば、少なくとも『解放された生活』では『フランスの建物』と比べて書物に取り組める時間が短かった。『フランスの建物』のために与えられた時間が20か月であったのに対して、『解放された生活』の9か月という厳格な締め切りは、大きく異なる書物になった大きな要因であった。時間的な制約は編集上の決定的な要因でもあり、編集がそのまま現れ、ひいては不器用さにつながった。

もう一つ重要なことは、オフセット印刷の矛盾する性質である。写真複製の工業的工程であるにもかかわらず、紙面構成における手づくりの美学を許容し、そして再現する。それゆえに、『解放された生活』は工業的印刷と手仕事の雑種である。

視覚の戦略／空間の可能性

ギーディオンの戦略は新しい時代の建築において重視された「空間の相互侵入」を書物のなかに仕組むことであった。それを視覚的に実現するために、工業的な印刷技術と前衛芸術の視覚的な戦略を利用した。そこで一番重要になるのは、画像と文章の乖離という問題を解く道筋を見いだすことであった。ギーディオンはその緊張関係を「印刷の位相学」によって手なずけ、読者の生理学的（視覚的および触覚的）な書物との関わりによってその関係を和らげ、意味のある物語をつくりだした。さらに、頁の寸法規格という制限のなかで視覚的な可能性を追求し、最小限の手段で最大限の効果を上げようとした。経済性と効率性のための「生存の基本条件」という建築の主張にも沿っていた。

物語の戦略／ものとしての書物

1920年代後半、ギーディオンは美学の研究から離れ、生理学的観点から建築を理解する方向に向かっていた。書物の体裁と図版の構成はこの新しい方向性に符合する。読者の手と目はまるで建物内を移動するかのように頁や図版を通り過ぎていく。

頁の視覚的な流れは頁と頁の関係性や、書物の論旨に対する十分な配慮を反映している。この複雑な伝え方において、物語の構造は内容と視覚的な特性の間に存在する。活字の分節から図版の連続まで、ものとしての書物のかたちを通して内容が強化される。

複雑な伝え方／文章と画像の絡み合い

『解放された生活』は、美術史講義の方法論を利用して議論を演劇的に提示するという伝え方をしている。演劇であろうと講義室であろうと、受け手は意味を生成するために能動的な役割を演じざるをえず、一緒になってさまざまな手段によって内容と物語を発生させる。映画もまた一つの情報源であった。スライド講義とともに、映画は意味を生みだすための道具として、書物と同等の手段になるとギーディオンは見ていた。明らかな違いがあるにもかかわらず、映画とスライドの講義によってギーディオンがモンタージュを実践してみようという気になったことは、書物でも明らかである。

映画とスライド講義が文章と画像を絡み合わせるための呼び水であったが、書かれた文章と一連の画像の間にも密接な関係がある。思想が映像を喚起し、映像が思想を形成するために使われ、文章が映像の証拠を解読するのに使われる。文章のモンタージュは画像のモンタージュとさほど違わない。この等価性が『解放された生活』における文章と画像の関連づけを成功させた。

79

Foto: ~~Hubacher~~

R. STEIGER:

Schiebefenster mit Eternitladen

(Einfamilienhaus)
Kilchberg-Zürich
(vgl. Abb. 22, 23)

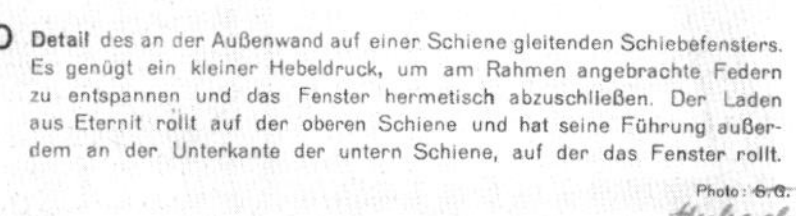

80 **Detail** des an der Außenwand auf einer Schiene gleitenden Schiebefensters. Es genügt ein kleiner Hebeldruck, um am Rahmen angebrachte Federn zu entspannen und das Fenster hermetisch abzuschließen. Der Laden aus Eternit rollt auf der oberen Schiene und hat seine Führung außerdem an der Unterkante der untern Schiene, auf der das Fenster rollt.

Photo: ~~S.G.~~

81 LE CORBUSIER: **Haus bei St. Cloud 1928** Foto: L'architecture „vivante“
Fensterwand.
Immer mehr tritt das Glas (Licht) an Stelle der Mauer (Dunkelheit).

← 『解放された生活』の図版80と図版81の組見本とゲラ刷り合わせ

異なる出典（『ラルシテクチュール・ヴィヴァント』、ギーディオン自身、フバッハー）の異なる二つの建物（サン・クルーのル・コルビュジエの住宅とキルヒベルクのルドルフ・スタイガーの住宅）の写真を組み合わせることによって、ギーディオンは窓枠機構の物語を組み立てた。左のフバッハーの写真を切り貼りすることによって、窓のスライド方式を明快に伝えている。
［ETH GTA 43-T-4］

情報を積層させること／内容を結合させること

文章と図版を首尾一貫した一つの全体として、書物を途切れない一つのものとして提示しようとしたにもかかわらず、頁による物理的および技術的な違いがあるために、実際には文章と図版の分離が生まれた。ともに視覚的な表現として、文章と図版の双方が頁の流れにしたがっているが、物語のなかの相違は文章と図版という二冊の書物をもたらしている。

それにもかかわらず、『フランスの建物』の二重構造とは対照的に、『解放された生活』の文章と図版は織り合わされ、まるで譜面のように異なる旋律を読み取る一つの道筋を提供している。読者に期待されるのは情報の層を解読して自分なりに統合することであった。

ギーディオンが用いた書物における手仕事の技術と視覚の道具立てが十分に効果的であったために、さまざまな出自の要素を均質なものとして融合することができた。こうしてギーディオンは、新しい時代の建築のための共同的な取り組みを体現することに成功した。当時のCIAMにおいて求められていたことである。

つくるという行為／読むという行為

『解放された生活』では、新しい時代の建築の材料と書物の材料とを比較してみることができる。どちらも自然そのものではなく、それに代わる工業の産物である。したがって、新しい時代の建築の工業的な複合性は、工業的な印刷による書物にも認められる。

書物の表紙の言葉と画像は何よりも建築的な思想を体現している。表紙の製作は、写真を演劇的に仕上げることから言葉の植字処理まで、複雑な工程であった。読者が書物の知覚において積極的な役割を果たすとき、知覚体験は書物の内容の具体性に結びつく。

書物の知的挑戦は手づくり感の喜びを満たすことでもあった。この二つの連関が伝達手段の分離（文章、図版、組版など）を解消し、強力で首尾一貫したものを生みだした。

ウルリコ・ヘプリ社において
『空間 時間 建築』のイタリア語版
に取り組むギーディオン、1954年
［ETH GTA］

第Ⅱ部

li sepulcri sono inclusi ben che parendo lo habiamo facto a effecto di memoranda magnificentia tamen a molti habiano facto como uolere iui tenere ocultati li loro cineri piu longamente che pono per non piu uenire a le mu gran quantita confortando li spiriti aerei restasse purificato quel celeste aspecto & aerea regiõe: Alcune di epse Hype iana uacuita conclusa de le græce littere. α. β. γ. Δ. Era: ut a Demetrio græco habui como uno Ostylobate hauẽ so facto in podio alueolato : nel qual loco niuno se non li sacerdoti & chi sacrificaua potea intrare : le altre gente i sopra a li sacrificii: stauano a orare: qual Stylobate se indicano per le littere. I. & lo alueo per. E. in la qual parte in subterranei monumenti doue le cinere de li combusti cadaueri sacerdotali si recodeuano : Et li nobili in la urna gli o dinario argenteo uel aureo. Non per passare al flume Acheronte. Ma per testimonio del principe o Rege soto il a per che de questo nõ ho hauto da alcuno antiquo auctore: lasso credere a te lectore cio che te ne pare: per che pocho cum datum sit a natura nostra hæc in cineres tandem gloria tota reddit. ℭ Di questo Ioue olim piu e sta i Historici: & nel proœmio del nono libro qualchhe cosa se dira: Ma questo templo de alcune opere statuarie fu or de questa statua di Ioue facta da Phidia como dice Plynio libro. 34. Capo. 8. minoribus simulacris signisq; innu/ ficum multitudo nobilitata est: ante omnes tamen Phidias Athenis Ioue Olympio facto exebore quidem sed ex ære it autem Olympiade Octogesima tertia circiter. CCC. nostre urbis anno.

E LE CINQ VE SPECIE DE LE AEDE CAPO SECVNDO.

A LE SPECIE DE LE AEDE SONO CINQ VE de le quale quisti sono li uocabuli. Pycnostylos: idest de spesse eolumne. Systylos: un pocho piu remisse. Diasty- los con piu ample patentia: Piu rare che bisogna inter se cii de li intercolumnii. Areostylos: lo Eustylos con iusta : de li interualli: Aduncha il Pycnostylos e in lo intercolũ ale de una & dimidiata columna la grosseza po essere inter al modo e la æde di Venere in lo foro di Diuo Iulio Cæsa ltre rare cosi patẽtemẽte sono cõposite: & Achora il Systy ale la grosseza de due colũne in lo ĩtercolũnio si potra col plinthide de le spire siano di equale magnitudine. di epso sera intra le due plinthide : per qual modo e la æde de la stre al theatro lapideo. Et le altre quale de simile ratione posite.

ℭ Ma le specie de le æde sono cinq; de le quale quisti sono li uocabuli. Vitruuio in questo capo ne uole indicare la ratione de le formatione de le sacre æde & in qua le compartitione de intercolumnii se collo cano. distinctamente epse columne ut di/ camus uno erecto possare de homo con le gambe chi piu aperte & chi mancho aperte & distante luna dal altra : & quante grosseze di epsa pono intrare da una dilata tione al laltra gamba : acio possa ben stare stabile in pede erecto & substentare lo cor po con qualche onero piu che si po senza sedere o comouerse in altro moto: cosi Vi truuio per dirte breuemente expone quan to importa la significatione de quisti uo/ cabuli : Et ame altramente non e ap/ parso exponere ne Ethimologare poi per che tu li poi uidere in la præsente figura quanta distantia e in lo intercolumnio del Pycnostylo da. A. B. si e. I. & mezo co- lumna. Similmente il Systylos Anchora in la præsente figura poi discernere bene chel dica. ℭ Sistylos e in lo q̃le la grosseza de due columne in lo intercolumnio potrasi collocare. ma uedere poi che questo interco lumnio pare procedere da la latitu dine de le Plynthide : cioe quadra ti de epse spire seu basso si como uedi queste terminatione intra le littere. A. B. C. D. E. F. quale se erigeno per linea per pendicu/ lare. H. K. L. M. Aduncha a mi pare cosi douerse intendere uera/ mente la distantia nominata inter- columnio : sia de quale generatio ne si sia deba incomenzare & in/ tercapire da luna & laltra proiectu ra de le plinthide quando il suo Thoro cade a lperpendiculo con epsa plinthide : & la proiectura del abacho dil capitello.

YLI INTERCOLVNIVM. SYSTYLI Q; PERFIGVRATIO.

I ½ | I. ½ | H. K | L. M | I. Z | I. Z | B | C | D

ウィトルウィウス『建築十書』(1521年)、チェザーレ・チェザーリアーノの翻訳と挿絵、原寸大

質感——手に触れて読むこと

質感としての文章

組み替え可能な活版の発明は、書物づくりに革命的な影響を及ぼしたと考えられている。この発明は書物の生産に大きな変化をもたらし、文化に大きな影響を与えた。書物の物理的なかたちはそれほど劇的に変化しなかったが、インクを機械的に紙に流し込むにはさまざまな工程があり、紙面の質感に微妙な変化が生じた。木版を組み替えて圧力を加えて印刷するために、黎明期の印刷頁にはわずかな凹凸があった。19世紀になると、新しい種類の紙を使ったオフセット印刷によって無理な圧力がかからなくなり、工業的に印刷された紙面ははるかに平滑になった。

同じ頁が何百も複写印刷できるようになる一方で、機械印刷技術は、とりわけ文章と画像の関係において、手書きの写本や図案とは異なる視覚的な慣例をもたらした。印刷は分業の「初期的な例」[1]である。木版による生産によって、二つの特殊な技巧を組み合わせて同じものが複製できるようになった。製図工が図柄を木版に置き、彫るのは彫版工であった。組み替え可能な活版も設計され、鋳物師によって鋳造された後に植字工によって組まれた。次に別の専門職人が最終的に決定された紙面にインクを流し込んで紙に押した。凸版印刷と木版製作は別々の工程であったが、インクの流し込みと印刷は同時に行われた。工程の独立性によって文章と画像が技術的に分離されることになり、凹版印刷（彫版、エッチング、メゾチント）と石版印刷が開発されるとさらに分離が加速した。木版と合金活字（ともに凸版印刷）を同じ書物のなかで組み合わせることもできなくはないが、彫版などの凹版印刷を合金活字と組み合わせるのは難しく、違う印刷機を使用して同じ紙に二回印刷しなければならない。このような技術的な専門化は初期の写真術ではさらに進み、印刷を成功させるために特殊な用紙が必要となった。その後の鉛版（型取り鋳造）やオフセット印刷（回転機で巻紙を使用）などの転写技術が開発され、写真技術（中間色や色分解など）も加わって、文章、画像、およびインクの質感を混在させることが可能になり、大規模印刷を走らせるという現代的な需要を満たした[2]。

1 Francis D. Klingender, *Art and the Industrial Revolution* (1947; rev. ed. 1968; repr., Frogmore, UK: Paladin, 1975), pp.57–71.

2 Richard Benson, *The Printed Picture* (New York: The Museum of Modern Art, 2009).

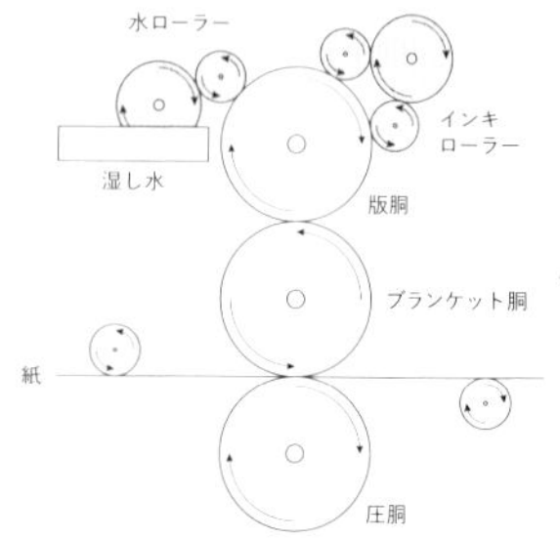

オフセット印刷の図解

→ **ウィトルウィウス『建築十書』（1486年）、ジョヴァンニ・スルピツィオ・ダ・ヴェローリ編**

ウィトルウィウス本の最初の印刷版には空白部分が残されていて、読者が欠落している図を追加することができた。書物の印刷枠のなかにあるこの空白によって、建築家は印刷された文章に具現化された古典の伝統と対話することができた。［CCA CAGE+NA44.V848.A62 1486］

驚くべきことであるが、絶え間ない印刷技術の進化と紙の生産量と品質の変化にもかかわらず、総じていえば書物のかたちには影響がなく、手書きの写本の世界にとどまっていた。違って見えるのは頁そのものである。視覚的な質は絶えず変わり続け、印刷技術によって質感が変化した。印刷技術は内容を適切に扱うための有用な方法をもたらした。初期の建築書に関する研究は、文章を読まずとも、頁に意味を与える方法を知る手がかりとなる。ジョヴァンニ・スルピツィオ・ダ・ヴェローリが編集したウィトルウィウス本の1486年版[3]の頁を見ると、どの頁も一律に長方形の文章枠に見える。均質な紙面はラテン語に精通した読者である「知識人」、もしくはラテン語に慣れた「非知識人」[4]にとっては大きな問題ではなかった。それでも、ウィトルウィウス本の文章を解釈することは難しかった。そこで、ローマでの初版は、余白を広く取り、読者がよくわからない段落に書き込みを入れ、文章を途中で切ってつくられた空白に画像を描いて「適切な場所に貼りつける」[5]ことができた。画像が存在しないことよりももっと興味深いのは、そのような不在が生みだす空白である。余白の白い面が読者の想像力を掻き立てる。書物は進行中の作品と見なされ、各々の読者が内容を充実させることによって、知識の形成と普及に貢献した[6]。

フラ・ジョコンドによる図解入りのウィトルウィウス本の1486年版[7]は、画像が追加されて読みやすくなり、不明瞭なくだりは編集されているが、対照的にヴェローリ版[8]は読者が自分の知識によって学術書に立ち向かい、古代建築についての個人的な研究を発展させることができるようになっている。フラ・ジョコンドはウィトルウィウスの議論を枠にはめようとしたが、ヴェローリはさまざまな読解の可能性を開こうとした。アントニオ・ダ・サンガッロ・イル・ジョヴァネ（1484–1546）の弟であり助手であったジョヴァンニ・バッティスタ・ダ・サンガッロ（1496–1548）は、『コルシーニ・インキュナブラ』［コルシーニ家の持つ『建築十書』の初期刊本。グーテンベルク聖書以降、1500年までに印刷術を用いて印刷された揺籃印刷本「インキュナブラ」］を見ればわかるように、ウィトルウィウス本を開かれた情報源として扱った。チェザーレ・チェザーリアーノが1521年にウィトルウィウス本の図解入りのイタリア語版[9]を出版した後、バッティスタ・ダ・サンガッロはヴェローリ版の複写を始め、古代ローマの広範な調査とアントニオが試みた翻訳の知識に基づいて註釈を加えていった。サンガッロ兄弟は、アカデミア・デラ・ヴィルトゥ［ウィトルウィウス・アカデミー］の一員として活躍し、会員たちは古代遺跡の研究を通じてウィトルウィウスの理論的典拠を得ようとしていた。いわゆる「巨匠」たちがウィトルウィウス的かつ古典的な規範を獲得しようと試みていたにもかかわらず、『コルシーニ・インキュナブラ』のバッティスタ・ダ・サンガッロの素描が示しているのは、イングリッド・D・ロウランドが指摘しているように、「ローマの街路は白い円柱の並ぶ夢の世

3 Vitruvius, *L. Victruvii Pollionis ad Cesarem Augustum De architectura liber primus [-decimus]*, ed. Giovanni Antonio Sulpicio da Veroli ([Rome?]: n.p., ca. 1486)［ウィトルーウィウス著、森田慶一訳『ウィトルーウィウス建築書』東海大学出版会、1979年］

4 Ingrid D. Rowland, introduction to Vitruvius, *Ten Books on Architecture: The Corsini Incunabulum with the Annotations and Autograph Drawings of Giovanni Battista da Sangallo* (Rome: Edizione dell'Elefante, 2003), pp.1–31、ここではp. 11

5 ヴェローリ『前掲書』p.1からの引用

6 建築における古典の書物の出現はおそらく職業上の地位の問題であり、ローマ建築をこの古典作家と同じ理論的地位に押し上げようとした。したがって、ウィトルウィウス本を図版なしで編集することも選択肢であった。

7 Vitruvius, *M. Vitruvius per Iocundum solito castigatior factus cum figuris et tabula ut iam legi et intelligi possit*, ed. and ill. Fra Giovanni Giocondo (Venice: Tridino alias Tacuino, 1511). Pier Nicola Pagliara, "Fra Giocondo e l'edizione del 'De architectura' del 1511," in *Giovanni Giocondo: umanista, architetto e antiquario*, ed. Pierre Gros and Pier Nicola Pagliara (Venice: Marsilio, 2014) も参照

8 Rowland, introduction to Vitruvius, p. 16（註4参照）

9 Vitruvius, *Di Lucio Vitruvio Pollione De architectura libri dece, trans. and ill. Cesare Cesariano* (Como: P. Magistro Gotardus de Ponte, 1521).

→ **ウィトルウィウス本（1521年）、チェザーレ・チェザーリアーノの翻訳と挿絵**

続々と出版されるウィトルウィウス本の各版は、手書きの写本や複製した書物の註釈のように、内容と形式の直感的な関係を踏襲している。文章枠と画像の配置を操作することによって、原本に対する編者の解釈が巧みに処理されている。チェザーリアーノ版における紙面構成は今日の図像表現の標準からみても大胆な構成である。
[CCA NA44.V848 (0006180) c.1]

界に属していない。その世界は当時のローマの街路と同様に薄汚れた偶然の産物であった」[10]。印刷された文章に刺激されたサンガッロのインクの素描と手書きの註釈によって知的な議論が注ぎ込まれ、紙面に豊かな質感がもたらされている。こうして紙面は生き生きとした建築的議論の場所となった。

同じような対話の誘発は、チェザーリアーノのイタリア語版においても視覚的にはっきりと示されている[11]。二つ折り判印刷、40.5×20.7cmの紙面からは、大きさの異なる二つの活字と木版画の使用によって複数の声が聞こえてくる。本文は、小さな活字で印刷された註釈枠と不均等に交差している。文章の縁に余白があり、頁のさまざまな要素が幾何学的な模様を描いている。ウィトルウィウスの文章は外側に配置され、註釈の四角い枠が挿入されている。画像が註釈よりも大きく取られることも多い。すべてが非対称の配置であり、大きさも異なり、頁における形式的な多様性を生みだしている。フラ・ジョコンド版は大きく異なって一段組みであり、画像によって上下が分割されて欄外に読者の指針となる説明文をつけている場合が多い。版によってさまざまな目的があった。ジョコンドは模範となるラテン語版を踏襲しようとしていたが、チェザーリアーノは扱いやすいイタリア語の翻訳を目論んでいた。紙面の質感が異なるのはそれぞれの目的を達成しようとしたからであった。実際、それぞれの書物の性質は体裁を分析すればわかる。どちらの場合も処理が成功し、ウィトルウィウスの復権に一役買った。

サンガッロの写本は代表的なウィトルウィウス本の歴史のなかでは中間的な存在であり、欄外の註釈に展開されている建築的な知識によって、紙面を視覚的に豊かにしながら論点を拡大した。欄外註釈という独自の形式は、手書きと印刷の関係としては自然な表現であり、異化による意味生成の典型である。イニゴー・ジョーンズ（1573–1652）が顕著な例である。古代建築を研究するためにイタリアを旅している間、ジョーンズはアンドレア・パラディオの『建築四書』に批判的な註釈をつけ[12]、著者によって描かれた図解の説明と真正面から対決した[13]。註釈はパラディオによる図面だけではなく、ジョーンズと個人的なやり取りがあったヴィンチェンツォ・スカモッツィ（1548–1616）などの専門家との個人的な交流も反映されている[14]。「現場における」観察のいくつかは、パラディオの構想を「改善」するためのジョーンズの提案もあれば、ジョーンズの観察と測定がパラディオと異なる場合の修正もある。建築的な調査研究に支えられ、ジョーンズは書かれている思想や形態に対して疑念と新しい知見を重ね合わせていった。頁の欄外は単なる思いつきではない。クリスティー・アンダーソンが指摘しているように、ジョーンズの学術的な方法論に対する意識は註釈の厳格さに反映されている。「文章の内容の簡潔な要約、彫版画の解説、ほかの文

10 Rowland, introduction to Vitruvius, p. 24（註4参照）
11 ジョヴァンニ・バッティスタが流通量の少ないウィトルウィウス本のチェザーリアーノ版を知っていたとは思えないが、デュランティーノの1524年版の複製を弟アントニオが所有していたために、デュランティーノ版を知っていた可能性は高い。デュランティーノはチェザーリアーノの翻訳とジョコンドの図版を盗用したとされている。Ian Campbell and Arnold Nesselrath, “The Codex Stosch: Surveys of Ancient Buildings by Giovanni Battista da Sangallo,” *Pegasus: Berliner Beiträge zum Nachleben der Antike* 8 (2006): pp.9–90、ここではp. 21の註47・48を参照
12 *Inigo Jones on Palladio: Being the Notes by Inigo Jones in the Copy of “I quattro libri dell'architettura di Andrea Palladio,” 1601, in the Library of Worcester College, Oxford* (Newcastle-upon-Tyne: Oriel Press, 1970). 1709年、アンドレア・パラディオの『建築四書』(Venice: Bartolomeo Carampello, 1601) の写本をオックスフォードの彫刻家が購入、ウースター・カレッジに寄贈された。ジョーンズが1613–14年にアランデル卿と共にイタリアを旅した際に携帯していた書物である。
13 Christy Anderson, *Inigo Jones and the Classical Tradition* (2007; repr., Cambridge: Cambridge University Press, 2010). chap.4, “Conversations with the Dead,” pp.88–113をとりわけ参照
14 『前掲書』pp.92–93
15 『前掲書』p.100
16 Leon Battista Alberti, *De re aedificatoria* (Florence: Nicolaus Laurentii Alamanus, 1485)［レオン・バッティスタ・アルベルティ著、相川浩訳『建築論』中央公論美術出版、1998年］

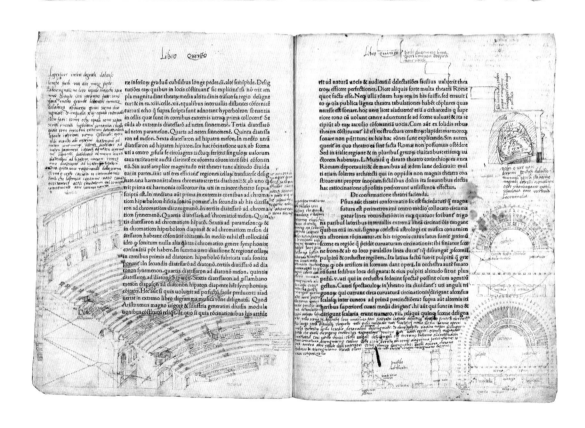

Libro quinto

bunt cōpositiōem: & unus medius contra se ualuas regias habere debet: & qui erunt dextra ac sinistra hospitalioꝝ designabūt compositionē: extremi duo spectabūt itinera uersuraꝝ. Gradus spectaculoꝝ ubi subsellia cōponantur gradus ne minus alti sint palmo pede & digitis sex: Latitudines eorū ne plus pedes. ii. semis: ne minus pedes. ii. constituantur.

De tecto porticus theatri.

Tectum porticus quod futurū est in summa gradatiōe cū scœne altitudine libratū perspiciat: ideo ꝙ uox crescens equaliter ad sūmas gradationes & tectū perueniat. nanq; si non fuerit equale quo minus fuerit altū uox preripiet ad eam altitudinē quā perueniet primo. Orchestra inter gradus imos q̄d diametron habuerit eius sexta pars sumat: & in cornibus utrūq; aditus eius mensure perpēdiculū: interiores sedes p̄cidant: & qua p̄cisio fuerit: ibi constituant itineꝝ supercilia. Ita enim satis altitudinem habebūt eoꝝ cōformationes: Scœnæ lōgitudo ad orchestre diametrō duplex debet fieri. Podii altitudo ab libramēto pulpiti cum corona & lysi duodecim archestre diametris supra podium columne cum capitulis & spiris alte quarta parte eiusdem diametri. Epistilia & ornamēta eaꝝ columnaꝝ altitudinis quinta parte. Pluteum insuper cū unda & corona inferioris pulpiti dimidia parte: supra id pluteum colūnæ quarta parte minore altitudīe sunt q̄ inferiores epistilia & ornamēta eaꝝ colūnaꝝ quinta parte. Item si tertia episcœnos futura erit medianū pluteū summū sit dimidia parte columne summe medianaꝝ minus alte sint quarta parte. Epistilia cum coronis eaꝝ colūnarum item habeant altitudinis quintā partem. Nec tñ in oībus theatris symmetrie ad oēs rationes & effectus possunt: sed oportet architectū aīaduertere quibus rōnibus necesse sit sequi symmetriam: & quibus ꝑportionibus ad loci naturā aut magnitudinē operis temparí: sunt enim res quas & in pusillo & ī magno theatro necesse est eadē magnitudīe fieri propter usum uti gradus diazumata pluteos itinera ascensus pulpita tribunalia & si si qua alia intercurrunt ex quibus necessitas cogit discedere a symmetria ne impediatur usus. Nō minus si qua exiguitas copiarum

pulpito proscenio

Horchestra

Libro quinto

idest marmoris materiæ reliquaꝝq; rerū que parant in opere defuerint paulū demere aut adiicere dū id ne nimiū improbe fiat. Sed cū sensu nō erit alienū. Hoc autē erit si architectus erit usu peritus preterea ingenio mobili solertiaq; nō fuerit uiduatus. Ipse autem scœne habent rōnes explicatas ita uti medie ualue ornatus habeāt aulæ regiæ dextera ac sinistra hospitalia. Secūdum autē spatia ad ornatus cōparata: que loca græci periactus dicūt ab eo ꝙ machine sunt in hiis locis uarsatiles trigonos habentes in singula tres spēs ornationis. q̄ cū aut fabulaꝝ mutationes sunt future seu deorum aduentus cū tonitribus repentinis uersent mutentq; spetiē ornationis in frontes. Secūdum ea loca uersuræ sunt procurrētes q̄ efficiūt una a foro altera a peregre aditus in scœna.

De Tribus Scœnaꝝ Generibus.

Genera autem sunt scœnaꝝ tria unū quod dicit tragicum Alterū comicū. Tertiū satyricū. Hoꝝ autem ornatus inter se dissimiles sūt. dispariq; rōne. ꝙ tragicæ deformant colūnis & fastigiis signis reliquisq; regalibus rebus. Comicæ autē ædifitioꝝ priuatoꝝ & menianoꝝ habent spetiē ꝓspectusq; fenestris dispositos imitatiōe cōium ædifitioꝝ rōnibus. Satiricæ uero ornātur arbobus spelūcis mōtibus reliquisq; agrestibus rebus in topi celi spēm deformati. In grecoꝝ theatris nō omnia iisdem rōnibus sunt facienda. ꝙ primū in ima circinatione ut in latino trigonoꝝ q̄tuor in eo quadratoꝝ triū anguli circinationis lineā tangunt & cuius quadrati latus est ꝓximū scœne ꝑhendit curuaturam præ circinatiōis ea regione designat finitio ꝓscenii & ab ea regione ad extremā circinationē curuature paralellos linea designat: i q̄ cōstituit frons scœne: per centrūq; orchestre ꝓscenii regiōe paralellos linea describit: & q̄ secat circinatiōes: lineas dextra ac sinistra. In cornibus hemicli centra designant: & circino collocato ī dextra ab interuallo sinistro circumagat circinatio ad proscœnii dextrā partē. ita tribus centris hac descriptione ampliorē habēt. item centro collocato in sinistro cornu ab interuallo dextro circumagit ad ꝓscœnii dextram partem: orchestram græci & scœnā recessiorē minoreq; latitudine pulpitū quod longion appellant: ideo ꝙ eos tragici &

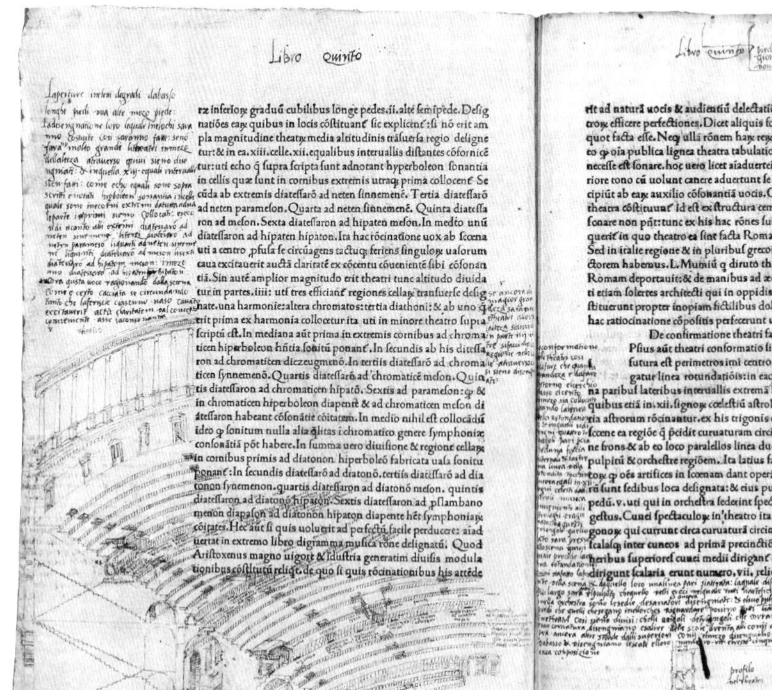

ræ inferioꝝ graduū cubilibus lōnge pedes. ii. alte semipede. Designatiōes eaꝝ quibus in locis cōstituant sic explicent: si nō erit ampla magnitudine theatꝝ media altitudinis trāsuersa regio designetur: & in ea. xiii. celle. xii. equalibus interuallis distantes cōfornicētur: uti echo q̄ supra scripta sunt adnotant hyperboleon sonantia in cellis quæ sunt in cornibus extremis utraq; prima collocent. Secūda ab extremis diatessarō ad neten sinnemenē. Tertia diatessarō ad neten parameson. Quarta ad neten sinnemenē. Quinta diatessaron ad meson. Sexta diatessaron ad hipaten meson. In medio unū diatessaron ad hipaten hipaton. Ita hac rōcinatione uox ab scœna uti a centro ꝓfusa se circūagens tactuq; feriens singuloꝝ uasorum caua excitauerit auctā claritatē ex cōcentu cōuenientē sibi cōsonantiā. Sin autē amplior magnitudo erit theatri tunc altitudo diuidatur in partes. iiii: uti tres efficiant regiones cellaꝝ transuerse designate. una harmonie: altera chromatos: tertia diathoni: & ab uno q̄ erit prima ex harmonia collocetur ita uti in minore theatro supra scriptū est. In mediana aūt prima in extremis cornibus ad chromaticen hiperboleon hñtia sonitū ponant. In secundis ab his ditessaron ad chromaticen diezeugmenō. In tertiis diatessarō ad chromaticen synnemenō. Quartis diatessarō ad chromaticē meson. Quintis diatessaron ad chromaticen hipatō. Sextis ad parameson: ꝙ & in chromaticen hiperboleon diapente & ad chromaticen meson diatessaron habeant cōsonātie cōitatem. In medio nihil est collocādū ideo ꝙ sonitum nulla alia q̄litas ī chromatico genere symphoniæ consonātiā pōt habere. In summa uero diuisione & regione cellaꝝ in cornibus primis ad diatonon hiperboleō fabricata uasa sonitu ponant: In secundis diatessarō ad diatonō. tertiis diatessarō ad diatonon synemenon. quartis diatessaron ad diatonō meson. quintis diatessaron ad diatonō hipaton. Sextis diatessaron ad ꝓslambanomenon diapason ad diatonon hipaton diapente hēt symphoniaꝝ cōitates. Hec aūt si quis uoluerit ad perfectū facile perducere: aīaduertat in extremo libro digramma musica rōne designatū. Quod Aristoxenus magno uigore & īdustria generatim diuisis modulationibus cōstitutū reliq̄t. de quo si quis rōcinationibus his attēde

Libro quinto

rit ad naturā uocis & audientiū delectatiōes facilius ualuerit theatroꝝ efficere perfectiones. Dicet aliquis forte multa theatra Rome quot facta esse. Neq; ullā rōnem haꝝ reꝝ in his fuisse. sed errauit ī eo ꝙ oīa publica lignea theatra tabulationes habēt cōplures quas necesse est sonare. hoc uero licet aīaduerter etiā a citharœdis q̄ superiore tono cū uolunt canere aduertunt se ad scœne ualuas: & ita recipiūt ab eaꝝ auxilio cōsonantiā uocis. Cum aūt ex solidis rebus theatra cōstituunt id est ex structura cemētoꝝ: lapide: marmoreq; sonare non pñt: tunc ex his hac rōnes sunt explicande. Sin autem querit in quo theatro ea sint facta Romæ non possumus ostēdere Sed in italie regione & in pluribus grecoꝝ ciuitatibus: etiamq; auctorem habemus. L. Mumiū q̄ diruto theatro corinthioꝝ ea ænea Romam deportauit: & de manibus ad ædem lune dedicauit: multi etiam solertes architecti qui in oppidis non magnis theatra constituerunt propter inopiam fictilibus doliis ita sonantibus electis hac ratiocinatione cōpositis perfecerunt utilissimos effectus.

De confirmatione theatri facienda.

Ipsius aūt theatri conformatio sic est facieda: uti q̄ magna futura est perimetros imi centro medio collocato circumagatur linea rotundatiōis: in eaq; quatuor scribant trigona paribus lateribus interuallis extremā lineā circinatiōis tangant quibus etiā in. xii. signoꝝ cœlestiū astrologi ex musica conuenientia astrorum rōcinantur. ex his trigonis cuius latus fuerit ꝓximū scœne ea regiōe q̄ p̄cidit curuaturam circinationis: ibi finiatur scœne frons & ab eo loco paralellos linea ducat: q̄ disiungat ꝓscœnii pulpitū & orchestre regiōem. Ita latius factū fuerit pulpitū q̄ græcoꝝ ꝙ oēs artifices in scœnam dant operā. In orchestra autē senatorū sunt sedibus loca designata: & eius pulpiti altitudo sit nē plus pedū. v. uti qui in orchestra sederint spectar possint oium agentiū gestus. Cunei spectaculoꝝ in theatro ita diuidant: uti anguli trigonoꝝ qui currunt circa curuaturā circinationis dirigant ascensus scalasq; inter cuneos ad primā precinctiōem: supra aūt alternis itiheribus superiores cunei medii dirigant. hi aūt qui sunt in imo & dirigunt scalaria erunt numero. vii. reliqui quinq; scœne designa

章や記念建造物との比較、建築家や石工との会話の記録、芸術や建築に対する好みを反映した解説」[15]が含まれている。書物に要約を付すことは長らく行われてきた慣習であり、内容の手助けになるだけではなく記憶の記号として索引の機能を果たし、膨大な文章を前にした読者の水先案内人となっていた。こうして書物は、ジョーンズの批判的思考の引き金になると同時に、ジョーンズの議論そのものを支えた。欄外に加えられた内容は記憶の道標として機能する。註釈は書物の頁を複雑な質感のあるものに変え、印刷された要素と手書きが渾然一体となって内容を豊かに再編している。

印刷された文章と個人的な手書きの欄外部分との関係は、1485年にフィレンツェで出版されたレオン・バッティスタ・アルベルティ（1404–72）による『建築論』の「初版本」[16]にも認められる。出版にはアルベルティの死後にロレンツォ・デ・メディチ（1449–92）の支援があったために、メディチ家による庇護の輝かしい例として引き合いに出されることが多い[17]。アルベルティの論考はもともと古典の手書き写本として1450年頃に構想され、あえて画像を用いないようにしていた[18]。ウィトルウィウス本のヴェローリ版のように、アルベルティの論考は図版のない単調な文章の塊が割り付けられているが、読者が註釈を入れるための余白は取られているもの

← **ウィトルウィウス『コルシーニ・インキュナブラ』（1486年）、ジョヴァンニ・バッティスタ・ダ・サンガッロの註釈**

読者は註釈をつけ、迫力ある図を追加し、自らの知識を付け加えることによって書物を充実させる。註釈と印刷が一体となり、ルネサンス期における建築と古代の範型の対話が生成される。

[Biblioteca dell'Accademia Nazionale dei Lincei e Corsiniana]

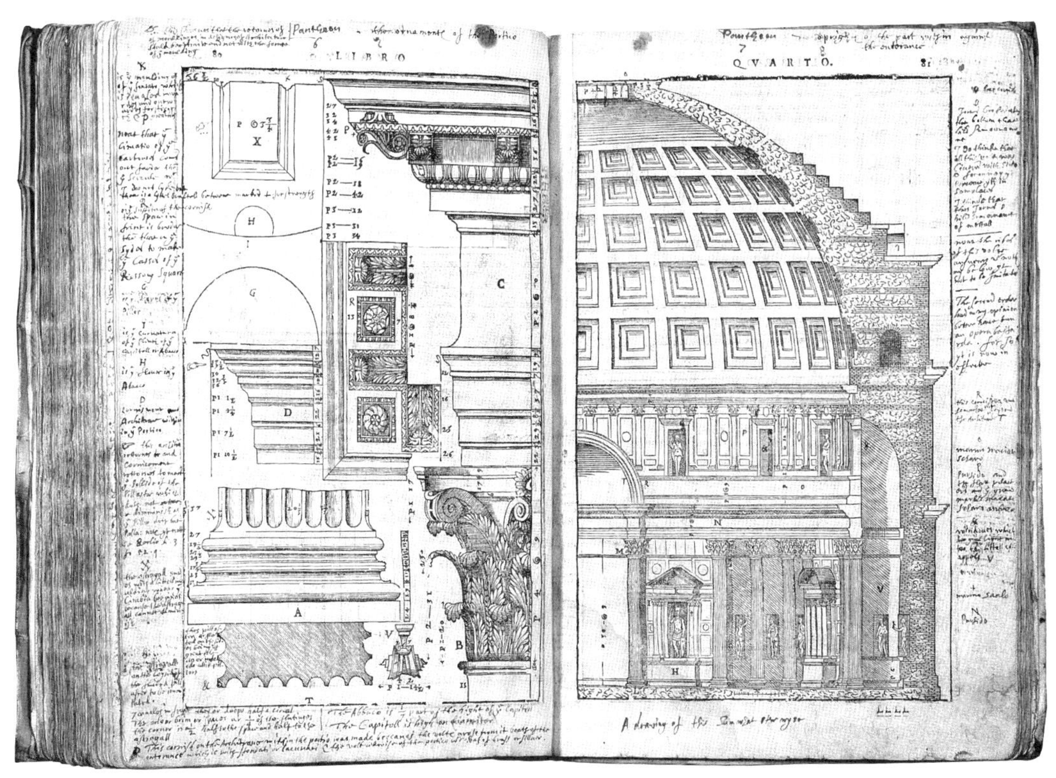

アンドレア・パラディオによる1601年版『建築四書』の1613–14年複写に加えられたイニゴー・ジョーンズの註釈

[The Provost and Fellows of Worcester College, Oxford]

17 Martha Pollak, "Leon Battista Alberti (1404–72)," in *Italian and Spanish Books: Fifteenth through Nineteenth Centuries*, The Mark J. Millard Architectural Collection (Washington, DC: National Gallery of Art; New York: George Braziller, 2000), p.20.

ピッロ・リゴーリオ『古都』(1602年)
[CCA DR1984:1431]

→ **ジョヴァンニ・バッティスタ・ピラネージ『古代ローマのカンプス・マルティウス』(1762年)**
古代ローマの復元図において、隙間を埋める建築物が発明された。「フルーメン・オラティオニス」のような都市の網目の連続性が表現され、建築形態を用いた都市表現が、活字の文章のような紙面の一体感を伝えている。
[CCA CAGE M ID85B13313]

の、図面を加えるための余白は残されていなかった。画像は文章を写し取るよりも間違いを犯しやすいために、画像を避けることが写本の正確性を保証する方法であった[19]。フィラレーテ(1400–69)[20]やフランチェスコ・ディ・ジョルジョ・マティーニ(1439–1501)[21]などのほかの建築理論家とは異なり、アルベルティが視覚的なものをすべて言葉だけで説明したのはそのような理由であったと思われる。手書きの原稿を印刷物にする段階で何か変更があったのであろうか。多くはなかった。活字に変換されると、言葉の流れが途切れることはない。手書きの大文字を入れるための余白が残されているだけである。この基本構造は手書き原稿に近いとしても、手書きではこうはならない。文章を容赦なく矩形の文章枠に収めることは、印刷された建築書の出発点を示している。紙面はさらなる内容が追加され、文章の頁が視覚的にも把握されることを待ち望んでいる。

同じことは、印刷された画像の質感についてもいえるかもしれない。ピッロ・リゴーリオ(1513–83)は古代ローマ遺跡の完全な考古学的調査を待たずして、説得力のあるわかりやすい画像によって遺跡を描写した[22]。1561年に出版された野心的な大型版『古都』[23]において、都市域は仮説的な表現で埋め尽くされ、リゴーリオは謎めいたパズルのような現実よりも、むしろローマ帝国の質感を再創造しようとした。散らばる断片を説得力の

18 Mario Carpo, *Architecture in the Age of Printing: Orality, Writing, Typography, and Printed Images in the History of Architectural Theory*, trans. Sarah Benson (Cambridge, MA: The MIT Press, 2001), pp.119–24. 原本は *L'architettura dell'età della stampa* (Milan: Jaca Book, 1998).

19 Mario Carpo, "*La Descriptio Urbis Romæ*: Ecphrasis géographique et culture visuelle à l'aube de la révolution typographique," in *Leon Battista Alberti, Descriptio Urbis Romæ*, ed. Martine Furno and Mario Carpo (Geneva: Droz, 2000), pp.65–96.

20 Antonio Averlino detto il Filarete, *Trattato di architettura*, 2 vols. (Milan: Il Polifilo, 1972).

ある全体像に仕立てたリゴーリオの功績は18世紀の彫版工に影響を与え、たとえばジャンバッティスタ・ノリ（1701–56）やジョヴァンニ・バッティスタ・ピラネージ（1720–78）は、ローマの独自の幻影を生みだそうとして、一つの濃密な質感を全体に行き渡らせた。16世紀の文章はもともと知的な討論を目的としていたが、ピラネージの古代ローマに関する研究（1762）[24]と当時のローマに関するノリの仕事（1748）は、ともに商業利益のためにつくられた。［ピラネージによる］『カンプス・マルティウス』の彫版と［ノリによる］『ローマの新地図』の彫版の均質な印刷処理の違いは明白であるが、ウィトルウィウスとアルベルティの「初版本」の均質な印刷面と関係しないであろうか。質感が鍵になるかもしれない。ピラネージは銅板に「あなたは煉瓦になるであろう、あなたは大理石になるであろう」と語りかけていたといわれている[25]。実際、ピラネージの作品は建物と文字の両方を質感のあるものとして扱っている。『カンプス・マルティウス』において、ピラネージは図版を古代ローマの石の破片のようにしてみせた。『首都の石』[26]においては、文章を断片化してみせた。ノリの野望である壮大な都市の全体像が目の前に広がると[27]、読者は果てしなく続く細部の描写にたちまち夢中になる。索引かほかの正確な方法論がない限り、ノリによるローマの姿は一編の論文と同じくらい読み取りにくいかもしれない。それでも理解できる

21 Francesco di Giorgio Martini, *Trattati di architettura ingegneria e arte militare*, 2 vols. (Milan: Il Polifilo, 1967).

22 Martha Pollak, introduction to *Italian and Spanish Books*, p.xii（註17参照）

23 リゴーリオは1553年に初めて図面を出版し、1561年版で目標を完全に達成した。1561年版は後に再版されている。Pirro Ligorio, *Anteiquæ urbis imago accuratissime ex vetusteis monumenteis formata*, 1602, CCA DR1984:1431; *Antiquæ Urbis Romæ imago accuratiss*, n.d., CCA DR1984:1432; Howard Burns, "Pirro Ligorio's Reconstruction of Ancient Rome: The *Anteiquae urbis imago* of 1561," in *Pirro Ligorio: Artist and Antiquarian*, ed. Robert Gaston (Milan: Silvana Editoriale, 1988), pp.19–92.

24 Giovanni Battista Piranesi, *Campus Martius antiquæ urbis* (Rome: Veneunt apud auctorem in aedibus Comitis Thomati, 1762). Joseph Connors, *Piranesi and the Campus Martius: The Missing Corso. Topography and Archaeology in Eighteenth-Century Rome* (Milan: Jaca Book, 2012).

25 Pollack, *Italian and Spanish Books*, p. 297（註17参照）

26 『前掲書』p.285

27 Giambattista Nolli, *Nuova pianta di Roma* (Rome: n.p., 1748). 原文は"Tutta distesa dinanzi agli occhi."

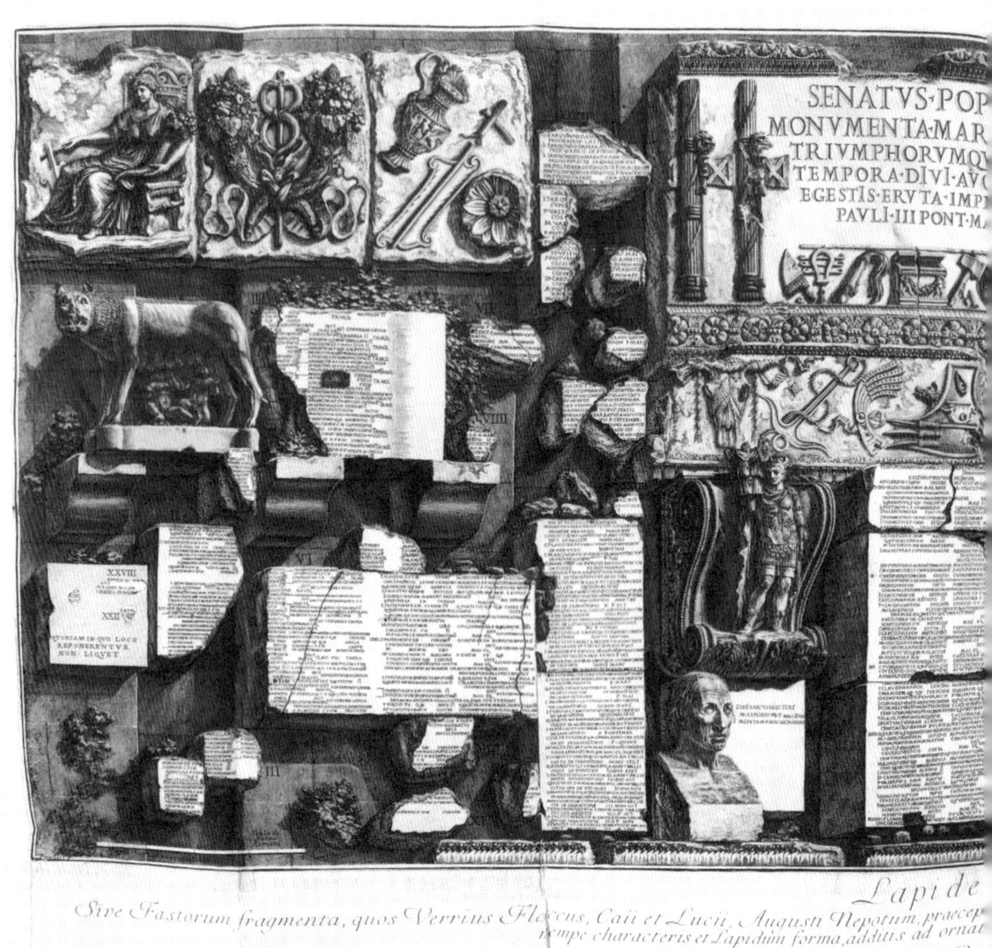

ジョヴァンニ・バッティスタ・ピラネージ『首都の石』（1762年）

ピラネージは銅板に話しかけながら、こういったという。「あなたは煉瓦になるであろう、あなたは大理石になるであろう」。書物という最適な場所を与えられたピラネージは、ばらばらの破片を統一された全体に組み立てた。建築物を体験するように、ピラネージの書物は読者の積極的な関与を要請する。ピラネージの手によって、書物は建築となった。
[CCA CAGE M PO13570]

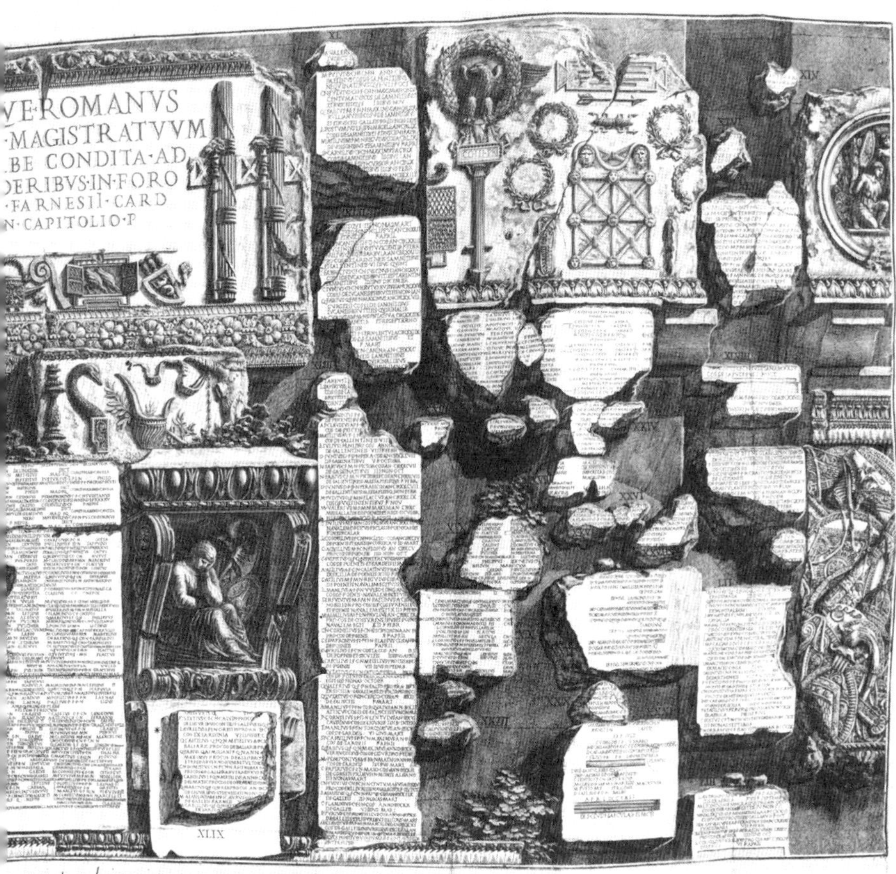

ıpitolini

espositos in inferiore fori parte conlocaverat, nunc primum edita prout cernuntur in Capitolio servata
antioribus aliquot veteribus sigillis, et anaglyphis.
trum Societatis Iesu adservatum.

一 ゴットフリート・ゼンパー『様式』草稿
［ETH-GTA 20 Ms216］

のは、完全性についての推定があるからである。すでに知っている断片的な要素を頼りに、建築家は目もくらむようなパズルを仮設し、建築を質感のあるものとして扱って表象を満たした。つまり、自律的かつ完全な再建が目標であるとすれば、それを達成するための技術的かつ認識論的な手段が書物であったということになる。製本とは切り離された自律的な生産体系に属していた当時の彫版は、一つの索引によって連結され、書物という巨大な一冊に綴じられる準備が整うことになった[28]。

このような異種の生産、すなわち素朴な文章の生産と、かたや豪華な彫版画の生産を比較すると、質感の力というものを思い知らされ、印刷というものがこの力を最大限に活用していることがわかる。文章に焦点を合わせると、文字の連続的な流れを活性化する「フルーメン・オラティオニス［川の流れのような演説］」［キケロの格言：「アリストテレスは弁舌さわやかだった」］は、建築のような視覚的規律に対する最大の挑戦の一つである。ウィトルウィウスとアルベルティの「初版本」のグリザイユ［単色画］は、すぐに洗練された紙面構成に取って代わった。著者と読者との対話が頁を支配し、場合によっては活字と画像を統合する技術的な挑戦が大きな出版事業を促進することもあれば遅らせることもあった。

断片から書物へ

印刷された文章は読みやすくなければならない。一直線に並べられた活字の印刷であれば、各々の文字がほかの文字と区別され、頁の内容に目をやることができる。しかしほとんどの手書き原稿には読みやすさが欠けている。文字の組み方は執筆者の訓練と技能に依存するからである。印刷される前の手書きの原稿にはさまざまな形式や目的があり、専門的な内容の書き写しから、自分の考えを明確にするために著者が残した走り書きの切り抜き帖までさまざまである。ゴットフリート・ゼンパーの『様式』[29]は、1860年[30]と1863年[31]に二巻本として出版されたが、工業生産による頁が延々と文章によって埋めつくされた好例である。建築の制作において織物としての質感の優位性を主張したゼンパーの建築理論は、書物の起源における文章の質感の隠喩と考えたくなる[32]。そうだとしても、『様式』を我々の主題に引きつけるためにはこの巧妙な類推を迂回してみる必要がある。ゼンパーのアーカイブ[33]には、書物のゲラ刷りの束がいくつかある。出版される書物の形式に先行するこれらの頁は、印刷されてくっきりとした活字になると消えてしまう過程を垣間見せている。

印刷に回す直前、微細な誤植を修正するために『様式』のゲラ刷りがつくられた。低品質のインクを用いて仮の紙に印刷されているにもかかわら

28 Carlo M. Travaglini and Keti Lelo, eds., *Roma nel settecento: Immagini e realtà di una capitale attraverso la pianta di G. B. Nolli* (Rome: Croma, 2013).
29 Gottfried Semper, *Style in the Technical and Tectonic Arts; or, Practical Aesthetics*, trans. Harry Francis Mallgrave and Michael Robinson (Los Angeles: Getty Research Institute, 2004).
30 Gottfried Semper, *Der Stil in den technischen und tektonischen Künsten, oder Praktische Aesthetik: Ein Handbuch für Techniker, Künstler und Kunstfreunde*, vol.1, *Textile Kunst* (Frankfurt: Verlag für Kunst und Wissenschaft, 1860).
31 Gottfried Semper, *Der Stil in den technischen und tektonischen Künsten, oder Praktische Aesthetik*, vol. 2, *Keramik, Tektonik, Stereotomie, Metallotechnik für sich betrachtet und in Beziehung zur Baukunst* (Munich, Bruckmann, 1863).
32 Mark Wigley, *White Walls, Designer Dresses: The Fashioning of Modern Architecture* (1995; repr., Cambridge, MA: The MIT Press, 2001)［マーク・ウィグリー著、坂牛卓・邉見浩久・岩下暢男・天内大樹・岸佑・呉鴻逸共訳『白い壁、デザイナードレス――近代建築のファッション化』鹿島出版会、2021年］; Hanno-Walter Kruft, *A History of Architectural Theory from Vitruvius to the Present*, rev. ed. (1985; New York: Princeton Architectural Press, 2007), pp.310–16.
33 ゴットフリート・ゼンパーのアーカイブはチューリッヒの建築理論・建築史研究所に所蔵されている。文書の多くは『様式』に関連している。GTA-A 20 Semper Ms. 215–250.

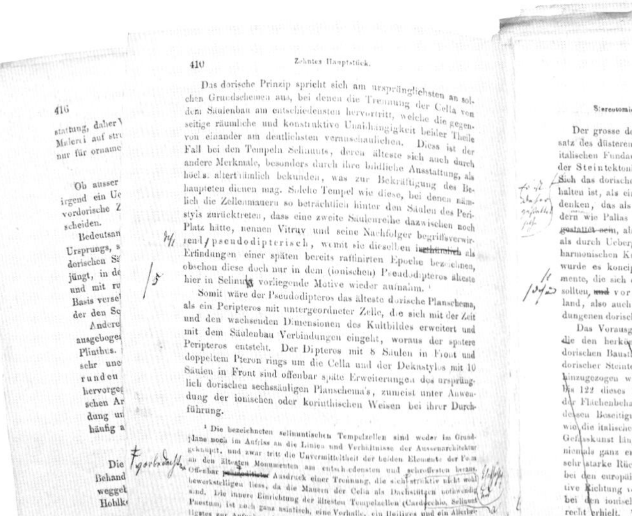

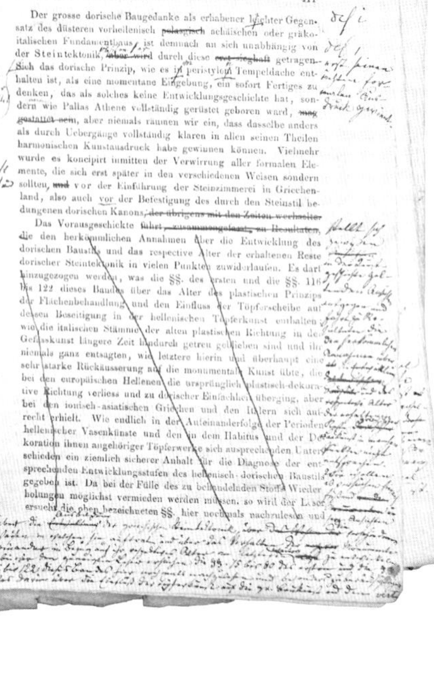

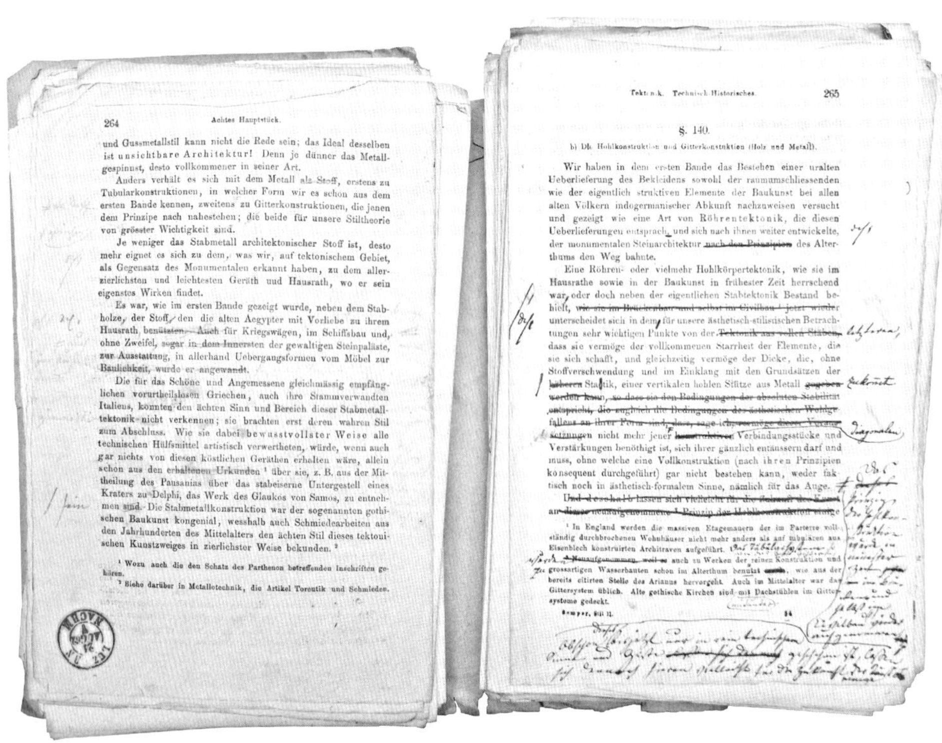

ず、綴じられていない紙の葉は最終的な書物とそれほど違わない。ただし、最後のゲラ刷りの前に註釈と文章の修正を反映した二校を著者に送る必要があり[34]、註釈の執筆と印刷物への反映には物理的な距離があった。書物の校了直前のやり取りにかかる長い距離は、ゼンパーの手書きとその機械的な置き換えの間の距離を反映している。この校正の前には、美しい装飾文字で「清書」[35]と書かれた別の束があり、文章を組むために印刷に回されていた。おそらくゼンパーの手によるものではないが、紙の「清書」は縦に束ねられ、文章が30行で一つのまとまりとなるように印がつけられている。几帳面に書かれたこれらの紙面には、章ごとに異なる紙と異なる手書きが見られ、いろいろな書き方でいろいろな紙が使われているが、一貫性のある印刷された文章を生みだすためにそれらの違いが排除され、書かれた文章の統一性が確かめられている。縦の空欄には、ところどころ丁寧な手書きが書き加えられている。場合によっては、こうした追記は小さな文字で欄内に詰め込まれている。ゼンパー自身による註釈がそれほど多いわけではないが、決めきれないところや、大幅な修正や変更のある段落もあり[36]、後に完全に書き直されていた。

ゲラ刷りやその経緯を研究することによって、著者の手書きをきれいに均す専門家たちの存在が明らかになる。そこには代書の専門家もいて、最終草稿を作成して植字工が手書きの文字を正確に活字に転写する。ドン・マッケンジーの論考「組見本と活字箱」[37]はこうした一連の校閲の重要性を明らかにしてくれる。1702年の一冊の書物[38]に含まれる13,777の読点の分析を通じて、マッケンジーは同じ書物に関わった印刷会社の異なる植字工たちの癖を見いだした。読点のために各単語の前か後に一文字分の空きを取るべきか、あるいはもっと大きな空きを取るべきか。植字工たちは各々で異なる基準を適用した。このような句読点の規則から書物づくりの過程を再現すれば、その貢献者たちを見いだす糸口が得られるが、印刷された文章の見かけの質感の均一性は生産の連鎖を隠してしまう。非常に多くの人々が関与しているために、手書きの原稿を印刷に回すには明確な意志疎通が必要であり、『様式』の場合、多数の原稿複写とゲラ刷りが著者の望むものを忠実に仕上げるための担保となった。

書物づくりにおいて、このような中間段階の重要性はどこにあるのであろうか。歴史家［書物に内容だけを読み取る学者］の目から見れば、著者のためらいをある程度は明らかにすることができるし、提示された概念の言外の意味を理解することはできる。しかしそれは、書物という実在とは関わってこない。書物づくりの工程をたどることによってわかるのは、文章の質感が決定的か、あるいはそうではないかということである。文章に埋め込まれたありふれたグリザイユはそれをつくりだすのに必要な豊かな視覚装置が背後に隠され、教養ある読者でさえ解読することは難しい。空白の領

← **ゴットフリート・ゼンパー**
『様式』ゲラ刷り、1862年8月
書物の頁に掲載される文章はいくつもの段階を経る。著者の言葉は編集および校正の工程においてさまざまな人の手を経て、活字に組んで印刷物として校了となる。それまで著者には変更を加える余地が与えられている。
［ETH-GTA 20 Ms253］

34 GTA-A 20 Semper Ms.253. 一部の頁には「ルツェルン、1862年8月」という不可解な印が押されている。

35 GTA-A 20 Semper Ms.229–238.

36 GTA-A 20 Semper Ms.232.

37 Don McKenzie, "Stretching a Point: Or, The Case of the Spaced-out Comps," in *Making Meaning. "Printers of the Mind" and Other Essays*, ed. Peter McDonald and Michael Suarez (Amherst: University of Massachusetts Press, 2002), pp.91–106.

38 マッケンジーはJoseph Beaumont, *Psyche, or Love's Mystery, in XXIV Cantos: Displaying the Intercourse betwixt Christ, and the Soul* (Cambridge: University Press, 1702) を引用している。

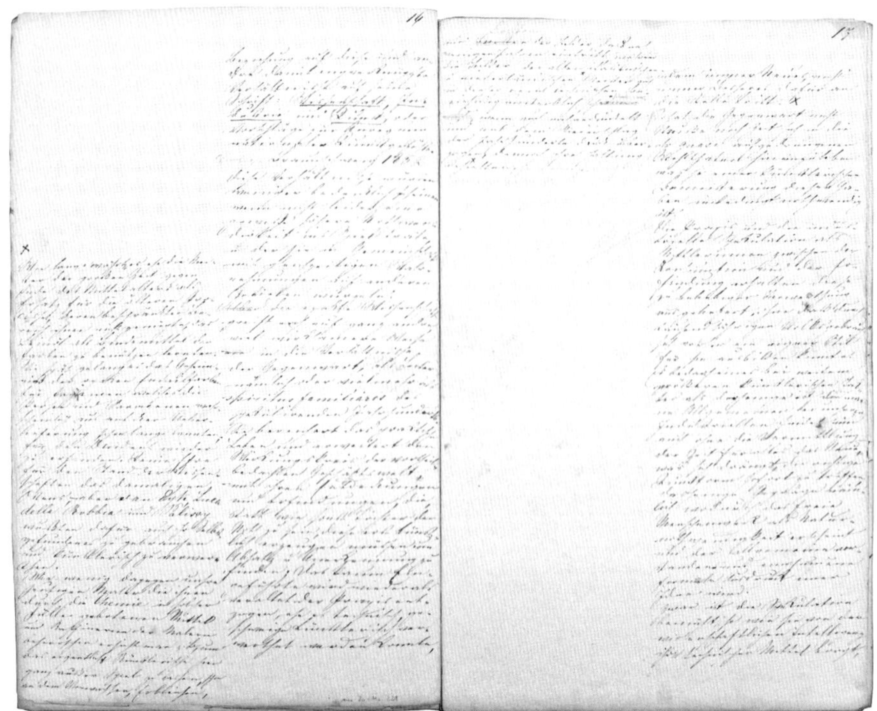

域があり、書き手、そして読み手(ゼンパーの場合は校正者や著作責任者)が第二の著者として編集し、書き手も註釈を加え、さらに意見を加え、修正し、正確を期す。数百部の印刷が終わって完了するまで、文章の頁は開かれている[39]。

『様式』に関するゼンパーの記録をさらにさかのぼると、元となる手書きの原稿[40]が見いだせる。文章の質感ははるかに雑然としている。ここでも空欄という戦術がとられ、頁の三分の一は補註のために確保されている。一般的な文字を使った本格的な「清書」とは異なり、原稿はゼンパーの挑戦的な手書きである。長い消線があり、場所によっては段落全体を消していることもある。空白の欄には多くの場合、註釈、追加の文章、あるいはそれに代わるものがつけ加えられている。場所によって多少の戸惑いはあるものの、あらかじめ考えていた書物の筋立てにきちんとしたがっている。綴られた文章は論点を見いだすための走り書きではない。元となる手書きの原稿は書物以前の書物である。不定形な見かけのなかに、出版された版の枠にはめられた文章とさほど変わらない考え方が隠されている。

ゼンパーの書物づくりの経緯が手書きの原稿の見た目から想像するよりもはるかに複雑であったことは、ヴォルフガング・ハーマンとフランシス・マルグレイヴによって詳述されている[41]。1843年、ゼンパーがドレスデン

ゴットフリート・ゼンパー
『様式』清書、日付不明
[ETH-GTA 20 Ms229]

39 後に見るように、活字に組んで印刷された紙面の質感と手書きの茫漠とした思考との間の距離をステファヌ・マラルメは非常によく理解していた。

40 GTA-A 20 Semper Ms.215–228.

に完成したばかりの歌劇場によって建築家の道を歩み始めたとき、出版社のエデュアルド・ビューエグは、農村建築に関する書物を出さないかと申し出た。代わりにゼンパーは自分の出したい書物を書くことを提案し、1844年に出版契約が結ばれた[42]。出版社はゼンパーが五年後に政治亡命を余儀なくされても、その書物に期待した。1850年、ゼンパーはパリから出版社に書物の作業を再開できると連絡し、その年の5月までに380頁の草稿を仕上げた。ロンドンに移り、ドイツ語によって、『建築の四要素』[43]を発表し、「四つの建築の動機に基づく四つの芸術的手法、すなわち陶器による炉端づくり、石工術の技術発展による積み上げ、足場や木工術による屋根の組み立て、編織による壁(本来の空間的な仕切り)」[44]という理論を大きく前進させた。当時はまだ不完全であり、『様式』とは異なる目的を持っていたにもかかわらず、この104頁の八つ折り判冊子の[理論の]明瞭さと鮮鋭さは、これまでの長い執筆作業があったからである。ロンドンにおいて、ゼンパーはヘンリー・コールの支援を受けた。コールは1851年の大博覧会の委員であり、ゼンパーに国家的な展示のいくつかを任せ、後に新しく再編されたデザイン学校の応用芸術部門の教師にした人物である。ロンドンにいる間にゼンパーは産業技術に精通するようになり、「さまざまな主題、とりわけ陶器、編織、木工、石工の四つの術に関連する主題について」[45]講義した。1855年にはチューリッヒに渡って工芸学校建築学科の指揮を執った。この新しい職を得て、ゼンパーはついに論文の原案を完成させ、パリで書いた380頁におよぶ草稿を再開した。こうして1856年の夏、『芸術形態学』(芸術−形態の理論)と題する書物の大部分をビューエグに送付した。ゼンパーは書物の執筆料の値上げを求めた。亡命してから前払いを受けとっていたが、スイスでビューエグと会った後に、ゼンパーはこの書物をもっと高い価格で別の出版社に売ってしまった。この二重の駆け引きはゼンパー自身に大きな苦痛をもたらした。ビューエグは原稿を返さず、訴訟すると脅かしたため、ゼンパーは書物の構成を考え直し、「……建築辞書、文化・歴史的かつ芸術・技術的建築研究、建築の歴史と理論についての様式研究、あるいは純粋な美学研究のための原稿」[46]を部分的に書かざるをえなくなった。1858年、ゼンパーは当初の二巻を完成させることを目標に執筆を再開し、実現はしなかったが1859年には建築を扱う三巻目にまで膨らんだ。編織についての最初の巻は1860年に出版され、第2巻は1863年、陶器、木工、石工、冶金に焦点を当てていた。

アーカイブの草稿は1858年以降と思われる。長い執筆時間の終盤にあたるが、論考そのものは1830年代にさかのぼる。ゼンパーは地中海を旅し、フランツ・クリスチャン・ガウ[建築家・考古学者]の多彩な足跡をたどり、亡命のはじめ頃にルーヴル美術館と大英博物館において研究し、最初の380頁の原稿を起草した。ゼンパーが1851年のロンドン博から啓示を受けた

41 Wolfgang Herrmann, *Gottfried Semper: In Search of Architecture* (Cambridge, MA: The MIT Press, 1984). 原本は*Gottfried Semper im Exil* (Basel: Birkhäuser, 1978). "The Genesis of *Der Stil*, 1840–1877," pp.88–117; Harry Francis Mallgrave, introduction to Semper, *Style in the Technical and Tectonic Arts*(註29)をとりわけ参照。現在、チューリッヒの建築理論・建築史研究所は、批評と註釈のついた『様式』の出版に関する調査に乗りだしている。1860年、1863年、1878年、1879年の版だけでなく、すべての草稿がいずれ日の目を見るはずである。

42 Mallgrave, introduction to *Style in the Technical and Tectonic Arts*, p.11(註41参照)

43 Gottfried Semper, *Die vier Elemente der Baukunst: Ein Beitrag zur vergleichenden Baukunde* (Braunschweig: Friedrich Vieweg, 1851).

44 Mallgrave, introduction to *Style in the Technical and Tectonic Arts*, p.13(註41参照)

45『前掲書』p.16

46『前掲書』p.17

47 Pep Avilés, "A Hearth or a Kitchen? Reconsidering the Ethnographic Character of Semper's Caribbean Hut," *San Rocco* 8 (Winter 2013): pp.54–60; Adolf Max Vogt, "'Table and Tablecloth': Joseph Paxton and Gottfried Semper," trans. Radka Donnell, in Herrmann, *Gottfried Semper*, pp.xi–xviii(註41参照)

48 ゼンパーがこの小屋に見いだしたものは、ウィトルウィウスが大理石の神殿を「石と化した原初の小屋」として記述したものと同じである。ゼンパーにとって、カリブの例は「古代建築のあらゆる要素を純粋で最も独創的な形態によって示している」。Semper, *Style in the Technical and Tectonic Arts*, pp.665–66(註41参照)

49 ウィリアム・モリスと書物については、William S. Peterson, ed., *The Ideal Book: Essays and Lectures on the Arts of the Book by William Morris* (Berkeley: University of California Press, 1982)を参照[ウィリアム・モリス著、川端康雄訳『理想の書物』晶文社、1992年]

1

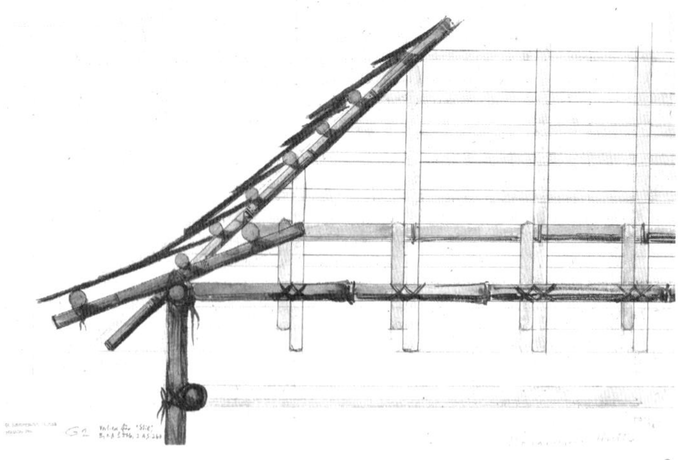

2

1　**ゼンパー、カリブの小屋の準備図面、断面図、立面図、平面図**

[ETH-GTA 20]

2　**ゼンパー、カリブの小屋の準備図面、断面図**

文章と同じように、図面にも編集工程がある。表現豊かな原図を彫版工がより均質な判型に落とし込む。『様式』の図版のための大きな準備図面は、書物として出版される彫版や彩色石版と変わらない質である。

[ETH-GTA 20]

3　**ゴットフリート・ゼンパー『様式』第2巻（1863年）、276–77頁**

画像であろうと文章であろうと、はじめの着想は印刷された紙面として着地するまで、長い旅をしなければならない。実験と折々の調整によって一貫性、読みやすさ、および明快さが確保され、企画が草稿から書物へと至る。

[CCA MAIN ID:85-B15732]

276　Achtes Hauptstück.

Nach diesem hegt der Verfasser die Zuversicht nicht missverstanden zu werden, wenn er kein Phantasiebild, sondern ein höchst realistisches Exemplar einer Holzkonstruktion aus der Ethnologie entlehnt und hier dem Leser als der vitruvianischen Urhütte in allen ihren Elementen entsprechend vor Augen stellt.

Nämlich die Abbildung des Modells einer karaibischen Bambushütte, welches zu London auf der grossen Ausstellung von 1851 zu sehen war. An ihr treten alle Elemente der antiken Baukunst in höchst ursprünglicher Weise und unvermischt hervor: der Heerd als Mittelpunkt, die durch Pfahlwerk umschränkte Erderhöhung als Terrasse, das säulengetragene Dach und die Mattenumhegung als Raumabschluss oder Wand.

Karaibische Hütte.

§. 144.

Toskanisch-römische Holzarchitektur.

Wir wollen nicht wieder auf die archaischen Holztempel Griechenlands zurückkommen, deren letzte Ueberreste noch gegen Ende des 2. Jahrhunderts nach Christo Pausanias sah, sondern nur einen Augenblick bei jenem toskanischen Tempelbau verweilen, den wir aus Vitruv's Beschreibung etwas genauer kennen. Er bestand aus einer Mischkonstruktion aus Holz und Stein und auch an ihm hatte der erstgenannte Stoff nur einen mittelbaren Einfluss auf dessen tektonische Gestaltung, der sich vornehmlich in seiner durch die starken doppelten Epistylien aus Eichenholz motivirten Weitsäuligkeit ausspricht. Wir müssen jedoch, der auf Analogieen begründeten Wahrscheinlichkeit gemäss, uns auch diesen Holzarchitrav als bekleidet denken, gerade so wie nach Vitruv's ausdrücklichen Worten die Balkenköpfe der Decke an ihren Stirnflächen (in eorum frontibus) mit Ante-

Tektonik. Technisch-Historisches.　277

pagmenten verschalt waren, also nicht mehr stofflich als Balkenköpfe erschienen, sondern ein fortlaufendes Gesimms, eine Hängeplatte, bildeten.

Man hat die diese Balkenköpfe betreffende Stelle des Vitruvischen Textes so verstanden, als ob sie, unmittelbar über dem Epistyl, dieses letztere in überweiter Ausladung, nämlich um den Betrag eines Viertels der Säulenhöhe, überragt hätten, was also eine zweite wichtige Kundgebung des stofflichen Bedungenseins der Form des Tempeldaches durch das Holz voraussetzen liesse, allein diese Auslegung der unklaren Worte des römischen Autors ist mindestens zweifelhaft; sie entspricht eben so wenig der antiken Gefühlsweise im Allgemeinen wie insbesondere den noch vorhandenen Beispielen römischer und süditalischer Tempel, die sonst dem hetruskischen Kanon getreu, statt eines frieslosen Gebälkes umgekehrt sehr hohe Friese haben.[1]

Immerhin mag das weitausladende Gebälk für altitalische Wohnhäuser charakteristisch gewesen sein, gleich wie dasselbe auch in Griechenland beliebt war. Man begrub die Leichen der Kinder unter der Dachvorlage (subter subgrandas). In einer alten Inschrift aus Puteoli vom Jahre Rom's 647 wird ein solches Schutzdach über einem Thorwege genau beschrieben.[2]

Dass die Hetrusker die Deckenbalken dekorativ behandelten, beweisen auch die Nachahmungen derselben aus Stein oder durch einfache Malerei in den Hypogäen.[3]

Wegen dieser altitalischen Vorliebe für dekorative Holzstruktur bei Wohngebäuden hat man auf einen stammverwandtschaftlichen

[1] S. über die toskanischen Tempel:
Marquez Ricerche dell' ordine dorico.
Stieglitz, Arch. d Baukunst II, 1. S. 14 ff.
Hirt, Baukunst der Alten, S. 47. 70. 88.
Geschichte der Baukunst, I. S. 251.
Leo Klenze, Versuch der Wiederherstellung des toskanischen Tempels.
O. Müller, die Hetrusker IV, 2. 2. S. 229.
Thiersch, über d. Erechtheum. 2te Abh.
Eine Erklärung des vitruvianischen Textes und Restauration des etr. Tempels in einem Aufsatze des Verf. im Berl. Kunstblatte, Jahrg. 1855.
S. auch Farbendruck, Tab. XIII, dieses Werkes.

[2] Piranesi Magnificenze di Roma tb. 37.
Marquez Ricerche t. 10.
Donaldson on Dorways.

[3] Mon. ined. passim: Gori M. E. III. 2. tab. 6 und 7. Micali t. 51 n. 1.

3

ことも歴史は語っている。ゼンパーは博覧会においてカリブの竹小屋を見て建築概念の構想を育てた[47]。この小屋は『様式』第2巻の276頁の小さな図版として登場する[48]。草稿の文章同様、アーカイブにはさまざまな図版資料が保管されていて、カリブの小屋の大きな図面もある。しかしながら、多くの画像はほかの書物や出版物を参照して縮尺を変えて描き直され、草稿のようなためらいも不確実性も見当たらない。すべての図版に番号が振られて整理され、見出しと文章内の位置情報が付されている。文書資料では、ゼンパーがどうして文章にその図版をつけようとしたのか、はっきりとはわからない。原稿を書き写す際に視覚的な覚書としていたのであろうか（草稿の空欄にある希少な図面のいくつかは、文章と画像の直接的な関係を示唆している）。それとも文章内容の一部を明確にするために後から選ばれたのであろうか。いずれにせよ、画像と文章の紐づけによって文章を自在に扱えるようになれば、文章枠に草稿を機械的に流し込むことができる。『様式』は書物を工業製品とする挑戦ではなかった。むしろ本質的に厄介な工程を整理する技術的な手続きを踏み、規格に合わせることによって制作の長い道程を消し去っていた。

インクの感覚

ウィリアム・モリス（1834–96）の場合[49]、書物の基本単位は「一頁ではなく、二頁一組」[50]であった。この見開き頁の印刷枠の位置を規定する際に、「内側の余白［見開き頁の綴じ側に当たるのどの余白］を最も狭く、上端［天の余白］をやや広く、外側（小口の余白）をさらに広く、下端［地の余白］を最も広く」[51]する。モリスは見開き頁を調整し、印刷された長方形部分が視覚的につながるようにし、書物を持つ読者の親指があたる下端に広い余白をとって邪魔にならないようにした。モリスは書物の「建築」[52]、建築そのもの、「調和のとれた共同的な芸術作品としてすべての真摯な芸術を含み、安っぽくなく、見た目の美しさではないもの」[53]について考えた。しかしモリスにとって、先人のジョン・ラスキンのように、書物と建築の関係は単なる隠喩ではなかった。むしろ単なる機能を超えて、書物と建築が相まって私たちの経験を豊かにすべきであった。『ヴェネツィアの石』の「ゴシックの本質」[54]の章において、ラスキンは「ミルトンやダンテを読むように建築物を読み、石から詩句と同じような喜びを得るという考え」[55]を却下した。「よく秩序だった部屋や巧みにつくられた建造物」からは節度のある心地よい感覚を引きだすこともできるが、建物の「正確さ」と「便利さ」が「建築が与える喜びのすべてである」という誤った考えにつながる可能性もある。書物はそれほど誤解を招かない。「たしかに詩には詩句の旋律があり、

50 William Morris, "A Note by William Morris on His Aims in Founding the Kelmscott Press" (1896), in Peterson, *The Ideal Book*, p.78（註49参照）

51 『前掲書』

52 Peterson, introduction to *The Ideal Book*, p.xxxi（註49参照）

53 William Morris, *Gothic Architecture: A Lecture for the Arts and Crafts Exhibition Society* (Hammersmith: Kelmscott Press, 1893), p.2.

54 John Ruskin, *The Stones of Venice*, 3 vols. (London: Smith, Elder & Co., 1851–1853).「ゴシックの本質」の章は第2巻 *The Sea-Stories* (1853), pp.151–231に掲載された。

55 John Ruskin, *The Nature of Gothic: A Chapter of The Stones of Venice* (Hammersmith: Kelmscott Press, 1892), pp.36–38［ジョン・ラスキン著、内藤史朗訳『ヴェネツィアの石』法蔵館、2006年、pp.273–274］

56 『前掲書』

57 Morris, preface to Ruskin, *The Nature of Gothic*, p.i（註55参照）

58 『前掲書』

59 William Morris, "The Poet as Printer: Published in the 'Pall Mall Gazette' in 1891," in Peterson, *The Ideal Book*, p.90（註49参照）

60 『前掲書』p.27

61 Nikolaus Pevsner, *Pioneers of Modern Design: From William Morris to Walter Gropius* (Harmondsworth: Penguin, 1960)［ニコラウス・ペヴスナー著、白石博三訳『モダン・デザインの展開——モリスからグロピウスまで』みすず書房、1957年］

62 Edward Hollamby, *Red House, Bexleyheath, 1859: Architect, Philip Webb* (London: Architecture Design and Technology Press, 1991).

63 John Brandon-Jones, "The Importance of Philip Webb," in *William Morris & Kelmscott* (London: The Design Council, 1981), pp.87–95.

64 1861年4月からモリス、ダンテ・ゲイブリエル・ロセッティ、フォード・マドックス・ブラウン、エドワード・バーン＝ジョーンズ、フィリップ・ウェッブ、チャールズ・フォークナー、ピーター・ポール・マーシャルを共同経営者として商会の事業を開始した。

65 ハーヴェイとプレスによると、1870年代以降、モリスがデボン・グレート・コンソル銅山の株から受け取る配当が大幅に減ったとき、モリスのかなりの個人資産はモリス商会の利益から得ていた。Charles Harvey and Jon Press, "The Business Career of William Morris," in *William Morris: Art and Kelmscott*, ed. Linda Parry (Woodbridge, UK: The Boydell Press, 1996), pp.3–22.

ケルムスコット・プレス
『チョーサー』
に取り組む二人の印刷工
[St. Bride Foundation Library]

ſua ruina cipare uno lun
che lementi degli huomir
eglino poſſino rimunerar
do che epremii ſono alle u
ficulta non e appreſſo ed
amo quegli premii che h
ommodita alla maeſta tu
ſe ne citta conquiſtate ne
patria ſia elpremio noſtro
onſeruarci inthoſcana: &

エメリー・ウォーカー、
ヴェネツィアのヤコブス・ルベウス
によって印刷された1476年の
『フィレンツェ』の一部の拡大。
モリスの書体「ゴールデン・タイプ」
の手本

書物は科学技術と職人技の組み合わせの結果である。ウィリアム・モリスによって設立された印刷所は、この二重性を念頭に置き、視覚的にも触り心地としても原紙に技巧を凝らし、それが一つの模範となって20世紀を通じて書物づくりが進化した。
[St. Bride Foundation Library]

→ **ウィリアム・モリス**
『ユートピアだより』
ロバーツ・ブラザーズ(1890年)
[British Library]

→ **モリス『ユートピアだより』**
ケルムスコット・プレス版(1892年)
モリスは中世の資料を参考にして書物の体裁と生産体制を改善し、産業社会の理想に合わせた。小説の二つの版の口絵から、頁の体裁と質感が書物の内容に吹き込まれていく様子がわかる。
[British Library]

建築の対称性や音楽性と同じように厳格であり、何千倍も美しいが、旋律を超えた何ものかである」。その「何ものか」がすべての違いを生みだす。「偉大な芸術は言葉、色彩、石のいずれで表現するにしても、同じことを何度も繰り返して言おうとしない」。ラスキンにとって、「われわれは新しい書物を読むときと同じような喜びを……建物には感じない」[56]。

ラスキンが書物に言及するとき、文章の内容に言及しても書物の物理的なかたちについては無視する。モリスは多くの工業製品と同じように、工業化された書物の品質を嘆き、ラスキンが永続的な姿であるとしたことに危機感を抱いた。工業化の時代において書物は安泰ではなかった。1851年から1853年にかけて『ヴェネツィアの石』が出版されたとき、モリスにはラスキンが「世界が進むべき新しい道を示しているように見えた」[57]。しかし1891年、「失望の40年でも」[58]ラスキンの教訓はなお生きているものの、工業印刷の渦中においてラスキンの考えを実現することにモリスは危機を感じていた。

> 今日この国に出ている書物を見よ……
> 最高の著者の書物でさえ活字のために台無しになっている。
> ラスキンの作品を見よ。印刷が酷くて醜い書物ばかりである。[59]

失望の一つは不快な見た目と書物に触れたときの不快な感覚であった。書物はモリスの視覚と触覚には訴えなかった。モリスにとって、書物の「建築」とはそのような不愉快さを克服するための装置であり、書物が建築のための場所であることを示唆する隠喩であった。モリスは自分自身の書物よりも中世の書物を愛し、「完全なる中世の書物を凌ぐ唯一の芸術作品は、完全なる中世の建物である」[60]と考えていた。

モリスは建築家ではなかったが、モリスの思想は建築に影響を与え、ニコラウス・ペヴスナー(1902–83)は工業生産に対する批判によってモリスをモダニズムの先駆者として位置づけた[61]。モリスは生涯を通じて、織物から家具に至るまで、住宅表現のさまざまな側面を引きだし、中世を参照しながら今日の表現において高い美的基準を確立するために尽くした。モリスのレッド・ハウス[62]は1860年から1865年まで自宅[兼工房]としてフィリップ・ウェッブ(1831–1915)[63]と共に建てられたが、一つの建築表現にさまざまな工芸を取り入れることによって、社会と生活水準を向上させるというモリスの使命を例証した。レッド・ハウスにおいて、六人の若い仲間とともに、モリスはモリス・マーシャル・フォークナー商会[64]を立ち上げ、1875年まで続け、その後モリス自身が会社を引き継いだ[65]。1890年、実質的な経営から退くまで、モリスは産業界のつながりを駆使して事業を巧みに拡大し、1891年にはケルムスコット・プレスを設立して幾分かの「楽し

LABOUR'S MAY-DAY.

NEWS FROM NOWHERE;

OR,

An Epoch of Rest.

BEING SOME CHAPTERS FROM A UTOPIAN ROMANCE.

BY

WILLIAM MORRIS,

AUTHOR OF THE EARTHLY PARADISE," "THE LIFE AND DEATH OF JASON," "THE DEFENCE OF GUENEVERE AND OTHER POEMS," "LOVE IS ENOUGH," "THE STORY OF SIGURD THE VOLSUNG," "THE HOUSE OF THE WOLFINGS," "HOPES AND FEARS FOR ART," "THE AENEIDS OF VIRGIL DONE INTO ENGLISH VERSE."

BOSTON:
ROBERTS BROTHERS.
1890.

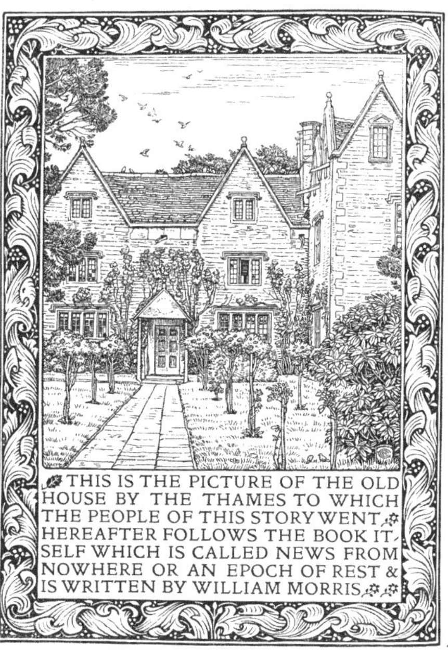

THIS IS THE PICTURE OF THE OLD HOUSE BY THE THAMES TO WHICH THE PEOPLE OF THIS STORY WENT. HEREAFTER FOLLOWS THE BOOK IT SELF WHICH IS CALLED NEWS FROM NOWHERE OR AN EPOCH OF REST & IS WRITTEN BY WILLIAM MORRIS.

NEWS FROM NOWHERE OR AN EPOCH OF REST.
CHAPTER I. DISCUSSION AND BED.

UP at the League, says a friend, there had been one night a brisk conversational discussion, as to what would happen on the Morrow of the Revolution, finally shading off into a vigorous statement by various friends, of their views on the future of the fully-developed new society.

SAYS our friend: Considering the subject, the discussion was good-tempered; for those present, being used to public meetings & after-lecture debates, if they did not listen to each other's opinions, which could scarcely be expected of them, at all events did not always attempt to speak all together, as is the custom of people in ordinary polite society when conversing

order, nor to match, as the capitals wo
kind of pleasure in them other than
it requires a strong effort of commo
quit of all that we have been taught f
ıd wake to the perception of a truth jus
it is new: that great art, whether
colours, or stones, does *not* say the
gain; that the merit of architectural,
sts in its saying new and different thin
no more a characteristic of genius in r
ı print; and that we may, without off
ste, require of an architect, as we do of
be not only correct, but entertaining
s true, and self-evident; only hidden f
-evident things are, by false teaching

ジョン・ラスキン
『ヴェネツィアの石』(1851–53年)
[CCA CAGE TRIS ITB15N1750]

herefore, that one form of the said ca
per, and no other, & having a conscier
of all impropriety, we allow the arch
vide us with the said capitals, of the
in such and such a quantity, & in all ot
take care that the legal forms are obse
having done, we rest in forced confid
are well housed.

UT our higher instinc
ceived. We take no pl
building provided fo
bling that which we t
book or a new picture
proud of its size, com
correctness, & happy in its convenie
take the same pleasure in its symmet
manship as in a well-ordered room

ジョン・ラスキン『ゴシックの本質』
ケルムスコット・プレス(1892年)
[CCA MAIN 7587]

みに興じた」[66]。

1890年から1896年に亡くなるまで、モリスはハマースミスのケルムスコット・プレスでの手づくりの書物の制作に専念した[67]。モリスには専門技術の知識も業界のつながりもあったために、質の高いものをつくりだしたいという願いをかなえることができた。同社は技巧を凝らした60冊を超える書物を出版し、少なくとも20冊はモリスが執筆や翻訳をした書物であった。ケルムスコット・プレスはすぐに上質な印刷物の基準となった。事業のなかで収益性は高くなかったが、モリスは商業戦略には抜け目がなく、高い制作費と高級書の需要を見据えながらすべての版で安全な利益を達成した[68]。ケルムスコット・プレスの神話では、エメリー・ウォーカー(1851–1933)による活字体の表現に関する講義がきっかけとなって、モリスが活字体に力を入れ始めたということになっている[69]。実際にはそれほどでもなかったのであるが、モリスがウォーカーの講義に出席したことは事実であり、ウォーカーは黎明期の印刷物をスライドに映しだし、活字体の詳細までわかるように拡大した。写真はモリスの手づくりの書物の制作に大いに役立った。写真によって黎明期の印刷物の活字体を研究できるようになり、「さまざまな文字の特徴をより明確に引きだせた」[70]。準備していた図面を木版に転写するのにも役立った[71]。このように、最新の技術と商業的な手腕を活用したことがケルムスコット・プレスの成功の鍵であった。モリスは「自然に対する機械の勝利」を認識していたが、目的は「楽しめることであり、自然のなかで苦しむことではない」。科学は「第二の芸術の誕生、労働の幸福に寄り添うもの」[72]であった。

モリスの文献にはほとんど建築が見当たらない。モリス自身の『ゴシック建築』[73]とラスキンの『ゴシックの本質』、すなわち「ラスキンが建築についていわなければならないことすべてを要約している」[74]書物を除いて、モリスは建築と題名についた重要な書物を出版しなかった。それにもかかわらず、モリスの書物はイギリスとアメリカの建築界において一種の「ケルムスコット狂」[75]を生みだした。フランク・ロイド・ライト(1867–1959)が90冊の『美しき住宅』[『ハウス・ビューティフル』][76]の図版と印刷に関わったことがライトの経歴においては一過性の出来事であったとしても、バートラム・グッドヒュー(1869–1924)[77]やチャールズ・アシュビー(1863–1942)[78]のような建築家は、モリスの出版事業を重要視し、書物の図版を作成するなど出版人としても実践した。

ウィリアム・モリスは形式が内容を表現しているような書物、たとえば読まなくても物語の感覚を伝えるチョーサーの『カンタベリー物語』[79]のような書物が念頭にあった。モリスの「傑作」となった『新版ジェフリー・チョーサー作品集』はモリスが亡くなった年に出版されたが、書物全体にいくつもの組版を混在させてこの夢を実現させた。世に知られた頁はどれ

66 William Morris, "The Kelmscott Press: An Illustrated Interview with Mr. William Morris. Published in 'Bookselling' in 1895," in Peterson, *The Ideal Book*, p. 111(註49参照)

67 Ray Watkinson, "The Kelmscott Press: A Cornerstone of Modern Typography," in *William Morris & Kelmscott*, pp.97–103(註63参照)

68 Harvey and Press, "The Business Career of William Morris," pp.18–19(註65参照)

69 John Dreyfus, "The Kelmscott Press," in *Kelmscott Press: A Score of Its Books* (Hereford: Hereford and Worcester County Libraries, 1997), pp.5–11.

70 Sydney Carlyle Cockerell, *The Kelmscott Press, 1891 to 1898: A Note by William Morris on His Aims in Founding the Kelmscott Press. A Short History and Description of the Kelmscott Press* (1934; repr., New York: Typophiles, 1984), pp.12–13.

most enduring and beneficent effect on his contemporaries, and will have through them on succeeding generations. ❡ John Ruskin the critic of art has not only given the keenest pleasure to thousands of readers by his life-like descriptions, and the ingenuity and delicacy of his analysis of works of art, but he has let a flood of daylight into the cloud of sham-technical twaddle which was once the whole substance of "art-criticism," and is still its staple, and that is much. But it is far more that John Ruskin the teacher of morals and politics (I do not use this word in the newspaper sense), has done serious and solid work towards that new-birth of Society, without which genuine art, the expression of man's pleasure in his handiwork, must inevitably cease altogether, and with it the hopes of the happiness of mankind.

WILLIAM MORRIS,
Kelmscott House, Hammersmith.
Feb 15th, 1892.

THE NATURE OF GOTHIC.

WE are now about to enter upon the examination of that school of Venetian architecture which forms an intermediate step between the Byzantine and Gothic forms; but which I find may be conveniently considered in its connexion with the latter style. ❡ In order that we may discern the tendency of each step of this change, it will be wise in the outset to endeavour to form some general idea of its final result. We know already what the Byzantine architecture is from which the transition was made, but we ought to know something of the Gothic architecture into which it led. ❡ I shall endeavour therefore to give the reader in this chapter an idea, at once broad and definite, of the true nature of Gothic architecture, properly so called; not of that of Venice only, but of universal Gothic: for it will be one of the most interesting parts of our subsequent inquiry, to find out how far Venetian architecture reached the universal

も装飾的であるが、モリスの装飾は戦略的であり、視覚的な装飾記号は文学的な内容の演出であった。たとえば、文章が二段組に設定されている頁もあれば、赤色と黒色の印刷頁もある。多くの頁に縁飾りがあるが、図版だけの頁もある。頭文字は節の目印として使用され、本文は小さい文字となる。エドワード・バーン＝ジョーンズ（1833–98）の挿絵が紙面構成の基準となり、組版によって頁が埋め尽くされ、空白を残すことはほとんどない。モリスの建築に対する考えを反映し、それぞれの労働者が別々の自律的な労務をこなすという分離した印刷工程に対して、モリスは各自が最終的な成果に平等な責任を共有することを望んだ。「書物の制作者は図画を木版に写す者だけではなく、印刷業者や単なる装飾家に過ぎない者も、成功や失敗を共有しなければならない」[80]。ウィリアム・モリスの書物は隅々まで意図的であった。独特の質感があり、すべての要素がものとしての完成度に寄与していた。

「理想の書物」を生みだすために、組版、紙面構成、紙質、インク、印刷機に絞ってモリスは助言している。モリスは美しい活字をつくるのも見苦しい活字をつくるのも同じ努力が必要であり、美しい紙面も見苦しい紙面も同じ時間を要することを繰り返し強調していた。紙と製本のための機器の

ジョン・ラスキン『ゴシックの本質』
ケルムスコット・プレス（1892年）

モリスは、人間としてラスキンを尊敬していたが、ラスキンの書物を「最悪の印刷物」であり「醜悪」とみなしていた。モリスが活字化した『ヴェネツィアの石』の一章は、言葉と著者の思想をうまく結びつけている。モリスが慎重に考えた活字は、官能的な魅力を放つ紙に高品質のインクで印刷され、無表情の文字配列と粗く白っぽい紙を使った最初の書物とはほど遠い。
［CCA Main 7587］

71 木版への転写はバーン＝ジョーンズの鉛筆画を再現するための技法であった。「バーン＝ジョーンズの原画はほぼすべて鉛筆であり、R・キャッターソン＝スミス［画家］によって、いくつかはC・フェアファックス・マレー［画家］によってインクで描き直され、その後画家自身によって修正され、写真撮影によって木版に転写された」。『前掲書』pp.17–18.

72 Morris, preface to Ruskin, *The Nature of Gothic*, p.ii（註55参照）

73 Morris, *Gothic Architecture*（註53参照）

74 Morris, *The Poet as Printer*, p.90（註59参照）

品質を上げると経費がかさむことは認めていたが、高い費用に見合うだけの価値があった。社会主義的な社会においてモリスが思い描いたのは、美しく印刷された書物の楽しさを図書館が万人に提供し、「何百万もの人々が読まされている安価な普及版のおぞましい活字によって眼力を損なわれる」[81]ことのない社会であった。ピーターソンが指摘しているように、モリスにとって書物の「建築」とは「主に活字体、縁(あるいは枠なし)、単語の間隔、および余白」[82]のことであった。モリスが愛蔵したのは「類いまれな組版の力によっていつも美しい」[83]黎明期の書物であり、その愛蔵書からいくつかの書体を考案し[84]、木版に合わせて書体の太さを慎重に選んだ[85]。図版や装飾部分はあくまで補完的であり、何よりも重要なことは紙面構成と活字組みを厳密に制御して印刷されている部分の均衡をつくりだすことであった。手づくりの紙の質感、印刷によって浮き出た起伏やインクの黒さの微妙な調子が、「目の感覚的な喜び」をもたらす[86]。

モリスは、美しさを判断するための重要な道具としてつねに目を意識しているが、身体全体が危険にさらされていると信じていた。

> 小さな書物だけが読みやすいという迷信に抗議したい。かなり読みやすい書物もあるが、よいものでも大きな二つ折り判、あるいはもっと大きくてもよいが、たとえば、完全な『ポリフィラス』[フランチェスコ・コロンナ『ポリフィラスの夢』(1499)。活版印刷史上でもとくに名高く、その活字はポリフィラス書体とも呼ばれる]ほどではない。事実、小さな書物は置かずに手に持つことになるが、手を痛めたりすることがあるし、さもなければ書物を支えるためにスプーンとナイフなどいろいろなものを卓上に置くことになる。重要なところにさしかかったときに限って頁が閉じてしまい、読書に絶対必要な落ち着きが削がれてしまう。一方、大きな二つ折り判は静かに堂々と卓上に置かれて読まれるまで待ち、書物の頁はまったく穏やかに、身体に負担をかけず、美を秘めたその文学を心から自由に楽しむことができる。[87]

楽しみに満ちたひとときの説明は頁の紙としての存在を再び認識させる。インクと浮きでた起伏が組版や紙面構成を支配する。モリスの関心は調和のとれた文字の流れを確立することであり、同じような文章の塊によって連続性をつくることであった。しかし退屈なグリザイユではなく、視覚的に魅力的な質感をモリスは目指した。中世の写本とインキュナブラ[西洋でつくられた最初の活版印刷物]を研究し、印刷文字と装飾文字の両方の形式に注目して、印刷頁の完全なる再編の舞台を整えた。モリスの仕事はグラフィック・デザイナー[図案家]の出現の先駆けであり、工業生産された書物の美というものに不朽の影響を与えた。

75 David Butcher, *Pages from Presses: Kelmscott, Ashendene, Doves, Vale, Eragny & Essex House* (Risbury, UK: Whittington Press, 2006).

76 William Channing Gannett, *The House Beautiful* (River Forest, IL: Auvergne Press, 1897).

77 James F. O'Gorman, "'Either in Books or Architecture': Bertram Grosvenor Goodhue in the Nineties," in *American Architects and Their Books, 1840–1915*, ed. Kenneth Hafertepe and James F. O'Gorman (Amherst: University of Massachusetts Press, 2007), pp.195–213; Richard Oliver, *Bertram Grosvenor Goodhue* (New York: Architectural History Foundation, 1983); Romy Wyllie, *Bertram Goodhue: His Life and Residential Architecture* (New York: W. W. Norton, 2007).

78 Alan Crawford, *C. R. Ashbee* (New Haven: Yale University Press, 1985).

79 Geoffrey Chaucer, *The Works of Geoffrey Chaucer Now Newly Imprinted* (Hammersmith: Kelmscott Press, 1896).

80 William Morris, "The Woodcuts of Gothic Books: A Lecture Delivered in 1892," in Peterson, *The Ideal Book*, pp.36–37(註49参照)

81 Morris, *The Poet as Printer*, p.92(註59参照)

82 Peterson, introduction to *The Ideal Book*, p.xxxi(註49参照)

83 Morris, "A Note by William Morris," p.75(註50参照)

84 Cockerell, *The Kelmscott Press*(註70参照)

85 Peterson, introduction to *The Ideal Book*, p.xxiv(註49参照)

86 Morris, "The Woodcuts of Gothic Books," p.26(註80参照)

87 William Morris, "The Ideal Book: A Lecture Delivered in 1893," in Peterson, *The Ideal Book*, p.72(註49参照)

88 Alekseĭ Gan, *Konstruktivizm* (Tver': Tverskoe Izdatel'stvo, 1922).

89 Moiseĭ Ginzburg, *Stil' i èpokha: Problemy sovremennoi arkhitektury* (Moscow: Gos. Izd-vo, [1924]). アナトール・センケヴィッチによる英訳は、*Style and Epoch* (Cambridge, MA: The MIT Press, 1982); マリナ・ベルジェによるフランス語訳は、*Le Style et l'époque: Problèmes de l'architecture contemporaine*, with an introduction by Elisabeth Essaïan (Gollion, CH: Infolio, 2013).

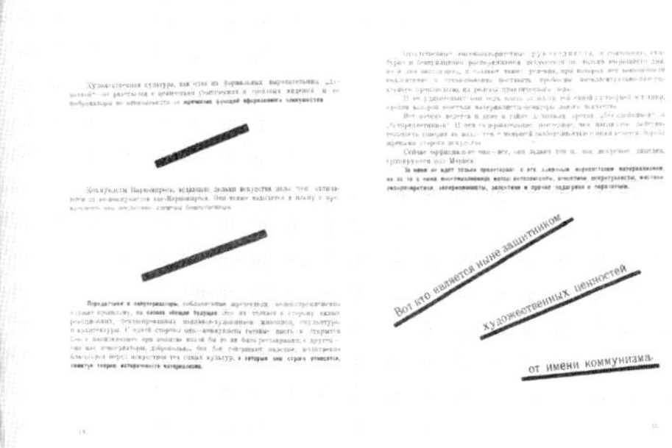

Вот кто является ныне защитником
художественных ценностей
от имени коммунизма.

アレクセイ・ガン『構成主義』(1922年)
[CCA CAGE N6988.5.C64 G35 (W1 4118)]

モイセイ・ギンズブルグ『様式と時代』(1924年)
[CCA CAGE N6490.G53 (ID:86-B18 866)]

文章の建設

ロシア構成主義建築の二つの重要な書物は、1922年に出版されたアレクセイ・ガンの『構成主義』[88]、そして1924年に出版されたモイセイ・ギンズブルグ(1892–1946)の『様式と時代』[89]である。どちらも文章を紙面いっぱいに取り、キリル文字の特徴、「ラテン文字よりも角張り、記念碑的で構成的な」[90]文字による独特の紙面構成である。しかしガンの冒頭数行の太字を除けば、構成主義者の書物はエル・リシツキー、アレクサンドル・ロトチェンコ(1891–1956)、そしてバーバラ・ステパーノヴァ(1894–1958)の建築系出版物に比べると、伝統的な書物を改革しているわけではなかった[91]。ソビエトの建築家は書物を大衆に向けた媒体と見なし[92]、書物によって理念の布教と新しい国家にふさわしい高い識字率を同時に達成するために、書物づくりは大いに注目すべき主題であった。

リシツキーは1922年にベルリンに移った後[93]、二つの前衛建築雑誌、『G』[94]と『ABC』[95]に寄稿し、書物の常識に挑戦し続けた。1923年、クルト・シュビッタース(1887–1948)の雑誌『メルツ』における短い宣言文「印刷の位相学」において、リシツキーは謎めいた「電子図書館」への扉を開いた。宣言文は「電子図書館」を八つの項目で定義しているが、そのなかでリシツキーは「インク立てと鵞ペンは死んだ」と明言し、印刷物を手書きから完全に切り離した。さらにリシツキーは従来のまっすぐに並べられた文字列を批判する。「印刷した紙、書物の無限性を超越しなければならない」。リシツキーの目的は読書の生理学を印刷と関連づけて定義することであり、情報伝達の視覚的手段を開発することであった。「紙に刷られた単語は聴くことではなく、目で見て学習される」。リシツキーにとって、書物は目に見えるものであり、視覚的な記号を読むことは文字を解読することよりも効果的である。書物が成功するためには、さして効果のないグリザイユの文字列を克服し、「活版印刷の法則に基づき、活字という素材を通じた書物=空間の表現」として実現しなければならない[96]。

90 Irena Murray, "Affirming the New: Art and Architecture in Soviet Avant-Garde Publications, 1918–1932," in *Soviet Avant-Garde Publications: Architectural Drawings of the Russian Avant-Garde, 1917–1935* (Montreal: Canadian Centre for Architecture, 1991), pp.6–19, ここではp.12

91 後のソビエト建築雑誌やヤコブ・チェルニホーフ(1889–1951)の書物*Ornament: Kompozitsionno-klassicheskie postroeniia* (Leningrad: Izd. Avtora, 1930)や*Osnovy sovremennoi arkhitektury: Eksperimental'no-issledovatel'skie raboty* (Leningrad: Leningradskogo ob-va arkhitektorov, 1930)とは異なる。

92 Murray, "Affirming the New"(註90参照)

93 Matthew Drutt, "El Lissitzky in Germany, 1922–1925," in *El Lissitzky: Beyond the Abstract Cabinet. Photography, Design, Collaboration*, ed. Margarita Tupitsyn (New Haven: Yale University Press, 1999), pp.9–23.

94 Maria Gough, "Contains Graphic Material: El Lissitzky and the Topography of G," in *G: An Avant-Garde Journal of Art, Architecture, Design, and Film, 1923–1926*, ed. Detlef Mertins and Michael Jennings (Los Angeles: Getty Research Institute, 2010), pp.21–51.

95 Jacques Gubler, *ABC 1924–1928: Avanguardia e architettura radicale* (1983; repr. Milan: Electa, 1994).

Warum

SIND UNSERE

MASCHINEN **SCHÖN**

WEIL SIE

Arbeiten
Sich bewegen
Funktionieren

? FABRIK SILO LOKOMOTIVE LASTWAGEN FLUGZEUG

Warum

SIND UNSERE

HAUSER NICHT **SCHÖN**

WEIL SIE

Nichts tun
Herumstehen
Representieren

? VILLA SCHULPALAST GEISTESTEMPEL BANKPALAST EISENBAHNTEMPEL

Es wäre unproduktiver Zeitverlust, wenn man heute beweisen wollte, dass man nicht mit eigenem Blut und einer Gänsefeder zu schreiben braucht, wenn die Schreibmaschine existiert. Heute zu beweisen, das die Aufgabe jedes Schaffens, so auch der Kunst, nicht Darstellen, sondern Dastellen ist, ist ebentalls unproduktiver Zeitverlust. (Merz)

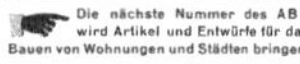

Die nächste Nummer des ABC wird Artikel und Entwürfe für das Bauen von Wohnungen und Städten bringen.

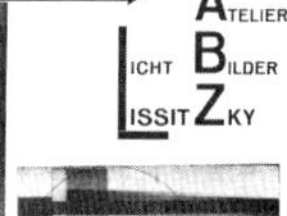

JEDER Künstler, der sich auf ABC abonniert, hat das Recht, seine Photographie gratis zu veröffentlichen. (Mit der Garantie, sofort berühmt zu werden). JEDE Dame, die sich auf ABC abonniert, hat das Recht, ihre Photographie gratis zu veröffentlichen. (ohne Garantie.)

JEDER abonniere sich auf ABC

NEUE BETONMATERIALIEN.

(Mitteilungen aus der Praxis über technische und wirtschaftliche Eignung sind erwünscht)

GASBETON

Ziel: Ein leichtes, poröses Wandmaterial von geringer Wärmeleitzahl und genügender Festigkeit.

Herstellung: Gemisch von 40 Gewichtsteilen Zement und 60 Gewichtsteilen Schieferkalk, wird mit einem geringen Zusatz von Aluminium- oder Zinkpulver zur Erzeugung von Wasserstoffgas in Wasser angerührt und in flache Formen gegossen. Die Masse wird stark porös und kann nach dem Erstarren in Platten zersägt werden.

Resultat: Das Material lässt sich sägen, nageln, bohren, hobeln und verputzen. Porigkeit 76 %. Raumgewicht 700 kg m³. Wärmeleitzahl 0,2 (Backsteinmauerwerk 0,65, Kiefernholz 0,15, Kork 0,05). Druckfestigkeit (nach 6 Wochen) 25-30 kg cm². Zulässige Beanspruchung (nach Stockholmer Bauordnung) 3 kg cm².

Anwendung: 1) Leichte Zwischenwände und Isolierungen an Stelle von Schlacken- oder Torfoleumplatten.
2) Isolierende, nicht belastete Zwischendecken mit der Möglichkeit leichter Armierung an Stelle von Bimskiesbeton.
3) Aussenmauern von geringem Gewicht und grösserer Wärmehaltung an Stelle der Backsteinmauer (die Stadt Stockholm lässt Mauern aus Gasbeton von 15-20 cm Dicke für 1-2stöckige Wohngebäude zu).

Hersteller: Axel Erikson, Architekt in Schweden.

STAHLBETON

Ziel: Schaffung einer möglichst harten, vor allem gegen mechanische Abnützung widerstandsfähigen Betonoberfläche.

Herstellung: Eine künstliche Eisenmasse, hergestellt durch Mischung von Portlandzement mit eigens präpariertem, metallischem Härtungsmaterial. Wird auf kaltem Wege in beliebiger Stärke aufgetragen.

Resultat: Das Material lässt sich ähnlich wie Gusseisen hobeln, drehen, bohren, feilen, sägen und schleifen. Infolge grosser Haftfestigkeit kann es als metallische Haut auf Beton, Naturstein, Bimsbeton Backstein, Leichtplatten, etc. aufgebracht werden. Härtegrad 2,2 mal so gross als bester Granit — infolgedessen weiteste Staubfreiheit. Rostsicherheit nur bei dauernder Benutzung. Zug- und Biegungsfestigkeit doppelt so gross. Druckfestigkeit 3-4 mal so gross als bei bestem Beton. Wasserdichtheit für eine Schicht von 20 mm bis auf 80 Atm. nachgewiesen.

Anwendung: Gebrauchsflächen von Böden, Randsteinen, Treppenstufen, Silos etc. Abdichtung von Wasserrinnen. Herstellung von Tresorwänden.

Hersteller: Patent von Prof. Dr. ing. Kleinlogel in Darmstadt.

TORCRETBETON

Ziel: Eine dünn konstruierte, widerstandsfähige, Wasser-, Witterungs- und Säurefeste äussere Schutzhaut für Bauten und Konstruktionsteile.

Herstellung: Auf eine maschenförmige Armierung von Rundeisen und 2-3 mm starken Drähten wird eine je nach den Anforderungen verschiedene Betonmischung (1 : 4 — 1 : 7) mittels Druckluft (Zementgun.) in 2 Lagen von ca. 30 mm Totalstärke aufgebracht.

Resultat: Die intensive Verbindung von Geflecht und Beton ergibt eine sehr elastische Haut bei geringster Gefahr von Schwindrissen. [illegible] ... rend 8 Stunden wasserundurchlässig.

Anwendung: 1) Dachhaut (bei beweglicher Auflagerung bis 11×40 m Oberfläche ohne Dilatationsfugen) auf U-Eisenpletten in Abständen von 1 m aufliegend. Dicke der Haut: 30 mm, Mischung 1 : 4.
2) Ausbesserungen von schadhaften Betonkonstruktionen.
3) Dichten von Tunnels, Brückenunterschichten etc.
4) Schutzüberzug über Eisenkonstruktionen gegen Angriff von Feuer- und Rauchgasen.

Adressaten, die nach Empfang dieser Nummer den Abonnementsbetrag nicht einzahlen (6 Nummern 4 Franken, Postcheck V 6971).) werden die folgenden Nummern nicht mehr erhalten. Sie werden gebeten, diese Nummer zurückgehen zu lassen.

Abonnenten, die No. 2 des ABC in beschädigtem Zustand empfangen haben, erhalten diese auf Anfrage bei der Administration nachgeliefert.

Probenummern werden auf Anfrage gerne zugeschickt.

REDAKTION - THUN - SCHWEIZ
ADMINISTR. BASEL
AUGUSTINERGASSE 5

ABC

BEITRÄGE ZUM BAUEN 3/4

MODERNE	MATERIALIEN SIND DAS RESULTAT UNSERER INDUSTRIE - SIE WERDEN DURCH DEN CHEMIKER AUS DEN ROHSTOFFEN AUFGEBAUT UND DURCH DIE MASCHINE HERGESTELLT.	BETON BETON BETON
MODERNE	KONSTRUKTIONEN SIND DAS RESULTAT UNSERES TECHNISCHEN DENKENS - SIE WERDEN DURCH DEN STATIKER EINDEUTIG ERKANNT UND ERRECHNET UND DURCH DIE MASCHINE AUSGEFÜHRT.	BETON BETON BETON BETON
MODERNE	STILFORMEN - UNSERE HISTORISCHEN MUSEEN SIND BEREITS ÜBERFÜLLT. UNSERE KUNSTPROFESSOREN ÜBERLASTET - ES HAT KEINEN SINN MEHR, WEITER FÜR SIE ZU ARBEITEN.	BETON BETON BETON

SCHALUNG

Ein negatives Gebilde, kein Aktivposten am fertigen Bau — ihr Anteil an den Erstellungskosten einer Betonkonstruktion muss ein möglichst kleiner sein.

DER PRIMITIVE WEG, DIES ZU ERREICHEN: man nagelt sie am Bau aus beliebigen rohen Brettern zusammen, reisst und bricht sie nach Gebrauch wieder auseinander — man spart für den Augenblick gutes Material und Arbeitszeit, und treibt in Wirklichkeit grösste Verschwendung mit Material und Arbeit.

Beispiel:

Betonkonstruktionen eines kleineren 4 stöckigen Hochbaues, armierte Decken, Unterzüge, einzelne Pfeiler. — Beton von Hand gemacht ...

1925

INGENIEURE BÜCKET EUCH NICHT VOR DEM KÜNSTLERHUT!

Da arbeitet manch einer in voller Kenntnis des Materials und der tragenden Kräfte, in voller Klarheit über Ziel und Möglichkeit, in denkbar grösster formaler Unbefangenheit — und mit einem Mal, wenn das Werk also herauszuwachsen beginnt, befällt ihn die Scham, entfällt ihm die Sicherheit — dann ruft er den Bekleidungskünstler. Vielleicht arbeitet einer verstrickt in engem Bereich, in kleinlicher Rechnung, eingeengt in der Aufgabe des Tages; vielleicht ist ihm der Sinn verloren gegangen für Zusammenhänge, für die Notwendigkeiten der Zukunft — wer aber frei steht, reicher in Wissen und Sehen, der lasse sich nicht irre machen in seinem Schaffen durch formale Einwände. Er bilde seine Konstruktionen wirtschaftlich ...

INGENIEURE HÜTET EUCH VOR DEN SCHUTZENGELN!

ARCHITEKTUR RUSSLANDS

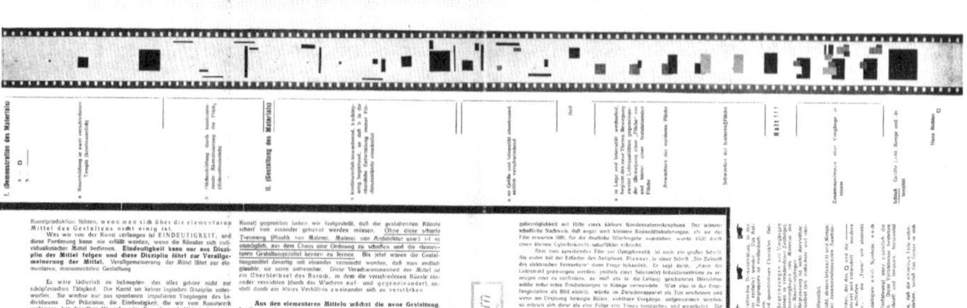

I. (Demonstration des Materials)

II. (Gestaltung des Materials)

Kunstproduktion führen, wenn man sich über die elementaren Mittel des Gestaltens nicht einig ist.

Was wir von der Kunst verlangen ist EINDEUTIGKEIT; und diese Forderung kann nie erfüllt werden, wenn die Künstler sich individualistischer Mittel bedienen. **Eindeutigkeit kann nur aus Disziplin der Mittel folgen und diese Disziplin führt zur Verallgemeinerung der Mittel.** Verallgemeinerung der Mittel führt zur elementaren, monumentalen Gestaltung.

Es wäre lächerlich zu behaupten, das alles gehöre nicht zur schöpferischen Tätigkeit. Die Kunst sei keiner logischen Disziplin unterworfen. Sie wachse nur aus spontanen impulsiven Vorgängen des Individuums. Die Präzision, die Eindeutigkeit, die wir vom Kunstwerk verlangen, hat dieselben Wurzeln wie die wissenschaftliche oder technische Vervollkommnung, welche sich in den unkünstlerischen Gebrauchsgegenständen, die uns umgeben, zeigt. An diesen Gegenständen, die aus den Bedürfnissen des heutigen Lebens entstehen, sieht der Künstler der Gegenwart, daß es mit impulsivem und spekulativem Arbeiten zu Ende ist. **Das Zeitalter des dekorativen Geschmacks ist vorbei, der Künstler der Gegenwart hat mit der Vergangenheit völlig abgeschlossen.** Wissenschaftliche und technische Konsequenzen zwingen ihn auf seinem eigenen Gebiet Folgerungen zu ziehen. Die schöpferischen Konsequenzen zwingen ihn zur Revision seiner Mittel, zur Gesetzmäßigkeit bis zum System, das heißt, zu bewußter Beherrschung seiner elementaren Ausdrucksmittel.

Sekundäre (Hilfs-) Mittel		**primäre (elementare) Mittel**
Malerei: Illusion der Form (Gegenstand) Anekdote usw.	——	Malerei: Form - Zeit - Farbe
Plastik: Illusion der Form Anekdote usw.	——	Plastik: Raum - Zeit - Linie, Fläche, Volumen
Architektur: Geschloss. Formtypus, Dekoration, Symbol usw.	——	Architektur: Raum-Zeit-Linie, Fläche

II.

Schon im Jahre 1916 haben wir als erste und wichtigste Forderung gestellt: **Trennung der verschiedenen Gebiete des Gestaltens.** Dem noch immer wuchernden Barock (auch in der modernen Kunst) gegenüber haben wir festgestellt, daß die gestaltenden Künste scharf von einander getrennt werden müssen. Ohne diese scharfe Trennung (Plastik von Malerei, Malerei von Architektur usw.) ist es unmöglich, aus dem Chaos eine Ordnung zu schaffen und die elementaren Gestaltungsmittel kennen zu lernen. Bis jetzt wären die Gestaltungsmittel derartig mit einander vermischt worden, daß man endlich glaubte, sie seien untrennbar. Diese Verschwommenheit der Mittel ist ein Überbleibsel des Barock, in dem die verschiedenen Künste einander vernichten (durch das Wuchern auf- und gegeneinander), anstatt durch ein klares Verhältnis zueinander sich zu verstärken.

Aus den elementaren Mitteln wächst die neue Gestaltung. In ihr werden die verschiedenen Künste sich so zu einander verhalten, daß sie imstande sind, ein Maximum von (elementarer) Ausdruckskraft zu entfalten.

Théo van Doesburg.

GENERALBASS DER SKULPTUR

GENERALBASS DER ARCHITEKTUR

Vom sprechenden Film zur Optophonetik.

streifen festgehalten und wieder in Töne übergeführt. Nun stellt die Vogt-Massolle-Engel'sche Konstruktion einen gewaltigen Fortschritt gegenüber der Ruhmer'schen photographierten Musik dar. Was vor allem Ruhmer nicht leisten konnte, die Übereinstimmung einer gefilmten Handlung und ihre vollkommen synchrone Wiedergabe in Tönen (bei Opern etc.) ist hier gelöst.

Die Bildtonfilmaufnahme geht folgendermaßen vor sich: Der Filmstreifen, der breiter als der normale ist, trägt auf der einen Seite der Führungslochung noch die Aufnahmen der Töne. Während eine Handlung gekurbelt wird, liegt ein Schalltrichter die Schallschwingungen auf, die durch das sogenannte Kathodophon in verstärkte elektrische Ströme umgewandelt und zu einer Ultrafrequenzlampe geleitet werden, in der die Stromschwankungen in Lichtschwankungen verwandelt werden. ...

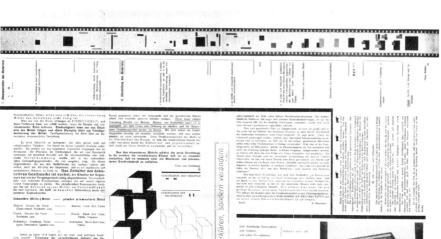

Kunst soll das Leben nicht erklären, sondern verändern

... gültige Gesetze, eine neue Funktionalität für beide finden. "Wir müssen die Zugehörigkeit der Formfunktionalität zu den Schwingungsintensitäten in einer grundlegenden Weise ermitteln um über das Zufällige zu einer neuen Formverbindlichkeit zu gelangen.

Berlin R. Hausmann

Jede ästhetische Spekulation,
jede Doktrin,
und jeden Formalismus
lehnen wir ab

Baukunst ist raumgefaßter Zeitwille
Lebendig. Wechselnd. Neu.

Nicht das Gestern, nicht das Morgen, nur das Heute ist formbar
Nur dieses Bauen gestaltet.

Gestaltet die Form aus dem Wesen der Aufgabe mit den Mitteln unserer Zeit.

Das ist unsere Arbeit

BÜROHAUS

Das Bürohaus ist ein Haus der Arbeit der Organisation der Klarheit der Ökonomie.
Helle weite Arbeitsräume, übersichtlich, ungeteilt, nur gegliedert wie der Organismus des Betriebes. Größter Effekt mit geringstem Aufwand an Mitteln.

Die Materialien sind Beton Eisen Glas.

Eisenbetonbauten sind ihrem Wesen nach Skelettbauten. Keine Teigwaren noch Panzertürme. Bei tragender Binderkonstruktion eine nichttragende Wand. Also Haut- und Knochenbauten.

Die zweckmäßigste Einteilung der Arbeitsplätze war für die Raumtiefe maßgebend; diese beträgt 16 m. Ein zweistieliger Rahmen von 8 m Spannweite mit beiderseitiger Konsolauskragung von 4 m Länge wurde als das ökonomischste Konstruktionsprinzip ermittelt. Die Binderentfernung beträgt 5 m. Dieses Bindersystem trägt die Deckenplatte, die am Ende der Kragarme senkrecht hochgewinkelt Außenhaut wird und als Rückwand der Regale dient, die aus dem Rauminnern der Übersichtlichkeit wegen in die Außenwände verlegt wurden. Über den 2 m hohen Regalen liegt ein bis zur Decke reichendes durchlaufendes Fensterband.

Berlin, Mai 1923 Mies v. d. Rohe

MATERIAL DER NÄCHSTEN NUMMERN: *Flat : Element und Erfindung : Neue Optik : Bauhandwerk u. Bauindustrie : Topographie der Typographie : Lunapark : Photoplastik : Kinderspielzeug : Acrobatie des Schauspielers : : Das neue Wohnhaus : Die internationale Verkehrszeichensprache.*

リシツキーは、『声のために』[97]の書物づくりを取り仕切った。ウラジミール・マヤコフスキーの詩集であり、『二つの正方形の物語』［リシツキーによる］とともに1922年から1923年にかけてベルリンで出版され、書物の歴史に名を残すことになった。カジミール・マレーヴィチ（1878–1935）による1920年の『シュプレマティスム［絶対主義］——34の素描』[98]や石版印刷による初期の論考[99]の抽象性を引き継ぎ、リシツキーは若いソビエト国家が社会的慣習に挑戦する最中に、文字表現としての書物の停滞に挑戦した。新しい書物は新しい人間のために奉仕しなければならない。リシツキーは従来の書物をもっと強力な大衆への伝達手段に変えたかった。イヴ゠アラン・ボアとクリスチャン・ヒューバートが説明しているように、「書物は完全に物質的な方法によって読者を変えなければならない。形式を変えることによって、理解の条件も変える」[100]。それゆえに、リシツキーは『声のために』に「書物の建設者」を意味する「コンストリクトル・クニギ」と署名した。リシツキーは頁の文字や図像の世界を乗り越え、物質的および視覚的な性質を効果的に発展させる自らの能力を自覚していた。

『二つの正方形の物語』はこども向けの書物とされているが、文章がほとんどない書物である。表題の「ПРО2■」は絵文字として読まれることを意図し、続く頁の石版印刷画は幾何学的に構成され、浮遊するような短い見出しと相互に作用している。『声のために』は「音声学ではなく光学」[101]という相変わらずの戦略を採用し、絵文字を使用して図形記号のなかに詩篇を解放しようとする。それぞれの詩の最初の頁に絵文字のついた付箋索引［『声のために』の見開き右端のツメ］が通常の文章頁に差し込まれ、『声のために』という書名に合わせるかのように、「声に出して読まれる」ような旋律をつくりだしている。リシツキーはこうした実験からすぐにフォト・モンタージュと空間的な構成を追求するようになり、とりわけ「プロウン・ラウム［プロウンの宇宙］」は一連の「プロウン」の素描と絵画の三次元インスタレーションとして成功を収めた。書物のごとく、リシツキーは鑑賞者の身体的な反応を引き起こすような幾何学的な形態を配置することによって、表面というものを切り裂いた[102]。こうした試みは書物の建設と同じく建築的なことであった。

『G』の創刊号は、1923年7月に発行された。リシツキーによる紙面構成とされている[103]。『G』において、リシツキーは主に文字を使って紙面を処理した。詩や視覚的な語りのような弾力性のある要素を操作する代わりに、リシツキーは「書物自体の素材、つまり活字」[104]を組み立てる必要があった。リシツキーの表現はマリア・ゴフによって徹底的に分析された。洗練された現代芸術の実験を19世紀の大衆新聞の視覚的な基準と結びつけたところに革新があったことをゴフは特筆している[105]。リシツキーは、実に「三つの対照的な書体」を使用し、「さまざまな基本書体、書体の高さ、文字

← **『ABC——建物への貢献』3/4（1925年）**
［CCA CAGE M W.A228］

← **『G——要素による構成の素材』第1号（1923年）**
自らを「書物の建設者」と見なしたエル・リシツキーは、独創的な国際建築雑誌の表現に影響を与えた。『G』や『ABC』における太線、文章の回転、図形記号、図像の生き生きとした使用は前衛的な内容と整合する強力な新しい時代の印刷物の質感を生みだした。
［CCA CAGE M W.G2］

96 El Lissitzky, "Topography of Typography," in Sophie Lissitzky-Küppers, *El Lissitzky: Life, Letters, Texts* (London: Thames & Hudson, 1992), p.359, translated by Helene Aldwinckle from the original German edition, *El Lissitzky: Maler, Architekt, Typograf, Fotograf* (Dresden: VEB Verlag, 1967). 宣言書ははじめ『メルツ』第4号（1923年7月）に掲載された。［河村彩編訳『革命の印刷術——ロシア構成主義、生産主義のグラフィック論』水声社、2021年、pp.13–14］

97 Vladimir Mayakovsky, *Dlia golosa* (Berlin: Lutze & Vogt, 1923), translated by Peter France as *For the Voice* (London: The British Library, 2000).

98 Margit Rowell, Deborah Wye, eds., *The Russian Avant-Garde Book, 1910–1934* (New York: The Museum of Modern Art, 2002), pp.148–50.

99 『前掲書』p.151

100 Yve-Alain Bois and Christian Hubert, "El Lissitzky: Reading Lessons," *October* 11, "Essays in Honor of Jay Leyda" (Winter, 1979): pp.113–28、ここではp.118

101 Lissitzky, "Topography of Typography"（註96参照）

102 イヴ゠アラン・ボアは、リシツキーの児童書『二つの正方形の物語』が「読者の身体を支配するような書物の力」を表現しているのではないかと考えている。Bois and Hubert, "El Lissitzky," p.118（註100参照）。マリア・ゴフは、1919年にリシツキーがカジミール・マレーヴィチに宛てた手紙を引用している。「列車、自動車、あるいは航空機は私たちの身体を空間に投げだし、書物は私たちの思考を揺り動かすのです」。Gough, "Contains Graphic Material," p.43, note 53（註94参照）

103 Gough, "Contains Graphic Material"（註94参照）

104 El Lissitzky, "The Artist in Production," in *Catalogue of the Graphic Arts Section*, Polygraphic Exposition of the Union of Republics (Moscow, 1927). Bois and Hubert, "El Lissitzky," p.114（註100参照）からの引用

КОНСТРУКТОР КНИГИ
ЭЛ ЛИСИЦКИЙ

ТИПОГРАФИЯ
LUTZE & VOGT G·M·B·H
BERLIN SW 48

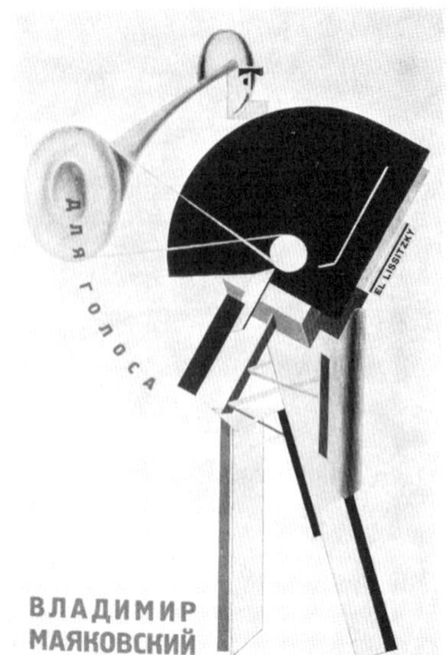

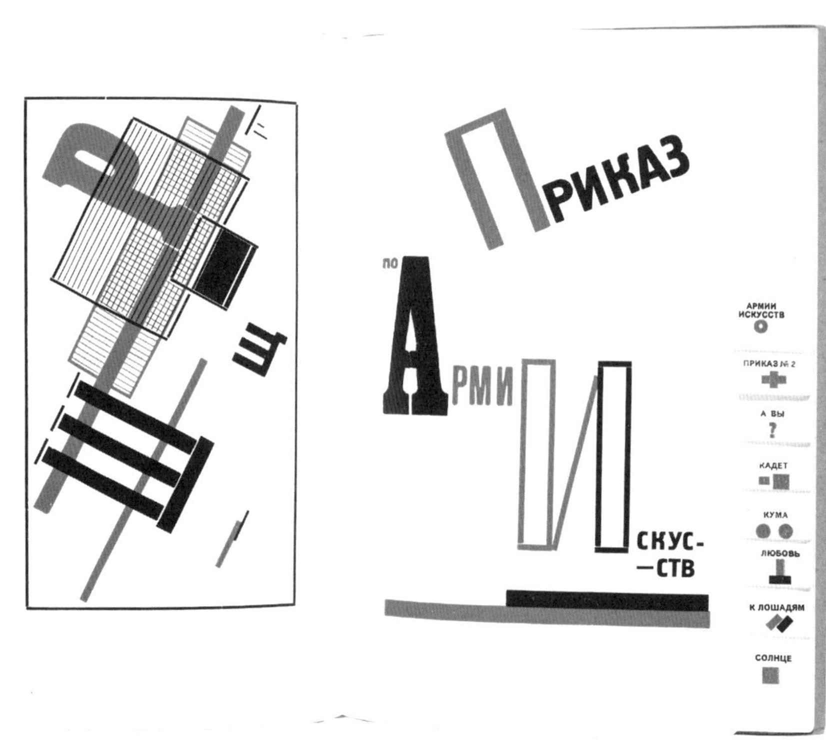

の大きさ、文法生成記号、全体のかたち、立体的表現、行間の余白」[106]を駆使した。白い紙の表面性を活かした書物とは異なり、リシツキーの雑誌の頁はほぼ完全に文章と画像によって埋められていた。資金の少ない前衛雑誌とはいえ、文章主体のグリザイユによる建築書のようでもある。印刷された紙面に空白の領域を設けることには意味があるが、通常の頁の認識を反転させた（白地に印刷するのではなく、印刷された紙面に白地を残す）。数年後、ヤン・チヒョルトが述べているように、この「キアロスクーロ［明暗法、陰影法］」の使用は「明らかに修辞的な目的」であり[107]、映画制作者や建築家の常套手段が活版印刷の手段にもなった。リシツキーはまた、ダダイストの人差し指、頁を横切る太線、ヘッダーの大きなGの記号に関連づけられたシュプレマティストの正方形など、さまざまな図形記号を縦横に配置した。縦横の太線は点在する幾何学的な形状と相まって、要素を分離する働きをしたが、それは「特定の内容と形式の実証的な対応関係が存在しうるか」[108]という「決定的な問い」に対する答えであったのかもしれない。

『ABC』は国際的な建築を実践する若いスイス人建築家の集団によってつくられていた。リシツキーは1924年に結核治療のためにティチーノに向かう途中、たまたまスイスに滞在していた。チューリッヒに立ち寄り、『芸術』[109]を一緒に出版することになるハンス・アルプ（1886–1966）に会い、二年前にベルリンで出合ったオランダの建築家マルト・スタムにも会うことができた[110]［スタムも『ABC』に参加している］。スイスの反政府的な環境に感銘を受けたリシツキーは、そのことで1925年の春に地方当局から追放されることになるが[111]、雑誌への参加に同意し、『G』と連携することにした。

> スタムはここでも建築に革命を起こしています。スイスは「連邦芸術」に非常に積極的であり、人々が飲み込まれるほどの起爆剤になるに違いありません。スタムはほかの若い建築家（ハンス・シュミット、ウィットワー、エイミル・ロス）と共に、まもなく『G』のような雑誌を出版します。私がここに来たことを喜んでいて、協力を求めてきました。[112]

『ABC』はリシツキーが手がけた雑誌ではなく[113]（ティチーノの療養所に閉じ込められていた）、スタムが小さな印刷会社から出版していた[114]。リシツキーが関わったのは些細な部分であったが、本当に重要なことは、国際的な建築として一緒に取り組んだことであった。『G』に関しては、洗練された意欲的な試みである『ABC』のように、手の痕跡を印刷から消すことはなかったが[115]、どちらの出版物にも内容を強調するための視覚戦略を見いだすことができる。ジャック・ギュブラーが示唆しているように、『ABC』は夢と神話の中間に位置し[116]、主張にそぐわない画像をなくして、モンタージュを使用するという戦略によって「好戦的な言説」を明確にす

← エル・リシツキー、ウラジミール・マヤコフスキーによる『声のために』（1923年）
［CCA CAGE Y PG3476.M3 D57 (ID: 91-B1552)］

105 Gough, "Contains Graphic Material," p. 41（註94参照）

106 「前掲論文」p.39

107 「前掲論文」。ゴフはチヒョルトを引用している。「新しい印刷術はこれまでの『背景』の有効性をかなり意識的に活用し、紙の空白部分を黒色の活字領域と同様に形式要素と見なしている」。Jan Tschichold, *The New Typography: A Handbook for Modern Designers*, trans. Ruari McLean (1995; repr., Berkeley: University of California Press, 2006), p.72. 原本は *Die neue Typographie: Ein Handbuch für zeitgemäss Schaffende* (Berlin: Bildungsverband der Deutschen Buchdrucker, 1928).

108 ゴフはさまざまな場面でエル・リシツキーの言葉を引用し、太線と幾何学的な形態の目的を定義している。"O metodakh oformleniia knigi" ([1928?]), fol.3, inv. no.725, and "Poligraficheskoe oformlenie knigi" (April 8, 1931), fol.2, inv. no. 726, Khardzhiev archive, Stedelijk Museum, Amsterdam.

109 El Lissitzky and Hans Arp, *Die Kunstismen* (1925; repr., Rolandseck: Lars Müller, 1990).

110 Gubler, *ABC 1924–1928*, p.10（註95参照）

111 『前掲書』p.17

112 ルガーノから1924年2月13日にエル・リシツキーがソフィ・キュッペルスニアに宛てた手紙。Lissitzky-Küppers, *El Lissitzky*, p.38（註96参照）からの引用

113 リシツキーはアスノヴァ［ASNOVA：新建築協会］の機関誌の装丁によって知られ、『G』のような図形が選ばれている。El Lissitzky and Nikolai Ladovsky, eds., *Izvestiia Asnova* (Moscow, 1926).

114 Gubler, *ABC 1924–1928*, p.17（註95参照）

115 『前掲書』

116 『前掲書』p.25

**「バウハウス叢書」第1巻：
ヴァルター・グロピウス『国際建築』
（1925年）**

［CCA CAGE N332.G33 B381 (ID 86-B18955)］

る。実際、視覚的なものが意図を伝える文章や画像の内容に先行している。

同様の印刷術の戦略は、1923年に印刷されたラースロー・モホリ＝ナジによるバウハウス展図録にも見られる[117]。図録の論考「新しい印刷術」において、モホリ＝ナジは「印刷における新しい言語、その弾力性、多様性、斬新さを表現の内的法則と光学的効果だけで規定する」[118]ことをめざす。モホリ＝ナジはバウハウスで教えることになり、建築書の表現に大きな影響を与える立場になった[119]。1925年、リシツキーとアルプによる『芸術』とグロピウスとモホリ＝ナジの「バウハウス叢書」において、この新しい言語が採用され、文章、画像、図形記号を組み合わせた非対称の視覚的構成が見られるようになった[120]。

このような印刷術の変容の元をたどれば、文学や芸術の前衛というもっと大きな背景がある。ステファヌ・マラルメ（1842–98）の詩『賽の一振りは断じて偶然を廃することはないだろう』は1897年に出版され、自由で律動的な頁の配列によってパンドラの箱を開いた。マラルメは単語で音楽をつくりたいと思い、この目標を念頭に置き、文字の大きさを変えて自由に配分して詩の頁を構成した。意味は、「音符と音色に代わる書体、空白、およびそれらの相対的な位置」[121]の見せかけの偶然性において直感される。このような実験は読むことと書くことが混ぜ合わされているために、読み進めるごとに意味が構築され、読者の目が読解法を見いだすまで、書き続けられているようなものである。後にギヨーム・アポリネール（1880–1918）の『カリグラム［詩形］』はこの手法を活かし、詩によって視覚的認識と読むことと書くことを組み合わせている[122]。文字組みの枠から言葉を解放する試みはフィリッポ・トンマーゾ・マリネッティ（1876–1944）の『自由な口語』の宣言によって極限まで推し進められた。1927年にリシツキーはマリネッティの宣言を引用し、自らの印刷術の方法論を自己擁護した。

> 私の革命はいわゆる活版印刷による頁の調和に異議を唱えることであり、頁そのものに通底する流動と還流、あるいは飛躍や亀裂にも逆らっている。そのため、まったく同じ頁に3色も4色ものインク、必要に応じて20種類もの書体を使用する。たとえば、素早い運動やそれに似た感覚は斜体、暴力的な擬声は太字など。[123]

マリネッティの未来派印刷術にはさまざまな建築的な異種があった。なかでもフォルトゥナート・デペロ（1892–1960）による1927年のモンツァ・ビエンナーレの書物館構想「印刷術のような建築」はその一つである。デペロの主張では、商業的な展示館の形態は「線、色、それらを含み、それらのために建てられるものの構築」を通して表現しなければならない。したがって、デペロはまるで出版物のように単語によって売店を設計し、建物を形

117 *Staatliches Bauhaus Weimar 1919–1923* (Weimar: Bauhausverlag, [1923]).
118 『前掲書』pp.145–46
119 モホリ＝ナジがヴァルター・グロピウスと共同編集した「バウハウス叢書」のためにつくりだした視覚的な独自性は、いまでは標準になったバウハウスの印刷術の姿をはっきりと示していた。1923年にバウハウスの金属工房を指揮することを任命された後に、モホリ＝ナジはこの学校独自の印刷術の革新に重要な役割を担うようになった。「バウハウス叢書」によって完全に実を結ぶ以前、新しい姿は同年に発行された展覧会図録に現れていた。さらにモホリ＝ナジは、ヘルベルト・バイヤー（1900–85）やヨースト・シュミット（1893–1948）などのほかのバウハウスのデザイナーも養成していた。Robin Kinross, "The Bauhaus Again: In the Constellation of Typographic Modernism," in *Unjustified Texts: Perspectives on Typography* (2002, repr., London: Hyphen Press, 2011), pp.246–63.
120 「直感的な統合」（下記pp.201–211）を参照
121 Stéphane Mallarmé, "Observation relative au poème *Un coup de dès jamais n'abolira le hasard*," *Cosmopolis: Revue internationale* 6, no.17 (May 1897): pp.417–27.
122 Ulrich Ernst and Juan Calatrava, "Texto como arquitectura: Arquitectura como texto," in *Arquitectura escrita*, ed. Juan Calatrava and Winfried Nerdinger (Madrid: Círculo de Bellas Artes, 2010), pp.149–61.

BAUHAUSBÜCHER

SCHRIFTLEITUNG:
WALTER GROPIUS
L. MOHOLY-NAGY

INTERNATIONALE ARCHITEKTUR

1

INTERNATIONALE
ARCHITEKTUR

HERAUSGEGEBEN
VON
WALTER GROPIUS

ALBERT LANGEN VERLAG MÜNCHEN

spieltheiten, ihren Sinn und Zweck aus ihnen selbst heraus durch die Spannung ihrer Baumassen zueinander funktionell zu verdeutlichen und alles Entbehrliche abzustoßen, das ihre absolute Gestalt verschleiert. Die Baumeister dieses Buches bejahen die heutige Welt der Maschinen und Fahrzeuge und ihr Tempo, sie streben nach immer kühneren Gestaltungsmitteln, um die Erdenträgheit in Wirkung und Erscheinung schwebend zu überwinden.

WALTER GROPIUS

8

9

PETER BEHRENS, Neubabelsberg b. Berlin, – Kleinmotorenfabrik der Allgem. Elektrizitätsgesellschaft, Berlin. Verblendziegelbau. 1912

『ヴァイマールの国立バウハウス
1919–1923』(1923年)

ラースロー・モホリ＝ナジが手がけた1923年のバウハウス展の図録の紙面構成は、画期的であった。独創的な論考「新しい印刷術」だけでなく、太線、図形記号、自由な構図などの紙面構成要素は、「バウハウス叢書」やほかの多くの建築系出版物にも採用されることになった。
[CCA CAGE ID:85-B6163 c.2]

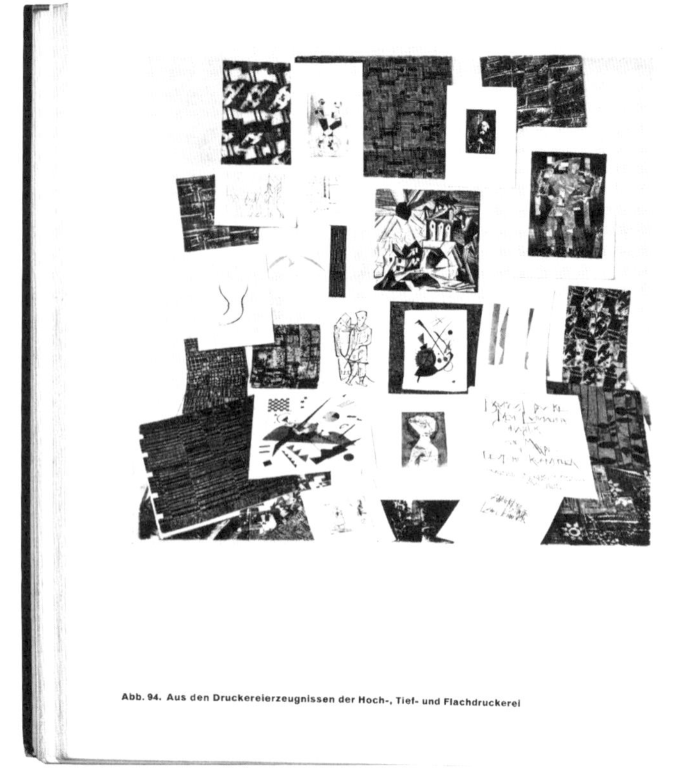

Abb. 94. Aus den Druckereierzeugnissen der Hoch-, Tief- und Flachdruckerei
14

WANDMALEREI
Abb. 54. Die Werkstatt (Lagerraum)
Formmeister: W. KANDINSKY
1923 Technischer Meister: H. BEBERNISS

IE NEUE TYPOGRAPHIE

Typographie ist ein Instrument der Mitteilung.
e muß eine klare Mitteilung in der eindringlichsten Form sein.
Klarheit muß besonders betont werden, weil dies das Wesen unserer Schrift gegenüber den urzeitlichen Bildschriften ist.
sere geistige Einstellung zu der Welt ist individuell-exakt (bzw. diese individuell-exakte Einstellung ist heute in der Wand-
g zu der kollektiv-exakten), im Gegensatz zu der alten individuell- und später kollektiv-amorphen.
o zu allererst: eindeutige Klarheit in allen typographischen Werken. Die Lesbarkeit — die Mitteilung darf nie unter
er a priori angenommenen Ästhetik leiden. Die Buchstabentypen dürfen nie in eine vorbestimmte Form z. B. Quadrat
wängt werden.
r Druck korrespondiere mit dem Inhalt durch seine den optischen und psychischen Gesetzen untergeordnete Gestaltung.
sen und Zweck eines Druckes bestimmen den hemmungslosen Gebrauch aller Zeilenrichtungen (also nicht nur
rizontale Gliederung), aller Typen, Schriftgrade, geometrischen Formen, Farben usw.
der Elastizität, Variabilität und Frische des Satzmaterials soll eine neue typographische Sprache geschaffen werden, deren
nspruchnahme nur der Gesetzmäßigkeit des Ausdrucks und seiner Wirkung unterliegt.
s Wichtigste für die heutige Typographie ist die Verwendung der zinkographischen Techniken, die mechanische Her-
lung von photographischen Reproduktionen in allen Formaten. Was die unexakte Urbildschrift der Ägypter begonnen
, welche damals ein jeder nach Tradition und persönlicher Fähigkeit deuten konnte, führt die Einbeziehung der Photo-
phie in das heutige Druckverfahren zu ganz exaktem Ausdruck. Bücher (meist wissenschaftliche) mit photographi-
en Reproduktionen existieren heute schon, aber die Photographien sind darin nur sekundäre Erläuterung zu dem Text.
Entwicklung überwindet auch diese Phase, und die kleinen wie großen Photographien werden in dem Text an die Stelle
te noch immer individuell interpretierbarer Begriffe, Ausdrücke gesetzt. Die Objektivität der Photographie befreit den
er rezeptiven Menschen z. B. von den Krücken einer persönlichen Beschreibung und er wird zur Formung einer eigenen
nung mehr gezwungen sein, als je.
könnte sagen, daß eine derartige Verwendung der Photographie in kurzer Zeit dazu führen muß, einen wesentlichen
l der Literatur durch den Film zu ersetzen. Die Entwicklung geht tatsächlich dahin (wie heute z. B. durch den Gebrauch
Telephons viel weniger Briefe geschrieben werden, als früher). Es ist kein Einwand, daß der Film einen größeren Apparat
ucht. Dies ist nur scheinbar so; der Film wird bald eine ebenso geläufige Technik sein, wie jetzt der Buchdruck.
e ebenso wesentliche Veränderung wird durch das Einbeziehen der Photographie bei dem Plakat erzielt. Das Plakat muß
psychischen Momente des sofortigen Wirkens in Anspruch nehmen. Durch die richtige Verwendung des photographi-
en Apparates und der verschiedenen photographischen Techniken: Retusche, Decken, Übereinanderkopieren, Verzer-
g, Vergrößerung usw. ist der größte Wirkungsbereich geöffnet.
zwei neuen Möglichkeiten für das Plakat sind 1. die Photographie, mittels welcher wir heute den größten und frappan-
en Erzählungsapparat besitzen, 2. die kontrastierend-eindringlich verwendete Typographie mit den unzähligen
iationen der überraschenden Buchstabenanordnung, der gleichen und gemischten Typen, verschiedenen Satzmaterialien
en usw. je nach der Forderung der Wirkung.

AUMGESTALTUNG EINER DURCHFAHRT

Maßstab 1:66

SEITE | DECKE | SEITE

DURCH

成する「巨大で、相互貫入し、巻きつけ、重ね合わせた」単語を配置し「内部が外部からの連続的な延長となり、壁に刻まれた巨大な単語が三つの大きな窓を構成する」[124]。この小さな建物はどっしりとした立方体であり、そこに太字が刻まれて強い影を落とし、単語同士が非常に強い陰影を生みだして書物館が文字の力によって分解されている。単語と建物の文字どおりの一致は、デペロが書物館自体を記号として解釈したことを示唆しているが、1933年のカンパリの売店はどこか違っている。食前酒の「瓶の建物」[125]ではなく、印刷術としての建築であった。言葉への関心は看板にとどまらず、建物、広告板、はり紙、雑誌、書物などを複雑な図形記号として視覚的に構成した。

1927年、デペロは建築を含む作品を『未来派デペロ』という作品集として発表し、「美術書＋時代の喧騒」であるとした。「典型的な未来派の仕事」[126]には通常の文字組みの枠は存在しない。デペロはさまざまな視覚的形態、色紙、透かし紙、大きさの異なる活字、折り込みの道具立てを駆使した。頁自体には、さまざまな紙材の上にオフセット印刷から石版印刷まで異なる手段が使われ、頁がばらまかれたように感じられる。書物は二つの重い締め金で留められて忘れがたい印象を与え、多様な道具立てを結合するという難問に解法を与えている。頁の多くが「カリグラム」として表現され、活字によって輪郭を形成している。円、正方形、三角形、文字、さらにはデペロの名前も使われている。文字どおりの内容は太線で表示され、場合によっては型押しが施され、ときには紙の透明度を活かして紙の両面に質感を生みだし、結果として豊富な視覚的解法が読者を驚かし続けることになる。

リシツキーは抽象化に訴えかけ、形態は壁面を破壊して制限のない空間を開いた。一方のデペロは図形記号を用い、形態をものとして凝縮させた。どちらも幾何学的な形状を根拠とし、だらだらと続く文章のつまらない単調さを破壊し、太線と活字の変化によって紙面に揺さぶりをかけた。大衆に届ける手段として、広告に興味を持った点においても共通している。空を飛ぶようなマラルメの詩節は都市空間に音楽のように広がり、不特定多数の読者に対して都市の詩を再構築するよう呼びかけた。翻って、大都市から救いだされた抽象的な幾何学的形態が印刷頁に折り込まれ、読者に文章のさまざまな読み方を提供した。リシツキーとデペロによる印刷術は建築思想の翻訳であった。

123 Gough, "Contains Graphic Material," p.41（註94参照）からの引用。原典はリシツキーの"Unser Buch［我々の書物］（U.d.S.S.R.）"である。リシツキーはマリネッティによる1913年宣言文の解説「破壊の統語論——ラジオの想像力——言葉の自由」と「印刷術の革命と書法の自由表現」を引用していた。*Les Mots en liberté futuristes* (Milan: Edizione Futuriste di Poesia, 1919). ゴフの指摘によると、リシツキーは後の再版ではマリネッティへの言及を省略している。

124 Fortunato Depero, *Depero futurista, 1913–1927* (Milan, New York, and Paris: Edizione della Dinamo-Azari, [1927]), n.p. デペロが選んだイタリア語からの言葉は、"dalle linee, dai colori, dalla costruzione degli oggetti ch'essi contengono e per i qual vengono costruiti"; "lettere gigantesche, compenetrate, impacchettate, sovrapposte"; and "l'interno è un continuo sviluppo dell'esterno: le tre grandi vetrine sono composte dalle gigantesche parole scavate nei muri." ［「線、色、その中に含まれ、そのために構築された形態の構造によって」「巨大な文字が、交差し、詰め込まれ、重なり合っている。」「内部は外部と連続的に発展している：三つの大きな陳列棚は壁に刻まれた巨大な文字で構成されている。」］

125 デペロはカンパリの瓶も手がけた。Manuel Fontán del Junco, ed., *Futurist Depero: 1913–1950* (Madrid: Fundación Juan March, 2014).

126 Depero, *Depero futurista*（註124参照）。イタリア語原文は"libro d'arte + clamoroso dell'epoca" and "opera d'arte tipicamente futurista."

necessità
di auto-rèclame

L'auto-rèclame non è vana, inutile o esagerata espressione di megalomania, ma bensì indispensabile NECESSITA' per far conoscere rapidamente al pubblico le proprie idee e creazioni. In qualunque campo della produzione al di fuori di quello dell'arte è permessa e ammessa la più strepitosa rèclame; ogni industriale può e fa la più ardita pubblicità ai suoi prodotti; soltanto per noi produttori di genialità, di bellezza, di arte, la pubblicità è considerata cosa anormale, mania arrivista e sfacciata immodestia. E' ora di finirla con il riconoscimento dell'artista dopo la morte o in avanzata vecchiaia. L'artista ha bisogno di essere riconosciuto, valutato e glorificato in vita, e perciò ha diritto di usare tutti i mezzi più efficaci ed impensati per la reclame al proprio genio e alle proprie opere. Il primo e più competente critico dell'opera d'arte è l'artista che l'ha creata: a lui tutti i mezzi per illustrarla e per lanciarla. Se l'artista attende la celebrità e la riconoscenza dell'opera propria per mezzo altrui ha tempo di morire 5000 volte di fame.

SINTESI AUTOBIOGRAFICA

FD

Nacqui a Fondo (Val di Non) Trentino nel 1892. Altipiano di prati e selve oscure di larici ed abeti. Vallata di castelli e santuari.

Padre nato spazzacamino e vissuto gendarme e carceriere: ciglia e baffi ispidi ed irti, si commoveva per un nonnulla, religioso.

Madre cuoca tutt'occhi e tutto cuore.

Discolo, fui spedito in un collegio tedesco a Merano: mangiavo male e non mi piacevano i tedeschi.

Feci pochi anni di scuole medie Reali (ora Istituto tecnico) a **ROVERETO**, mia città adottiva. Studiai di malavoglia. Disegnavo, dipingevo, modellavo, scolpivo con passione precoce e tumultuosa frenesia di autodidatta.

Incontrai Rosetta a 14 anni: m'infiammai di lei a 18 anni: due anni dopo la rapii a Roma.

Scoppiò la guerra mondiale: Rosetta guadagnava per tutti e due 1.50 al giorno, Io zero soldi e 1000 di vita e d'arte.

Conobbi il vortice futurista ed i suoi diavoli creatori.

Il motto di Marinetti:

marciare e non marcire

m'innebbriò.

Fame Fame Fame Fame Fame magro-magrissimo

Rosetta stirava e piangeva. Io tenace, cocciuto, testardo ostinatissimo; audacissimamente, instancabilmente, cieco e bardato seguivo la via del mio destino.

Marinetti	Dinghileff	mi rivelarono
Balla	Semenoff	mi incoraggiarono
Boccioni	Clavel	mi aiutarono
Russolo	Azari	mi difesero
Bragaglia	Notari	quale sicura promessa

Feci poca guerra volontario al Col di Lana: riformato iniziai la mia marcia artistica, sempre più celere fino ad oggi.

La mia idea fissa d'oggi è quella

FUTURISTA DEL 1915

MARCIARE OLTRE OLTRE OLTRE OLTRE OLTRE
ININTERROTTAMENTE

DEPERO

フォルトゥナート・デペロ
『未来派デペロ 1913–1927』
（1927年）
[CCA CAGE M ID:85-B23637]

ギヨーム・アポリネール
『カリグラム――戦争と平和の詩 1913–1916』(1918年)
カリグラムとしてのエッフェル塔

S
A
LUT
M
O N
D E
DONT
JE SUIS
LA LAN
GUE É
LOQUEN
TE QUESA
BOUCHE
O PARIS
TIRE ET TIRERA
TOU JOURS
AUX A L
LEM ANDS

フォルトゥナート・デペロ、書物館、
モンツァ、1927年

125–129頁：
2011年6月、「Did you say architectural books?」というプレゼンテーションにおいて、CCAコレクションよりアンドレ・タヴァレスの写真。

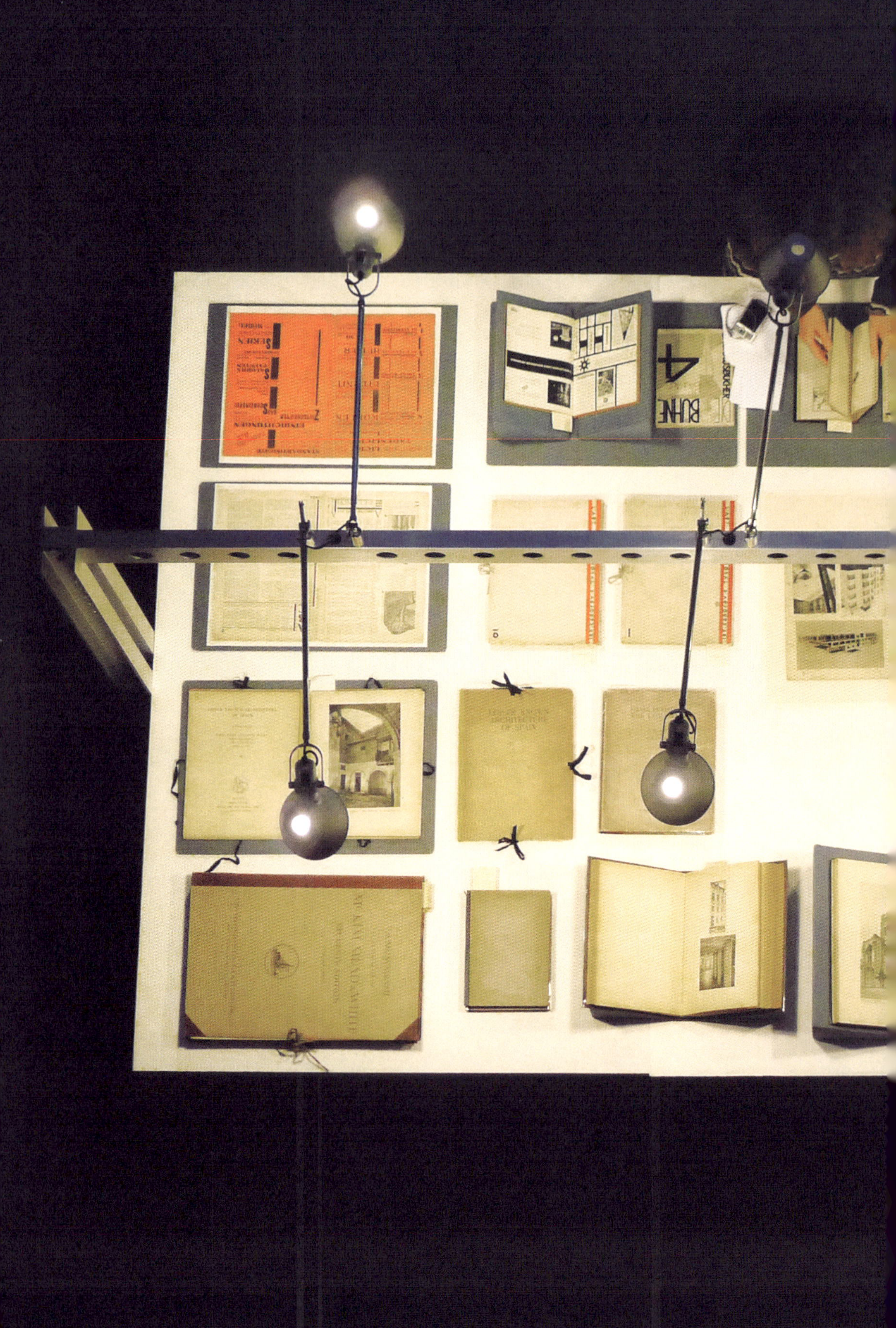

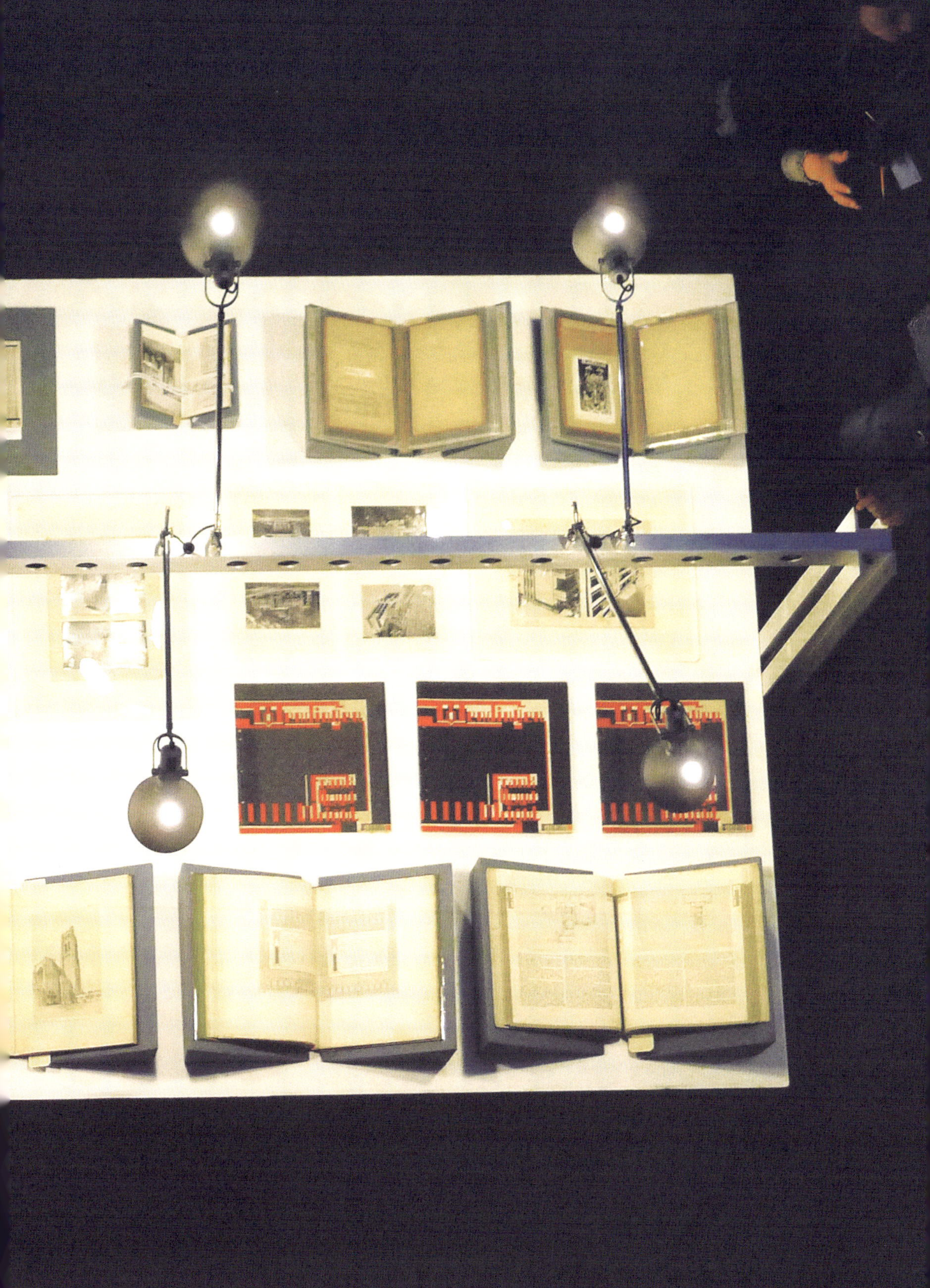

ル・コルビュジエ『今日の装飾芸術』、筆者によるゲラ刷りへの書き込み、1925年頃
［CCA CAGE + NA44.L433.A62 1925a］

表面――偶数頁と奇数頁の対話

頁対頁

1925年、ジークフリート・ギーディオンはル・コルビュジエに葉書を送り、パリで面会しようとした[1]。モホリ＝ナジの名前を出し、出版事業について話し合いたいとの希望を述べた。この時点でのギーディオンの業績としては、やがて『フランスの建物』[2]というドイツ語の書物に結実する『キケロ』の論文連載であった。ル・コルビュジエの方は、すでに『建築をめざして』[3]を出版しており、106頁と107頁の見開き頁にパルテノン神殿（紀元前447–434）とパエストゥムの第一ヘラ神殿（紀元前600–550）を1921年のドゥラージュ製のグラン・スポールと1907年のアンベール［ともに自動車名］とともに掲載した[4]。もともと1921年の夏に出版された雑誌『レスプリ・ヌーヴォー』[5]における論文「もの見ない目」の書物としての再録である。見開き頁の紙面構成において、一つの頁としてはパルテノン神殿とドゥラージュの衝突をつくりだそうとし、見開き頁としては左右対称に並べた四つの図版を複合的に扱い、書かれた内容との響き合いを増幅させようとしていた[6]。パルテノン神殿とドゥラージュは、ル・コルビュジエにとってすでに存在する標準的な洗練された表現であった。自動車産業での最大の刺激である自動車競技に勝つために、ドゥラージュの車は「すべての部品を」[7]業界標準を凌駕するべくつくられた。自動車競技は一台の車が別の車と対決することであり、ル・コルビュジエの見開き頁の二項対立にも反映されている。ギーディオンは『フランスの建物』と『解放された生活』においてこのような見開き頁をもっと複雑に構成しようとしていたが[8]、見開き頁に凝縮された文章と図版の意図的な「解決されることのない衝突」は、すでにル・コルビュジエの出版物において完全に実現されていた[9]。

ギーディオンの1925年の葉書には、最新の「バウハウス叢書」の一冊としてル・コルビュジエの書物からの抜粋を出版する可能性についても述べられていた。ル・コルビュジエの方はその年、『ユルバニスム』と『今日の装飾芸術』[10]が出版される予定であり、『レスプリ・ヌーヴォー』[11]から抜粋した三冊の書物を完成させて、作家として出版人としての止むことなき活動[12]の序章を締めくくろうとしていた。ビアトリス・コロミーナが指摘した

1 Beatriz Colomina, *Privacy and Publicity: Modern Architecture as Mass Media* (1994; repr., Cambridge, MA: The MIT Press, 1998), p.199; 原本はFLC A-2-15 192–206, September 15, 1925.

2 Sigfried Giedion, *Bauen in Frankreich, Bauen in Eisen, Bauen in Eisenbeton* (Leipzig: Klinkhardt & Biermann, 1928).

3 Jean-Louis Cohen, introduction to *Toward an Architecture*, by Le Corbusier, trans. John Goodman (Los Angeles: Getty Research Institute, 2007), pp.1–78.

4 Le Corbusier-Saugnier, *Vers une architecture* (Paris: Crès, 1923), pp.106–7.

5 Le Corbusier-Saugnier, "Des yeux qui ne voient pas...: III. Les Autos," *L'Esprit nouveau* 10 (1921): pp.1139–51、ここではpp.1140–41

6 ル・コルビュジエと書物の関係については数多く語られている。とりわけCatherine de Smet, *Le Corbusier: Architect of Books*, trans. Deke Dusinberre (Baden: Lars Müller, 2005) およびde Smet, *Vers une architecture du livre. Le Corbusier: Édition et mise en pages 1912–1965* (Baden: Lars Müller, 2007) を参照。詳細な主題については、*Le Corbusier: Une encyclopédie*, ed. Jacques Lucan (Paris: Centre Pompidou CCI, 1987), pp.482–89; Fernando Marza and Josep Quetglas, ed., *Le Corbusier et le livre: Les Livres de Le Corbusier dans leurs éditions originales* (Barcelona: Col·legi d'Arquitects de Catalunya, 2005), pp.93–161を参照。『建築をめざして』については、Guillemette Morel Journel, "Textes et images: Le Paradigme de *Vers une Architecture*," in *De l'espace construit à l'espace imprimé: L'Édition d'architecture—Aspects visuels, formels et matériels* (Rennes: École des Beaux-Arts de Rennes, 2009), pp.44–577.

7 Le Corbusier, *Toward an Architecture*, p.181（註3参照）

8 「不器用な近代」（上記pp.45–86）を参照

9 Colomina, *Privacy and Publicity*, p.148（註1参照）

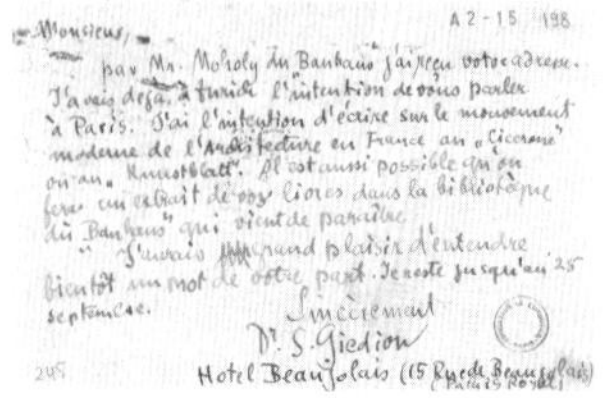
A2-15 198

Monsieur,

par Mr. Moholy du Bauhaus j'ai reçu votre adresse. J'avais déjà à Zurich l'intention de vous parler à Paris. J'ai l'intention d'écrire sur le mouvement moderne de l'Architecture en France au „Cicerone" ou au „Kunstblatt". Il est aussi possible qu'on fera un extrait de vos livres dans la bibliothèque du „Bauhaus" qui vient de paraître.

J'aurais grand plaisir d'entendre bientôt un mot de votre part. Je reste jusqu'au 25 septembre.

Sincèrement

Dr. S. Giedion

Hotel Beaujolais (15 Rue de Beaujolais) (Palais Royal)

245

1925年9月15日に
ジークフリート・ギーディオンが
ル・コルビュジエに宛てた葉書
［FLC A-2-15 192–206］

→ ル・コルビュジエ＝ソニエ
「もの見ない目――自動車」
『レスプリ・ヌーヴォー』（1921年）
第10号、1140–41頁
［CCA CAGE W.E86］

→ ル・コルビュジエ＝ソニエ
『建築をめざして』（1923年）、
106–7頁
［CCA CAGE NA44.L433.A76 1923］

ように、ル・コルビュジエは『レスプリ・ヌーヴォー』において「書かれた文章を『説明する』ため」ではなく、「文章を構築する」ために図版を使用した[13]。コロミーナによると、この手法は工業製品の広告から導きだされた。ル・コルビュジエは工業的な図像に依拠して主張を構築し[14]、書物自体を工業品と見なし[15]、まさに工業化された建築となることをめざしていた。ル・コルビュジエの書物とバウハウスの書物を比較すると、ル・コルビュジエの紙面構成が実は保守的であったことがよくわかる。印刷物の体裁はフランスの印刷業界の基準からさほど遠くかけ離れたものではなかった。セリフ書体と中央揃えの文章、それに適切な柱［版面外に入れられる書名、章題のこと］と頁番号がついていた。それにもかかわらず、「気が狂った」[16]人間として扱われることにル・コルビュジエは不満を抱いていた。おそらく章題や書名に「サンセリフ」書体［セリフ書体に特徴的な書体端の髭飾りのない書体］を使用する大胆さのためであった[17]。印刷術や紙面構成は古典的な規則にしたがっているものの、工業的な図像の独断的な使用はル・コルビュジエの建築的野心を裏づけている。標準的な印刷術と工業的な図像との対立は、ギリシア神殿の古典的な標準とアンベールやドゥラージュのような工業技術の標準化された製品との対立において繰り返されている。

1918年9月にアメデ・オザンファン（1886–1966）と出合う前、ル・コルビュジエがまだシャルル＝エドゥアール・ジャンヌレであった頃、ジャンヌレは『フランスかドイツか』と名づけた書物に取り組んでいた[18]。第一次世界大戦をはさむ「歴史的な時代における二つの国民のあらゆる活動をまとめた一冊」[19]が目論まれ、新しい時代の建築に対する二国間の取り組みの違いが批判的な視点から概観されている。1920年、フランスとドイツの建築的な対立関係を描こうとしたこの構想は『レスプリ・ヌーヴォー』のために最終的に棚上げされ、アメデ・オザンファンとポール・デルメ（1886–1951）と共同発行したこの国際雑誌において、ル・コルビュジエの筆名を使うことになった[20]。初期の出版構想である『都市の建設』（1910）同様、『フランスかドイツか』は出版されないまま[21]、編集意図の一部は『レスプリ・ヌーヴォー』に痕跡を残すことになった。

ジャンヌレは視覚的な戦略を用いて『フランスかドイツか』の主張を組み立てた。ジャンヌレは当時のよき指導者であり信頼のおける人物であったオーギュスト・ペレ（1874–1954）に書き送っている。書物には「少しだけの文章と数多くの図版」[22]があり、「頁と頁、ものともの、日付と日付、そして必要不可欠な説明、豊富な図解」[23]によって二つの国を比較する。書物判型は横長（後の『全作品集』同様）とし、一頁あたり六つの図版が国旗と対応する色彩によって縁取られ、偶数頁はフランス、奇数頁はドイツにする予定であった[24]。ジャンヌレは書物の体裁と組版にこだわっていたが、1916年9月には自らが意図した編集にまさにうってつけのウィーンの

10 Le Corbusier, *L'Art décoratif d'aujourd'hui* (Paris: Crès, 1925)［ル・コルビュジエ著、前川國男訳『今日の装飾芸術』鹿島出版会、1966年］; Le Corbusier, *Urbanisme* (Paris: Crès, 1925)［ル・コルビュジエ著、樋口清訳『ユルバニスム』鹿島出版会、1967年］
11 ル・コルビュジエは『レスプリ・ヌーヴォー』に発表された論考から絵画に関する書物を共著として出版した。Amédée Ozenfant and Charles Édouard Jeanneret (Le Corbusier), *La Peinture moderne* (Paris: Crès, 1925).
12 M. Christine Boyer, *Le Corbusier: Homme de lettres* (New York: Princeton Architectural Press, 2011).
13 Colomina, *Privacy and Publicity*, p.119（註1参照）
14 Stanislaus von Moos, "Dans l'antichambre du 'Machine Age,'" in *L'Esprit nouveau: Le Corbusier et l'industrie 1920–1925* (Strasbourg: Musées de la Ville, 1987), pp.12–25、ここではp.22
15 ド・スメが指摘したように、ル・コルビュジエは［いわゆるフランス装の綴じ本のように］綴じ目を読者に切らせず、頁を綺麗に裁断することを出版社に要求した。De Smet, *Vers une architecture du livre*, p.30（註6参照）
16 『前掲書』p.11。ド・スメは *Vers une architecture* (Paris: Éditions Vincent, Fréal & Cie) の1958年追補再版の草稿、FLC B2-15-192を引用している。
17 『前掲書』p.34

PAESTUM, *de 600 à 550 av. J.-C.*

Il faut tendre à l'établissement de *standarts* pour affronter le problème de la *perfection*.

Le Parthénon est un produit de sélection appliquée à un standart établi. Depuis déjà un siècle le temple grec était organisé dans tous ses éléments.

Lorsqu'un standart est établi, le jeu de la concurrence immédiate et violente s'exerce. C'est le match ; pour gagner, il faut faire mieux que l'adversaire *dans toutes les parties*, dans la ligne d'ensemble et dans tous les détails. C'est alors l'étude poussée des parties. Progrès.

Cliché de La Vie Automobile. HUMBERT, 1907.

Cliché Albert Morancé. PARTHÉNON, *de 447 à 434 av. J.-C.*

Le standart est une nécessité.

Le standart s'établit sur des bases certaines, non pas arbitrairement, mais avec la sécurité des choses motivées et d'une logique contrôlée par l'expérimentation.

Tous les hommes ont même organisme, mêmes fonctions.

Tous les hommes ont mêmes besoins.

Le contrat social qui évolue à travers les âges détermine des classes, des fonctions, des besoins standarts donnant des produits d'usage standart.

La maison est un produit nécessaire à l'homme.

DELAGE, *Grand-Sport* 1921.

106 VERS UNE ARCHITECTURE

PAESTUM, de 600 à 550 av. J.-C.

Le Parthénon est un produit de sélection appliquée à un standart établi. Depuis un siècle déjà, le temple grec était organisé dans tous ses éléments.

Lorsqu'un standart est établi, le jeu de la concurrence immédiate et violente s'exerce. C'est le match ; pour gagner, il faut

Cliché de *La Vie Automobile.* HUMBERT 1907

DES YEUX QUI NE VOIENT PAS... 107

Cliché Albert Morancé. PARTHÉNON, de 447 à 434 av. J.-C.

faire mieux que l'adversaire *dans toutes les parties*, dans la ligne d'ensemble et dans tous les détails. C'est alors l'étude poussée des parties. Progrès.

Le standart est une nécessité d'ordre apporté dans le travail humain.

Le standart s'établit sur des bases certaines, non pas arbi-

DELAGE, Grand-Sport 1921.

シャルル＝エドゥアール・ジャンヌレ『フランスかドイツか』の挿絵のための素描、1915–16年頃

［FLC WI (I) 99、ノートブックA2、p. 46 © F.L.C. ADAGP, Paris & JASPAR, Tokyo, 2023 G3322］

マックス・アイスラー『オーストリアの労働文化』（1916年）

［CCA MAIN ID:85-B6967］

Josef Hoffmann - W. Hofmann - Fr. Tröster — Empfangsraum der Poldihütte.

Josef Hoffmann — Warteraum der Poldihütte.

Josef Hoffmann — Vorraum der Poldihütte.

Josef Hoffmann — Eingang zum Zentralverkaufsbureau der Poldihütte.

Otto Prutscher — Vorraum bei Gebrüder Thonet.

Josef Hoffmann — Innenstiege der Poldihütte.

128

129

書物を見つけた。ジャン＝ルイ・コーエンによれば、マックス・アイスラー（1881–1937）の書物『オーストリアの労働文化』によって、ジャンヌレは「古い雑誌の写真を一頁に縮小して収める」[25]ことの有効性を確信した。画像に重点をおいているとはいえ、文章もまた不可欠であり、「あるところでは左頁と右頁に。ほかのところでは写真つき。文章と画像が一つになるように仕上げる」[26]。

現代の自動車にギリシアの寺院を合わせる力業は、この統一への意図から生まれ、短い文が異種の画像を結びつける。その同時性はジャンヌレの絵画作品の造形の性質を彷彿させる。ジャンヌレの絵画において、物語は二次的な役割を果たし、複数の視覚的な記号によって見る者が知的関連をつくりだすように促される。ローラン・レクトが評しているように、ジャンヌレとオザンファンのピュリスムは「形式主義［フォルマリズム］」の文学理論からさほど遠くなく、「文学的な素材よりも文章の構成と文章そのものの優位性を宣言する」[27]。ポール・ヴァレリー（1871–1945）の命題「芸術作品は私たちの目にするものが見えていなかったことをいつも教えてくれる」[28]にならえば、ピュリスムの目標は見る者が目を向けるものを描くことではなく、独自の秩序を持った表象を創造することによって現実の欺瞞を暴くことであった。

未発表の書物を準備しながら、ジャンヌレは学んでいた。『都市の建設』に関するレ・プラトニエ（1874–1946）との書簡や『フランスかドイツか』に関するペレとの書簡からは、建築作品のコーパスをつくり上げ、それぞれの書物構想に活かしていった様子がわかる。ジャンヌレは新しい資料に精通するようになっていっただけでなく、それを使って記述するためのよりよい方法を見つけようとしていた。たとえば、ティム・ベントンは1907年から1917年にかけてのジャンヌレの精力的な写真撮影を浮き彫りにしている[29]。ジャンヌレは、技術的にも審美的にも、非常に洗練された写真を撮って出版に結びつけようとしていたが、1916年までに考えを変え、出版された既存の写真を使用することにした。結局、自身の写真は論じてみたいと思った主題についての私的な記録として放置され、決して語ることはなかった[30]。

論考の挿絵に使う画像の入手は厄介であった。『今日の装飾芸術』では、電話や会社訪問までしたが、結局望ましい画像を掲載することができず、入るはずの画像の枠内は空欄のまま残されている[31]。この逸話はル・コルビュジエの書物における画像の二重の効用を暗示している。画像は内容を生成するだけではなく、画像を収集する作業は潜在的な顧客と接触する手段であった。ジャンヌレが会社の製品を取り上げたことを評価して、ドゥラージュは雑誌［『レスプリ・ヌーヴォー』］の忠実な広告主になった。

ジャンヌレの初期の写真、および未発表の『都市の建設』[32]の参考に

18 Jean-Louis Cohen, *France ou Allemagne? Un livre inécrit de Le Corbusier* (Paris: Éditions de la Maison des sciences de l'homme, 2008). 書物の構想は、ジャンヌレがオザンファンに出合ったときに放棄された。『前掲書』p.60、note 153

19 『前掲書』p.57、note 141。コーエンはル・コルビュジエの原稿FLC B1 (20)72を引用している。原文は“Un album qui soit la synthèse de toute l'activité des deux peuples pendant une période historique.”

20 Roberto Gabetti and Carlo Olmo, *Le Corbusier e "L'Esprit nouveau"* (1975; repr. Turin: Einaudi, 1988) も参照

21 ジャンヌレの未完の書物の構想とギーディオンの『フランスの建物』の関係が、マリ＝ジャンヌ・デュモンによって指摘されている。書物としての違いがあるにもかかわらず、同じような見開き頁の構成によって文章と画像を接続し、複雑な意味体系を構築していることに気づかされる。Marie-Jeanne Dumont, *Le Corbusier: Lettres à ses maîtres*, vol.1., *Lettres à Auguste Perret* (Paris: Linteau, 2002), pp. 155–56.

22 1915年12月14日にジャンヌレがペレに宛てた手紙。Dumont, *Le Corbusier*, p. 150（註21参照）。Cohen, *France ou Allemagne?* p.37, note 91（註18参照）からの引用。原文は“Peu de texte, beaucoup d'illustrations.”

23 1916年6月14日にシャルル＝エドゥアール・ジャンヌレがオーギュスト・ペレに宛てた手紙に同封された日付のない文章。Cohen, *France ou Allemagne?* pp.109–18、ここではp.114（註18参照）に転載。原文は“Page contre page, objet contre objet, date contre date; les explications indispensables, une foule d'illustrations.”

24 Le Corbusier, p.46 of Carnet A2, undated [1915–1916], Paris, Fondation Le Corbusier, W1 (1) 99. Cohen, *France ou Allemagne?* p.91（註18参照）

25 シャルル＝エドゥアール・ジャンヌレがオーギュスト・ペレに宛てた手紙（推定1916年9月）。Dumont, *Le Corbusier*, p.183（註21参照）。Cohen, *France ou Allemagne?* p.53, note 132（註18参照）からの引用。ジャンヌレはMax Eisler, *Österreichische Werkkultur* (Vienna: A. Schroll, 1916)を参照している。原文は“Éditée exactement comme je pensais faire mon ouvrage: ce sont des clichés pris dans des revues anciennes, réduits et groupés en nombre sur une page.”

26 Charles-Éduard Jeanneret, *Notes sur la forme de l'ouvrage*, undated manuscript [1916], Paris, Centre d'Archives d'Architecture, fonds Perret, 535 AP 558/1. Cohen, *France ou Allemagne?* pp.119–20（註18参照）。原文は“Par endroits [sur] une page gauche et une page droite. Ailleurs il se marie aux illustrations. Il sera fait de manière à ce que texte et illustration ne forment qu'un.”

Page entière réservée au

cliché d'un phare des

ANCIENS-ÉTABLISSEMENTS SAUTER-HARLÉ

16, Avenue de Suffren,

PARIS

EXEMPLE D'UNE HISTOIRE DE CLICHÉS ·

Mai 1924. Foire de Paris. Stand de l'Électricité : demande d'une photo du grand phare exposé par Sauter-Harlé.

Début Juillet : 1er téléphone pour réclamer le document (pourparlers avec plusieurs chefs de service, exposés de nos buts, moyens, etc.., etc..).

Quelques jours après : second téléphone (mêmes discours).

Quelques jours plus tard : visite d'un des directeurs de L'Esprit Nouveau aux Établissements Sauter-Harlé : attente de 1 h. 1/2 dans les antichambres. Premier ingénieur, chef de service : exposé du but de la visite. Deuxième ingénieur : second exposé. Troisième ingénieur (enfin compétent!) : troisième exposé. Accueil plein de réserve : " Écrivez à la direction, à M. W... en exposant votre projet, vos buts, vos moyens et en spécifiant bien que ce sera entièrement gratuit ".

Le même jour : lettre d'exposé complet avec rappel des... stations du calvaire !

30 Juillet : troisième coup de téléphone ; réponse : " on ne sait pas. "

31 Juillet : quatrième coup de téléphone : réponse : " on ne sait pas. "

1er Août : cinquième téléphone au patron M. W... Exposé général. M. W... demande qu'on écrive en envoyant un numéro de la revue, car M. B... autre patron, a déclaré qu'il ne donnerait pas la photo pour L'Esprit Nouveau.

Même jour, une demi-heure après, taxi. Visite de l'un des directeurs de L'Esprit Nouveau à M. W... Pas d'attente d'antichambre. M. W... ait un interrogatoire serré : exposé éloquent des buts, des moyens, etc. Conclusion de M. W..., sévère : " notre phare n'est pas décoratif, etc... " Coupant court : " Je vous téléphonerai lundi le sort réservé à votre requête ". M. W... s'en va, sans saluer.

Depuis 15 jours les Établissements Sauter Harlé savent que nous tirons notre N° 25 et qu'aujourd'hui est le dernier jour ! Mentalité fréquente de l'ingénieur drapé dans la haute fierté du chiffre. Incompréhension totale de ce qui n'est pas l'étroit champ de ses investigations. Telle est l'histoire d'un cliché, exemple entre tant d'autres, désespérant. On ne se comprend pas.

LA LEÇON DE LA MACHINE 109

lui avait-on dit, est calculée sur les courbes de plus grande résistance que l'on voit suivre des directions mystérieuses mais exactement mathématiques dans un fémur scié en long, — il avait inspecté, sans y comprendre grand'chose, les halls de la mécanique et de l'électricité; tout l'y avait bouleversé, même le goût étonnant des couleurs que ces mécaniciens emploient pour parer leurs marchandises.

Il y avait eu l'ébahissement de la précision, précision d'un coefficient *n* atteint à ce jour. Pourtant, sentait-il bien, nos enfants riront de cet ébahissement dans vingt ans! Leur coefficient *n* sera n^1, tout autre!

Il avait eu le vertige de la vitesse, provoqué par des organes tournant si vite qu'on ne voit plus rien qu'une moire changeante, vitesse qui fait peur. Et il avait eu le vertige de la lenteur, de rythmes si retardés mais si précis, tellement hors de la pratique de nos gestes, que là aussi il sentait la peur.

Le bruit est si rond lorsque cela tourne à 4.000 tours qu'il pensait bien à un changement progressif de sa fonction acoustique. Paganini est une pauvre « ratée », se disait-il; l'exécution du *Trille du diable* par des doigts humains heurta dorénavant douloureusement son oreille. L'homme qui s'y efforçait avait l'air d'un égaré; Paul imaginait l'autre homme le regardant avec curiosité, et qui abaisse d'une pression de doigt une manette pour faire tourner une turbine; quel bruit alors? Preuve que la virtuosité est en dehors de l'art, hors de la pérennité; l'acrobatie tient au cirque où le problème reste posé dans cette spécialité.

Il avait une grande fierté en face d'une telle révélation de puissance. Il y mesurait aussi une beauté objective, une harmonie, et encore une beauté subjective; *c'était quelque chose qui suscitait son enthousiasme.*

Mais Paul sentait s'opposer à l'événement neuf le stock de ses certitudes acquises par la transfusion qu'avaient opérée ses maîtres. Décidé à tout nier, il se mesurait par ailleurs sans préparation pour juger, qualifier et travailler lui-même.

. . . .

Verfassung, wie sie in den verschiedenen Zeiten als v o r w i e g e n d , daher als bestimmend für den Gesamtausdruck uns entgegentritt. Selbstverständlich ist diese nicht durchaus einheitlich, sondern setzt sich aus mancherlei Widersprechendem zusammen.

✦

Häuser haben Gesichter wie Menschen und sie tragen in ihnen einen ganz bestimmten Ausdruck zur Schau, an dem man sie erkennt und aus dem man auf ihre innere Verfassung schließen kann, wenn man sich auch nur einigermaßen auf die so deutliche Sprache der Physiognomie versteht. Es ist nicht schwer, aus dem Ausdruck zweier Häuser, wie sie in den beiden Abbildungen 144 und 145 gegenübergestellt sind, sich den Menschen vorzustellen, wie er etwa dem Bauwerk entspricht. Das obere Bild scheint ganz die Züge zu tragen, die in dem Antlitz eines klaren, treuherzigen und freundlichen Bauern aus guter Rasse zu erwarten sind. Es verbreitet sogleich den Eindruck des Behagens und der unverbrüchlichen Zuverlässigkeit, der man sich anvertrauen kann. Ein solcher Ausdruck hat die Menschen von jeher angezogen und Glück um sich verbreitet.

Das darunter abgebildete Haus, das unmittelbar daneben in ganz der gleichen lieblichen Umgebung steht, hat überhaupt keinen Ausdruck. Sein Gesicht ist verquollen und erinnert in seiner gänzlichen Stumpfheit lebhaft an den Menschenbrei, der heute die Lande füllt und weder klare Gesichter noch edle Körpertüchtigkeit zeigt. Man kann von diesen gänzlich Physiognomielosen kaum eine andere Gestaltung erwarten, als eben diese.

Einem Jeden auch nur ganz allgemein mit dem Bilde unserer Kultur Vertrauten, wird es ohne weiteres klar sein, daß wir es bei dem einen Hause mit einem Bauwerk aus älterer Zeit, bei dem anderen mit einem aus den letzten Jahrzehnten zu tun haben.

Diese Erfahrung wiederholt sich nun immer und immer wieder und zwar stets mit der gleichen und eindeutigen Beobachtung, daß wir es bei jenen fast ohne Ausnahme mit einer bewunderungswerten, selbstsicheren Gesamthaltung und klaren Einzelzügen zu tun haben, aus denen die Sonne zu strahlen scheint, während die Umweltsgestaltungen aus unserer Zeit in einer überwältigenden Überzahl, unklar und zusammenhanglos erscheinen und sie durchweg von einem gleichgültigen und mürrischen Ausdruck beherrscht werden. Ja, man erkennt ohne weiteres das Neue an der trostlosen und feindseligen Gesamtstimmung, die sich wie ein Mehltau auf alle Gebilde lagert und eine vergiftete Atmosphäre zu bilden scheint, wobei es gleich ist, ob es sich um die Wohnungen der Reicheren oder der Armen handelt.

108

Abb. 144 145

109

なったのは、パウル・シュルツェ＝ナウムブルグ（1869–1949）の書物であり[33]、1904年から1917年にかけて出版された「文化作品」叢書[34]であった。ジャンヌレの書物のお手本はカミロ・ジッテ（1843–1903）の『都市計画』[35]であったが、ドイツの政治思想家であり歴史家によるこの著作は、図面と写真の有意義な比較によって文章の意味を高める手がかりをもたらした。ギーディオンと同様、シュルツェ＝ナウムブルグはハインリヒ・ヴェルフリンに美術史を学び、ヴェルフリンがしたように、写真を用いて独自の図像学を編みだした[36]。シュルツェ＝ナウムブルグにとって、写真が形式分析の道具であると同時に、成果を広く大衆に伝えるための道具であったことは「文化作品」第9巻にとくに顕著である。ティム・ベントンが示しているように、ジャンヌレはシュルツェ＝ナウムブルグの都市事例や都市への見方を借用し、『都市の建設』における独自の画像を生みだそうとした。違いはジャンヌレの写真が絵画的ではなく、実際よりずっと説明的に都市構造を示していることである。それでも画像の目的は同じであり、文章と図面によって展開される内容に、証拠と詳細情報を付与した。

1920年代に入ると[37]、シュルツェ＝ナウムブルグはかなり初歩的な比較体系に基づいた別の叢書を出版し、「よい」建物と「悪い」建物の画像を比較して建築的人相学の議論を構築した[38]。主張によると、

> 家には人間のように顔があり、表情があるからこそ内面が見えてくる。少なくともある程度人相学の明快な言語を理解できる場合には。二つの家を図として並べれば……、建物として人物を想像することは難しくない。[39]

ダニエラ・ボーデはこの言説の源流をヴェルフリンの方法論に見いだし、人種的偏見、さらにはナチズムにさえ結びつけている[40]。ル・コルビュジエに対してもされる批判であるが、ボーデが指摘するのは「ヴェルフリンの比較論的な方法論はあたかも芸術の作品そのものが語るかのように見せかけ、ほかの学問分野の学者にとっても非常に魅力的な方法論となった」[41]という事実である。にもかかわらず、シュルツェ＝ナウムブルグはヴェルフリンの周到な形式比較論的な方法論をいささか乱暴に単純化して適応している[42]。

雑誌『レスプリ・ヌーヴォー』の創刊号において、ジャンヌレとオザンファンもまた「よい」芸術と「悪い」芸術を対立させた[43]。講演において[44]、ル・コルビュジエが写真という明白な証拠を誇張し、それを「事実」[45]として語ろうとしたのは、自説を視覚的に提示し、建築家としての眼力を確認することにこだわっていたからであった。講演の初めに「スライド映写機によって聴衆を精神的な驚愕状態にし」[46]、主要な論点を即興で黒板

← **ル・コルビュジエ『今日の装飾芸術』（1925年）**

利用できない画像の位置
［CCA MAIN NA44.L433.A62 1925］

← **パウル・シュルツェ＝ナウムブルグ『芸術と人種』（1928年）**

「よい」人相と「悪い」人相
［ETH］

27 Roland Recht, “Un besoin d’ordre,” in von Moos, *L’Esprit nouveau: Le Corbusier et l’industrie*, pp.5–8、ここではp.7（註14参照）。レクトが参照しているのは、B. Eikenbaum, “La Théorie de la ‘méthode formelle,’” in *Théorie de la littérature: Textes des formalistes russes*, ed. Tzvetan Todorov (Paris: Seuil, 1966).

28 Boyer, *Le Corbusier*, p.265（註12参照）

29 Tim Benton, LC Foto: *Le Corbusier Secret Photographer* (Zurich, Lars Müller, 2013).

30 ル・コルビュジエは何枚かの写真を公にしているが（『前掲書』p.12、註13参照）、後にカメラを「暇つぶしの道具」として放棄し、現実を分析記録するために素描を重視するようになった。1936年のことである。『前掲書』p.23からの引用

31 Le Corbusier, *L’Art décoratif*, p.108（註10参照）

32 Christoph Schnoor, ed., *“La Construction des villes”: Le Corbusiers erstes städtebauliches Traktat von 1910/11* (Zurich: gta Verlag, 2008).

33 Leo Schubert, “Jeanneret, the City, and Photography,” in *Le Corbusier before Le Corbusier: Applied Arts, Architecture, Painting and Photography*, ed. Stanislaus von Moos and Arthur Rüegg (New Haven: Yale University Press, 2002), pp.55–67, 286–87.

34 Paul Schultze-Naumburg, *Kulturarbeiten: Herausgegeben vom Kunstwart*, 9 vols. (Munich: G. D. W. Callwey, [1904–1917]).

35 Camillo Sitte, *Der Städtebau nach seinen künstlerischen Grundsätzen vermehrt um Grosstadtgrün* (Vienna: C. Graeser, 1889). ル・コルビュジエはカミレ・マーティンによるフランス語訳を使用した。Camillo Sitte, *L’Art de bâtir les villes: Notes et réflexions d’un architecte traduites et complétées par Camille Martin* (Geneva: Eggimann, [1902]).

36 José Manuel García Roig, *Tres arquitectos del periodo guillermino: Hermann Muthesius, Paul Schultze-Naumburg, Paul Mebes* (Valladolid: Universidad de Valladolid, Secretariado de Publicaciones e Intercambio Editorial, 2006). Norbert Borrmann, *Paul Schultze-Naumburg, 1869–1949. Maler, Publizist, Architekt: Vom Kulturreformer der Jahrhundertwende zum Kulturpolitiker im Dritten Reich* (Essen: Richard Bacht, 1989).

NATURE ET CRÉATION

La nature.

géométrique (formes, lignes, couleurs, lumière, etc...). La Nature, quand elle est belle, n'est belle que par rapport à l'art; la nature belle n'est belle que parce qu'elle se trouve imiter fortuitement et par hasard les dispositifs géométriques qui touchent l'animal géométrique que nous sommes. Si Corot s'arrête devant un paysage romain, c'est que l'hori-

Créations humaines — outils de perception et de mesure.

par OZENFANT et JEANNERET

Un heureux hasard que Corot ne rate pas. Ile Tibère-Rome

zon est heureusement dégagé, qu'ici un cyprès marque la verticale, que des coupoles forment géométrie, etc...

— Vous ne parlez jamais de la couleur. Allez-vous encore parler de géométrie ?

La couleur vraie, cela ne veut rien dire. Les couleurs des spectacles de la nature nous apparaissent toujours changeantes : leurs rapports entre elles sont perpétuellement variables et le peintre n'a jamais eu

Phot. Druet　Nature et création　COROT

アメデ・オザンファン、ジャンヌレ「自然と創造」『レスプリ・ヌーヴォー』第19号（1923年）
［CCA CAGE W.E86］

に描いてみせ、そして最後に、「話していた理論を実践する何百枚ものスライド」を投影した[47]。シュルツェ゠ナウムブルグとル・コルビュジエの思想の複雑で興味深い関連性を分析することが目的ではないが、かの有名な『建築をめざして』の見開き頁［本書p.133の図版参照］の建築的な影響力を完全に把握するには、一枚の写真が示す特性だけではなく、書物において写真が果たす複雑な体系についても考えなければならない。

ル・コルビュジエが自分の写真を使用しなかった理由は依然として謎であり、この事実が見開き頁にさらに複雑な一面を加えている。ドゥラージュの画像は、『レスプリ・ヌーヴォー』第10号において最初に使用されたが、画像の前頁には自動車制動機の写真が置かれている。スタニスラウス・フォン・モースが指摘しているように、「ペイディアス［古代ギリシアの彫刻家。パルテノン神殿の総監督］はこう感じていた。パルテノン神殿のエンタブラチュアが証拠である」[48]という写真の説明はダダ調ではあるが、それでもダダイストとは異なり、ル・コルビュジエとオザンファンは「建築の『永遠の価値』と一致する古典的な形態」[49]に関心を抱いていた。写真の説明におけるダダイスト的な衝撃にもかかわらず、古典建築と現代産業のつながりは建築に対するル・コルビュジエの希求と合致し、未掲載となったドゥラージュの宣伝文において直接述べられていた。「集合住宅や住まい

37　1900年代初頭に出版されたギヨーム・ファシオ（1865–1958）による二枚の図版の対照もその一例である。スイスの風景画の伝統とは対照的な新しい時代の建築を「恐るべき単調さ」とするスイス人の「目を開かせる」ことを意図していた。Jacques Gubler, *Nazionalismo e internazionalismo nell'architettura moderna in Svizzera*, trans. Filippo De Pieri (Mendrisio: Mendrisio Academy Press, 2012), pp.46–51. 原本はフランス語によって出版された。*Nationalisme et internationalisme dans l'architecture moderne de la Suisse* (Lausanne: Éditions L'Âge d'homme, 1975).

38　Daniela Bohde, "The Physiognomics of Architecture: Heinrich Wölfflin, Hans Sedlmayr and Paul Schultze-Naumburg," in *German Art History and Scientific Thought: Beyond Formalism*, ed. Mitchell B. Frank and Daniel Adler (Farnham, UK: Ashgate, 2012), pp.117–40.

39　Paul Schultze-Naumburg, *Kunst und Rasse* (Munich: Lehmann, 1928), p.108. Bohde, "The Physiognomics of Architecture," p.126（註38参照）からの引用

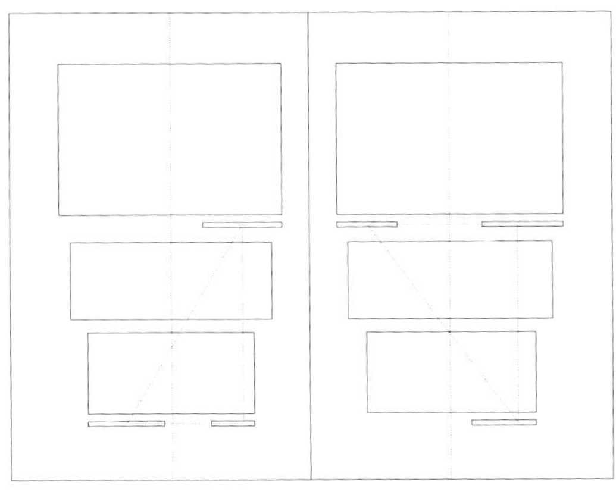

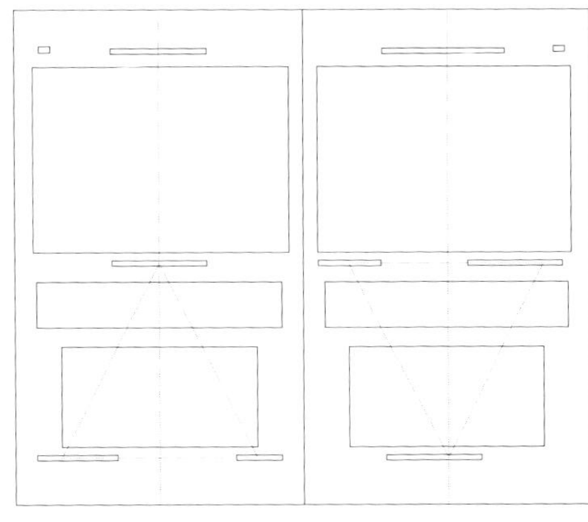

『レスプリ・ヌーヴォー』(1921年)と『建築をめざして』(1923年)

パエストゥムとアンベールおよびパルテノン神殿とドゥラージュの掲載頁の基準線

の問題が車台のように研究されるなら、住居は変わるであろうし、すぐにでも改良されるであろう」[50]。おそらくジャンヌレは、写真を撮ることによって構図と内容に対する分析的な感覚を磨き、画像編集の可能性を最大限に活用できるようになった。ジャンヌレの洗練された画像使用はごく一般的な写真比較の域をはるかに超えている。ル・コルビュジエも自覚していたはずであり、その比較にはややもするとつくり話のようなところがあり、主張の自明性を裏切っていることにも注意しなければならない。

『建築をめざして』に掲載された「寺院と自動車」のわずかな非対称性は、『レスプリ・ヌーヴォー』とは異なる短い写真説明文の位置によって生みだされている。雑誌では、説明文が画像下に右揃えで表示され、画像出典が左揃えで表示されるが、書物の方では、出典がない場合は説明文が中央に配置され、写真説明が左揃えである場合は出典が右揃えになる。見開き頁はどちらも出典が同じであるため(ギリシア神殿ではアルベール・モランセ出版、自動車では『ラ・ヴィ・オートモビール』)、それぞれの頁の見開きの一つの画像だけに出典が付されている。自動車は左頁の下部の画像に、反対頁の上部の画像にある神殿に出典が付されている。左頁の三つの写真説明文を直線で結ぶと、上向きの三角形となり、右頁で同じように結ぶと、下向きの三角形となり、微妙な非対称が生まれている。

二つの版にはもう一つわずかな違いがある。雑誌において、紙面構成は一頁あたり10行の文章であるが、書物の方ではわずか6行(左頁では5行)しかない。そして注意深く選ばれた文章は、左頁から右頁へと、パエストゥムからパルテノン神殿へと、1907年のアンベールから1921年のドゥラージュへと、頁で途切れることなく108頁まで続く。そこにはオザンファンによる1911年のイスパノ=スイザ[フランスを拠点として自動車などを生産する国際企業]の車体画像もある。文章が頁をまたいでしまうが、写真

40 Andreas Haus, "Fotografische Polemik und Propaganda um das 'Neue Bauen' der 20er Jahre," *Marburger Jahrbuch für Kunstwissenschaft* 20 (1981): pp.90–106.

41 Bohde, "The Physiognomics of Architecture," p.128 (註38参照)

42 Magdalena Bushart, "Logische Schlüsse des Auges: Kunsthistorische Bildstrategien 1900–1930," in *Visualisierung und Imagination: Materielle Relikte des Mittelaters in bildlichen Darstellungen der Neuzeit und Moderne*, ed. Bernd Carqué, Daniela Mondini, and Matthias Noell (Göttingen: Wallstein, 2006), 2: pp.547–95.

43 *L'Esprit nouveau* 1 (October 1920), p.45. Reproduced in Tim Benton, *The Rhetoric of Modernism: Le Corbusier as a Lecturer*, trans. Stefan Zebrowski-Rubin and Clare Perkins (Basel: Birkhäuser, 2009), p.72. 原本は *Le Corbusier conférencier* (Paris: Le Moniteur, 2007).

44 1924年6月にソルボンヌで開催されたル・コルビュジエの講演に対するレアンドル・ヴァイヤ(1878–1952)の鋭い批評をベントンは論じている。ヴァイヤは講演の修辞的戦略、とりわけ、画像を用いるという戦略を分解し、ル・コルビュジエの『レスプリ・ヌーヴォー』の編集との関連性を見いだしている。Benton, *The Rhetoric of Modernism*, pp.69–78 (註43参照)

45 『前掲書』p.64

46 『前掲書』

47 Le Corbusier, *Précisions sur un état présent de l'architecture et l'urbanisme* (Paris: Éditions Vincent, Fréal & Cie, 1960). Benton, *The Rhetoric of Modernism*, p.17 および pp.88–89 (註43参照) からの引用

パウル・シュルツェ＝ナウムブルグ、
聖バーカード［セント・
バーチャード修道院］の写真、
ヴュルツブルク「文化作品」第4巻：
118、ill. 62a（1909年）

［CCA MAIN NA44.S3878.A67 190
9］

ジャンヌレ、聖バーカードの写真、
ヴュルツブルク、1910年6月

［Bibliothèque de la Ville de La Chaux-de-Fonds, fonds Le Corbusier］

『東方聖堂騎士団紀要』
（1925年3月）の二頁。1924年の
ル・コルビュジエの講義における
映写スライド

［FLC © F.L.C. ADAGP, Paris & JASPAR, Tokyo, 2023 G3322］

Silos à grains (Canada).
Tableau de Picasso.
Michel-Ange.
Porte de safes.

Hangars d'Orly,
Parthénon.
New-York.
Avion Blériot.

4

FONDATION LE CORBUSIER

DE L'ÉTOILE D'ORIENT 27

superbe; puis, de ce même paquebot, on vous a montré le salon, lequel certainement, a jeté un froid dans vos esprits : il paraît, en effet étonnant de trouver au cœur d'une œuvre

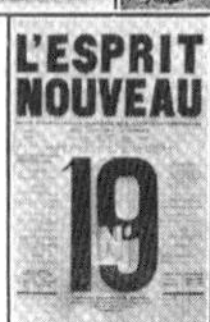

Moteur Bugatti.
Coupe transversale du paquebot « Paris ».

Château de Fontainebleau.
Les Pyramides.

L'*Esprit Nouveau*, revue internationale de l'activité contemporaine.

si parfaitement ordonnée, une telle antinomie, un tel contraire, un tel manque de liaison, à vrai dire une telle contradiction, divergence totale entre les grandes lignes du navire et sa décoration intérieure, laquelle est œuvre de ce que l'on appelle les spécialistes décorateurs.

の説明文が三角形をつくりだして頁に正確性を与え、読者の知覚を形成する。書物では文章ははみでてしまうが、雑誌では見開き頁に収まっているために、写真同様、文章は自己完結的である。

「もの見ない目」の見開き頁は複雑な建築的主張を明確に表現している。ル・コルビュジエは順を追って物語を展開する気はなく、複数の意図を支える視覚的な警句を重ね合わせようとした。ビアトリス・コロミーナが論じているように、ル・コルビュジエは『レスプリ・ヌーヴォー』の編集という作業ゆえに、印刷を「すでにある文化を普及する媒体としてではなく、それ自身で自律性を持った場として」[51]理解した。ル・コルビュジエがバウハウスの書物に寄稿することはなく、出版物はすべてフランスの印刷術による古典的な紙面構成になっていた。それにしても、建築家と歴史家の双方がヴェルフリンという源流を共有している限り、ル・コルビュジエとジークフリート・ギーディオンが1925年に初めて会ったときに紙面の見開き頁の建築的可能性が話題になったことは想像に難くない。

頁の品性

1567年、フィリベール・ド・ロルム（1510–70）は『建築第一書』[52]の結論として、理想的な建築家像とは対照的な、建築業界にはびこる欠陥を示して見せた。文章は建設現場の上下関係を説明している。建築家は君主への忠誠を誓い、請負業者、棟梁、職人、および労働者は建築家への忠誠を誓う。ある図版では「自分が何をすべきか知らないことを示すために」手を持たない人物が描きだされ、目、耳、鼻もなく、よき仕事を認識できず、賢明な助言に聞く耳を持つことも、よきことを判断することもできないとされた。聴覚の消失と失明はこの人物が歩いている暗く、ゴツゴツとした岩場の風景の不毛さと響きあっている。しかしながら大きな口があり、「領主に建築家を罵り、自分に信頼を置いてもらおうと、監督業務を行ういわゆる建築家やそれに類する者をあらんばかりに中傷し、疑惑の目を向ける」[53]。恐ろしい性格を隠すために帽子を被り、信頼できる建築家かのように装っているが、必ずしもそうとは限らない。ド・ロルム自身の職歴の矛盾を踏まえると[54]、この風采は単に「悪しき建築家」というよりも、多くの中傷者を表しているのかもしれない。続く図版はもっとあからさまである。文章では「よき建築家」について言及され、図版では古典的な建築が息づく牧歌的な風景のなかにド・ロルム自身を描いているように見える。先の図版の盲人とは対照的に、この人物には三つの目がある。一つ目は過去を見て神を感じ、もう一つの目は現在を理解して建物に正しいかたちを与え、そして三つ目は未来を把握して自らの構築物に対して論争を挑む（そしてしば

48 Le Corbusier-Saugnier, “Des yeux qui ne voient pas”（註5参照）。Reproduced in von Moos, *L'Esprit nouveau*, p.252（註14参照）。原文は “Phidias sentait ainsi; l'entablement du Parthenon en témoigne.”

49 Stanislaus von Moos, “Delage,” in *L'Esprit nouveau*, pp.252–55、ここではp.253（註14参照）

50 ル・コルビュジエの未掲載の広告、『前掲書』p.255からの引用。原文は “Si le problème de l'habitation, de l'appartement, était étudié comme un châssis, on verrait se transformer, s'améliorer rapidement nos maisons.”

51 Colomina, *Privacy and Publicity*, p.104（註1参照）

52 Philibert de l'Orme, *Le Premier Tome de l'architecture* (Paris: Chez Federic Morel, 1567), pp.281, 283.

53 『前掲書』p.280「裏頁」[p.281]。原文は “Pour monstrer que ceux qu'il représente ne sçauroient rien faire,” and “mesdire des Architectes envers les seigneurs, à fin qu'ils se fient plutost à eux, que ausdicts Architectes ou autres qui auront la superintédéce de l'œuvre: lesquels ils descrient & mettent en soupson le plus qu'ils peuvent.”

54 Jean-Marie Pérouse de Montclos, “Présentation des traités,” in Philibert de l'Orme, *Traités d'architecture* (Paris: Léonce Laget, 1988), pp.3–22.

Veritablement tels reſſemblent à la figure d'vn homme, lequel ie vous propoſe cy-apres habillé ainſi que vn ſage, toutesfois fort eſchauffé & haſté, comme ſ'il couroit à grande peine, & trouuoit quelques teſtes de bœuf ſeiches en ſon chemin (qui ſignifiẽt gros & lourd eſprit) auecques pluſieurs pierres qui le font chopper, & buiſſons qui le retiennent & deſchirent ſa robbe. Ledit homme n'a point de mains, pour monſtrer que ceux qu'il repreſente ne ſçauroient rien faire. Il n'a auſsi aucuns yeux en la teſte, pour voir & cognoiſtre les bonnes entreprinſes: ny oreilles, pour ouir & entendre les ſages: ny auſsi gueres de nez, pour n'auoir ſentiment des bonnes choſes. Bref il a ſeulement vne bouche pour bien babiller & meſdire, & vn bonnet de ſage, auecques l'habit de meſmes, pour contrefairé vn grand docteur, & tenir bonne mine, à fin que lon penſe que c'eſt quelque grande choſe de luy, & qu'il entre en quelque reputation & bõne opinion enuers les hommes. Croyez, & vous aſſeurez que telles perſonnes haïſſent ordinairement & de leur naturel, non ſeulement les doctes Architectes, mais auſsi tous les vertueux, & la vertu meſme. Et pour crainte qu'ils ont d'eſtre repris & chaſſez pour les faultes qu'ils cõmettẽt, ils ne ceſſent de meſdire des Architectes enuers les ſeigneurs, à fin qu'ils ſe fient pluſtoſt à eux, que auſdicts Architectes ou autres qui auront la ſuperintẽdẽce de l'œuure: leſquels ils deſcrient & mettent en ſoupſon le plus qu'ils peuuent. De ſorte que cela a eſté ſouuent cauſe, cõme ie l'ay cogneu, d'vn tresgrand dõmage, qui ne tombe pas ſeulement ſur l'Architecte, mais bien ſur les ſeigneurs & leurs baſtiments: pour les raiſons qu'on pourra cognoiſtre par le diſcours du premier liure de ce preſent œuure: auquel i'ay bien voulu eſcrire ce que i'en ay aperceu, à fin que lon y prenne garde à l'aduenir, & que lon ſçache choiſir les perſonnes qui peuuent faire leur eſtat fidelement chacune en ſa charge: perſonnes, dy ie, qui ſoient doctes, faciles, beneuoles, & capables de l'eſtat auquel on les voudra employer: comme il ſ'en trouue, & en cognois beaucoup, qui toutesfois ne ſont touſiours employez ny cogneus. Mais à fin d'y pouuoir aucunemẽt remedier, & faire que les œuures ne ſoient retardées, & auſsi que toutes entreprinſes, tant grandes que petites, ſe puiſſent paracheuer, i'ay bien voulu encores adiouſter le diſcours enſuiuant apres la prochaine figure, partie pour aduertir les ſeigneurs, partie auſsi pour inſtruire l'Architecte de ſe garder des perſonnes qui ne ſçauent bien faire, ny voir ce qui eſt bon de faire, ny oyr ce qu'on doit entendre, ny moins auoir ſentiment de ce qui eſt vtile & proufitable, ainſi qu'il vous eſt repreſenté par la prochaine figure.

ladicte figure pluſieurs beaux commencements d'edifices, palais & temples, deſquels le ſuſdit ſage & docte Architecte monſtrera & enſeignera la ſtructure auec bonne & parfaicte methode, ainſi qu'il eſt manifeſté par ladicte figure: en laquelle auſſi vous remarquez vn adoleſcent apprentif, repreſentant ieuneſſe, qui doit cercher les ſages & doctes, pour eſtre inſtruicte tant verbalement que par memoires, eſcritures, deſſeings, & modelles: ainſi qu'il vous eſt figuré par le memoire mis en la main de l'adoleſcent docile, & cupide d'apprẽdre & cognoiſtre l'Architecture. Si vous n'eſtes contents de ce diſcours & aduertiſſement, ie vous conſeille d'en demander à Salomon ſon aduis, & il vous aduertira qu'il n'y a rien à l'homme plus vtile, proufitable & ſalutaire, que ſage & meur conſeil, ainſi qu'il eſcrit en ſes Prouerbes ſous ces propres mots: *Beatus homo cui affluit prudentia, melior eſt acquiſitio eius, negotiatione auri & argenti.* Bien heureux eſt celuy qui a trouué ſapience, & qui abonde en prudence, beaucoup meilleure que toute acquiſition, negotiation & poſſeſſion d'or & d'argent. Si ceſte ſentence ne vous ſatiſfaict, oyez ie vous prie la Sapience ou ſageſſe, laquelle ledit Salomon faict parler en ces propres mots: *Ego Sapientia habito in conſilio, & eruditis interſum cogitationibus.* Ie habite (dict Sapience) en bon & ſalutaire conſeil, & aſsiſte aux doctes & ſages cogitations. Il la fault doncques cercher, & l'ayant trouuée mettre peine de la bien retenir, à fin de ſ'en ayder en temps & lieu. La figure ſuiuante vous mettra deuant les yeux le diſcours propoſé.

DE PHILIBERT DE L'ORME. 150

D'autres parties de l'ordre & colomne Dorique du theatre de Marcel, & de ſon chapiteau racourſi en perſpectiue, eſtant accompagné d'architraue.

Chapitre XIX.

AFin que vous puiſſiez bien cognoiſtre comme ſe monſtrera en œuure ce que nous auons eſcry cy deuant, (pourautant que ce n'eſt qu'vn pourfil ſeruant de moule à tracer les pierres) le deſſeing que vous verrez cy apres vous fera apparoir cõme la corniche du theatre de Marcel ſe monſtre eſtant en œuure, tant pour les gouttes qui ſont ſur les dẽticules, marquées D, à la figure enſuiuant, que pour les triglyphes marquez C. & auſſi pour les metopes ſignez F: & combien que l'œuure ſe monſtre eſtroicte à cauſe de la perſpectiue, ſi fault il que les metopes au lieu de F, ſoient tous quarrez & auſſi haults que larges entre les triglyphes, comme vous en auez veu les raiſons par cy deuant. Aucuns ont faict quelques ornemẽts par deſſus les triglyphes, & y ont mis des anatomies de teſte de bœuf, comme nous auons dit, & entre les triglyphes au lieu appellé metopes, des baſſins auec diuerſes autres ſortes d'ornements, leſquels ie monſtreray ailleurs ſ'il vient à propos. Telles choſes ſe peuuent approprier ſelon les lieux, pour y mettre telles deuiſes qu'il plaira à la volunté du ſeigneur pour lequel ſe fera le baſtimẽt. Quant à l'inuẽtion des ſuſdictes corniches, gouttes, triglyphes, & canneleures qu'aucuns y ont faictes, cõme auſſi des hemicycles & autres figures triãgulaires, tout a eſté trouué par l'artifice & moyen des cyments & matieres ſemblables, comme ſeroit la cire qu'on y appliquoit pour conſeruer le bout des ſoliues qui portoient les planchers des baſtiments. Car ainſi que la chaleur eſtoit grande, elle fondoit & faiſoit diſtiller les ſuſdictes matieres qui rendoient au deſſous des triglyphes des gouttes, ainſi qu'on les voit au lieu de G. Doncques les Architectes voulant imiter ce que nature leur apprenoit, & ſ'ayder de l'artifice d'autruy, ont donné de ſuperabondant quelques meſures & ornements aux corniches de leurs colomnes. De ſorte qu'en enſuiuant les charpenteries ils y ont appliqué des membres de moulures, les vns au lieu de cheurons, les autres pour les ais, & quelques vns au lieu de poutres, ſelon la couſtume qu'ils auoient de couurir leurs baſtiments, ainſi que vous le pouuez voir amplement dans Vitruue, ou il deſcrit l'inuention & origine de telles choſes. Depuis quelques vns ont trouué la façon des moulures apres les lettres, comme d'une S,

Comme ſe monſtre en œuure ce qui a eſté cy deſſus propoſé.

De l'origine & inuention de certaines parties de la colomne Dorique.

L'induſtrie des Architectes en imitãt nature et l'artifice d'autruy.

E ij

← **フィリベール・ド・ロルム**
『建築第一書』(1567年)、
280–81頁と282–83頁

ド・ロルムにおける善と悪の実践者の対比には道徳的な含みがある。二つの場面は書物の内容を導く図版のように厳密な建築的な描写ではない。むしろこれらの場面を文章の一部のように使用して物語を動かし、書物の形式によって建築思想の対比をもたらそうとしている。
[CCA CAGE M 7618]

ド・ロルム(1567年)

「イオニアの基壇あるいは脚部の寸法と比例」
[CCA CAGE M 7618]

しば中傷的な)意見について熟考する。こうした象徴的な挿絵は建築的な描写ではない。ド・ロルムが説明するように、「次の図は指しだされた議論を示している」[55]。ド・ロルムは画像を文章として使用する。

ド・ロルムによる正反対の図版は、1517年にマルティン・ルター(1483–1546)による「95か条の論題」に端を発するプロテスタント宗教改革に結びつけることもできる。プロテスタンティズムが言葉を重視して図像を疑い、偶像破壊を引き起こしたときも、ルターは神の言葉を伝える図像の有効性を擁護した。ルターは図像を「誤解や個人的な解釈の可能性を排した明白な意味を持つ文章」[56]と見た。それゆえに宗教改革に関する最初の論争的な冊子の一つ、『情熱的なクリスティと反クリスティ』がルーカス・クラナッハ(父)(1472–1553)による26枚の木版画を掲げ、対照的な13組に分けて書物の物語を動かしていても驚くべきことではない[57]。左頁はキリストの受難を示し、そのことが最終的に天国への昇天につながっている。このよき振る舞いの反対が法王であり、罪深き振る舞いと贅沢への愛によって地獄へ堕ちていくことになる。対句は見開き頁として一つの構造となり、教義として図像が展開される。

クラナッハの木版画は『貧者[非識字者]のための聖書』の伝統と比較さ

55 De l'Orme, *Le Premier Tome*, p. 282(註52参照)。原文は"La figure suivante vous mettra devant les yeux le discours proposé."

56 Stephanie Buck, "Framing the Image: Lucas Cranach's Adam and Eve and Book Illustration," in *Temptation in Eden: Lucas Cranach's Adam and Eve*, ed. Caroline Campbell (London: The Courtauld Institute of Art Gallery, 2007), pp. 35–45、ここではp. 39

57 Philipp Melanchthon (1497–1560) and Johann Schwertfeger (1488–1524), *Passional Christi und Antichristi* ([Wittenberg: Johann Rhau-Grunenberg, 1521]).

— 『情熱的なクリスティと反クリスティ』(1521年)、ルーカス・クラナッハ(父)の彫版

[Courtesy of Dartmouth College Library]

— 『貧者のための聖書』(1460-70年頃)

かつて建物に刻まれていた聖書の物語や宗教論争は、活字が導入されて書物の枠組みのなかに自らの居場所を見つけた。この宗教改革の聖書において、ルーカス・クラナッハ(父)は見開き頁を利用して視覚的な論争を展開した。

[National and universitary library of Strasbourg]

れてきた[58]。実際、大衆的な挿絵聖書は、印刷物であれ写本であれ、文章を図像に置き換えて物語を語っている。挿絵聖書の多くは、物語の語りと読者を仲介する複合的な装置として建築的な場面を準備した。先達とは異なり、クラナッハは図像を単純な縁取りのなかに収めた。図像が頁の半分以上を占め、下に数行の文章を置いた。この組み方は二頁を一つの見開き頁として考えていたことを示唆しているが、さらに、1529年以降に制作された数多くの絵画「律法と福音」の成功を考えると、クラナッハはこの戦略の有効性を十分に認識していたと思われる[59]。「律法と福音」は一本の樹木を、画面全体を二つの区画に分割する装置として使うことによって見開き頁のように読ませている。『情熱的なクリスティと反クリスティ』を書物として表現するのと同じ戦略である。

クラナッハが宗教論争両派のために抜かりなく貢献していたという事実にもかかわらず[60]、定立と反立に含意された倫理観はルターに強く傾倒していたことを示している。二人は親しい友であり頻繁に共同し、とくにルターのドイツ語版ではクラナッハが木版画を作成して成功を収めた。ルターは、ハンス・ベルティングが指摘しているように[61]、図像崇拝と闘うために図像の力を利用し、大衆への伝達手段として、印刷された書物の強みを十分に認識していた。

フィリベール・ド・ロルムはカトリックの司祭であり、建築家としての活動はトリレント公議会[プロテスタント排除を促した会議]と同時期であった。イヴ・パウウェルスが示しているように[62]、ド・ロルムは初期ルネサンスの古代ローマ建築復興が含意する「魔術的な知」の異教性を十分に認識していた。古代ローマの断片的な使用を避け、神から授かった比率を自身の建物に取り入れようとした[63]。ウィトルウィウス本はド・ロルムの『建築第一書』における基準となった文献であり、ド・ロルムは古代ローマの論説を「この偉大で比類のない聖職者の法服の断片が明らかな無秩序のなかに散らばっている」[64]と見なしていた。ド・ロルムの書物はそのような断片を当時の合理的構造、ヴィニョーラが1562年の論説[65]において設定した認識体系に組み立てる方法を説明している。古代ローマの建物は模倣すべきお手本ではなく、単なる先例として提示される。ド・ロルムは第2巻を出版するつもりでいた。自分自身の敬虔な建築作品があるべき姿であり、「旧約聖書における父なる神の最初の古代建築の神聖なる比例と寸法を今日の建築に適合させる」[66]ことにあった。パウウェルスが述べているように、「聖書の言葉に触発された比例体系の断片を再び活用することが神聖なるよき仕事になる」[67]。ド・ロルムの論説の不器用なまでの定式化は、自らの技術的な発明と建築形態の不十分な説明が混在しているために、しばしば批評されてきた。それは二つの要因によって説明できるかもしれない。すなわちド・ロルムの執筆下における微妙な政治状況(1559年に庇護者ヘン

58 Bodo Brinkmann, ed., Cranach (London: Royal Academy of Arts, 2007), pp. 198-99.

59 Lucas Cranach the Elder, *Law and Grace*, 1529. Cranach Digital Archive, accessed February 4, 2013, www.lucascranach.org. を参照。これらの絵画は「律法と福音あるいは天罰と救済」とも呼ばれ、通常1529年以降とされるが、一部は1525年にまでさかのぼる。『前掲書』pp. 208-9

60 Andreas Tacke, "With Cranach's Help: Counter-Reformation Art before the Council of Trent,"『前掲書』pp.81-89

61 Hans Belting, *A verdadeira imagem. Entre a fé e a suspeita das imagens: Cenários históricos*, trans. Artur Morão (Porto: Dafne Editora, 2011), pp.191-92. 原本は *Das echte Bild: Bildfragen als Glaubensfragen* (Munich: C. H. Beck, 2005).

62 Yves Pauwels, *L'Architecture et le livre en France à la Renaissance: "Une magnifique décadence?"* (Paris: Classiques Garnier, 2013). "De l'Orme, les antiques et la Contre-Réforme," pp.221-38を参照

63 『前掲書』p.230

64 De l'Orme, *Le Premier Tome*, p.62(註52参照)。Pauwels, *L'Architecture et le livre*, p.229, note 2からの引用。曰く "les pieces de la robbe de ce grand & incomparable auteur, par-cy, par-la, semées & respandues, sous evident désordre."(註62参照)

65 Pauwels, *L'Architecture et le livre*, p.232(註62参照)。Iacomo Barozzio da Vignola, *Regola delli cinque ordini d'architettura* ([Rome: n.p., 1562?]).

66 De l'Orme, Pauwels, *L'Architecture et le livre*, p.232(註62参照)からの引用。パウウェルスはカトリーヌ・ド・メディシスへの献辞を引用している(vol.1, p.A4 verso)。原文は "Divines proportions & mesures de l'ancienne & premiere Architecture des Pères du Vieil Testament, accommodées à l'Architecture moderne."

67 Pauwels, *L'Architecture et le livre*, p.230(註62参照)

Passional Christi vnd Antichristi.

Jn yren ansehen ist er auffgehaben vnd die wolcken haben yn hinwegk genommen võ yren ougen. Dißer Jesus der von euch yn himmel auffgenommen ist/ wirdt alßo wyder kommẽ wie yr yn geschen habt zu himmel fharen. Act.1. Seyn reych hat keyn ende Luce.1. Wer do mir dient der wird mir nach volgen vñ wu ich bin do wirt meyn diener ouch ßeyn Johã.12.

Es ist ergriffen die Bestia vñ mit yr d falsch prophet der durch sie tzeychen than hat do mit er vorfurdt hat/ die ßo ßeyn tzeychẽ von yme genommen /vnd sein bildt angebet ßeyne versenckt yn die teuffe des fewirs vnd schweffels vnd seynd getodt mit dem schwerdt des der do reydt vffim weyssen pferdt/ das auß seynẽ mauel gehet. Apocal:19. Danne wirdt offenbar werden der schalckhafftige dem wirdt der herr Jesus toeten mit dem atem ßeyns mundes vnd wirdt yn sturtzen durch die glori ßeyner zu kunfft.2.ad Tessa.2.

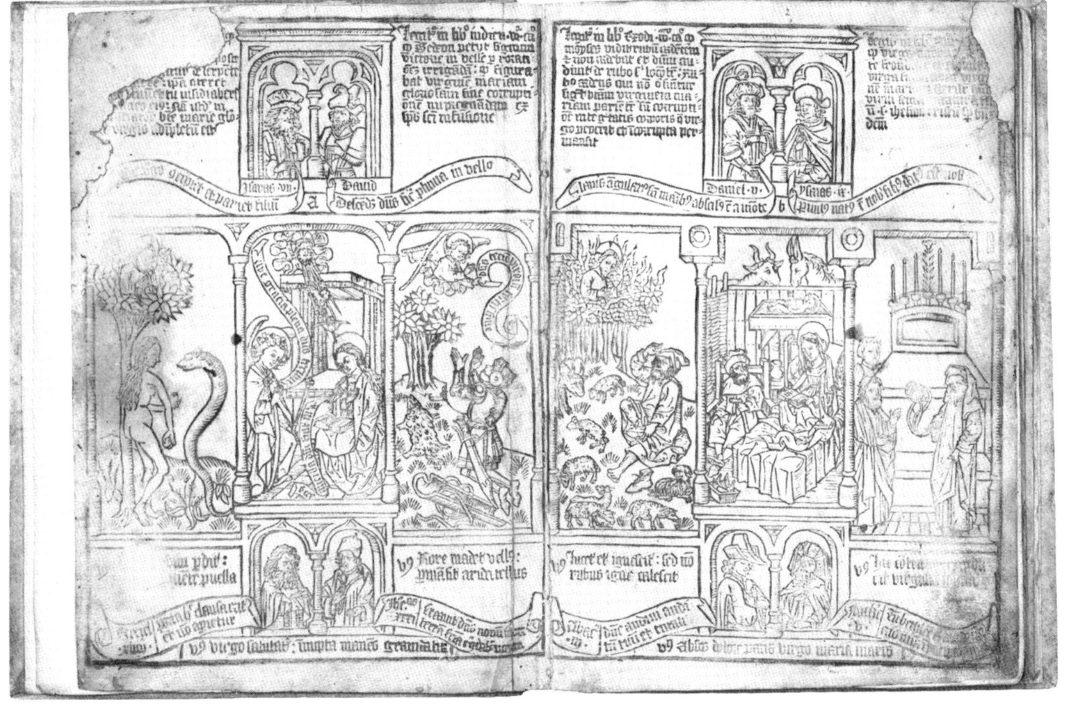

→ **ハンフリー・レプトン 『サリー［州］にあるハッチランズ［庭園］の赤の書』、重ねた状態とめくった状態（1800年）**

『赤の書』はレプトンが施主に構想を提示する際に考案した戦略を駆使している。読者は風景の変容に引き込まれていく。重ね合わせの手法を用いた書物の構成をうまく活用すれば、事前－事後の眺めが相互に見えがくれする。
［The Pierpont Morgan Library, New York］

リー二世が亡くなり、ド・ロルムは王室の建築家としての特権の多くを失って実務の多くが疑問視された）。そして自身の建物を第2巻として出版することによって公的な「肖像」を創出しようとする野心。パラディオがちょうど三年後にやろうとしたことである。［『建築第一書』の］目次には「すばらしい物語と道徳的な図が添えられている」と書かれ、定立と反立の根底にある道徳的な意図をうかがわせる。

対比による実証

建築は物事を変える。少なくとも、ハンフリー・レプトン（1752–1818）は自らを風景造園家と称し[68]、「風景画家と庭師の能力を持ち合わせた」[69]巨匠であると理解していた。1788年以降、庭園を風景として造園する実務によって、レプトンは風景式造園の創始者の一人としての地位を確立する。レプトンは自らの構想を書物によって施主に説明していたが、書物は赤色のモロッコ風の装丁であったため、後に『赤の書』として知られるようになった[70]。技術的というよりも説明的な内容であり、施主の地所と修景の提案を説明する説得力のある短い文章と、構想した庭園の正確な景色を描いた全面的な水彩画によって構成されている。画像は既存の風景を描いた付紙が重ねられていることが多く、めくると完成した事業の光景が現れて目を楽しませる。したがって、読者がレプトンの施主であろうと施主の友人であろうと、書物の頁をめくっている間に事業の企みに完全に入り込むことができた。付紙をめくることによって読者は建築家が達成したものすべてを見ることができ、隠された部分はめくり上げたときに見えてくる完璧な世界への衝動を駆り立てる。自分の手を動かして頁をめくりながら、読者は建築家の力量を感じることができた。

「ボルベル［回転早見盤］」や似たような気の利いた小道具が建築の読者に知られていなかったわけではなかった。1556年には、ダニエル・バルバロ（1514–70）がウィトルウィウス本の翻訳において効果的に使用していた[71]。第四書の第六章において、天文学書ではよく用いられるやり方である回転する「ボルベル」を使って見せた。さらに驚くべきことに、第一書において、バルバロは紙を重ねることによって要塞の地上階と地下階を示し、複合的な軍事施設の各部が地下とどのように接続しているのかを示している[72]。技術的な図面を印刷された書物に移し入れた実例である。しかしながら、おそらく制作費の面からあまり普及しなかった。付紙や重ね紙の接着には特殊な手作業が必要であったし、別々の二枚の図版を用いた方がもっと簡単に似たような効果が得られたからである。18世紀後半になって初めて出版社がこどもを潜在的な読者と見なすようになり[73]、遊び心のある書物が

68 Stephen Daniels, *Humphry Repton: Landscape Gardening and the Geography of Georgian England* (New Haven: Yale University Press, 1999).
69 Humphry Repton, *Sketches and Hints on Landscape Gardening. Collected from Designs and Observations now in the Possession of the Different Noblemen and Gentlemen, for whose use they were originally made. The whole tending to establish Fixed Principles in the Art of Laying out Ground* (London: W. Bulmer, [1795]), p.xiii.
70 André Rogger, *Landscapes of Taste: The Art of Humphry Repton's Red Books* (London: Routledge, 2007).
71 Daniele Barbaro, *I dieci libri dell'architettura di M. Vitruvio* (Venice: Francesco Marcolini, 1556).
72 ウィトルウィウス本のバルバロ版については、「建築家の道具」（下記pp.170–185）を参照
73 Jean Glénisson, "Le Livre pour la jeunesse," in *Histoire de l'édition française*, vol.3, *Le Temps des éditeurs: Du Romantisme à la Belle Époque* (1985; repr., Paris: Fayard/Cercle de la Librairie, 1990), pp. 461–95.

ダニエル・バルバロ『ウィトルウィウスの建築十書』（1556年）、第四書、第六章の「ボルベル」（回転早見盤）

ウィトルウィウス本の挿絵は、ほとんどがパラディオによる図面であるが、「ボルベル」と重ね合わせを使用して頁の二次元性の制限を克服しようとしている。独創的な仕掛けが建築表現の視覚的な可能性を拡げている。
[CCA CAGE M NA44.V848 (0000146) c.1]

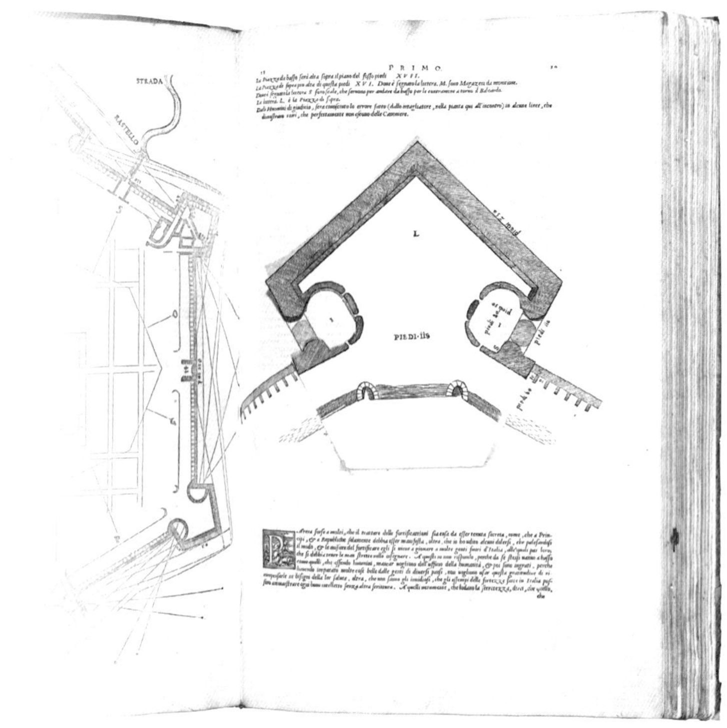

バルバロ（1556年）、第一書における重ね合わせ

[CCA CAGE M NA44.V848 (0000146) c.1]

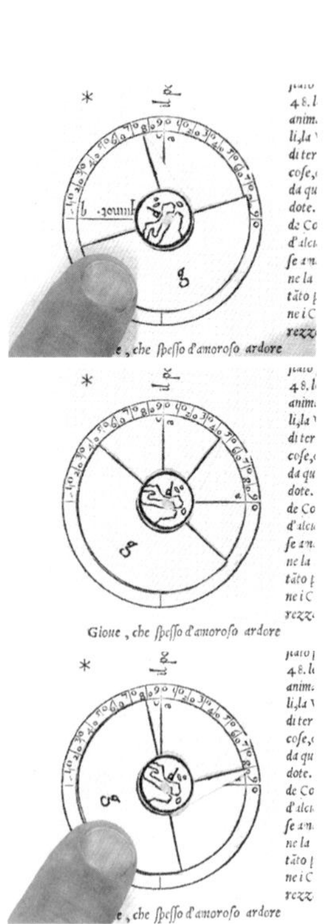

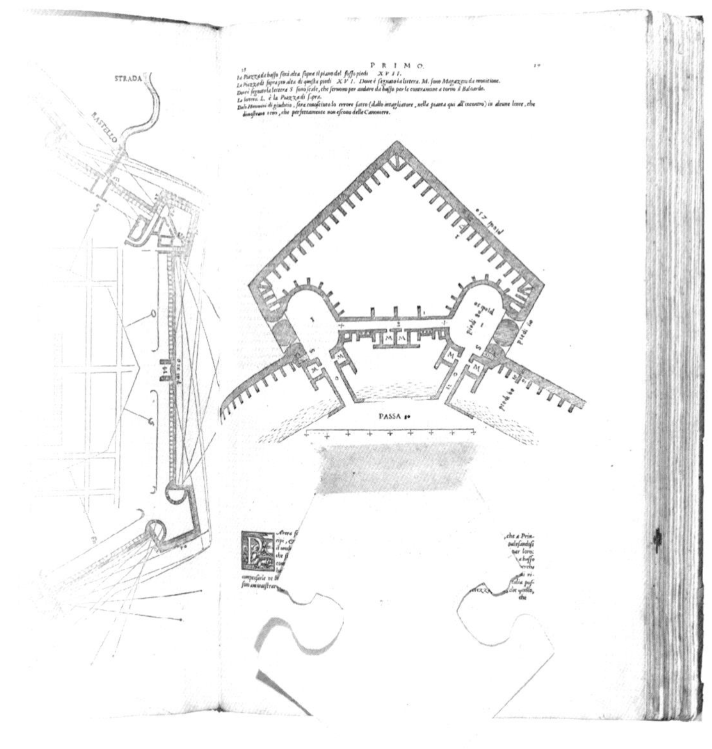

ルドルフ・アッカーマン『動く童話』（1820年）、童話2、図版B；童話6、図版A・B、可動人物

レプトンの遊び心のある仕掛けは児童書における当時の試みに極めて近く、『動く童話』の風景設定に見てとれる。ロンドンの著名な出版人であったアッカーマンは、建築書づくりにも携わっていた。
［EC8.A100.820f2. Houghton Library, Harvard University］

→ **レプトン『素描と心得』**
（1794年）、40–41頁、
重ねた状態とめくった状態

レプトンは手づくりの『赤の書』だけではなく、後に刷った大量生産の印刷本でも顧客向けの体裁を保っている。最初の印刷本の横長の構成は前作とほぼ同じである。
［CCA CAGE 6522］

人気を博し始め、「ボルベル」や飛びだす書物などの「機械仕掛け」が19世紀初頭には商業的に成り立つようになった。『ロンドンの小宇宙』[74]の編者、ルドルフ・アッカーマン（1764–1834）によって1820年に出版された書物もその好例であり、風景を背景に動く図像を使って12の童話を上演していた。『動く童話』[75]はそうした書物の大衆化の一例に過ぎないが、色彩印刷を活かして読者を愉快な物語の世界に引き込んだ。この娯楽性はレプトンの『赤の書』の成功の鍵でもあり、技巧的表現であると同時に大衆との意思疎通の手段にもなっていた。

1794年、生計が成り立つようになったレプトンは、『赤の書』を一冊にまとめて出版した。『風景庭園の素描と心得』[76]は250部という限定された印刷部数であったが[77]、書物はこの主題に関する自らの権威を高め、批判者たちに反論することを意図していた。レプトンは修景の専門家として「画家、家庭菜園家、技術者、不動産業者、建築家」のような「対立する利益」を取りまとめ、「どのような構想でもある部分を取捨選択して全体をよりよくする」[78]能力があることを誇示する。短い序言の後、手づくりの『赤の書』を再録し、水彩画は彩色アクアチント版画に、装飾的で流麗な文字は活字に置き換えられた。修景の構想を効率的に説明するには、平面図や立面図などの専門的な図面では問題があることをレプトンはわかっていた。解決策は二つを一つにしたものであった。まず文章によって「誤解されたり、誤って伝えられたりすることがないように」書くことであり、次に「独自の素描図版」[79]を発明することである。事前－事後の眺望の図版は書物の際立った特徴となっていたし、レプトンは施主を信用させるために広大な土地の「元の状態と修景された状態」[80]の両方の図面を見せることによって、自分の仕事を伝えるための戦略を示して見せる。効果は抜群であったために、レプトンは「いくらかは困惑しながらも、普通の観察者が時間をかけて確かめるのはこの部分だけであることに気づいた」[81]。実際、そのような図版を挿入すると、現実を変えるという建築の目的を如実に示すという効果がある。

レプトンは頻繁に二項対立的な論法を用いる。「建物」の章において、土地の一貫した表現が重要であることを説き、さまざまな構築物の関係だけでなく、建物とそれらを取り巻く自然との関係について説明する。理解の基礎を築くために、レプトンは二つの建物類型の特徴を述べる。「一つは垂直的、もう一つは水平的な建物である」[82]。垂直的な建物を定義するために、「尖塔が支配的な」ゴシックについてかなり荒い説明をする。そして水平的な建物には、「ギリシア的であろうとローマ的であろうと、規則正しい建造物すべて」[83]が含まれる。さらに建物を「ゴシック的」「前時代的」、あるいは「ギリシア的」「今日的」に分類して簡素化する。歴史的な経緯はともかく、目に見える違いである。「部分が見分けられないほど」遠くから見

74 *The Microcosm of London; or, London in Miniature*, 3 vols. (London: R. Ackermann's Repository of Arts, [1808–10]).
75 *Fables in Action: By Means of Small Moveable Pictures, and Dissected and Coloured Pictures with an Explanatory Text* (London: R. Ackermann, 1820).
76 Repton, *Sketches and Hints*（註69参照）。この書物は1793年に告知され1795年に発行されたが、序文は1794年12月6日の日付となっている。Royal Institute of British Architects, *Early Printed Books, 1478–1840: A Catalogue of the British Architectural Library Early Imprints Collection*, 5 vols. (London: Bowker-Saur, 1994–2003), ref.2735, pp.1625–26.
77 RIBA, *Early Printed Books*, p.1625（註76参照）
78 Repton, *Sketches and Hints*, p.xv（註69参照）
79 『前掲書』
80 『前掲書』p.xiv。「私は前任者の息子、ハンティンドンシャーの元議員［州高等保安官］であるランスロット・ブラウン殿への恩義を忘れるわけにはいかない。ブラウン殿は元の状態と修景された状態を含むこれまでにないような図について故父にお尋ねになり、私に贈っていただいた」
81 『前掲書』p.xv。「それでも私は、いくらかは困惑しながらも、普通の観察者が時間をかけて確かめてみるのはこの部分だけであることに気づいた」
82 『前掲書』p.14
83 『前掲書』p.15

レプトン『素描と心得』(1794年)、
図版7、重ねた状態とめくった状態
[CCA CAGE 6522]

→ レプトン『断章』(1816年)、窓、
重ねた状態とめくった状態
[CCA CAGE M PO3984]

れば、家の「特徴は水平と垂直だけで決まる」[84]。そのような区別は植栽の形態を決めるのに役立つ。レプトンは樹木が落とす影を分析し、「ゴシックの建物と円錐形の樹木が混じり合っていると不快に感じる」[85]のに対して、「ギリシアの建物は丸形や円錐形の樹木に合う」[86]といい切る。どれが一番よいとはいっていないが、レプトンの好みはギリシア風にやや傾いているようである[87]。ゴシックが難しいのは、「イタリアで専門的に学んできたものが適任である」[88]ことがめったにないからである。図版7「樹木と建物の対比の効果を示す二軒の理想的な住宅」は、建物と風景のレプトン的な相互依存をいかんなく示している。二つの円窓枠によって、丸形の樹木に囲まれた水平的な建物と円錐形の樹木に囲まれた垂直的な建物を対峙させる。次に、付紙をめくると、建物は変わっても植物は変わらずそのままである。建物と周囲の風景に落ち着きがなくなり、適切に演出されていないと風景がいかに不快になるかを示して見せる。

1803年の第二版[89]において、レプトンは内容を拡充すると同時に大幅な変更も加え、1816年版[90]においてさらに多くの修正を加えた。書名も変更し、『……の素描と心得』から『……の観察』、そして『……についての断章』となった。後の二つの版の副題はどちらも初版にはなかった「ギリシアとゴシックの建築に関する若干の考察」となっている。初版において

84 『前掲書』
85 『前掲書』p.17
86 『前掲書』p.18
87 Rogger, *Landscapes of Taste*, p.22(註70参照)
88 Repton, *Sketches and Hints*, p.18(註69参照)
89 Humphry Repton, *Observations on the Theory and Practice of Landscape Gardening. Including Some Remarks on Grecian and Gothic Architecture, collected from Various Manuscripts, in the possession of the Different Noblemen and Gentlemen, for whose use they were originally written; the whole tending to establish fixed principles in the respective arts* (London: The Architectural Library, 1803).
90 Humphry Repton, *Fragments on the Theory and Practice of Landscape Gardening. Including some Remarks on Grecian and Gothic Architecture, collected from Various Manuscripts, in the possession of the Different Noblemen and Gentlemen, for whose use they were originally written; the whole tending to establish fixed principles in the respective arts* (London: T. Bensley and Son, for J. Taylor at the Architectural Library, 1816).

は水平性と垂直性の区分を説明するために簡単に触れていただけであった。それだけに、ギリシアとゴシックについてこれほど突っ込んで言及されているのは驚きである。副題は商業的な目的で加えられたようである。著者自身が発行した250部の『素描と心得』の販売が芳しくなかったからであり[91]、新しい版はロンドンの有力な建築系出版社の一つ、ジョサイア・テイラー（1761–1834）が請け負った。もう一つの大きな違いは書物の体裁である。1795年版は横長の紙面構成（30×39cm）であり、『赤の書』と同じであった[92]。1803年版においては、1816年版と同様に、出版社は通常の縦型二つ折り判の体裁（29×35cm）を採用した。いかにも手づくりらしい書物の表現から離れ、より標準的な書物の体裁となったために、多くの図版を横にして見なければならず、文章も大幅に増加した。1795年版では83頁であったが、1803年版では222頁、1816年版では238頁である。1795年版の横置き頁は一頁あたり平均300語であったが、以降の版では一頁あたり400語であった。副題同様、これらの変更には商業上の利点があり、出版社の標準形式を採用することによって、書物の技術と商業的な業績が向上した。

テイラーの編集による『赤の書』の簡略化にも関わらず、付紙めくりは1803年版と1816年版にも健在であった。レプトンの専売特許であることに加えて、レプトンによる建築的な方法論の視覚的な特徴もそのまま反映していたからであった。初版本が基本的に自身の構想の理論的な正当化であったとすれば、その次の書物はレプトンが眼で経験したことの要約であり、これまでの直感的な方法論を正当化して解明しようとしていた。眼球とその視野角が描かれた図版も多く、現実の体験における視覚の優先権が強調されている。レプトンは書物の一節を窓に割いている。窓は舞台装置であり、風景式造園に最も関連が深い主題である。レプトンは水平窓の潜在的な悪影響を強調した。「あまりに目を遮ってしまい、眺望や風景を傷つける」[93]。窓配置の事前－事後の図版は、見えがくれを演出する付紙の印象的な隠喩である。紛れもなく建築的な仕掛けである窓のように、あるいは風景のなかの樹木や茂みのように、書物の付紙は背景を覆ったり見せたりすることができる。書物の頁は劇場であり、建築的装置によって作成された視覚的な物語を再創造する。

レプトンの彫版の二項対立は比較に基づいている。ギリシアとゴシック建築双方の研究出版は数多くあったが、「二つの様式の相対的な効果を互いに比較した」[94]ことに注目した人はほとんどなく、この不満が1816年版の動機であった。そこでレプトンは21年前に用いた水平性と垂直性という特異な議論を封印し、今回は比較図版としてそれらの違いを提示しようとした。縦長の枠を横に二つ並べ、同じような丘陵地の中景を占める邸宅が描かれ、前景の湖が邸宅の建築的な特徴を映しだしている。左枠の古典

91 Eileen Harris and Nicholas Savage, eds., *British Architectural Books and Writers 1556–1785* (Cambridge: Cambridge University Press, 1990), p.59.『観察』は750部の印刷部数が功を奏し、翌年には増刷され、1816年版は同じくテイラーによって発行された。レプトンは理論を精緻化して、新しい構想案も追加したが、1803年版の主な特徴は踏襲していた。RIBA, *Early Printed Books*, ref. 2735, pp.1625–26; ref.2732, p.1622; ref. 2734, pp.1624–25（註76参照）

92 『赤の書』は通常22×30cmであったが、図版の印刷にはより広い余白が必要となり、大きな紙を用いたためにアクアチント版画も元の水彩画と同じ大きさによって再現することができた。

93 Repton, *Fragments*, p.30（註90参照）

94 『前掲書』p.1

建築は中央にペディメントを備えた左右対称の構成であり、翼部が水平方向の展開の効果を強めている。右枠のゴシック様式の例は、風景のなかに高くそびえ立ち、非対称性を強調する砲塔を備えた城郭のようであり、全体が垂直を強調する煙突と狭間の胸壁で覆われている。レプトンは水の反射に焦点を当てて比較を説明する。

> 建物の輪郭は、影ができるとき、明るい空を背景としているとき、あるいは湖面に反射しているときほどよく見える。そこではギリシアとゴシックの性格の大きな違いがより際立ってくる。

そのような図版は『赤の書』には見られない。建築の構想の説明よりも建築の比較をしているからである。それでも目的は同じであり、1795年から二つの付紙が「ギリシア」と「ゴシック」とその周辺環境のよし悪しを示している。1795年版では対比によって構想の違い［修景前後の構想］を描きだしていたように、1816年版では対比によって建築様式の違いを描きだしている。

レプトン『断章』（1816年）
レプトンは構想の事前–事後の図像比較という方法を建築の分類にも用いた。「垂直的対水平的」、あるいはゴシック対古代ギリシアの様式的な対比が、対照的な画像の対によって例証された。
［CCA CAGE M PO3984］

→ **A・W・N・ピュージン『対比』（1836年）**
［CCA CAGE W5310］

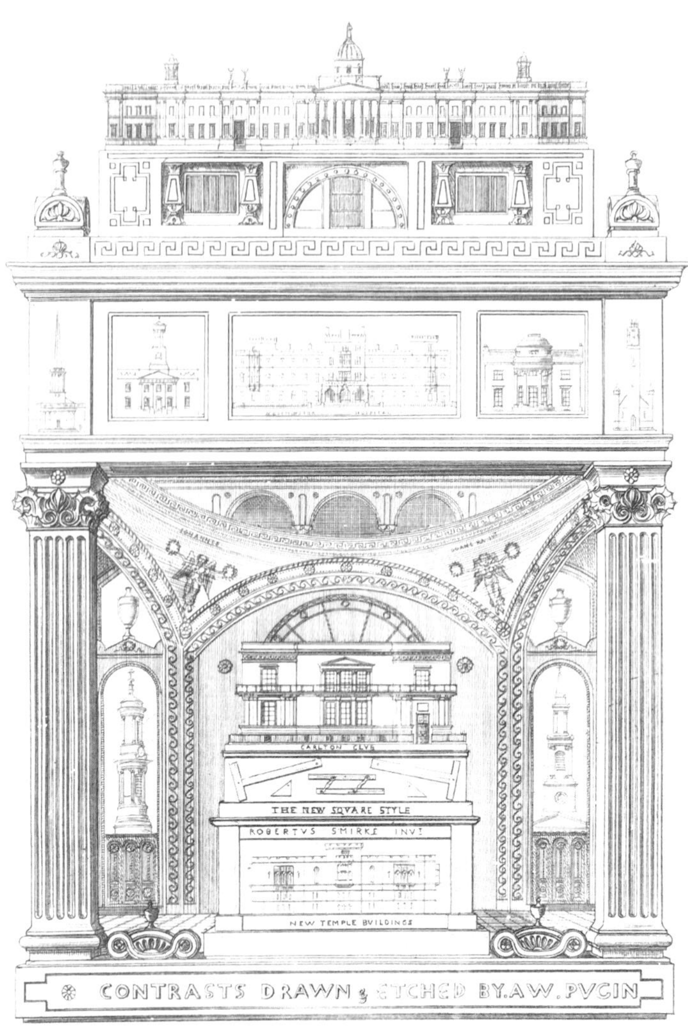

SELECTIONS FROM THE WORKS OF VARIOVS CELEBRATED BRITISH ARCHITECTS

william wykeham
Contrasts
or a parallel between
the architecture of the
15th & 19th centuries
by
A W Pugin
18 36
contrasts
drawn etched by A Pugin

→ **オーガスタス・チャールズ・ピュージン『ノルマンディーの建築遺跡図鑑』の準備図面が入った切り抜き帖、1826年／1827年**

裁判所、ルーアン

19世紀に行われた中世建築調査には正確な編集作業が不可欠であり、当時の建物に適用可能な範型や技術的な情報を提供した。A・W・N・ピュージンは父オーガスタス・チャールズ・ピュージンの建築書の図版作成者としての豊富な経験を活かし、大胆な『対比』の出版に乗りだした。

[CCA DR1980:0067:003-004]

感情の対立

『対比』[95]はオーガスタス・ウェルビー・ノースモア・ピュージン（1812–52）[96]による書物の表題であり、「中世の高貴な建造物と現在の建築物との関連——今日の趣味の堕落」を描いている。1836年に著者によって出版されたが[97]、表題が明らかにしているように、ピュージン自身の時代よりも、中世の建築の「すばらしき優位性」[98]を実証することを書物の目的としている。対立を煽る画像によって、『対比』は「闘う書物」[99]となり、ピュージンを19世紀の英国において建築に関しての最も影響力のある書き手の一人にした。『対比』はほとんど画像だけで建築理論を生みだし、二つの対立する建築的真理を真正面から衝突させた。ピュージンは「今世紀の建築作品を中世と比較すれば、注意深い観察者の誰しもが後者のすばらしき優位性に感嘆するに違いない」[100]と力説した。ニコラウス・ペヴスナーが指摘しているように、「『対比』のなかで語っているのは、建築家のピュージンというよりもカトリック教徒としてのピュージンである」[101]。つまりピュージンは、中世の建設者のキリスト教信仰が満ち足りた建築をもたらしたと説き、中世の信仰の復活を求めて「同じような栄光の感情によってのみ同様の結果が得られる」[102]ことを主張した。

ピュージンはオーガスタス・チャールズ・ピュージン（1762–1832）の息子である。父はイギリスにおいて製図家として大成功を収めたフランス生まれの建築家であり、『ロンドンの小宇宙』や『ブライトンの離宮』などの編集に多大な貢献をしていた[103]。1821年の初頭、著名なジョン・ブリットン［地理学者］（1771–1857）と出版に乗りだし[104]、『ゴシック建築図鑑』[105]のような優れた図版集をつくり、英国の中世建築物に関する技術的な情報を修復建築家に提供した。王立美術院のトーマス・サンドビー（1721–98）に師事し、物理的および社会的な環境の表現に習熟していたおかげで、詳細な技術的図面だけではなく、魅力的な雰囲気をつくりだすことができた。［ブリットン編の］『ノルマンディーの建築遺跡図鑑』[106]はテイラー男爵（1789–1879）の偉大な出版事業である『絵のような旅』[107]を受け継いでいた。この18巻の大型二つ折り判はゴシック復興の画期となり、フランスの国民文化形成に貢献した[108]。一方の『ノルマンディーの建築遺跡図鑑』は豪華本ではなく、建築家が利用するための技術的な図面を集めた実用的な調査書であった[109]。オーガスタス・チャールズが学生と共にフランスで調査旅行をした際に作成されたが、そのなかに13歳の息子、オーガスタス・ウェルビーもいた。実際、18世紀半ば以降、英国の建築家たちはゴシック復興建築を大量に建て、絵画的な造形を追求していた。非対称性、塔や弓形窓、即興的な遺跡、遊び心ある形態は建築の実践の常套手段となり、19世紀の折衷主義につながった。ピュージンの『対比』は、こうした態度に対

95 Augustus W. N. Pugin, *Contrasts or a parallel between the architecture of the 15th & 19th centuries* (London: Printed for the Author, and published by him, at St. Marie's Grange, 1836).

96 Phoebe Stanton, *Pugin* (London: Thames & Hudson, [1971]); Paul Atterbury, ed., *A. W. N. Pugin: Master of Gothic Revival* (New Haven: Yale University Press, 1995). Timothy Brittain-Catlin, introduction to *Contrasts* (Reading, Spire Books, 2003), pp.i–vii.

97 Margaret Belcher, *A. W. N. Pugin: An Annotated Critical Bibliography* (London: Mansell, 1987), pp.8–19.

98 Pugin, *Contrasts*, p.1（註95参照）

99 Nikolaus Pevsner, "Pugin," in *Some Architectural Writers of the Nineteenth Century* (Oxford: Calendon Press, 1972), pp.103–22.

100 Pugin, *Contrasts*, p.1（註95参照）

101 Pevsner, "Pugin," p.106（註99参照）

102 Pugin, *Contrasts*, p.iii（註95参照）

103 John Nash, *The Royal Pavilion at Brighton* (London: Published by John Nash & sold by R. Ackermann, 1826); Adolf K. Placzek, ed., *Avery's Choice: Five Centuries of Great Architectural Books-One Hundred Years of an Architectural Library, 1890–1990* (New York: G.K. Hall, 1997), p.175.

104 J. Mordaunt Crook, "John Britton and the Genesis of the Gothic Revival," in *Concerning Architecture: Essays on Architectural Writers and Writing Presented to Nikolaus Pevsner*, ed. John Summerson (London: Allen Lane the Penguin Press, 1968), pp.98–119.

105 Augustus Charles Pugin, *Specimens of Gothic Architecture: selected from various ancient edifices in England; consisting of Plans, Elevations, Sections, and Parts at large; calculated to exemplify the various Styles, and the practical Construction of this Class of admired Architecture — accompanied by historical and descriptive Accounts. The literary part by E. J. Willson* (London: Nattali, [after 1821]).

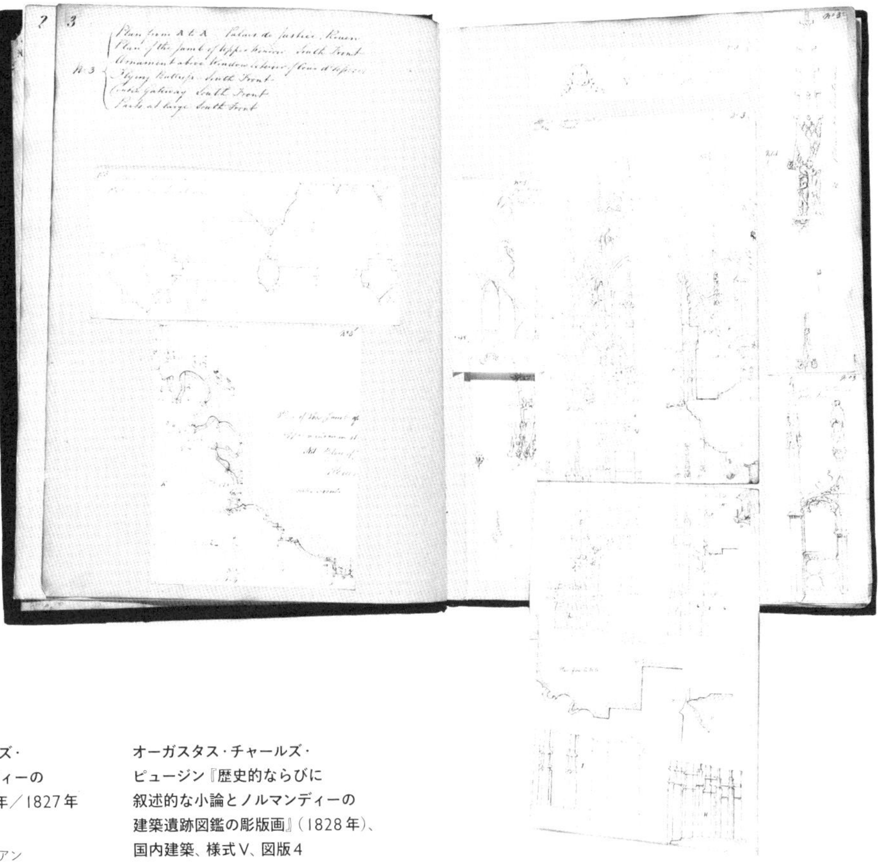

オーガスタス・チャールズ・ピュージン『ノルマンディーの建築遺跡図鑑』、1826年／1827年の出版準備図面

サン・トゥアン教会、ルーアン
［CCA DR1980:0068:036］

オーガスタス・チャールズ・ピュージン『歴史的ならびに叙述的な小論とノルマンディーの建築遺跡図鑑の彫版画』（1828年）、国内建築、様式V、図版4

裁判所、ルーアン
［CCA MAIN W6149］

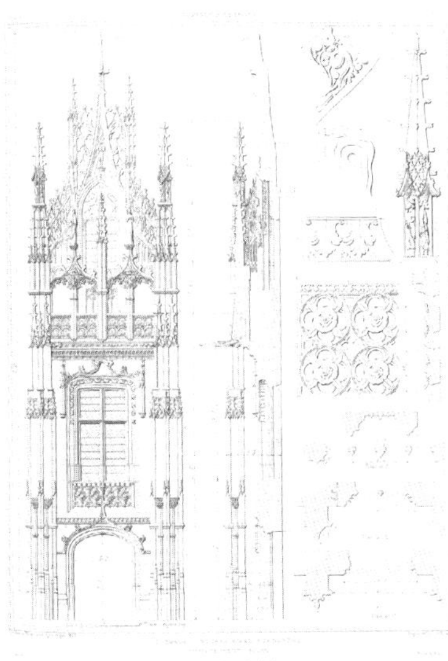

→ **A・W・N・ピュージン『対比』（1836年）、図版1**
教区教会
[CCA CAGE W5310]

→ **A・W・N・ピュージン『イギリスのキリスト教建築復興のための謝罪』（1843年）**
今日のキリスト教建築復興
[CCA MAIN W5291; ID:88-B10585]

する批判でもあった。

『ノルマンディーの建築遺跡図鑑』のための6巻の準備図面には、書物に必要な分析の痕跡が残っている[110]。出版された書物にはおよそ25の建物の詳細を描いた80枚の図版が掲載され、各々の建築が最大11枚の図版で構成され、多くの建物に10枚もの図面が組まれている。豊富な印刷図版のほかにも、最終的な出版物に至らなかった多様な組み合わせと追加の詳細図が残された。図面の束は複雑な作業過程の中間段階である。すべての建物が測定され、すべての詳細が分析され、技術的な性能を説明する。現場において集められた大量の資料は図面に統合され、出版される書物の大きさで見本が組まれた。作図と分析を重ねる段階を経て書物の最終的なかたちになるのであれば、切り貼りの断片で構成された試作では順序が逆になったり大きさが違ったりしても当然である。彫版工の仕事ぶりが作業過程を明らかにしてくれる。ジョン・ル・キュー（1783–1846）とヘンリー・ル・キュー（1787–1868）の兄弟はオーガスタス・チャールズの親友であった。兄弟は建築家とその弟子による調査図面を簡潔な図版として再現した。段階的に作業を重ねていくのは、建物から見本誌、見本誌から書物への過程において、明確で効果的な技術的表現を得るためであった。父のピュージンはそのような緻密な作業を得意とし、事業を通してピュージンの息子は印刷という業界について学ぶことができた。

『対比』の迫力はその直接性にある。父ピュージンの建築調査に典型的な技術的知識の体系的な蓄積を無視あるいは回避する。必ずしも建築書と考えられていたわけではない。宗教的な建物への投資と、献身的なキリスト教徒の建築家の必要性を主張するほかには、文章はほとんど建築を扱っていない。むしろ、ピュージンの『対比』は建築的な観点からカトリック教会の道徳的な優位性を示す。やがて「教えることも説明することもない建物はほとんど無益」[111]とし、「物理的な建造物、そして人間の精神と理念の建設者」[112]でなければならないと主張した。1836年2月から5月にかけて、この書物は急遽起草され、8月に出版されたが、ピュージンは1832年からずっと温めていた。この四年間で、両親と妻が亡くなり、カトリックに改宗してソールズベリーに移り、自邸を建てることから建築の仕事を開始した。1835年にチャールズ・バリー［イギリスの建築家（1795–1860）。数多くの歴史的建造物の修復を手がけ、イギリス国会議事堂（1867）の設計競技に当選］から国会議事堂の仕事に招聘されたが、ピュージンとしては教会を建てたかった。つまり［招聘後の］『対比』は潜在的な施主に感銘を与え、同業の建築家を悔しがらせるというご都合主義的な意識とはかけ離れた目的を持っていた。それにしても、なぜ『対比』は建築書の歴史に刻まれることになったのであろうか。

ピュージンは出版業に精通していた[113]。父親の仕事を引き継ぎ、1836

106 John Britton, ed., *Historical and Descriptive Essays accompanying a series of Engraved Specimens of The Architectural Antiquities of Normandy. The subjects measured and drawn by Augustus Pugin... and engraved by John and Henry Le Keux* (London: John Britton, 1828).

107 Charles Nodier, Isidore-Justin-Séverin Taylor, and Achille de Cailleux, *Voyages pittoresques et romantiques dans l'ancienne France*, 18 vols. (Paris: P. Didot l'aîné, 1820–78).

108 Bruno Foucart, ed., Adrien Dauzats et "Les *Voyages pittoresques et romantiques dans l'ancienne France*" du baron Taylor (Paris: Fondation Taylor, [1990]).

109 ロビン・ミドルトンとデヴィッド・ワトキンが引用しているのは、J・M・クルックである。クルックはブリットンとジョン・カーター（1748–1817）が「書誌革命」の書き手として、中世建築に関する書物によって当時の建築の実践に大きな影響を与えたとしている。Robin Middleton and David Watkin, *Architettura dell'ottocento*, vol.2 (1977; repr., Milan: Electa, 1980), p.316.

110 Augustus Charles Pugin, drawings (6 albums) for *Antiquities of Normandy*, Canadian Centre for Architecture, DR:1980-0063 to 0069. これらの巻には700枚以上の図面が含まれているが、出版された図面は10%に満たなかった。

111 Belcher, *A. W. N. Pugin*, p.xiv（註97参照）からの引用

112『前掲書』p.xii

113 Clive Wainwright, "Book Design and Production," in *Pugin: A Gothic Passion*, ed. Paul Atterbury and Clive Wainwright (New Haven: Yale University Press, 1994), pp.153–64.

50 APPENDIX.

rejected! Yes; the sacrifice of rams and heifers is sculptured, in lieu of that of the divine Redeemer sacrificed for the whole world; the images of the pagan priestesses have replaced those of the saints and martyrs, whose zeal and constancy laid the foundation of the great fabric of the Christian church: and, indeed, so infatuated have been the builders of modern preaching-houses in this new system, that, from the winged osiris of the Egyptians to the votive wreaths dedicated to the god Mars, they have adopted all descriptions of ornaments relating to pagan rites, which they have introduced without the slightest consideration of their utter impropriety in the places of worship of any class of Christians. Yet, such is the blind prejudice of the mass of persons in this country, that, while such gross violations of propriety are daily taking place without comment, were any one to be found bold enough to erect an image of the crucified Redeemer within the walls of one of these edifices, an outcry would be immediately raised that popish idolatry was about to be revived; nor would the zealots cease till the object of offence was removed; and should no appropriate Greek or Roman figure be found to supply its place, a neat King's arms, with some appropriate text, would be thought admirably suitable to fill the vacant space.

This is no false picture; it is what has been repeated again and again. Go from the cathedral to the parochial church, and see if you can find one saintly image, or crucifixion, which has not been mutilated or defaced by the rude hand of the fanatic.

Not only has this mania of employing heathen emblems filled the churches with incongruities, but they are universally employed about the sepulchral monuments of persons professing to be Christians, and of which many have been erected at the expense of a nominally Christian country.

Let any candid person survey the monuments erected, during the last and present century, in those great edifices, St. Paul's and Westminster Abbey, and then pronounce, whether there is one sign or symbol by which he could have supposed that the persons, to whom they are erected, professed the Christian faith. Mars, Mercury, Neptune, Minerva, Apollo, and a host of heathen divinities, are sculptured either receiving the soul of the departed, or assisting him in the achievement of his exploits; and, when he regards the costume of the deceased, he is equally at a loss to distinguish the rank, profession, or the age in which he lived. Statesmen, warriors, and even ecclesiastics, have been alike enveloped in the Roman toga; and thus made to appear, both by costume and attributes, pagans of two thousand years ago.

THE END.

LONDON.

ジョージ・クルックシャンク
『国民的流行の趣味!!!』
手描きの銅版画、1824年4月7日
建築家ジョン・ナッシュの風刺画、ナッシュがランガム・プレイスのオール・ソウルズ教会に突き刺さっている。
[Victoria and Albert Museum, London]

年に『対比』を出版する直前、二冊の書物のために図面を提供することをアッカーマンの出版社と交渉していた[114]。アッカーマンには『対比』の概要も伝えたとされるが[115]、自ら出版することを決意した。書物が挑発的で論争的であったために、伝記作家のベンジャミン・フェリーが述べているように[116]、ピュージンは「個人的な悪態を非常に色濃く反映した著作を世に出す責任を負うことになる」出版社など見つかりそうにないと思っていた。この書物が出たとき、怒りに満ちた反響によって「札つきの男」[117]にされたと不平を言っていたにもかかわらず、ピュージンは開かれた議論による公衆の厳しい批判に発奮した。早くも1836年10月、「非難が浴びせられるまで、予約購買者以外に一冊も売れていなかったが、現在は書店ですべて売れてたった一冊しか残っていない」[118]ことを知らされた。論争を巻き起こすことが書物をつくるうえでの一つの戦略であった。

フィービー・スタントンが論証しているように、ピュージンの主張は独創的というわけではなかった[119]。他人が述べていた建築や宗教の思想を文章と銅版画の両方において辛辣に表現した。歴史的な資料も使い、スタントンの指摘によると、『対比』の出典は先に出版された書物に関するピュージンの学術的調査の成果も使っているが、当時の書物からの引用も多い。なかには1836年のチャールズ・ディケンズ(1812–70)による『ボズの素描集』や1823年のグリム童話の最初の英語訳の挿絵を描いたジョージ・クルックシャンク(1792–1878)の戯画もある。実際、クルックシャンクさながらに、ピュージンは建築の図版に生きた人物を登場させ、広告板や標識を使ってさりげなく風刺的な場面を演出した。比較を用いた当時のほかの書物もある。レプトンの控えめな図版はゴシック建築と古代ギリシア建築の性格の違いを示しているし、もっと近いところでは、父ピュージンの『パリとその近郊』[120]がサン゠シュルピスの新古典主義のファサードの横に中世のノートル゠ダムを左右対称に配置している。客観性を主張しているにもかかわらず、オーガスタス・ウェルビー・ピュージンによる中世の物語の語り方は、むしろ共感の情感を帯びていた。スタントンが指摘しているように、エリー宮殿を「復元」するために、「壁をまっすぐにし、屋根と十字架を取り替え、壊れたニッチを修復し、彫刻を組み込んでいる。図面は様式や内容に縛られていなかった」[121]。ピュージンがこれまでに関わってきた建築書の綿密な歴史的方法論とは異なり、『対比』は中世建築の「すばらしき優位性」に匹敵する現代の基準をいかに達成するか、というただ一つの問いを力説する。

『対比』において、図版と文章の組み合わせは書名が告げる対立よりもずっと印象的である。ピュージンは建築を用いて宗教的な主張を強調し、宗教を用いて建築的な意味をつくりだす。『対比』はピュージンの「傑作」であるが、実際に建築理論を提示したのは『真実の原理』[122]であった。ペ

114 Phoebe Stanton, "Sources of Pugin's Contrasts," in Summerson, *Concerning Architecture*, pp.120–39 (註104参照)
115 『前掲書』p.120。スタントンは1836年1月4日にピュージンがソールズベリーにおいてエドワード・ジェームズ・ウィルソンに宛てた手紙を引用している。
116 Benjamin Ferrey, *Recollections of A. N. Welby Pugin and his father Augustus Pugin; with notices of their works* (London: Edward Stanford, 1861), p.142. Belcher, *A. W. N. Pugin*, p.12からの引用 (註97参照)
117 Belcher, *A. W. N. Pugin*, p.10 (註97参照)
118 『前掲書』pp.11–12
119 Stanton, "Sources of Pugin's Contrasts" (註114参照)
120 Augustus Charles Pugin, *Paris and its Environs, displayed in a series of Two Hundred Picturesque Views* (London: Jennings & Chaplin, [1829–31]).
121 Stanton, "Sources of Pugin's Contrasts," p.128 (註114参照)
122 Augustus W. N. Pugin, *The True Principles of Pointed or Christian Architecture* (London: John Weale, 1841).

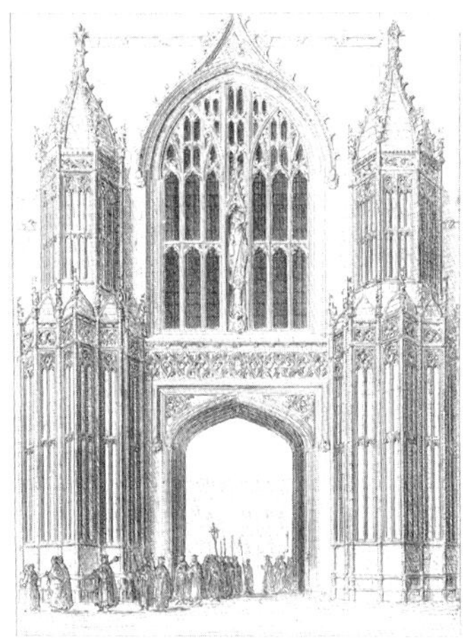

A・W・N・ピュージン『対比』
（1836年）
対照的な大学門
［CCA CAGE W5310］

オーガスタス・チャールズ・
ピュージン『パリとその近郊』
（1831年）
ノートル＝ダムとサン＝シュルピス
［CCA MAIN 0007161］

→ **A・W・N・ピュージン『対比』（1841年）**

対照的な貧民住居

『対比』の増補第二版において、ピュージンは初版での図版の横並びだけではなく二つの場面を縦に並べた図版を数枚加えた。どちらの版においても、挿絵には当時の戯画を思い起こさせる生き生きとした人物が登場している。

［CCA MAIN W5305］

ヴスナーが指摘しているように、ピュージンの建築論は、中世主義にもかかわらず「18世紀フランス建築理論の読解そのものから展開した」[123]。著作は機能と構造を強調しているが、ジャック＝フランソワ・ブロンデル（1705-74）の概念「コンブナンス［適合性］」と「プロプリエテ［的確性］」を反映している[124]。たとえ中世建築に後の建築理論の構造的な根拠を認めることができるとしても、この18世紀古典主義的な論法はピュージン自身の中世主義的な主張に背いていた。背信の理論的な根拠は『対比』で明白になることはほとんどなかった。矛盾を避けるために、ピュージンは中世建築の評価において同語反復を繰り返した。「キリスト教信仰が真実であるならば、信者の芸術は真実でなければならない」[125]。『対比』における文章と図版にも同じような同語反復的な関係が見られる。図版の説明を本文のなかに求めることも、本文に加えるべき内容を図版に求めることも無意味である。

長い時間をかけて確立された印刷技術の制約のため、『対比』の銅版画は凸版印刷による本文と切り離して印刷された。16枚の片面の図版には、建築の「すばらしき」過去と今日の「腐敗」の対立が描かれているが、見開き頁にはなっていない。対立は片面の紙面に縦に積み重ねるか、あるいは横並びにするかのどちらかである[126]。『真実の原理』は、『対比』の第二版と同年に印刷され、文章に画像を入れて印刷することに成功した。ピュージンは出版社のジョン・ウィール（1791-1862）に文章と画像の関係の重要性を力説し、そのような組版が可能かどうかを尋ねる手紙を書いた。

> 先日ダグデール［ウィリアム・ダグデール（1605-86）。英国の古物収集家］の『ウォリックシャーの歴史』を見ていると、本文のなかに何枚かの銅版画が入っていました。古い著作はどれもそうなっています。木版画と同じように、なんとか私の銅版画の一部を本文のなかに印刷することはできないでしょうか。図版だけの頁にせずに、読みながら見ることのできる図版があれば、大きな利点になることも多いと思います。今回はその労を厭いませんし、なんとか本文のなかに印刷していただけるのなら、喜んであらためて彫版画をつくります。[127]

出版社へのこの問い合わせは、ピュージンが単に文章と画像を統合するだけではなく、個々の頁を一つのまとまりにし、統一された全体として書物を練り上げようとしていたことを感じさせる。ピュージンは『対比』を製本して売ったが、作家としての経験から、製本することや機械生産の商品としての性格に多くの注意を払っていた。ウィリアム・モリスとは異なって、贅沢な印刷物に必要とされる精巧な細工を好まず、適正な価格を維持したかった。『対比』において、ピュージンは現代の銅版画や書物の生産を批判しなかったことについて、一文を割いて謝罪している。

123 Pevsner, "Pugin," p.110（註99参照）

124 『前掲書』

125 Pevsner, "Pugin," pp.110–11（註99参照）。ペヴスナーはPugin, *True Principles*, p.44（註122参照）から引用している。

126 石版印刷による1841年の第二版には15枚（一枚は省略）の図版が再録され、新たに五枚の図版が追加された。なかでも最も再現性が高いのは、「1440年のカトリックの町」と「1840年の同じ町」を比較した図版と「対照的な貧困層の住居群」を上下にして比較した二枚の図版である。Augustus W. N. Pugin, *Contrasts, or, A Parallel between the Noble Edifices of the Middle Ages and Corresponding Buildings of the Present Day; shewing The Present Decay of Taste* (London: C. Dolman, 1841).

127 Wainwright, "Book Design and Production," pp.153–64（註113参照）。Belcher, *A. W. N. Pugin*, p.61（註97参照）の引用

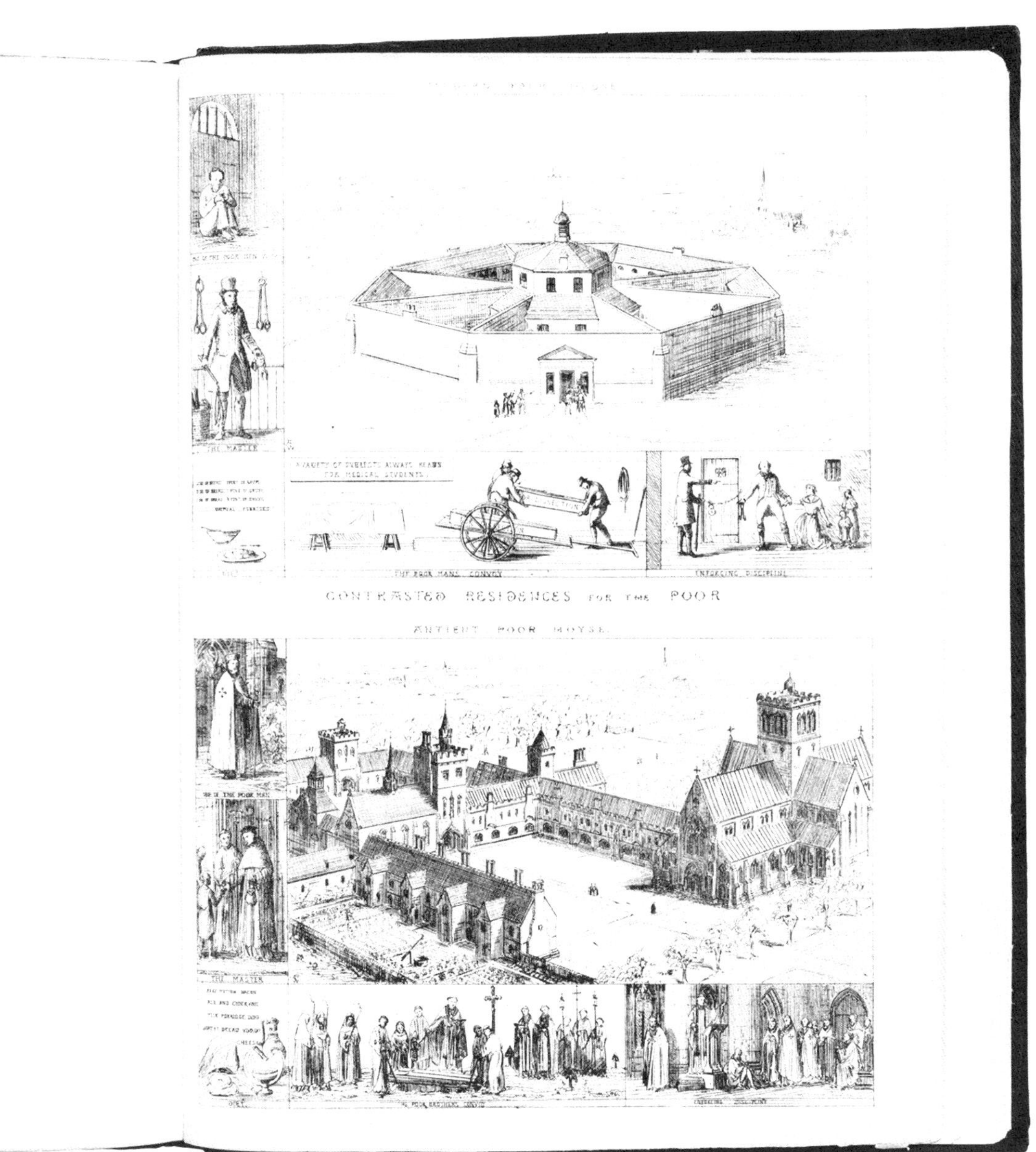
THE MASTER
A VARIETY OF SUBJECTS ALWAYS READY FOR MEDICAL STUDENTS
THE POOR MANS CONVOY
ENFORCING DISCIPLINE
CONTRASTED RESIDENCES FOR THE POOR
ANTIENT POOR HOYSE
THE MASTER

→ **A・W・N・ピュージン『対比』（1836年）**

新しい教会の公開設計競技
『対比』におけるピュージンの目的は、建築家を改宗させることではなく、英国中に教会を建設するという一大事業に参加する機会を得ることであった。本書の風刺的な締めくくりに、「職のない若く意欲的な建築家」のための架空の教会設計競技によって、ピュージンの野心をほのめかしている。

> 私は［建築に］議論を限定したい。描画の本当の効果と厳格さを奪う偽りの色彩や薄っぺらな作風を暴き、昔ながらの工房が圧倒的に優れていることを証明するような仕事は、もっと有能な腕利きに委ねたい。現代の鋼版彫刻の乾式機械生産をめぐっては、魂も感情も感覚もない悲惨な作品が毎年1000枚単位で印刷され、広く流通し、永遠の恥辱として残されるであろう。[128]

しかしピュージンの実践は正反対であった。『対比』の第二版において、ピュージンは銅版から石版印刷に切り替え、より多くの印刷部数と低単価を実現したが、画質が犠牲になった。この矛盾したやり方は、ピュージンの布教者的な性格と出版事業や製本に関する実用的な知識の双方に合っていた。同時代の好況もさることながら、そのような現実主義が『対比』を書物として永続的に成功させたといえるかもしれない。

書物には三つの口絵があり、最初の二枚は見開き頁である。三枚目の口絵は図版によって風刺的に新しい教会の公開設計競技を告知している。硬質で古典を思わせる線で刻まれ、セリフ書体によって「雇用されていない若手の意欲的な建築家」に「8000席、ゴシック様式もしくはエリザベス朝様式が入った教会、1500ポンドを超えない簡素な様式」の設計案の提出を求めている。画像の主題は古典的な感覚（あるいは古典主義の感覚の欠如）、工業製品のような建築要素（「既製品の手摺」のごとく）、そして低賃金の仕事（「同じ装置によって1000回交換可能な装飾を製造する新しい機械設計の講義」まである）である。この皮肉は見開き頁の口絵に表現されている。見開きの左頁は「新しい楷書」となる今日の古典的表現の数々を表している。ロバート・スマーク（1780–1867）によるさまざまな建物、ジョン・ナッシュ（1752–1835）、ウィリアム・インウッド（1771–1843）とチャールズ・フレデリック・インウッド（1799–1840）によるオール・ソウルズ教会、ウェストミンスター病院、そしてウィリアム・ウィルキンス（1778–1839）による国立美術館において最高潮に達するその他の古典的な建物などである。見出しには、『対比』が「さまざまな著名な英国人建築家の作品からの抜粋」であると書かれている。古典的な柱廊に彩られた左頁とは打って変わって、右頁の窓は「本当の」口絵として機能し、ゴシック様式の窓枠のなかに中世ウィンチェスターの司教ウィリアム・ウィカム（1320/1324–1404）と側近の建設業者アレックス・ド・ベルヌヴァルとエルヴァン・フォン・スタンベックが登場し、三人が建築図面を吟味している。ピュージンの組文字も含めて技巧を凝らした装飾であり、窓枠のなかに書物の表題と副題が仕組まれている。ピュージンが本文のなかで解説しているように、左頁の口絵は同時代人の「乾いた機械的な作品」を反映し、右頁の口絵は古来の銅版工房に典型的な「描画の本当の効果と厳格さ」を示している。この見開き頁は読者に著者

128 Pugin, *Contrasts*, p.30（註95参照）
129 Andrea Palladio, *I quattro libri dell'architettura di Andrea Palladio* (Venice: Dominico de' Franceschi, 1570), translated by Robert Tavernor and Richard Schofield as *The Four Books on Architecture* (Cambridge, MA: The MIT Press, 1997)［桐敷真次郎編著『パラーディオ「建築四書」注解』中央公論美術出版、1986年］

expressed in this
ns of the Age in
ved with ridicule,
imagination. To
and momentary
study and deep
And those, who
may, perhaps, be
have taken, than

ELBY PUGIN.

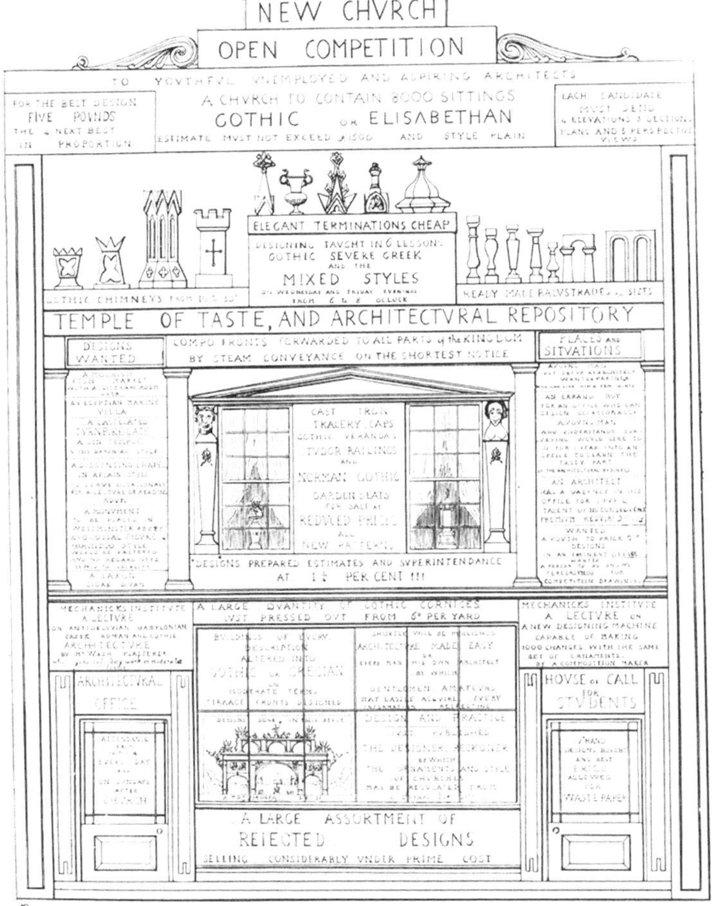

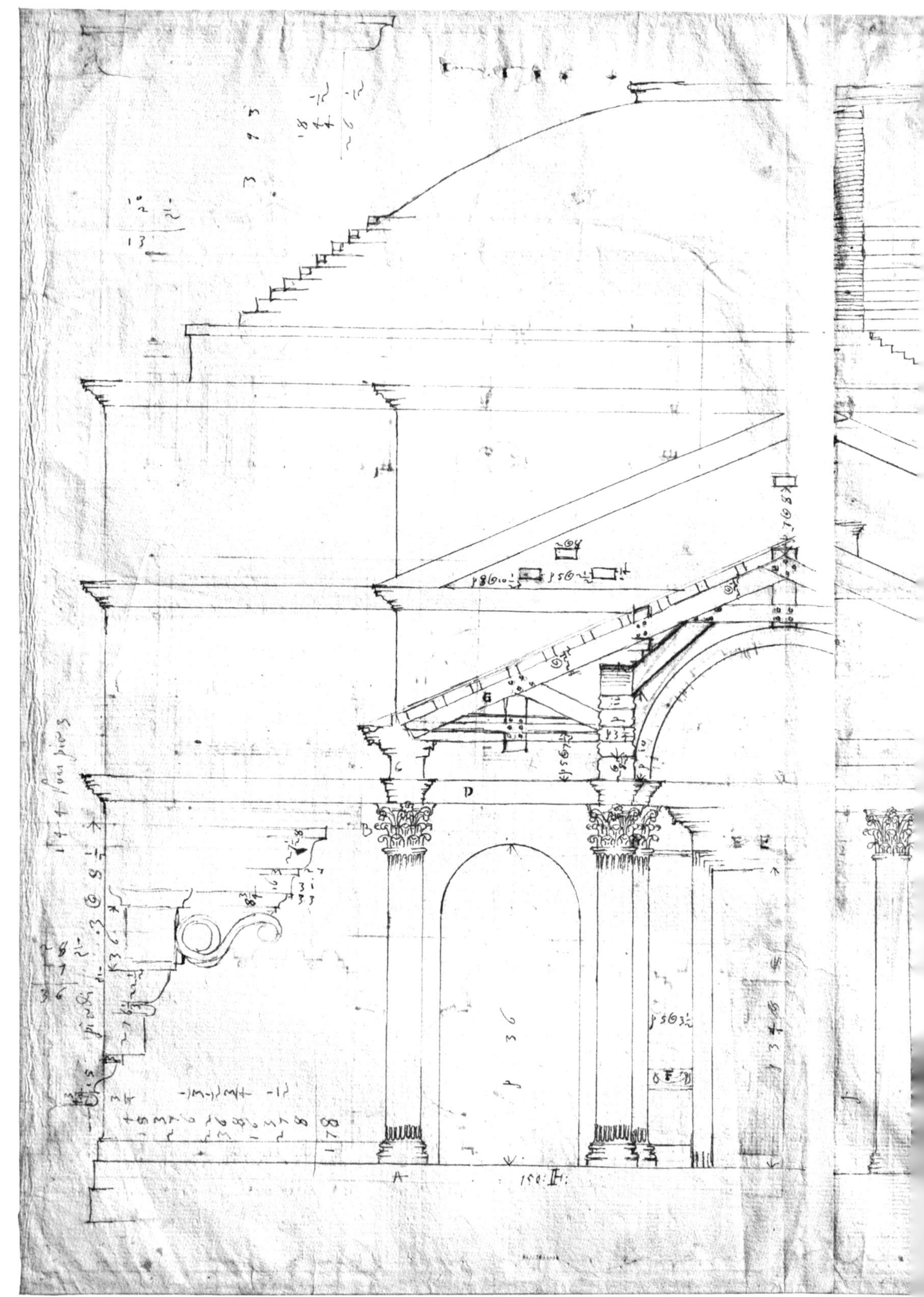

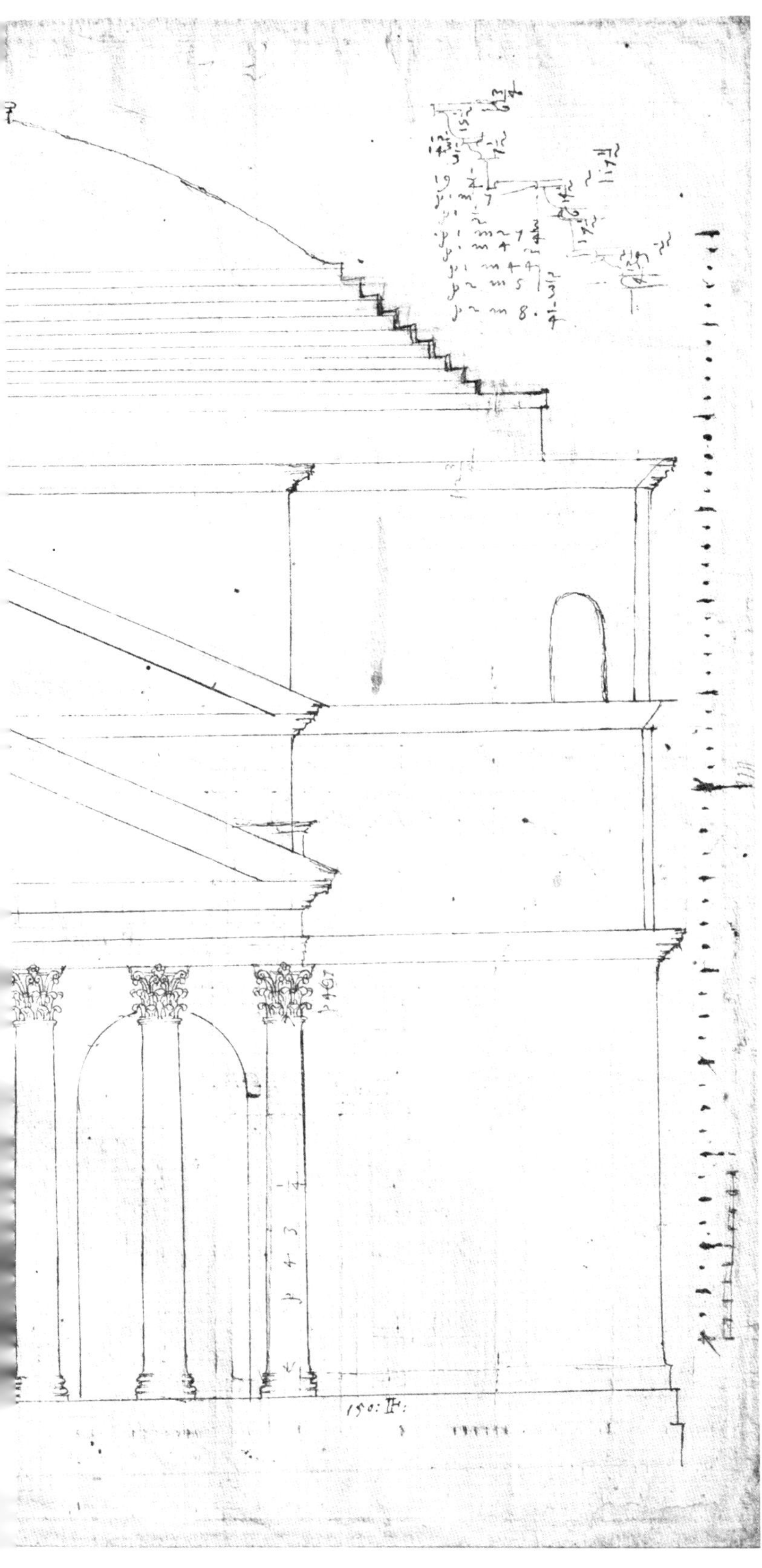

アンドレア・パラディオ、パンテオンの研究、ローマ

［RIBA Library Drawings & Archives Collections］

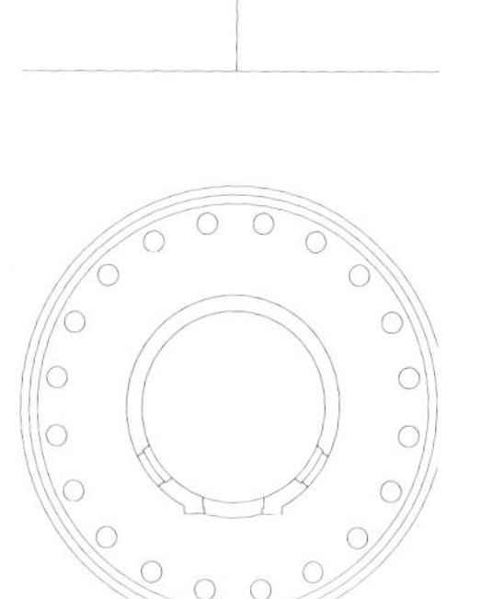

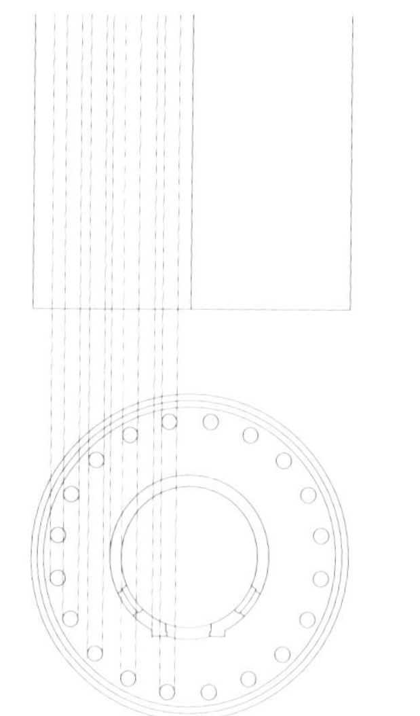

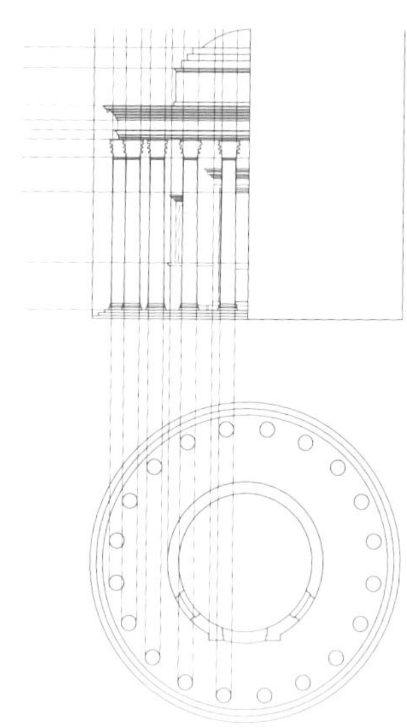

の主張を「吹き込む」のには打ってつけであり、建築は印象的な編集上の演出のための素材であった。

建築家の道具

書物において、見開き頁の対称性は古典主義の対称性の美学と一致し、書物の形式と書物のなかに表現される建築物の形式とを関連づけることができる。好例はアンドレア・パラディオ（1508–80）の『建築四書』[129]である。古代ローマの建物が再現されているが、木版画のいくつかは左右対称の正投象であり、半分の立面図と半分の断面図を連結して一つの図としている［いわゆる片側断面図］。場合によっては、「火星神殿復讐者」の連結図（『建築四書』第4巻、18–19頁）のように、部分的に平面図を補って読者が一目で建物の複雑さを把握できるようになっている。図版は［黒線によって］縁取られ、頁の上部と頁番号の狭い余白を除いて、見開き頁全体を占めている。1570年に出版されたこの見開き頁の配置構成は、ルネサンスの建築思想に基づく図面と書物づくりの連続性を示している[130]。

近世建築の実践は、図面とともに確立された。ルネサンスの建築家は巨匠ウィトルウィウスの手法を習得しようと努め、やがて標準となった[131]。古代ローマの建築家は建物の建設を操るために「イコノグラフィア」「オルソグラフィア」「スカノグラフィア」を用いていた。前者二つは正投象であり、後者はラテン語によって曖昧に書かれた一種の透視図法である[132]。レオン・バッティスタ・アルベルティ（1404–72）は、『建築論』において建築に

130 ルネサンスにおける建築文化と印刷文化の関係の詳細については、下記を参照。Mario Carpo, *Architecture in the Age of Printing: Orality, Writing, Typography, and Printed Images in the History of Architectural Theory*, trans. Sarah Benson (Cambridge, MA: The MIT Press, 2001). 原本は *L'architettura dell'età della stampa* (Milan: Jaca Book, 1998).

131 Ingrid D. Rowland, "Vitruvius in Print and in Vernacular Translation: Fra Giocondo, Bramante, Raphael and Cesare Cesariano," in *Paper Palaces: The Rise of the Renaissance Architectural Treatise*, ed. Vaughan Hart and Peter Hicks (New Haven: Yale University Press, 1998), pp. 105–21, ここではp.117

132 「スカノグラフィア」の意味については、下記を参照。Francesco Di Teodoro, *Raffaello, Baldassar Castiglione e la "Lettera a Leone X" con l'aggiunta di due saggi Raffaelleschi* (San Giorgio di Piano: Minerva Edizioni, 2003), p.356. テオドロは Vitruvius, *De architectura: Vitruvio*, ed. Pierre Gros, trans. Antonio Corso and Elisa Romano (Turin: Einaudi, 1997), 1: p.27 からウィトルウィウスを引用している。一般的な翻訳は、「平面図」「立面図」「透視図」である。Vitruvius, *The Ten Books on Architecture*, trans. Morris Hicky Morgan (1914; repr., New York: Dover Publications, 1960), bk.1, chap.1, pp.13–14.

133 Leon Battista Alberti, *On the Art of Building in Ten Books*, trans. Joseph Rykwert, Neil Leach, and Robert Tavernor (Cambridge, MA: The MIT Press, 1988), p.34.

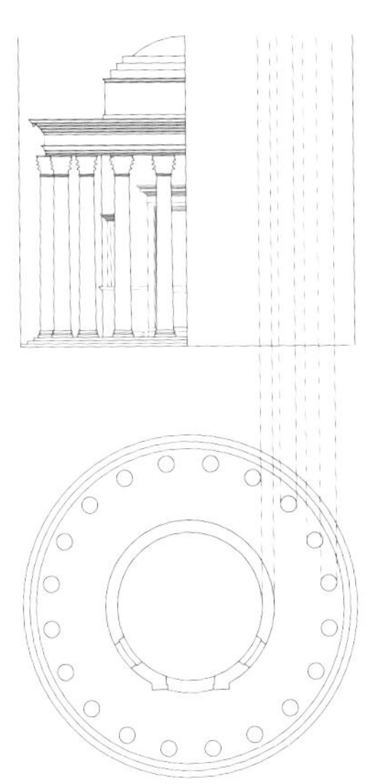
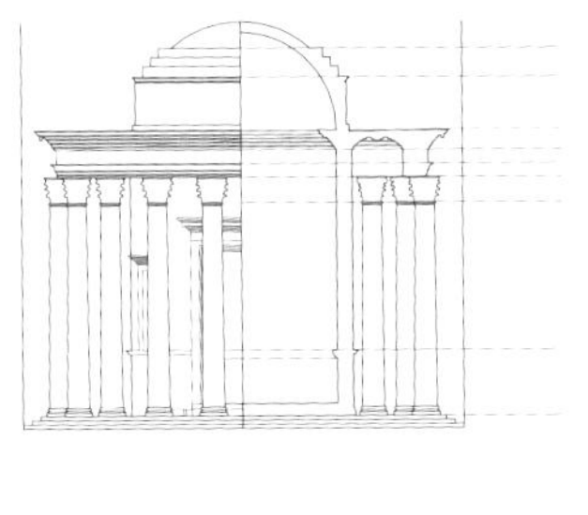
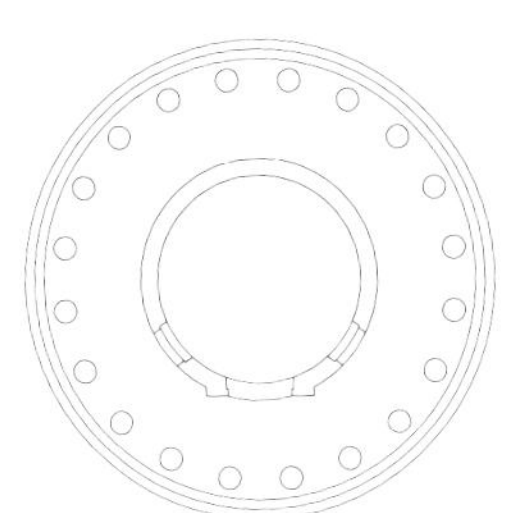
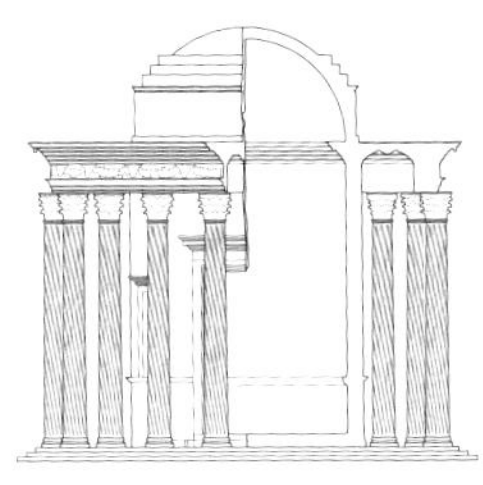
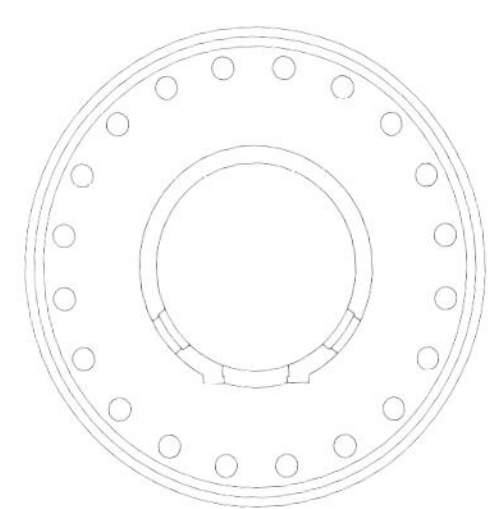

おける「スカノグラフィア」の有用性について明晰な主張を展開し、「スカノグラフィア」が建築家よりも画家にとって有用であり、建築家にとって主要な道具は測定が可能な正投象であるとした[133]。この理論的な格言はドナト・ブラマンテ（1444–1514）の作品に見いだすことができる[134]。ブラマンテは正投象を統合した図面によって自身の設計の合理的な特徴を伝えようとした。1514年に失われたサン・ピエトロの図面において[135]、ブラマンテは有名な「レオ10世宛ての書簡」においてラファエロとバルダッサーレ・カスティリオーネ（1478–1529）が規定することになるほとんどの製図技法を組み込んだ。

「レオ10世宛ての書簡」におけるラファエロの処方箋にしたがった建築図面

ラファエロは建築設計の実際を記述するために、古代遺跡の正確な測定図面の作成方法を説明した。まず平面図が作成され、次に、平面図の対称性を利用して、同じ縮尺によって立面図と断面図の半分を一緒にした垂直投影図面が描かれる。

1519年頃に書かれたラファエロとカスティリオーネの「書簡」は、近代建築の決定的な瞬間を刻んでいる。1733年まで出版されることはなかったが（そして1994年になって、フランチェスコ・ディ・テオドロの緻密な研究によって、これまで論争となっていた手紙の帰属、年代、分析に光が当てられることになった）[136]、16世紀のローマの建築家の実践について記されている。印刷機の改良によって、建築家は中世の建築家のように弟子入りすることなく、印刷された書物を読むことで学ぶことができた[137]。建築家の仕事上の関係や読書歴を追っていくと、フランチェスコ・ディ・ジョルジョをレオナルドに、ブラマンテをサンガッロに、ペルッツィをセルリオに関連づけることができる。「書簡」は古代遺跡の広範囲にわたる調査の発端であり、今日の建築実践に直接つながる製図法を確立した。XVII節からXXI節までが強調しているのは、「建築図面は三つの部分、一つは平面図つまり水平断面、二つ目は装飾を施した外壁、三つ目は装飾を施した内壁から構成されていなければなりません。つまり平面図、立面図、および断面図です」[138]。まず紙の

134 Christoph Luitpold Frommel, "Sulla nascita del disegno architettonico," in *Rinascimento da Brunelleschi a Michelangelo: La rappresentazione dell'architettura*, ed. Henry Millan and Vittorio Magnago Lampugnani (Milan: Bompiani, 1994), pp.101–21, ここではp.114

135 ブラマンテはおそらく息子アントニオ・ダ・サンガッロの助けを借りていた。Di Teodoro, *Raffaello, Baldassar Castiglione e la "Lettera a Leone X,"* p.370（註132参照）; Frommel, "Sulla nascita del disegno architettonico," p.114（註134参照）

136 Di Teodoro, *Raffaello, Baldassar Castiglione e la "Lettera a Leone X"*（註132参照）

137 Myra Nan Rosenfeld, "From Drawn to Printed Model Book: Jacques Androuet Du Cerceau and the Transmission of Ideas from Designer to Patron, Master Mason and Architect in the Renaissance," Racar: Revue d'art canadienne 16, no.1 (1989): pp.131–43.

上に南北の軸線を引き、そこに平面図を描く。次に軸の片側に、立面図の半分を垂直投影によって表示する。そして同じ軸の片側には同じ垂直投影法を使用して内部断面図を表示する。こうして平面図、立面図、断面図が一枚の紙にすべて矛盾なく表示される。「要するに、これらの三つの図面を使えば、どんな建物でも内部と外部のすべての部分を詳細に検討することができます」[139]。これはウィトルウィウスの曖昧な「スカノグラフィア」を明確に説明し(透視図法に対する正投象の存在意義を確立しながら)、単一の図面によって建物全体を表して寸法もわかるようにして見せた。

ラファエロが目指していたのは単なる調査ではなかった。後に当たり前になるローマ時代の遺跡の完全な再建を目指した。「書簡」には教皇からの委託について記されている。

> 教皇閣下は私に、今日見ることができるものから知り得る範囲において、古代ローマの建物を描くように命じられました。元の状態を忠実に再現できるような保存状態のよい建物を描き、完全な廃墟やほとんど残っていない部分は目に見える部分と対応させています。[140]

このような厳格な任務に応えて、ラファエロの関心は建築の図面から図面による「忠実な再現」へと移った。18世紀、ヴィンケルマンはストッシュ写本[141]をラファエロの未完の書物と見誤り、図の中身が「書簡」と関係していると推測した。1520年代初頭に編纂されたと思われる実際のストッシュ写本は、ジョヴァンニ・バッティスタ・ダ・サンガッロによって出版予定の調査図面集である。ジョヴァンニ・バッティスタによる1486年のウィトルウィウス本の「初版本」[142]の写しは1520年代から1546年にかけて段階的に追補されていたが[143]、ストッシュ写本はまとまった一式の図面である。どちらの場合も、ラファエロの「書簡」において説明されているように、再現は実際の遺跡調査と創造的再現、すなわち考古学と建築の中間に位置する。後にアントニオ・ラバッコ(およそ1495–?)は1552年に出版された調査書において、このような方法について説明している。

> 私はいつも古代遺跡に喜びを感じ、さまざまな場所で明らかになっているのを目の当たりにしてきた。ブラマンテと私の師であるアントニオ・ダ・サンガッロ(共にその芸術の最高の専門家)の下で実地に携わり、どのようにして廃墟が蘇るのかを理解した。大変満足したのは、なにより建物がほぼ完全に廃墟となっているにもかかわらず、図面として完全に描かれているのを見たことであった。[144]

1570年、パラディオはローマ時代の遺跡調査を準備する際に使った手法に

→ **アンドレア・パラディオ『建築四書』(1570年)、第四書、18–19頁**
火星神殿復讐者
パラディオは学術書において見開き頁を最大限に活用した。書物の紙面構成に合わせて古代の建物の図面とパラディオ自身の構想図面の両方を注意深く再構成し、建築の実践と編集を架構した。
[CCA CAGE NA44.P164 (ID:88-B18 43) c.1]

138 Di Teodoro, Raffaello, Baldassar Castiglione e la "Lettera a Leone X," p.226(註132参照)。原文は "Il disegno architettonico debba consistere in 'tre parte, delle quali la prima si è la pianta, o vogliam dire disegno piano, la seconda si è la parete di fori con li suoi ornamenti, la terza la parete di dentro con li suoi ornamenti,' cioè pianta, prospetto e sezione."

139 *XXI. Il manoscritto di Mantova*, Archivio Privato Castiglioni, Documenti sciolti, a)、註12。『前掲書』p.81からの引用。原文は "Insomma, con questi tre modi si possono considerare minutamente tutte le parti d'ogni edificio, dentro e di fora."

140 "Letter from Raphael to Pope Leo X, Drafted by Angelo Colocci, with Annotation by Raphael." Munich, Bayerische Staatsbibliothek, Cod. It. 37b. Rowland, "Vitruvius in Print," p.83(註131参照)からの引用

141 ルートスタイン・ホプキンス写本はイタリアのローマとその周辺の寺院の実測図面の一巻本である。以前の所有者であったフィリップ・フォン・ストッシュ男爵(1691–1757)にちなんでストッシュ写本と名づけられた。RIBA Study Room at the V&A SD162, SD163, SD164; Ian Campbell and Arnold Nesselrath, "The Codex Stosch: Surveys of Ancient Buildings by Giovanni Battista da Sangallo," *Pegasus: Berliner Beiträge zum Nachleben der Antike* 8 (2006): pp.9–90、ここではpp.16–17

142 「質感としての文章」(上記pp.89–100)を参照

143 Campbell and Nesselrath, "The Codex Stosch," p.20(註141参照)

144 Antonio Labacco, *Libro*, 1552, Howard Burns, "Models to Follow: Studying and 'Restoring' the Ruins," in *Palladio*, ed. Guido Beltramini and Howard Burns (London: Royal Academy of Arts, 2008), p.291からの引用

145 Palladio, *I quattro libri*, 4: p.3(註129参照)。Burns, "Models to Follow," p.291からの引用(註144参照)

ついて、さらに具体的に説明している。

> まだほんの一部しか地上に残っていないが、それでもそのほんの一部から見えている基礎にも考慮し、全体としてあったとき、そうであったに違いないものを推測した。[145]

遠く離れた古代遺跡に散在していた破片と引き換えに、ジョヴァンニ・バッティスタの再現は、同時代の人々にギリシア・ローマ建築の首尾一貫した姿を提供した。この写本は見本として使えるような体系を提供した。とりわけ図面のほとんどが模倣の容易な正投象であるため、寸法を測りやすく、建築の研究において重要な情報源となったが[146]、出版されていなかったために、建築の製図と書物の出版の中間に位置していた。

セバスティアーノ・セルリオ（1475–1554）は、こうした建築表現の最新の進展を学術書の体裁に整え、建築家の実践に役立つ情報源を提供しようとし[147]、1537年に『第四書』として知られる『建築の一般規則』を出版した[148]。マイラ・ローゼンフェルドはこの書物を学術書というよりは手引書、「建築家や庇護者が目的に応じて変更できる建物のための『インヴェンツィ

146 カミー・ブラザーズが示唆しているように、「図面の書物はたしかに多くの製図者の手本として機能し、建築の理念を広める効果的な方法となった」。Cammy Brothers, "Drawing in the Void: The Space between the Sketchbook and the Treatise," in *Some degree of happiness: Studi di storia dell'architettura in onore di Howard Burns*, ed. Maria Beltramini and Caroline Elam (Pisa: Edizioni Della Normale, 2010), pp.93–105, 667–83、ここではp.98

147 セルリオの書物の複雑な出版履歴の詳述については、Myra Nan Rosenfeld, "Recent Discoveries about Sebastiano Serlio's Life and His Publications," in *Serlio on Domestic Architecture* (Mineola, NY: Dover Publications, 1996), pp.1–8を参照

148 Sebastiano Serlio, *Regole generali di architetura sopra le cinque maniere de gliedifici, cioe, thoscano, dorico, ionico, corinthio, et composito, con gliessempi dell'antiquita, che per la magior parte concordano con la dottrina di Vitruvio* (Venice: Francesco Marcolini da Forli, 1537).

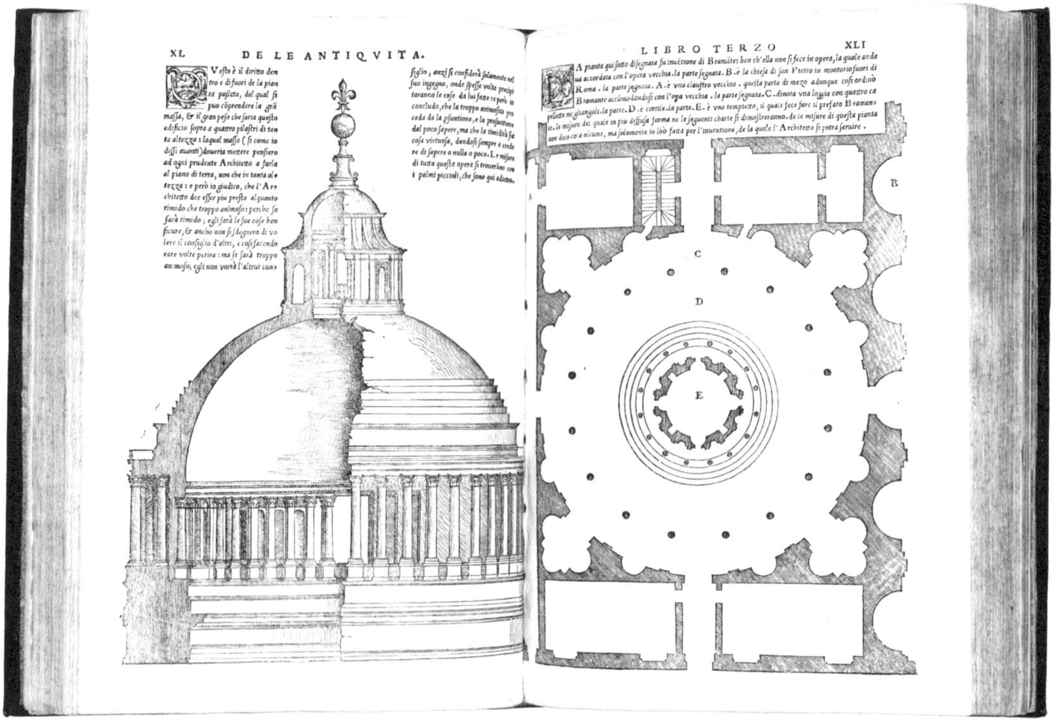

XL DE LE ANTIQVITA.

Vesto è il diritto dentro e di fuori de la pianta passata, dal qual si puo cōprendere la grā massa, & il gran peso che saria questo edificio sopra a quattro pilastri di tanta altezza: laqual massa (si come io dissi auanti) doueria mettere pensiero ad ogni prudente Architetto a farla al piano di terra, non che in tanta altezza: e però io giudico, che l'Architetto dee esser piu presto alquanto timido che troppo animoso: perche se sarà timido, egli farà le sue cose ben sicure, & ancho non si sdegnera di volere il consiglio d'altri, e cosi facendo rare volte perira: ma se sarà troppo animoso, egli non vorrà l'altrui consiglio, anzi si considerà solamente nel suo ingegno, onde spesse volte precipitaranno le cose da lui fatte: e però io concludo, che la troppo animosita proceda da la psuntione, e la prosuntione dal poco sapere, ma che la timidità sia cosa virtuosa, dandosi sempre a credere di sapere o nulla o poco. Le misure di tutta questa opera si trouerāno con i palmi piccioli, che sono qui adietro.

LIBRO TERZO XLI

A pianta qui sotto disegnata fu inuētione di Bramāte: ben ch'ella non si fece in opera, la quale anda ua accordata con l'opera vecchia. la parte segnata. B. è la chiesa di san Pietro in montorio fuori di Roma. la parte segnata. A. è vno claustro vecchio. questa parte di mezo adunque cosi ordinò Bramante accōmodandosi con l'opa vecchia. la parte segnata. C. dinota vna loggia con quattro capellette ne gli angoli. la parte. D. è cortile. la parte. E. è vno tempietto, il quale fece fare il prefato Bramante. le misure del quale in piu diffusa forma ne le seguenti charte si dimostreranno. de le misure di questa pianta non dico cosa alcuna, ma solamente io l'hò fatta per l'inuentione, de la quale l'Architetto si potra seruire.

XXVI DE LE ANTIQVITA

L'altezza de la colōna col capitello è braccia. x. mī co tre minuti. la sua grossezza da basso è braccio vno e minuti. xviij. e ne la parte di sopra è braccio vno e minuti. xv. l'altezza del capitello è minuti. xlvij. col tōdino, et il collarino. l'altezza de l'architraue è minuti. xxxvi. l'altezza del fregio è braccio vno e minuti. lvi. l'altezza de la cornice è braccio vno e minuti otto. il netto del frōtespicio, cioè dal piano del cimatio fin sotto la cornice è braccia. ij. e minuti. ij. i mēbri pticulari sono misurati minutamēte, e trasportati in forma maggiore, si come p i caratteri si puo vedere, i quai mēbri sono con somma diligentia da i grandi pportionalmente trasportati.

LIBRO TERZO XXVII

Q [illegible]

オーニ［発明］』または提案」と捉えた[149]。一方、1540年に出版された『第三書』[150]では、模倣すべき建物を再現したり既存建物によって紹介したりしている[151]。それでも、これらの書物は同時代の実践と過去の古典の徹底的な分析の組み合わせであった。セルリオはラファエロによるローマの古代遺跡調査を完了させるという目標を達成した。ジョヴァンニ・バッティスタ・ダ・サンガッロと同様、古代の建物を同時代の建物と同じ視覚言語で描写した。

『第三書』に含まれるセルリオと同時代の建物の一つは、ブラマンテによるサン・ピエトロのドームの失われた図面を再現した図版であった[152]。おそらくジョヴァンニ・バッティスタの兄、アントニオ・ダ・サンガッロの助けを借りてブラマンテが作成した図面であり、「『書簡』が定めるところの特性をすべて満たす最も完成された図面」として、セルリオによって二つの図版に分割されて頁の表裏に印刷された（39–40頁）[153]。セルリオが述べているように、「内側と外側」の部分図面は、「この建物がこれほどの高さのある四本の付け柱にかかるとてつもない重量」を表現している[154]。ドームの全質量とその構造の主要な要素を示すこの図面の二重性は、セルリオが建築の質を定義するきっかけを与えた。セルリオにとって、よき建築家は建物の相補的あるいは相反する性質を総合し、建物の内と外、量塊、そして建設技術を同期させ、建物に性格を与える必要があった[155]。ディ・テオドロが強調しているように、「書簡」より前であったとしても、ブラマンテの図面は三つに分かれた図面構成による複合的表現というラファエロの理想と一致する。セルリオは『第三書』の紙面構成において、立面図と断面図の双方にラファエロがつねに用いていた縮尺を踏襲しながら、断面図と立面図を一体化することなく、別々の画像のように二つに切り裂いた。それでも、これらの画像を見開き頁に配置すると、補足し合って建築の特性が示されていることがわかる。

セルリオは、「書簡」の写本を経由して、あるいはブラマンテの知的実践を知ることによって、あるいはペルッツィの図面[156]を熟知することによって、この作図法に慣れていたのかもしれない。出典が何であれ、要はセルリオがこの作図法を書物の頁に取り入れたことである。図面が文章の説明のようになりがちなこれまでの図面つき建築書とは異なり、セルリオの図面は書物の物語を進行させる[157]。図面の重要性はその大きさによって強調される。彫版画が頁のほぼ全体を埋め、余白となるべき場所にまで入り込んでいる[158]。紙面の寸法によって図面の縮尺が決められるために、文章の位置は二の次である。

建築の議論を書物という形式によって構造化するというセルリオの意識は『第三書』に示される最初の建物、パンテオンの演出にも明白である。順序としては、一般から具体へと移行する。文章（6頁）と向かい合う平面図

← **セバスティアーノ・セルリオ『第三書』（1540年）、40–41頁**
ブラマンテによるサン・ピエトロの構想
［CCA CAGE M NA44.S485.A74 1545 c.1］

← **セルリオ『第三書』（1540年）、26–27頁**
ウェスタ神殿
［CCA CAGE M NA44.S485.A74 1545 c.1］

149 Myra Nan Rosenfeld, “Sebastiano Serlio’s Contributions to the Creation of the Modern Illustrated Architectural Manual,” in *Sebastiano Serlio: Sesto Seminario Internazionale di Storia dell’Architettura, Vicenza 31 agosto-4 settembre 1987*, ed. Christof Thoenes (Milan: Electa, 1989), pp.102–10、ここではp.102

150 Sebastiano Serlio, *Il terzo libro di Sabastiano Serlio Bolognese, nel qual si figurano, e descrivono le antiquita di Roma, e le altre che sono in Italia e fuori d’Italia* (Venice: Francesco Marcolino da Forlì, 1540).

151 マリオ・カルポはこの矛盾を捉え、セルリオの三番目の書物と四番目の書物に互換性がなくはないが、四番目は古典的な言語によって建物の原型を考察するための道具として機能していることを明らかにした。Mario Carpo, “The Making of the Typographical Architect,” in Vaughan and Hicks, *Paper Palaces*, p.166（註131参照）

152 Christof Thoenes, “Vitruvio, Alberti, Sangallo: La teoria del disegno architettonico nel Rinascimento” in *Sostegno e adornamento. Saggi sull’architettura del Rinascimento: Disegni, ordini, magnificenza* (Milan: Electa, 1998), pp.161–75、ここではp.166。Di Teodoro, *Raffaello, Baldassar Castiglione e la “Lettera a Leone X,”* p.370（註132参照）; Frommel, “Sulla nascita del disegno architettonico,” p.114（註134参照）も参照

153 Di Teodoro, *Raffaello, Baldassar Castiglione e la “Lettera a Leone X,”* p.370（註132参照）

154 Serlio, *Il terzo libro*, p.40（註150参照）。原文は “dentro e di fuori” and “il gran peso che faria questo edificio sopra a quattro pilastri di tanta altezza.”

155 “E però io giudico, che l’Architetto deve esser piu presto alquanto timido che troppo animoso.”『前掲書』

156 Giorgio Vasari, “Vita di Baldassarre Peruzzi Sanese,” in *Le vite dei più eccellenti pittori, scultori e architetti* (1550; rev. ed. 1568: repr., Rome: Grandi Tascabili Economici Newton, 2004), pp.689–95、ここではp.695

157 したがってセルリオの書物の図面は、建築の実務での使用に近い。Brothers, “Drawing in the Void”（註146参照）

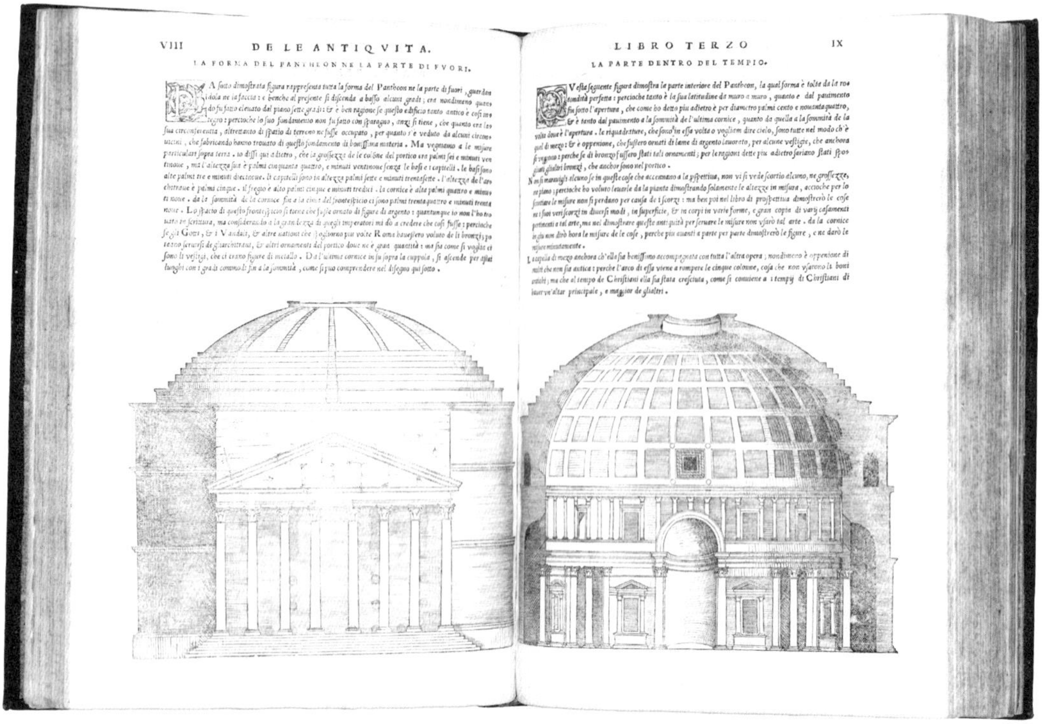

LA FORMA DEL PANTHEON NE LA PARTE DI FVORI.

LA sotto dimostrata figura rappresenta tutta la forma del Pantheon ne la parte di fuori, guardandola ne la faccia: e benche al presente si discenda a basso alcuni gradi; era nondimeno quando fu fatto eleuato dal piano sette gradi: & è ben ragione se questo edificio tanto antico è cosi integro: percioche lo suo fondamento non fu fatto con sparagno, anzi si tiene, che quanto era la sua circonferentia, altrettanto di spatio di terreno ne fusse occupato, per quanto s'è veduto da alcuni circonuicini, che fabricando hanno trouato di questo fondamento di bonissima materia. Ma vegniamo a le misure particulari sopra terra. io dissi qui adietro, che la grossezza de le colõne del portico era palmi sei e minuti ventinoue, ma l'altezza sua è palmi cinquanta quattro, e minuti ventinoue senza le basi e i capitelli. le basi sono alte palmi tre e minuti diecinoue. li capitelli sono in altezza palmi sette e minuti trentasette. l'altezza de l'architraue è palmi cinque. il fregio è alto palmi cinque e minuti tredici. la cornice è alta palmi quattro e minuti noue. da la sommità de la cornice fin a la cima del frontespicio ci sono palmi trentaquattro e minuti trentanoue. Lo spatio di questo frontespicio si tiene che fusse ornato di figure di argento: quantunque io non l'ho trouato in scrittura, ma considerando a la grandezza di quegli imperatori mi do a credere che cosi fusse: percioche se gli Gotti, & i Vandali, & altre nationi che spogliorno piu volte Roma hauessero voluto de li bronzi; poteano seruirsi de gl'architraui, & altri ornamenti del portico doue ne è gran quantità: ma sia come si voglia ci sono li vestigi, che ci erano figure di metallo. Da l'ultima cornice in su sopra la cuppola, si ascende per assai lunghi con i gradi commodi fin a la sommità, come si puo comprendere nel disegno qui sotto.

LA PARTE DENTRO DEL TEMPIO.

QVesta seguente figura dimostra la parte interiore del Pantheon, la qual forma è tolta da la rotondità perfetta: percioche tanto è la sua latitudine da muro a muro, quanto e dal pauimento fin sotto l'apertura, che come ho detto piu adietro è per diametro palmi cento e nouantaquattro, & è tanto dal pauimento a la sommità de l'ultima cornice, quanto da quella a la sommità de la volta doue è l'apertura. le riquadrature, che sono in essa volta o vogliam dire cielo, sono tutte nel modo ch'è quel di mezo: & è oppenione, che fussero ornati di lame di argento lauorato, per alcune vestigie, che anchora si veggono: perche se di bronzo fussero stati tali ornamenti; per le ragioni dette piu adietro sariano stati spogliati gli altri bronzi, che anchor sono nel portico.

Non si marauigli alcuno se in queste cose che accennano a la pspettiua, non vi si vede scortio alcuno, ne grossezze, ne piano; percioche ho voluto leuarle da la pianta dimostrando solamente le altezze in misura, accioche per lo scortiare le misure non si perdano per causa de i scorzi: ma ben poi nel libro di prospettiua dimostrerò le cose ne i suoi veri scorzi in diuersi modi, in superficie, & in corpi in varie forme, e gran copia di varij casamenti pertinenti a tal arte, ma nel dimostrare queste antiquità per seruare le misure non vsarò tal arte. da la cornice in giu non dirò hora le misure de le cose, perche piu auanti a parte per parte dimostrerò le figure, e ne darò le misure minutamente.

La capella di mezo anchora ch'ella sia benissimo accompagnata con tutta l'altra opera; nondimeno è oppenione di molti che non sia antica: perche l'arco di essa viene a rompere le cinque colonne, cosa che non vsarono li boni antichi; ma che al tempo de Christiani ella sia stata cresciuta, come si conuiene a i tempij di Christiani di hauer vn'altar principale, e maggior de gli altri.

(7頁)に始まり、続いて立面図と断面図のある左右対称の見開き頁(8–9頁)が掲載される。各見開き頁の上部に説明的な文章があり、下方に垂直投象[立面図、断面図]が配置される。立面図(左側)と断面図(右側)は、中央軸に沿って分割するというラファエロの方法にはしたがっていない。ブラマンテによるサン・ピエトロのドームを含み、後にほかの建物についてもそうしている[159]。ただし、見開きにして見れば、左右対称の紙面構成と同じ縮尺を用いているため、二つの投影図を読者が同時に読めるようになっている。建物から気を逸らすものは何もない。セルリオは構造の詳細を裏面に置き、柱廊の青銅アーチとその内壁を視覚的に分解し、それぞれの図版に正確な説明を添えている。次頁以降は、円柱と装飾要素の細かい点に焦点を絞り込む。もう一つの重要な見開き頁では、コロッセオの平面図が二頁にわたって中央に配置され、四等分された平面図のそれぞれに異なる階が描かれている(64–65頁)。異なる縮尺のアーケード、階段、座席の四枚の詳細図が紙面の隅を埋める。ここでも、セルリオは見開き頁を同時に見るという利点を活かし、大量の情報を一目でまとめている。ラファエロは建物全体を三分割された一枚の図面[立面図・断面図・平面図]によって表現することを目指したが、セルリオは同じような完全性を実現するために、見開き頁の可能性を利用して相補的な図面を取り合わせた。

パラディオが1570年に出版した学術書『建築四書』の二つ折り判の76頁と77頁に描かれたパンテオンの柱廊の下絵は、ラファエロ風の正投象の組み合わせである。台紙に貼られた二枚の図面が、頁の空間に対する意識を反映している。この図面は立面図と断面図とさらに縮尺を下げた詳細図の組み合わせであるが、書物においては二つ折り判の80頁に動かされている。パラディオの手にかかると、建築の実務のために考案された垂直投象というラファエロの処方箋が見開きの空間と一致するようにつくられ、のど[見開きの中央の頁の切れ目]が図面の中心軸になっている。

パラディオが出版用の図面を作成する初期の段階は、1560年代に描かれたウェスタ神殿の下絵に明らかである[160]。書物としては、寺院の平面図が左頁、立面図・断面図が右頁を占め、詳細図は裏面である。パラディオの図面はラファエロの方法にかなり接近しているが、印刷では反転画像になることを考慮して、断面図と立面図の半分ずつを一緒にした図面において平面図を上下逆にしている。パラディオは転写という印刷の限界(もしくは可能性)に対応して画像を調整していた。

パラディオは自身の学術書を発表する前から、ダニエル・バルバロによる1556年版ウィトルウィウス本の出版に合わせて図面を起こしていた[161]。バルバロはラテン語による権威ある版を作成することを目的としていた[162]。そこでパラディオの協力を求め、1554年に一緒にローマを旅行し、ローマの古代遺跡に赴いた[163]。お手本は1511年のフラ・ジョコンド版

← **セルリオ『第三書』(1540年)、8–9頁**
パンテオン、ローマ
[CCA CAGE M NA44.S485.A74 1545 c.1]

← **パラディオ『建築四書』(1570年)、第四書、76–77頁**
パンテオン、ローマ
パラディオが描いたローマのパンテオンは、セルリオの30年後であり、書物の体裁と完全に調和している。立面図と断面図の半分を一緒にした投影図面は、ラファエロが定めた方法と一致し、見開き頁という対称的な紙面構成にも適している。
[CCA CAGE NA44.P164 (ID:88-B1843) c.1]

158 ヴォーン・ハートは、「頁と印刷枠の狭さゆえに」縮小した階段に関するセルリオの言及を引用している。Vaughan Hart, "Serlio and the Representation of Architecture," in Vaughan and Hicks, *Paper Palaces*, pp.170–85(註131参照)

159 さらにウェスタ神殿の断面図において、セルリオは断面と立面の半分を一緒にした図面と平面図を同じ頁に掲載した。Serlio, *Il terzo libro*, p.27(註150参照)

160 ローマ、フォルム・ボアリウムにある円形寺院(「ウェスタ神殿」)の平面図、立面図、詳細図。RIBA SC213/VIII/1br. Beltramini and Burns, *Palladio*, pp.335, 338(註144参照)に掲載

161 Louis Cellauro, "Palladio e le illustrazioni delle edizioni del 1556 e del 1567 di Vitruvio," in *Saggi e memorie di storia dell'arte* 22 (1998): pp.55–128.

162 Vitruvius, *I dieci libri dell'architettura di M. Vitruvio: Tradutti et commentati da monsignor Barbaro eletto patriarca d'Aquileggia* (Venice: Francesco Marcolini, 1556). 後に *M. Vitruvii Pollionis De architectura libri decem cum commentariis Danielis Barbari* (Venice: Franciscum Franciscium Senensem, 1567) として出版

163 パラディオは1541年(?)、1545年そして1546–47年にローマに赴いたが、1549年にも訪れた可能性があり、1554年はダニエル・バルバロと一緒であった。Beltramini and Burns, *Palladio*, p.54(註144参照)。Robert Tavernor, "Palladio's 'Corpus': *I Quattro Libri dell'Architettura*" in Vaughan and Hicks, *Paper Palaces*, pp.233–46(註131参照)も参照

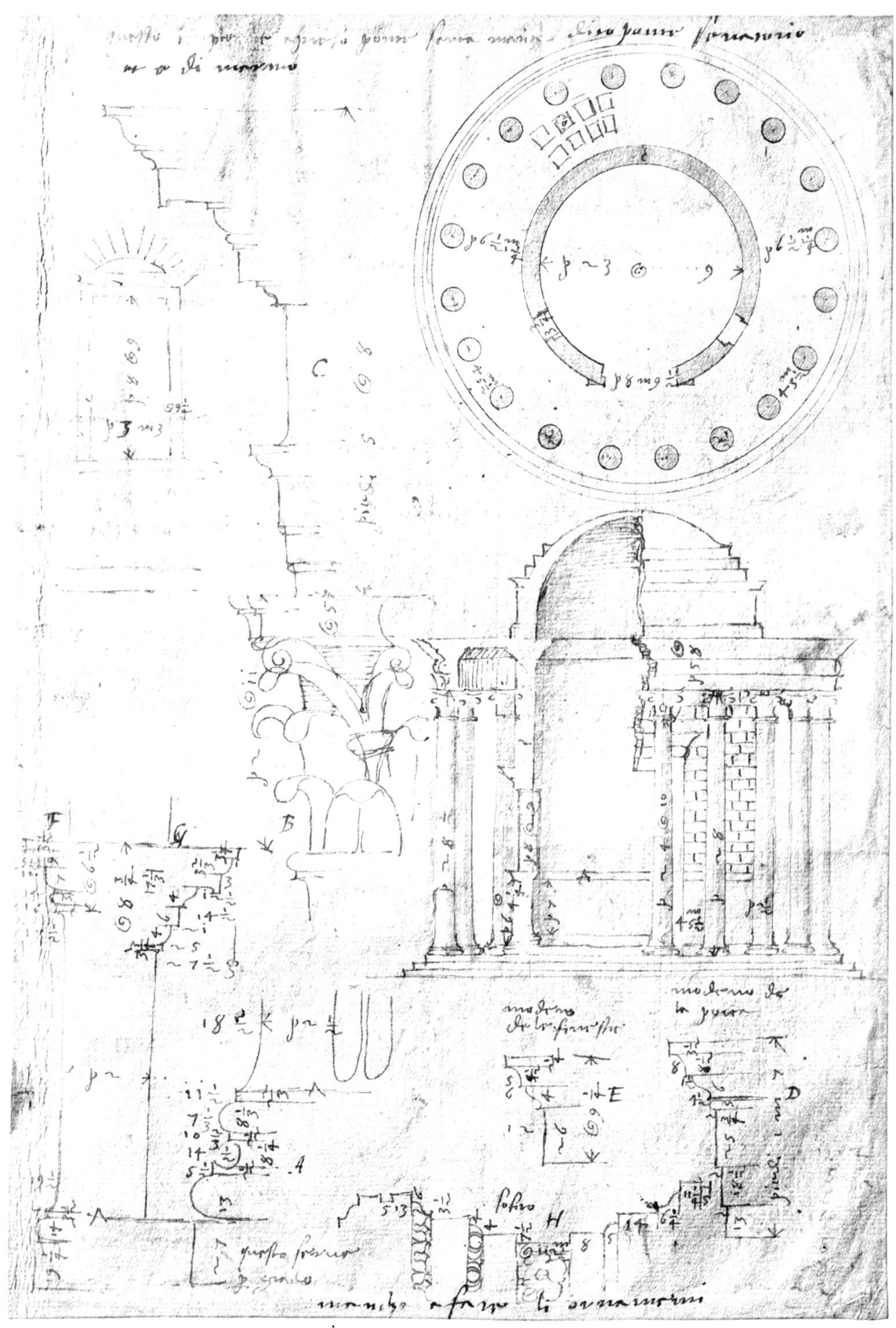

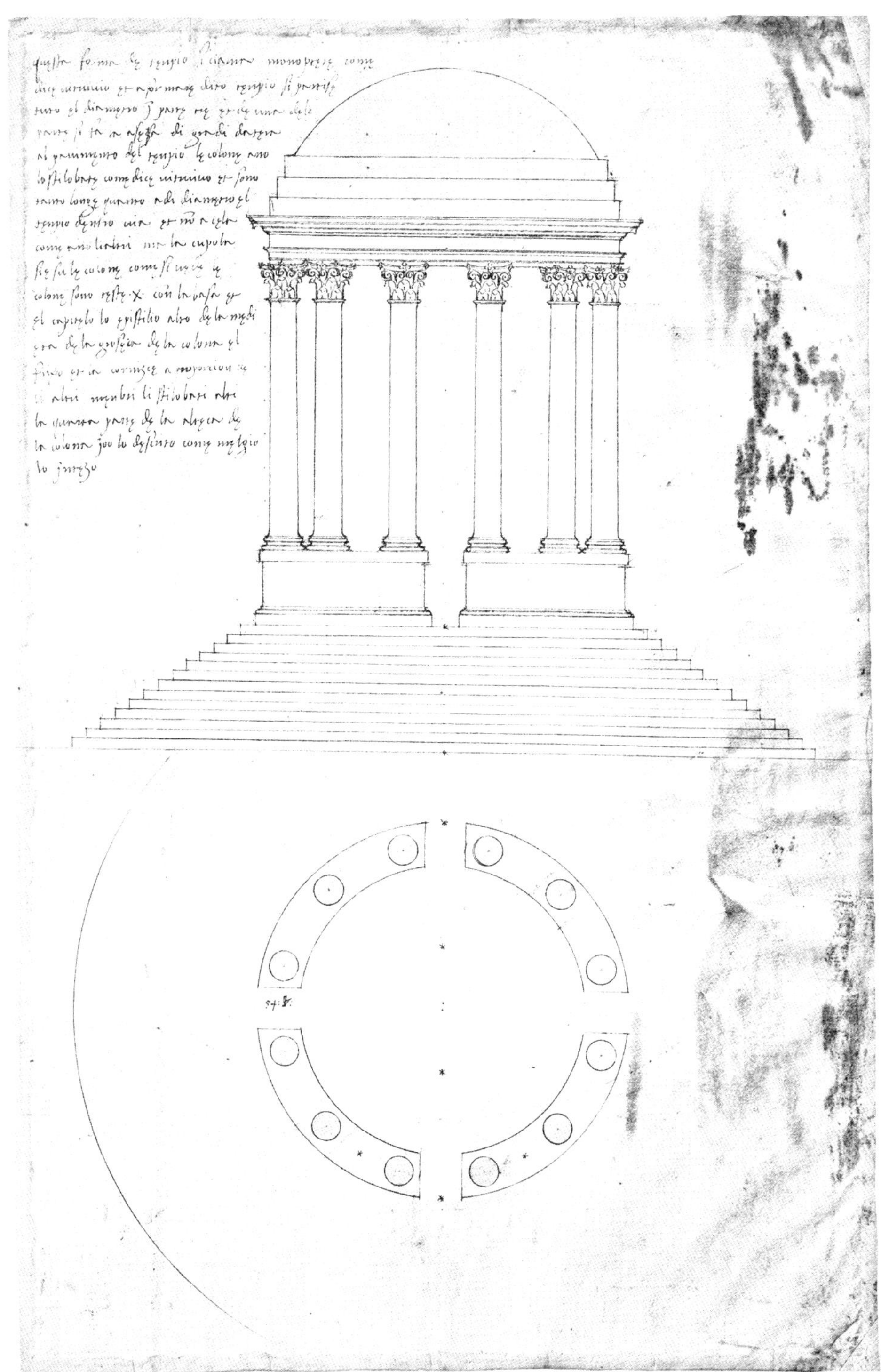

←← **パラディオ、ローマ、**
フォーラム・ボアリウムの円形寺院
(ウェスタ神殿)の
平面図、立面図、詳細図

パラディオがローマで作成した測量図は、建築の知識を育むうえで非常に重要であった。ウィトルウィウス本のバルバロ版と自身の『建築四書』の図解図を準備するときにも、これらの図面を参考にしていた。
[RIBA Library Drawings & Archives Collections]

← **パラディオ、ウィトルウィウスの**
修道院の平面図と立面図、
1538–47年頃

パラディオは書物の図解図として使うために多くの図面を作成した。文章と描画が密接な関係にあるセルリオの専門書も典拠であったが、独自の調査図と建築の経験を頼りに見開き頁の中で断面図と立面図を表現するという革新的な方法を開拓した。
[RIBA Library Drawings & Archives Collections]

→ **パラディオ『建築四書』(1570年)、**
52–53頁

円形寺院
[CCA CAGE NA44.P164 (ID:88-B18 43) c.1]

→ **フラ・ジョコンド**
『ウィトルウィウス』(1511年)、
第四書、43頁

円形寺院
ウィトルウィウスの理論の実例を導きだそうとするフラ・ジョコンドの試行錯誤からパラディオの見事な成果まで、ルネサンスの書物における円形寺院の画像は、1519年の「レオ10世宛ての書簡」におけるラファエロの方法が書物の体裁において明瞭な建築表現体系を発明するうえで中心的な役割を果たしていたことを示している。
[CCA CAGE + 0003840]

であったが、当時としては時代遅れと見なされていた[164]。バルバロはラファエロと共にウィトルウィウスによる再現法「イコノグラフィア」「オルソグラフィア」「スカノグラフィア」を解明し、曖昧な「スカノグラフィア」を「シノグラフィア[書記法]」という用語に置き換え、建物の構築的な特徴を表す垂直断面図として定義した。「医師としての建築家は、作品の内部および外部のすべての部分を検証する」[165]。バルバロの学術書の紙面は、そのような解剖学的な野心によって動機づけられていたに違いない。

平面図と立面図を組み合わせたパラディオによる円形寺院の図面は1540年に描かれたが、そこには円柱構造の寺院についてのウィトルウィウスの記述[166]を解釈しようとする建築家の姿がある。セルリオと同じように説明文を図版の周囲に配し、自らの学術的努力を強調する。「私はそれを理解しうる限りで説明した」[167]。ハワード・バーンズの論証によると、パラディオのウィトルウィウス研究はバルバロと共同する前のことであり、バルバロの書物に再び登場したということは、すでに描かれていたパラディオの図面がしばしば「単純に採用された」ということになる[168]。この場合(124–25頁)、書物とするにはいくつかの調整が必要であった。パラディオの図面の立面図はラファエロ風に立面図と断面図の半分ずつを一緒にした図面に変えられ、平面図は別画像にして垂直投象とは異なる縮尺によって再現された[169]。結果はやや風変わりである。折り込みが開き(右頁の分割立面図−断面図を拡張して寺院につながる階段を示すため)、左頁の一部を覆っている。同様のぎこちない調整は次頁にもあり、バルバロは円形寺院の水平投象[平面図]と垂直投象を異なる縮尺にしているが[170]、ここでは右頁の上部に取りつけられた折り込みを上にあげることによって寺院の高さ全体が見えるようになっている。

このようなバルバロの工夫は印刷業者を悩ませたかもしれない。異なる大きさの紙を書物につけることはよくあることであったが、数頁にわたって、偶数頁と奇数頁を合わせることは現実的に難しいことであった。バルバロによる「ボルベル」や折り込み紙の使用[171]は意図を果たすためとはいえ、無理のある書物の形式となっている。付紙を取りつけて平面図と立面・断面図を見開き頁としてまとめるという奇妙な構成は[172]、建築図面を慣例によって書物に落とし込むことの難しさを物語っている。

ぎこちない紙面のつくり方にもかかわらず、そのような実験は効果的な結果につながった。円形寺院の頁よりも調和がとれているのは、描画方法に関する註釈(20–23頁)として考えられた三頁である。「平面」「立面」「輪郭[断面]」の一組の図面が右頁から始まる。次の見開き頁は、左側の断面図と右側の立面図であり、建物の中心軸がのどと一致するように配置されている[173]。平面図と垂直投象の縮尺が一致していないとはいえ(平面図が一つの頁に収められ、立面図と断面図が見開き頁となるため)、大きな進歩であり、

164 セラウロは、美徳アカデミーAccademia della Virtùの創設者の一人である人文主義者クラウディオ・トロメイ(1492–1556)の1542年の手紙を引用している。ウィトルウィウス本の新しい図版の必要性について書かれた手紙が1547年に公にされたとき、バルバロはすでに書物の執筆に取り組んでいた。セラウロはバルバロとトロメイがこの年に出合ったことを示唆している。Cellauro, "Palladio," p. 59(註161参照)

165 Daniele Barbaro, 1567,『前掲書』p.125、註20からの引用。セラウロはバルバロのラテン語による解説を"l'Architetto come Medico dimostra tutte le parti interiori, & esteriori delle opere."と訳している。

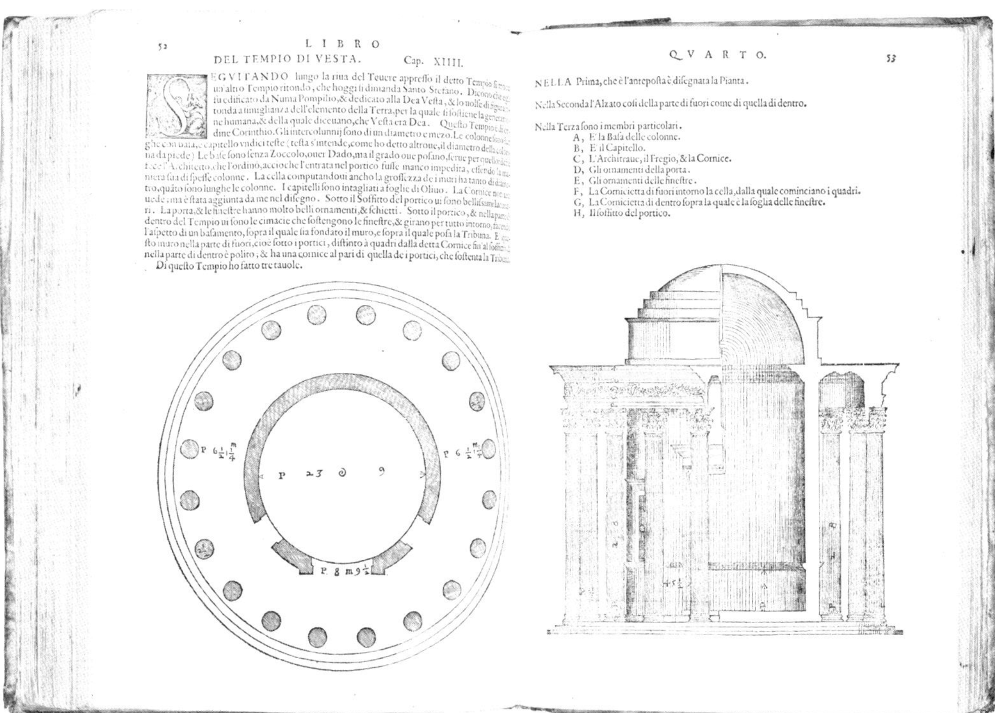

52 LIBRO

DEL TEMPIO DI VESTA. Cap. XIIII.

SEGVITANDO lungo la riua del Teuere appreſſo il detto Tempio ſi troua
un altro Tempio ritondo, che hoggi ſi dimanda Santo Stefano. Dicono che eg
fu edificato da Numa Pompilio, & dedicato alla Dea Veſta, & lo uolſe di figura
tonda a ſimiglianza dell'elemento della Terra, per la quale ſi ſoſtiene la genera
ne humana, & della quale diceuano, che Veſta era Dea. Queſto Tempio è di
dine Corinthio. Gli intercolunnij ſono di un diametro e mezo. Le colonne ſono
ghe con baſa, e capitello vndici teſte (teſta s'intende, come ho detto altroue, il diametro della colon
na da piede) Le baſe ſono ſenza Zoccolo, ouer Dado, ma il grado oue poſano, ſerue per quello: credo
fece l'Architetto, che l'ordinò, accioche l'entrata nel portico fuſſe manco impedita, eſſendo la ma
niera ſua di ſpeſſe colonne. La cella computandoui ancho la groſſezza de i muri ha tanto di diame
tro, quãto ſono lunghe le colonne. I capitelli ſono intagliati a foglie di Oliuo. La Cornice non
uede; ma è ſtata aggiunta da me nel diſegno. Sotto il Soffitto del portico ui ſono belliſsimi lacun
ri. La porta, & le fineſtre hanno molto belli ornamenti, & ſchietti. Sotto il portico, & nella parte
dentro del Tempio ui ſono le cimacie che ſoſtengono le fineſtre, & girano per tutto intorno, facendo
l'aſpetto di un baſamento, ſopra il quale ſia fondato il muro, e ſopra il quale poſa la Tribuna. E que
ſto muro nella parte di fuori, cioè ſotto i portici, diſtinto à quadri dalla detta Cornice fin'al ſoffitto:
nella parte di dentro è polito; & ha una cornice al pari di quella de i portici, che ſoſtenta la Tribuna.
Di queſto Tempio ho fatto tre tauole.

QVARTO. 53

NELLA Prima, che è l'antepoſta è diſegnata la Pianta.

Nella Seconda l'Alzato coſi della parte di fuori come di quella di dentro.

Nella Terza ſono i membri particolari.
A, E' la Baſa delle colonne.
B, E' il Capitello.
C, L'Architraue, il Fregio, & la Cornice.
D, Gli ornamenti della porta.
E, Gli ornamenti delle fineſtre.
F, La Cornicietta di fuori intorno la cella, dalla quale cominciano i quadri.
G, La Cornicietta di dentro ſopra la quale è la ſoglia delle fineſtre.
H, Il ſoffitto del portico.

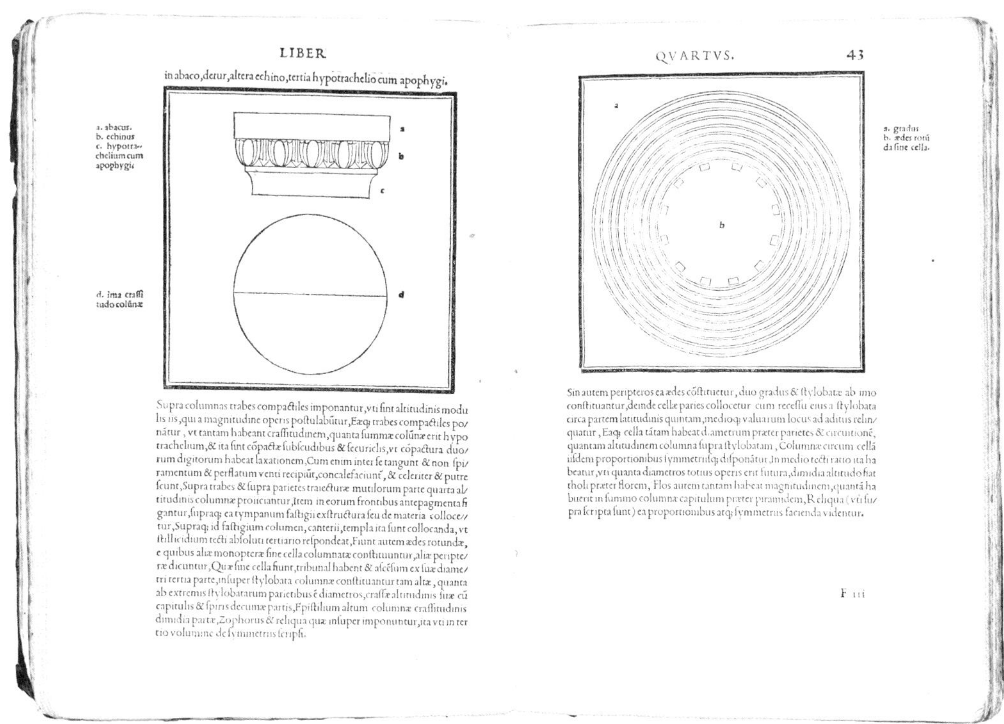

LIBER

in abaco, detur, altera echino, tertia hypotrachelio cum apophygi.

a. abacus.
b. echinus
c. hypotra-
chelium cum
apophygi.

d. ima craſſi
tudo colũnæ

Supra columnas trabes compactiles imponantur, vti ſint altitudinis modu
lis iis, qui a magnitudine operis poſtulabũtur, Eæq; trabes compactiles po/
nãtur, vt tantam habeant craſſitudinem, quanta ſummæ colũnæ erit hypo
trachelium, & ita ſint cõpactæ ſubſcudibus & ſecuriclis, vt cõpactura duo/
rum digitorum habeat laxationem, Cum enim inter ſe tangunt & non ſpi/
ramentum & perflatum venti recipiũt, concalefaciunt, & celeriter & putre
ſcunt, Supra trabes & ſupra parietes traiecturæ mutilorum parte quarta al/
titudinis columnæ proiiciantur, Item in eorum frontibus antepagmenta fi
gantur, ſupraq; ea tympanum faſtigii exſtructura ſeu de materia colloce/
tur, Supraq; id faſtigium columen, canterii, templa ita ſunt collocanda, vt
ſtillicidium tecti abſoluti tertiario reſpondeat, Fiunt autem ædes rotundæ,
e quibus aliæ monopteræ ſine cella columnatæ conſtituuntur, aliæ peripte/
ræ dicuntur, Quæ ſine cella fiunt, tribunal habent & aſcẽſum ex ſuæ diame/
tri tertia parte, inſuper ſtylobata columnæ conſtituantur tam altæ, quanta
ab extremis ſtylobatarum parietibus ẽ diametros, craſſæ altitudinis ſuæ cũ
capitulis & ſpiris decumæ partis, Epiſtilium altum columnæ craſſitudinis
dimidia partæ, Zophorus & reliqua quæ inſuper imponuntur, ita vti in ter
tio volumine de ſymmetriis ſcripſi.

QVARTVS. 43

a. gradus
b. ædes rotũ
da ſine cella.

Sin autem peripteros ea ædes cõſtituetur, duo gradus & ſtylobatæ ab imo
conſtituantur, deinde cellæ paries collocetur cum receſſu eius a ſtylobata
circa partem latitudinis quintam, medioq; valuarum locus ad aditus relin/
quatur, Eaq; cella tãtam habeat diametrum præter parietes & circuitionẽ,
quantam altitudinem columna ſupra ſtylobatam, Columnæ circum cellã
iiſdem proportionibus ſymmetriiſq; diſponãtur, In medio tecti ratio ita ha
beatur, vti quanta diametros totius operis erit futura, dimidia altitudo fiat
tholi præter florem, Flos autem tantam habeat magnitudinem, quantã ha
buerit in ſummo columnæ capitulum præter piramidem, Reliqua (vti ſu/
pra ſcripta ſunt) ea proportionibus atq; ſymmetriis facienda videntur.

F iii

ダニエル・バルバロ『ウィトルウィウスの建築十書』(1556年)、124–125頁と126–127頁

円形寺院

ウィトルウィウス本のバルバロ版を図解しようとして、パラディオは建築を書物として見せるために多くの技法を試した。「ボルベル」と重ね合わせたほか、最も重要な成果は、見開き頁に断面図と立面図の半分ずつを合わせたことであった。[バルバロの]見開き頁は印刷所や製本所にとって厄介であったはずである。書物の大きさが決められているなか、建物の縮尺を合わせることは困難だったからである。

[CCA CAGE M NA44.V848 (0000146) c.1]

この方法は理想的な寺院の別図(80–81頁)で再び使用されている。ラファエロが規定したような図面が見開き頁のなかに居場所を見つけていた。

見開き頁ののどを用いて建物の中心軸とする戦略はパラディオが発明したわけではなかった。アントニオ・ラバッコが書物のなかで用いていて[174]、立面図と断面図の半分ずつを一緒にした図面と、陰影を表現する彫版印刷の可能性を活かした表現豊かな透視図を自由に組み合わせていた。バルバロにとっても、アルベルティにとっても、そこから寸法を取ることができないために、建築図面とはいえなかった。ラバッコの出版物は図解としての書物であり、図解のある書物ではなかった。[ラバッコの書物には]短い文章しかないために、文章と画像の間に印刷上の不具合は生じない。画像はほとんどが一頁に収められている。例外としてトラヤヌスのフォーラムだけが見開き頁であるが、これらの頁において、ラバッコは頁ごとに頁番号をつけ、見開き頁であっても個々の頁の役割を意識していたことがわかる。トラヤヌスのフォーラムの平面図(3–4頁)は、中心軸がのどと一致

166 ウィトルウィウスによる円柱構造を持つ寺院の平面図と立面図。1538–47年頃。RIBA SC216/X/4v. Beltramini and Burns, *Palladio*, cat.131, pp.282, 284(註144参照)に掲載

167 Burns, "Models to Follow," p.284からの引用(註144参照)

168 『前掲書』

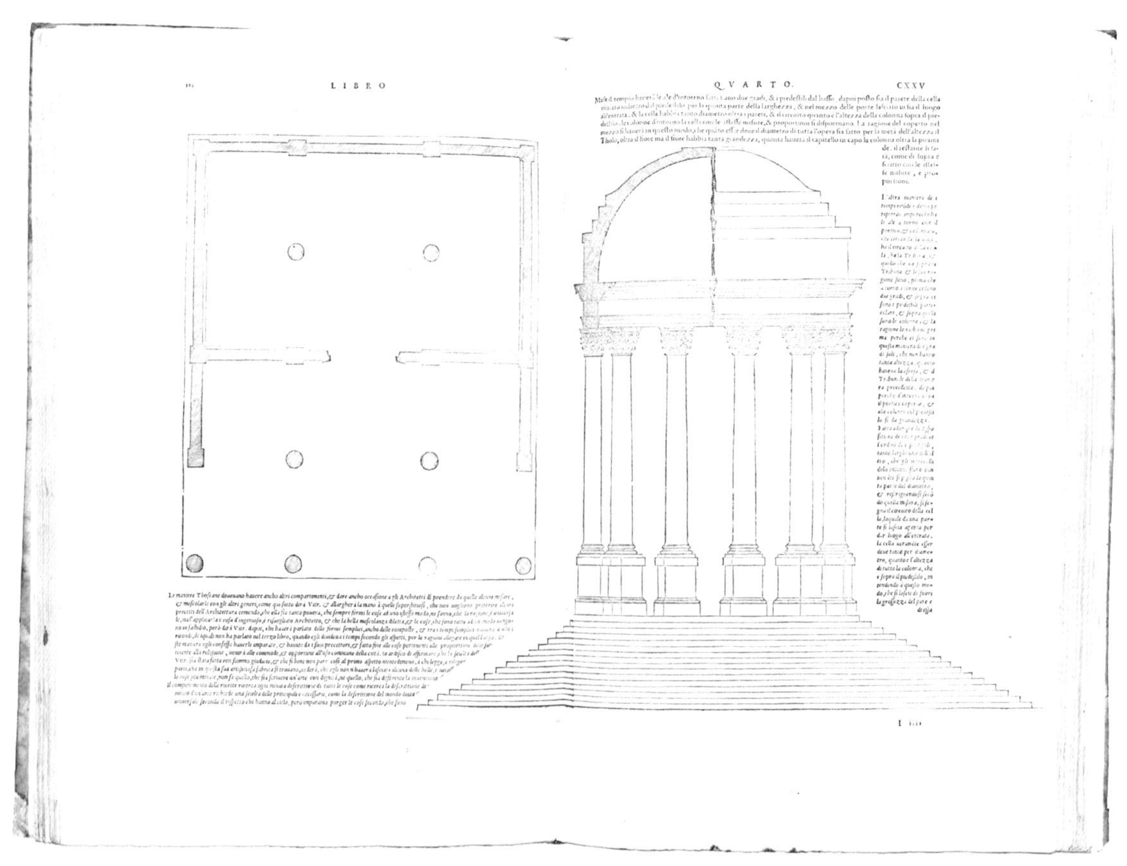

するように設定されている。次頁の見開き頁（5–6頁）では二つの画像を示し、各画像がのどに沿って左右対称に分割されている。上部には、半分の外観立面図と半分の内観断面図。下部には、断面図と立面図の組み合わせ。ここでは、1527年のアルブレヒト・デューラー（1471–1528）による軍事専門書[175]のように、平面図と断面図が同じ縮尺で示されている。ラバッコやデューラーを見ると、バルバロの論考に対してパラディオの図解が独創的でも革新的でもなかったことがわかる。しかしながら、学術書として自らの建築的実践の視覚的言語をいかに定着させるか、パラディオが真剣に探求していたことはたしかである。

1554年、バルバロと一緒にローマを旅したのと同じ年、パラディオは二つのローマ案内書[176]、『ローマの古代遺跡』[177]と『教会堂の描写』[178]を出

169 Barbaro, *I dieci libri*, pp.124, 125（註71参照）

170 『前掲書』pp.126–127

171 「対比による実証」（上記pp.146–157）を参照

172 バルバロは書物の背が不格好になる付紙を何度も用いた。たとえば、pp.68–69とpp.70–71を参照

173 Vitruvius, *I dieci libri*, pp.21–23（註162参照）

174 Antonio Labacco, *Libro appartenente a l'architettura: 1559*, with an introduction by Arnaldo Bruschi (Milan: Il Polifilo, 1992).

175 Albrecht Dürer, *Etliche Underricht, zu Befestigung der Stett, Schlosz, und Flecken* (Nuremberg: n.p., 1527).

バルバロ（1556年）、22–23頁
描画方法についての図解図
[CCA CAGE M NA44.V848 (0000146) c.1]

— **パラディオ『建築四書』（1570年）、第二書、18–19頁**
ラ・ロトンダ
[CCA CAGE NA44.P164 (ID:88-B1843) c.1]

版して成功を収めた。著名な人道主義者ジャンジョルジオ・トリッシーノ（1478–1550）と共に1541年から1547年にかけて市内を訪問したときにまとめられた。驚くことに図版がない。パラディオがトリッシーノとローマにいる間に古代遺跡と新しい建物の多くの測量図を作成していたとすれば[179]、なおさらである。測量図にはラファエロによる未完のヴィラ・マダマ（1518–27）のかの有名な図面[180]もある。案内書の内容の多くは当時の印刷物からの情報に大きく依存し、パラディオは自身の調査ではなく、ウィトルウィウスの方法を踏襲したと述べている。文章の多くは転用であり、盗用とまではいかないにしても、マーガレット・デイ・デイビスが問題にしているように、実際には「どこがパラディオなのだろうか」[181]。いずれにしても、そのことによってパラディオが「建設の分野だけでなく、理論家として、建築および古代遺跡の専門家として有能で完全な建築家」であるという評判が衰えることはなかった[182]。

1570年に『建築四書』を出版したとき、パラディオは生涯の野望を見事に達成した[183]。マイラ・ローゼンフェルドが指摘しているように、「建築原理は自らの建物と古代の建物を通して実証される」[184]。書物は広く流通し、いくつも翻訳され、またたく間に後の建築書のお手本となった。木版画の品質がこの成功に貢献したことは間違いない。編集のうえでも、パラディオの『建築四書』は通常の試みではない。パラディオは、書物を図解する高度な専門知識を持っていたために、通常のように、著者と出版社の間に彫版工が入って図面を印刷物に翻訳する必要がなかった。出版人であり彫版工でもあったドメニコ・デ・フランチェスキはごく普通の出版業者であり、高価な図解入り書物の経験はなかった。この書物をきっかけに、新しい分野を開拓できると期待していたのかもしれない[185]。一緒に組むことによって、書物という形式の実験の場となった。

文章が重要であるにもかかわらず、『建築四書』では視覚が優っている。図版に表記される記号は寸法の数字と本文に関連する文字だけである。書物から寸法が直接わかることも成功するための重要な要素であった。圧倒的に正投象が多い。頁内の図解図を枠線によって囲んでいるが、パンテオンの下絵となる二枚の紙が示唆しているように、建築家は複合的な読解のための可能性を完全に使いこなし、同時に読み取られるべきものをいとも簡単に二頁に分割している。セルリオによる1540年の見開き頁のパンテオンと比較すると、パラディオによる1570年の見開き頁は、建築の基準となったラファエロの方法が書物の頁上においてどれほど進展したかを示している。見開き頁はこの建築の論理を迎え入れる完璧な空間であった。

176 フランチェスコ・パオロ・フィオーレは、90版に及んだ『古代遺跡』が『すばらしきもの』[『都市ローマのすばらしきもの——世界の円形劇場、教会堂、そして古代遺跡』。Girolamo Francino, *Le Cose Maravigliose Dell'alma Citta Di Roma, Anfiteatro del Mondo: Con Le Chiese, Et Antichita*, 1600] と別冊もしくは合本して出版されたことを示唆している。Francesco Paolo Fiore, "Publication and Publicity: The Guides of Rome," in Beltramini and Burns, *Palladio*, p.322（註144参照）
177 Andrea Palladio, *L'antichità di Roma di M. Andrea Palladio: Racolta brevemente da gli auttori antichi, & moderni* (Venice: Matthio Pagan, 1554); Andrea Palladio, *L'antichità di Roma di M. Andrea Palladio: Racolta brevemente da gli auttori antichi, & moderni* (Rome: Vincenzo Lucrino, 1554).
178 Andrea Palladio, *Descritione de le chiese, stationi, indulgenze & reliquie de corpi sancti, che sonno in la città de Roma, brevemente raccolta da M. Andrea Palladio* (Rome: Vincenzo Lucrino, 1554).
179 後にバルバロがウィトルウィウス本と1570年の論考に使用した図面。
180 RIBA SC217/X/18r. Reproduced in Beltramini and Burns, *Palladio*, cat.28, pp.61–62（註144参照）
181 Margaret Daly Davis, "Dietro le quinte dell'*Antichità di Roma di M. Andrea Palladio raccolta brevemente da gli Autori Antichi, et Moderni*: quanto Palladio?" in *Palladio 1508–2008: Il simposio del cinquecentenario*, ed. Franco Barbieri et al. (Venice: Marsilio, 2008), pp.196–98.
182 『前掲書』p.198
183 Andreas Beyer, "Opera senza giorni: *I Quattro Libri*: un'autobiografia" in Barbieri et al., *Palladio 1508–2008*, pp.199–201（註181参照）
184 Rosenfeld, "Sebastiano Serlio's Contributions," p.102（註149参照）
185 Giorgio Bacci, "'Arte veramente rara, stupenda e miracolosa': I Quattro Libri di Andrea Palladio e il contesto editoriale-figurativo," in Barbieri et al., *Palladio 1508–2008*, pp.202–7（註181参照）

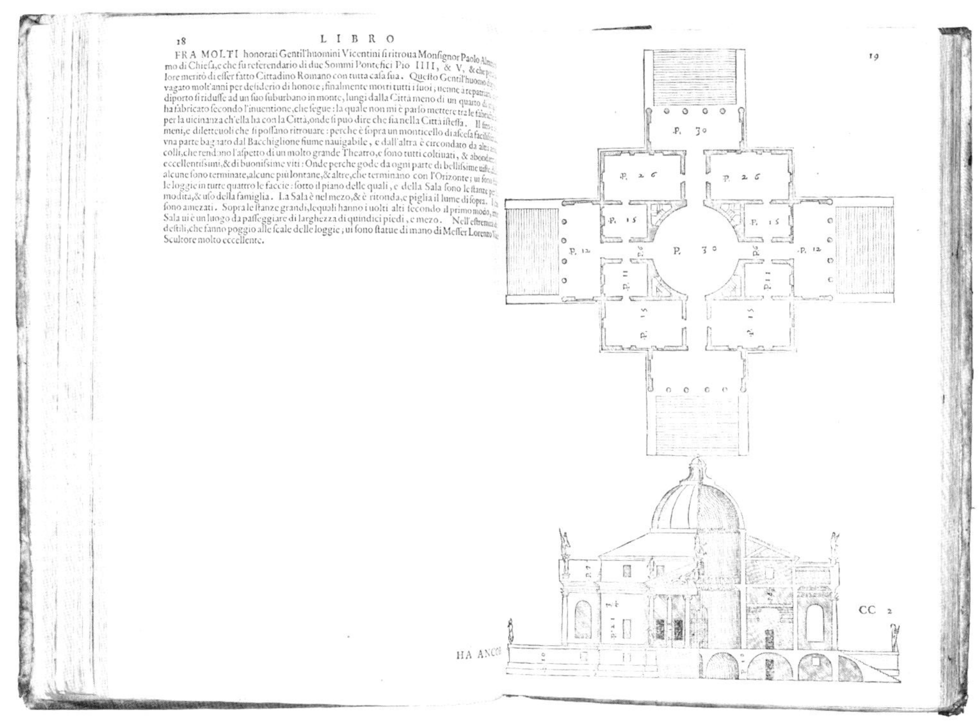
18 LIBRO

FRA MOLTI honorati Gentil'huomini Vicentini ſi ritroua Monſignor Paolo Alm
mo di Chieſa, e che fu referendario di due Sommi Pontefici Pio IIII, & V, & che p
lore meritò di eſſer fatto Cittadino Romano con tutta caſa ſua. Queſto Gentil'huomo
vagato molt'anni per deſiderio di honore; finalmente morti tutti i ſuoi; uenne à repatria
diporto ſi riduſſe ad un ſuo ſuburbano in monte, lungi dalla Città meno di un quarto d
ha fabricato ſecondo l'inuentione, che ſegue: la quale non mi è parſo mettere tra le fabric
per la uicinanza ch'ella ha con la Città, onde ſi può dire che ſia nella Città iſteſſa. Il ſit
meni, e dilettevoli che ſi poſſano ritrouare: perche è ſopra un monticello di aſceſa facili
vna parte bagnato dal Bacchiglione fiume nauigabile, e dall'altra è circondato da altri
colli, che rendono l'aſpetto di un molto grande Theatro, e ſono tutti coltiuati, & abond
eccellentiſsimi, & di buoniſsime viti: Onde perche gode da ogni parte di belliſsime uiſt
alcune ſono terminate, alcune più lontane, & altre, che terminano con l'Orizonte; ui ſono
le loggie in tutte quattro le faccie: ſotto il piano delle quali, e della Sala ſono le ſtanze p
modita, & uſo della famiglia. La Sala è nel mezo, & è ritonda, e piglia il lume di ſopra. L
ſono amezati. Sopra le ſtanze grandi, lequali hanno i uolti alti ſecondo il primo modo,
Sala ui è un luogo da paſſeggiare di larghezza di quindici piedi, e mezo. Nell'eſtremità
deſtili, che fanno poggio alle ſcale delle loggie; ui ſono ſtatue di mano di Meſſer Lorenzo V
Scultore molto eccellente.

19

186–191頁：
2014年7月、ポルトのマルケス・ダ・シルヴァ財団にあるフェルナド・ターヴォラ・ライブラリーより、アンドレ・セペダの写真。
Charles Mazois, *Les ruines de Pompéi*, Paris, 1824–1838 / Claude Perrault, *Architecture generale de Vitruve*, Paris, 1681 / *Nuova pianta di Roma data in luce da Giambattista Nolli*, Rome, 1748.

Piazza del Popolo
Vigna Barone
RIONE
PONTE
RIONE CAMPO MARZO
PIAZZA
NAVONA
PANTHEON
MINERVA
MONTE
CITORIO
PIAZZA DI PIETRA
COLLEGIO R

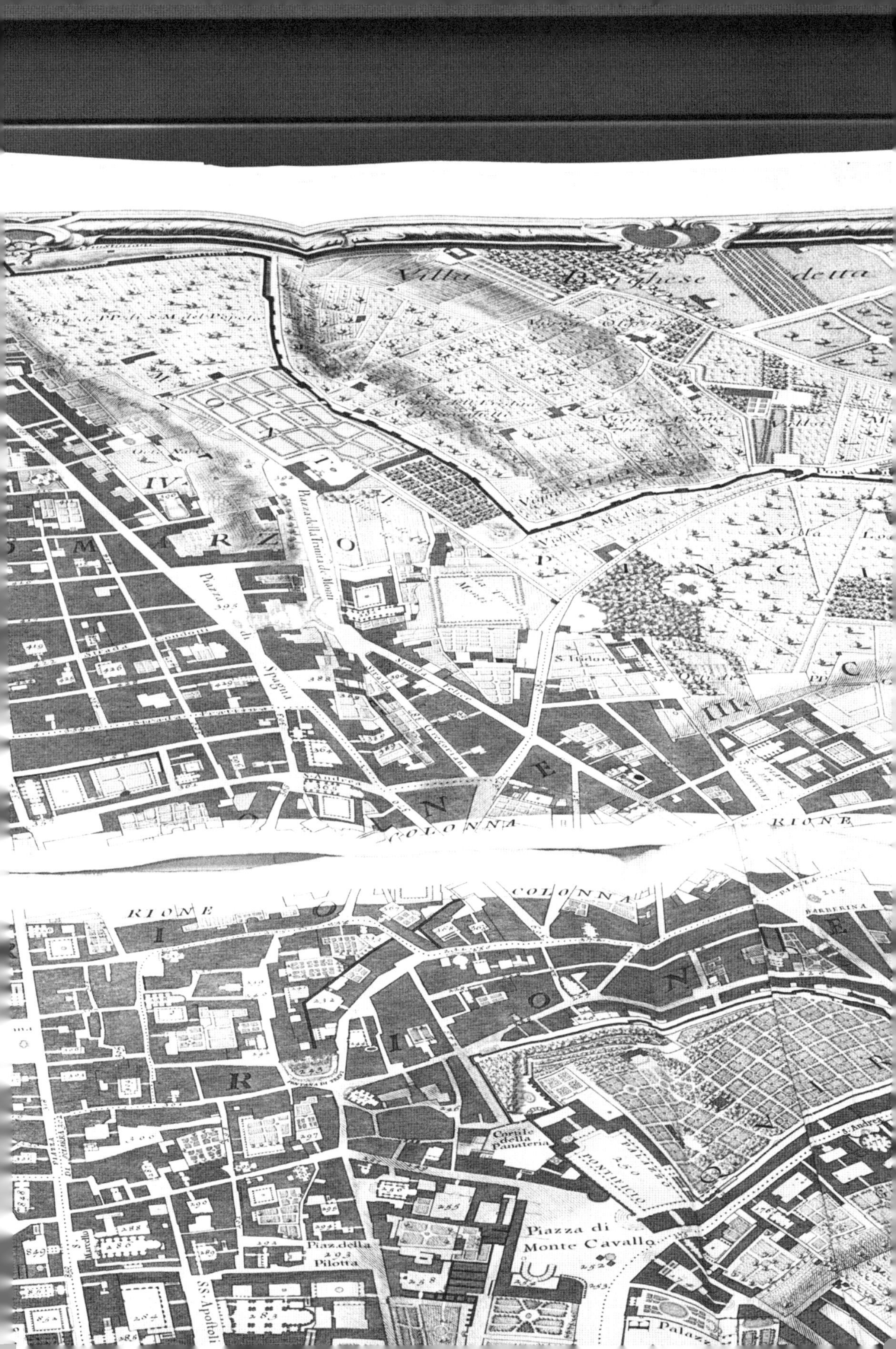

Villa
Borghese
detta
Piazza della Trinità de Monti
Piazza
di
Spagna
M A R Z O
P I N C
S. Isidoro
Strada
Felice
COLONNA
RIONE
RIONE
COLONNA
Cortile
della
Panateria
PALAZZO
250
PONTIFICIO
Piazza di
Monte Cavallo
Piaz. della
293
Pilotta
SS. Apostoli

ドメニコ・フォンターナ『バチカンのオベリスクの輸送』（1590年）

古き飼葉桶礼拝堂を無傷で輸送するための方法の説明

［CCA CAGE M W3224］

旋律——内容の力動性

自律的な構造

書物は綴じた頁が連続するだけであるが、その不変性は著者と読者に多くの困難をもたらす。20世紀半ばまで、図版を綴じずにまとめた作品集が建築家たちの間で流行したのもそのためかもしれない[1]。順序など関係なく、作品集の頁を製図台の上に広げ、興味に応じて並び替えることができたが、製本するとそのような柔軟性が失われる。製本は平滑な紙の片面に二頁分を印刷することに始まり、次にこれらの印刷された紙を何枚か束ねて折り目に沿って折りたたんで積み重ねて縫い合わせる。折りたたんで製本すると、頁はあらかじめ決めた順番に固定される。この方法は文学作品の著者にとっては心強く、原稿が正しく印刷されているかあまり気にする必要はない。内容の時間的、空間的、あるいは心理的な構造とは切り離され、頁は読者、編集者、出版社、印刷業者、そして著者の間の暗黙の了解に基づいて頁から頁へと文章が続いていく。建物を書物に翻訳する場合、この合意に達するのははるかに難しい。頁の流れは制限となる。しかし独自の可能性も孕んでいる。

可能性としては、建築的な論理を展開するための三つの明白な戦略がある。一つは空間的な連続性に着目し、描写（映像もしくは言葉、あるいはその両方）が建築空間を体験する道程を表現する。オーギュスト・ショワジー（1841–1909）によるアテネのアクロポリスの説明は、そのような戦略のよく知られた例の一つである[2]。読者は自分が敷地内を移動していくさまを頭に思い浮かべ、通時的な体験であるにもかかわらず、頁の流れによってそこに没頭する機会が提供される。二つ目のやり方は出来事の時間の流れに沿うことである。礎石を据えるところから建物が竣工するまでの敷地の物理的な変遷を示し、さらに建物がどのように利用され、そして衰退して

1 最も知られているのはジャン・バドヴィチの二つ折り判『ラルシテクチュール・ヴィヴァント』であり、1920年代から1930年代にパリのアルベール・モランセ社によって出版された。

2 Auguste Choisy, *Histoire de l'architecture*, vol.1 (Paris: Gauthier-Villars, 1899) とくにpp.411–20を参照

3 Gustave Eiffel, *La tour de trois cents mètres* (Paris: Société des imprimeries Lemercier, 1900).

4 Claude Nicolas Ledoux, *L'Architecture considérée sous le rapport de l'art, des mœurs et de la législation* (Paris: Chez l'auteur, 1804), p.100.

Le plan de droite A montre l'Acropole telle que l'avaient laissée les Pisistratides, telle qu'elle se présentait en 480 lors de l'incendie d'Athènes par les Perses;

Le plan de gauche B est celui de l'Acropole actuelle, avec les édifices rebâtis par Cimon et Périclès.

3

Pour repérer les anciens édifices par rapport à ceux qui existent aujourd'hui, nous avons marqué sur le plan archaïque A les édifices nouveaux en désignant chacun d'eux par son centre, son axe et la lettre de renvoi qui le désigne dans le plan au siècle de Périclès.

L'Acropole se présente comme un rocher isolé de toutes

parts et dont la plate-forme est consacrée au culte des dieux nationaux.

En I était l'empreinte du trident de Neptune;
Non loin de là croissait l'olivier de Minerve;

Au voisinage de cet emplacement sacré on avait élevé aux deux divinités un temple commun T.

Après l'incendie, l'espace se trouva vide, et l'on put reconstruire le sanctuaire sur le site même que consacrait la légende: le temple T fut transporté en S et devint l'Érechtheion.

Aux deux époques, le point culminant P fut occupé par le grand temple de Minerve, le Parthénon.

Entre le Parthénon et l'entrée se répartissent une série de petits temples qui probablement appartiennent aux deux acropoles: Minerve Erganè S, Diane Brauronia D, la Victoire aptère V. C'est aussi dans cet espace que s'éleva au 5e siècle la colossale statue R de la Minerve Promachos.

Le propylée M qui forme le frontispice de l'Acropole est situé dans les deux plans à la même place, mais la nouvelle orientation est moins oblique et à coup sûr plus heureuse.

On le voit, d'un plan à l'autre les détails seuls diffèrent; mais l'un résulte d'une accumulation d'édifices d'époques diverses, l'autre est méthodiquement conçu d'après une vue d'ensemble et adapté à un site que l'incendie avait rendu libre; et dans cette nouvelle Acropole les apparentes dissymétries ne sont qu'un moyen de donner le pittoresque au groupe d'architecture le plus savamment pondéré qui fut jamais.

La méthode de pondération ressortira d'une revue des tableaux successifs qu'offrait au visiteur l'Acropole du 5e siècle.

a. — Le tableau des Propylées. — La fig. 4 montre le parti général du plan des Propylées:

Un corps central symétrique; deux ailes notablement inégales: à gauche la plus large, à droite la plus petite et, en avant, le temple de la Victoire aptère.

Rien n'est en apparence plus irrégulier que ce plan: en fait c'est un ensemble équilibré, où la symétrie des masses s'associe à la plus originale variété de détails. L'aile de droite, avec le temple de la Victoire, forme une masse qui répond à celle de l'aile de gauche: si bien que, pour un spectateur placé au pied de l'escalier, les deux rayons limites AX et AY s'inclinent également sur l'axe général de l'édifice.

4

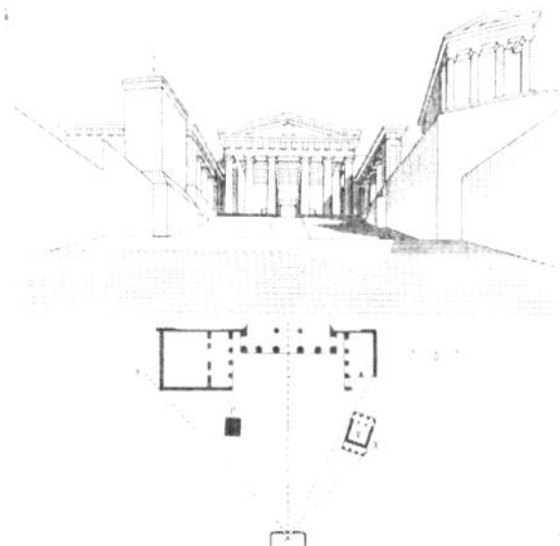

Si l'architecte a tronqué l'aile droite, ce fut pour respecter l'enceinte de la Victoire aptère et permettre au temple V de se dessiner tout entier sur le ciel. Ce petit temple n'est point

orienté parallèlement à l'axe général de la composition: irrégularité nouvelle qui fixe sur lui le regard, et lui rend une importance que l'exiguïté de ses dimensions semblait lui refuser.

En plan, la symétrie optique est irréprochable; en élévation, il manque sur la gauche un pendant au massif de la Victoire: ce pendant existait. Le piédestal vide P où les Romains ont élevé une statue d'Agrippa, repose sur une très ancienne substruction: les ruines indiquent ici la place d'un colosse, dont l'existence était nécessaire à la symétrie.

5

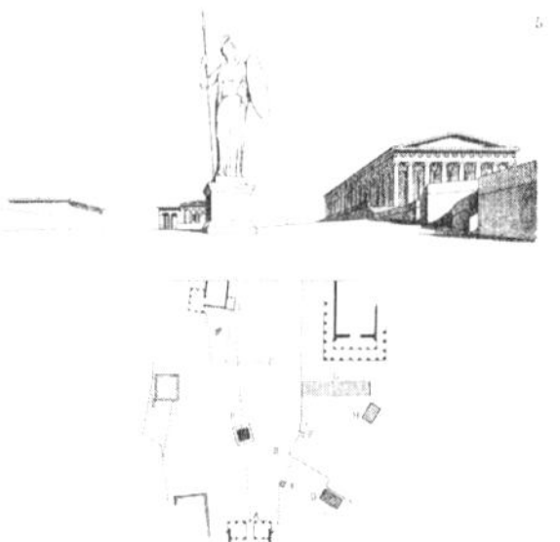

b. — Premier aspect de la plate-forme: la Minerve Promachos. — Franchissons le seuil A' des Propylées: le regard embrasse (fig. 5) le Parthénon, l'Érechthéion et la Minerve Promachos:

いくのかさえも示すことができる。逆方向に時間をたどれば、過去にさかのぼって建物を再発見することもできる。どちらの形式も、たしかな糸口によって著者と読者をつなぎ、共犯関係をつくる。時間軸は建設現場という創造の場に対する熱狂を記録するための効果的な常套手段となる。ギュスターヴ・エッフェル(1832–1923)は、エッフェル塔についての作品集を締めくくる連続写真によって、パリに建ち上がっていく構造体の様子を示す。写真は技術的な図面が現実となるまでに必要な時間と冒険的な構造の課題を明らかにしている[3]。三つ目の方法は縮尺であり、建設の要(かなめ)となる技術的な図面においてよく使われる。図版を拡大したり縮小したりすることによって誰にでもわかる旋律を簡単につくりだすことができる。クロード=ニコラ・ルドゥー(1736–1806)のショーの理想墓地の図に示されているように[4]、建物のファサードを地球や太陽系に見立てることさえできる[5]。こうして、一歩ずつ歩んでいくように、積み上げていくように、あるいは少しずつ近づいていくように、三つの建築的な連続性を頁として示すことができる。しかし、可能性のすべてというわけではない。

ピエール=アラン・クロゼは、1980年代に建築雑誌を編集した経験をもとに、物語の強力な(そしてしばしば忘れられている)能力を強調した[6]。頁に埋め込まれた論理に触れ、頁は「想像するのに必要な技術を読者に提供し、実際の建築から隔てられた読者の物理的および時間的な距離を克服し、体験したいという読者の欲求を刺激する」[7]。書物として建築を再現することは正確には再現そのものではなく、読者の想像力を誘発する一つの形式である。クロゼの考えでは、建築家の作品は「単なるものではないという理解だけでは不完全であり、むしろ住まい手の世界につながる『関係性』の構造である」[8]。したがって、建物の住まい手、あるいは書物の読み手は、感覚刺激の回路を通して自らの完全な体験を形成する。

1925年、ラースロー・モホリ=ナジは、自らの書物『絵画・写真・映画』[9]を「バウハウス叢書」の一つとして出版した。叢書はすべてモホリ=ナジによって編纂され[10]、学校の教育と宣伝のための手段として構想された[11]。『絵画・写真・映画』は、写真などの新しい表現媒体を扱っている。著者は身近な芸術形式が技術革新によって時代遅れになると確信し、「写真術によって近い将来、文学は映画に置き換わることになると考えていい」と述べていた[12]。このような主張は、すでにモホリ=ナジの論考「新しい印刷術」[13]に表れているが、ある与えられた媒体による「解釈された概念や表現」は、もっと正確で普遍的な伝達形式に置き換わるという前提に依拠していた。モホリ=ナジは「写真術の客観性によって受け身の読者は著者の特異な表現から解放され、自らの意見を述べざるをえなくなる」[14]と信じていた。この解放によって、情報の伝達の道程は読む者や見る者に差し向けられることになった。

← **オーギュスト・ショワジー『建築史』(1899年;再版1929年) 412–13頁と414–15頁**

アクロポリスに関するショワジーの説明の仕方に巻き込まれた読者は、敷地を歩んでいく筆者の身体的な移動とその知覚を追体験する。ショワジーの語り口に刺激され、エイゼンシュテインはアクロポリスを「最も古い映画の一つの完璧な先例」と呼んだ。モンタージュの理論を発表する前のことである。
[CCA MAIN 8074 1929]

5 *The Films of Charles & Ray Eames*, vol.1, *Powers of Ten* (Santa Monica, CA: Pyramid Film & Video, 2000).『パワーズ・オブ・テン』、IBMのためにチャールズ・アンド・レイ・イームズ事務所によって制作。1977年に映画として製作された。

6 Pierre-Alain Croset, "The Narration of Architecture," in *Architectureproduction*, ed. Joan Ockman and Beatriz Colomina (New York: Princeton Architectural Press, 1988), pp.201–11.

7 『前掲書』p.207

8 『前掲書』

9 László Moholy-Nagy, *Malerei, Photographie, Film* (Munich: Albert Langen, 1925), translated by Janet Seligman as *Painting, Photography, Film* (Cambridge, MA: The MIT Press, 1973), p.16.

10 Ute Brüning, "Fakturensuche zu einem Bauhausbuch," in *Autopsie: Deutschsprachige Fotobücher 1918 bis 1945*, ed. Manfred Heiting and Roland Jaeger (Göttingen: Steidl, 2012), pp.164–73.

11 Catherine Ince, "Spread the Word: Bauhaus Instruments of Communication," in *Bauhaus: Art as Life* exh. cat., Barbican Art Gallery, London (Cologne: Walther König, 2012), pp.112–15.

12 『前掲書』pp.145–46

13 László Moholy-Nagy, "Die Neue Typographie," in *Staatliches Bauhaus Weimar 1919–1923* (Weimar: Bauhausverlag, [1923]).「文章の建設」(上記pp.113–124)を参照

14 László Moholy-Nagy, "The New Typography," T-Y-P-O-G-R-A-P-H-Y: "Readings," accessed December 27, 2014, www.t-y-p-o-g-r-a-p-h-y.org.

15 引用は光学機械と1925年から1930年までの映画「光の遊戯 白 黒 灰」についての対談である。Sibyl Moholy-Nagy, *Moholy-Nagy: Experiment in Totality*, 2nd ed. (Cambridge, MA: The MIT Press, 1969), p.66.

16 Moholy-Nagy, *Painting, Photography, Film*, p.38 (註9参照)

17 *Staatliches Bauhaus Weimar 1919–1923* (註13参照)

18 Moholy-Nagy, *Painting, Photography, Film*, p.16 (註9参照)

ギュスターヴ・エッフェル
『300 m の塔』(1900 年)

1887 年 7 月 4 日の第四号杭の組み立て；1888 年 8 月 21 日の第二層の組み立て；外観。数頁にわたる時系列の画像は、読者を建物が建ち上がっていくさまに導いていく。
[CCA MAIN M7599]

→ **クロード＝ニコラ・ルドゥー**
『芸術、慣習、法制との関係の下に考察された建築』(1804 年) 100 頁

ショーの墓地の立面図
[CCA CAGE M ID:90-B660]

芸術の知的表現を自然の制約から解放したいがために、モホリ＝ナジは光と色彩の新しい技術の実験を始めた。写真技術はモホリ＝ナジに絵画や文学を超える可能性を提供した。光による再現は意味の継続的な生産を可能にし、再生産を生産に変えた。モホリ＝ナジが述べているように、「映しだされたものは現物よりも説得力がある」[15]。技術の進歩に対するそのような信頼は『絵画・写真・映画』における議論に明らかであり、モホリ＝ナジは異なる表現媒体の間の関係性を分析し、そこに創造的で進歩的な変革の道具を見た。印刷技術は「新しい『世界』を構築するための基盤の一部」[16]となる。印刷が大量生産を大量伝達に変え、再生産が生産になったとすれば、この表現媒体は「視覚と伝達の同時体験」[17]を生みだす強力な創造的道具を提供する。モホリ＝ナジは書物を「自然や建築から独立した存在であることを正当化する自律的な構造体」[18]と考えていた。

『絵画・写真・映画』は三部構成の写真本であり、40頁の文章、光沢紙90頁にわたる100枚の写真、そして最後は文章、図形記号、写真を融合させた14頁の映画脚本「都市の動態」[19]に分かれる。この書物は絵画（モホリ＝ナジの基盤）と映画（モホリ＝ナジの未来）の間の時系列の連続性のなかに位置づけられる。それゆえに、映画の脚本はさながら書物が映画になる寸前の中間段階のように見える。当時の大都市での建築体験は、視覚文化の発展

19 「都市の動態」は1921年から22年にモホリ＝ナジとカール・コッホによって書かれハンガリーの前衛雑誌『MA』に写真図版なしで初掲載された。モホリ＝ナジにとって、古典的な映画の描写を凌駕する抽象表現を開発する試みの一環であった。ヴァルター・ルットマン監督（1887–1941）による1927年の「ベルリン——大都市の交響曲」（1927）とジガ・ヴェルトフ監督（1896–1954）による1929年の「映写機を持った男」のように、モホリ＝ナジの映画「光の遊戯 白 黒 灰」（1931–33）は、ベルリンの力学の抽象的な翻訳であり、この流れを汲む好例である。Moholy-Nagy, *Experiment in Totality*, pp.57–84（註15参照）を参照

20 Andrea Nelson, “László Moholy-Nagy and *Painting Photography Film*: A Guide to Narrative Montage,” *History of Photography* 30, no.3 (Fall 2006): pp.258–69; Edward Dimendberg, “Transfiguring the Urban Gray: László Moholy-Nagy’s Film Scenario ‘Dynamic of the Metropolis,’” in *Camera Obscura, Camera Lucida: Essays in Honor of Annette Michelson*, ed. Richard Allen and Malcolm Turvey (Amsterdam: Amsterdam University Press, 2003), pp.109–26.

21 Pepper Stetler, “‘The New Visual Literature’: László Moholy-Nagy’s Painting, Photography, Film,” *Grey Room* 32 (Summer, 2008): pp.88–113.

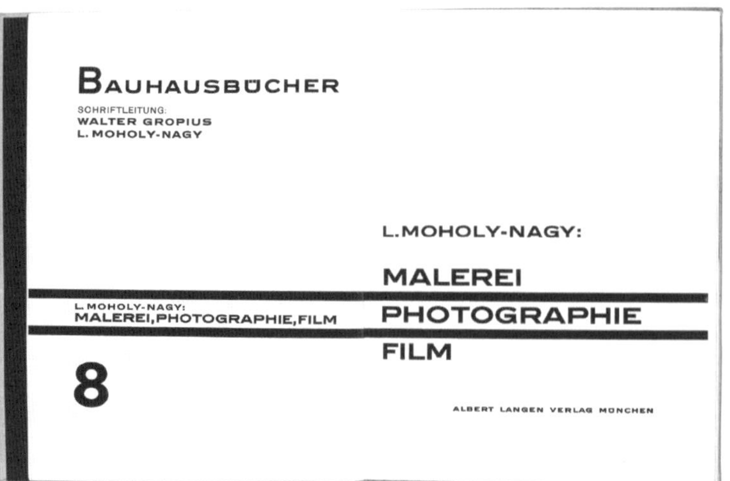

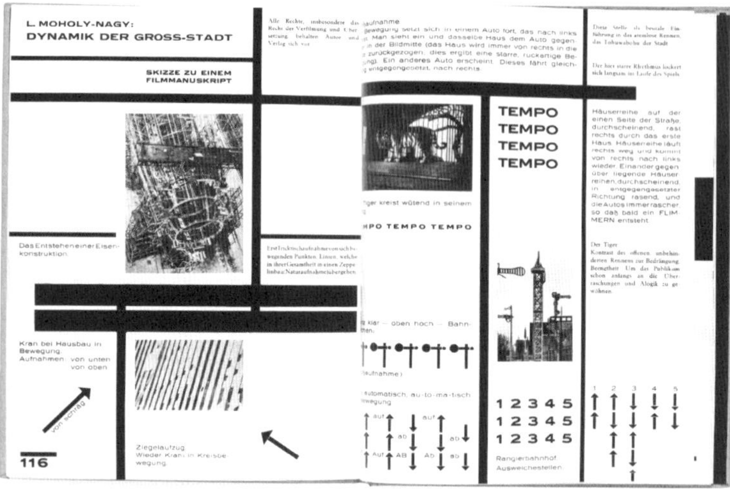

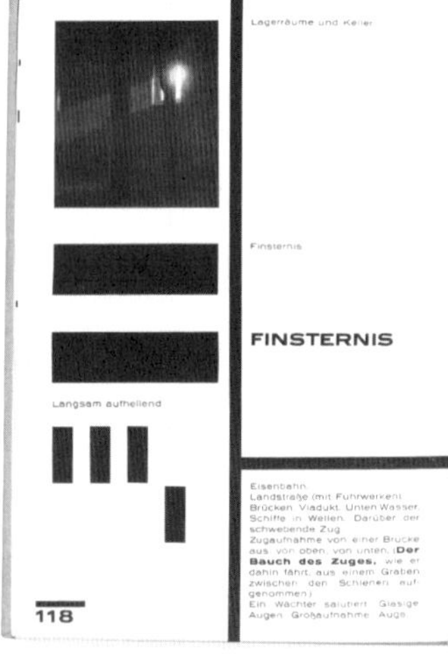

ラースロー・モホリ＝ナジ
『絵画・写真・映画』（1925年）

「都市の動態」からの口絵、文章頁、一連の図版冒頭、および三か所の見開き頁
[CCA CAGE ND37.M698.A35 1925]

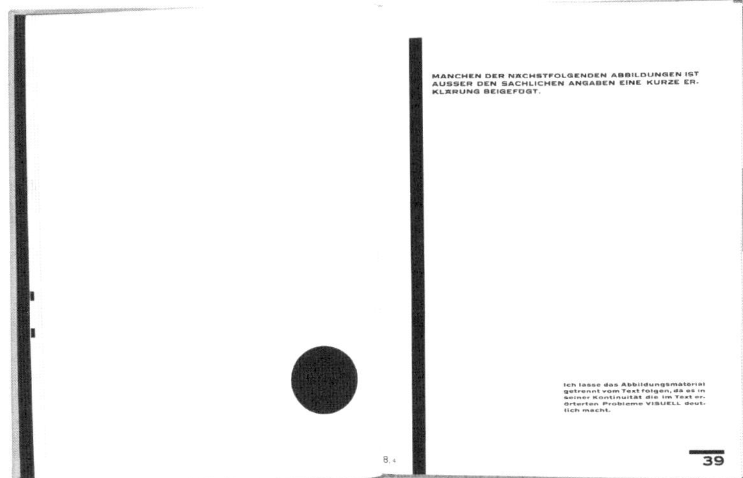
MANCHEN DER NÄCHSTFOLGENDEN ABBILDUNGEN IST AUSSER DEN SACHLICHEN ANGABEN EINE KURZE ERKLÄRUNG BEIGEFÜGT.
Ich lasse das Abbildungsmaterial getrennt vom Text folgen, da es in seiner Kontinuität die im Text erörterten Probleme VISUELL deutlich macht.
39

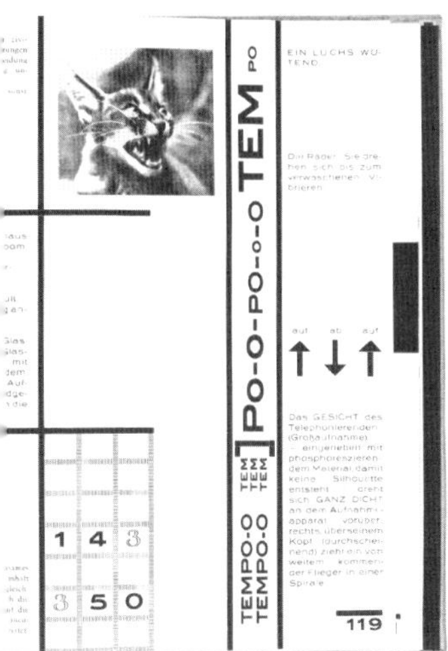
TEMPO-O TEMPO-O
TEM TEM TEM
PO-O-PO-o-o TEM PO
EIN LUCHS WÜTEND.
119

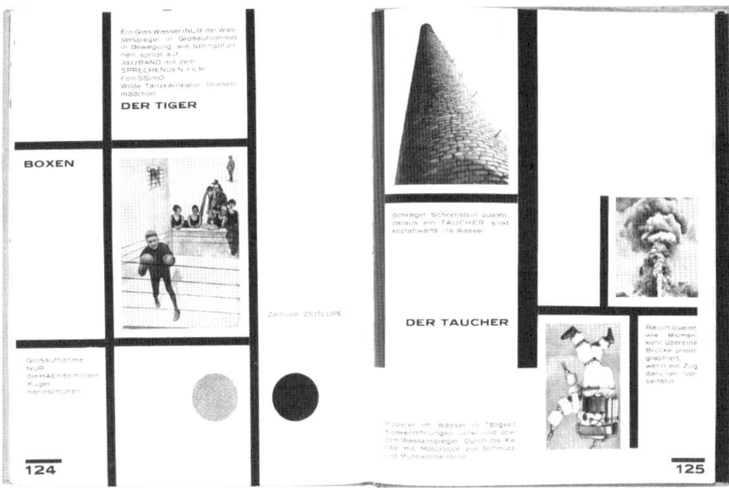
DER TIGER
BOXEN
DER TAUCHER
124
125

における次の段階に飛躍する力を与えている。『絵画・写真・映画』と「都市の動態」はいずれも学術的に注目され[20]、ペッパー・ステトラーも書物の視覚的な力学について鋭い分析をしている[21]。ステトラーが強調しているのは、モホリ＝ナジが組版を駆使して頁全体に旋律をつくりだしていることや、見開き頁によって画像を対比させ、内容を表現と織り合わせることによって意味を喚起していることである。注意深く画像を選ぶことによって「時間と空間の断片化」が生じる。そこでステトラーは連続する写真を「一連の衝撃、瞬間的な精神的外傷、そして観客を喚起する『運動学的な』行動の源」[22]と見ている。モホリ＝ナジにとって、「（芸術の）作品は要素のつながりとしては説明できない」[23]。むしろ、柔軟性のない書物の頁は空間と潜在的な旋律を備え、おそらく非論理的な組み合わせが独創的な意味を生みだす。ステトラーが力説しているのは、モホリ＝ナジの頁における映画的な特質が「さまざまな写真的表現との混合空間を形成している」[24]ことであり、それによって書物という形式の予定調和的な陳腐さが無効化される。モホリ＝ナジは「都市の動態」によって自らの意図を最もうまく説明している。

> 「論理的に」一体となっていない個々の部分は光学的に結合される。たとえば相互貫入、あるいは独立した画像を縦横に配置することによって（それらを互いに類似させるために）、絞りによって（たとえば、一つの画像を絞りの技法によって閉じ、別の画像を取り込むことによって）、そうでなければ異なるものを一斉に動かすことによって、あるいはまた連想によるつながりによって。[25]

モホリ＝ナジが知っていたように、これらの手技はどれも書物をめくりながら読者の想像力を掻き立てる仕掛けである。工業生産の大量印刷に精通していたために、書物が表現を流通させる装置となることを見抜いていた。『絵画・写真・映画』において、モホリ＝ナジは広告、ダダイストのコラージュ、スポーツ雑誌、科学的なX線写真などから集めたさまざまな画像を使用し、さらに初期の写真作品の一部も加えた。読者は予想外の画像の刺激に直感的に反応するはずである。視覚による教育であり、画像は確信のもとに提示された。「写真は原始的（直感的）であると同時に技術的に高度な知覚形態へと導くことができる」[26]。文章頁と写真印刷の分離を余儀なくされる技術的制約をものともせず、写真頁の冒頭において、「図版の連続性は文章によって提起された問題を『視覚的に』明確にする」[27]とモホリ＝ナジはいう。旋律を生む画像を並べているために、頁をめくることによって読者は（必ずしも時間的、物理的、表現的ではない）複雑な語りを物語として紡ぎだすことに駆り立てられる。

22 『前掲書』p.99

23 Moholy-Nagy, *Painting, Photography, Film*, p.123（註9参照）

24 Stetler, “The New Visual Literature,” p. 90（註21参照）

25 Moholy-Nagy, *Painting, Photography, Film*, p.123（註9参照）

26 Stetler, “The New Visual Literature,” p. 92（註21参照）

27 Moholy-Nagy, *Painting, Photography, Film*, p.47（註9参照）

28 Erich Mendelsohn, *Amerika: Bilderbuch eines Architekten, mit 77 photographischen Aufnahmen des Verfassers* (Berlin: Rudolf Mosse, 1926); Erich Mendelsohn, *Amerika: Bilderbuch eines Architekten, mit 100 meist eigenen Aufnahmen des Verfassers* (Berlin: Rudolf Mosse, 1928).

29 Roland Jaeger, *Bilderbüchereines Architekten*, Heiting and Jaeger, pp.174–87（註10参照）; Jean-Louis Cohen, postface to Erich Mendelsohn, *Amerika: Livre d'images d'un architecte* (Paris: Les Éditions du Demi-Cercle, 1992), pp.225–51. イェイガーはこの書物に関する広範な参考文献を掲載しているが、ほとんどがドイツ語文献である。

30 メンデルゾーンのマンハッタンに対する方法論とは無関係ではあるが、興味深い先例としてヴィヴァン・デノン（1747–1825）の記念碑的な *Voyage dans la basse et la haute Égypte pendant les campagnes du général Bonaparte*［『ボナパルト将軍の進軍中のエジプト上部と下部への旅』］(Paris: P. Didot, 1802) がある。図版3は1798年6月にナポレオンの軍隊がマルタに到着し、攻撃し、占領した時期を表している。一頁のなかに縦に並べられた水平に拡がる六枚の光景は、艦隊の漸進的な侵攻を上から下に示している。島が近づくにつれ、各々の光景の縦方向の寸法が大きくなり、最初は艦隊の広い範囲を捉え、次にバレッタとその周辺の街並みが見え、「街とその砦がフランスの艦隊に砲撃を始めたとき」の近景が続く。さらに街に近づくと、港の入口の二つの異なる視点からの透視図が描かれている。最後に聖アンジェロ砦とフランス軍が占領した旧市街の景色が見える。艦隊の侵攻を表現することによって、光景の流れはバレッタの港への物理的接近と時間的経緯の両方を表している。画像とは別に示される書物の本文中の詳細な侵略の記述は、軍の作戦の順序に関するさまざまな情報を提供している。

31 Erich Mendelsohn, preface to *Erich Mendelsohn's “Amerika”: 82 Photographs* (New York: Dover, 1993), p.ix. 原文は “Der andere liegt in der physischen Gewalt, mit der über die tagelange Horizontale der Meerfahrt plötzlich Manhattans Türme in den Himmel stoßen. Aber zunächst schlägt Amerika auch dem objektiven Beobachter, der die bewegten Bilder auf ihre relative Größe zurückzuführen weiß, kräftig gegen den Schädel.”

エーリヒ・メンデルゾーン
『アメリカ』(1926年)21頁
マンハッタンへの接近

直感的な統合

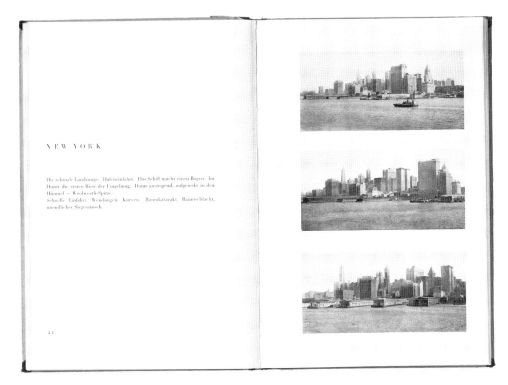

エーリヒ・メンデルゾーン(1887–1953)による『アメリカ』[28]の21頁に掲載された三枚の連続風景写真は1924年10月11日にニューヨークに到着したときの映画的体験を表現している[29]。移動する船首から見ると、目に映るマンハッタンの超高層ビルの眺望が刻々と変化する[30]。新しい世界を発見する衝撃を体験しながら、つねに客観的であろうとしたこのヨーロッパの建築家は、大西洋を進むときの水平性と、街に入った瞬間の雲にそびえるような超高層ビルの垂直性との劇的な対比、それによって引き起こされる効果に注目した。

> ここ数日の航海での水平線に突如として突き出たマンハッタンの塔状建築の物質的な力。冷静な観察者なら目の前の映像を適切な比率に縮小することができるが、最初はアメリカとの出合いを衝撃として受けとめる。[31]

水平と垂直の対比は早速書物の1頁と2頁に示されている[32]。全方位に拡がる水平線に続いて、突然エクイタブル生命ビルの低角から見上げた写真

32 1928年版においてメンデルゾーンは、この突然の切り替えを円滑にしようとして2頁目の画像をマンハッタンの遠景に切り替えた。そしてエクイタブル生命ビルの写真を前に動かし、超高層ビルの屋上から摩天楼を見渡す光景を挿入した。

33 Erich Mendelsohn, "Pittsburgh, October 22nd 1924," in *Eric Mendelsohn: Letters of an Architect*, ed. Oskar Beyer, trans. Geoffrey Strachan (London: Abelard-Schuman, 1967), p.69. メンデルゾーンとルイーゼ・メンデルゾーンの書簡の完全なデジタル複写は、現在EMA-Erich Mendelsohn Archive, Correspondence of Erich and Luise Mendelsohn 1910–1953から入手できる。

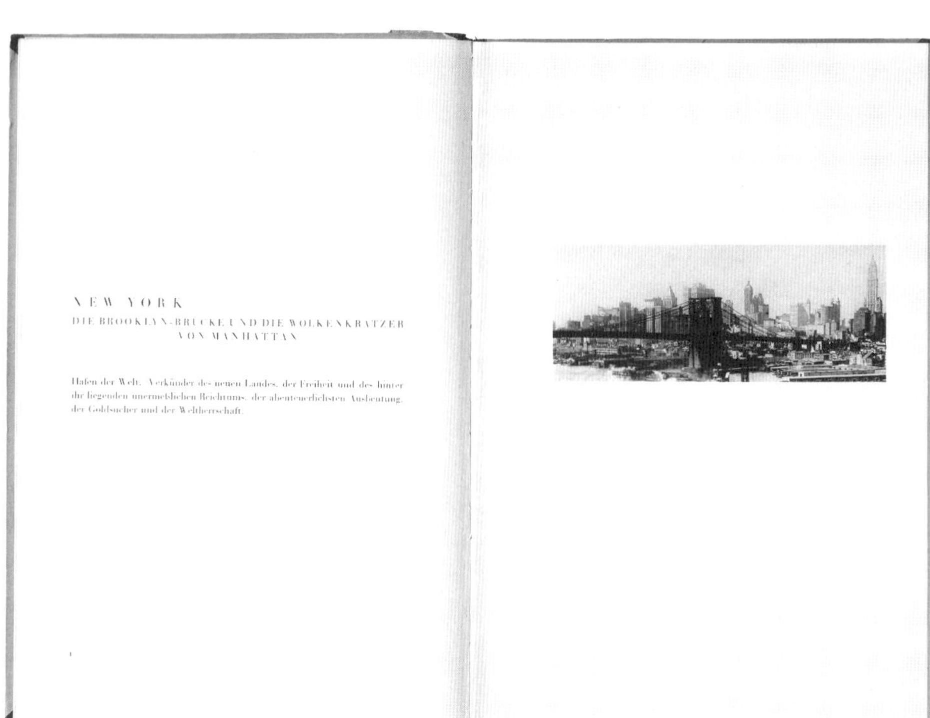

NEW YORK

DIE BROOKLYN-BRÜCKE UND DIE WOLKENKRATZER VON MANHATTAN

Hafen der Welt. Verkünder des neuen Landes, der Freiheit und des hinter ihr liegenden unermeßlichen Reichtums, der abenteuerlichsten Ausbeutung, der Goldsucher und der Weltherrschaft.

1

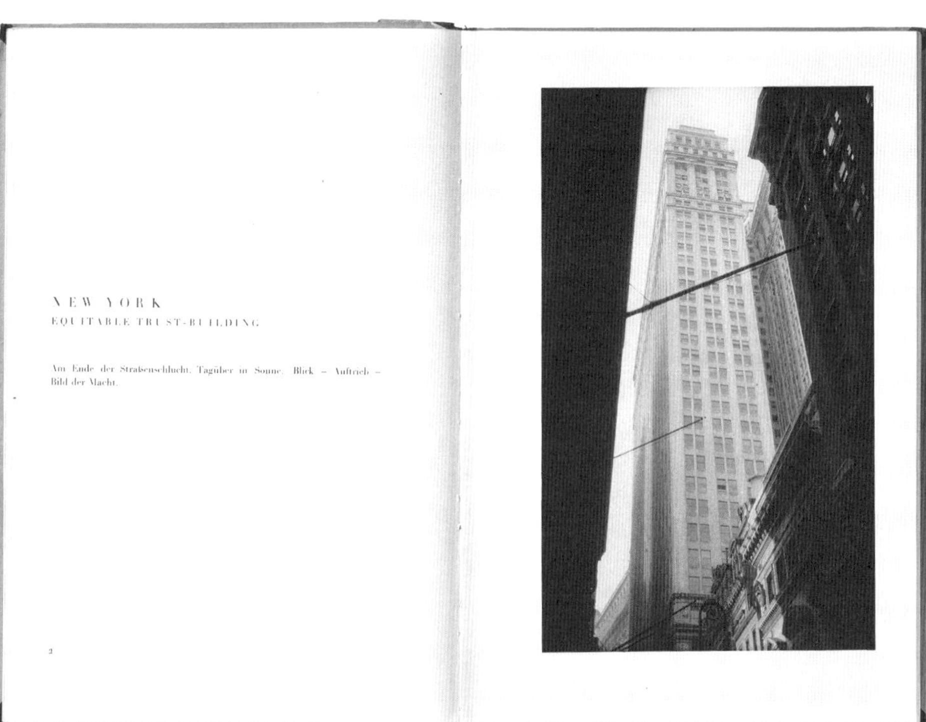

NEW YORK

EQUITABLE TRUST-BUILDING

Am Ende der Straßenschlucht. Tagüber in Sonne. Blick – Auftrieb – Bild der Macht.

2

が登場する。水平に拡がる稜線（中央に黒ずんだブルックリン橋）が中央の明るい超高層ビルに置き換わり、薄暗い前景越しにすっと浮かび上がる。『アメリカ』のほとんどの頁は一枚の画像しか掲載されていない。頁をめくることによって、アメリカにおいて感じられたメンデルゾーンのめまいの感覚が展開していく。

ピッツバーグにおいて、メンデルゾーンは錯乱状態に陥った。バックリーと呼ばれていた筋骨たくましいアメリカ人が「まっすぐに狂ったような速度で港まで」[33]車で連れだした。メンデルゾーンが目の当たりにしたのは「穀物船の積み下ろし、鉄道と橋、生きているように動くクレーンの怪物、コンクリートと石と施釉煉瓦の格納庫の大群が渾然一体となったでたらめの混乱」[34]であった。港の熱狂を支えているのは「山のような格納庫であり、信じられないような空間でありながら、空間をつくりだしている」ことである[35]。メンデルゾーンは穀物格納庫にいくつかの特徴を見いだしたが、ヴァルター・グロピウスやル・コルビュジエがヨーロッパにおいて有名にした写真から期待していたような格納庫とは違っていた。ジャン＝ルイ・コーエンが述べているように、メンデルゾーンは建物の個々の特徴に焦点を合わせるのではなく、アメリカの都市の体験に基づき、「個々の記念建造物を記録することを放棄して都市要素の関係や間隔の戯れを演じている」[36]。メンデルゾーンは感情移入を続けながら、かたちの動き、そして動きのかたちに注意を払う。書物の写真をめくっていくと、同じ体験をすることができる。「突然、管理棟のある格納庫、そして閉鎖的な水平面が出現し、50から100の巨大な円筒が垂直に立ち上がり、これらすべてが夕暮れの鮮明な光に照らされている」[37]。

バックリーの車の速度、港の活気、そしてアメリカに対する認識に触発され、メンデルゾーンは「狂ったように写真を撮った」[38]。それでも、その場に没頭することから一歩引き、自分の体験を冷静に見直そうとした。この試みは、著者の個人的な衝撃と、未知のアメリカに対するヨーロッパ人共通の夢が反映された姿との間にある独特の緊張を書物にもたらしている。メンデルゾーンは認める。「この国はすべてを与える。ヨーロッパにおける最悪なもの、文明の堕落、しかし新しい世界への希望もある」[39]。メンデルゾーンが見いだしたのは「矛盾する要素」、「根本的に相対するもの」[40]。見たものはすべて「光から影へ、暗闇から閃光へ、絶え間ない変化、このせめぎ合いの魅力」[41]。

メンデルゾーンは以前からアメリカを訪問することを熱望していた。1922年にヘルマン・ゲオルグ・シェファウアー（1878–1927）と出合い、メンデルゾーンの作品に関する作品集『構造と素描』[42]の英訳について話し合っていたときのことである[43]。英語版はアメリカでの自己宣伝の手段となった。メンデルゾーンはアメリカに旅行できるのであれば、出版する価

← **メンデルゾーン『アメリカ』（1926年）1–2頁**
マンハッタンへ

34 『前掲書』

35 『前掲書』

36 Cohen, postface to *Amerika: Livre d'images*, p.232（註29参照）

37 『前掲書』

38 『前掲書』

39 Translated in Martin Parr, Gerry Badger, *The Photobook: A History*, vol.1 (London: Phaidon, 2004), p.77. 原文は "Dieses Land gibt alles: Schlechteste Ablagerungen Europas, Zivilisations-Ausgeburten, aber auch Hoffnungen einer neuen Welt."

40 Beyer, *Mendelsohn*, pp.69–70（註33参照）

41 Mendelsohn, *Amerika* (1928), p.96（註28参照）。原文は "Aus dem Licht in den Schatten, aus dem Dunkel ins Helle — unaufhörlicher Wechsel — dieser Zauber der Konkurrenz."

42 Erich Mendelsohn, *Bauten und Skizzen* (Berlin: Wasmuth, 1924), translated by Herman George Scheffauer as *Structures and Sketches* (London: Benn, 1924).

43 1922年7月4日にエーリヒ・メンデルゾーンがルイーゼ・メンデルゾーンに宛てた手紙、Erich Mendelsohn Archive, Correspondence of Erich and Luise Mendelsohn 1910–1953.

44 リチャード・ノイトラ（1892–1970）は当時メンデルゾーンの所員であったが、シェファウアーとの会合に同席していた。ノイトラはその後まもなく米国に定住した。

45 ベルリン、エルザレマー通りとシュッツェン通りの角、1921年から1923年。Sabine Hake, *Topographies of Class: Modern Architecture and Mass Society in Weimar Berlin* (Ann Arbor: The University of Michigan Press, 2008) を参照。とくに "Case Study: Mossehaus," pp.181–96を参照

46 Erich Mendelsohn, "New York," *Berliner Tageblatt*, January 3, 1925. Cohen, postface to *Amerika: Livre d'images*, p. 270, note 30（註29参照）からの引用

47 Alfred Kerr, *Yankee-Land: Eine Reise* (Berlin: Rudolf Mosse, 1925). カーの書物は1931年の第四版までに一万部以上売れた。

48 Jaeger, "Bilderbücher eines Architekten"（註29参照）

49 Jean-Louis Cohen, *Scenes of the World to Come: European Architecture and the American Challenge, 1893–1960* (Paris: Flammarion, 1995).

メンデルゾーン『アメリカ』(1926年)の見開き頁

メンデルゾーンはアメリカにおいて経験した知覚の躍動感が刺激となって、書物の頁を映画的に編集した。対比の不協和音から連続した街路景観に転じ、『アメリカ』はアメリカの都市と建築の物質性に読者を没入させる。

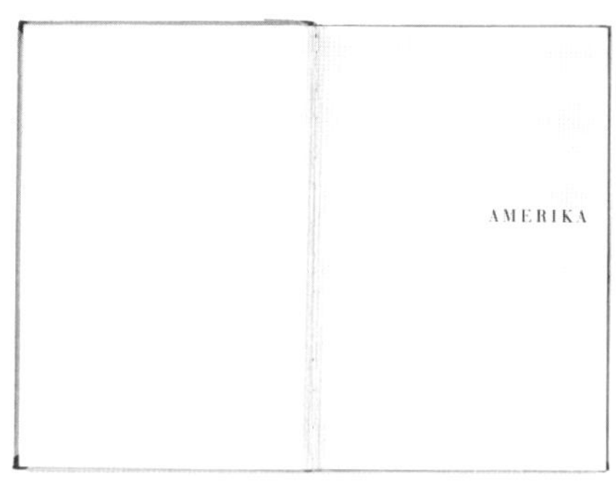

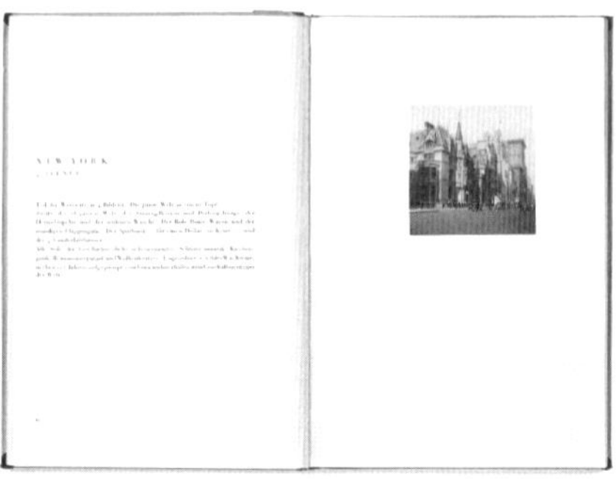

DAS TYPISCH AMERIKANISCHE

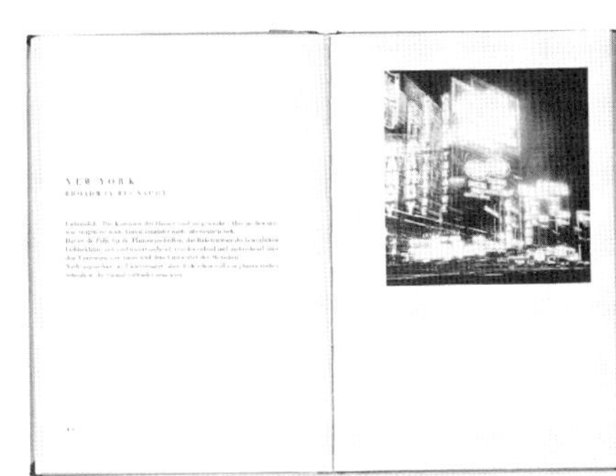

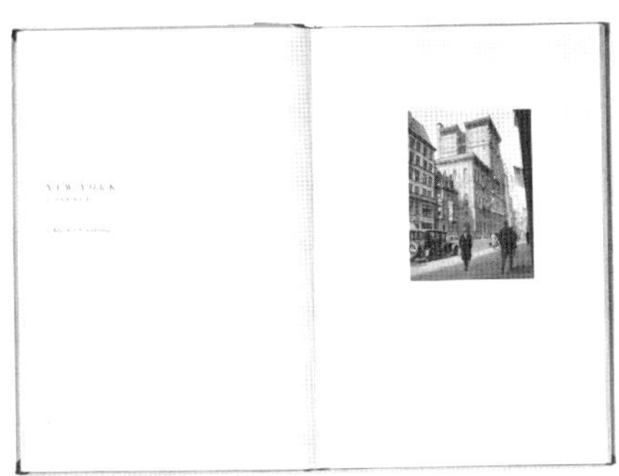

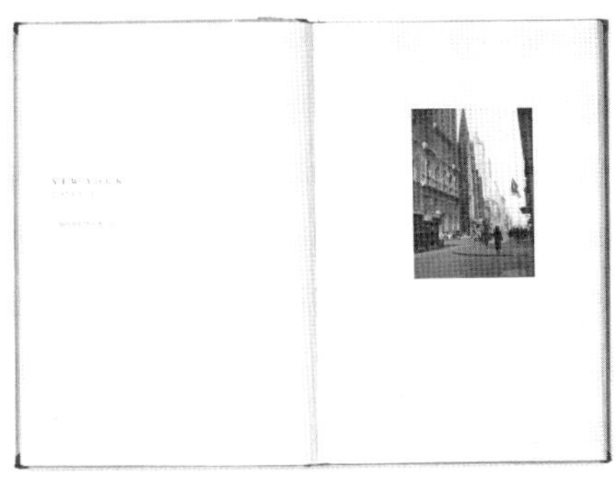

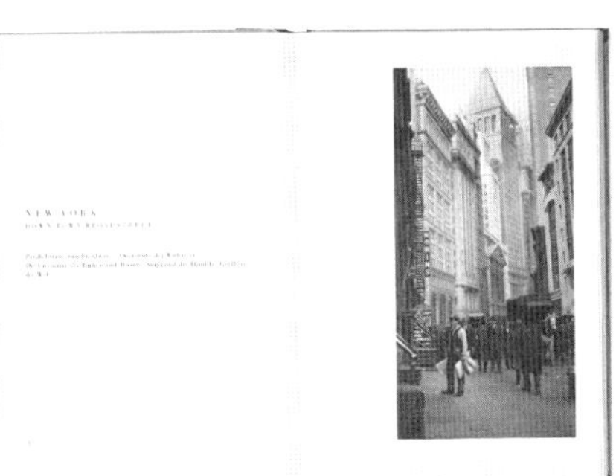

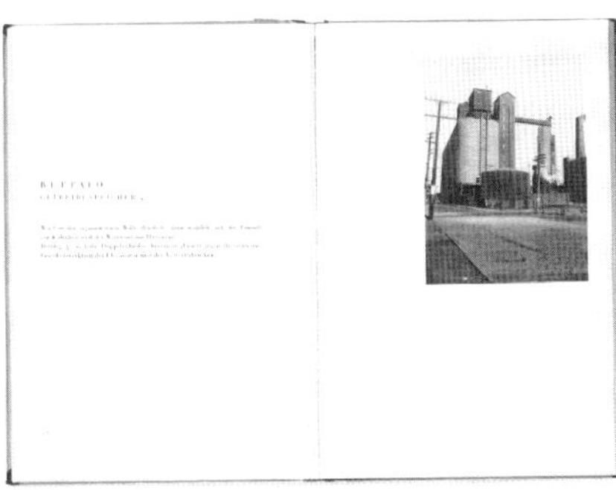

→ **メンデルゾーン『構造と素描』（1924年）6–7頁**

ポツダムのアインシュタイン塔、天体物理学研究所、1920–21年
［CCA MAIN NA44 .M537.A35 1924］

→ **メンデルゾーン『構造と素描』（1924年）8–9頁**

ポツダムのアインシュタイン塔、天体物理学研究所、1920–21年。『アメリカ』に先立ち、メンデルゾーンは自身の作品集において画像、大きさ、紙面構成に工夫を凝らしていた。頁の流れは建物の規模や細部をくっきりと伝達し、読者を擬似体験に導いていく。
［CCA MAIN NA44 .M537.A35 1924］

値があると考えていた[44]。書物（ドイツではワスムース社、ロンドンではベン社という国際的な建築書ではお馴染みの出版社から出版された）とアメリカへの旅行はともに1924年に実現した。メンデルゾーンがベルリンでモッセハウスの改修に取り組んでいたときである[45]。施主はハンス・ラッハマン＝モッセ（1885–1944）、ルドルフ・モッセ社の社長であり、ベルリンの大きな出版社として、書物や商業的な図録、「ベルリナー・ターゲブラット［ベルリン日報］」という新聞を発行していた（メンデルゾーンも後に旅行記を執筆している）[46]。メンデルゾーンがアメリカに出発する前の春、モッセ社は劇場評論家アルフレッド・カー（1867–1948）に資金を提供し、その体験を書いた『北米人たちの土地』の出版によって成功していた[47]。これが前例となり、モッセはメンデルゾーンについても同じことをした[48]。

近年の研究では、アメリカニズムの文脈においてメンデルゾーンの旅行が検証され[49]、ジャック・グレベール（1882–1962）[50]やヴェルナー・ヘーゲマン（1881–1936）[51]が以前のような大西洋横断航海の旅とは別ものであったことを明らかにしている。グレベールとヘーゲマンの重厚な書物がアメリカの現実よりも古典的な視点から描写することに重きを置いているのに対して、メンデルゾーンはアメリカの都市の巨大な大衆と活気に満ちた動態に矛盾と問題点を探った。メンデルゾーンの批判的な眼差しが先人の説明とは異なっているとしても、最も重要な違いは書物を描きだすための戦略である[52]。出版直後に『アメリカ』を評したエル・リシツキーは、文章、画像、語りの構造のうちにある革新的な表現を認めた最初の人物であり、『アメリカ』を「劇的な映画」[53]として評価した。アレクサンドル・ロトチェンコ（1891–1956）もメンデルゾーンの写真の選択に注目し、視点を傾けることによって観察者と現代都市の表象とが直接結びつき、写真をまるで「街路にいる人間が街路から建物を見た」[54]かのように使ったと捉えた。しかしながら、レイナー・バンハムが『アメリカ』の1979年復刻版を論じたときに指摘しているように、書物の写真だけがメンデルゾーンの思いを伝えているのではない。「私はそこに行き、それを見た」[55]ことを「国民に伝えたかった」のであり、書物の急ぎ足の語り口は現実の素直すぎる描写というだけではなかった。「メンデルゾーンは必ずしも歴史的に正しい順序で配列したわけではなかったし、強大なルドルフ・モッセ社の印刷機を独占して書物の綴りを修正することもできなかった」[56]。バンハムが『アメリカ』に再発見したのは、「レニングラードやタオスやブラジリア、あるいはどこであろうと、そこから戻ったらすぐにスライドを見せながら語るような初めての試み」[57]であった。

ソビエト連邦における『アメリカ』の前向きな評価は、芸術と建築の革命の必要性に関して彼の地で進行していた議論と歩調を合わせていた。書物が出版されたのは1925年12月、セルゲイ・エイゼンシュテイン[58]の「戦

50 Jacques Gréber, *L'architecture aux États-Unis: Preuve de la force d'expansion du génie français. Heureuse association de qualités admirablement complémentaires* (Paris: Payot, 1920).

51 Werner Hegemann and Elbert Peets, *The American Vitruvius: An Architects' Handbook of Civic Art* (New York: The Architectural Book Publishing Co., 1922); Christiane Crasemann Collins, "Hegemann and Peets: Cartographers of an Imaginary Atlas"、『前掲書』pp.xii–xxii

52 メンデルゾーンは写真家になろうと思っていたわけではないが、『アメリカ』は写真史における事件となった。初版の写真出典が欠如しているために、写真の多くがメンデルゾーンによる撮影ではなかったという事実はあまり知られていない。フリッツ・ラング（1890–1976）による著名な夜のブロードウェイの写真もある。無断使用されたデンマークの建築家クヌード・レンバーグ＝ホルム（1895–1972）からの苦情があり、1928年版には写真家が明記された。

53 El Lissitzky, February 1926, Cohen, postface to *Amerika: Livre d'images*, pp. 233–34, notes 37–38（註29参照）からの引用。リシツキーは1925年の秋にベルリンでメンデルゾーンに会った。1925年10月18日のモスクワからの手紙。Sophie Lissitzky-Küppers, *El Lissitzky: Life, Letters, Texts* (London: Thames & Hudson, 1992), p.69.

54 Alexander Rodchenko, 1928, Cohen, postface to *Amerika: Livre d'images*, p. 234, note 40（註29参照）からの引用

55 Reyner Banham, "Review: Amerika, Bilderbuch Eines Architekten by Erich Mendelsohn," *Journal of the Society of Architectural Historians* 38, no.3 (October, 1979): pp.300–301.

56 『前掲書』p.301

57 『前掲書』

VIEW FROM THE WEST

6

VIEW FROM SOUTHEAST. OFFICE · NIGHT QUARTERS · TOWER

7

DETAIL

8

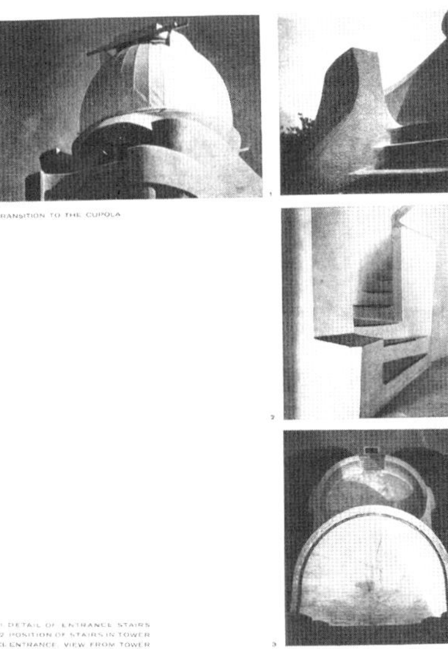

TRANSITION TO THE CUPOLA

1 DETAIL OF ENTRANCE STAIRS
2 POSITION OF STAIRS IN TOWER
3 ENTRANCE, VIEW FROM TOWER

9

→ **メンデルゾーン『アメリカ』（1928年）42頁と44頁**
ニューヨーク、タイムズスクエアとブロードウェイ
[CCA MAIN NA44.M537.A35 1928]

艦ポチョムキン」の初演と同月であった。映画は芸術的かつ知的願望を満たすモンタージュの革新的な使用によってすぐに高い評価を得た。エイゼンシュテインのモンタージュ理論は広く研究され、建築との関係においても言及されてきた[59]。主な研究対象は「建築とモンタージュ」[60]であり、1937年に書かれた未発表の論考である。そのなかでエイゼンシュテインは、映画的かつ建築的な体験を探り、アテネのアクロポリスのなかを移動するオーギュスト・ショワジーの説明を長々と引用している。ヴィクトル・ユーゴー（1802–85）が中世の大聖堂を書物にたとえたこと［『ノートル＝ダム・ド・パリ』］になぞらえて、エイゼンシュテインはアクロポリスを「最も古い映画の一つの完璧な先例」と呼んだ[61]。またエル・グレコに関する別の論考において、エイゼンシュテインはショワジーを引用する理由を要約してみせた。

> アテネのアクロポリスは危機に瀕していた。ショワジーの解説では、移動する観察者の視点からみたモンタージュによる計算された構図が見事に描きだされている。だが観察者が動くことがないとすれば、一つの視線からすべてを捉えられるわけはなく、現実のなかのあちこちに散らばっている要素をどこかに集めなければならない。観察者はそれらを重ね合わせ、印象となるような要素、さらには現実との関係を変容させるような、知覚に刻みたいものすべてを取り入れることになるからである。映画的なモンタージュもまた、さまざまな視点や側面から、さまざまな次元において撮影された現象のさまざまな要素（断片）を一つに、すなわち投影面に「関連づける」手段である。[62]

エイゼンシュテインは、別の未発表の論考「映画におけるモンタージュの魅惑」[63]においてこの議論を初めて提示した。そのなかで、エイゼンシュテインは映画の魅惑を定義する。「観客の関心と感情に明確な影響を及ぼすことが証明されている実証的事実（行動、対象物、現象、意識連関など）の組み合わせによって、作品の目的に応じてあらゆる方向へと観客の感情を惹きつける特性を持つ」[64]。この現象を利用することによって、映画は思ったような感情の流れに観客を導く「効果的な構築物」になる。「重要なのは、示されている事実ではなく、聴衆の感情的な反応の組み合わせである」[65]。エイゼンシュテインは後に「建築とモンタージュ」においてこの可能性を「老練な記者」の逸話を使って説明した。軍がデモを解散させるために行使した暴力について評論しようとした記者は、検閲官に別の二枚の写真を送って巧みに検閲をすり抜けた。「一枚は純粋に映画的な切り取り、行進する軍隊の足が写っている。もう一枚は散り散りに後退している足を写した混乱した民間の群衆」[66]。ところが、二つの画像が雑誌面に並べて印刷されると、単独では持ちえない重大な意味を生みだす。制作者が使える

58 Richard Taylor, introduction to S. M. Eisenstein, *Selected Works*, vol.1, *Writings, 1922–34* (London: BFI Publishing, 1988), pp.1–24.
59 Anthony Vidler, "The Explosion of Space: Architecture and the Filmic Imaginary," in *Film Architecture: Set Designs from Metropolis to Blade Runner*, ed. Dietrich Neumann (Munich: Prestel, 1996), pp.12–25; Hubert Damisch, "Les Tréteaux de la vie moderne," in *Le Corbusier: Une encyclopédie*, ed. Jacques Lucan (Paris: Centre Georges Pompidou, 1987), pp.253–55.
60 Sergei Eisenstein, "Montage and Architecture," in *Selected Works*, vol.2, *Towards a Theory of Montage*, ed. Michael Glenny and Richard Taylor (London: I. B. Tauris, 2010), pp.59–81; Yve-Alain Bois, introduction to "Montage and Architecture," *Assemblage: A Critical Journal of Architecture and Design Culture* 10 (December 1989): pp.111–15, 130–31.
61 Eisenstein, "Montage and Architecture," p.60（註60参照）
62 Sergei Eisenstein, "El Greco y el cine" (ca.1937), Bois, introduction to "Montage and Architecture," p.111（註60参照）からの引用
63 Sergei Eisenstein, "The Montage of Film Attraction" (1924, unpublished), in *Selected Works*, 1: pp.39–58（註58参照）
64 『前掲書』pp.40–41
65 『前掲書』p.49
66 『前掲書』pp.80–81

NEW YORK
TIMES-SQUARE UND 45-STRASSE

Der dritte Stoß erst stößt auf den Boden, auf die weiße Insel zwischen den beiden Zinken der Straßengabel.
Zwischen Himmel und Mechanik der ganze Garten Gottes.

44

NEW YORK
TIMES-SQUARE UND BROADWAY

Selbstherrlich ist Times Building abgeprotzt.
In drei Raumstoßen dirigiert es die Richtung der Öffentlichkeit — Verkehr und Meinung

42

さまざまな手段を提示するために、エイゼンシュテインは建築から映画へ、そして映画から印刷された頁へと軽々と飛び越えていく。イヴ=アラン・ボアが指摘しているように、エイゼンシュテインは「『絵画と映画の間の』(「映画主義」と呼ばれている)、新しい領域、手段を問わず、『表現の実体』からは独立し、映像表現の基層を開示する領域」[67]を発明しようとしていた。

「映画主義」やエイゼンシュテインのモンタージュ理論のような領域は、メンデルゾーンの書物の編集上の特質、とりわけ画像の表現効果を分析するときの助けになる。ただし、メンデルゾーンはエイゼンシュテインの理論の整理も適用もしなかったため(おそらく知らなかった)、『アメリカ』の図版の流れはやや曖昧である。エイゼンシュテインなら1頁目のパノラマと2頁目の垂直な超高層のモンタージュ効果をこう説明していたかもしれない。「衝突。隣接する二つの断片間の摩擦。摩擦。衝突」[68]。4頁目から9頁目にかけての写真、ニューヨークが「世界のるつぼ」[69]と化して集約されるメンデルゾーンの写真は、ごく普通の即興写真である。五番街西側の画像を順番に掲載した4頁分は、1928年版の写真の説明文、「るつぼのなかの全世界」「開発の第二段階の写真」「開発の第三段階の写真」「開発の第四段階の写真」[70]によって頁の旋律がつくりだされている。対照性には欠けるが、頁をめくると映画のような体験が得られる。建設されたもの同士のはざま、アメリカの都市の空間的な動態の裂け目の提示にメンデルゾーンの建築的な直感が感じられる。

『アメリカ』はソビエトにおいて非常に友好的な読者を得て、1929年に続編の『ロシア、ヨーロッパ、アメリカ』[71]が出版された。1926年にはソビエトを訪れてレニングラードに工業建築を構想する一方[72]、『アメリカ』第二版に携わる傍ら、メンデルゾーンは三つの異なる世界を結びつける新しい書物を構想していた。メンデルゾーンは「ロシアの書物は『アメリカ』のようにはいかない」[73]ことを承知していた。ソビエトの建物はロシアの歴史的な重みから分離し難く、建設事例も少ない。そのうえ、膨大な視覚的情報源もアメリカにおいて三週間かけて漁った写真資料よりもはるかに雑多であった。メンデルゾーンは出版企画を危惧し、自分のやり方について妻に手紙を書いた。

> 建築家の目で書いています。純粋に視覚的に。
> 歴史、移行、革命を建物から推測して統合します。
> 統合: ロシアとアメリカ。ユートピアの未来!……
> 権力に関与できない精鋭たちの渇望と農奴やプロレタリアの無力と救済への渇望の対比、東部の諦念と西部の活力の対比は、ロシアの土壌が革命の予兆であることを明らかにします。[74]

67 Bois, introduction to "Montage and Architecture," pp.112–13(註60参照)

68 Taylor, introduction to S. M. Eisenstein, *Selected Works*, 1: p.14(註58参照)からの引用

69 Mendelsohn, *Amerika* (1926), p.6と*Amerika* (1928), p.24(註28参照)。原文は"Die ganze Welt in einem Topf."

70 Mendelsohn, *Amerika* (1926), p.7(註28参照)。原文は"Zweites Bild der Abwicklung," "Drittes Bild der Abwicklung" and "Viertes Bild der Abwicklung." 1928年版では"Zweites Bild der Abwicklung."

71 Erich Mendelsohn, *Russland, Europa, Amerika: Ein architektonischer Querschnitt* (Berlin: Rudolf Mosse, 1929).

72 Jean-Louis Cohen, *Le Corbusier et la mystique de l'URSS: Théories et projets pour Moscou 1928–1936* (Brussels: Pierre Mardaga, [1987]), p.65; Marco de Michelis and Ernesto Pasini, *La città sovietica* (Venice: Marsilio, 1976), pp.18, 20.

73 Beyer, *Mendelsohn*, p.96(註33参照)。1927年7月11日のヘリンゲンからの手紙

74 『前掲書』p.97。1927年7月11日のヘリンゲンからの手紙

75 『前掲書』。「建物から歴史、移行、革命、統合を推測する」

『アメリカ』の強い影響力はメンデルゾーンの「建築家の目で書く」という決意の結果であり、演繹的な戦略を使って「建物」から「対比」と「総合」[75]に向かう視覚的な旋律を導いた。直感、モンタージュ、映画の脚本のような視覚的な分節。綴じて製本した書物という完結した形式においては、変わることのない順序で頁が続くことになるが、エイゼンシュテインは文章と画像の組み合わせによって意味を生みだした。映画において時間の流れはつくり手に委ねられる。書物においては読者が時間の流れを決める。

魔法のような移設

1586年5月7日水曜日、建築家ドメニコ・フォンターナ（1543–1607）[76]は太鼓とトランペットの音色に伴われて自宅に戻った。バチカンの高さ25.3m重さ数百トンにもなる石のオベリスクを降ろすという難しい作業が無事に完了したことを教皇シクストゥス5世（1521–90）に報告したところであった。これはサン・ピエトロの前という新しい場所にオベリスクを移設する事業の第一歩であった[77]。オベリスクは西暦37年か38年にエジプトからローマに運ばれ、バチカンの丘の円形広場中央に掲げられた。ローマ帝国の栄光を象徴的に強化するために地中海を横断する危険な旅をした50近くのオベリスクのうち、1586年には唯一現存するものとなった[78]。方尖塔とも呼ばれたバチカンのオベリスクは未知の文明の神秘的な魔法と結びつき、聖ペテロの殉教を目撃したと信じられ、キリスト教の強力な記号となった。ブラマンテ（1444–1514）は16世紀初頭に新しいサン・ピエトロ構想の一環としてオベリスクを移設することを提案したが、存命中には実現しなかった。問題はそのような事業に必要な技術的手段がなかったことであった。専門的な技術がなければ、賭けは高くつきすぎる。教皇たるもの神聖なものを破損させる責任を負うような恥辱を犯すことはできない。1585年に任命されたシクストゥス5世になると、オベリスクとそれが有する豊かな連想性は古代ローマの遺物をキリスト教化する優先的な戦略となった。教皇はキリスト教信者がローマに巡礼してキリスト教の遺跡を崇拝することを期待したが、ごく一般的には、壮大な古代遺跡を歓迎する者はいなかった。ローマのキリスト教の遺産を誇示するために、教皇は都市の大変革を企てた。命により、聖ペテロと聖パウロの像がトラヤヌスとマルクス・アウレリウスの柱の上に置かれ、バチカンのオベリスクが最終的にサン・ピエトロの前に設置されると、異教徒的で呪術的な意味合いを聖水によって祓うために、ユリウス・カエサルの遺灰が納められていると噂されていた先端の青銅球を金色の十字架に取り替えることになった。こうした象徴の力を呼び起こすには、それに見合うだけの技術が必要であった。

76 Paolo Portoghesi, "Domenico Fontana architetto e urbanista," in *Domenico Fontana: Della trasportatione dell'obelisco vaticano 1590*, ed. Adriano Carugo (Milan: Polifilo, 1978), pp.xi–xviii.

77 Brian A. Curran, Anthony Grafton, Pamela O. Long, and Benjamin Weiss, *Obelisk: A History* (Cambridge, MA: Burndy Library, 2009). バチカンのオベリスクについては、とりわけ "Moving the Vatican Obelisk" and "Changing the Stone: Egyptology, Antiquarianism, and Magic," pp.103–58の章を参照。Bern Dibner, *Moving the Obelisks* (1950; repr., Cambridge, MA: The MIT Press, 1970) も参照

78 Curran et al., *Obelisk*, p.44（註77参照）

ジョヴァンニ・ゲラ、ナターレ・ボニファシオ「バチカンのオベリスクの輸送に使用されるカステッロ［城塞］の平面図、立面図、透視図、およびオベリスクの元の位置と最終的な位置の通景」
1586年3月発行

［CCA DR1987:0026］

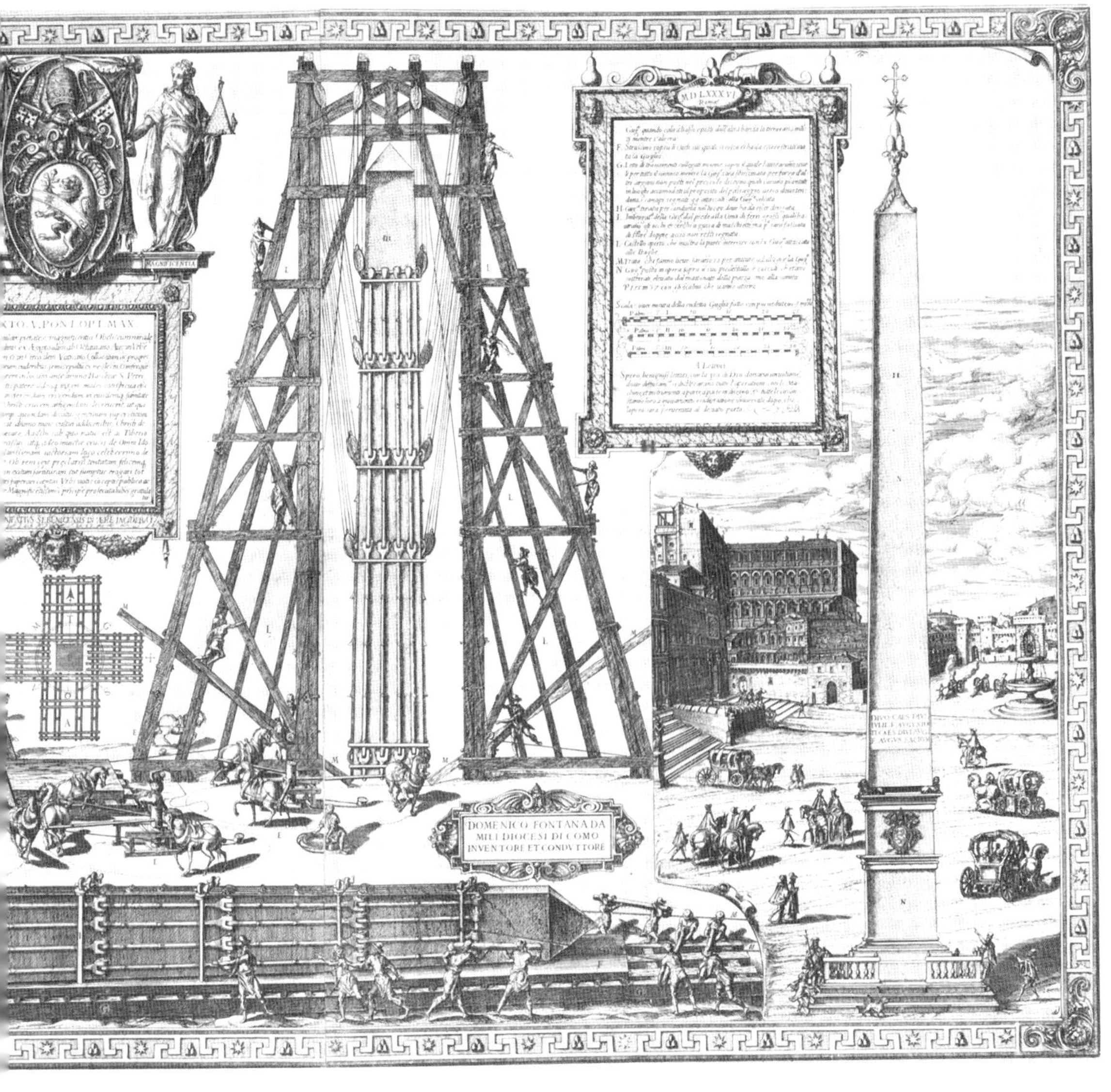
M.D.LXXXVI
DOMENICO FONTANA DA
MILI DIOCESI DI COMO
INVENTORE ET CONDVTTORE

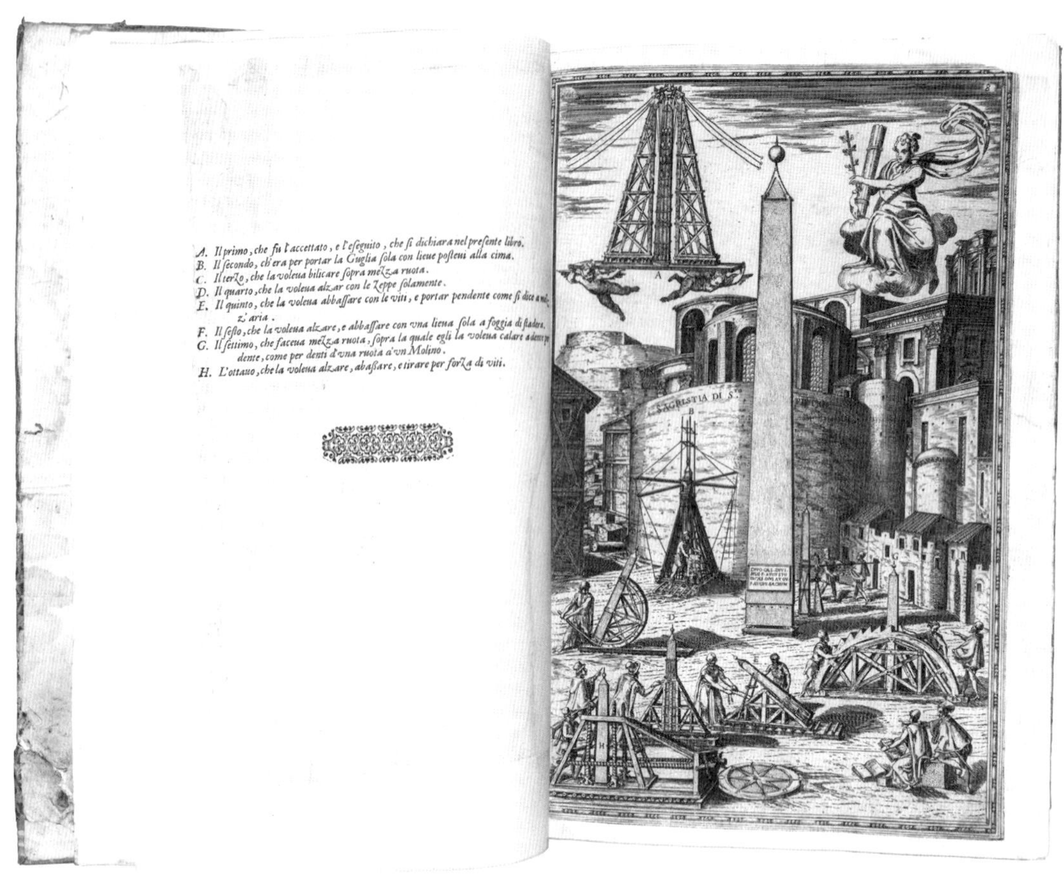
A. Il primo, che fu l'accettato, e l'eſeguito, che ſi dichiara nel preſente libro.
B. Il ſecondo, ch'era per portar la Guglia ſola con lieue poſteui alla cima.
C. Il terZo, che la voleua bilicare ſopra meZZa ruota.
D. Il quarto, che la voleua alzar con le Zeppe ſolamente.
E. Il quinto, che la voleua abbaſſare con le viti, e portar pendente come ſi dice a
z'aria.
F. Il ſeſto, che la voleua alzare, e abbaſſare con vna lieua ſola a foggia di ſtadera.
G. Il ſettimo, che faceua meZZa ruota, ſopra la quale egli la voleua calare a
dente, come per denti d'vna ruota a'vn Molino.
H. L'ottauo, che la voleua alzare, abaßare, e tirare per forZa di viti.

フォンターナ『バチカンのオベリスクの輸送』(1590年) 8頁

元の位置にあるオベリスクと運搬のために提示されたさまざまな解決策。オベリスク移設の任務を勝ち取るために、フォンターナは模型を使って自らの方法の優位性を証明した。この出来事はフォンターナの書物の業績に関する記述の冒頭で称(たた)えられ、まるで重さなどないかのように模型が天使によって運ばれている様子が描かれている。
[CCA CAGE M W3224]

それゆえに、5月の水曜日には事業の半分も完了していなかったとしても、フォンターナの業績を祝う「太鼓とトランペット」は決して大袈裟ではなかったはずである。オベリスクはすでに降ろされていたが、しかし移動して持ち上げる必要があった。フォンターナが自賛のために出版した精巧な書物[79]のまだ17頁目である。

『バチカンのオベリスクの輸送と我らが教皇シクストゥス5世の建物について』は、フォンターナがローマを離れる直前、教皇の死の直後の1590年に出版された。オベリスク移設の成功を確実にするために惜しみなく費用が注がれたが、書物についても同様に、シクストゥス5世とその建築家の業績を不滅にするためにふんだんに図版が用いられた。表題が示すように、オベリスクの輸送は教皇のためにフォンターナが手がけた数多くの仕事の一つであり、書物の108頁のなかの36頁分に過ぎない。残りの頁は建築と技術のさまざまな記録である。そのほかのオベリスクの移設と修復、バチカン図書館の構想、噴水や門や宮殿、そしてなかでもおそらく最も驚くべ

79 Domenico Fontana, *Della trasportatione dell'obelisco vaticano et delle fabriche di nostro signore Papa Sisto V* (Rome: Appresso Domenico Basa, 1590). デビッド・サリバンによる英訳復刻版 *Della trasportatione dell'obelisco vaticano* (Oakland, CA: Octavo, 2002) がデジタル版として出版された。

きは、サンタ・マリア・マッジョーレの古き飼葉桶礼拝堂の回転である（礼拝堂を解体することなく、フォンターナが吊り上げて90度振った）。しかし、書物の後半を占める事業の質の高さにもかかわらず、最初の三分の一が著述家としても技術者としてもフォンターナの名声を高めることになった。バチカンのオベリスク建立の進捗状況を見事に描写したからであり、書物自体が魔法に近い仕業であった。第一部はその場にいた人々の興奮に満ちた瞬間を再現している。フォンターナが「カステッロ［城塞］」と呼んだ足場と重機が一体となった巨大な機械を使って、巨石を上げたり、下げたり、動かしたりしながら、組み立て直すというたまらない時間。立ち会った者にとってそれはたしかに宗教的な経験であり、シクストゥス5世の野心を満足させた。最初の二回のミサの後、907人の労働者はひざまずき、仕事が始まる直前に聖体拝領した。大勢の人々が集まる前に、複雑な式次第が繰り返し下稽古され、静まり返ったなかでそのとおりに執り行われた。［失敗すれば］厳罰を受ける危険にさらされたこの静寂は、千年前の方尖塔が基礎から持ち上げられる正確な瞬間を劇的に演出した。「大地が揺れたかと思うと、足場が大きな音をたて、重みですべての材木が締まった」[80]。書物はこの劇を伝えようとしていた。

オベリスクは東に約270m移動したが、頁はその動きを一歩一歩追っていくようになっている。フォンターナが目指したのは「読者の目に明快に理解させるために、目的のために遂行されたすべての重要な営為を」[81]示すことであった。書物は説明であると同時に儀式でもあり、出版前に印刷された別の資料の成功も活かされていた。1586年3月[82]、事業が始まる前に事業の手続きを説明する図版として、ジョヴァンニ・ゲラ（1540–1618）によって描かれ、ナターレ・ボニファシオ（1538–92）によって彫られた彫版画が発行された[83]。版画は長さ119cm、後に別の判型によって出版された書物と同じように、左から右へと物語が進む。画像の左側には、オベリスクが元の位置にある。続く側面図には「カステッロ」によって降ろされ荷台に載せられている様子が描かれている。図版の下部に荷台が再び登場し、オベリスクが運ばれた後に、今度は正面図には「カステッロ」によって再建される様子が、そして最後に、右端に石がしかるべき位置に正常に立っている様子が描かれている。この図版は「カステッロ」の仕組みを記録したもう一つのパノラマ的な彫版画、オベリスクがすでに荷台に置かれて輸送されていた8月に同じ著者が同じ判型で出版した彫版画とは対照的である。さまざまな作業に忙しく勤しむ労働者の熱狂的な仕事ぶりを描いているが、正確な瞬間を記録する静止画であり、全工程を物語る先の図版とは異なり、この図版は綱を同時に引っ張るという作業員の協働作業を描きだしている[84]。巨大な石の重量配分に偏りがあると安定性が損なわれて大惨事となる可能性がある。ほとんど無言の操作は、40の番号のついた40基のキャプ

80 『前掲書』(1590)、14r.; (2002), p.25

81 『前掲書』(1590)、3v.; (2002), p.6

82 1586年3月には、フィリッポ・ピガフェッタ（1533–1604）も *Discorso di M. Filippo Pigafetta d'intorno all'historia della aguglia, et alla ragione del muouerla* [『フィリッポ・ピガフェッタによるアググリアの歴史と悲劇に関する講話』] (Rome: Bartolomeo Grassi, 1586) という表題の冊子を出版した。建築家の書物とは異なり、オベリスクの歴史とオベリスクの重量を決定する方法を概説した小論である。

83 *Plan, Elevation, and Perspective of the Castello Used in the Transportation of the Vatican Obelisk; and Views of the Original and Final Location of the Obelisk*, engraving on laid paper, 52.3×119.1cm, March 1586, CCA DR 1987:0026. Eve Blau and Edward Kaufmann, eds., *Architecture and Its Image: Four Centuries of Architectural Representation. Works from the Collection of the Canadian Centre for Architecture* (Montreal: Canadian Centre for Architecture, 1989), p.270.

84 Fontana, *Della trasportatione dell'obelisco vaticano* (1590), 13v.; (2002), p.24.

ゲラ、ボニファシオ「バチカンのオベリスクの引き降ろし」
1586年8月発行

彫版画は、オベリスクを降ろす決定的瞬間を再現し、書物において入念に分析されている工程を要約している。
[CCA DR1987:0027]

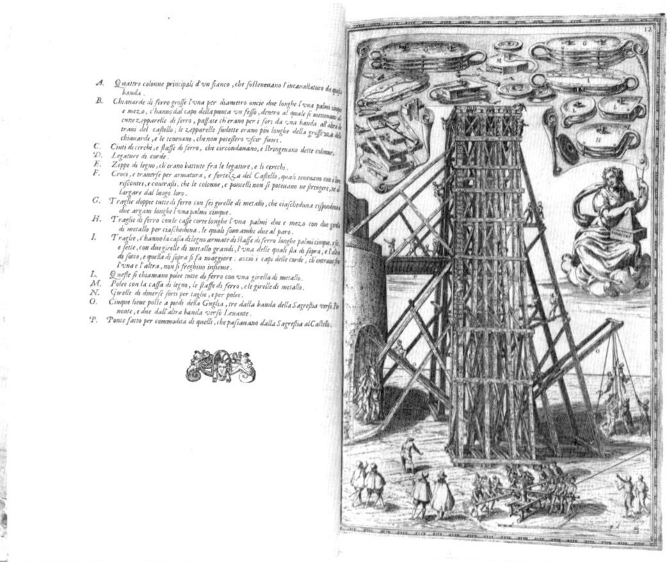

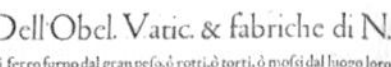

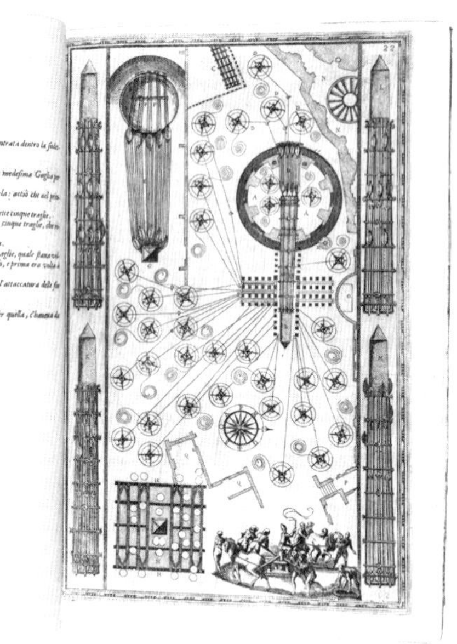

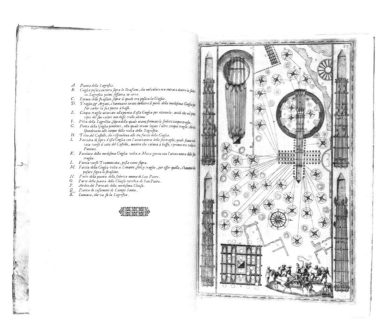

フォンターナ『バチカンのオベリスクの輸送』（1590年）の見開き頁、12頁；15頁；18頁；22頁；19頁；24頁

カステッロ、側面図および部品；オベリスクの引き降ろし；次頁の工程のための小見出し；荷台のオベリスク；移動中のオベリスク

［CCA CAGE M W3224］

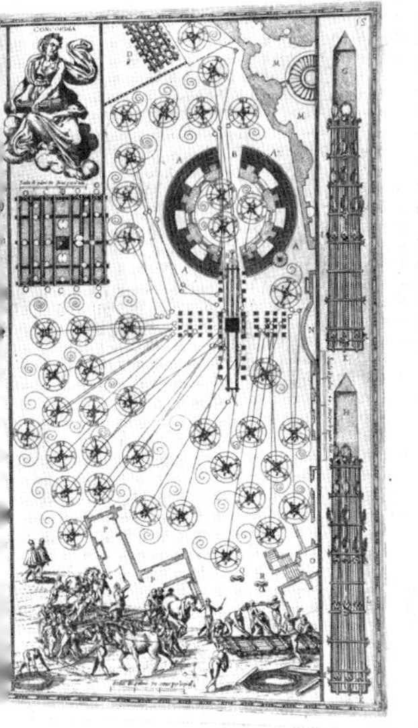

NEL PRESENTE DISEGNO
SI MOSTRA LA GVGLIA
Dentro al Castello,
NEL MODO CHE STAVA
mentre calaua à basso.

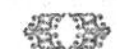

A. *Guglia dentro del Castello pendente, che va a poco a poco calando verso terra.*
B. *Scale fatte sopra il Castello per poter salire, e scendere ad ogni bisogno.*
C. *Quattro traui, che seruiuano per pontelli sotto la Guglia, mentre s'abbassaua.*
D. *Trascino longo palmi ottanta, largo palmi noue composto per il longo di quattro traui con le trauerse bene incastrate di grossezza palmi due, e vn quarto, sopra il quale posò la Guglia, al cui piede egli staua attaccato con corde, e mentre, che la sdrucciolaua all'indietro, se l'andò sempre tirando sotto da se medesima.*
E. *Argani, che s'accordano nel calare à basso della Guglia.*
F. *Curli ferrati à capi d'vn palmo di diametro sotto lo strascino settanta, alcuni li quali per il gran peso si sfracellorno, e alcuni entrorno dentro à traui del letto.*
G. *Strascinetto longo palmi trenta, qual prima staua sotto il piede, e dopo, che la Guglia fu distesa, restò libero del peso.*
H. *Scala di due canne per misura del presente disegno.*

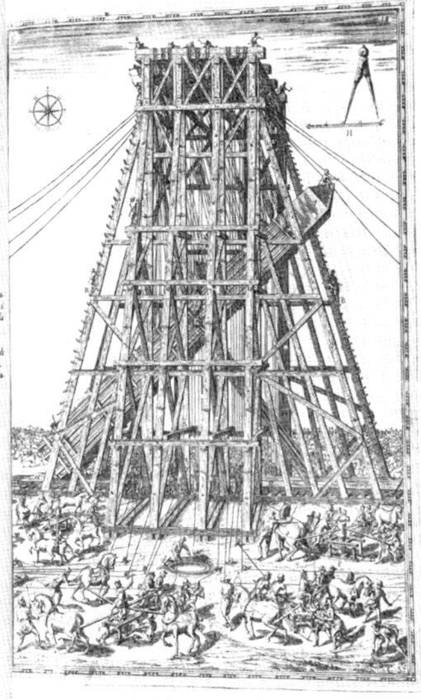

19

NEL SEGVENTE DISEGNO
SI MOSTRA LA GVGLIA PER LA PVNTA,
Subito che fu colcata sopra lo strascino
CON TVTTE LE CORDE, CHE LA SOSTENTAVANO DENTRO AL CASTELLO
Fermato con ventole da Tramontana, & Ostro.

D *A.* *Castello*

Dell'Obel. Vatic. & fabriche di N.S.

niente dalla ruggine, ò da altro, e questo procedeua per esser coperte di piombo,
dentro al quale ho conosciuto per isperienza, ch'il ferro si conserua benissimo
perche cauado queste spranghe, trouai dentro al piombo vna punta di scarpello rotto (secondo, ch'io credo) nel calarui l'istesso piombo a torno, e quãdo si scoperse era
tanto ben conseruata, che pareua, che fusse nuoua, e spezzata quel giorno medesimo.
questo marmo si sbarbò con gran difficultà per essere impernato in più luoghi con
esquisitissima diligenza, e bisognò batterui le zeppe di ferro a torno a torno con
martelli grossissimi per sradicarlo.

Finito di cauare tutto il piedestallo, si trouò vna platea doppia di treuertini, e
sotto questa il fondamento di pezzi di selci: ma i treuertini non si potettero cauar tutti, perche non comportaua la spesa stando sotto terra da quaranta palmi, e
tuttauia sorgendoui l'acqua.

Douendosi condur la Guglia da questo luogo, fino su la piazza di San Pietro per
distanza di canne cento quindici, & iui drizzarla; si liuellò la piazza, e si trouò esser
più bassa del luogo, donde si partiua da quaranta palmi in circa, tre palmi più alto del
piedestallo, però si fece vn argine tirato in piano da detto luogo fino alla piazza,
pigliandosi la terra dietro alla fabrica di San Pietro nel monte Vaticano, e si fece
largo nel piede palmi cento, e alto palmi trenta sette, e largo in cima palmi cinquanta, e s'haueua allargar di poi intorno al Castello palmi cento vinti cinque al fondo, e palmi nouanta cinque alla cima, e si riempì in molti luoghi di traui, perche non
s'aprisse, e s'armò da ambidue li fianchi con altri traui, piane, e pontelli: acciòche
non cedesse al peso in parte alcuna, come si vede nel presente disegno.

A. *La facciata dell'Argine dalla banda di Mezo giorno armata.*
B. *Guglia sopra l'Argine nel modo, che caminaua.*
C. *Mozzature di traui poste sopra lo strascino, e sotto la Guglia per tener la alzata, che si potesse legare, e imbragar di nuouo, quando si voleua alzare.*
D. *Strascino sopra curli.*
E. *Puntelli, che sosteneuano da ogni banda i fianchi dell'Argine.*
F. *Traui posti per diritto, ne i quali spingeuano li puntelli, & essi sosteneuano tutta la crosta dell'armatura.*
G. *Arcarecci, che fasciauano a torno detto Argine, e teneuano le piane poste a torno per sostener la terra.*
H. *Piane poste spesse spesse da vn'arcareccio all'altro per l'effetto sopradetto.*
I. *Traui, che passauano la grossezza dell'Argine da vn canto all'altro, e legati, & inchiodati da ogni fianco incatenauano l'armatura di modo, che per alcun peso sopra postoui non si poteua aprire.*

→ **フォンターナ『バチカンのオベリスクの輸送』(1590年) 35頁**
サン・ピエトロ前の最終的な位置にあるオベリスク。
オベリスクが最終的な位置に到達するというほとんど魔法のような動かし方には複数の工程が含まれていた。頁の流れは、「読者の目に、より明確な理解、目的遂行のためのすべての重要な作業」を提示している。
[CCA CAGE M W3224]

スタン[回転巻き取り装置]の司令塔たちに向けてトランペットが鳴り響いて動かす合図を送り、「カステッロ」の上にある鐘が鳴って全員に停止を告げている。ほかにも数多くの複雑な協働作業が静止画によって示され、フォンターナの文章によって説明されているが、書物の頁をめくっていくと、3月の彫版画において合成されていた全体の動きに近くなる。イングリッド・D・ロウランドが示唆しているように、フォンターナはラテン語で書くこともできたが、書物が国際的な読者を対象としていたために、現場での言語であるイタリア語とした。イタリア語によって、フォンターナが選んだ劇的な瞬間の物語は直接的でありながら流暢な表現になり[85]、選択された図版と文章が相まって流れるような読解を可能にしている。

この物語の旋律を考えるために、オベリスク移設の最初から最後までの流れを表した36頁にわたる紙面をフォンターナが操作した手法に焦点を当ててみたい。ヴィニョーラのごとくオベリスクを持つフォンターナの肖像画の口絵に始まり、シクストゥス5世への献呈の辞があり、仕事を獲得するまでの綱渡りの経緯[86]と1585年9月18日に事業委員会に提出されたさまざまな提案についてフォンターナは述べている。最初の図版は、8頁目の鳥瞰図である。元の位置にあるオベリスクを取り囲むように七つの案[オベリスクを移動させるための装置の案]が地面に置かれ、そして上空には、フォンターナが提案した「カステッロ」が二人の天使に支えられている。この図版の後には5頁にわたる文章によって石の重量と「カステッロ」に必要な強度の計算法が説明されている。さらに右側(12頁)に「カステッロ」、左側(11頁)に対応する説明文を掲載して締めくくられている[一般的な横書きの書物の頁番号とは異なって右頁が偶数頁]。場面は1586年4月30日に行われた作業、事業の第一段階を描写している。次に、4頁分の文章があり、続いてオベリスクを持ち上げるまでの作業を要約する全体計画があり、40基のキャプスタンの相対的な位置関係が示されている。この彫版画には一部が破壊された聖ペテロの聖具室やオベリスクを保護する鞘の四つの立面図も含まれている。紙質と頁番号のつけ方は文章と画像では変わらない。両方とも同じ紙に印刷され、画像は一貫して文章頁の対向の面にある。したがって、頁の流れは移設の時間に合わせて厳密に展開し、待ちきれないせっかちな読者のために適切な場所に説明文と見出しが配置されている[87]。オベリスク移設に必要な古代の知識が失われていたにもかかわらず、フォンターナの技術が古代の手法よりも優れていることを文章によって宣言している。19頁の簡潔な文章は、20頁のオベリスクが最終的に荷台に横たえられた透視図の導入となっている。次に、22頁ではオベリスクはまだ荷台の上に横たわっているものの、多くのキャプスタンが持ち込まれて、工程の別の段階が始まりつつあることを知らせている。別の文章頁は、まるで行列のように最終目的地に向かってオベリスクが移動する雄大な側

85 Ingrid D. Rowland, "Della trasportatione dell'obelisco vaticano," in Fontana, (2002), pp.1–10, ここではpp.8–9 (註79参照)
86 「我らが主任建築家」として委員会に承認された後も、42歳のフォンターナはジャコモ・デッラ・ポルタ(1532–1602)やバルトロメオ・アンマナーティ(1511–92)のような、事業を管轄する委員会によって任命されていた年配の建築家の反対を押しきらなければならなかった。
87 「せっかちな読者」については、「急ごしらえの書物」(上記pp.56–61)を参照

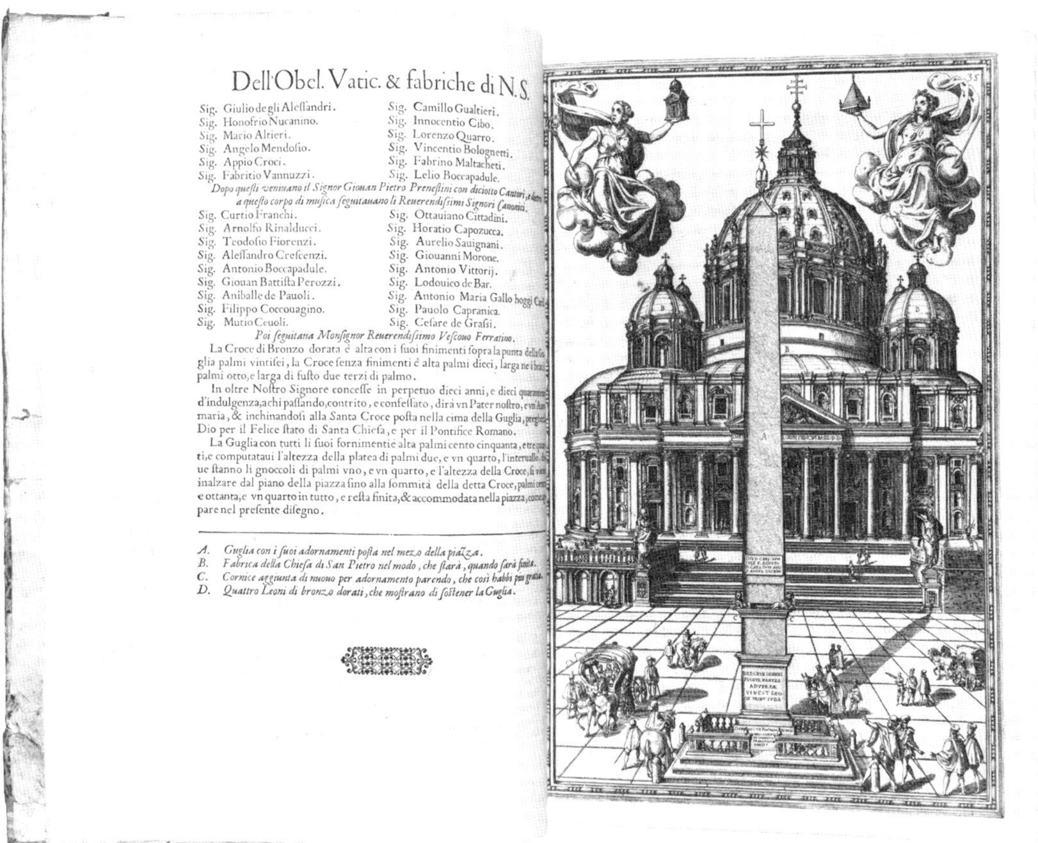
Dell'Obel. Vatic. & fabriche di N.S.

Sig. Giulio de gli Aleſſandri.	Sig. Camillo Gualtieri.
Sig. Honofrio Nucanino.	Sig. Innocentio Cibo.
Sig. Mario Altieri.	Sig. Lorenzo Quarro.
Sig. Angelo Mendoſio.	Sig. Vincentio Bolognetti.
Sig. Appio Croci.	Sig. Fabrino Maltacheti.
Sig. Fabritio Vannuzzi.	Sig. Lelio Boccapadule.

Dopo queſti veniuano il Signor Giouan Pietro Preneſtini con diciotto Cantori, e dietro a queſto corpo di muſica ſeguitauano li Reuerendiſsimi Signori Canonici.

Sig. Curtio Franchi.	Sig. Ottauiano Cittadini.
Sig. Arnolfo Rinalducci.	Sig. Horatio Capozucca.
Sig. Teodoſio Fiorenzi.	Sig. Aurelio Sauignani.
Sig. Aleſſandro Creſcenzi.	Sig. Giouanni Morone.
Sig. Antonio Boccapadule.	Sig. Antonio Vittorij.
Sig. Giouan Battiſta Perozzi.	Sig. Lodouico de Bar.
Sig. Aniballe de Pauoli.	Sig. Antonio Maria Gallo hoggi Card.
Sig. Filippo Coccouagino.	Sig. Pauolo Capranica.
Sig. Mutio Ceuoli.	Sig. Ceſare de Graſsi.

Poi ſeguitaua Monſignor Reuerendiſsimo Veſcouo Ferratino.

La Croce di Bronzo dorata è alta con i ſuoi finimenti ſopra la punta della Guglia palmi vintiſei, la Croce ſenza finimenti è alta palmi dieci, larga ne i bracci palmi otto, e larga di fuſto due terzi di palmo.

In oltre Noſtro Signore conceſſe in perpetuo dieci anni, e dieci quarantene d'indulgenza, a chi paſſando, contrito, e confeſſato, dirà vn Pater noſtro, e vn'Aue maria, & inchinandoſi alla Santa Croce poſta nella cima della Guglia, pregherà Dio per il Felice ſtato di Santa Chieſa, e per il Pontifice Romano.

La Guglia con tutti li ſuoi fornimenti è alta palmi cento cinquanta, e tre quarti, e computataui l'altezza della platea di palmi due, e vn quarto, l'interuallo doue ſtanno li gnoccoli di palmi vno, e vn quarto, e l'altezza della Croce, ſi viene inalzare dal piano della piazza fino alla ſommità della detta Croce, palmi cento e ottanta, e vn quarto in tutto, e reſta finita, & accommodata nella piazza, come appare nel preſente diſegno.

A. Guglia con i ſuoi adornamenti poſta nel mezo della piazza.
B. Fabrica della Chieſa di San Pietro nel modo, che ſtarà, quando ſarà finita.
C. Cornice aggiunta di nuouo per adornamento parendo, che così habbi più gratia.
D. Quattro Leoni di bronzo dorati, che moſtrano di ſoſtener la Guglia.

面図の導入となっている。そして「カステッロ」が最終的な位置に再び建てられ、オベリスクがその下に引っ張り込まれる。断面図には方尖塔を上げるために用意されたすべてのものが示され、「カステッロ」の周りにキャプスタンを新たに配置した平面図、そして最後に文章頁によって新しい位置での石の持ち上げ方と固定法について詳しく説明される。18頁から32頁まで、すべて右頁に彫版画があり、左頁に簡単な説明であれ詳細な説明であれ、文章が含まれている。工程ごとに、頁ごとに、文章と画像を織り交ぜながら、作業が読者の目の前で流れるように展開する。33頁と34頁に最後の説明文があり、完成した聖ペテロ教会の前に忠実に設置されたオベリスクの描写が続く。こうしてオベリスクの新しい碑文の記録と教皇シクストゥス5世への献呈がこの一大叙事詩を締めくくっている。

フォンターナはオベリスクを輸送する最善の方法を決めるために任命された委員会をどのように説得し、自らの解決策が選ばれたかについて説明することから記述を始めている。フォンターナは公の場での振る舞いにつ

→ 223–227頁:
2015年10月、モントリオールのCCAコレクションより、CCAフォトサービスの写真。
Vivant Denon, *Voyage dans la basse et la haute Égypte*, Paris, 1802 / Pirro Ligorio, *Anteiqua urbis*, Rome, 1602.

いて次のように説明している。

> 私は木製の模型を持参し、なかには鉛の方尖塔、そしてそれを持ち上げる同縮尺のケーブル、ブロック、部材を入れてきた。委員会のお偉方と先ほど申し上げた巨匠芸術家たちの前で、私は方尖塔を引き上げてから徐々に下げ、工程ごとにそれぞれの理由と根拠を言葉で説明し、実際に順番に動かして見せた。[88]

縮小模型の木製「カステッロ」と鉛のオベリスクは建築家の手にかかると魔法のように動いた。専門的な知識のない選考委員会に対して提案の内容を動かして見せることによって、建築の構想を総合的に表現し、命を吹き込んだ[89]。書物の頁もまたこうした演出であり、さらに勝ち取った任務に権威を加えた。こうして読者は、1585年9月(提案が提示されたとき)から1586年9月(オベリスクが最終位置に固定されるまで)にかけての事業の構想とその実施を書物によって追うことができる。頁は説明、見出し、年表、視覚的な解説を織り交ぜ、読者を建築的な経験に引き込んでいく。建築家の公の場での演出と委員会を前にした議論、実際の出来事の説明、そしてそれを印刷物で表現するために編みだした手段の間には驚くべき一貫性がある。よく練られた戦略、「具体化」の成功、そして書物の出版などの偶然が、理想の肖像を描きだすために共謀している。たしかに出来事の説明にはわずかに矛盾しているところや、フォンターナによる壮大な描写が損なわれているところもある。[結果的には]フォンターナの物語は悲しい終わりを告げる。フォンターナは教皇の死によって「我らが主任建築家」として享受していた特権を失い、ナポリでの庇護と仕事を求めてローマを離れた。それにもかかわらず、書物の頁はフォンターナの最も輝かしい瞬間、オベリスクを動かすことができたあの日、自邸まで引き連れた「太鼓とトランペットの伴奏」の瞬間を蘇らせている。

88 Fontana, *Della trasportatione dell'obelisco vaticano* (1590), 5r.; (2002), p.10.
89 すでにチェザーレ・ドノフリオが『ローマのオベリスク』(1967)において指摘していたことであるが、「枢機卿、司教、およびローマ市議会の四人からなる委員会によって決定され」、フォンターナはその工程の実現可能性を再度検証しなければならなかった。Rowland, "Della trasportatione dell'obelisco vaticano," p. 5 (註85参照)

AMERICAN

IMAGO ACCVRATISSIME EX

DICKINSONS
Pictures
Exhibition
of
Great
of
1851.
From the Originals Painted for H. R. H. Prince Albert,
BY MESSRS. NASH, HAGHE, AND ROBERTS, R.A.
PRESIDENT OF THE ROYAL COMMISSION
To whom the Work is, by Permission, Dedicated.
VOL. II.
LONDON
DICKINSON, BROTHERS, HER MAJESTY'S PUBLISHERS,
114, NEW BOND STREET

STAATLICHES
BAUHAUS
IN WEIMAR
1919-1923
DINAMO-AZARI
DEPERO
FUTURISTA
EDIZIONE ITALIANA
DINAMO
AZARI MILANO
NEW-YORK-PARIS
BERLIN

ジョヴァンニ・ヴォルパト『バチカンにおけるラファエロの回廊』（1772–77年）
[CCA CAGE M0001981 v.1 c.3]

構造——建築的な仕組み

書物の建設

書物は文化的な装置であり、その形式は長年の慣習によって形成される。左から右へ、上から下へ、頁から頁へ、前から後ろに読むという規範もある。建築書は視覚的、文字的なさまざまな言語を使用し、意味を伝え、構造化された体系によって内容を組み立てる。文学とは異なり、建築の議論が文章によるよどみない物語の流れとなることはほとんどない。建築家の主な伝達手段は視覚的なものであり、透視図や正投象という伝統的な体系を使用して厳密な表現と演出の間を揺れ動く。画像だけでも文章だけでも建築の議論における狙いを表現することはできないし、どのような形式も建設された環境を満足に表現することはできない。書物は豊かな連想によってそのような制限を克服する。書物の章立て、図解、印刷の方法、あるいは紙質を通して著者の主張の手がかりが得られる。印刷の質感、見開き頁、そして紙面の流れるような配列を包括的に組み合わせて書物の形式とし、相互参照と情報によってより正確に伝えることができる。

一見すると書物は何も変わっていないようでいて、技術的および文化的な環境、流通網、および消費の慣行に応じて、時間とともに大きく変化してきた。工業化と商業化が進んで書物がしっかり綴じられるようになる前は、自由に頁を組み合わせることができた。所有者が印刷業者へ綴じを指示して製本するだけでなく、読者が必要に応じてほかの書物とともに自由に綴じて製本することができた[1]。18世紀後半の『バチカンにおけるラファエロの回廊』[2]のように、図版だけの書物もあった。書物の構造的な柔軟性は、書物と建物の間に想定される関係性や、建築に内在する伝達の問題を露呈しているのかもしれない。

『回廊』は三組の図版から構成され[3]、バチカンのベルヴェデーレの中庭南東に隣接する［教皇宮殿の］サン・ダマソの中庭の回廊にあるラファエロの手によるフレスコ画の傑作[4]を完全に説明している。三層目はバチカン全体の大改修の一環として、教皇の住居に加えられた増築階であり、ドナト・

1 Antony Griffiths, *Prints for Books: Book Illustration in France 1760–1800* (London: The British Library, 2004).

2 *Loggie di Rafaele nel Vaticano* (Rome: [n.p.], 1772–77). ガエターノ・サヴォレリの編集のもと、ピエトロ・カンポレッシとルドヴィコ・テスコの下絵に基づいて、ジョヴァンニ・ヴォルパトとジョヴァンニ・オッタヴィアーニが版画を担当した。

3 一組目は18枚の銅版と彫版の図版、二組目は14枚の図版、三組目は13枚の図版である。各組は回廊の場所に対応している。一組目は、概要として、回廊両端の扉と「内側の窓の付け柱の装飾」を、二組目は「上部の装飾……上部のヴォールトにかけての回廊の内側にある窓や扉」。そして三組目は「回廊の外側にある付け柱の装飾」。Royal Institute of British Architects, *Early Printed Books, 1478–1840: Catalogue of the British Architectural Library Early Imprints Collection*, 5 vols. (London: Bowker-Saur, 1994–2003), ref. 2710, pp. 1610–11.

4 Nicole Dacos, *Le logge di Raffaello: Maestro e bottega di fronte all'antico*, rev. ed. (1977; Rome: Istituto Poligrafico e Zecca dello Stato, 1986), pp. 19–57; Stefano Ray, *Raffaello architetto: Lingguagio artistico e idealogia nel Rinascimento romano* (Rome: Laterza, 1974), pp. 120–23, 303–5.

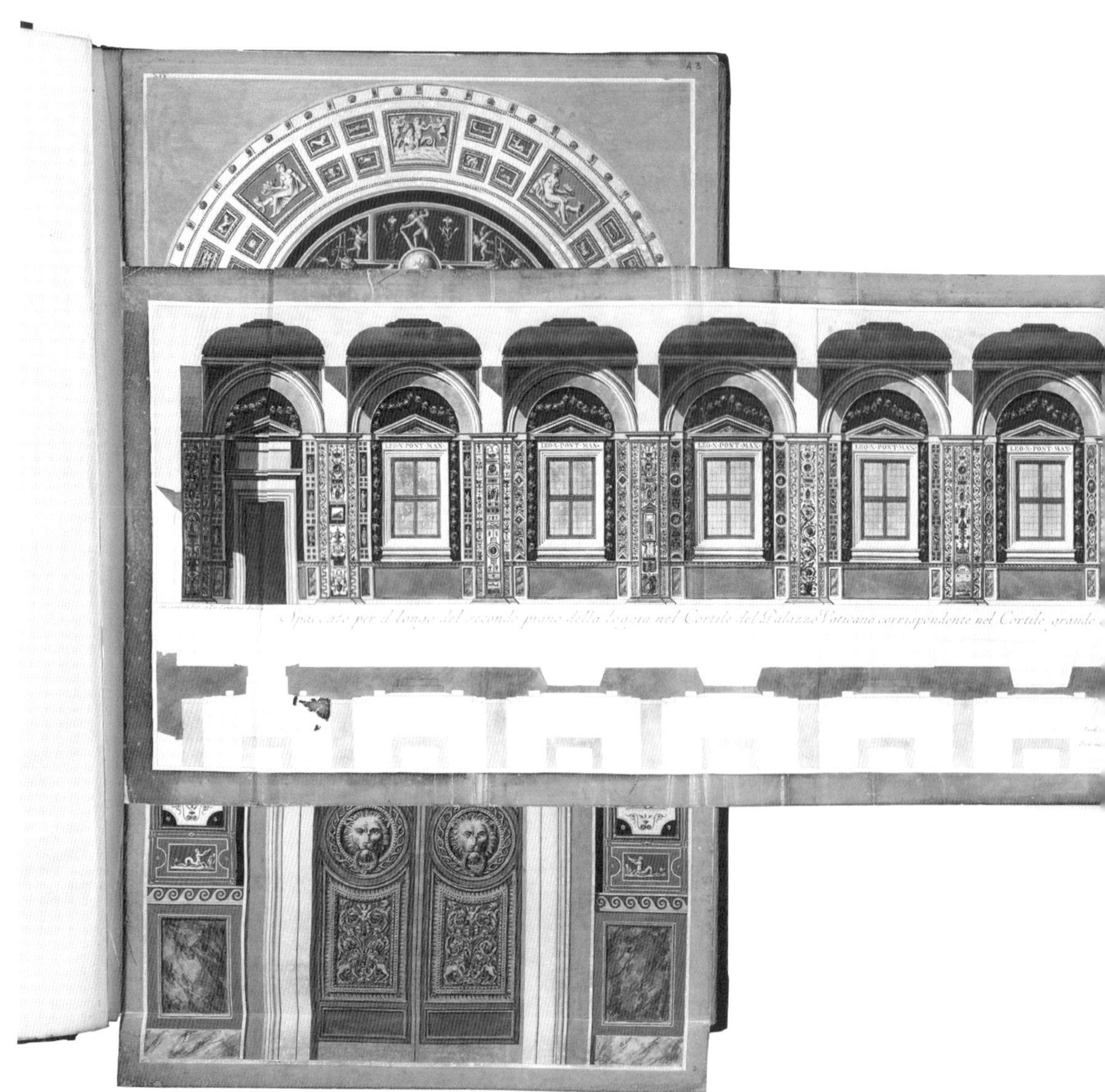

ヴォルパト『バチカンにおける ラファエロの回廊』（1772–77年）

索引としての立面図。ヴォルパトによるラファエロのフレスコ画は、回廊の建築様式も表現している。口絵の直後に配置されたこの横置きの立面図は、続く装飾付け柱やヴォールトを備えた図版の索引として機能する。
[CCA CAGE M0001981 v.1 c.3]

ブラマンテが一層目を完成させていた[5]。1513年にラファエロが工事の仕上げと回廊の装飾を依頼されたときには、地上階と二層目はほぼ完成していたが、建築と壮大な装飾に携わる機会を得ることができた。クリストフ・フロンメルが評しているように、ラファエロは「建築、彫刻、絵画、装飾の見事な調和」[6]によって「総合芸術作品」を実現することができた。古典に着想を得たこの作品は大変な成功を収め、「帝国ローマの壮麗」[7]に匹敵す

るといわれ、18世紀後半のローマにおける目玉の一つになった。作品を記録しようとする機運が高まり、1772年から1777年にかけて『回廊』が出版されることになった。図版の多くはラファエロのフレスコ画の別の出版物にも関わったジョヴァンニ・ヴォルパト（1735–1803）作とされ[8]、手作業によって丁寧に着色され、ところどころに金箔を施した銅版印刷である。出来上がった書物は豪華な記念本として瞬く間にヨーロッパ全土に広まった。

『回廊』の書物の構造は建物そのものによって決定されている。口絵の透視図には廊下に三組の紳士が登場し、次頁以降のフレスコ画を指し示している。前景の門戸が頁全体を縁取り、中央の透視図によって回廊の建築的な特徴が開示されている。次頁は回廊全体の内部断面、立面図、および平面図の折り込みであり、ほかの図版の場所を指し示す索引として機能している。折り込みは長さ1mを超える三枚の台紙で構成されている。AとB［註3参照］の図版を一組にして閉じると、回廊の両端の門戸の立面図となり、口絵と同様に頁全体を占める縦置きの図版となる。門戸と門戸の間には折り込みの立面図に描かれたそれぞれの14番までの付け柱の装飾が

5 Christoph Luitpold Frommel, "Lavori architettonici di Raffaello in Vaticano," in *Raffaello: Architetto*, ed. Christoph Luitpold Frommel, Stefano Ray, and Manfredo Tafuri (Milan: Electa, 1984), pp.357–74.

6 『前掲書』p.368

7 『前掲書』p.369

8 RIBA, *Early Printed Books*, ref.2710, p.1610（註3参照）

PAVLVS III · PONT · MAX ·

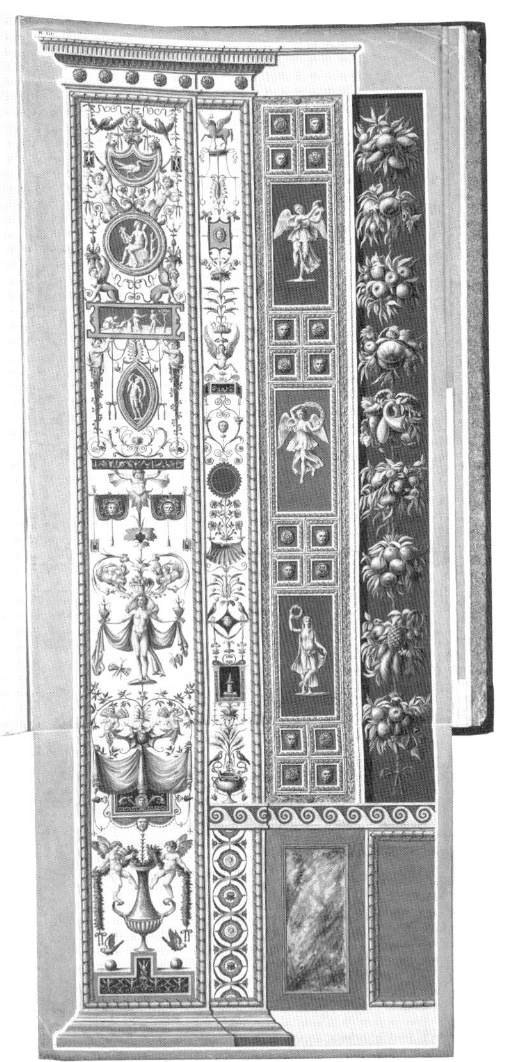

← **ヴォルパト『バチカンにおける ラファエロの回廊』(1772–77年)**
東側の扉
[CCA CAGE M0001981 v.1 c.3]

ヴォルパト『バチカンにおける ラファエロの回廊』(1772–77年)
付け柱
[CCA CAGE M0001981 v.1 c.3]

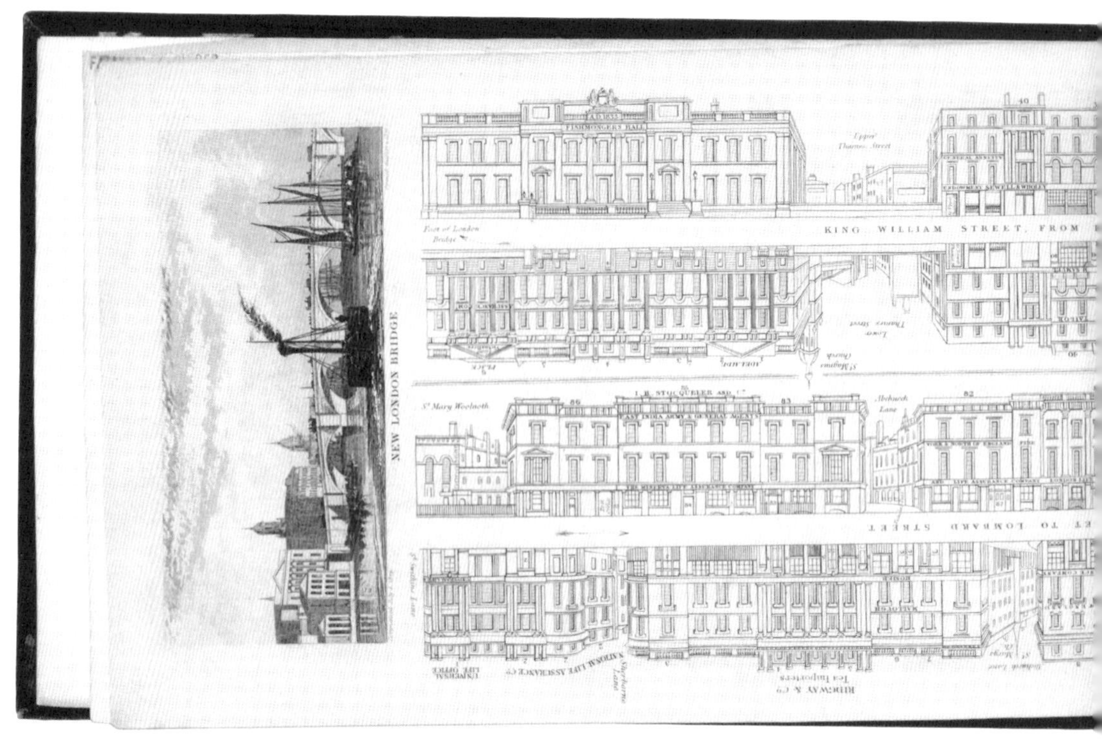

ある。横立面図でも見開き頁でもないために、各々の付け柱は紙を貼りつけて縦に並べられている。書物の形式が内容の翻訳であることは明白である。(中央、水平、垂直の)三方向から描いた図版は建物の構造を強調し、中央に焦点を持つ透視図の全体像、横長の建築の索引、そしてラファエロの装飾を説明する縦長の紙へと続く。手頃で読みやすい書物ではないが、さまざまな頁の大きさと豪華な手描きの彩色彫版によって形式としても色彩としても見ごたえのある書物となっている。

『回廊』をもとにサンクト・ペテルブルクのエルミタージュ美術館に回廊が実物大で復元されることになったとしても、『回廊』は正確には建築の書物ではない。建物というよりも装飾についての書物である。それにもかかわらず、頁の水平性と垂直性の強調にとどまらず、回廊の建築的な仕組みと書物の形式には明らかな一致がある。門戸や付け柱などの建築的要素が、建物と同じように書物のなかの装飾を支えている。建築と彩色図版の密接な関係は、ラファエロが建築的な構造体と装飾的な内容の両方を表したいという事実にも起因している。建築家と画家にはそれぞれに適した描き方があるとするアルベルティの議論を覆し[9]、書物は正投象を用いて画家の仕事を表現し、建築を表すために透視図を用いている。この反転は意図的

9 詳細については、「建築家の道具」(上記pp.170–185)を参照

10 John Tallis, *Tallis's London Street Views: Exhibiting Upwards of One Hundred Buildings in Each Number, Elegantly Engraved on Steel; with a Commercial Directory Corrected Every Month, the Whole Forming a Complete Stranger's Guide through London... To Which Is Added an Index Map of the Streets...* (London: John Tallis, [1838–40]).

11 Peter Jackson, introduction to *John Tallis's London Street Views, 1838–1840: Together with the Revised and Enlarged Views of 1847* ([Richmond]: London Topographical Society, 2002), pp.11–36.

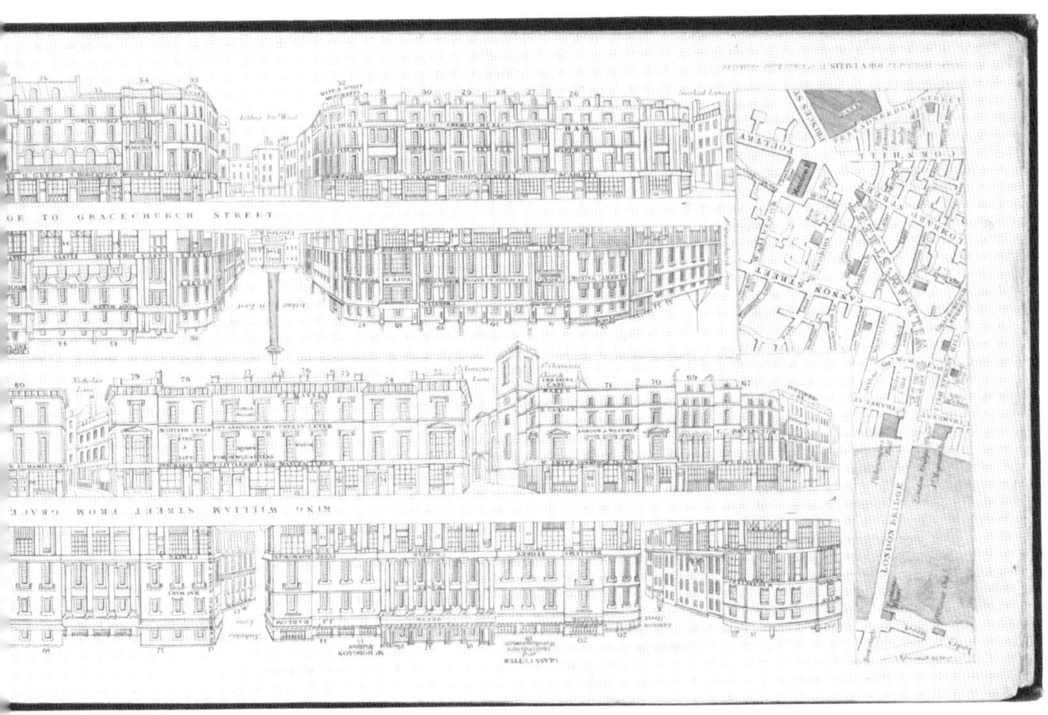

であり、建築の特徴（建物の形態）と建築家の道具（正投象）を用いて書物の内容を構成している。

書物に建築の構造を取り入れたもう一つの成功例は、『タリスのロンドン街路景観』[10]である。1838年から1840年にかけてジョン・タリス（1817–76）によって出版され[11]、88回に分けて毎週発行され、横長の見開き頁にロンドンの商業地区街路にある建物の立面図を掲載している。詳細まで丁寧に仕上げられ、街路の街並みを生き生きと伝えている。見開きのどの頁にも補足的な画像（通常は透視図と位置図）があり、立面図と組み合わせて読者を都市の界隈に引き入れている。各号には歴史的背景を説明する文章があり、色紙に印刷された表紙に四頁の広告が綴じ込まれていた。『タリス』は商工人名録であり、「イエロー・ページ」や「グーグル・ストリート・ビュー」の前身であった。毎週の発行には膨大な調査が必要であったが、初期投資は広告収入によって回収された。各店舗は名前と住所が立面図に印刷される特権に対して対価を払い、その広告収入によって冊子は非常に収益性の高い事業となった。『タリス』において冊子の内容を構成するために建築が取り入れられ、素朴な索引付き目録の限界を克服した。

『タリス』は一般読者を対象として、大部数が印刷配布された。今日の評

『タリスのロンドン街路景観』（1838–40年）
キング・ウィリアム・ストリート沿いのファサードの縁には、周辺の地図と新しいロンドン橋の挿絵が描かれている。
[CCA Y ID:87-B11971]

→ **『タリスのロンドン街路景観』（1838–40年）**
セント・ポールズ・チャーチヤード沿いのファサードの縁には、周辺の地図とウッドヒル、宝石商と銀細工職人の挿絵が描かれている。
[CCA Y ID:87-B11971]

→ **『タリスのロンドン街路景観』（1838–40年）**
ピカデリー・ストリート沿いのファサードの縁には、周辺の地図とホイップメーカー、スワイン＆アイザックの挿絵が描かれている。
[CCA Y ID:87-B11971]

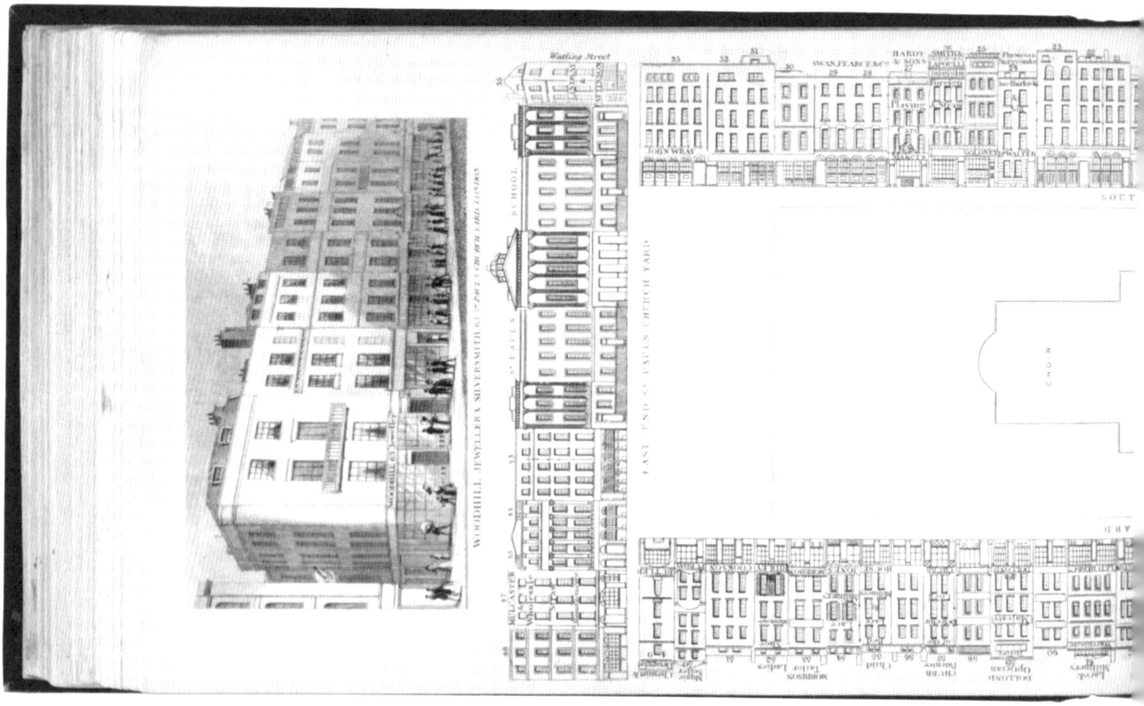

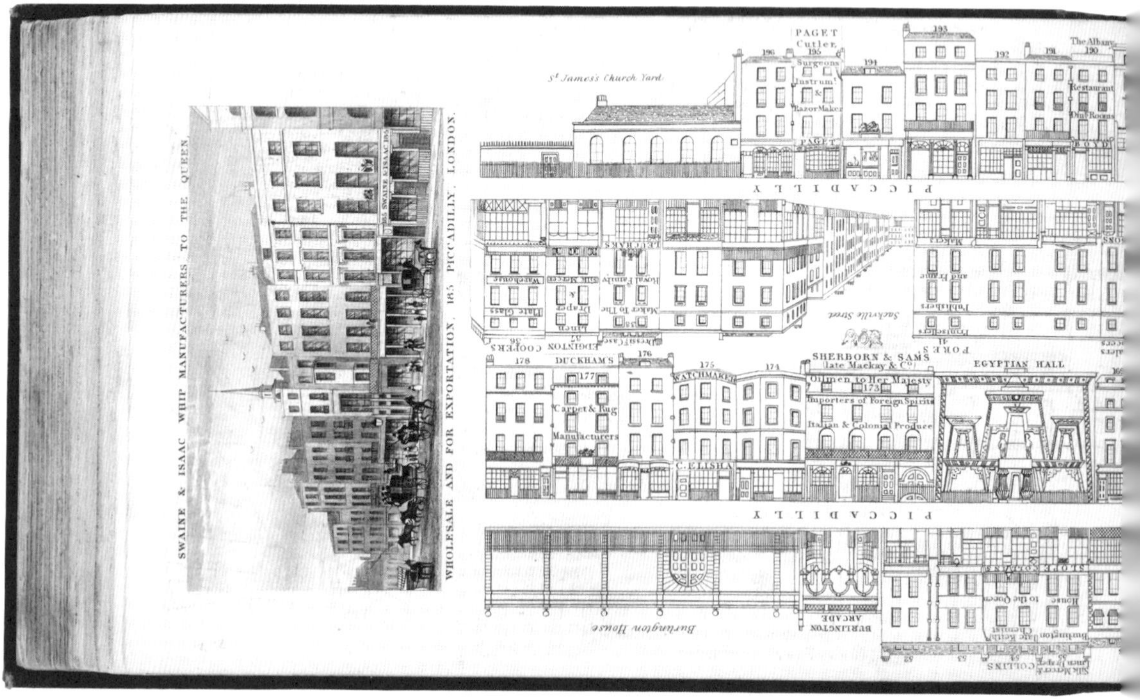

SWAINE & ISAAC WHIP MANUFACTURERS TO THE QUEEN.

WHOLESALE AND FOR EXPORTATION, 185 PICCADILLY, LONDON.

Burlington House

BURLINGTON ARCADE

PICCADILLY

178 DUCKHAMS 177 Carpet & Rug Manufacturers 176 175 WATCHMAKER C. ELISHA 174 SHERBORN & SAMS (late Mackay & Co.) Oilmen to Her Majesty 173 Importers of Foreign Spirits Italian & Colonial Produce EGYPTIAN HALL

Sackville Street

PICCADILLY

St James's Church Yard

PAGET Cutler 196 195 Surgeons Instrum^t & Razor Maker PAGET 194 193 192 191 The Albany 190 Restaurant Dining Rooms

WOODHILL JEWELLER & SILVERSMITH 63 ST PAUL'S CHURCH YARD, LONDON

MULCASTER Wholesale St PAUL'S SCHOOL Watling Street

EAST END ST PAUL'S CHURCH YARD

CHOIR

SWAN, PEARCE & Co. HARDY & SONS SMITH'S

MORRISON Tailor Ladies Child CHUBB Patentee DOLLOND Optician Milliners

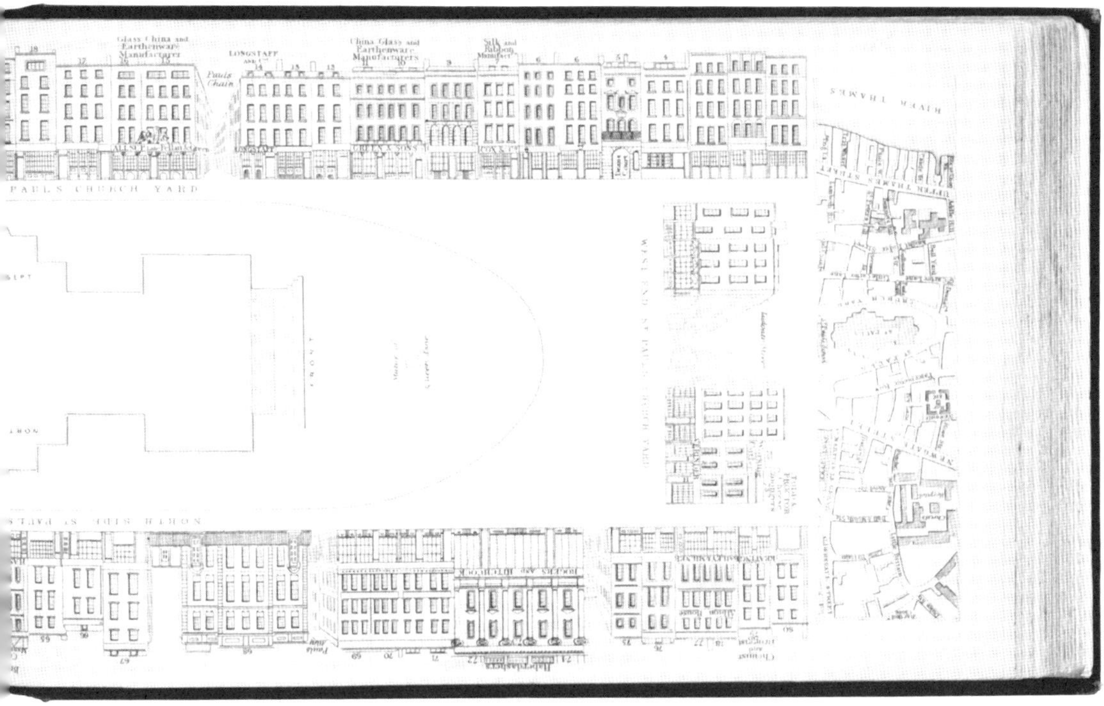
Glass China and Earthenware Manufacturer
LONGSTAFF
Pauls Chain
China Glass and Earthenware Manufacturers
Silk and Ribbon Manufact.
PAULS CHURCH YARD
UPPER THAMES STREET
NORTH SIDE ST PAULS

Whip Manufacturers To The Queen
FORTNUM & MASON
Booksellers
To The Royal Family
HATCHARD & SON
SWAINE & ISAAC
Tea, Grocery and Italian Warehouse
Perfumer by Appointm
PARKER
FORTNUM & MASON
Tailor & Breeches Maker to the Royal Hunt
DAVIS
Duke Street
Bit & Spur Maker MILLERS
To Her Majesty Wax & Oil Warehouse
LATCHFORD
Miller & Sons
PICCADILLY
Burlington House
ALBANY
WESTLEY & Co
Carpet and General Furnishing Warehouse
Hosiers and Glovers
PARKER
CORBETT
Saint James's Street
PICCADILLY
Goldsmith
Jeweller and Watch Maker
GRAY & FELL
PROSSER
ALABASTER
Albemarle Street
Old Bond Street
Pall Mall
King Street
Saint James's Street
Bury Street
Duke St
Jermyn Street
Green Park
Old Bond Street
Albemarle Street
Dover Street
Berkley Street
Hay Hill
Burlington Arcade
Old Burlington St
Cork Street
Savile Row
Clifford Str
Grafton Street
New Bond Street
Bruton Street
BERKLEY SQUARE
Conduit Street
George Str

者がいうには「楽しみの宝庫であり……応接間の卓上に置くのにふさわしくつくられている」[12]。評者の驚きは止まらない。

> さて、そのような目新しさへの対価は号ごとにどのくらいだろうか。2シリングだろうか。いいや、1シリングか。いいや、6ペンスか、いいや。我々読者が驚かされるのは、街路の忠実な輪郭表現と著名な建造物の美しい景色、地域の交通網、歴史的な情報が3.5ペンスという驚くほど安い料金で提供されているということである！[13]

高価な建築書とは異なり、冊子は非常に安く誰でも買うことができた。入手しやすさに加えて、『タリス』の読者は冊子の魅力的な装丁、文章の情報としての価値、目録としての実用性を高く評価していたようである。さらに『タリス』は、都市を体験する別の方法も提供した。街路のファサードの描写は歩行者の体験に対応しているわけではない。歩行者の知覚は全体像ではなく店舗の並びに左右されるが、正投象の抽象的な表現によって読者は街路の記憶を思い起こすことができる。見開き頁をあれこれと調べてみることが都市自体を眺めるのと同じくらい有益であるというのは、驚くべきことかもしれない。『タリス』においては、二つの物理的な空間［現実の空

12 『前掲書』
13 『前掲書』p.11からの引用
14 Jeffrey A. Cohen, "Corridors of Consumption: Mid-Nineteenth Century Commercial Space and the Reinvention of Downtown," in *Visual Merchandising: The Image of Selling*, ed. Louisa Iarocci (Farnham, UK: Ashgate, 2013), pp. 19–36.
15 Jackson, introduction to *John Tallis's London Street Views*, p.16（註11参照）。1847年に図版を再版して完全版がつくられた。1969年と2002年の完全復刻版である。
16 「この商法は購読者にとってはありがたく、補助金付きでそれぞれ1.5ペンスで買えたが、結果的に多くの組み合わせができ、書誌学者を混乱させた」。RIBA, *Early Printed Books*, ref.3228, pp.2051–52、ここではp.2052（註3参照）
17 Jeffrey Cohen, "Corridors of Consumption," p.31（註14参照）

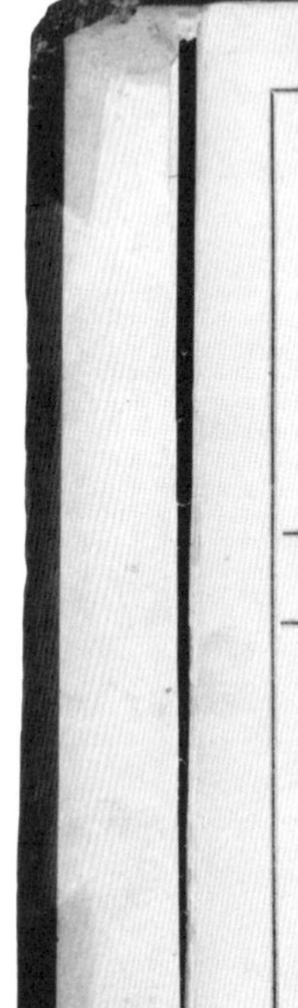

間と想起された空間」が一つの冊子にまとめられている。

都市は変化し続ける。19世紀半ばまでの工業製品に対する小売需要の増加によって、都市の商業地域に急速かつ絶え間のない変化が生じた[14]。冊子では成長を続ける商業都市の変化には対応できない。『タリス』の発行はすぐに時代遅れになった。今日ではこのような製本は珍しいが、通常の書物のように通し番号をつけて88編を綴じて完本として製本することもできたが、欠番も多くなる[15]。復刻版では更新と追補が繰り返され、今日の書誌学者泣かせであった[16]。そのうえ安価であるため、あまり丁寧に扱われていなかった。それでも、『タリス』は学者が参照する豊かな資料であり、

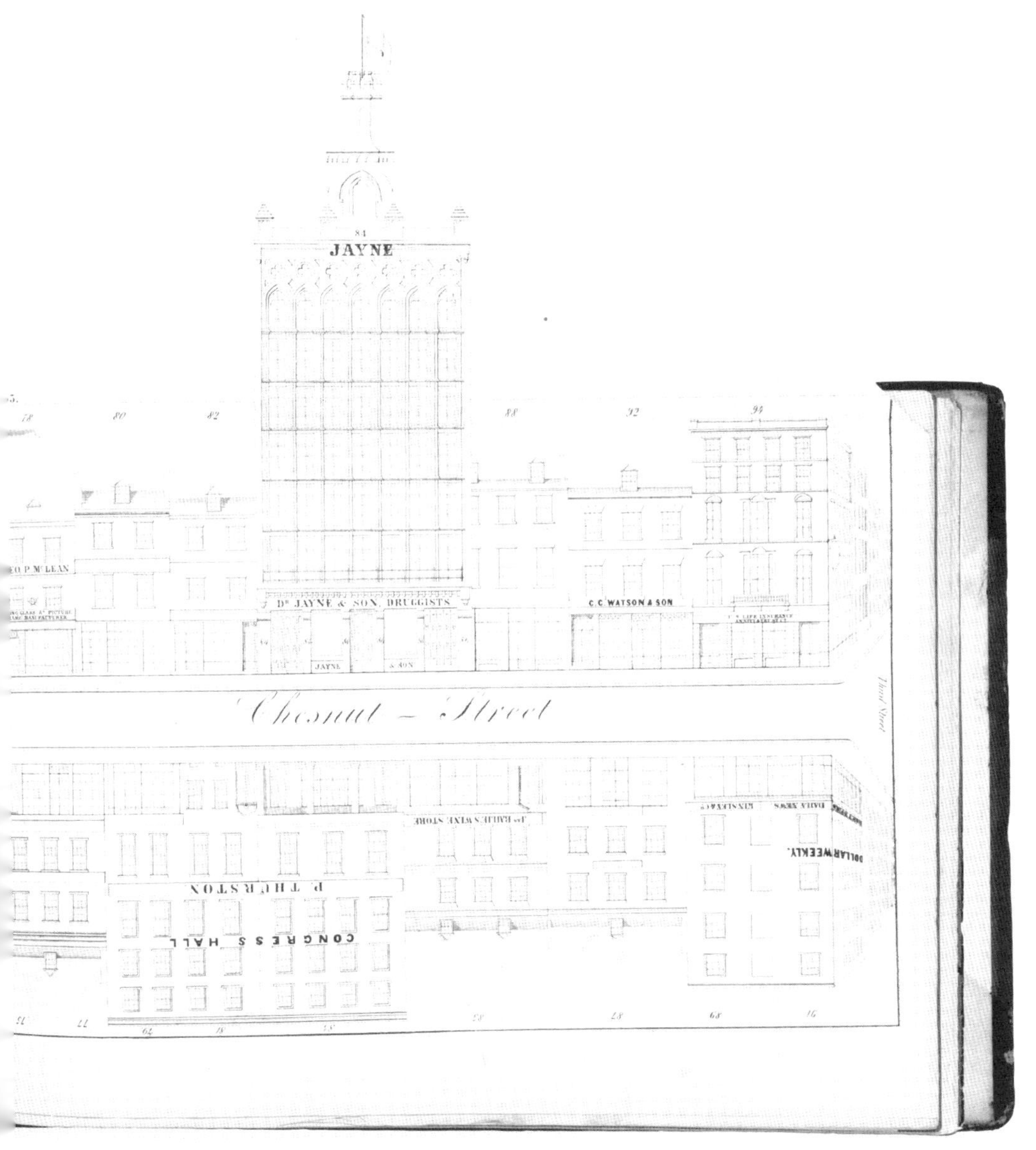

『レイのフィラデルフィア広告・図版録』（1851年）
チェスナット・ストリート
［CCA MAIN M1783 ID:88-B10786］

→ **『ロンドン建築全景』**（1849年）
［British Library］

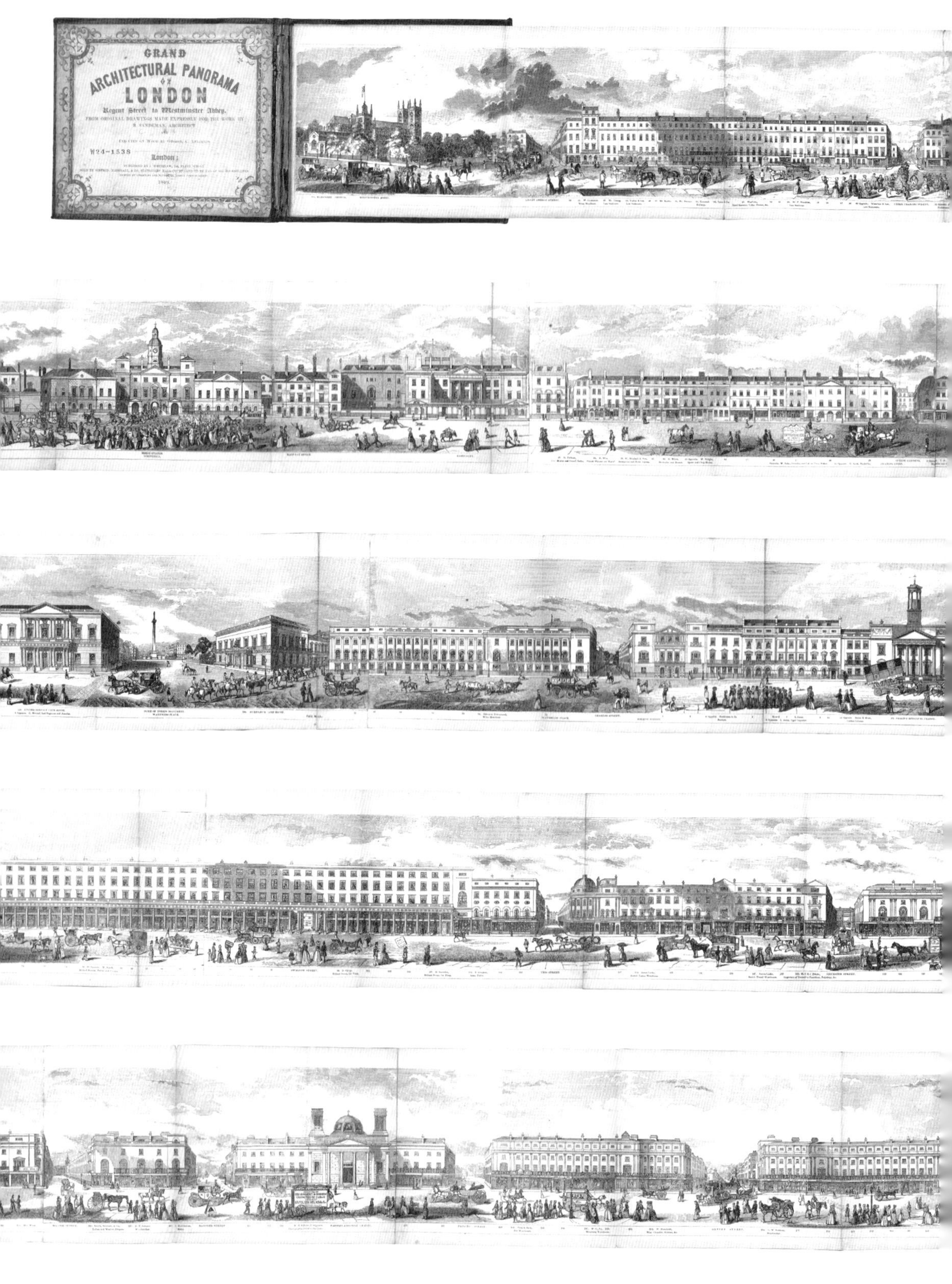
GRAND
ARCHITECTURAL PANORAMA
OF
LONDON
Regent Street to Westminster Abbey.

凍結したロンドンの姿を逆説的に示し、建築の忠実な描写と都市の商業活動に関する貴重な情報であることには変わりない。

『タリス』の質の高さとその成功はブリストル、バース、マンチェスター、ダブリン、ニューヨーク、ボストン、フィラデルフィアの街路景観本の企画の呼び水となった[17]。フィラデルフィアについては『レイの広告・図版録』[18]が1851年に出版されたが、大判の高価な出版物であった。珍しい八階建ての建物を一枚に収めるために、レイは特大の紙を使用し、建物以外の部分を切り取って折り込んだ。このような調整はほかの図版でも行われ、標準的なやり方から逸脱しているために費用がかかり、『タリス』と比較すると書物としての成功の足かせとなった。『レイ』よりももっと変わっているのは、レポレッロ製本［蛇腹折り込み製本］による『ロンドン建築全景』[19]であり、1849年にR・サンドマンによって構想された。細長い印刷物（14×679cm）はウェストミンスター寺院からオール・ソウルズ教会までのリージェント・ストリートに沿った賑わいを描きだし、画像とは独立した商標広告を下に貼りつけている。独特の体裁と高品質の銅版画にもかかわらず、サンドマンによる街路の全景は開いて眺めながら読むには扱いにくく、機能的な『タリス』と比べて奇をてらったように見える[20]。

街路景観本は、都市の説明的な表現への関心の高まりに乗じていた。しかしながら、街路を詳細に描写するには、調査と絶え間ない更新に多額の投資が必要となるために、流行はすぐに下火になった。ここで街路景観本と案内本の根本的な違いを強調しておく価値はある。いずれも構造は一般的な地図と収録内容との関係に基づいている。しかし街路景観本では建築表現が紙面構成と順序を決定するのに対して、案内本では文字情報の流れが優先される。『回廊』同様、『タリス』の場合も内容を構造化するのは建築であり、建物の体験を頁に変換しながら情報を整理して読者に提示している。

知識の体系化

技術的な理由から、ほとんどの建築書では図版が文章とは別に印刷製本されていた。では『百科全書』の図版はどうであろうか。建築書はその独特のつくり方から何かを学んだのであろうか。ドゥニ・ディドロ（1713–84）とジャン・ル・ロン・ダランベール（1717–83）が編集した『百科全書、あるいは自然科学、芸術、工芸の論理的辞書』（1751–72）[21]は、各120枚の図版からなる11巻に分けた二つ折り判として出版された[22]。［本論として］予定されていた17巻のうち最初の7巻が出版された後、1759年に『百科全書』が禁書扱いになると、図版の作成作業が文章よりも優先された。図版は文章ほど政治的あるいは宗教的に厄介な問題になりにくかったため[23]、ディ

—　**ドゥニ・ディドロ、ジャン・ル・ロン・ダランベール『百科全書』（1751–77年）**

ダランベールの知識の系統樹と第1巻の冒頭頁。人間の知識とは「知性がどの方向に進むべきかわからずに迷い込む曲がりくねった道」である。『百科全書』はそのような迷路を進むための構造を読者に提供することを目的としていた。アルファベット順の項目は、相互参照によって知識の系統樹に対応している。
［CCA CAGE M W3221］

18 Julio H. Rae, *Rae's Philadelphia Pictorial Directory & Panoramic Advertiser: Chestnut Street, from Second to Tenth Streets* (Philadelphia: Julio H. Rae, 1851).

19 R. Sandeman, *Grand Architectural Panorama of London: Regent Street to Westminster Abbey* (London: I. Whitelaw, 1849).

20 『ロンドン建築全景』は、エド・ルシェによる有名なパノラマ写真「サンセット・ストリップの全建物」の前身であり、よく知られているロバート・ベンチューリ、デニス・スコット・ブラウン、スティーブン・イズヌールによる『ラスベガス』に大きな影響を与えた。

21 Denis Diderot and Jean Le Rond d'Alembert, eds., *Encyclopédie, ou Dictionnaire raisonné des sciences, des arts et des métiers*, 28 vols. (Paris: Briasson, David, Le Breton, Durand, 1751–77).

22 早くも1747年、ディドロはルイ＝ジャック・グシエ（1722–99）に図版の描画の制作を依頼し、執筆と同時に進めることにしていた。15年後、図版の初巻が出版された後、グシエは事業から離れ、ジャック＝レイモンド・ルコット（1739–1811）が後任となった。

23 見た目は中庸であるが、図版は多くの論争を引き起こした。とくにレオミュール（1683–1758）が主催する科学アカデミーの事業『美術工芸概論』のために作成された彫版画からの盗用ではないかという非難があがった。このような申し立ては『百科全書』の発行を阻止しようとする意図として説明されることが多い。

24 Terence M. Russell, *Architecture in the Encyclopédie of Diderot and d'Alembert: The Letterpress Articles and Selected Engravings* (Aldershot, UK: Scholar Press, 1993).

25 Roland Barthes, "Les Planches de l'*Encyclopédie*," *Le Degré zéro de l'écriture: Suivi de Nouveaux essais critiques* (1964; repr., Paris: Éditions du Seuil, 1972), pp. 89–104、ここではp.89、リチャード・ハワードによる翻訳"The Plates of the *Encyclopedia*," in *New Critical Essays* (New York: Hill and Wang, 1980), pp.23–39、ここではp.23［ロラン・バルト著、花輪光訳『新＝批評的エッセー』みすず書房、1997年］

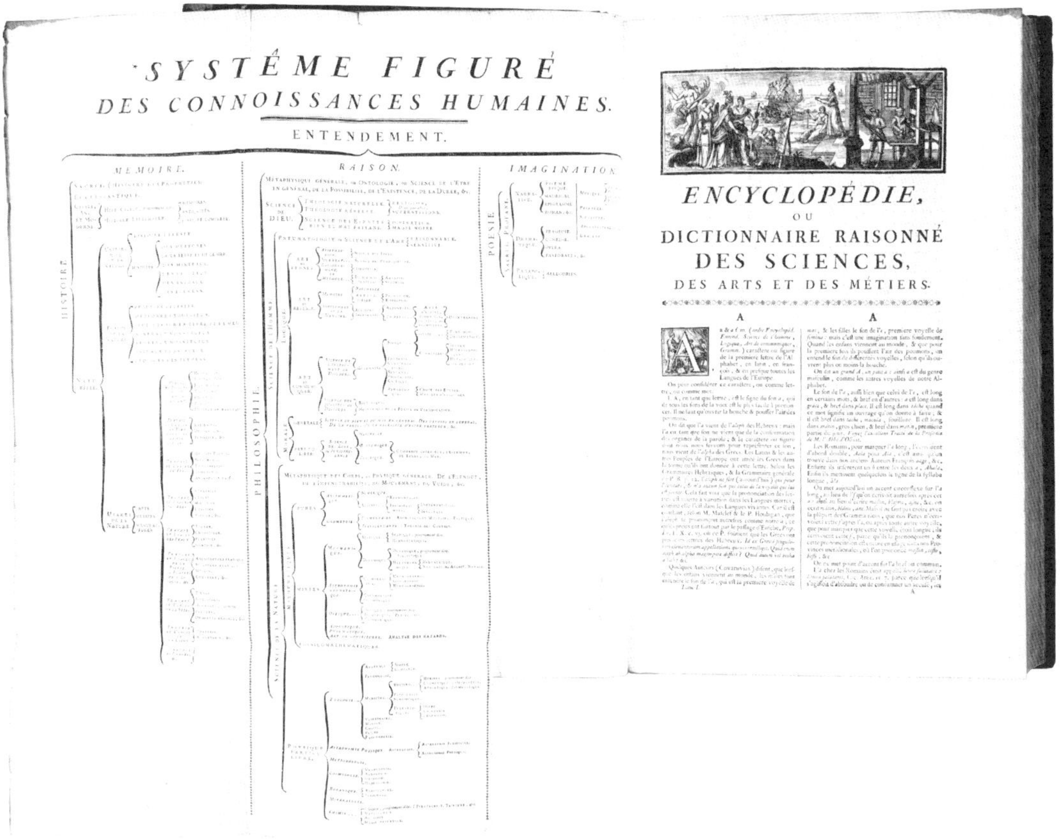

ドロはなんとか作業を続けることができた。払い戻しをするよりも、購読料を図版の生産に向けるよう推奨したギヨーム・マルゼルブ(1721–94)の影響もあった。こうして最初の図版の巻がかたちになったのは1762年であった。残り10巻の文章が出版されたのは1765年、禁書令が解除されたときであった。全図版は1772年に完成した。もともとは文章に必要な視覚的補足として考えられていたが、図版は『百科全書』の構想においてほぼ自律的な構成要素となった[24]。

『百科全書』の図版は、ものづくりの発展に伴う芸術品と工芸品を描いた技術図面として構想された。ロラン・バルトが指摘するように、文章から分離することによって、編集者は「ものとして自律的な図像学」[25]を追求することになった。『百科全書』の図版は従来の技術的な表現をはるかに超え、ものの存在論を提示する。バルトは三つの操作段階に分けている。

> 選集的。ものが、あらゆる文脈から分離され、それ自体で提示されるとき。逸話的。大画面の生き生きとしたビネット[縁飾りの挿絵]に

26 Barthes, "The Plates of the *Encyclopedia*," p.24(註25参照)

27 『前掲書』p.32。バルトは、例として水車小屋の断面図を用いている。[引用に続く文章は以下のとおり。]「水車の断面図が完全に象徴しているのはこのことであって、そこでは穀粒が階を追って進みながら粉にひかれていくのが見られる。……この場面はあまり本当らしくない。」]

28 『前掲書』p.30

29 Diderot, entry "Bas" in *Encyclopédie*, 2: p.98(註21参照)。Barthes, "The Plates of the *Encyclopedia*," p.33(註25参照)からの引用

30 建築に関連する図版一覧については、"Las Láminas de la Enciclopedia," in Juan A. Calatrava, *La teoría de la arquitectura y de las bellas artes en la Encyclopédie de Diderot y d'Alembert* (Granada: Diputación Provincial de Granada, 1992), pp.589–98を参照。Russell, *Architecture*, pp.65–67(註24参照)の一覧表も参照

一『解説つき科学、教養、機械術の図版集』(1762年)「瓦業者」、図版I

煉瓦の製造
[CCA CAGE M W3221]

よって「飼い慣らされている」とき。発生的。画像が私たちに未加工の物質から完成したものに至る軌跡を提供するとき。発生、本質、実践。こうしてものはそのすべての領域において説明される。あるときは在り、あるときはつくられ、あるときはつくりさえする。[26]

バルトが言おうとしていることを理解してみよう。バルトが『百科全書』において強調しているように、図版を上下に分割して二層にすることによって、このような視覚的な複雑さは達成されている。上段の透視図のビネットは、人間の世界で演じられる物語のなかのものを配している。「一連の出来事と時間を通じて、人間によって変換され、昇華された、偉大な軌跡」[27]を示している。下段は教育的な内容である。文脈が奪われ、ものが視覚的に解体し、主要な構成要素がビネットに描かれた行為を効果的に行うために必要な道具とともに示されている。「この模範的な状態において、道具には生命がない。動きが鈍く、本質が凍結された単なる実証的な図式である」[28]。図版の構造はそれゆえにディドロによる機械、つまり「ものの製作がその結論であるという唯一絶対の原理」[29]にしたがって設計された道具の定義を反映している。

建物や建造物を示す何百もの図版のうち、第1巻の建築に関する章の最後にある煉瓦技能工(「瓦業者」「屋根葺き職人」「床職人」)は、この表現体系を最もよく示している[30]。「瓦業者」の図版には瓦製造所とその建物、機器、および材料が描かれている。ビネットの上段中央部には型に入れられた瓦を天日干ししている様子が描かれている。下段の断面図には、労働者が粘土を型に押し込んでいる様子が描かれ、図版下に別途詳細な説明がある。瓦が製造されている傍ら、図版のなかでは別工程も示されている。「S」と書かれた窓では「鋳物業者が必要な砂を投入して鋳型の鋳物を乾燥させる作業を担う」[31]。あるいは後に出てくる図版も参照することができる。図版IIIは図版Iでは見えない竈門が描かれている。瓦の工程をさらに追っていくと、図版IIには建物DとEの内部とそこでの作業、そして後の「屋根葺き職人」、「床職人」の図版において取りつけられる瓦の様子が描かれている。「屋根葺き職人」のビネットには、「親方に命令を与える建築家」[32]の様子が描かれている。「床職人」Iの図16は「瓦業者」IIの図6の型「a」と同じ六角形の瓦が描かれている。「床職人」IIのビネットに示されている床瓦の設置は、「敷設する作業者に床瓦を渡す操作」[33]によって実現され、続く「床職人」IIにおいて、「二色塗りの床瓦の64種の組み合わせ」[34]を描いた平面図が続き、組み合わせの体系が合理的な手順の結果であることを示している。

バルトは『百科全書』を人工頭脳と見なしている。「私たちはそれ[人工頭脳]に物質を投入し、『工程表』を設定する。ビネット(統合的文章の構成要

31 Denis Diderot, *Recueil de planches sur les sciences, les arts libéraux, et les arts méchaniques, avec leur explication*, vol.1, "Architecture et parties qui en dépendent," p.17: "Tuilerie; Planche Iere" (Paris: Briasson, David, Le Breton, Durand, 1762). 原文は"...sert à introduire le sable dont le mouleur a besoin pour sécher son moule & le bloc sur lequel il travaille."

32 『前掲書』、"Architecture et parties qui en dépendent," p.19: "Couvreur, fig.1, no.2." 原文は"Architecte qui donne des ordres au principal ouvrier."

33 『前掲書』、"Carreleur; Planche Iere; Fig. 2." 原文は"Manœuvre qui porte le carreau à l'ouvrier qui le pose."

34 『前掲書』、"Carreleur; Planche II." 原文は"Soixante-quatre combinaisons des carreaux mi-partis de deux couleurs."

35 Barthes, "The Plates of the *Encyclopedia*," p.33(註25参照)

36 Diderot, entry "Bas," in *Encyclopédie*, 2: p.98(註21参照)。原文は"La liaison des parties demanderoit qu'on dît & qu'on montrât tout à la fois; ce qui n'est possible, ni dans le discours, où les choses se suivent nécessairement, ni dans les Planches, où les parties se couvrent les unes les autres."

37 Ephraim Chambers, *Cyclopædia: Or, An Universal Dictionary of Arts and Sciences*, 2 vols. (London: James & John Knapton, 1728).

38 あわせて16,381頁と71,818個の見出し、および2,569点の図版。Russell, *Architecture*, p.16(註24参照)

39 『百科全書』は複雑な出版の歴史や内容の哲学的意味によって多くの学術的研究の対象となってきた。とりわけRobert Darnton, *The Business of Enlightenment: A Publishing History of the Encyclopédie, 1775–1800* (Cambridge, MA: Belknap Press of Harvard University Press, 1979)を参照

40 Jean Le Rond d'Alembert, "Preliminary Discourse," in *Encyclopédie*(註21参照)。Russell, *Architecture*, p.9(註25参照)からの引用

41 Jean Le Rond d'Alembert, *Preliminary Discourse to the Encyclopedia of Diderot*, trans. Richard N. Schwab (Chicago: University of Chicago Press, 1995), pp. 144–45. Diderot and d'Alembert, *Encyclopédie*, 1: n.p.(註21参照)も参照

42 ブロンデルの貢献については、Calatrava, *The Theory of Architecture*, pp.232–87(註31参照)を参照

Pl. 1
Tuilerie.

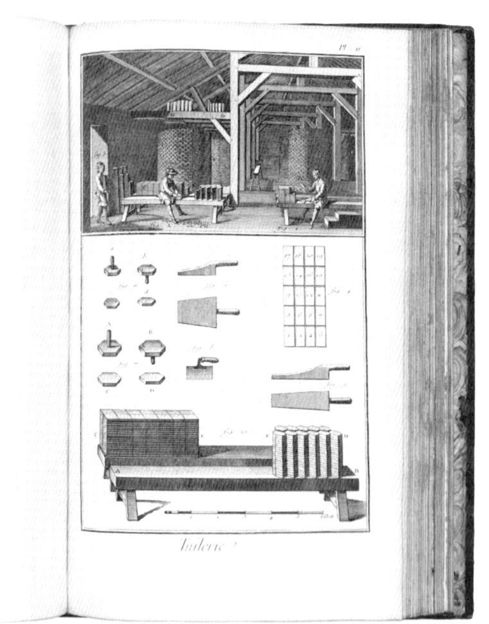

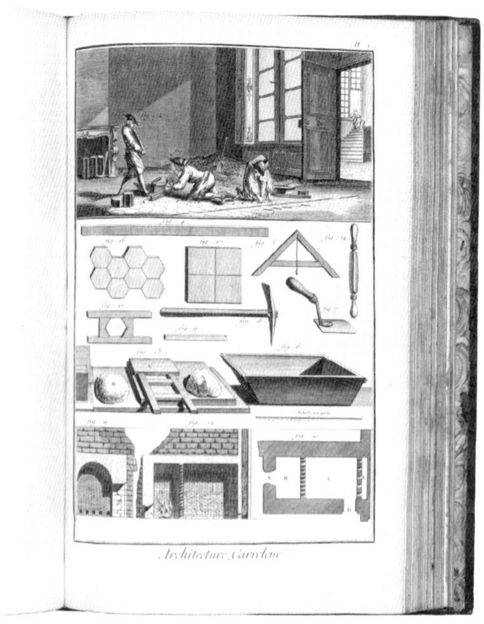

素［連辞］）は結論として機能する」[35]。自律的な図版群はものを包括的に理解できるようにする。［上段・下段の］二つの補完的な表現形式が一体となって意味を生成し、それだけでは意味をなさない部分を文脈として説明する。ディドロはこの機械を説明する。「部品同士のつながりを同時に語ってみせる必要がある。これは、内容をよどみなく説明する文章でも、部品同士の関連を示す図版でも不可能である」[36]。書物の構造はこの不可能性に対処し、複雑な相互参照の体系を駆使してすべてを一度に説明している。

『百科全書』は、類まれな出版事業であった。イーフレイム・チェンバース（1680–1740）の『百科事典』の仏語訳[37]から始まったささやかな出版物は、16,000頁を超える文章と71,000項目、および2,500点を超える図版からなる人間の知識の包括的な調査に及んだ[38]。とはいえ、『百科全書』の物理的な量は、21年間にわたる著者と出版社の努力と危険に比べれば大した問題ではないし、書物の文化的な影響の大きさを思い起こせばなおさらである[39]。ダランベールの「序論」が認めているように、「科学と芸術の一般体系は一種の迷宮であり、知性がどの方向に進むべきかわからずに迷い込む曲がりくねった道」である。最終的には、「すべての道を同時にたどることなど不可能である……どの道を選択するかは心のありようによって決まる」[40]。「人間の知識の体系図」にしたがって各々の領域の「共通点」、つまり人間の知識の「曲がりくねった迷宮」を秩序づける分類法があれば、読者は自由に読解への道を決定することができる[41]。建築書の解剖学にとっ

43 ブロンデルは、この歴史の一部として第三者的に自分自身について言及している。“Depuis les auteurs dont nous venons de parler, plusieurs de nos Architectes François ont aussi traité de l'*architecture*, tels que... & depuis par Jacques-François Blondel professeur d'*architecture*, dont nous avons aussi un *Traité de la distribution & de la décoration des édifices*.”［「私たちが言及してきた著者、建築家フランソワの何人かは次のような建築も扱ってきた……そして建築の教授であるジャック＝フランソワ・ブロンデルによる『建物の間取りと装飾に関する概論』がある。」］Diderot and d'Alembert, “Architecture,” *Encyclopédie*, 1: p.618（註21参照）

44 『前掲書』p.616。原文は“un homme dont la capacité, l'expérience & la probité, méritent la confiance des personnes qui font bâtir.”

45 『前掲書』pp.616–17。原文は“une idée de la façon dont je pense sur la simplicité, la proportion, & l'accord auxquels je voudrois que l'architecture fût réduite.”

46 これら39枚の図版は、フランソワ・フランク（1709–94）によって描かれ、ジャン・ドミニク・エティエンヌ・ル・カニュによって彫られた版画である。

47 Calatrava, *La teoría de la arquitectura*, p. 281（註31参照）

て、『百科全書』は二つの基本的な問題を提起している。第一に、一つの書物として複雑な情報体系を構築するにはどうすればよいか。そして第二に、この構造は建築の実践とどのような接点があるのか。

ディドロとダランベールは、『百科全書』を社会変革の手段として構想していた。社会変革は理性と進歩という共通の信念を持つ学者と実践者による共同作業であった。人間の悟性を「記憶」「理性」「想像」の三部門に分ける有名な知識の系統樹である「体系図」は第1巻の1頁にあり、「A」の項目からアルファベット順に始まる。以降の文章は二段組、単調な「フルーメン・オラティオニス」のように流れ、アルファベット順が項目の並びの中立性を保証している。中立ではあるが、「体系図」の各項目は知的な構造の内部に固定されている。さらに、各項目は系統樹にあるほかの項目を相互に参照することができる。図版の参照は知識の体系を別の次元へ導いてくれる。たとえば、建築は系統樹の三つの枝のどこにも表れる。「記憶」の下には「実用建築」(「歴史」のなかの「自然の利用」から展開される「芸術、工業、製造」に含まれる「石、石膏、石板の加工と使用」の枝)があり、「理性」の下には「軍事建築」(初等幾何学として、純粋幾何学の枝として示され、哲学の項目のなかでは自然学の一部)。そして「想像」の下には「市民建築」(神聖および世俗的な詩から派生した物語の枝)。これらの区分は項目と図版の構成のいずれにも正確に対応していない。それでも、『百科全書』の内的論理、アルファベットと相互参照の体系は、書物の流れのなかに知識の複雑な構造を関連づける基準を確立した。

「建築」の項目は、『百科全書』の構造のさまざまな要素間の明らかな衝突を露呈している。ジャック＝フランソワ・ブロンデルは、『百科全書』の500以上の項目を執筆した。建築の主題に関して群を抜いて最も多く書いた著者であり[42]、「知識の体系図」における建築の位置づけへの言及から記述を始めている。ただし、ブロンデルの組み立てはダランベールによって割り当てられた位置と完全には一致していない。ダランベールは建築の枝を系統樹が三つの枝に分かれていくように捉えていたが、ブロンデルの項目は土木建築だけに焦点を当て、建設に関する知識と軍事および海軍の建築は省いている。ブロンデルの定義は年代記的であり、歴史の先行事例に基づいて、「原初の小屋」から始まり自らの実践に進んでいく[43]。建築家の定義は「能力、経験、および建てたい人々の信頼に値する誠実さを備えた人間」[44]である。そしてブロンデルは自らの図面に関連づけ、書物と図版の補完的な性質について、「単純化し、比率を与え、調和させるための思考法」[45]であるという認識を示している。39枚の図版は「建築」の項目に組み込まれ[46]、ブロンデルは長い説明を追加しているが、標準的な図版には短い説明しかない。フアン・カラトラバが指摘しているように、ブロンデルの言葉は「『百科全書』的ではない」[47]。書物との相互関連についての独自

← 『図版集』(1762年)
図版2「瓦業者」; 図版1「床職人」
煉瓦の製造; 瓦工
[CCA CAGE M W3221]

→ ディドロ、ダランベール『百科全書』(1751–77年)「建築」第1巻、616–17頁
[CCA CAGE M W3221]

→→ 『図版集』(1762年)「建築」、図版1
一般原理と部分との関連: ギリシアとローマの建築の五つのオーダー
[CCA CAGE M W3221]

48 この区別はセルリオの学術書においてなされ、古典の規則に関する第三書と古代の範型に関する第四書の分離によって明確になっている。「建築家の道具」(上記pp.170–185)を参照。フランソワ・ショエイによると、これらの言葉にはさまざまな含意があり、「規則 rules」は建築論に、「範型 models」は文学的なユートピアに適用されている。Françoise Choay, *La Règle et le modèle: Sur la théorie de l'architecture et de l'urbanisme*, rev. ed. (1980; Paris: Seuil, 1996).

49 J・F・ブロンデルは多作であり、数々の出版物を刊行した。*De la distribution des maisons de plaisance, et de la décoration des édifices en general*, 2 vols. (Paris: Charles-Antoine Jombert, 1737–38); *Architecture françoise, ou Recueil des plans, élévations, coupes et profils des Églises, Maisons royales, Palais, Hôtels & Édifices les plus considérables de Paris, ainsi que des Châteaux & Maisons de plaisance situés aux environs de cette Ville, ou en d'autres endroits de la France, bâtis par les plus célèbres Architectes, & mesurés exactement sur les lieux*, 4 vols. (Paris: Charles-Antoine Jombert, 1752–56); and *Cours d'architecture, ou Traité de la décoration, distribution & construction des bâtiments*, 6 vols., plus illustrated atlas (Paris: Desaint, 1771–77). また建築の主題に関する考えを要約した八つ折り判の二冊の短い論考も出版した。*Discours sur la manière d'étudier l'architecture* (1747) と *Discours sur la necessité de l'architecture* (1754)[ジャック＝フランソワ・ブロンデル著、白井秀和訳『建築序説』中央公論美術出版、1990年]。ブロンデルに関する書誌的な論考については、Françoise Fichet, ed., *La théorie architecturale à l'âge classique: Essai d'anthologie critique* (Brussels: Mardaga, 1979), pp.409–61 を参照

50 カラトラバは存在しない図版の参照、文章に依存しない文章つき図版、および『百科全書』における建築に関する項目のいくつかの構造的矛盾に言及している。Calatrava, *La teoría de la arquitectura*, p. 591(註31参照)

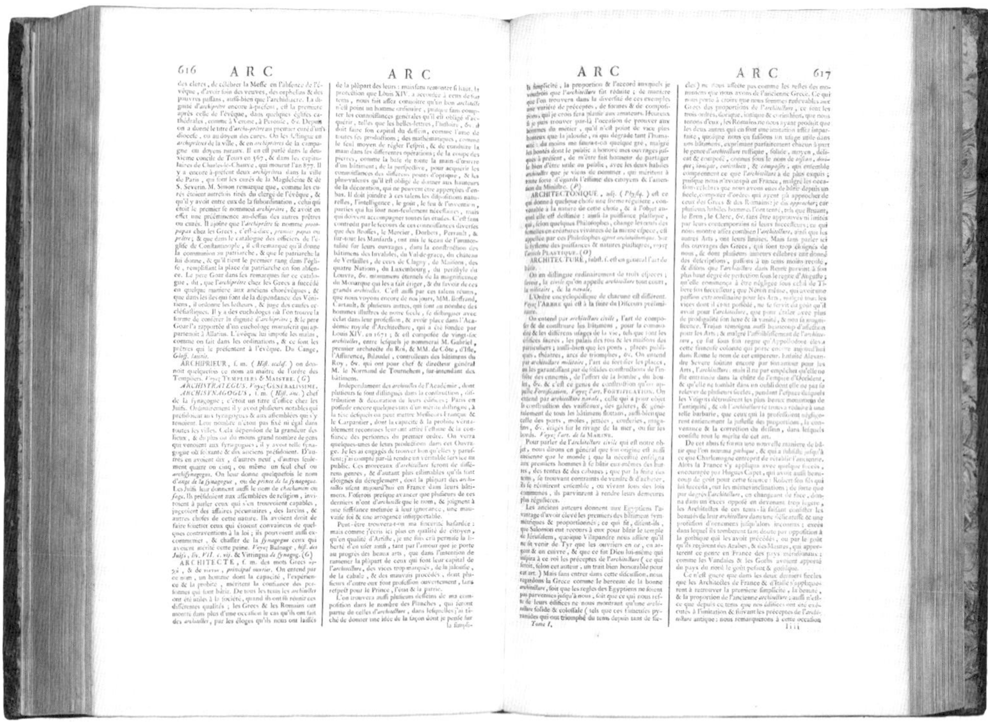

の認識による異なる種類の図版もある。百科事典の標準的な表現体系にしたがった「屋根葺き職人」および「床職人」の図版とは異なり、図版は建築の実例（範型）とオーダー（規則）という慣習的な二項関係に基づいている[48]。結果として、ブロンデルによる図版を含め[49]、当時の建築家の専門書と同じような図版が使用されている。さらに混乱を招くことに、ブロンデルの相互参照の多くはどこにもたどり着かない。第7巻の出版後に『百科全書』の主要執筆者から外れたために、残りの建築の主題のほとんどはシュヴァリエ・ルイ・ド・ジョクール（1704–79）が担当することになった[50]。実際、『百科全書』の構造には理論的な枠組みと建築表現との異なる体系が共存しているが、ブロンデルにとって問題ではなかったようである。アントワーヌ・ピコンが指摘しているように、ブロンデル自身の理論的な論議においては、「原因と結果を掛け合わせ、参照と区別を積み重ねることによって、あたかも用語の氾濫のなかから何らかの統一が生まれるかのようである」[51]。ブロンデルは建築に「社会と同じくらい複雑な構造」[52]を与えたかったようである。

1755年、『百科全書』の第1巻（1751）が出版されてまもなく、オーギュスタン＝シャルル・ダビレ（1653–1701）[53]の『建築事典』新版[54]が出版された。ダビレはすでに『建築講義』［『講義』］（1691）[55]を出版しているが、競

51 Antoine Picon, *Architectes et ingénieurs au siècle des lumières* (1988; repr., Marseilles: Éditions Parenthèses, 2004), p.89, translated by Martin Thom as *French Architects and Engineers in the Age of Enlightenment* (Cambridge: Cambridge University Press, 1992), p.92.

52 『前掲書』

53 Thierry Verdier, *Augustin-Charles d'Aviler: Architecte du roi en Languedoc 1653–1701* (Montpellier: Les Presses du Languedoc, 2003).

54 Augustin-Charles d'Aviler, *Dictionnaire d'architecture civile et hydraulique, et des arts qui en dépendent: Comme la Maçonnerie, la Charpenterie, la Menuiserie, la Serrurerie, le Jardinage, etc., la construction des Ponts & Chaussées, des Écluses, & de tous les ouvrages hydrauliques*, rev. ed. (Paris: Charles-Antoine Jombert, 1755).

55 Augustin-Charles d'Aviler, *Cours d'architecture qui comprend les ordres de Vignole* (Paris: Nicolas Langlois, 1691). 没後の改訂版が1710年にジャン・マリエットによって出版され、ジャン＝バティスト・アレクサンドル・ル・ブロン（1679–1719）の『用語解説』も収録されている。

56 François Blondel, *Cours d'architecture enseigné dans l'Académie royale d'architecture* (Paris: Lambert Roulland, 1675–83).

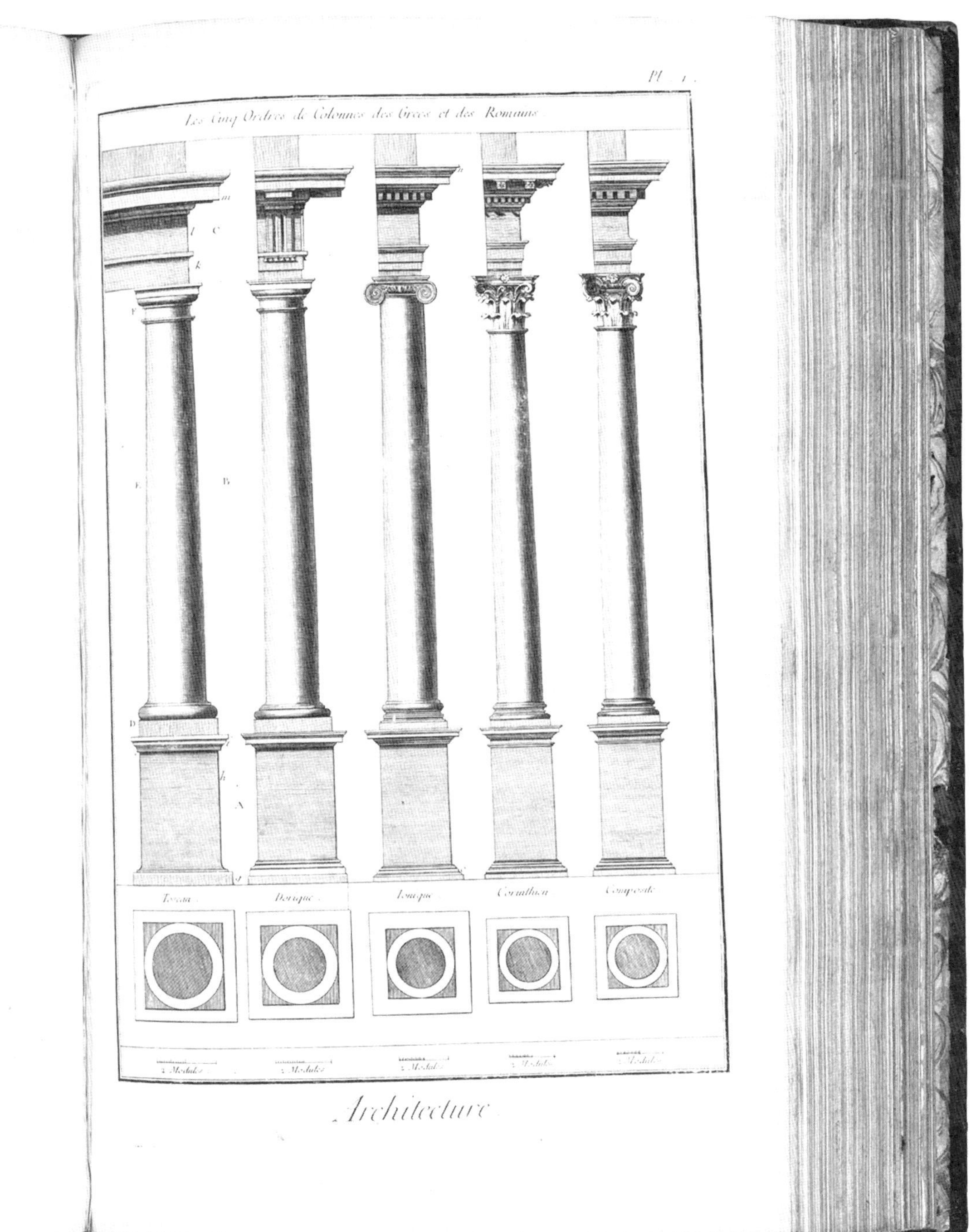
Pl. 1.
Les Cinq Ordres de Colonnes des Grecs et des Romains.
Toscan.
Dorique.
Ionique.
Corinthien.
Composite.
Architecture.

『図版集』(1762年)
「屋根葺き職人」、図版1

煉瓦作業：図2では、建築家が職人頭に命令を出している。読者があたかも建設現場にいるように配置された図版は、製造工程を段階に応じて分割している。『百科全書』の挿絵画家は、製造を視覚化するための体系を確立し、建設の手順を説明することによって、後の建築の実践のあり方を変えた。
[CCA CAGE M W3221]

合するフランソワ・ブロンデル(1618–86)による1675年の同名の書物[56]が大きな成功を収めていた。『講義』はいずれも伝統的なウィトルウィウス的論文から劇的な離脱を遂げ、構造化された教育体系をつくりあげ[57]、ピエール＝ジャン・マリエット(1694–1774)やシャルル＝アントワーヌ・ジョンベール(1712–84)などの著名な建築系出版社によって18世紀を通して再版されるほどの成功を収めた[58]。ダビレの『講義』は1689年から1693年にかけて書かれた語彙集『建築術』[59]と併せて出版された。「あらゆる用語のアルファベット順による説明」[60]を含み、理論と実践の橋渡しとなることを目論んでいた[61]。ダビレの『講義』と『建築事典』の二冊は独立した書物であるが、360頁ある『講義』から全520頁の『建築事典』まで連続した頁番号であり、880頁で終わっている。1710年のダビレの死後、『建築事典』は別の書物となり、ル・ブロン(1679–1719)によって『用語解説』の書名で増補された[62]。1755年の『建築事典』はこの1710年版を意図的に改良したものであり、匿名の序文がその背景を説明している。

> 人間の知識を発展させるさまざまな方法を厳密に検討し、アルファベット順に並べるのが最良であると思われた。芸術に関する用語にふさわしい内容をわかりやすく分析し、属するさまざまな主題を関連づけて依存関係を明らかにし、最も有用な発見と矛盾するような発見も混乱を招くことなく示す。この仕組みによって望むものを簡単に理解することができる。こうしてこの利点を知っている人に生き生きとした印象を与える。[63]

『建築事典』は「建築の体系図」の系統樹によって補完され、「水力建築」を「土木建築」から切り離し、後者を「建築術、生産術、装飾術」の下に位置づけて、ウィトルウィウスの三項目「強・用・美」に対応させている。『建築事

57 クロード・ペローによるウィトルウィウス本の翻訳(1673)は建築学の専門書の時代の終焉を示し、王立建築アカデミーの設立(1671)とともに、規範的な教育実践の始まりを意味することがよく知られている。
58 Dora Wiebenson, "An Introduction to French Architecture," in *French Books: Sixteenth through Nineteenth Centuries*, The Mark J. Millard Architectural Collection (Washington, DC: National Gallery of Art; New York: George Braziller, 1993), pp.xi–xxi; Hillary Ballon, "The Literature of Architecture in Early Modern France," in *Avery's Choice: Five Centuries of Great Architectural Books—One Hundred Years of an Architectural Library, 1890–1990*, ed. Adolf K. Placzek (New York: G.K. Hall, 1997), pp.19–30.
59 Verdier, *Augustin-Charles d'Aviler*, p.225(註53参照)
60 D'Aviler, *Cours d'architecture*, title page(註55参照)。原文は "une ample explication par ordre Alphabetique de tous les termes."
61 Picon, *Architectes et ingénieurs*, p.29(註51参照)
62 Wiebenson, *French Books*, p.23(註58参照)
63 D'Aviler, *Dictionnaire*, p.v(註54参照)。原文は "Après l'examen le plus sévère des différentes manieres de développer les connoissances humaines, celle qui procede par ordre alphabétique a été estimée la meilleure. La facilité d'analyser à chaque terme d'un art la matiere qui lui est propre; d'enchaîner ou de lier les différens sujets qui lui appartiennent, pour en faire sentir la dépendance; d'exposer les découvertes les plus utiles, & les plus opposées, sans craindre la confusion; de trouver aisément ce qu'on souhaite, au moyen de cet arrangement: tout cela a fait une vive impression sur les esprits qui sçavent apprécier ces avantages."
64 Picon, *Architectes et ingénieurs*, pp.57–59 and note 24(註51参照)

典』の系統樹は『百科全書』の系統樹と一致しないが、J・F・ブロンデルによる『講義』の項目に準じて設定されている[64]。そのような構造的矛盾は建築の理論と実践に変化が起こっていた時代には驚くべきことではない。それにしても印象的なのは、書物の形式の構造的な革新と建築の知識の体系化との一致である。1676年に出版された別の建築辞書[65]は、『百科全書』と同じ経験主義的な方法論を採用していた。著者であるアンドレ・フェリビアン（1619–95）は、次のように説明している。

> 私はまたしても働く者たちに頼らざるをえなかった。私は働く者たちの店舗に入り、工房を訪れ、機械、そして道具を検討し、さまざまな習慣について尋ね、そして同じものにつけた異なる名前について、一緒に明らかにする必要があった。[66]

フェリビアンの言葉は、まるでディドロが『百科全書』の図版を作成するために必要な労力を語っているかのように聞こえる。

> 私たちはパリと王国の最も熟練した人々に問い合わせた。私たちは作業場に行き、質問し、口述を書き取り、職人の考えを掘り下げ、職業に特化した用語を引きだし、図式化し、定義し、草稿を読んでもらった人と話し合うところまでいった。そして（実際に不可欠な予防策として）、

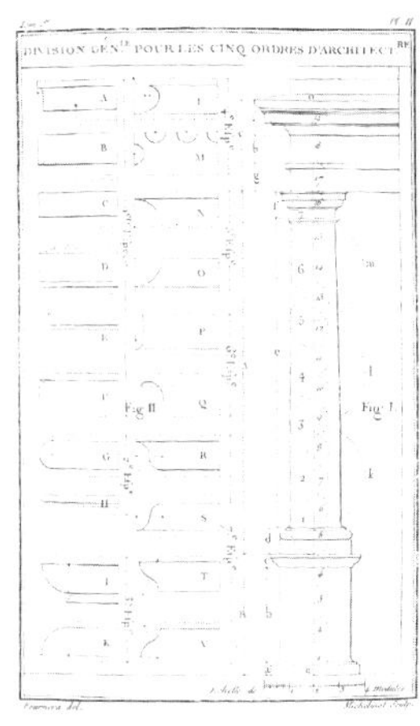

ジャック＝フランソワ・ブロンデル
『建築講義』（1771年）
図版1と図版2
ヴィニョーラに基づく建築の五つのオーダーと建築の五つのオーダーの一般原理
［CCA MAIN 8476 c.1］

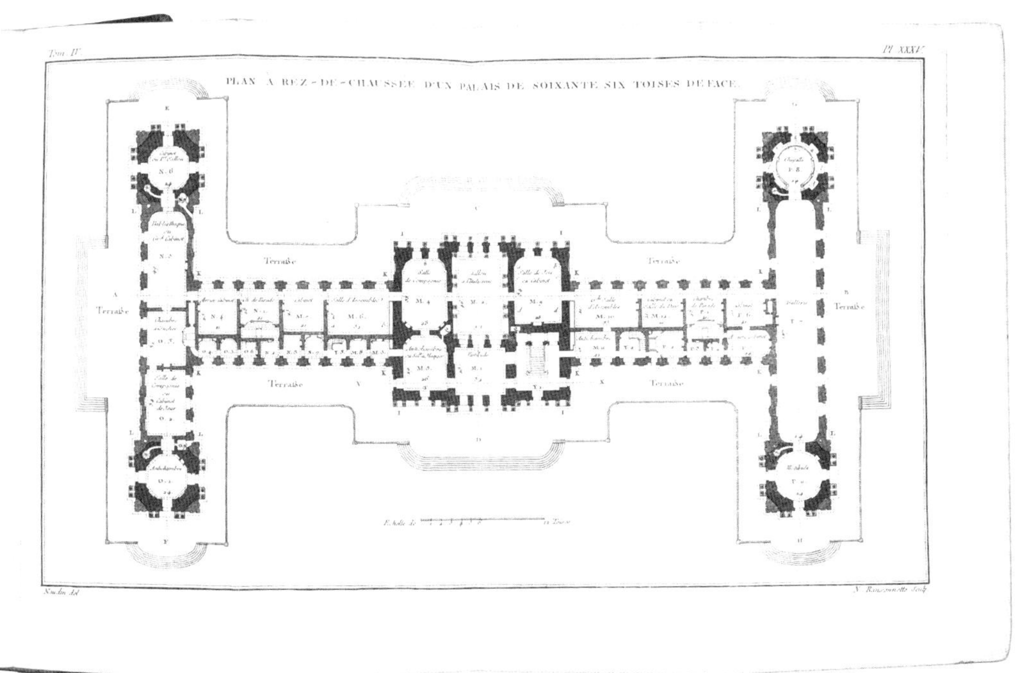

ブロンデル『建築講義』（1771年）
図版35
66トワーズ［フランス尺］の宮殿の地上階
［CCA MAIN 8476 c.1］

オーギュスタン゠シャルル・ダビレ『建築講義』(1691年)
[CCA MAIN 7008; ID:85-B25180]

ジャン゠バティスト・アレクサンドル・ル・ブロン『建築用語解説』(1710年; 再版1720年)
ダビレの『建築講義』の遺作となった第二部の口絵
[CCA MAIN W430; ID:85-B24382]

→ **オーギュスタン゠シャルル・ダビレ『建築事典』(1755年)**
[CCA LECT REF NA31(7007)]

→ **アンドレ・フェリビアン『建築原理』(1676年)図版27**
舗装
[FA165.19*. Houghton Library, Harvard University]

> 長きにわたり頻繁に会話を交わすなかで、不完全、曖昧、ときには不誠実な説明があれば修正することに労力を費やした。[67]

アントワーヌ・ピコンが指摘しているように、この実証的調査は「古典理論の終焉と……固有の技術的言説の出現」を意味していた[68]。正確な語彙と綿密な記述によって建設を知的に統制しようとする学問的な転回の兆候であり、その矛盾は『百科全書』にも見いだすことができる。エミール・カウフマンは、ジャック゠フランソワ・ブロンデルを18世紀と20世紀の近代建築との結節点と見なしていたが[69]、ブロンデルは「創造的芸術」[70]としての建築と「建設の工程」を明確に区別し、「建築家が……芸術と建設技術を結び合わせる」[71]ことを期待する。ブロンデルは芸術性を持つ職業にとどまったが、同時代のジャン゠ロドルフ・ペロネ(1708–94)は建設を重視し、近代工学の創設者の一人になった[72]。ペロネは土木学校において、学生たちに建築の実務について記述することを求め、新しい設計文化の芽生えを促し、1794年に設立されたエコール・ポリテクニークの課程をかたちづくっていった。建築の業界において長く共有されてきた「適合性、性格そして趣味の精神」[73]という指導原理を放棄し、ペロネと弟子の技師たちは「設計思想とそれを実現するための条件」[74]を合理化することに論点を移した。この目論見は情報伝達の体系と象徴的かつ効果的な制度網の両方を構築するという国家の野心によって正当化された。このような壮大な仕事を制御するためには設計と予測を効率化することが必要であった。技師

65 André Félibien, *Des principes de l'architecture, de la sculpture, de la peinture, et des autres arts qui en dependent: Avec un dictionnaire des termes propres à chacun de ces arts* (Paris: Jean-Baptiste Coignard, 1676).

66 『前掲書』序文。原文は "J'ay été obligé d'avoir encore recours aux Ouvriers: Il a falu entrer dans leurs boutiques, visiter leurs Ateliers, considerer leurs Machines, & leurs Outils, & les consulter sur leurs divers usages, & souvent s'esclaircir avec eux sur des noms differents qu'ils donnent à une mesme chose." Picon, *French Architects and Engineers*, p.23, note 24(註51参照)からの翻訳

pas absolument dire par là que ces hommes si entreprenans soient ici nos maîtres ; car après les découvertes que nous avons faites sur la méchanique & sur la science des eaux, qui forment la base de l'Architecture hydraulique, nous devons avoir beaucoup d'avantages sur eux. Cependant quand on considere les fragmens de leurs ponts, les débris de leurs aqueducs, & ces triples canaux dont l'idée seule étonne l'ame, & qui subsistent depuis tant de siécles, on ne peut s'empêcher de s'écrier : Que vous étiez grands, Romains, vous qui avec les seules forces de l'imagination avez produit des choses si admirables ! Que feriez-vous aujourd'hui, si avec cette vigueur d'esprit, cette étendue de vûes, cette constance dans les travaux, vous jouissiez de nos découvertes ? Vous nous prouvez bien que vous êtes venus dans les beaux jours de la nature. Nous sommes, nous l'avouons, d'une constitution moins forte que la vôtre. Mais que diriez-vous aussi, si vous voyiez nos inventions qui préviennent nos besoins, & qui multiplient nos plaisirs ? & que devons-nous en penser nous-même ? Font-elles plus d'honneur à l'humanité que ces vastes entreprises qui en imposent tant à nos sens ? c'est ce que nous laissons à décider.

Ce seroit sans doute ici le lieu de faire l'éloge des deux Architectures auxquelles notre Dictionnaire est consacré, si la simple exposition de leur objet ne les rendoit assez recommendables. Nous ne dirons donc point que ce sont les deux arts les plus utiles à la société, comme on l'a publié dans quelques ouvrages modernes ; parce que les arts véritablement tels ont pour unique objet le progrès de la raison. Mais en nous renfermant dans ces justes limites, nous croyons pouvoir assurer qu'aucun art n'est à cette fin d'un plus grand secours que l'Architecture : car qu'y a-t-il ou de plus agréable pour les personnes qui ne peuvent que s'amuser, ou de plus digne de considération pour celles qui sont capables de s'instruire ? (*a*)

(*a*) *Quid enim hoc opere innocentiùs vacantibus, aut quid pleniùs magna consideratione prudentibus ?* S. Augustin, *de Genes. ad Litt.* liv. VIII. ch. 9.

SYSTÊME FIGURÉ

DE L'ARCHITECTURE.

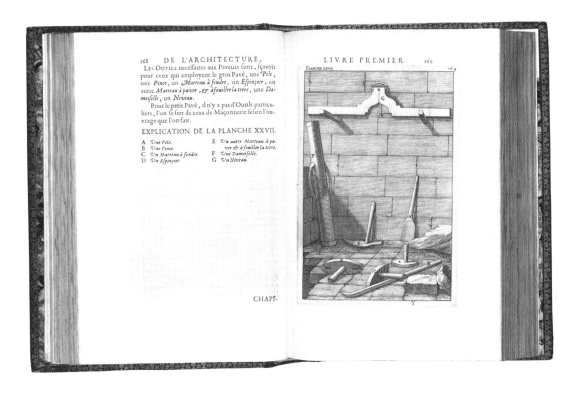

ARCHITECTURE CIVILE.

- ART DE BATIR.
  - MAÇONNERIE.
    - Stéréotomie.
    - Fondation.
    - Elévation.
      - *Echaffaudage.*
    - Couverture.
      - *Brique.*
      - *Ardoise.*
      - *Plomb.*
      - *Cuivre.*
    - Pierres. Marbres. Terres.
    - *Plâtre. Ciment. Sable. Glaise. Mortier. Bauge.*
  - CHARPENTERIE. MENUISERIE. — Bois.
  - SERRURERIE. . . — Fers.
  - VITRERIE. . . . — Verres.
- ART DE DISTRIBUER.
  - DESSEIN.
  - CONVENANCE.
  - ORDONNANCE.
    - Monumens.
    - Temples. . . . . . — *Chapelles.*
    - Batimens publics.
    - Palais.
    - Hôtels.
    - Maisons.
    - Maisons de Campagne.
      - *Trianons.*
      - *Meutes.*
      - *Grottes.*
      - *Hermitages.*
    - JARDINAGE.
      - Hydraulique.
      - Arbres.
      - Treillage.
      - Fleurs.
- ART DE DÉCORER.
  - BOISERIE. . . .
    - Marqueterie.
    - Mosaïque.
  - SCULPTURE.
  - PEINTURE.
  - DORURE.
- VOYERIE.
  - Chemins.
  - Rues.
  - Places.

ARCHITECTURE HYDRAULIQUE.

- ART DE CONDUIRE LES EAUX.
  - CANAUX. . . .
    - Fontaines.
    - Arrosage.
    - Dessechement.
  - AQUEDUCS.
  - ECLUSES. . . . — Pilotis.
- ART D'ARRÊTER LE COURS DES EAUX.
  - CHAUSSE'ES.
  - QUAIS.
  - DIGUES.
  - BATARDEAUX.
- ART DE PASSER SUR LES EAUX.
  - CANAUX DE COMMUNICATION.
  - PONTS.

LES OUTILS necessaires aux Paveurs sont, sçavoir pour ceux qui employent le gros Pavé, une *Pele*, une *Pince*, un *Marteau à fendre*, un *Espinçoir*, un autre *Marteau à paver, & à fouiller la terre*, une *Damoiselle*, un *Niveau*.

Pour le petit Pavé, il n'y a pas d'Outils particuliers, l'on se sert de ceux de Maçonnerie selon l'ouvrage que l'on fait.

EXPLICATION DE LA PLANCHE XXVII.

A *Une Pele.*
B *Une Pince.*
C *Un Marteau à fendre.*
D *Un Espinçoir.*
E *Un autre Marteau à paver & à fouiller la terre.*
F *Une Damoiselle.*
G *Un Niveau.*

CHAPI-

『図版集』(1762年) 図版20

足場、新しい杭打ち工法

[CCA CAGE M W3221]

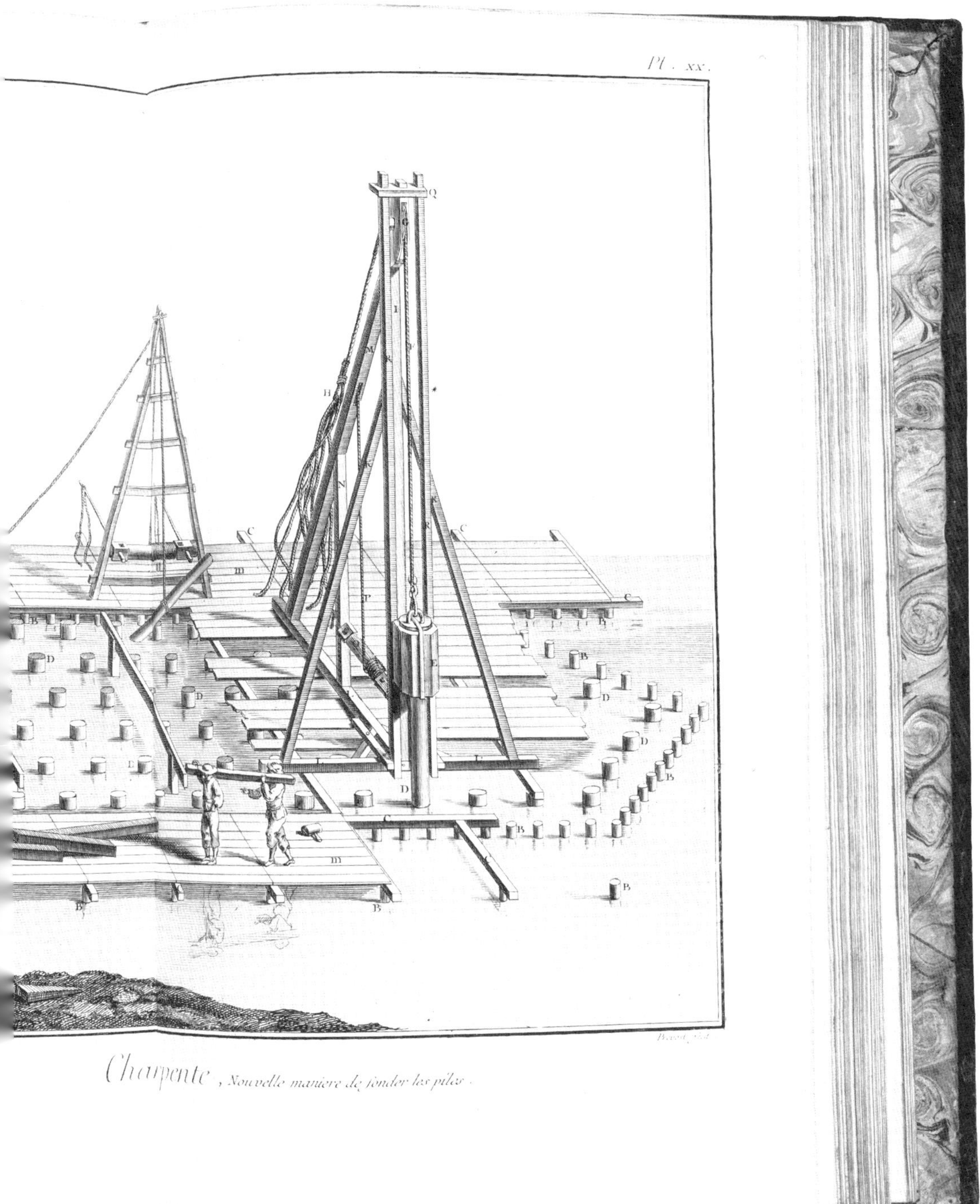
Pl. XX.
Charpente, Nouvelle maniere de fonder les piles.

ジャン＝ロドルフ・ペロネ
『構想解題』（1788年）本編、
126–27頁

文章と図版を分離しなければならないという技術的制約は、ペロネにとっての構想と建設の間の動的な関係を提示することの妨げにはならなかった。書物の体裁は文化的な環境に負っている。情報の構造が古典的な建築の閉鎖系を克服する手段を提供していた。
[CCA CAGE M W9219 v.1]

67 Denis Diderot, "Encyclopédie: Prospectus," in *Œuvres complètes*, ed. Jules Assézat and Maurice Tourneux, 20 vols. (Paris: Garnier Frères, 1875–77), 13: pp.129–58、ここではp.140。原文は"On s'est adressé aux plus habiles de Paris et du royaume. On s'est donné la peine d'aller dans leurs ateliers, de les interroger, d'écrire sous leur dictée, de développer leurs pensées, d'en tirer les termes propres à leurs professions, d'en dresser des tables, de les définir, de converser avec ceux dont on avait obtenu des mémoires, et (précaution presque indispensable) de rectifier, dans de longs et fréquents entretiens avec les uns, ce que d'autres avaient imparfaitement, obscurément, et quelquefois infidèlement expliqué."

は当時の初歩的な算定方式に頼るのではなく、事業を起案し、「採用された技術から建築形態に至るまで、建材の量と価格を忘れずに、事業を余すところなく記述する」[75]。ピコンによれば、これは特定の能力というよりも、むしろ態度である[76]。フェリビアンと『百科全書』の著者たちは「具体化」について記述したが、記述は事後的であった。技術者は予測的な記述を行い、「建物の構想と実現の両方に共通する領域」[77]を設定するところまで合理化し、書物をつくるときに用いられた記述の手順が、ゆっくりと建築の実践に移されていった。

1782年にペロネは代表的な作品と技術的成果をまとめた書物を出版し[78]、1788年には増補版を出した[79]。増補版は二巻からなり、四つ折り判の本文と二つ折り判の繊細な彫版画であり、ほとんどが見開きとさらに大判の折り込み形式である。彫版画は建設現場の工程を記録することを目的とし[80]、バチカンのオベリスクの移動についてのドメニコ・フォンターナを思わせる語り口である[81]。しかしながら、フォンターナの魔法かと思わせるような壮大な記述ではなく、ペロネの図版は透明性を確保し、建築的な製造の各工程に対するすぐれた管理を強調している。橋梁の構想におけるペロネの革新は形態だけでなく、建設現場の組織化にも関係していた[82]。こうした側面は図版にも明らかであり、細部を見ればバルトの人工頭脳[83]を

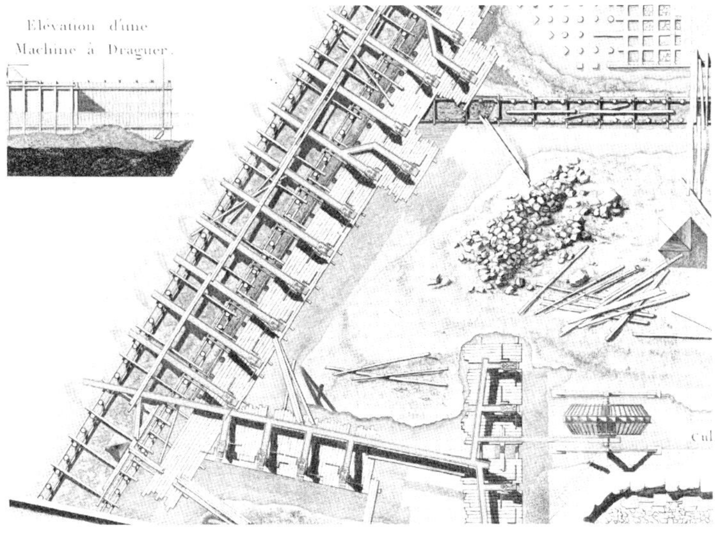

ペロネ『構想解題』(1788年)
図版39、詳細
[CCA CAGE M W9219 v.2]

→ ペロネ『構想解題』(1788年)
[CCA CAGE M W9219 v.2]

彷彿とさせる詳細な描写になっている。

ペロネの『構想解題』は『百科全書』を知っていたことを物語っている。『国富論』におけるアダム・スミスの独創的な章を先取りするかのように、1740年には針工場における分業について早々と記述し[84]、具体的な情報を示さずに構想と建設の間の動的な関係を制御する技術を提案している。建設現場における工程を精密に記述し、定量化によって得られた知見をもとに予備的な計算を行い、従来の手順を逆転させて設計の制度と組織を再編成する。『構想解題』には完成した作品だけではなく、建設工程表、事業化戦略、計算方式、予算、および測量に関する詳細な情報も含まれている。『百科全書』のように、補完的な関係にある文章と画像は異なる印刷技術を用いて詳細を開示する。『百科全書』が産業革命前の木材製造業の世界に向けられた最後の眼差しであったとするなら、ペロネの書物はそこから恩恵を受けつつも、新しい技術世界の方法と実践を垣間見せてくれる。認識論的な革命は、それを形成する道具となった書物のかたちとして目にすることができる。

起こりつつあった建築革命への独創的な貢献にもかかわらず、ジャック＝フランソワ・ブロンデルはすぐに乗り越えられた。ブロンデルの眼差しは過去に向けられていたとカウフマンは評しているが、これは書物づくりにも当てはまる。『百科全書』に関わっていたにもかかわらず、ブロンデルは自分の書物の構造について実験しようとはしなかった。『別荘[喜びの家]の間取り』の序文において強調したように、ブロンデルは書物づくりの視覚的で形式的な側面だけに関心があった。

68 Picon, *Architectes et ingénieurs*, p.10; *French Architects and Engineers*, p.5 (註51参照)

69 Emil Kaufmann, *Three Revolutionary Architects: Boullée, Ledoux, and Lequeu* (Philadelphia: American Philosophical Society, 1952) [エミール・カウフマン著、白井秀和訳『三人の革命的建築家——ブレ、ルドゥー、ルクー』中央公論美術出版、1994年]; Emil Kaufmann, *Von Ledoux bis Le Corbusier: Ursprung und Entwicklung der autonomen Architektur* (Vienna: Rolf Passer, 1933) [エミール・カウフマン著、白井秀和訳『ルドゥーからル・コルビュジエまで——自律的建築の起源と展開』中央公論美術出版、1992年]

70 Kaufmann, *Three Revolutionary Architects*, p.437 (註69参照); Blondel, *Cours d'architecture*, p.xiv (註49参照)。原文は"L'Architecture est un Art createur."

71 *Blondel, Cours d'architecture*, p.viii (註49参照)。原文は"plus de veritable Architecture... et moins de maçonnerie."

72 Andrew Saint, *Architect and Engineer: A Study in Sibling Rivalry* (New Haven: Yale University Press, 2007). ペロネについてはpp.296–304, 438–40を参照

73 Picon, *Architectes et ingénieurs*, p.107; *French Architects and Engineers*, p.112 (註51参照)。原文は"l'esprit de convenance, du caractère et du gout."

74 『前掲書』p.100; 105

75 『前掲書』p.102; 106

76 『前掲書』p.103

77 『前掲書』p.102; pp.106–7。pp.144–45; 153–56も参照

78 Jean-Rodolphe Perronet, *Description des projets et de la construction des ponts de Neuilly, de Mantes, d'Orléans & autres* (Paris: Imprimerie Royale, 1782–83).

79 Jean-Rodolphe Perronet, *Description des projets et de la construction des ponts de Neuilli, de Mantes, d'Orléans, de Louis XVI, etc.* (Paris: Didot fils aîné | Jombert jeune, 1788). Eve Blau and Edward Kaufmann, eds., *Architecture and its Image: Four Centuries of Architectural Representation. Works from the Collection of the Canadian Centre for Architecture* (Montreal: Canadian Centre for Architecture, 1989), p.271も参照

80 Picon, *Architectes et ingénieurs*, p.145 (註51参照)

81 「魔法のような移設」(上記pp.211–222)を参照

82 Picon, *Architectes et ingénieurs*, p.154 (註51参照)

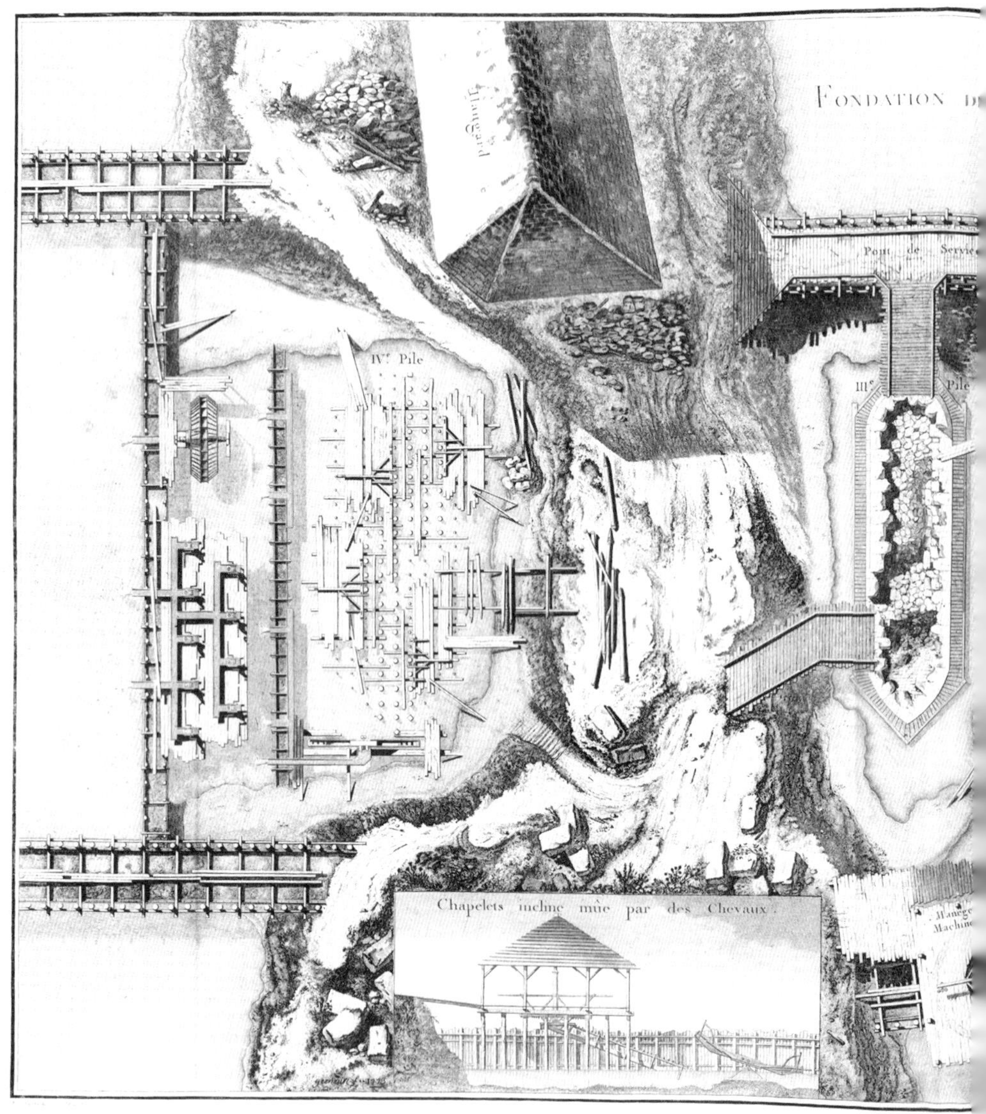
Fondation
Pont de
IVe Pile
IIIe
Pile
Chapelets incliné mûe par des Chevaux.

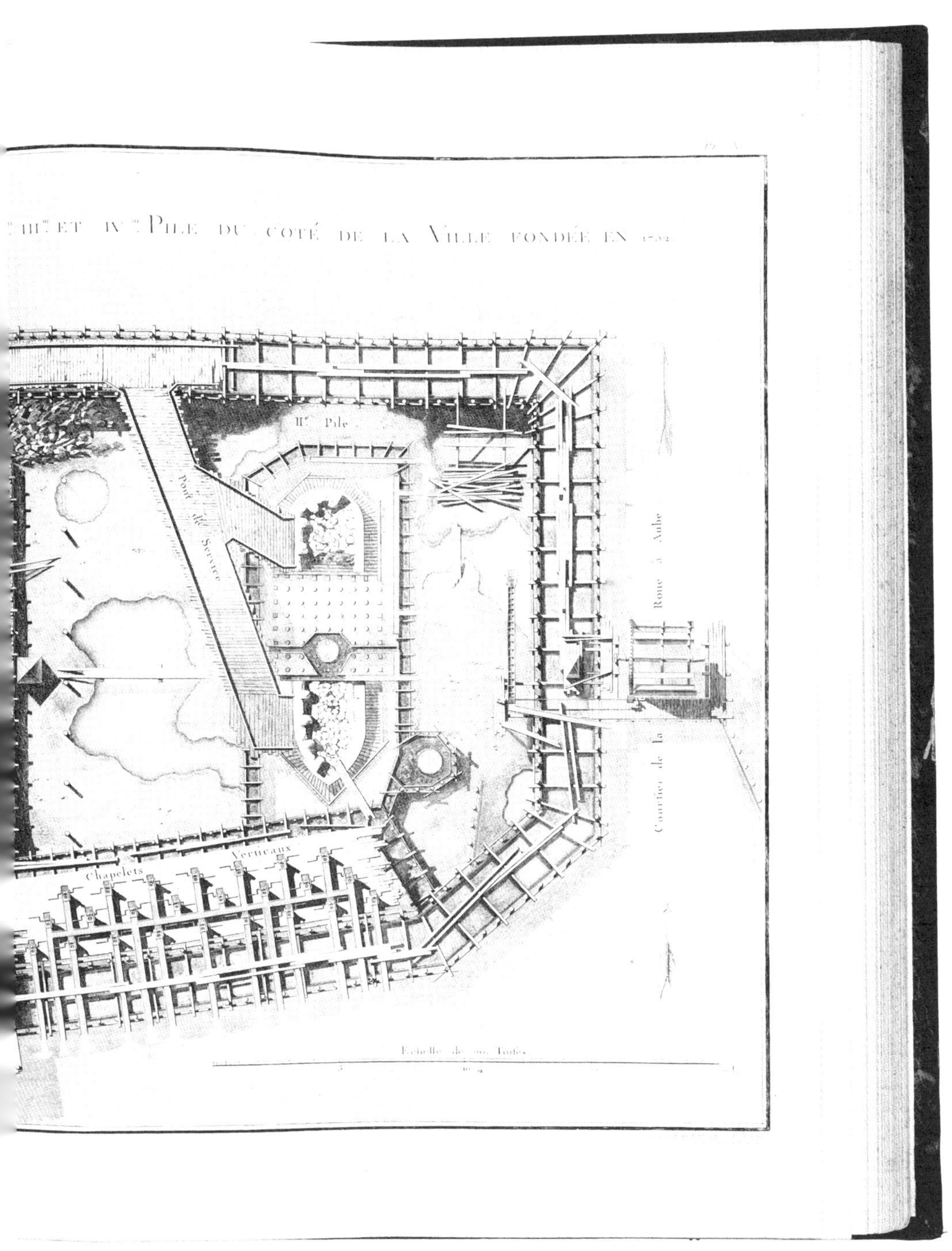
III.ME ET IV.ME PILE DU COTÉ DE LA VILLE FONDÉE EN 1752
II.e Pile
Pont de Service
Roue à Aube
Courrier de la
Chapelets
Vertieaux
Echelle de 100 Toises

これら二巻を彩っている挿絵、飾り文様、グリフ文字は、新しく鋳造された書体の美しさ、行間、紙と印刷の選択と連動している。この試みによって高い完成度に押し上げようと努めたことを感じていただけるであろう。[85]

ブロンデルはこの完成度ゆえに文章と図版という通常の分け方に対して疑問を呈することができなかった。最も美しい彫版印刷と最も注意深く印刷された文章は、延々と続く『講義』の知的な厳密さをもってしても、論文構造の制限を克服することはできない。『百科全書』は知識の体系を革新する指針としてだけでなく、書物の構造革新における事件としても機能し、代わるべき知識の体系を促していく。18世紀の百科事典の進歩を反映し、ペロネの書物は記述によって新しい建築構想の体系に至る道筋をまとめあげている。

建築のアルファベット

『11世紀から16世紀にかけてのフランス建築事典』[『事典』][86]の四つ折り判の10巻は、ウジェーヌ・ヴィオレ・ル・デュク(1814–79)の最も大きな業績の一つであり、建築構造物とも見なせるような書物である[87]。ヴィオレ・ル・デュクは生涯を通じて幅広く執筆し、出版されたものが読者に届く方法に注意深く配慮していた[88]。6巻の『フランス家具事典』[89]は『事典』の付録であり、この二つの書物によって中世環境の完全で詳細な説明を試みている。『建築講話』[90]は1863年と1872年に出版された二巻本であり、理論的な議論を展開しているが、1875年に出版された最初の英訳によってヴィオレ・ル・デュクの思想が広く受け入れられることになった[91]。ヴィオレ・ル・デュクはバルタザール・バンス(1804–62)とヴィクトール・カリア(1801–81)によって共同設立された『建築百科』[月刊誌][92]にも寄稿し、1873年から1879年にかけてピエール＝ジュール・エッツェル(1814–86)が刊行した『住宅の歴史』に始まり『製図家の歴史』で終わる五冊の叢書など、専門家ではない若者向けの書物にも執筆した[93]。『ノートル＝ダム・ド・パリ』の「前衛的な」画集[94]などの建築の作品集にも協力し、さまざまな印刷技術を組み合わせ、序文に続く63枚の彫版印刷、アルブミン紙に載せた12枚の写真、5枚の彩色石版によって途切れない流れを構成している[95]。ヴィオレ・ル・デュクによる出版物の全貌は別の研究に譲らなければならないが、ここでは、構造は構造に立ち返るという『事典』の同語反復性に焦点を当ててみよう。建築構造の独自の理解は、ヴィオレ・ル・デュクの建築と編集の実践にとって決定的に重要であり[96]、『事典』の形式を見ればヴィ

83 Barthes, "The Plates of the *Encyclopedia*," p.98, note X(註25参照)

84 Picon, *Architectes et ingénieurs*, p.154, note 67(註51参照)

85 J. F. Blondel, *De la distribution des maisons de plaisance*, 1: p.v(註49参照)。『前掲書』pp.53–54からの引用。原文は"Les Vignettes, les Culs-de-Lampe, les Lettres Griffes dont ces deux Volumes sont embellis, joints à la beauté des Caractères fondus à neuf, aux Reglets, aux choix du papier & à l'Impression, feront sentir aux personnes de l'Art, qu'on s'est efforcé de pousser cette entreprise jusqu'au plus haut degré de perfection."

86 Eugène-Emmanuel Viollet-le-Duc, *Dictionnaire raisonné de l'architecture française du XIe au XVIe siècle*, 10 vols. (Paris: Bance & A. Morel, 1854–68).

87 二つの評論が『事典』の詳細な分析を行なっている。Barry Bergdoll, "The *Dictionnaire raisonné*: Viollet-le-Duc's Encyclopedic Structure for Architecture," in Eugène-Emmanuel Viollet-le-Duc, *The Foundations of Architecture: Selections from the Dictionnaire raisonné* (New York: George Braziller, 1990), pp. 1–30,265–70; and Martin Bressani, *Architecture and the Historical Imagination: Eugène-Emmanuel Viollet-le-Duc, 1814–1879* (Farnham, UK: Ashgate, 2014). とくに「ゴシックの活用」の章、pp.223–66を参照

88 ヴィオレ・ル・デュクの文献は広範囲にわたる。近年の三冊の出版物によって、作品と伝記の正確な概要を知ることができる。Laurence de Finance and Jean-Michel Leniaud, eds., *Viollet-le-Duc: Les Visions d'un architecte* (Paris: Norma, 2014); Françoise Bercé, *Viollet-le-Duc* (Paris: Éditions du Patrimoine, 2013); and Georges Poisson and Olivier Poisson, *Eugène Viollet-le-Duc, 1814–1879* (Paris: Piccard, 2014). 著作の全書誌については、Jean-Jacques Aillagon in *Viollet-le-Duc* (Paris: Réunion des musées nationaux, 1980), pp.395–404の一覧を参照

89 Eugène-Emmanuel Viollet-le-Duc, *Dictionnaire raisonné du mobilier français: De l'époque carlovingienne à la Renaissance* (Paris: A. Morel, 1858–75).

90 Eugène-Emmanuel Viollet-le-Duc, *Entretiens sur l'architecture* (Paris: A. Morel, 1863–72).

91 Eugène-Emmanuel Viollet-le-Duc, *Discourses on Architecture*, trans. Henry Van Brunt (Boston: J. R. Osgood, 1875).

92 Béatrice Bouvier, *L'Édition d'architecture à Paris au XIXe siècle: Les Maisons Bance et Morel et La Presse architecturale* (Geneva: Droz, 2004).

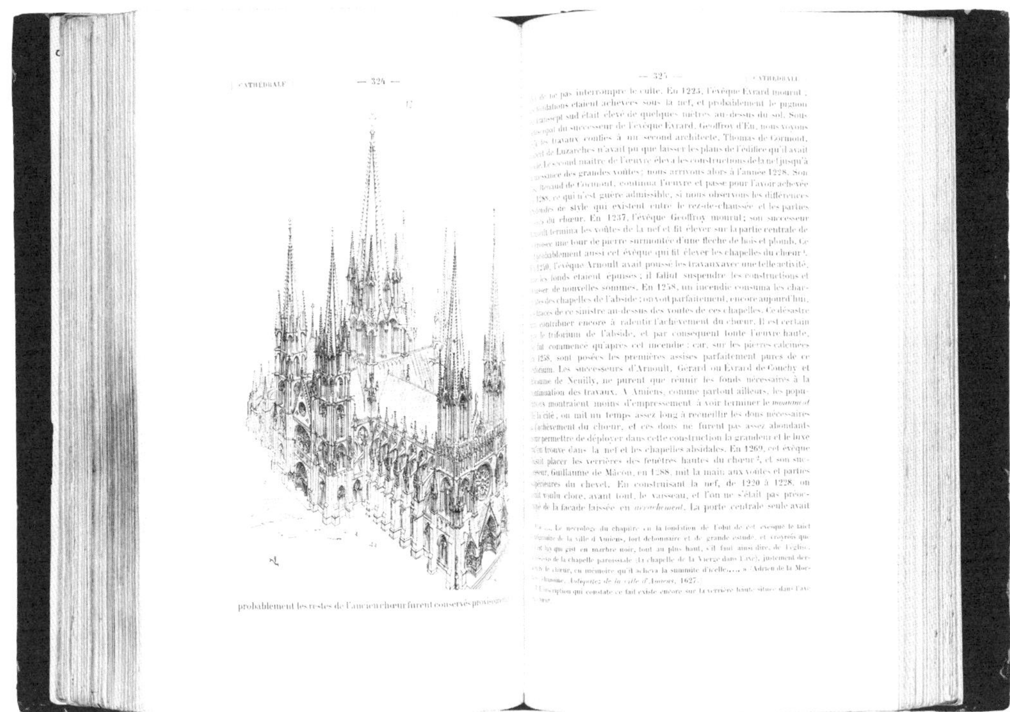

オレ・ル・デュクが概念の定義によって両者［理論と実践］を往還していたことがわかる。

ヴィオレ・ル・デュクの『事典』は、共同執筆された『百科全書』と副題の「事典」という言葉、アルファベット順の編纂、そして知識全体を包括的に記述しようという目論見を共有しているが、まったく別の書物になっている。すでに見てきたように、18世紀の『百科全書』は知識の構造に挑戦するという目的を果たすために書物の形式を変えた。それに対して、『事典』は著者の建築的な議論を反映させるために、すでに流布していた書物の形式を改良した。

複数巻からなる二冊の出版企画の最初の顕著な違いは、『百科全書』が開かれた書物であるのに対して、『事典』は閉じた書物であることである。ダランベールが考案した系統樹は『百科全書』の項目を独立させ、どれかが欠けていても全体としてはほとんど影響を受けなかった。『百科全書』は知識が進行中の作業であることを許容した。相互参照が行き詰まったとしても、編集班が解散してディドロが事業を解任されても、後の編集や補遺版によって埋め合わせることができた[97]。一方の『事典』は有機的な知識の系統樹ではなく、正確かつ限定した語彙であるという点で閉じている。しかし出版されてからの14年間（1854–68）で大幅に量が増えた。当初は二

ヴィオレ・ル・デュク『事典』（1856年）「大聖堂」、第2巻、324–25頁

ランス大聖堂の理想的再建
［CCA MAIN 0005619］

93 Eugène-Emmanuel Viollet-le-Duc, *Histoire d'une maison* (Paris: J. Hetzel, [1873]); Eugène-Emmanuel Viollet-le-Duc, *Histoire d'un dessinateur: Comment on apprend à dessiner* (Paris: J. Hetzel, [1879]).

94 Celtibère, *Monographie de Notre-Dame de Paris et de la nouvelle sacristie de MM. Lassus et Viollet-le-Duc* (Paris: A. Morel, [1857]); Jean-Michel Leniaud, "Notre-Dame, ou Le Chantier des Chefsd'Oeuvre" in *Monographie de Notre-Dame de Paris et de la nouvelle sacristie: Suivie des Peintures murales des chapelles* ([Paris]: Molière, [2008]), pp. 17–26.

95 ノートル＝ダムの修復は、パリにおける半世紀にわたる建築論争の的であった。1845年、工事の調整はジャン＝バティスト・ラシュス（1807–57）とヴィオレ・ル・デュクに任されることになった。

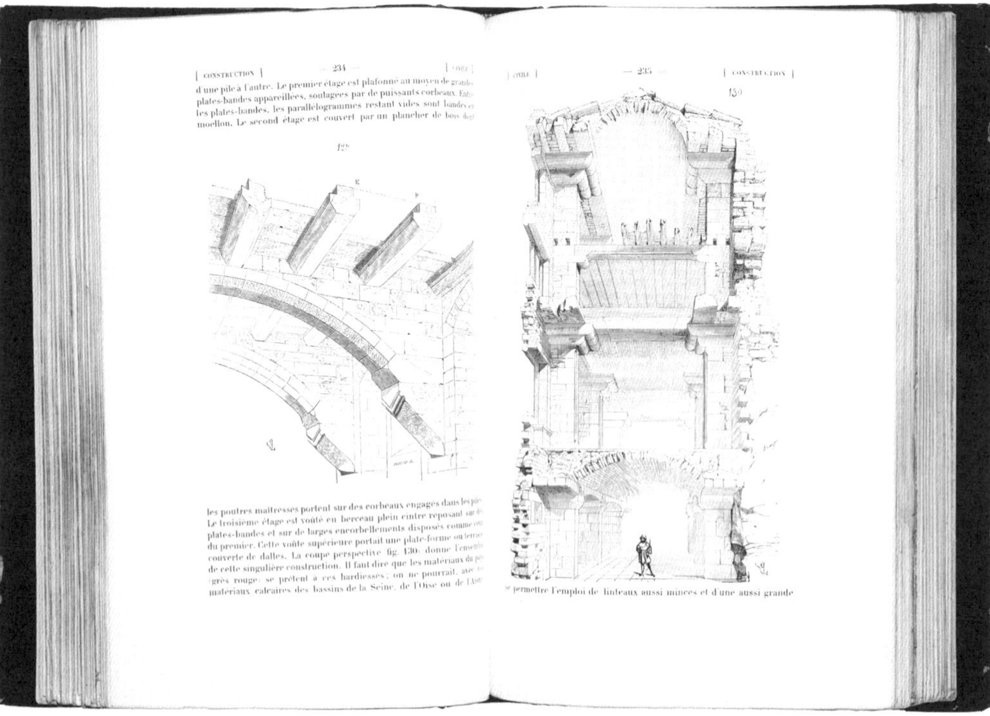

[CONSTRUCTION] — 234 —

d'une pile à l'autre. Le premier étage est plafonné au moyen de grandes plates-bandes appareillées, soulagées par de puissants corbeaux. Entre les plates-bandes, les parallélogrammes restant vides sont bandés en moellon. Le second étage est couvert par un plancher de bois dont

129

les poutres maîtresses portent sur des corbeaux engagés dans les piles. Le troisième étage est voûté en berceau plein cintre reposant sur des plates-bandes et sur de larges encorbellements disposés comme ceux du premier. Cette voûte supérieure portait une plate-forme ou terrasse couverte de dalles. La coupe perspective (fig. 130) donne l'ensemble de cette singulière construction. Il faut dire que les matériaux du pays (grès rouge) se prêtent à ces hardiesses ; on ne pourrait, avec les matériaux calcaires des bassins de la Seine, de l'Oise ou de l'Aisne,

[CIVILE] — 235 — [CONSTRUCTION]

130

se permettre l'emploi de linteaux aussi minces et d'une aussi grande

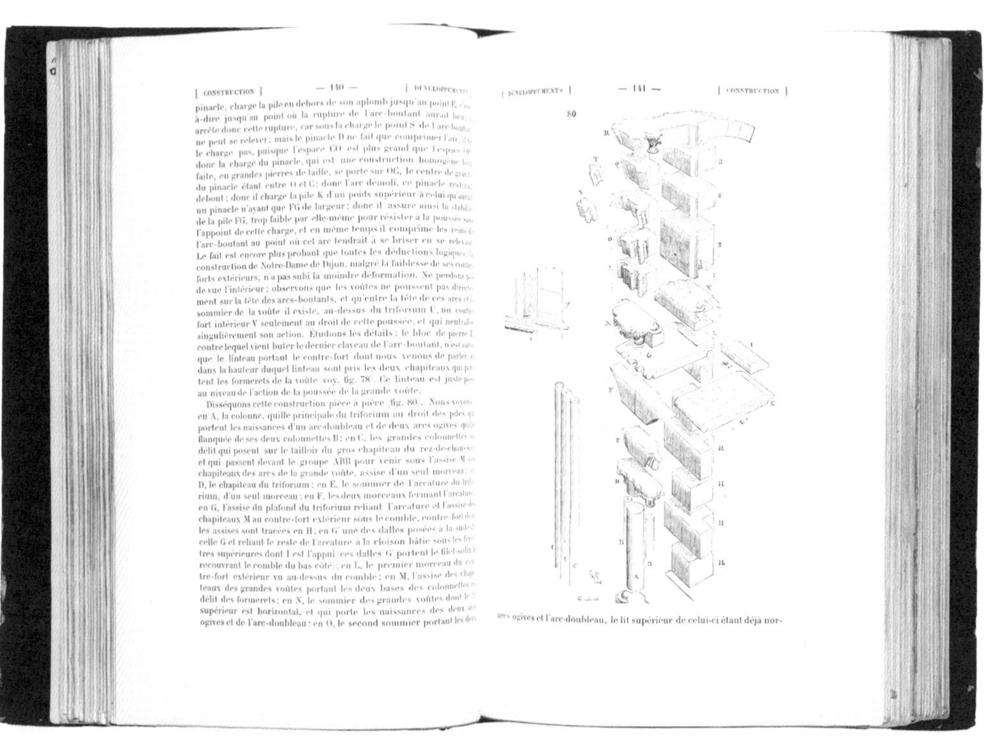

[CONSTRUCTION] — 140 — [DÉVELOPPEMENTS]

pinacle, charge la pile en dehors de son aplomb jusqu'au point E, c'est-à-dire jusqu'au point où la rupture de l'arc-boutant aurait lieu ; il arrête donc cette rupture, car sous la charge le point S de l'arc-boutant ne peut se relever ; mais le pinacle D ne fait que comprimer l'arc, il ne le charge pas, puisque l'espace CO est plus grand que l'espace OP ; donc la charge du pinacle, qui est une construction homogène bien faite, en grandes pierres de taille, se porte sur OG, le centre de gravité du pinacle étant entre O et C ; donc l'arc démoli, ce pinacle resterait debout ; donc il charge la pile K d'un poids supérieur à celui qu'aurait un pinacle n'ayant que FG de largeur ; donc il assure ainsi la stabilité de la pile FG, trop faible par elle-même pour résister à la poussée sans l'appoint de cette charge, et en même temps il comprime les reins de l'arc-boutant au point où cet arc tendrait à se briser en se relevant. Le fait est encore plus probant que toutes les déductions logiques : la construction de Notre-Dame de Dijon, malgré la faiblesse de ses contre-forts extérieurs, n'a pas subi la moindre déformation. Ne perdons pas de vue l'intérieur ; observons que les voûtes ne poussent pas directement sur la tête des arcs-boutants, et qu'entre la tête de ces arcs et le sommier de la voûte il existe, au-dessus du triforium U, un contre-fort intérieur V seulement au droit de cette poussée, et qui neutralise singulièrement son action. Étudions les détails : le bloc de pierre T contre lequel vient buter le dernier claveau de l'arc-boutant, n'est autre que le linteau portant le contre-fort dont nous venons de parler, et dans la hauteur duquel linteau sont pris les deux chapiteaux qui portent les formerets de la voûte (voy. fig. 78). Ce linteau est juste posé au niveau de l'action de la poussée de la grande voûte.

Disséquons cette construction pièce à pièce (fig. 80). Nous voyons en A, la colonne, quille principale du triforium au droit des piles qui portent les naissances d'un arc-doubleau et de deux arcs ogives, quille flanquée de ses deux colonnettes B ; en C, les grandes colonnettes en délit qui posent sur le tailloir du gros chapiteau du rez-de-chaussée, et qui passent devant le groupe ABB pour venir sous l'assise M des chapiteaux des arcs de la grande voûte, assise d'un seul morceau ; en D, le chapiteau du triforium ; en E, le sommier de l'arcature du triforium, d'un seul morceau ; en F, les deux morceaux fermant l'arcature ; en G, l'assise du plafond du triforium reliant l'arcature et l'assise des chapiteaux M au contre-fort extérieur sous le comble, contre-fort dont les assises sont tracées en H ; en G' une des dalles posées à la suite de celle G et reliant le reste de l'arcature à la cloison bâtie sous les fenêtres supérieures dont I est l'appui (ces dalles G' portent le filet-solin recouvrant le comble du bas côté) ; en L, le premier morceau du contre-fort extérieur vu au-dessus du comble ; en M, l'assise des chapiteaux des grandes voûtes portant les deux bases des colonnettes en délit des formerets ; en N, le sommier des grandes voûtes dont le lit supérieur est horizontal, et qui porte les naissances des deux arcs ogives et de l'arc-doubleau ; en O, le second sommier portant les deux

[DÉVELOPPEMENTS] — 141 — [CONSTRUCTION]

80

arcs ogives et l'arc-doubleau, le lit supérieur de celui-ci étant déjà nor-

巻960頁と図版1,300点を想定していた。5,000頁と図版3,745点まで増えたが、項目そのものは427項目となり、当初の想定400項目とほぼ一致していた[98]。増えたのは詳細かつ豊富な説明であった。「門［Arc］」で終わる最初の巻では、3頁たらずの記述であるが、次巻およびそれ以降の版では、40頁を超える記述になることもある。

建築修復において、ヴィオレ・ル・デュクは中世の建物に手を加えて完璧な中世建築を実現するという今日的な理想を達成しようとした。「建物を修復することは維持したり、修理したり、やり直すことではない。ある時代には存在しえなかったかもしれない完全な姿を再構築することである」[99]。この断言は書物の形式とどこか重なっている。建物の完全性が建設年代ではなく建設された要素の間の一貫性に依存するように、『事典』は幾度かの再版を経る過程で「修復」される可能性がある。

> 1870年代に購入された『建築事典』の全巻揃いが各巻の初版の年であることはめったになかった（たとえば、1868年に『建築事典』の新版を購入すれば、最初の6巻は1867–1868年であるが、第7巻は1864年、第8巻は1866年、第9巻と第10巻は1868年の出版である）。[100]

不揃いであることの奇妙さは偶然ではない。ヴィオレ・ル・デュクは既存の構造躯体の分析に基づいて理想の形態を打ち建てることを建築の目的としていた。「大聖堂」の項目に示されているように、ランスの想像図は「構想どおりに完成した13世紀の大聖堂のあるべき思想」[101]を伝えている。鳥瞰透視図は、中世の建物が自足的な実体としての一貫性があることを強調し、その独自の法則は古典的な表現や構成とは異なっている。ヴィオレ・ル・デュクが執拗に強調したのは、中世フランス建築において構造原理が建設の形態を牽引していたということであり、「外観は構造の結果に過ぎない」[102]ことを主張した。したがって、時間によって引き起こされた災難が建物の外観を損なうにしても、構造を分析することによって理想の形態を再構成することができる。自律した構造原理とその結果としての形態という考え方は、当時の科学書[103]、とりわけジョルジュ・キュヴィエ（1769–1832）の部分相関原理からの影響である。

> 動物のすべての器官は単一の系を形成し、すべての部分が同時に保持され、相互に作用して同一の行動に向かう。そしてどこかに変更を加えれば、すべてに同様の変化がもたらされる。[104]

ヴィオレ・ル・デュクの『事典』における「様式」の項目にも同様の言明がある。

← **ヴィオレ・ル・デュク『事典』（1859年）「建設」、第4巻、234–35頁**
オー＝ケニグスブール城の石のアーチと床の建設体系と構造断面図
［CCA MAIN 0005619］

← **同上、140–41頁**
控え壁内側の解剖
［CCA MAIN 0005619］

96 Adrian Forty, *Words and Buildings: A Vocabulary of Modern Architecture* (2000; repr., London: Thames & Hudson, 2004).［エイドリアン・フォーティー著、坂牛卓・邉見浩久監訳『言葉と建築――語彙体系としてのモダニズム』鹿島出版会、2006年］とくに「構造」の章、pp. 276–85を参照

97 『大系百科全書』などの後の事業は、新しい科学的発見を取り入れ、結果的に旧版の複製は役に立たないものとなった。

98 Bressani, *Architecture and the Historical Imagination*, pp.231–32（註87参照）

99 Viollet-le-Duc, “Restauration,” in *Dictionnaire raisonné de l'architecture française*, 8: pp.14–34（註86参照）。原文は “Restaurer un édifice, ce n'est pas l'entretenir, le réparer ou le refaire, c'est le rétablir dans un état complet qui peut n'avoir jamais existé à un moment donné.”

100 Bressani, *Architecture and the Historical Imagination*, pp.259–60, note 22（註87参照）

101 Viollet-le-Duc, “Cathédrale,” in *Dictionnaire raisonné de l'architecture française*, 2: p.323（註86参照）。原文は “...une idée de ce que devait être une cathédrale du XIIIe siècle, complète, achevée telle qu'elle avait été conçue.”

102 Viollet-le-Duc, “Construction,” in *Dictionnaire raisonné de l'architecture française*, 4: p.157（註86参照）。原文は “l'apparence n'est que le résultat de la structure.” Bergdoll, “The *Dictionnaire raisonné*,” p.7（註87参照）からの引用

103 Laurent Baridon, *L'imaginaire scientifique de Viollet-le-Duc* (Paris: Harmattan, 2006).

104 Georges Cuvier, *Rapport historique sur les progrès des sciences naturelles depuis 1789, et sur leur état actuel* (Paris: L'Imprimerie impériale, 1810), p.250. 原文は “...tous les organes d'un même animal forment un système unique dont toutes les parties se tiennent, agissent et réagissent les unes sur les autres; et il ne peut y avoir de modifications dans l'une d'elles, qui n'en amènent d'analogues dans toutes.” Philip Steadman, *The Evolution of Designs: Biological Analogy in Architecture and the Applied Arts*, rev. ed. (London: Routledge, 2008), p.33も参照

> あたかもある植物の葉を見れば植物全体を演繹できるように、動物の骨を見れば動物全体がわかるように、輪郭を見れば建築の骨格を、建築の骨格を見れば遺構全体を推論することができる。[105]

同じような観点から、バリー・ベルグドルは『事典』の各項目を「全体として展開される建築理論の小宇宙」と見なしている[106]。『百科全書』の目標は読者が知識の「曲がりくねった道」に道筋をつけることであったが、『事典』は建築に関する統一された知識体系を提示することを目的とし、理想的な大聖堂のように、要素と全体の相関関係を記述した。

目的を達成するために、ヴィオレ・ル・デュクは書物において文章と図版を関連づける既存の体系（建築系出版物の永遠の劇場）を完成させた。当時は本文に小さな木版画の図版を挿入することがごく一般的であった。［図版の］レリーフ印刷［凸版印刷の一種］技術が活字の印刷技術と同じであったからであるが、それにもかかわらず、建築家たちには別頁に図版を挿入することを好む傾向があった。凹版技法であれば細やかな描写ができたからである。ただし木版自体は金属板ほど耐性がなかったため、印刷部数が多くなるにつれて、印刷工は木彫版画（木口木版）を開発した[107]。文章と一緒に印刷できるレリーフ印刷の一種であるが、広葉樹の硬い木目ははるかに耐久性があった。この技法は19世紀を通じて流行し、技術出版物や図版の多い雑誌に幅広く使用され、木彫版画の細部表現が高く評価された。この新しい技術によって、ヴィオレ・ル・デュクは図版を文章に統合することができるようになり、異なる印刷技術による別々の版をつくる必要がなくなった。書物が四つ折り判というのも大胆であった。本文のある頁内の図版がかなり小さくなってしまうが、それゆえにヴィオレ・ル・デュクは正確な細部表現の必要性を明確に認識していた。ヴィオレ・ル・デュクの木版画は陰影と色調を巧みに使いこなし、マーティン・ブレッサーニによれば、「非常に正確な形態感覚と筆致の驚異的な確実性」[108]によって、図版は意図したとおりの描写力を発揮した。図版の小ささにもかかわらず、読者は精密に描かれた図版と本文を合わせて見ることができるという利便性を享受する。

バルトの解釈にしたがって、『百科全書』の読解において文章と画像の双方がどれほど重要であるかを見てきたが、両者の間に［技術的な］距離があるために概念的かつ物理的な分離が生じていたが、ヴィオレ・ル・デュクは印刷技術を変更することによって書物の構造の完全な統一性を確保した。『事典』の最初の草稿を見ればすぐわかることであり[109]、画像と文章が同じ思想を表現するために同列に表現されている[110]。一部の画像にはかつての旅の素描が組み込まれていたり、分析的思考が独立して書き表されていたりすることもあるが、さまざまな職人、彫版工、植字工が紙面構成に

105 Viollet-le-Duc, "Style," in *Dictionnaire raisonné de l'architecture française*, 8: p. 482（註86参照）。Bergdoll, "The *Dictionnaire raisonné*," p.22（註87参照）からの引用。原文は "Aussi, de même qu'en voyant la feuille d'une plante, on en déduit la plante entière; l'os d'un animal, l'animal entier: en voyant un profil, on en déduit les membres d'architecture; le membre d'architecture, le monument." Steadman, *The Evolution of Designs*, pp.41–42（註104参照）も参照

106 Bergdoll, "The *Dictionnaire raisonné*," p. 22（註87参照）

107 「木版は木の成長方向に切り取った厚板を使用していたため、木目は印刷面に沿って走っていた。木彫版画は木を水平に切りだした板を使うために、木の小口に彫られた」。この方法は18世紀後半にトーマス・ビューイックによって導入された。Richard Benson, *The Printed Picture* (New York: The Museum of Modern Art, 2009), pp.22–23.

108 Claude Sauvageot, *Viollet-le-Duc et son œuvre dessiné* (Paris: A. Morel, 1880). Bressani, *Architecture and the Historical Imagination*, pp.247–49（註87参照）からの引用

109 草稿の概要については、Christine Lancestremère, "Aux origines de *Dictionnaire raisonné de l'architecture*," in de Finance and Leniaud, *Viollet-le-Duc*, p.156–161（註88参照）を参照

110 ヴィオレ・ル・デュクによる文章と画像の同時使用を論証するために、ブレッサーニは、"De la construction des monuments religieux en France"［「フランスにおける宗教的モニュメントの建設について」］（1847）の原稿と『事典』原稿の最初の頁（1854）を用いている。Archives départementales de l'Oise, 64 J 1. Bressani, *Architecture and the Historical Imagination*, pp.250–51（註87参照）

貢献し、結果として得られる文章と画像の調合は一貫して著者の推論を反映して、読者の総合的な認識に訴えかけてくる。このような統合は紙面構成の調和によって強調され、無彩色の図版が本文の色調と調和している。

ヴィオレ・ル・デュクは想像力よりも理性が優先されると主張する。「想像力に委ねたいところではあるが、形態を組み立てるためには、想像力は理性がたどった道筋を通るしかない」[111]。それでも、想像力は探求を駆り立てて、形態としての統合を可能にする。それは『事典』の統一性の要であり、『百科全書』における図版読解の鍵でもあった。ベルグドルが指摘しているように、

> ヴィオレ・ル・デュクにとって、理性がたどったこの道筋こそ、『事典』を通して細部から根本的な原理に読者を導き、相互参照と分析によって、文章そのものではなく文章を読むということのなかに存在する統合の行為へと読者を導く。[112]

ヴィオレ・ル・デュクは『事典』の図版作成においても、統合の可能性を探っていた。第4巻（1859）に掲載されたアーチの要石［アーチを支える柱頭部］の分解図は、建築の細部の視覚的分析を完成させるために費やされた長い成熟過程の結果であった。ブレッサーニが示しているように、前兆は『事典』の最初の巻に見いだせる。三つの小さな石片が要石から外側に向かって分解されている[113]。ヴィオレ・ル・デュクは、『考古学年報』の1847年の記事において、要石の図版を初めて取り入れ、アーチの複数の石を「石工の庭で組み立てられる前の石を見ているかのように」[114]並べた。12年後、このやり方は1859年の分解図に発展した。説得力のある合成描写はジャン＝バティスト・マルク・ブルジュリ（1797–1849）の解剖学の論文のために描かれたニコラ・アンリ・ジャコブ（1782–1871）の分析用の石版印刷画を思わせる[115]。ジャコブは身体のつながりを解体し[116]、分解した要素をわかりやすい表現によってしかるべき位置に置いている。図版は目に見える現実を抽象化するが、知覚の力学を駆使し、さまざまな要素を知的に組み立てる手がかりを読者に提供する。建築の領域においては、この方法論は建物を自立した存在として理解させる。解剖図は建築の統一性を機能的な要素と関連づける。ヴィオレ・ル・デュクの分解図を念頭においてブレッサーニが述べているのは、「我々が目撃しているのは重い石を設置する工程ではなく、中世の石工の頭に浮かんだ中世のヴォールトの考え方である」[117]。

ヴィオレ・ル・デュクは、「研究の方法論としての解剖学」[118]を行使した。『事典』の最終巻において、書物の成果を吟味しつつ、事典という形式が「果たすべき機能を説明するためには、さまざまな部分の用途とその変

111 Bergdoll, "The *Dictionnaire raisonné*," p. 29, note 44（註87参照）からの引用

112 『前掲書』p.29

113 画像は図6であり、『フランス建築事典』第1巻における「機器」の項目を指している（註86参照）

114 Bressani, *Architecture and the Historical Imagination*, p.253（註87参照）

115 ブルジュリはヴィオレ・ル・デュクの叔父であり師であるエティエンヌ・ジャン・ドレクリューズ（1781–1863）の親友であった。この関係は何人かの研究者によって強調されている。とりわけ Aron Vinegar, "Architecture under the Knife: Viollet-le-Duc's Illustrations for the *Dictionnaire raisonné* and the Anatomical Representation of Architectural Knowledge" (MA thesis, McGill University, Montreal, 1995) を参照

116 Noé Legrand, "Les Dessins originaux de N. H. Jacob," in *Bulletin de la Société française d'histoire de la médecine* 8 (1909): pp.165–76; Jean-Marie le Minor and Henri Sick, eds., *Atlas of Human Anatomy and Surgery: The Coloured Plates of 1831–1854, by J. M. Bourgery and N. H. Jacob* (2005; repr., Cologne: Taschen, 2008).

117 Bressani, *Architecture and the Historical Imagination*, p.255（註87参照）

118 Vinegar, "Architecture under the Knife," p.10（註115参照）

ヴィオレ・ル・デュク
「フランスにおける宗教的記念
建造物の建設について」
『考古学年報』(1847年)の草稿
[Cliché collection Martin Bressani]

ヴィオレ・ル・デュク『事典』の初稿
[Archives départementales de l'Oise, 64 J 1]

→ ヴィオレ・ル・デュク「フランスにおける宗教的記念建造物の建設について」『考古学年報』(1847年)
要石の図解
[CCAメインW.A56]

258 ANNALES ARCHÉOLOGIQUES.

construction, puisqu'un lit à plan brisé ne peut jamais être aussi bien fiché qu'un lit plane, sur lequel la pierre est posée sans cales et à bain de mortier; or, les personnes qui voudraient construire des voûtes d'arcs-ogives, sans avoir examiné avec grand soin les voûtes anciennes, pourraient être entraînées à appareiller, dans certains cas, les premiers claveaux de ces arcs avec des coupes en *crossettes*.

Rarement, ainsi que je l'ai dit précédemment, les arcs-ogives, les arcs-doubleaux et les formerets ont leurs points de centre sur la même ligne de niveau; l'arc-ogive est celui qui s'éloigne le plus rapidement de l'aplomb de la pile ou de la colonne, parce qu'il est presque toujours plein-cintre, puis viennent l'arc-doubleau et le formeret dont les centres plus ou moins surhaussés et les courbes ogivales permettent à l'arc-ogive de s'isoler franchement dès sa naissance. Outre ce qu'il y a de satisfaisant pour l'œil dans ce parti si net, si bien indiqué, si solide d'aspect, on y remarque autre chose qu'une inspiration d'artiste : c'est le calcul du constructeur. Les architectes du XIIIe siècle, en élevant leurs voûtes, étaient toujours préoccupés de rendre le plus promptement possible les différents arcs, qui les composent, indépendants les uns des autres, car la besogne devenait alors bien plus facile. Ces petites difficultés d'appareil dans les sommiers n'ont lieu qu'autant que les arcs viennent à s'enchevêtrer, se pénétrer à leur naissance sur le chapiteau; du moment que chacun de ces arcs devient libre, tous les claveaux sont taillés et posés de la même façon, leurs joints tendant aux centres des arcs. Très-fréquemment, pour éluder la difficulté que présenterait l'appareil des sommiers et pour éviter surtout ces fâcheuses *crossettes*, voyons-nous les lits des arcs rester horizontaux jusqu'à une certaine hauteur, afin d'arriver au point où ces arcs, par leur inclinaison qui les éloigne les uns des autres, deviennent libres et dégagés, ainsi que l'indique la fig. 28.

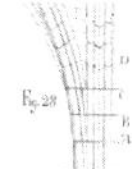

Dans ce cas, les trois premières assises ABC ne sont réellement que des pierres en encorbellement qui saillent l'une sur l'autre, afin d'arriver au point

DE LA CONSTRUCTION DES MONUMENTS RELIGIEUX. 259

D, là où les lits de chacun des arcs ne sont plus engagés. Dans la bonne architecture du XIIIe siècle, on a évité cependant cet inconvénient, car c'en est un, les lits horizontaux, B et C surtout, produisant des arêtes maigres à leur rencontre avec les courbes, et pouvant causer des épaufrures. Dans la bonne architecture, dis-je, les sommiers des voûtes sont largement empattés sur les tailloirs des chapiteaux qui s'évasent puissamment. J'en donne ici, fig. 29, un exemple.

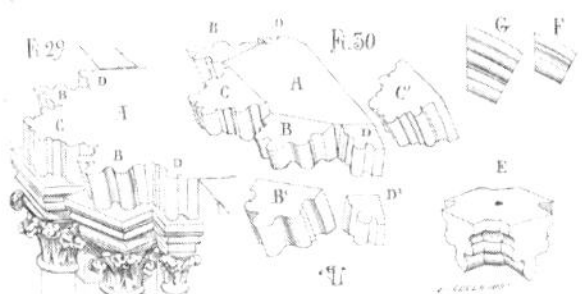

Le sommier est ainsi disposé sur les chapiteaux, le lit ABCD est horizontal; on voit déjà que les arcs-ogives BB commencent à se dégager de la masse, leurs points de centre étant au niveau des tailloirs, tandis que l'arc-doubleau C et les formerets DD s'élèvent encore verticalement, leurs points de centre étant au niveau du lit A. Sur ce sommier, voici la première assise des claveaux, fig. 30. Le lit A est toujours horizontal, mais les arcs-ogives BB continuent à s'incliner suivant leur courbure, et se dégagent de plus en plus; l'arc-doubleau C et les formerets DD commencent à se courber et s'éloignent par conséquent de la masse. On voit poindre l'origine des triangles qui doivent recevoir les remplissages en moellons; puis les divers lits BB. C. DD tendent au centre des arcs, et offrent toute l'assiette nécessaire pour recevoir les claveaux B' des arcs-ogives, C' des arcs-doubleaux, D' des formerets, qui sont, chacun suivant leur désignation particulière, taillés sur le même panneau, et posés à la suite les uns des autres : ceux des arcs-ogives jusqu'à la clef de la voûte E, qui se trouve à l'intersection de ces arcs; ceux des formerets jusqu'à la clef F, qui est une demi-clef, les courbes ogivales étant toujours appareillées un joint à la clef; ceux des arcs-doubleaux jusqu'à la clef G, qui n'est aussi qu'une demi-clef, ou, pour mieux

VI. 32

形を別々なものに分解しなければならない」[119]としている。ブルジュリとキュヴィエの比較解剖学を参考に、ヴィオレ・ル・デュクはゴシック建築の構造を解剖学的に分析し、建物という身体の各要素の形態と機能を説明した。分解図はアロン・ヴィネガーが「想像力の技術」と呼ぶ重要な仕掛けであり、「事物、形態、内容の選択的な増幅と抑制によって想像や視覚化を拡大させる装置」[120]である。もちろん、『百科全書』のように、読者の能動的な関与が必要とされるが、二つの編集事業[『百科全書』と『事典』]にはもう一つ大きな違いがある。

『百科全書』が著者と同時代の世界の製造の詳細な工程を記述し、読者をその建設現場に導いたのに対して、ヴィオレ・ル・デュクの『事典』は時間を消し去ろうとする。ブレッサーニによれば、『事典』によって「読者は教会、修道院、城の内部を執拗に聴診している」のであり、「層を剥がし、隠された隅部を探査し、複雑でかつて見たことのないような世界に招き入れられたような感覚」を覚える[121]。『百科全書』と同じような「剥離作用」は、ペロネの建設工程の説明にも見いだせる。ペロネはゴシック様式の大聖堂の構造力学を説明するときに生物学的な比喩を用いていた[122]。すでに見たように、18世紀の技師の説明方法は構想と建設の工程を制御する戦略として、百科事典的な記述にその手段を見いだした。『事典』においても、ヴィオレ・ル・デュクは時間の流れを反転し、今日的な科学的分析によって

119 Viollet-le-Duc, *Dictionnaire raisonné de l'architecture française*, 10: n.p.(註88参照)。Bergdoll, "The *Dictionnaire raisonné*," p.18(註89参照)からの引用

120 Aron Vinegar, "Memory as Construction in Viollet-le-Duc's Architectural Imagination," in *Paroles gelées* 16, no.2 (UCLA Department of French and Francophone Studies, 1998): p.47.

121 Bressani, *Architecture and the Historical Imagination*, p.233(註87参照)

122 何人かの論者がこの点に注目していた。Steadman, *The Evolution of Designs*, p.39(註104参照); Forty, *Words and Buildings*, pp.279–80(註96参照); Picon, *Architectes et ingénieurs*, pp.159–60(註51参照)

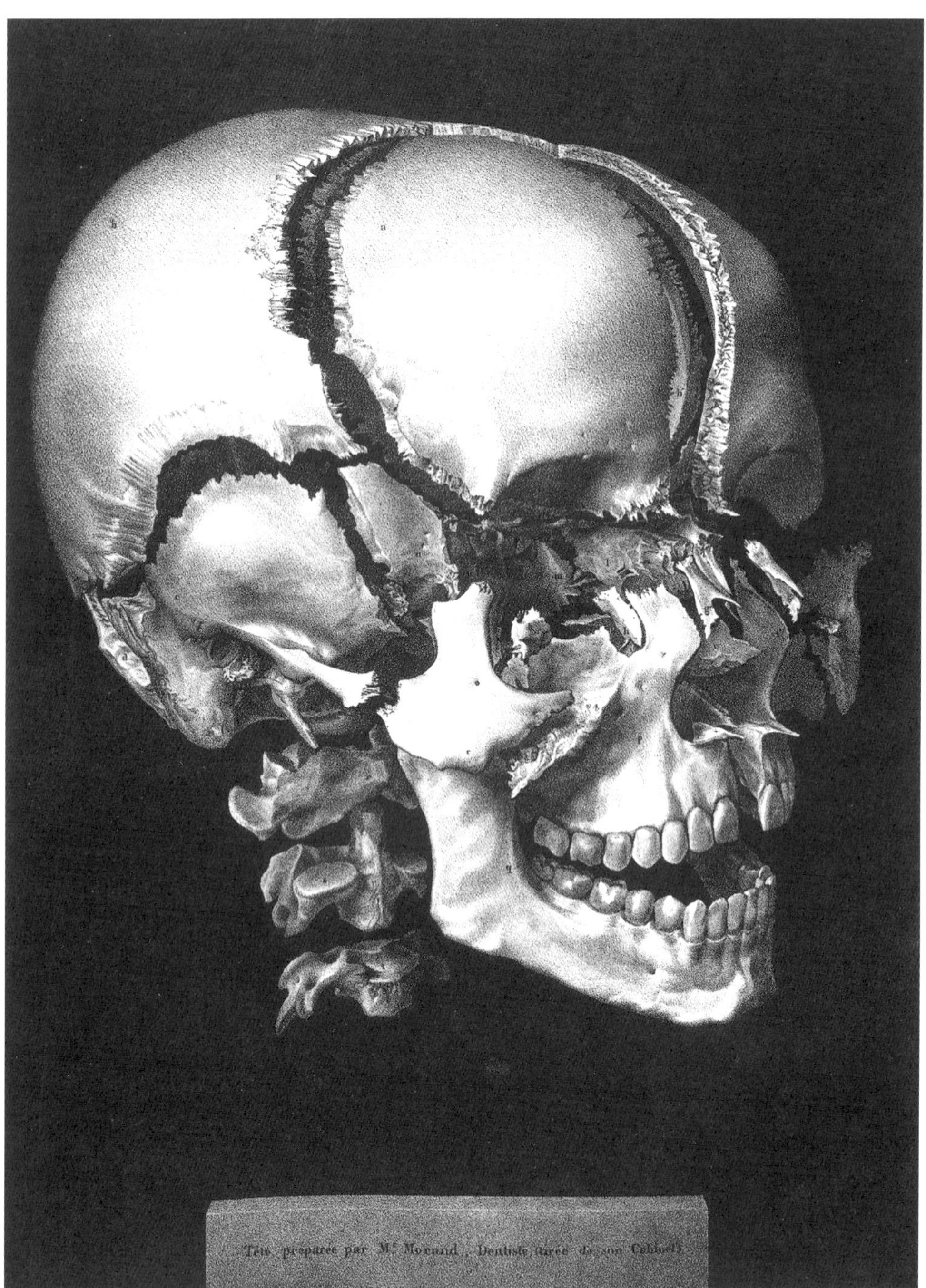
Tête préparée par M.r Morand, Dentiste, tirée de son Cabinet.

構想し、過去から今日の知識を引きだそうとする。物事がどのようにつくられたか、細かなことはもはや問題ではなかった。ヴィオレ・ル・デュクにとって問題となっていたのは、過去の分析的な解読を通じて、今日の構想に使用できる基本的な概念(統一性や構造など)をどのように抽出できるかということであった。

書物の体裁(主に図版)と建築的な議論(主に独立した項目)が互いに一致するように調整された。それらが相まって、事典という形式の弾力性、筆者による内容の選択、増幅、抑制によって、書物が「想像力の技術」として機能することを可能にし、画像の階層化による多様な相互参照を織り交ぜることによって、建築的な議論としてほかに類を見ない書物の構造が生みだされた。第1巻の序文において、ヴィオレ・ル・デュクは書物の建築的な内容に対応させるために、意図的にこの編纂形式を選択したことを認めている。事典という形式は「論説を混乱させる」[123]ことを回避するには最も適していた。ユベール・ダミッシュの指摘によると[124]、『事典』の形式と構造はヴィオレ・ル・デュクの建築理論と一致していた。

> 事典の構成、概要、練られた用語の選択、各項目の相関的な展開、見出しから見出しへの絶え間ない参照、幾重もの相互参照。読むことの妨げとなるような反復そのものが真に構造的な概念を読者に教えてくれる……ヴィオレ・ル・デュクは建築的な全体とその構成要素との関係に形式を与えた。[125]

形態と構造の違いは、ヴィオレ・ル・デュクの方法論を理解するうえで非常に重要である。ヴィオレ・ル・デュクは建設の論理を求めて建築形態を分解し、建設における内的な構成要素を外的な負荷と調和させようとする[126]。分解によって、決められた「構造」のなかで特定の「機能」を持つ要素を分離する。建築的な隠喩としての「構造」は後に言語学で採用され、言語機能についての理解に多大な影響を与えることになった。建築的な要素と概念を分割し、アルファベット順に並べることによって、ヴィオレ・ル・デュクはさまざまな構造のなかで機能的な部分に意味を見いだした。後の言語学における建築的な隠喩を用いれば、『事典』がどのように機能し、そして要素がどれほど相互依存的であるのかが理解できる。

> 建築の構文は明瞭な言語の仕組みや、同じ価値を持つ形態の組み合わせや調整に還元できず、構成単位の階層的な組織を包含し、厳密ではあるが、しかし従属関係についての可変的な秩序にしたがって配列されている。[127]

← **J・M・ブルジュリ、N・H・ジャコブ『人間解剖学論集』(1866年)第1巻、図版30**

分離した成人の頭蓋骨。科学と建築の解剖図に密接な関係があることは、キュヴィエやブルジュリのような科学者にヴィオレ・ル・デュクが接近していたことからも明らかである。科学の著作はヴィオレ・ル・デュクの建築における構造概念の形成や、書物という空間において構造を用いて思想を伝達する方法に影響を与えた。

[Heidelberg University Library]

123 Viollet-le-Duc, *Dictionnaire raisonné de l'architecture française*, 1: p.vi(註86参照)。原文は "...en facilitant les recherches au lecteur, nous permet de présenter une masse considérable de renseignements et d'exemples qui n'eussent pu trouver leur place dans une histoire, sans rendre le discours confus et presque inintelligible."

124 Hubert Damisch, introduction to Eugène-Emmanuel Viollet-le-Duc, *L'Architecture raisonnée: Extraits du Dictionnaire de l'architecture française* (1964; repr., Paris: Hermann, 1990), pp.7–29.

125 『前掲書』pp.13–14。原文は "...la composition de ce dictionnaire, son plan, le choix des termes étudiés, le développement relatif donné aux différents articles, les renvois incessants d'une rubrique à l'autre, les recoupements multiples, les répétitions mêmes qui sont la rançon de l'entreprise, sont bien faits pour nos instruire de l'idée proprement structurale... que Viollet-le-Duc a formée du rapport entre la totalité architecturale et ses éléments constitutifs."

126 『前掲書』p.23

127 Hubert Damisch, "Structure et art," in *Encyclopaedia Universalis*, vol.17 (Paris: Encyclopaedia Universalis, 1988), pp. 287–89、ここではp.288。原文は "C'est l'affirmation que la syntaxe architecturale, à l'instar des mécanismes du langage articulé, ne se réduit pas à la combinaison, à la coordination de formes de valeurs égales, mais qu'elle enveloppe une organisation hiérarchique des unités constituantes, ces dernières étant agencées suivant un ordre strict, mais variable, de subordination."

→ **ヴィオレ・ル・デュク『事典』（1854年）「機構」、第1巻、30–31頁**
アーチの要石
[CCA MAIN 0005619]

→ **ヴィオレ・ル・デュク『事典』（1859年）「建設」、第4巻、90–91頁**
アーチの要石
[CCA MAIN 0005619]

『事典』の要素でも同じことが起こっている。アルファベットという客観的な順列は独立した定義の可変的な性質を強調し、読者は与えられた構造において要素を階層的に配置することが要求される。それでも結果が無作為に抽出されることはない。『事典』の構造によって「どこから調査を開始したか、あるいはどのように全体を分析したかに関係なく、必然的に［フランスの中世建築の］普遍的な生成原理、その理性の原則に連れ戻される」[128]ことが保証されている。

ヴィオレ・ル・デュクは「構造」という言葉を今日の建築の言説において広く使用されている「建物を支える要素」という意味に定義したとされているが、この近代建築の語彙に関して、エイドリアン・フォーティーはヴィオレ・ル・デュクにも関係する言葉の二つの比喩的な使用法に着目している。一つは言語学に関連し、構造は「物事を理解できるようにする方法」[129]である。これは特定の形態のさまざまな部分をまとめる非物質的なつながりを意味し、建築家がしばしば「構成」と呼ぶ経験によって習得される知覚構造である。もう一つは日常言語にもなっているが、骨格としての「構造」の生物学的な意味であり、残りの構成要素から独立した建物の骨格の体系である[130]。書物はたしかに建物のように組み立てられてはいないが、これらの隠喩によって書物の構造を建築の構造と比較することができる。事典に百科事典的な形式を取り入れることによって、ヴィオレ・ル・デュクは二種類の隠喩を調整し、書物の物理的構造を拡張して建築の理論武装を構築し、それによって異なるものであるにもかかわらず書物と建物を調和させることができた。

128 Bergdoll, "The *Dictionnaire raisonné*," p. 2（註87参照）
129 Forty, *Words and Buildings*, p.283（註96参照）
130 ヴィオレ・ル・デュクの『事典』は、事後的には芸術の分野における言語的な隠喩の解明に用いられたが、本来の意図の一つは構造体系と建設形式の関係、すなわち生物学的な隠喩を強調することにあった。

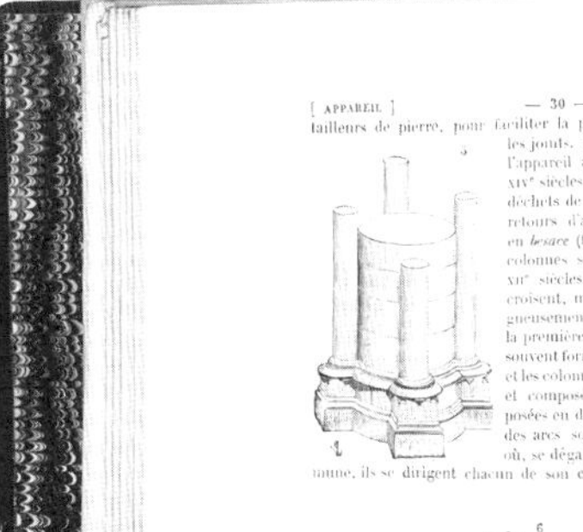

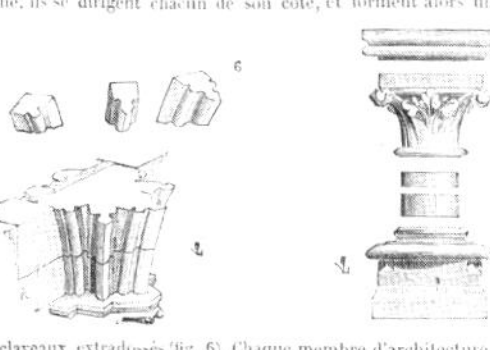

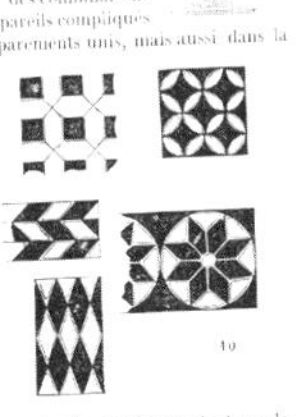

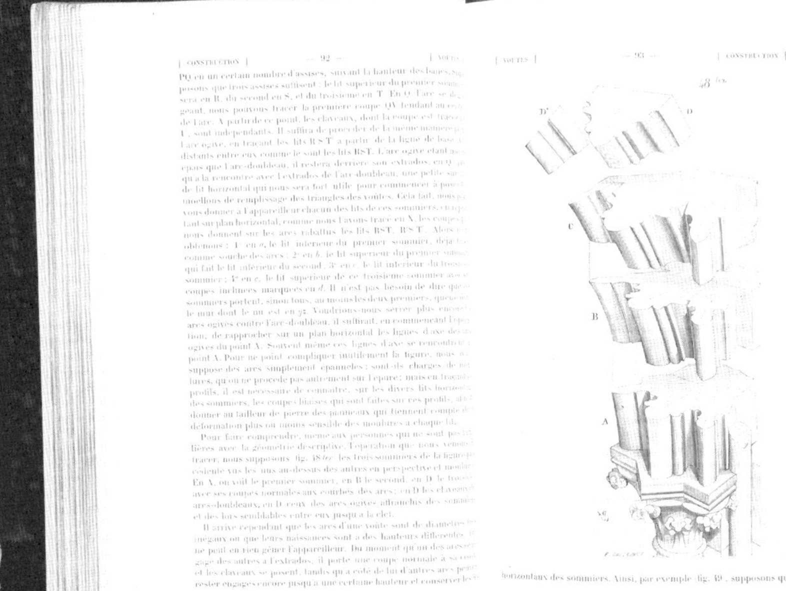

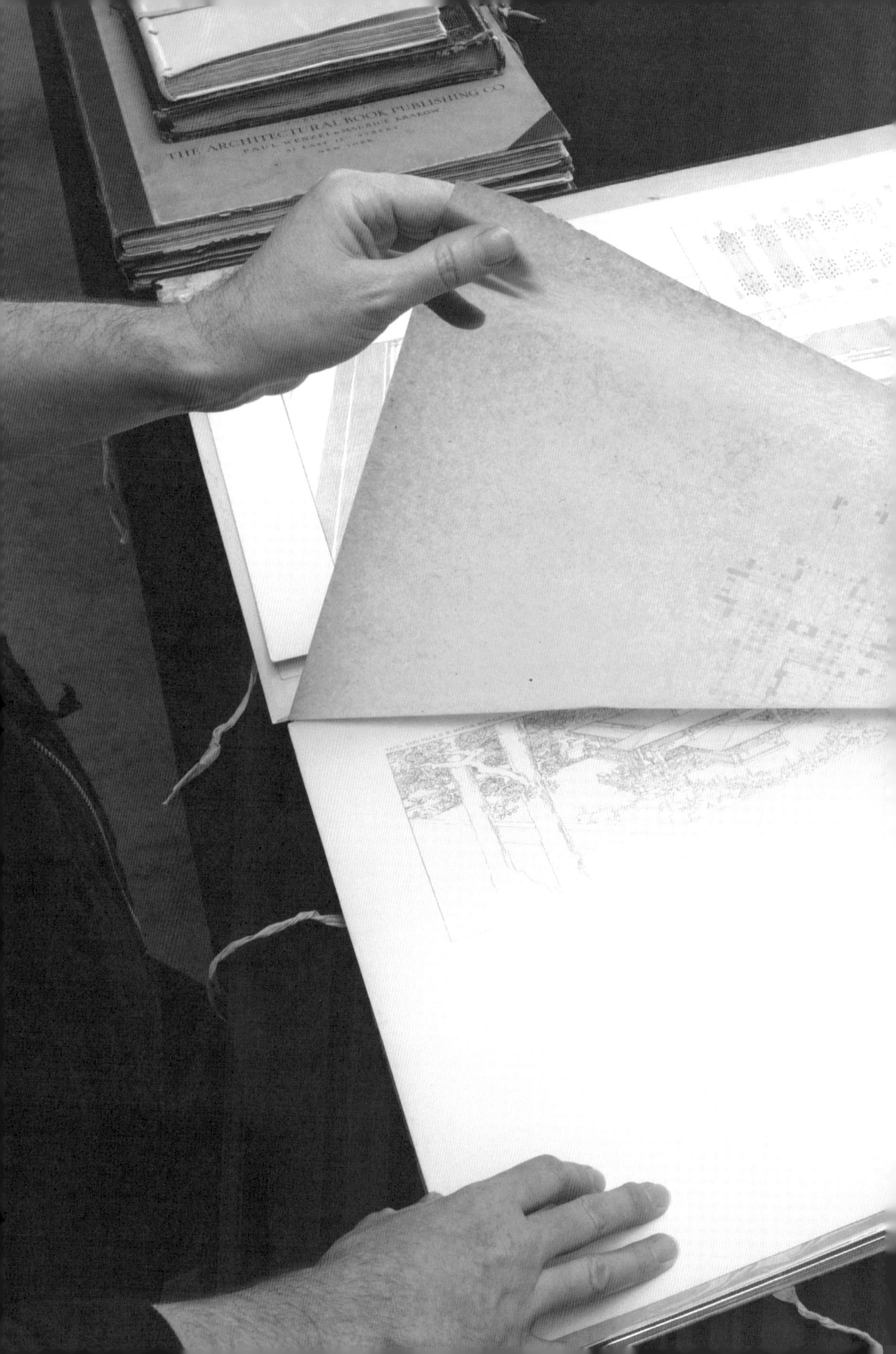
THE ARCHITECTURAL BOOK PUBLISHING CO
PAUL WENZEL & MAURICE KRAKOW
NEW YORK

272–277頁：
2015年10月、モントリオールのCCAコレクションより、CCAフォトサービスの写真。
Frank Lloyd Wright, *Ausgeführte Bauten und Entwürfe*, Berlin, 1910 / Sebastiano Serlio, *Quarto libro*, Venice, 1537 / Vivant Denon, *Voyage dans la basse et la haute Égypte*, Paris, 1802.

フランソワ・ブロンデル『建築講義』（1675年）

寸法を逸脱したサン＝ドニ門を表した口絵

[CCA CAGE M NA44.B654.A615 1675]

尺度——大きさのないもの

同じ大きさ

世界最大の建物を手のひらに収めることのできる書物がある。『大博覧会における小さなヘンリーの休日』は、1851年に出版された169頁の小さな書物であり、重さわずか175gでありながら、読者は1,851ft［約563m］のクリスタル・パレス全体を体験することができる[1]。教訓的な文章は対話形式によって書かれ、好奇心旺盛な息子に対して父親が1851年の大博覧会開催に至る冒険的な事業の経緯について説明している。ハイド・パークに向かう途中、38頁にたどり着くと、父親は建設計画と資金調達の経緯をくまなく説明する。『小さなヘンリーの休日』はこども向けの書物であり、建築の書物ではないが、建築とその技術的な側面が大きく取り上げられている。挿絵は広く知られた建築雑誌や新聞の図版を再録し、父親の語りの「上演」に沿って、大衆的な風景と技術的な図面を並べている。『小さなヘンリーの休日』は史上最小の書物ではなく、クリスタル・パレスもまたこれまでに建てられた最も大きな建物ではなかったが、それでも、書物において建物が直面する尺度という問題を象徴している。

1675年に出版されたフランソワ・ブロンデルの『建築講義』第1巻の口絵では、逆の状況が生じている[2]。描かれているのはパリを囲む城壁にあるアーチ型の記念碑的なサン゠ドニ門[3]であり、アーチの碑文にあるように、ルドヴィコ・マグノ（ルイ14世）の栄光に捧げられている[4]。ブロンデルは1683年に出版された『建築講義』の第3巻において、門の構想を説明している。「おそらくこの種の作品としては世界屈指のものである」[5]。本文においてブロンデルは比例について述べているだけであるが、620頁に掲載された正確な縮尺の立面では、門の高さと幅は同じであり、構造物の三分の一が中央の湾曲部によって占められ、その高さは幅の二倍である。アーチの両側に対称的に配置された二つの細長いピラミッドには、君主の軍事的偉業を象徴する彫刻を施し、構造物の重厚さを強調している。ブロンデルは両端のピラミッドの下に歩行者のための副扉を追加することを余

1 Samuel Prout Newcombe, *Little Henry's Holiday at the Great Exhibition* (London: Houlston & Stoneman, [1851]).

2 François Blondel, *Cours d'architecture enseigné dans l'Academie royale d'architecture* (Paris: Lambert Roulland, 1675). 1671年に設立された王立建築アカデミーのために作成された最初の標準的な教科書であった。Dora Wiebenson, ed., *French Books: Sixteenth through Nineteenth Centuries*, The Mark J. Millard Architectural Collection (Washington, DC: National Gallery of Art; New York: George Braziller, 1993), pp.46–49; Royal Institute of British Architects, *Early Printed Books, 1478–1840: Catalogue of the British Architectural Library Early Imprints Collection*, 5 vols. (London: Bowker-Saur, 1994–2003), ref.294, pp.165–66.

3 パリのサン゠ドニ門は1671年から1673年にかけて建立された。

4 Jean-Marie Pérouse de Montclos, *Histoire de l'architecture française: De la Renaissance à la Révolution* (1995; repr., Paris: Mengès, 2003), 2: pp.317–18. Anthony Gerbino, *François Blondel: Architecture, Erudition, and the Scientific Revolution* (Abingdon, UK: Routledge, 2010) も参照

5 Blondel, *Cours d'architecture*, pt.4, bk.12, chap.6, pp.618–24、ここではp.618（註2参照）。原文は、"peut-être un des plus grands Ouvrages qui soient de cette nature au reste du monde."

フランソワ・ブロンデル、
サン゠ドニ門、パリ、1671–73年、
エドゥアール・バルドゥスによる写真、
1852年頃

[CCA PH1980:0220]

ブロンデル『建築講義』（1675年）、
620–21頁

サン゠ドニ門の立面図
[CCA CAGE M NA44.B654.A615 16 75]

610 COURS D'ARCHITECTURE.
LIVRE XII de Partie de ce Cours d'Architecture, où j'ay diſcouru ſur la manie-
CHAP. VI. re dont il faut vétir les figures de nos Hiſtoires.

Porte S.t Denis.

Dans la friſe du grand entablement j'ay fait mettre en gros Caractères dorez cette Inſcription.

LUDOVICO MAGNO

Et dans des Tables de marbre qui ſont placées ſous la corniche du Dé

QUATRIEME PARTIE. 621

Dé des piedeſtaux des pyramides, j'ay fait graver cette Inſcription ſous la figure de la Femme. — LIXVRE II CHAP. VI. — Inſcriptions dans la friſe & dans le Dé des piedeſtaux.

EMENDATA MALE MEMORI
BATAVORUM GENTE.
PRÆF. ET ÆDIL. PONI
C. C.
ANN. R.S.H. M.DC.LXXII.

Et celle-cy ſous la figure du Fleuve.

QUOD DIEBUS VIX
SEXAGINTA
RHENUM, VAHALIM, MOSAM,
ISALAM SUPERAVIT.
SUBEGIT PROVINCIAS TRES.
CEPIT URBES MUNITAS
QUADRAGINTA.

Afin que la poſterité ſe ſouvienne qu'en l'année 1672 cet Ouvrage a eſté conſacré par la ville de Paris à la gloire du Roy qui, pour châtier les Hollandois de leur ingratitude, avoit dans la même année en moins de ſoixante jours ſurmonté la rapidité de quatre de leurs plus grands Fleuves qui ſont le Rhin, le Vahl, la Meuſe & l'Iſele, ſubjugué trois de leurs Provinces, & forcé plus de quarante de leurs meilleures Places. — Explication des Inſcriptions.

Les Pyramides ſur la face qui regarde le Fauxbourg n'ont point de figures à leur pied; Elles portent ſur des Lions couchez, & le bas relief ſur le haut de l'Arc repreſente la priſe de la Ville de Maſtricht avec ces Inſcriptions. Dans la friſe de l'entablement. — Sur la face vers le Fauxbourg. — La priſe de Maſtricht dans le bas relief.

LUDOVICO MAGNO

Dans le Dé du piedeſtal de main gauche. — Inſcriptions.

QUOD TRAJECTUM AD MOSAM
XIII DIEBUS CEPIT.

Et dans celuy de main droite.

PRÆF. ET ÆDIL. PONI
C. C.
ANN. R.S.H. M.DC.LXXIII.

Pour ſervir de memoire aux temps à venir que le Roy, dans l'année 1673, ſe rendit Maître par force de la Ville de Maſtricht en treize — Leur explication.

Ssssss

儀なくされ、重厚な印象が削がれたことを遺憾に思っていた。ブロンデルにいわせれば不必要であったが、いずれにしても、ブロンデルはこの二つの通路の位置について『ヒュプネロトマキア・ポリフィリ』[『ポリフィラスの夢』]とその有名な彫版画を参照して説明している。「建築家は山のように立ち上がるこの驚くべき二つのピラミッドの土台の真ん中に、非常に広くて立派な扉を開けることを躊躇せず、開口部は最大負荷がかかると思われる場所に配置した」[6]。ブロンデルの口絵にも量塊と空隙の驚くべき関係が見られる。口絵では門の記念碑的な大きさが現実離れするほど誇張されている。立面図では正面と側壁から外側に突きでている付け柱を平面的に見せず、突きだした要素に影をつけることによって、正方形の門を幅よりも高く見せている。立面図と同様に、透視図によるアーチは門の全幅のちょうど三分の一であるが、高さはもっと高くなっている。アーチの垂直方向の寸法の強調は、アーチを通して見ることのできる建物の小ささによって強調されている。このように、書物として収めるためには当然建物を小さくしなければならないが、同時にその操作は現実をより大きく見せて拡大するまたとない機会となる。

このような事例が書物における建物の尺度に関連しているとすれば、書物自体の物理的な寸法を考慮することによってさらなる仮説を立てることができる。寸法の扱いが建築書の性格を定義するといってもよく、ジェラルド・ビーズリーは「建築書の歴史は大きさの探求である」[7]と結論づけている。展覧会「125キロの書物」[8]において、ビーズリーは建築書について「つねに少しは学ぶところがあり、ときに大いに学べ」「一見したところ、重要とは思えない属性、すなわち寸法について考えるのにほんの少しの時間を費やすこと」[9]を提唱している。たとえば、ロバート・アダム(1728–92)とジェームズ・アダム(1732–94)の重厚な二巻の著作[10]は、施主の書斎の格調の高さを物語るためであったのかもしれない。幅10.5cmの『建築家と建設者のための測定帖』[11]も、建築家にとって必須の道具であったために、建築家の外套のポケットの寸法に合わせていたのかもしれない。

ビーズリーの主張にしたがうと、記念碑的な建物と大著の建築書との間に関連があるだけではなく、大著は建築家の自尊心にも関連している[12]。アイリーン・ハリスが説明しているように、ロバート・アダムは『ロバート&ジェームズ・アダムの建築作品』を準備しているとき、「自己宣伝の手段としての出版は価値がある反面落とし穴もあるが、何よりも玄人や『趣味人』の賛同を得ることこそ前進であり、『自分の最も貴重な作品を大衆の手に委ねること』などではないと確信していた」[13]。高価であり、またそれゆえに排他的であったアダムの作品集の寸法が大きいことの隠れた理由はここにあった。反対の思惑はル・コルビュジエの『全作品集』によって示されている。1929年にヴィリー・ベジガー(1904–91)の編集によって、チュー

→ **『ロバート&ジェームズ・アダムの建築作品』**(1778–79年)
[CCA CAGE M W793 v.1]

6 『前掲書』p.622。原文は"l'Architecte n'a point balancé d'ouvrir une porte tres-spacieuse & magnifique dans le milieu de la masse qui sert de soubassement à cette Pyramide si surprenante qu'il a élevée entre deux montagnes, & cette ouverture est justement dans l'endroit où il y a l'apparance du plus grand fardeau." Francesco Colonna, *Hypnerotomachia Poliphili: Ubi humana omnia non nisi somnium esse docet* (Venice: Aldus Manutius, 1499), translated by Joscelyn Godwin as *Hypnerotomachia Poliphili: The Strife of Love in a Dream* (1999; repr., London: Thames & Hudson, 2005), p.26も参照

7 "Curator Gerald Beasley Discusses the Exhibition *125 Kilos of Books*," curator's talk, March 23, 2006 (Canadian Centre for Architecture, 2006), DVD, 62 min.

8 Canadian Centre for Architecture, March 23 to April 30, 2006. CCAにおいてビーズリーが主催した二つの展覧会の一つ。もう一つは、2004年6月24日から9月26日までの「建築の書物」である。

9 "Curator Gerald Beasley"(註7参照)

10 Robert Adam and James Adam, *The Works in Architecture of Robert and James Adam* (London: P. Elmsly, 1778–79). CCAの複写には、1822年に発行された第3巻、50×67cm、合計18.6kgが含まれている。

11 Frank Eugene Kidder, ed., *The Architect's and Builder's Pocket-Book of Mensuration* (New York: J. Wiley and Sons, 1885). 17.5×10.5×2.5cm, 400g.

12 Gerald Beasley, "Architects and Books: A Special Relationship," 11th Annual Book Arts Lecture, Rare Book & Manuscript Library, Columbia University, January 25, 2005(未発表原稿)

13 Eileen Harris and Nicholas Savage, eds., *British Architectural Books and Writers, 1556–1785* (Cambridge: Cambridge University Press, 1990), pp.71–104、ここではp.71

14 Le Corbusier, *Œuvre complète 1910–1929* (Zurich: Éditions Girsberger, 1930); Jean-Louis Cohen, "L'Œuvre complète de Le Corbusier et Pierre Jeanneret: Entre document et fiction," in *Le Livre et l'architecte*, ed. Jean-Phillipe Garric, Estelle Thibault, and Emilie d'Orgeix (Wavre, BE: Mardaga, 2011), pp.73–81.

THE

WORKS IN ARCHITECTURE

OF

ROBERT AND JAMES ADAM, ESQUIRES.

VOLUME I.

Containing the Five following NUMBERS, viz.

I. The SEAT of the DUKE of NORTHUMBERLAND, at SION.
II. The VILLA of EARL MANSFIELD, at KENWOOD.
III. The SEAT of the EARL of BUTE, at LUTON PARK.
IV. PUBLIC BUILDINGS.
V. DESIGNS for the KING and QUEEN, and the PRINCESS DOWAGER of WALES, &c.

LONDON: Printed for the AUTHORS;
And sold by PETER ELMSLY, opposite Southampton Street in the Strand, and by the other Booksellers in Town and Country.
MDCCLXXVIII.

LES

OUVRAGES D'ARCHITECTURE

DE

ROBERT ET JAQUES ADAM, ECUYERS.

TOME I.

Contenant les Cinq CAHIERS suivants, sçavoir,

I. Le CHATEAU du DUC de NORTHUMBERLAND, à SION.
II. La VILLA du COMTE MANSFIELD, à KENWOOD.
III. Le CHATEAU du COMTE de BUTE, à LUTON.
IV. ÉDIFICES PUBLICS.
V. DESSEINS pour LE ROI et LA REINE, et LA PRINCESSE DOUAIRIERE DE GALLES, &c.

A LONDRES: Aux Dépens des AUTEURS;
Et se vendent chez PIERRE ELMSLY, vis-a-vis la Rue de Southampton dans le Strand, et chez les autres Libraires de la Capitale et des Provinces.
MDCCLXXVIII.

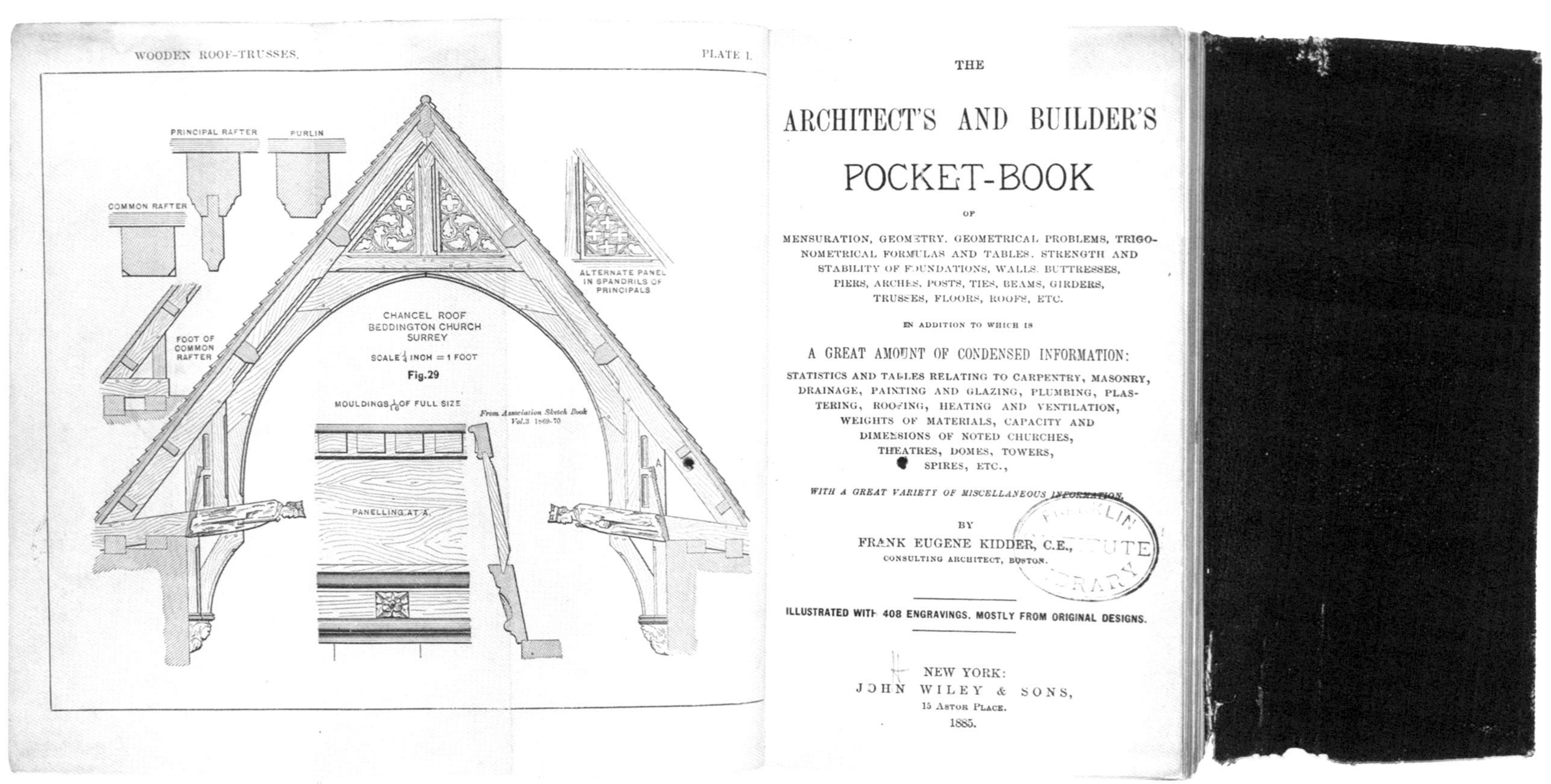

WOODEN ROOF-TRUSSES. PLATE I.

THE

ARCHITECT'S AND BUILDER'S

POCKET-BOOK

OF

MENSURATION, GEOMETRY, GEOMETRICAL PROBLEMS, TRIGONOMETRICAL FORMULAS AND TABLES, STRENGTH AND STABILITY OF FOUNDATIONS, WALLS, BUTTRESSES, PIERS, ARCHES, POSTS, TIES, BEAMS, GIRDERS, TRUSSES, FLOORS, ROOFS, ETC.

IN ADDITION TO WHICH IS

A GREAT AMOUNT OF CONDENSED INFORMATION:

STATISTICS AND TABLES RELATING TO CARPENTRY, MASONRY, DRAINAGE, PAINTING AND GLAZING, PLUMBING, PLASTERING, ROOFING, HEATING AND VENTILATION, WEIGHTS OF MATERIALS, CAPACITY AND DIMENSIONS OF NOTED CHURCHES, THEATRES, DOMES, TOWERS, SPIRES, ETC.,

WITH A GREAT VARIETY OF MISCELLANEOUS INFORMATION.

BY

FRANK EUGENE KIDDER, C.E.,
CONSULTING ARCHITECT, BOSTON.

ILLUSTRATED WITH 408 ENGRAVINGS, MOSTLY FROM ORIGINAL DESIGNS.

NEW YORK:
JOHN WILEY & SONS,
15 ASTOR PLACE.
1885.

リッヒの出版人ハンス・ギルスバーガー（1898–1982）と共に開始した事業である[14]。横長の判型はフランク・ロイド・ライトの堂々たる『実現された建物と表現』[15]［プレーリーハウスの作品集『ヴァスムート・ポートフォリオ』］を彷彿とさせるが、ル・コルビュジエが書き記したところによると、「建築の資料（平面図や断面図）を出版するための非常に便利な判型」[16]であるために大きな図集に興じた。また『全作品集』の頁は、大量生産という建築家の夢のとおりに標準寸法の印刷紙とすることによって印刷経費を下げ、郵便局が定めた指標にしたがって重量と寸法を決定して輸送の経済性を確保している。ただし、寸法が書物の特徴を最も明白に表しているにしても、特定の寸法を選択する理由の分析は困難である。製造工程の変数（技術的な制約から交通網や営業形態まで）や社会的な変数（自尊心から図書館に入る寸法まで）はあまりにも多い。それでも、建築書において意図された用途とその寸法の間に直接的な関係があることは認めなければならない。書物の実際の寸法を決定することは、書物の仕組みを制御するうえでの基本であり、建築家にとって寸法の認識は実践に直結する技能である。

← フランク・ユージン・キダー
『建築家と建設者のための測定帖』
（1885年）、17.5×10.5×2.5 cm、
400 g
[CCA MAIN Y IDY; ID:86-B19377]

ジョン・カー、ロバート・アダム、
ヘアウッド・ハウス、リーズ近郊、
1759–71年、写真家不詳、
1868–74年頃
[CCA PH1979:0283:093]

15 Frank Lloyd Wright, *Ausgeführte Bauten und Entwürfe von Frank Lloyd Wright* (Berlin: Ernst Wasmuth, 1910).

16 1928年12月6日にル・コルビュジエがクレに宛てた手紙、FLC T1 (9)2. Cohen, *L'Œuvre complète*, p.77 からの引用（註14参照）。原文は、"un format très utile pour publier des documents architecturaux (plans coupes)." ル・コルビュジエは、フランクライヒにあるジークフリート・ギーディオンの『フランスの建物』フランス語訳にふさわしい判型について意見を述べている。ル・コルビュジエは放棄された書物の企画『フランスかドイツか』にも横長の判型を検討していた。Jean-Louis Cohen, *France ou Allemagne? Un livre inécrit de Le Corbusier* (Paris: Éditions de la Maison des sciences de l'homme, 2009) を参照。「頁対頁」（上記pp.131–141）を参照

愛称としての大きさ

18世紀と19世紀のフランスにおいて、いくつかの建築書には大きさに関係する愛称がつけられた。たとえば、『大デュラン』と『小デュラン』、あるいは『大ブロンデル』と『小ブロンデル』である。ジャン＝ニコラ＝ルイ・デュラン（1760–1834）の場合、「大」は『比較図集』［『大デュラン』あるい

ジャン・マリエット『フランス建築』(1727–38年)

クロード・ペロー、ルーヴル美術館の東立面図
[CCA CAGE M ID:86-B16756]

は『図集』[17]、「小」は『講義要録』[『小デュラン』あるいは『要録』][18]であった。ジャック゠フランソワ・ブロンデルの場合、「大」は『フランス建築、あるいは図集』[『大ブロンデル』あるいは『フランス建築』][19]、「小」は『建築講義』[『小ブロンデル』あるいは『講義』][20]であった。技術的な理由から八つ折り判や四つ折り判の文章と大きな二つ折り判の図版を分離しなければならず、名称はそれを区別するためかもしれないが、これらの書物[『デュラン』『ブロンデル』の大小]の場合はいずれも事情がかなり異なっていた。『大ブロンデル』は、当時のフランスの建物を描いた建築家ジャン・マロ(1619?–79)による彫版画集『大マロ』から直接呼び名を受け継いでいた[21]。マロの書物には大きな二つ折り判と四つ折り判という二つの図版寸法があったため[22]、『大マロ』と『小マロ』という愛称になった。マロの死後、建築系出版社のジャン・マリエット(1654–1742)によって図版が再編され、『フランス建築』[23]として1727年に初版が刊行された[24]。マリエットは後に事業をク

17 Jean-Nicolas-Louis Durand, *Recueil et parallèle des édifices de tout genre, anciens et modernes, remarquables par leur beauté, par leur grandeur ou par leur singularités et dessinés sur une même échelle*, 2 vols. (Paris: Chez l'auteur, 1799–1801).

18 Jean-Nicolas-Louis Durand, *Précis des leçons d'architecture données à l'École polytechnique*, 2 vols. (Paris: Chez l'auteur, 1802–5), translated by David Britt as *Précis of the Lectures on Architecture: With Graphic Portion of the Lectures on Architecture* (Los Angeles: Getty Research Institute, 2000).

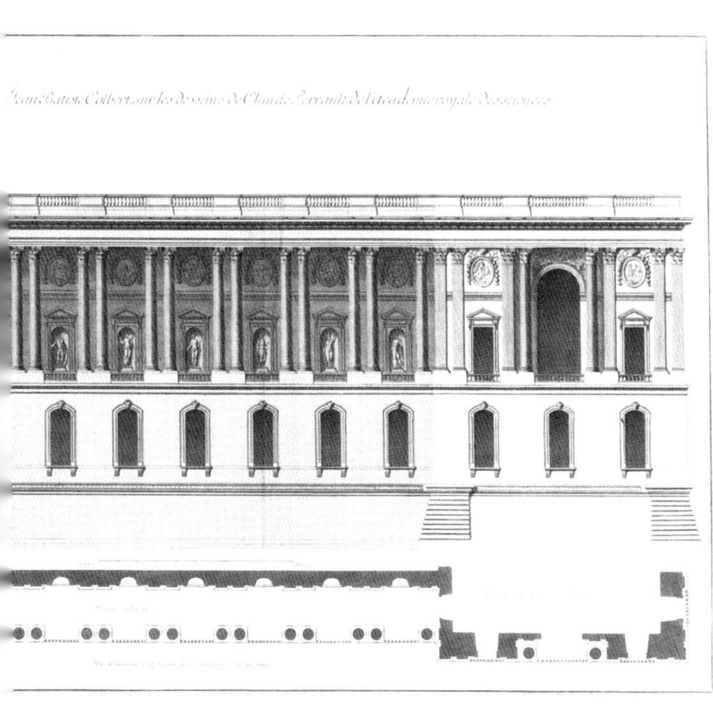

ロード＝アントワーヌ・ジョンベールに売却し[25]、ブロンデルの『フランス建築』はマロの図版の多くを再利用し、1752年から1756年にかけて出版された。1764年には『ジャン・マロの小建築作品』としてより小さな図版も再版された[26]。ブロンデルの方は文章を追加し、『［フランス建築、あるいは］図集』に理論的な拡がりをもたらそうとした。文章は図版と別に印刷されたが、図版と一緒に製本された。ジョンベールは「大」と名のつく書物の伝統の継承を願って巻に『大ブロンデル』という愛称をつけ、マリエットからマロへと結びつけた。『小ブロンデル』、またの名『講義』には別の経緯がある。全四巻の『講義』の初巻は1771年に出版されたが、ブロンデルが1774年に亡くなった後、ピエール・パット（1723–1814）が最後の二巻を出版して完結した[27]。『小マロ』とは違い、『講義』は高価な『大ブロンデル』の縮小版ではなく、富裕層を対象としていた。表題が示すように、『講義』は学生や実務家の手引書であり、その成功によってJ・F・ブロンデルの名前は同

19 Jacques-François Blondel, *Architecture françoise, ou Recueil des plans, élévations, coupes et profils des Églises, Maisons royales, Palais, Hôtels & Édifices les plus considérables de Paris, ainsi que des Châteaux & Maisons de plaisance situés aux environs de cette Ville, ou en d'autres endroits de la France, bâtis par les plus célèbres Architectes, & mesurés exactement sur les lieux*, 4 vols. *in folio* (Paris: Charles-Antoine Jombert, 1752–56).

20 Jacques-François Blondel, *Cours d'architecture, ou Traité de la décoration, distribution & construction des bâtiments*, 6 vols. *in octavo*, plus illustrated atlas (Paris: Desaint, 1771–77).

21 Kristina Deutsch, "'Marot. Il se nommait Jean...': Essai sur l'œuvre d'un graveur d'architecture du Grand Siècle," in *Nouvelles de l'estampe* 236 (Fall 2011), pp. 4–23; Andreé Mauban, *Jean Marot: Architecte et graveur parisien* (Paris: Les Éditions d'art et d'historie, 1944); Wiebenson, *French Books*, pp.344–51（註2参照）

22 Marot's *Recueil des Plans Profils et Elevations des plusieurs Palais Chasteaux, Eglises, Sepultures, Grotes et Hostels, Bâtis dans Paris, et aux environs, avec beaucoup de magnificence, par les meilleurs Architectes du Royaume, desseignez, mesurés, et gravez par Jean Marot Architecte Parisien*. 1659年に印刷され、約127枚の四つ折り判図版（それぞれ約29×20cm）から構成されている。より意欲的な『大マロ』は、二つ折り判図版の作品集（一枚約44×29cm）であるが、1679年にマロが亡くなるまで日の目を見なかった。Deutsch, "Marot," pp.16–17（註21参照）を参照

23 Jean Mariette, *L'Architecture françoise, ou, Recueil des Plans, Elevations, Coupes et Profils Des Eglises, Palais, Hôtels & Maisons particulieres de Paris, & des Chasteaux & Maisons de Campagne ou de Plaisance des Environs, & de plusieurs autres Endroits de France, Bâtis nouvellement par les plus habils Architectes, et levés & mesurés exactement sur les lieux*, 6 vols. (Paris: Chez Jean Mariette, 1727–38).

24 Wiebenson, *French Books*, pp.328–39（註2参照）

25 『前掲書』pp.62–63

26 Jean Marot, *Petit œuvre d'architecture de Jean Marot, architecte et graveur, ou, Recueil des Plans, Elevations & Coupes de divers anciens Edifices de Paris, & de la Sépulture des Valois, à S. Denis. Avec diverses suites de Tombeaux, Epitaphes, Chapelles, Retables d'Autels, Tabernacles, Portes cocheres & autres, &c. & plusieurs petits Temples dans le goût Antique, qui n'ont jamais paru* (Paris: Charles-Antoine Jombert, 1764).

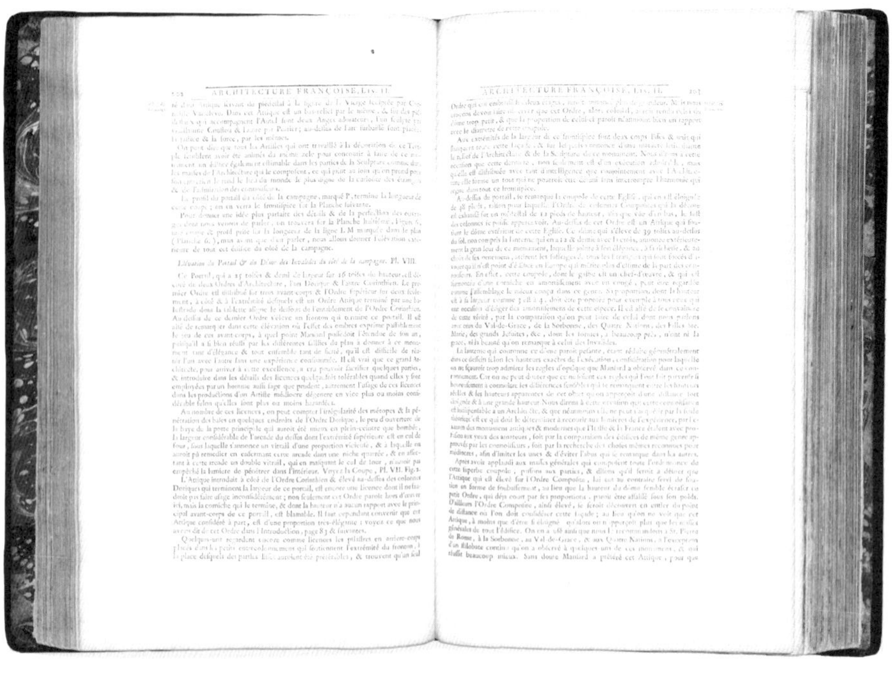

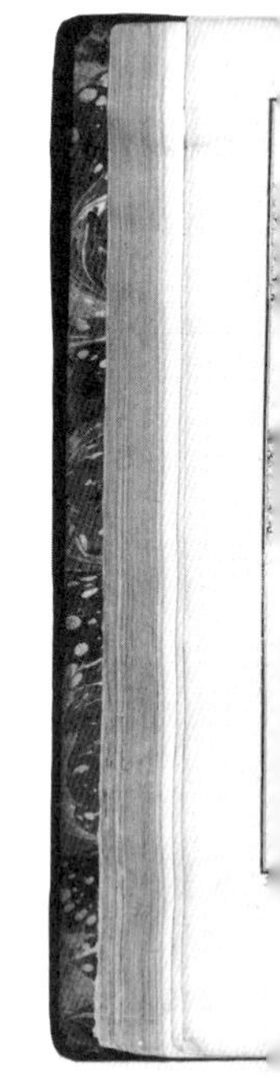

名の前任者であるフランソワ・ブロンデルによって一世紀前に始まったアカデミーの書物の伝統に刻まれた[28]。『講義』には八つ折り判の6巻に加えて、別冊として四つ折り判の図版が付く。デュランの書物もブロンデルの書物と同じ伝統に属している。『要録』が「小」を継承したように、デュランの『図集』も『大ブロンデル』の遺産を引き継いでいる。しかしブロンデルとデュランの書物に共通しているのはそれだけである。ブロンデルの書物は伝統を受け継いだが、デュランの書物は建築理論に革命をもたらした[29]。革命は建築的な問題に根差しているが、それでもデュランの書物の寸法がデュランの理念をどのように反映し、また推進したのかを検討する価値はある。

デュランはウィトルウィウスの伝統と決別し、「建築の物質性を保証する」[30]ためだけに教えられていた建築のオーダーのような理論的概念を棚上げし、構成を優先した[31]。ベルナール・ヒュエが指摘しているような「構想の内的論理」[32]に基づいて、デュランはパリに新しく設立された理工科学校の教授として技術者を養成した。政府の国土政策に合わせ、革命後のフランスにおける建物の建設を管理するために必要な技能を教えた[33]。デュランは将来の建築家ではなく将来の役人を教える立場にあり、建築の実践と教育の境界を無効にし、高度な抽象化を達成することができた。アントワーヌ・ピコンが語っているように、デュランのユートピア的な目標は

27 Wiebenson, *French Books*, pp.64–67.

28 この伝統はジャック・グレベールのアメリカ建築に関する記念碑的な全二巻の二つ折り判「大グレベール」として20世紀にも引き継がれ、学術的な意味合いがあるにもかかわらず、あるいはおそらくそのために、この愛称を取得した。Jacques Gréber, *L'Architecture aux États-Unis: Preuve de la force d'expansion du génie français, heureuse association de qualités admirablement complémentaires* (Paris: Payot, 1920).

29 Werner Szambien, *Jean-Nicolas-Louis Durand, 1760–1834: De l'imitation à la norme* (Paris: Picard, 1984).

30 Bernard Huet, "Les Trois Fortunes de Durand," 『前掲書』p.10［註29参照］

31 Jacques Lucan, *Composition, non-composition: Architecture et théories, XIXe–XXe siècles* (Lausanne: Presses polytechniques et universitaires romandes, 2011).

32 Huet, "Les Trois Fortunes," p.10（註30参照）

33 理工科学校の教授に任命される前に、デュランはジャン゠トーマス・ティボー（1757–1826）と協力して、共和暦二年（1793–94）の設計競技に数多くの提案を提出した。ほかの建築家の提案同様、「社会における建築制度そのものに対する革命期の根本的な問いかけの一断面」を表している。Barry Bergdoll, *European Architecture, 1750–1890* (Oxford: Oxford University Press, 2000), pp.114–16.

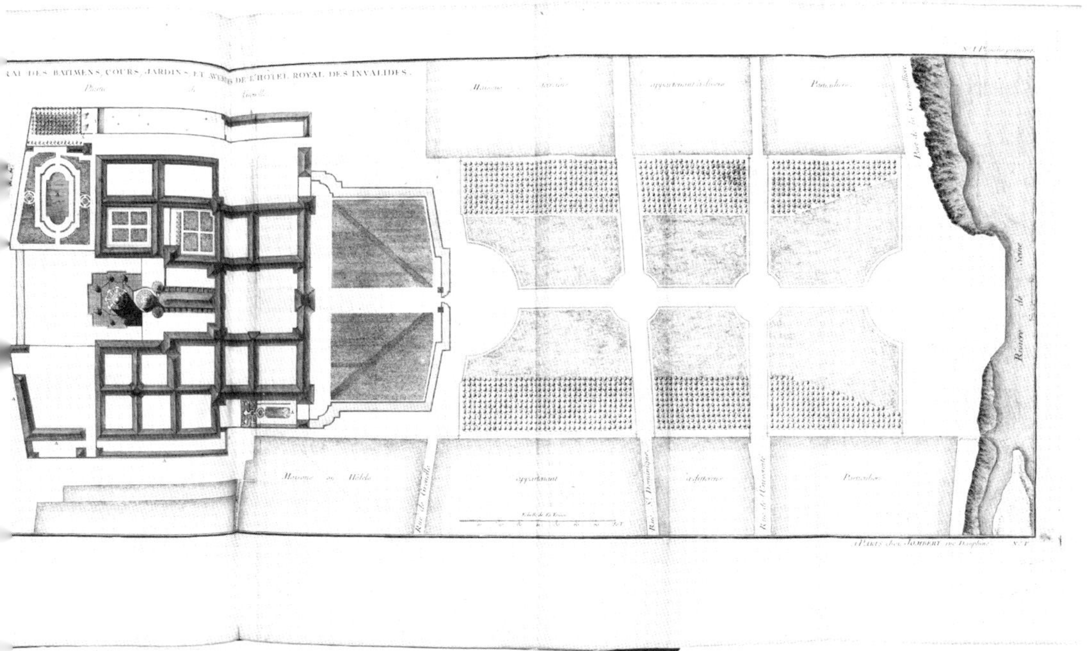

「建築を技術的および経済的な制約から解放すると同時にその卓越性を知らしめる」[34]ことであった。同じ理工科学校で教えていたガスパール・モンジュ（1746–1818）の画法幾何学と同調するように、デュランの教育法は「合理的な操作の連続」[35]からなり、任意選択を自己証明の方法論と組み合わせている。

デュランは分析方法を学生に教え、建物を主要な構成要素（アーケード、扉、室、ヴォールト）に分解し、平面の矩形の格子に再構成し（柱、壁、扉の組み合わせ）、次に垂直的に再構成した（アーケード、ヴォールト、付け柱、控え壁）[36]。このような組み立ての操作手順は、建物の目的に応じて間隔が異なる格子上に繰り広げられる建築的な構成の「機械学」を形成している。「種類」（後に「類型」と呼ばれる）と「性格」の概念は、ピコンがいう「建築の基本的な構成要素とその産物の間に必要な緩衝材」[37]となった。類型、「特定の使用形態に対応する形態、質量、および機能の一般的な組み合わせ」[38]は、過去の事例から入手し、新しい建物の組み立てに使われる。この考え方に基づく教育法によって、「デュランは観察と演繹による科学と同じくらい厳密、かつ工学技術と同じくらい効率的な建築」を生みだす方法であると主張した[39]。

デュランの方法を建築の文法として、そして言語を建築構成の隠喩として読解したくなるが[40]、最も重要な変化は専門的な語彙にある。ヴェルネル・ザンビアンが指摘するように、類型化は「語彙を抽象化して分類するこ

ジャック＝フランソワ・ブロンデル
『フランス建築』（1752–56年）
アンヴァリッド王立宮、配置図
［CCA CAGE M W443］

34 Antoine Picon, "From 'Poetry of Art' to Method: The Theory of Jean-Nicolas-Louis Durand," in Durand, *Precis of the Lectures on Architecture*, pp.1–68、ここではpp.34–35（註18参照）

35 『前掲書』p.40

36 Durand, "Summary of the Oral Portion of the Lectures," in *Précis of the Lectures on Architecture*, p.189（註18参照）

37 Picon, "From 'Poetry of Art' to Method," p.21（註34参照）

38 『前掲書』

39 『前掲書』p.3

40 Szambien, *Jean-Nicolas-Louis Durand*, p.91（註29参照）

→ **J・N・L・デュラン『比較図集』（1799–1801年）、図版1・19**

エジプトとギリシアの寺院；エジプト、ギリシア、インド、トルコの墓
［CAGE M W664］

→→ **J・N・L・デュラン『講義要録』（1802年）、第2巻、図版1・3・9・12**

一般的な構成；平面の組み合わせ；立面の組み合わせ；柱廊玄関と階段
［CCA CAGE NA2520.D8213 (0007169)］

と」を意味し、「そこから逸脱する建築用語」を排除する[41]。デュランは比例尺度というウィトルウィウスの伝統を却下し、「人体比例はオーダーには役立たないし、役立てられたこともない」[42]と主張する。デュランは伝統的な比例を独自の体系に置き換え、「機能単位に断片化することによって……機能単位を説明するのに役立つ言語が関係の表現に要約され、徐々にその建築の特異性を放棄していく」[43]。絶対的な寸法に依存する代わりに、建築は関係の問題になった。

書物は理工科学校におけるデュランの仕事と密接に関連していた。持ち運べる建築博物館である『図集』の第一冊は1799年8月に出版された。ちょうどデュランが学校で使用するための建築の見本（図面、彫版画、石膏模型）の収集を任された時期に当たる[44]。『図集』における幅広い歴史的視野は、フィッシャー・フォン・エルラッハによる『歴史的建築の構想』[45]に着想を得ていたが、エルラッハが風景画のように描写する手法を用いていたのに対して、デュランは実際の建築設計の第一歩として大切にしていた直交図を採用した。「ほぼ300巻にもなる」建築書から歴史的な事例を「切り離し」「知っておくべき対象」[46]を選びだし、学生と専門家に「建築の完全でしかも安価な図像を、短時間で読み、労力をかけずに調べ、利するところのある研究ができるような図像」[47]を提供した。効率性を上げるために、デュランは図面を「比較して」並べ、「種類に分類し、類似性の程度に応じて並置し、同一の縮尺に縮小した」[48]。デュランは歴史的な図面をいくらか修正したという事実さえ隠さず、類似性を強調してそれらを支える規範的な論拠を強化しようとした。いずれにせよ、デュランは歴史的な厳密さによって知られていたわけではなく、インドに行ったことがないフランス人建築家パリスの独創的な設計をインドの墓として紹介したほどである[49]。それでも、大規模な歴史的調査の成果を自らの教育に組み込んだ。

デュランのお手本は、師であるエティエンヌ＝ルイ・ブレ（1728–99）による未完の（そして未発表の）『図集』であった。『図集』の目標は効率的に家を建てるための操作法を提供することであった。ヴェルネル・ザンビアンの指摘によれば、ブレもまた矩形の格子と標準寸法を使用して建築形態の連結を実現した[50]。それでも、デュランは効果的な伝達手段を必要とし、ジュリアン＝ダヴィッド・ル・ロワ（1724–1803）が『ギリシアの最も美しい記念碑の廃墟』の第二版（1770）[51]において成功を収めていた体系を採用した。ル・ロワはまず調査を総括する一枚の図版から始め、三つの垂直軸に沿って40を超える寺院の平面図と断面図をすべて同じ縮尺で配置した。図版は一目で容易に比較できるようになり、単純化によって「連鎖」の発想が生まれ、歴史的な流れを抽象化することができた。デュランにおいて、ギリシア神殿だけでなく建築の歴史全体がこの分析装置にかけられた。エルラッハの歴史的視野、ブレの構成に関する研究、ル・ロワの比較方法を統

41 『前掲書』p.88
42 Durand, *Précis des leçons d'architecture*, 1: p.10（註18参照）。原文は"Il est donc évident que les proportions du corps humain n'ont servi ni pu servir de modèle à celles des ordres." Picon, "From 'Poetry of Art' to Method," p.31（註34参照）も参照
43 Szambien, *Jean-Nicolas-Louis Durand*, p.93（註29参照）
44 『前掲書』pp.62–63、註8と註9
45 Johann Bernhard Fischer von Erlach, *Entwurff einer historischen Architectur* (Vienna: n.p., 1721).
46 Durand, "Notice," in *Précis of the Lectures on Architecture*, p.203（註18参照）
47 『前掲書』p.204
48 『前掲書』
49 Durand, *Récueil et parallèle*, plate 19（註17参照）。Szambien, *Jean-Nicolas-Louis Durand*, p.104, fig.157（註29参照）
50 Szambien, *Jean-Nicolas-Louis Durand*, pp.56–59（註29参照）
51 Julien-David Le Roy, *Les Ruines des plus beaux monuments de la Grèce, ouvrage divisé en deux parties, où l'on considere, dans la premiere, ces monuments du côté de l'histoire et, dans la seconde, du côté de l'architecture* (Paris: Chez H. L. Guerin | L. F. Delatour | Jean-Luc Nyon, 1758), translated by David Britt as *The Ruins of the Most Beautiful Monuments of Greece*, with an introduction by Robin Middleton (Los Angeles: Getty Research Institute, 2004).

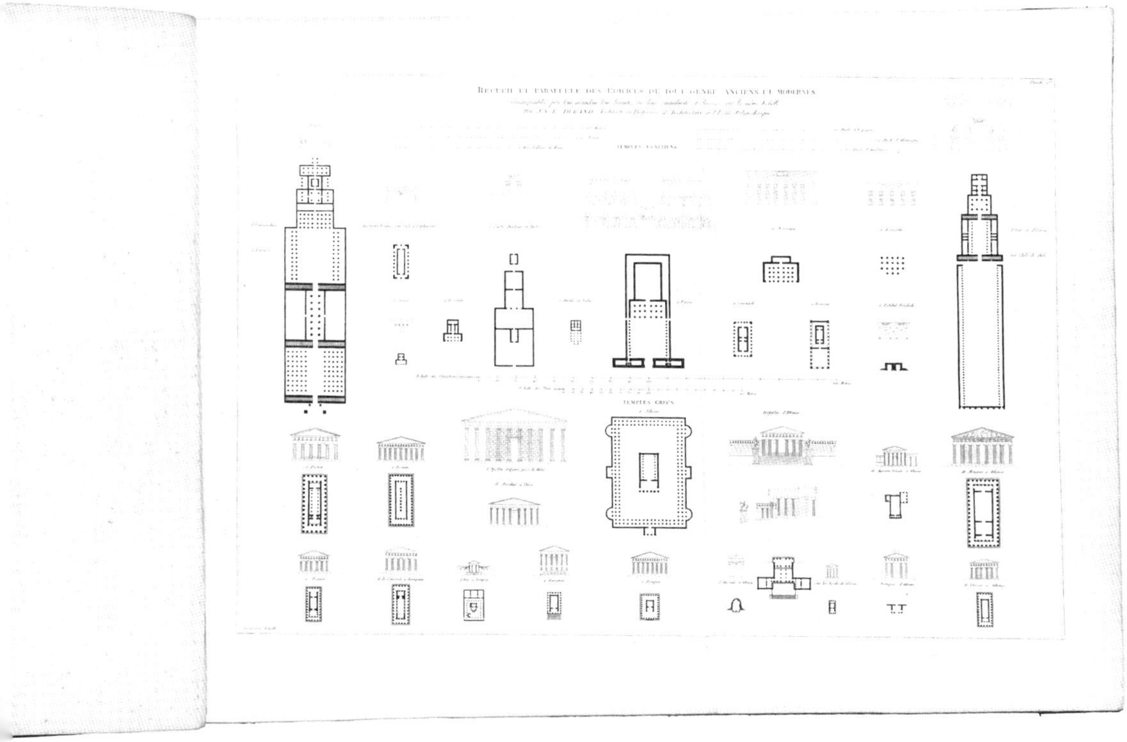

RECUEIL ET PARALLÈLE DES ÉDIFICES DE TOUT GENRE, ANCIENS ET MODERNES

TEMPLES ÉGYPTIENS

TEMPLES GRECS

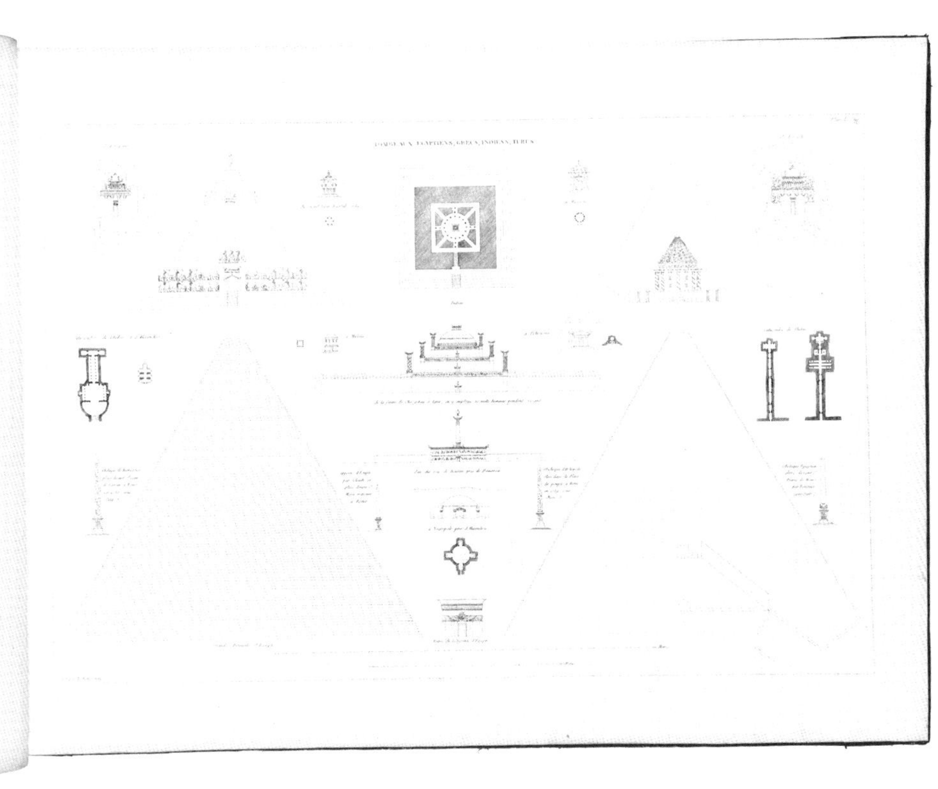

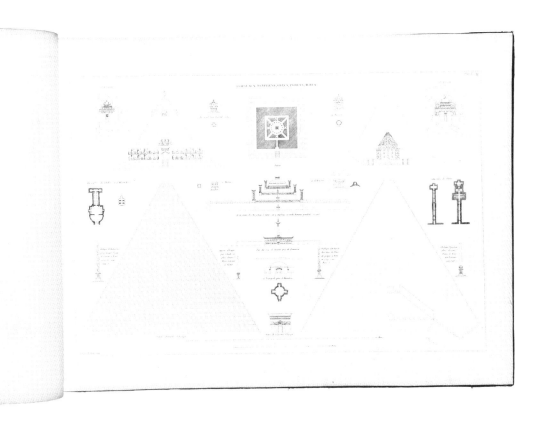

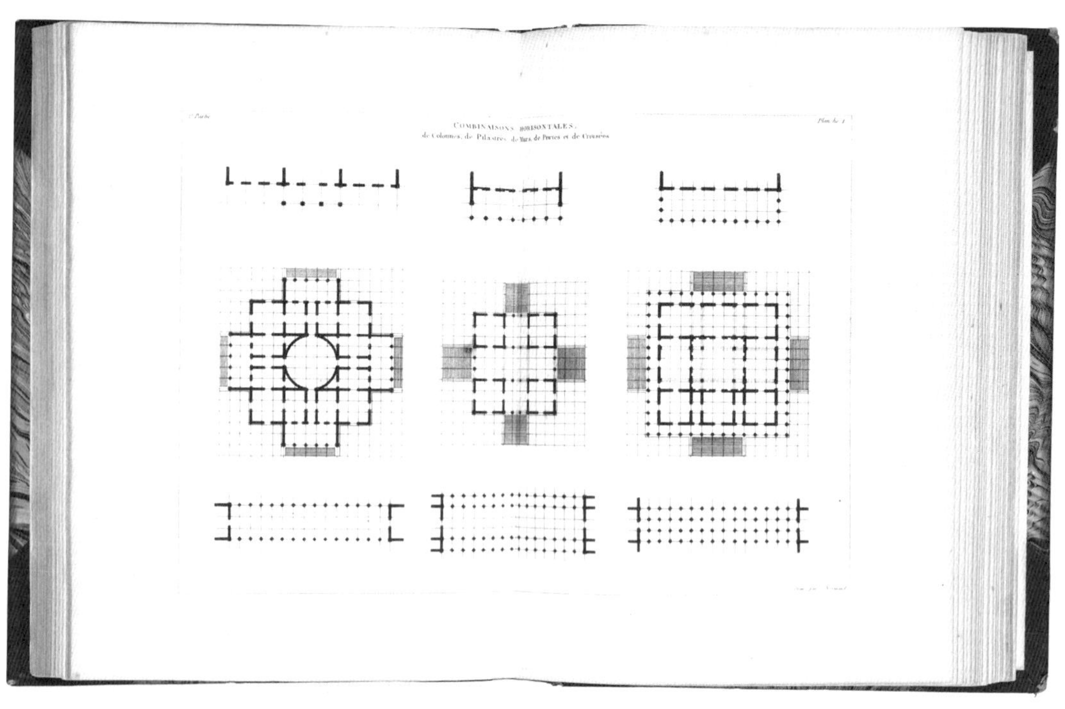
COMBINAISONS HORISONTALES,
de Colonnes, de Pilastres, de Murs, de Portes et de Croisées

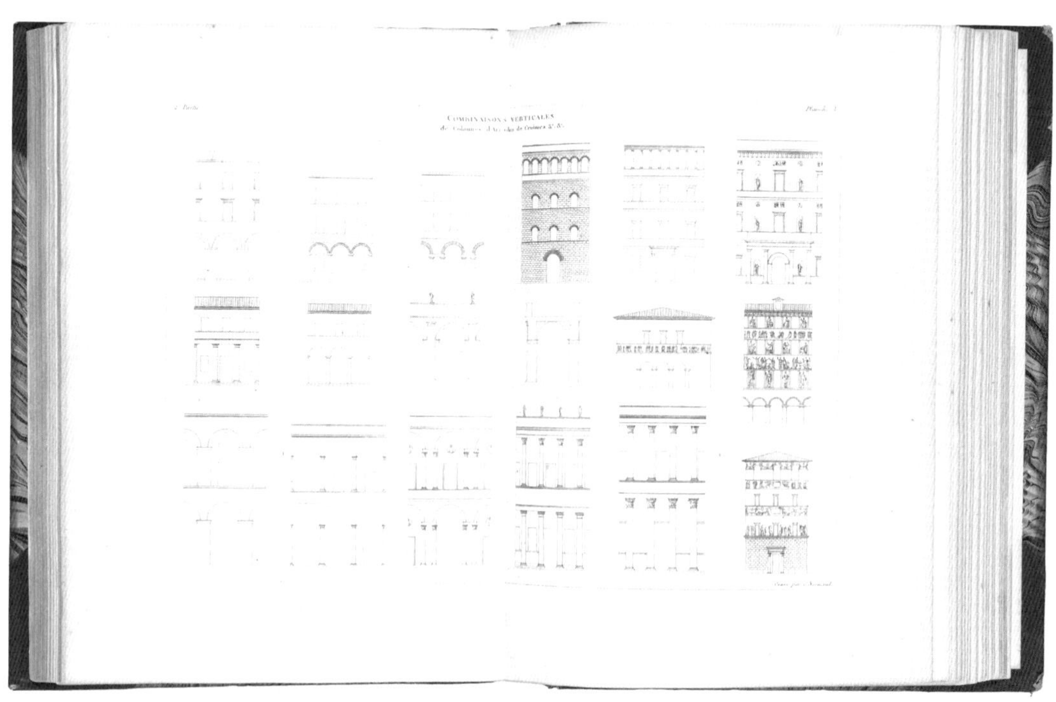
COMBINAISONS VERTICALES

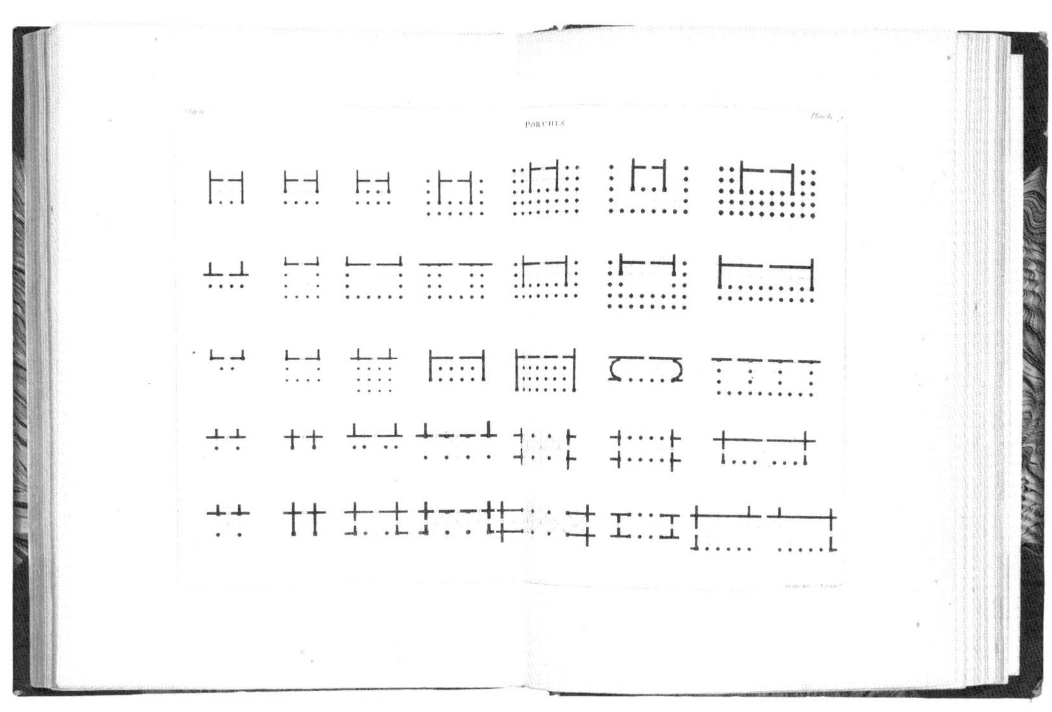
PORCHES

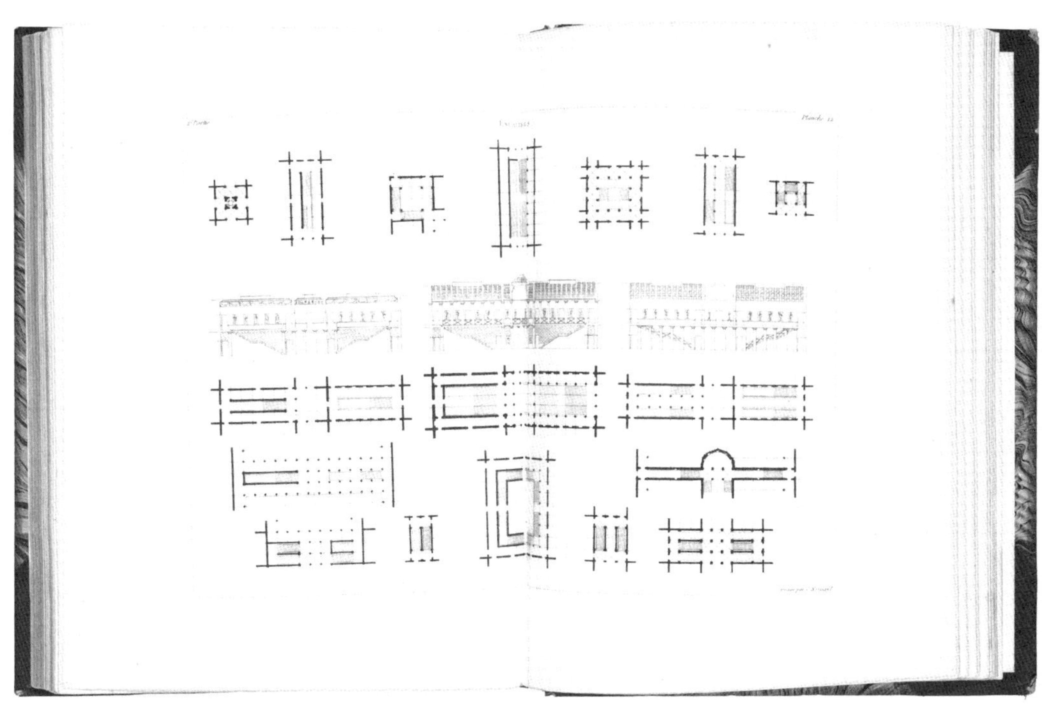

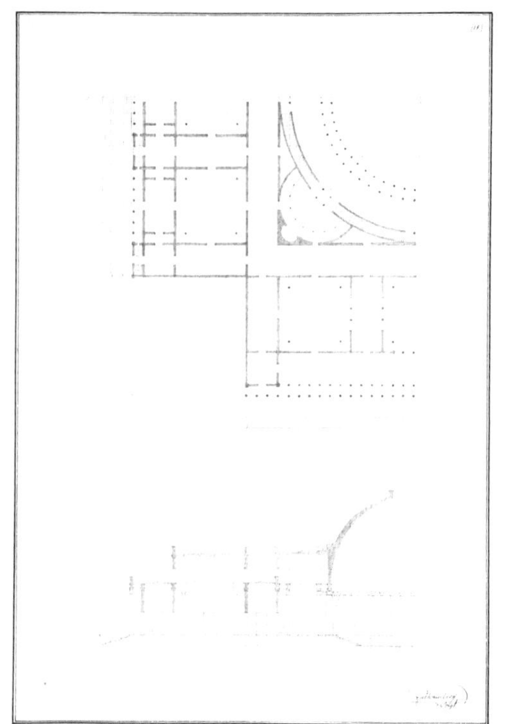

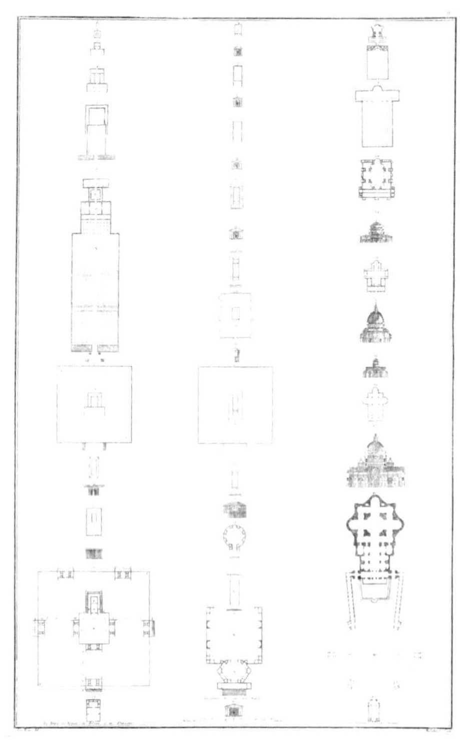

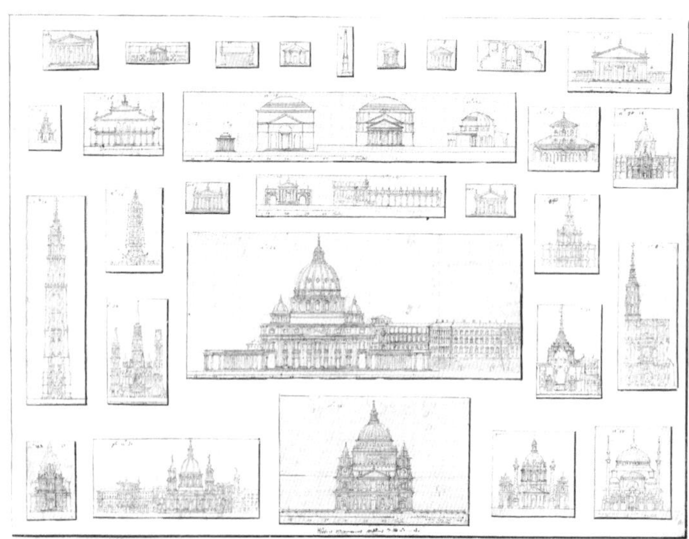

チャールズ・F・フュシャンベルク、理工科学校の学生演習、1812–13年、方眼紙に墨入、51.8×37cm

1786年に建築家シャルル・ペルシエによるアカデミー提案の部分平面図と断面図
[CCA DR1991:0011:017]

ジュリアン＝ダヴィッド・ル・ロワ『廃墟』、第二版（1770年）、図版1

異なる民族において変化する寺院の形態
[CAGE M W11366 v.1]

ジュスト＝オレール・メソニエ『最重要建造物の比較総覧』、最初の図版の下絵、1745–50年頃

[CCA DR1986:0746:001–029]

合することによって、デュランは自らの建築理論の根拠となる有効な装置をつくりだした。

ル・ロワの比較図版には、書物のなかで縮尺とその使い方の重要性に光を当てるちょっとした余談がある。ル・ロワは1764年の『さまざまな形態と配置の歴史』[52]において視覚的な比較の手法を初めて試み、さまざまな教会の平面図と断面図を同じ縮尺にしたジャン＝フランソワ・ド・ヌフォルジュ（1714–91）の彫版画を掲載している。しかし、比較図版の歴史はもっと古い。ロビン・ミドルトンによると、ジャック・ド・タラード（1646–1720）によるサン・ピエトロの調査報告書（1713）までさかのぼる[53]。報告書のなかにはシャルル・アンスラン（1673–1715）による彫版画があり、パリのノートル＝ダムの平面図の半分とローマ教会の平面図の半分を並べ、同じ縮尺によって示している[54]。似たものに、中国のパゴダからロンドンのセント・ポールに至るまで30枚以上の立面図を描いた18世紀半ばの図版[55]があり、ジュスト＝オレール・メソニエ（1695–1750）の死後に彫られた。そして1763年、ガブリエル＝ピエール＝マルタン・デュモン（1720–91）はタラードによるサン・ピエトロとノートル＝ダムの並列配置を復活させ、二枚の教会の立面図を用いた比較図版を添えて、サン・ピエトロに関する自身の書物[56]に盛り込んだ。図版は王立建築アカデミーにおいて前年に発表されていて、ル・ロワは1764年の合成図版を考案する際におそらくそれを念頭に置いていた。したがって、ル・ロワの図像は建築表現の歴史において視覚的な知覚の重要性を強調する歴史の流れに属している。たとえば『廃墟』の文章において、ル・ロワはもともと構造要素であった柱が、後に視覚的な装置として使用されるようになったとしている。「列柱は変わることなく壮大さという概念を呼び起こし、ほとんど空、海、あるいは大地の広大さと同じように魂を掻き立てた」[57]。ル・ロワは光学現象に関心を寄せ、建築は構造的な要素であるだけでなく、それらの視覚的な関係であることも知っていた。「寸法の問題だけではない。形状にも関係し、大きな寸法は、……物体が後退するにつれて小さな寸法よりもゆっくりとした速度で後退していくように見える」[58]。ル・ロワは当時の知覚理論に触発され、建物の形状に基づいて分類法を提示する手段として、縮尺を用いた。このことは『廃墟』の第二版に追加された図版（第2巻、図版25）に明らかであり、円形の建物を［同縮尺によって］編集して屋根の形状と構造の緩やかな進化を説明している[59]。

ル・ロワの『廃墟』からまもなく、1782年にヴィクトル・ルイ（1731–1800）は自身の劇場だけの比較図版を出版した[60]。劇場の構成や規模はある程度均一であるのに対し、寺院については平面構成も規模も多種多様である。この二つの書物を見れば、一つの建築類型に注目した場合、並列比較がいかに有効か明らかである。このような手法はデュランによって普及

52 Julien-David Le Roy, *Histoire de la disposition et des formes différentes que les Chretiens ont données à leurs Temples, depuis le Règne de Constantin le Grand, jusqu'à nous* (Paris: Desaint & Saillant, 1764).

53 Robin Middleton, introduction to *The Ruins of the Most Beautiful Monuments*, pp.90–125（註51参照）

54 Jacques de Tarade, *Desseins de toutes les parties de l'Eglise de Saint Pierre de Rome: La Premiere et la plus Grande de toutes les Eglises du monde Chrestien* (Paris: n.p., 1713).

55 図版は1749年から1761年の間、おそらく1757年に出版された。Middleton, introduction to *The Ruins of the Most Beautiful Monuments*, p.94（註51参照）

56 Gabriel-Pierre-Martin Dumont, *Détails des plus intéressantes parties d'architecture de la basilique de St. Pierre de Rome* (Paris: Chez l'auteur, Madame Chereau, 1763).

57 Middleton, introduction to *The Ruins of the Most Beautiful Monuments*, p.102（註51参照）

58 『前掲書』p.120

59 『前掲書』p.111

60 Victor Louis, *Salle de spectacle de Bordeaux* (Paris: Chez l'auteur, Esprit/Imprimerie de Cailleau, 1782). "Plan sur la même échelle des théâtres modernes les plus connus," plate 22.

ジャック・タラード『ローマのサン・ピエトロ全図』(1713年)

ローマのサン・ピエトロとパリのノートル＝ダムの比較平面図、およびパリのノートル＝ダムとストラスブールの比較平面図と立面図
[CCA MAIN M PO2534]

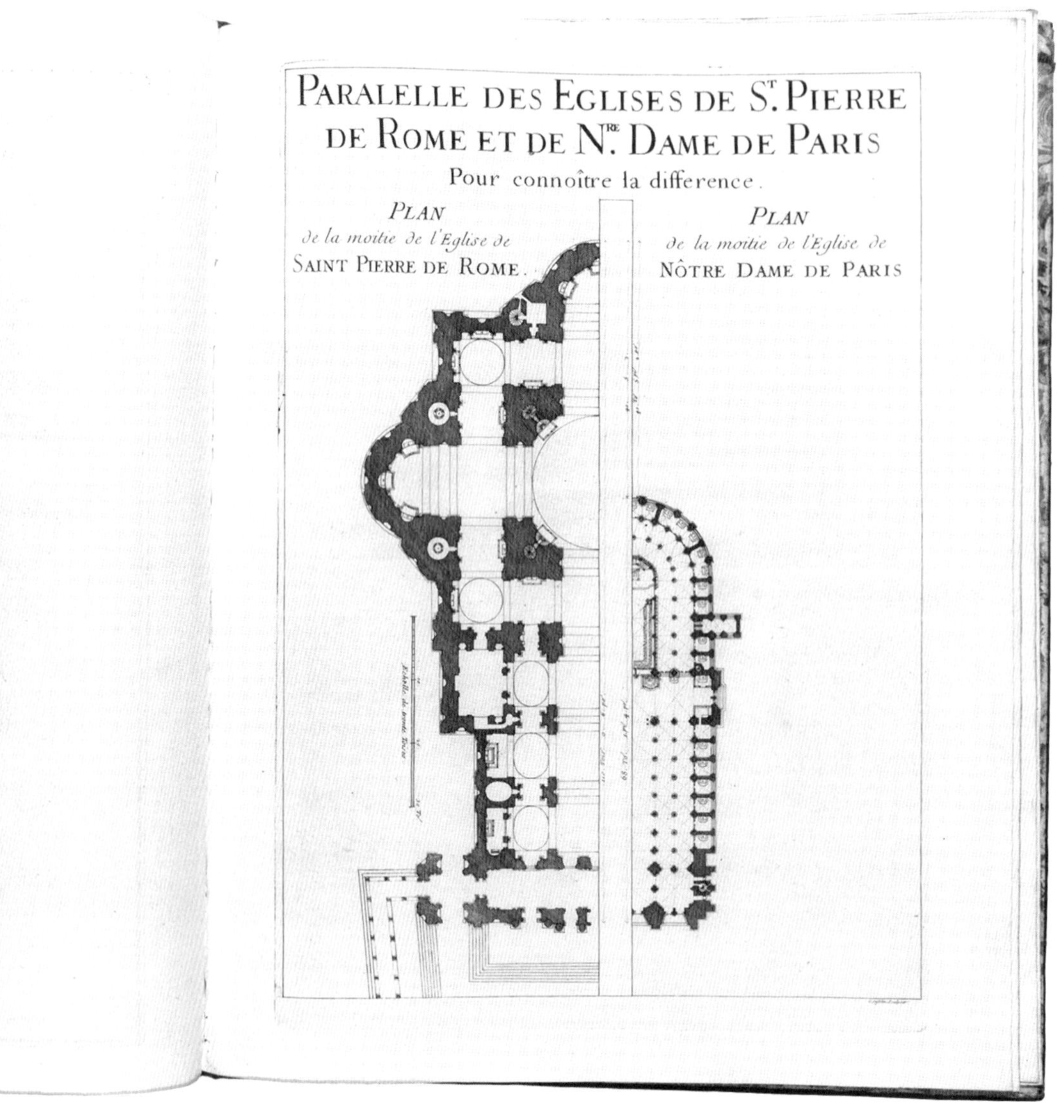

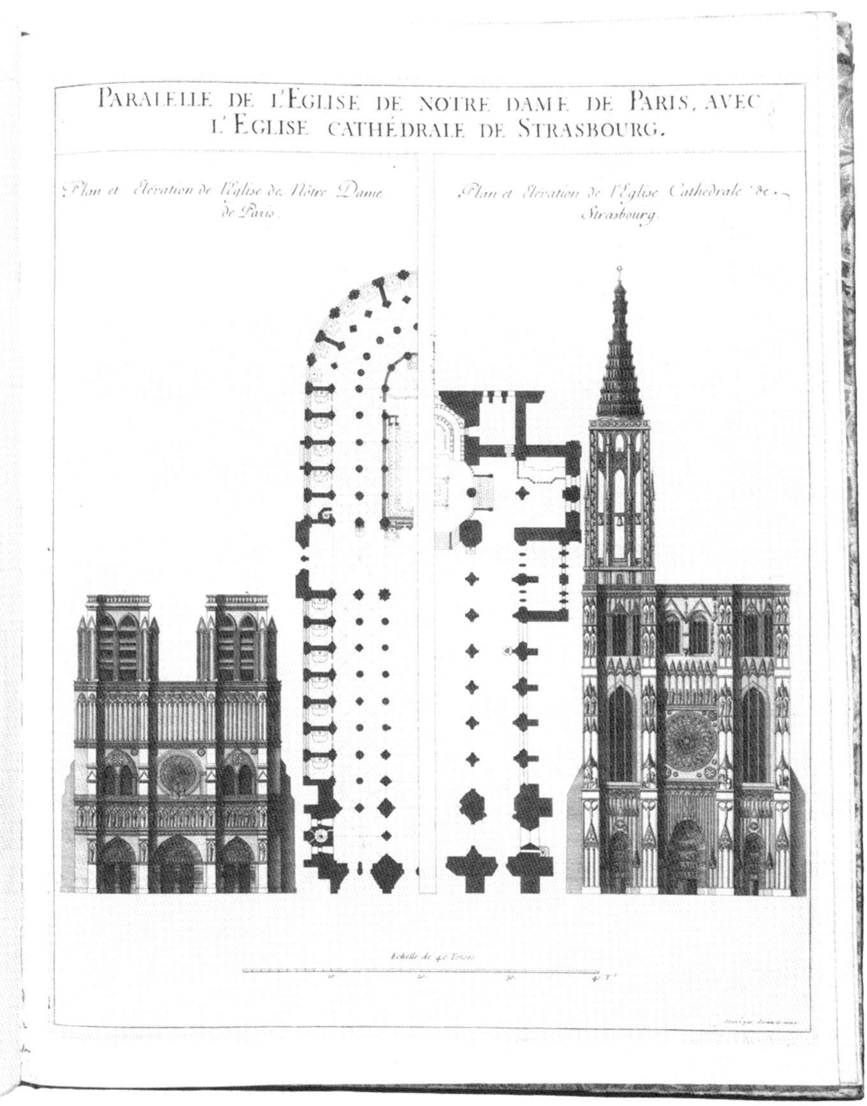
PARALELLE DE L'EGLISE DE NOTRE DAME DE PARIS, AVEC
L'EGLISE CATHÉDRALE DE STRASBOURG.
Plan et Élévation de l'Eglise de Nôtre Dame de Paris.
Plan et Élévation de l'Eglise Cathedrale de Strasbourg.
Echelle de 40 Toises

し、デュランの彫版画に協力したシャルル・ノルマン（1765–1840）も1819年に建築オーダーの並列を採用していた[61]。並列による紙面構成は1823年には一般的に使用されるようになり、この年のケルン大聖堂に関する巨大な書物は、重さ20kgを超え、113×78cmの大きさ[62]、そして大聖堂の8枚の平面図と断面図を比較する図版を並列に配置した。この図版は巻の最後を飾り、建設の進む工程を見事に描いた透視図とは対照的な異質さである。この巨大な図版には似ているようで似ていない建物が並んでいる。書物の大きさに圧倒され、図版の本来の目的をほとんど失っている。同年に出版されたスルー・ダガンクール（1730–1814）の『モニュメントの芸術史』[63]には、反対の状況が見られる。70枚を超える平面図と断面図をはるかに小さな一枚の図版にまとめて「建築の衰退の歴史」[64]を説明しているが、ル・ロワが使用したような軸に沿って連鎖を体系化することの有効性が、事例の羅列によって失われている。

デュランが方法論として比較図版を用いたことがいかに効果的であったかは、1823年のこの二冊の不器用なやり方と比較すると、よくわかる。デュランの『比較図集』［『図集』］の第一冊が批評家に歓迎され、整理された知識の提示と入手困難な情報源から引きだされた待望の要約として成功したことは、書物の長い寿命が証明している[65]。同書では、建築の歴史全体を視覚的に把握するための接続装置として寸法が使用されている。チャールズ・ロバート・コッカレル（1788–1863）の驚くべき素描についても同じことがいえる。1848年の『教授の夢』[66]は、ピラミッドからノートル＝ダム、コロシアムからサン・ピエトロまであらゆる種類の歴史的建造物を含む都市の想像上の透視図であるが、デュランは大きさを超えた分析的な読み方も展開している。

『比較図集』をまとめた直後、デュランは1802年9月に『講義要録』［『要録』］の第1巻を出版した。続く第2巻は1805年であった。ザンビアンによれば、理工科学校の学生にとって、『小デュラン』は「校則によって決められた制服を着るようなもの」[67]であった。この書物は教育課程に厳密に沿っていたが、1811年に課程が再編成されたときに、第2巻は重要性を失った[68]。理工科学校の教材の抽象化が進み、視覚表現が重視されたこともあり、1816年には学生の作品事例を掲載した『選集』[69]が出版されることになった。1821年には『図版編』[70]が出版される運びとなり、より統合的な設計方法の序文として『要録』の要約版が含まれることになった。実際、『図版編』は『要録』と『選集』のある種の縮図である。これらの書物には学校の書誌が含まれ、判型、出版社、および再版は学校の方針の変化に応じて変えられていった。このことを念頭に置けば、『図集』と『要録』、「大」と「小」を比較することの価値は明らかである。大きさの違いは、理論的な内容が同じようでも、書物の処理の違いとなるからである。

61 Charles Normand, *Nouveau parallèle des ordres d'architecture des Grecs, des Romains, et des auteurs modernes* (Paris: Firmin Didot, 1819).

62 Sulpice Boisserée, *Histoire et description de la cathédrale de Cologne, accompagnée de recherches sur l'architecture des anciennes cathédrales* (Stuttgart: J. G. Cotta, 1823).

63 Jean Baptiste Louis Georges Seroux d'Agincourt, *Histoire de l'art par les monumens, depuis sa décadence au IVe siècle jusqu'à son renouvellement au XVIe* (Paris: Treuttel & Würtz, 1823).

64 『前掲書』vol.4, plate 73. "Résumé et tableau général des monumens qui ont servis à former l'histoire de la décadence de l'architecture."［建築の衰退の歴史を形成するのに役立つ記念碑の要約と一覧］

65 1799年に出版されたデュランの『比較図集』の第一冊配本直後、ジャック＝ギヨーム・ルグラン（1743–1807）が通史的な序文を書いた『建築全史』［『比較図集』の解説書］の事業に参画した。ルグランの文章をデュランの図版と一緒に綴じ、1801年までは両方とも同じ大きさの二つ折り判に印刷する方針であった。デュランの書物にはルグランの寄稿文が添えられていることが多く、構想を共有しているものの、実際のところ異なる目的があった。ルグランが百科事典的な体系を好んだのに対し（歴史的な説明としてより信頼できる）、デュランは精選された選択を好んだ（建築的な議論としてより信頼できる）とザンビアンは指摘している。結局、『大デュラン』の図版はルグランの歴史的な文章よりも寿命が長く、『図集』はルグランの文章を付さずに再版された。Jacques Guillaume Legrand, *Essai sur l'histoire générale de l'architecture* (Paris: L. C. Soyer, 1809). Szambien, *Jean-Nicolas- Louis Durand*, p.101, note 17（註29参照）を参照

66 Charles Robert Cockerell, *The Professor's Dream*, 1848, pencil, watercolor, and pen and ink on wove paper, 112×171cm, Royal Academy of Arts, London, donation of Mrs. Henry Noel, 1930.

67 Szambien, *Jean-Nicolas-Louis Durand*, p. 70（註29参照）

68 第1巻はその後改訂版や重版が行われたが、第2巻は売れ行きが悪く再版されなかった。

69 Jean-Nicolas-Louis Durand, *Choix des projets d'édifices publics et particuliers, composés par des élèves de l'École Royale Polytechnique, dans les concours d'architecture qui ont lieu chaque année* (Paris: Chez Durand, Gauché, 1816).

70 Jean-Nicolas-Louis Durand, *Partie graphique des cours d'architecture faits à l'École royale polytechnique depuis sa réorganisation; précédée d'un sommaire des leçons relatives à ce nouveau travail* (Paris: Chez l'auteur, 1821).

シュルピス・ボワズレ『ケルン大聖堂の歴史と解説』(1823年)

彫刻の詳細

[CCA MM 0005459]

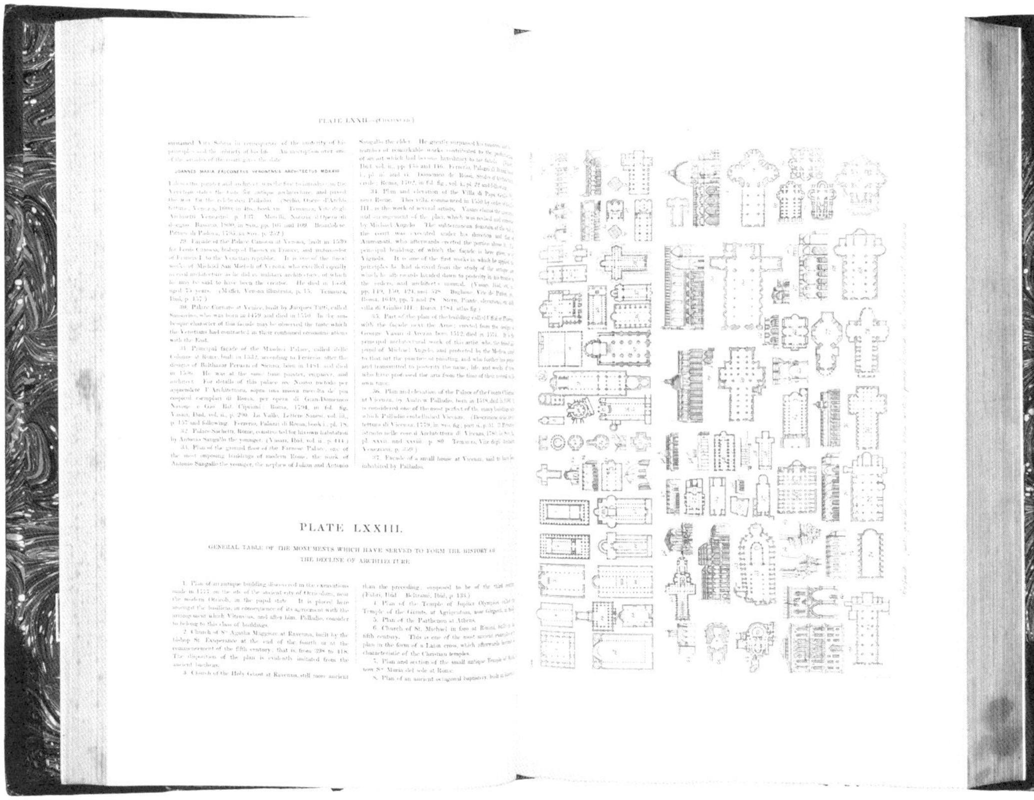

スルー・ダガンクール『モニュメントの芸術史』(1823年)

[CCA MAIN M 3372]

PLATE LXXIII.

GENERAL TABLE OF THE MONUMENTS WHICH HAVE SERVED TO FORM THE HISTORY OF THE DECLINE OF ARCHITECTURE

『図集』はゆとりのある縮尺によって建物全体を示しているが、小さな『要録』では建物は部分に分解されている。ある図版では可能な柱の組み合わせを示し、ほかの図版では断面図を整然と並べ、さまざまな配置の効果を示すために同様の建物が並べられている。図版12には17の階段があり、図版9には35以上の異なる柱廊玄関がある。どちらの図版も、デュランの画像が構成の「機械学」において、要素を潜在的な構成要素としてすぐにでも利用できるようにしている顕著な例である。ほぼすべての要素が同じ縮尺であるというだけではなく、同じ大きさで表示されているために、『要録』は要素の図録として機能し、組み立てるときに考慮しなければならない方法と注意事項の概要を説明した文章が概説されている。大小の柱、大小のアーチ、大小の建物を比較する代わりに、『要録』の図版は寸法のない世界へと読者を導き、矩形の格子があらゆる設計表現の選択肢を支配している。『要録』の図版にはさまざまな歴史的な作品が含まれているために、図像を標準化しても建物を厳選しても多様性を排除することにはならなかった。『図集』は均質な書物であり、設計表現の要素における主な選択を一連の基本体系に要約してしまう。図版20において、72個の「建物の集合形態」の略図が分割した正方形と長方形と円形の組み合わせによって示され、建物の実際の大きさがわからなくなっている。このような高度な抽象化によって尺度の偶発性が排除され、読者は大小の書物の紙面を通じて建築を独立したものとして考えをめぐらせることができるようになる。

移ろう自然の大きさ

ルネサンスによってもたらされた理論と実践の分離の結果、建築家の道具として図面が優先され、それゆえに建築家は製図台に縛られることになった[71]。知的作業の内容を伝える図面への依存は、施主、建設業者、業界、学生の誰に向けられていようとも、建築とその表現の境界を曖昧にする[72]。建築の捉えどころのなさは、図面と建設されたものとの間にあり、図面の寸法を操作する必要性が高まった。建物や製図台よりも小さいが、建築書は建物の記念碑性を建築図面の寸法によって操作する試みである。

1898年にフランク・ロイド・ライトがウィリアム・H・ウィンスローの作業場において『美しき住宅』[73]という優雅な出版物を出したとき、表紙と巻末紙として選んだ紙は、建築家の製図台を裏打ちするために使用する標準的な薄緑色の紙であった[74]。製図台から書物へと場所を移すことによって、工業生産された紙が手づくりの一品としてその地位を高めることになった[75]。ライトにとって、工業と職人技の共同は大切にすべき理想であった。チャールズ・ロバート・アシュビー（1863–1942）がライトに最初に

71 現代ではコンピューターの画面である。

72 Eve Blau and Edward Kaufmann, eds., *Architecture and Its Image: Four Centuries of Architectural Representation. Works from the Collection of the Canadian Centre for Architecture* (Montreal: Canadian Centre for Architecture, 1989).

73 William Channing Gannett, *The House Beautiful* (River Forest, IL: Auvergne Press, 1897).

74 Mary Jane Hamilton, ed., *Frank Lloyd Wright & The Book Arts* (Madison: Friends of the University of Wisconsin-Madison Libraries, 1993), p.60.

75 Frank Lloyd Wright, "The Art and Craft of the Machine," in *The Collected Writings of Frank Lloyd Wright, vol. 1, 1894–1930*, ed. Bruce Brooks Pfeiffer (New York: Rizzoli, 1992), pp.58–69.

76 Alan Crawford, "Ten Letters from Frank Lloyd Wright to Charles Robert Ashbee," *Architectural History* 13 (1970): pp.64–76, 132、ここではp.64

77 1902年1月3日にライトがアシュビーに宛てた手紙、『前掲書』p.65からの引用。ライトはアシュビーによるエンデバー書体を称賛している。

フランク・ロイド・ライト、
雪化粧のスケート場、
1893–1900年頃

ウィスコンシン州スプリンググリーンのヒルサイド・ホーム・スクール近くの見晴らし風景
[CCA PH1996:0065 © the Frank Lloyd Wright Foundation, Taliesin West, Scottsdale, AZ]

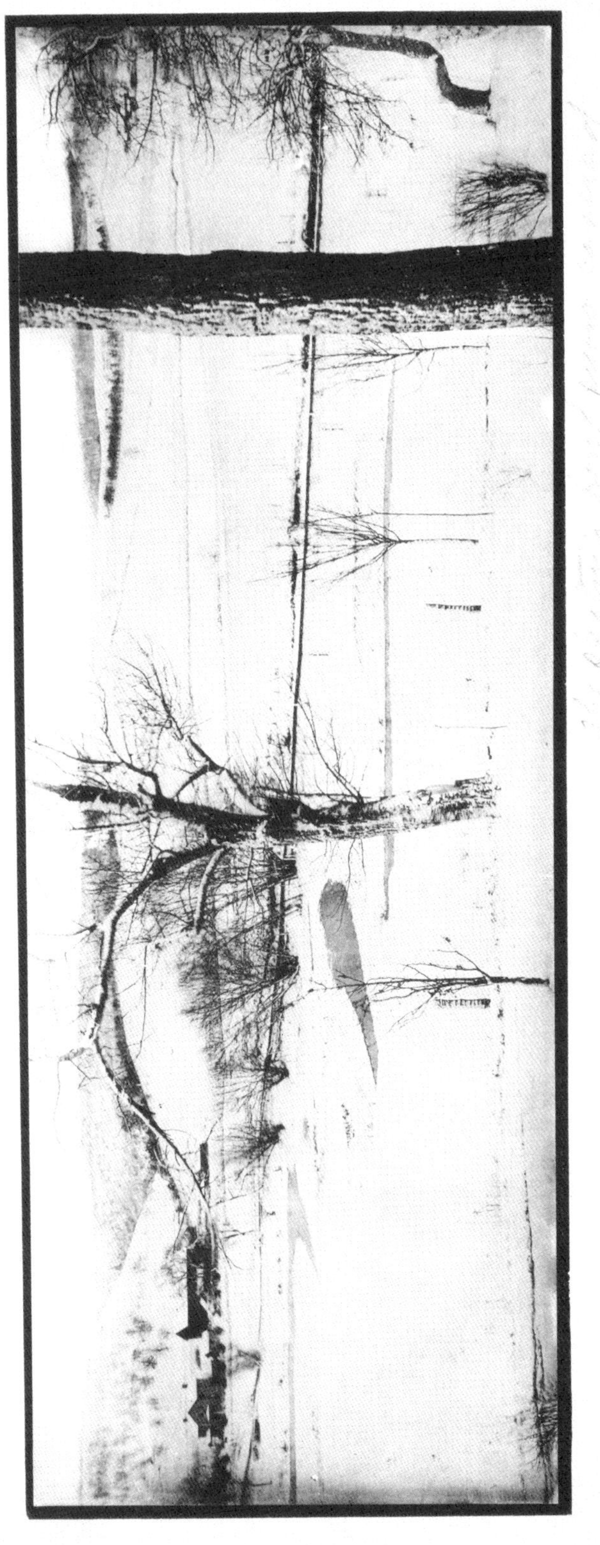

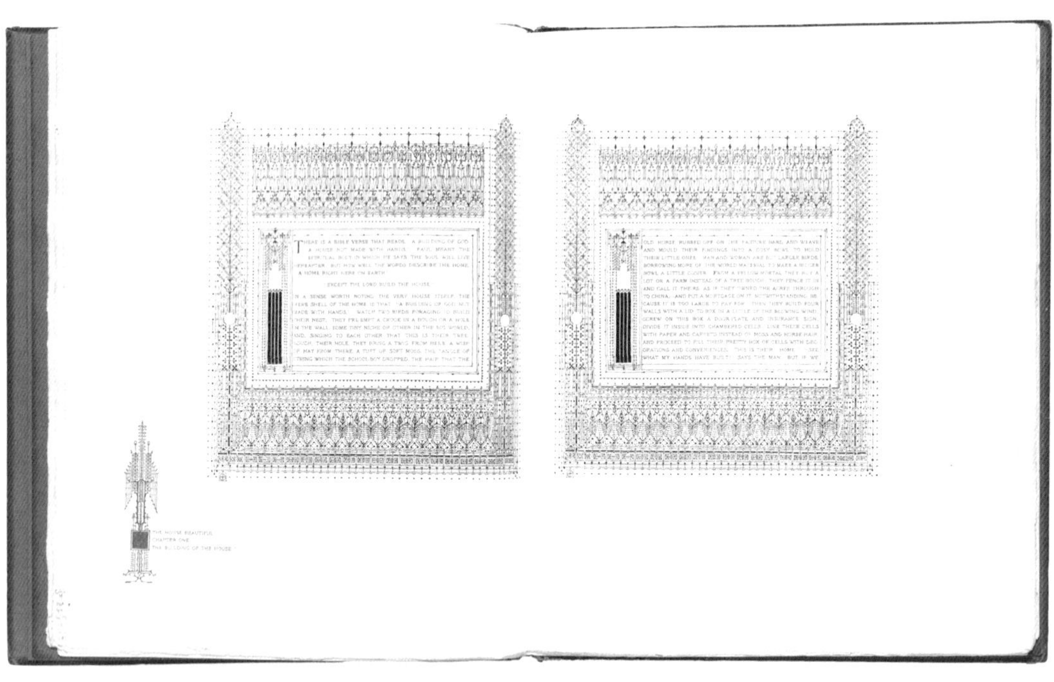

会ったときに聞いたのは、「将来の芸術は個々の芸術家が機械の力を借りて表現すべきですし、機械は個々の職人がなしえないすべてのことをやってくれるでしょう。想像力あふれる芸術家はすべてを理解して制御する人間のことです」[76]。二人が1900年の秋に出合ったのは重要なことであった。ライトは『美しき住宅』の実験を終えたばかりであり、アシュビーの方はエセックス出版を立ち上げて今はなきケルムスコット・プレスを復活させ、ウィリアム・モリスの元職人の何人かを雇って多くの機材を購入していた[77]。ライトによる製図用紙の使用は、「未来の芸術」を創造する試みであったのであろうか。問いの答えがどうであれ、製図台と書物の間の連関は書物を建築的な実践に近づけることになった[78]。

← ウィリアム・ギャネット
『美しき住宅』(1897年)
フランク・ロイド・ライトによる書物づくり：冊子と口絵
[CCA CAGE M NA44.W949.6 G3 1897, © the Frank Lloyd Wright Foundation, Taliesin West, Scottsdale, AZ]

1910年の夏、ライトはイタリアからアシュビーに宛て、『実現された建物と表現』[79]のつくり方について手紙を書いた。まもなくエルンスト・ヴァスムート社から出版される予定の優れた作品集のことである[80]。ライトは妻と家族のもとを離れて元施主の妻、メイマー・ボスウィック(1869–1914)と連れ立ってヨーロッパを旅行するために、1909年9月にシカゴを離れていた[81]。ライトは旅行によってシカゴで経験した中年の危機[中高年期に陥りやすいうつ病や心理的危機]から遠ざかることを期待したが、不倫は醜聞を招き「第一黄金時代」と呼ばれるオークパーク時代に決定的な終止符が打たれた[82]。書物はこの時代に生みだされた作品の一貫性ゆえに、プレイリー・ハウスのオークパーク時代と、ライトの私生活と職業的生活が深刻な混乱に見舞われたいわゆる「失われた年」[83]を分けるという歴史学的な方法を招いたことは間違いない。書物はライトの履歴を再編する必要性に関連している。したがって、アシュビーへの手紙において、書物が有益な事業になるというライトの期待を表現していても驚くべきことではない。「建築家にとって、こうやって自分の作品を売り込むことほど清廉潔白なやり方はありません」[84]。アラン・クロフォードが活字に書き起こした長い手紙によって、ライトが間取り図、綴じられていない図版集の形式、とりわけ図版の大きさを利用して、書物の頁を製図台に関連づけしようとしたことがわかる。

> 作品はまとめて束ね、文章は内袋に挟んでおきます。平面図(間取り図)は薄紙の表紙をつけて図版として印刷しました。淡黄色の紙に灰色で印刷された図版や、淡黄色に墨色で印刷された図版もあり、ほかにも色味のある白色の差し紙を入れた灰色や墨色の図版、空色もあります。かなり大きくて、巨大な石版を使いますが、しかし私は過剰な縮小にうんざりしていて、それぞれの構想を思う存分に披露することを切望しています。[85]

78 フランク・ロイド・ライトについては、Neil Levine, *The Architecture of Frank Lloyd Wright* (Princeton: Princeton University Press, 1996) を参照。ライトと書物の関係については、Robert Lawrence Sweeney, *Frank Lloyd Wright: An Annotated Bibliography* (Los Angeles: Hennessey & Ingalls, 1978); Elaine Harrington, "Books and Libraries in Frank Lloyd Wright's Oak Park Days," in *American Architects and Their Books, 1840–1915*, ed. Kenneth Hafertepe, James F. O'Gorman (Amherst: University of Massachusetts Press, 2007) も参照。ヨーロッパへの旅行の詳細については、Anthony Alofsin, *Frank Lloyd Wright: The Lost Years, 1910–1922. A Study of Influence* (1993; repr., Austin, TX: Innersforms, 2009) を参照。簡潔な年譜については Ada Louise Huxtable, *Frank Lloyd Wright: A Life* (2004; repr., New York: Penguin, 2008) を参照

79 Frank Lloyd Wright, *Ausgeführte Bauten und Entwürfe von Frank Lloyd Wright* (Berlin: Ernst Wasmuth, 1910).

80 書物の日付が1910年になっているにもかかわらず、第一冊は1911年晩春、第二冊は1911年秋に購読者に届けられた。Alofsin, *Frank Lloyd Wright*, p.34 (註78参照)

81 1909年、マーサとして生まれたメイマー・ボスウィックは、夫の姓であるチェイニーを名乗っていた。ライトとの関係は醜聞を招いただけではなく、最近よく売れたナンシー・ホランの小説『フランクを愛して』の題材にもなった。アンソニー・アロフシンはこの小説を酷評している。「この書物の成功は醜聞暴露、とりわけ性的不祥事への興味だけではなく、罰せられるのを見るというアメリカ人の核となる価値観へ訴えかけたからである」。Anthony Alofsin, "Review," *Journal of the Society of Architectural Historians* 69, no.3 (September 2010): pp.450–51.

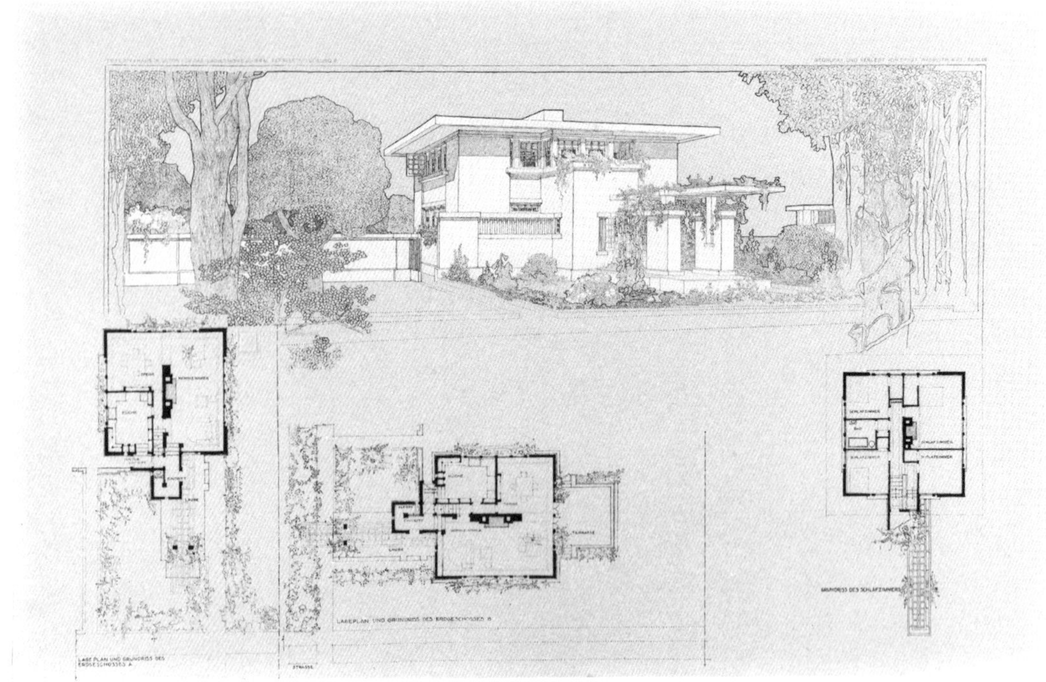

フランク・ロイド・ライト
『実現された建物と表現』（1910年）、
図版14a

『レディス・ホーム・ジャーナル』のためのコンクリート住宅
[CCA CAGE M NA44.W949.2 .A91 1910a c.1, © the Frank Lloyd Wright Foundation, Taliesin West, Scottsdale, AZ]

→ **ライト**（1910年）、**図版15**

トーマス・P・ハーディ邸、湖からの透視図
[CCA CAGE M NA44.W949.2 .A91 1910a c.1, © the Frank Lloyd Wright Foundation, Taliesin West, Scottsdale, AZ]

結局、『実現された建物と表現』の石版印刷に使用された「巨大な石版」でさえライトの建築図面の豊かさを詳細に伝えるのに十分な大きさではなく、「過剰な縮小」が問題であった。さまざまな構想のために15年間にわたって作成された大きな図面は、印刷に適するように翻訳する必要があり、結果として描き直された図面は建築事務所において使用したものとは技術が異なっている。縮尺を操作して書物を縮小するだけではなく、線の太さや記号も統一性を持たせて元の図版より読みやすくなっている。

ベルリンに最初に立ち寄った後、ライトはドイツでボスウィックと別れて1910年3月にフィレンツェに居を構え[86]、長男とオークパーク事務所の製図工であるテイラー・ウーレイ（1884–1965）と住まいを共にした。息子のロイド・ライト（1890–1978）は後に回想している。

> 石の床には敷物がなく、寒かった。私たち三人は居間に卓を設置し、火鉢を持って部屋を暖めました。冬の終わりでしたので、繊細で重要な仕事をするために凍てつく手を温めなくてはなりませんでした。[87]

夏にはもっと快適な環境が整った。ライトとウーレイが即席の事務所をフィレンツェから数マイル離れたフィエゾレに移し、ボスウィックが加わって、この田舎で図面を描き続けた[88]。

トスカーナに急ごしらえされた二つの仕事場は、建築事務所の製図室に引けを取らなかった[89]。統一性のある図版集をつくるために、シカゴから送られた素描、図面、写真から構想が再構築され、書物の寸法に合わせて修正・調整されることも多かった[90]。図面は「透写紙の上に鷲針」[91]を用いて作成され、写真を撮るためにドイツに送られ、石版に転写し、そして印刷された。図版の寸法(各40.5×64cm)によって、横に長い平面図と断面図を同時に表示できるようになり、ほとんどは灰色または茶色がかった紙に墨色、黒色、金色で印刷され、淡黄色や白色の均質な紙面を用いて強い視覚的対比がつくりだされていた。なかには透写紙を重ね合わせた図面もあり、建築製図の実践の場を匂わせている。とはいえ、図面はどれもすべて純粋な技術的表現ではなく、生き生きとした植生が繁茂している。

ライトはヴァスムート社から写真集を出版し、図版集と合わせて一種の同時出版のようになることを期待していた。ライトの言葉を借りれば、

> 事務所に理想を与える作品集——建築家の眼差しの表現——独自の方法による図面化——特別版。写真。煉瓦と漆喰による成果。[92]

アシュビーへの手紙は読者が「思い描いていたもの」と「結果」を同一視できるような書物へのライトの願望が込められている。1911年の表題『実現された建物』[93](『特別版』として知られている)は1910年の表題[『実現された建物と表現』]と似ているが、二つの出版物にはほとんど共通点がない。ヴァスムート社が1908年にライトの写真集をつくることを提案し、「現在出版中の定期刊行物として日の目を見る」[94]ことになっていたとすれば、驚くべきことではない。結果は四つ折り判(31×22cm)113頁[95]、『20世紀建築特別版』の一冊としてヴァスムート社によってまとめられた。「これはヴァスムート社による事業であった」[96]。一方のライトは、「二つが一緒に出ること」[97]を期待し、石版印刷100枚の二巻本の図版集に取り組んでいた。

ヴァスムート社との契約内容が不明確であったために[98]、1910年10月に米国に戻ったとき、ライトは金銭的な苦境に陥った[99]。18か月の間に書物の売り上げによって4万ドルの利益が得られるだろうと楽観視していたが、そのためにはそれぞれが印税2ドル、一部37.50ドルとして図版集500部以上、『特別版』1万部の売り上げが必要であった[100]。ライトにとって不幸なことに、期待どおりに事は運ばなかった。アメリカの『特別版』4000部が1910年11月に印刷され、ダーウィン・マーティン(1865–1935)から2,500ドルを借りてヴァスムート社に対する債務を履行した[101]。マーティンはやり手の商売人であり、ライトが出版契約の交渉をかなり苦手とすることに気づき、経済的問題の解決に関わったかたちである[102]。契約上の問題に加えて、ライトは印刷された『特別版』の品質、そして小見出しに誤

82 Grant Carpenter Manson, *Frank Lloyd Wright to 1910: The First Golden Age* (New York: Reinhold, 1958).

83 「失われた年」とは、ライトがオークパークを去った後の期間を指す。アロフシンとレヴィンがライトの作品を再評価するまで、建築家の伝記で繰り返された一般的な神話は「1910年以降、ライトの作品は衰退していった」というものであった。その後、ライトは1930年代後半に落水荘とジョンソン・ワックス本社ビルで再び成功を収めた。Alofsin, *Frank Lloyd Wright*, 5; Levine, *The Architecture of Frank Lloyd Wright*, p.60(ともに、註78参照)

84 1910年7月24日にライトがアシュビーに宛てた手紙、ヴィリーノ・ヴェルヴェデーレ、フィエゾレ、イタリア、アシュビー手記。Crawford, "Ten Letters," pp.67–69(註76参照)からの引用

85 『前掲書』

86 Roberta Bencini and Paolo Bulletti, eds., *Frank Lloyd Wright a Fiesole cento anni dopo, 1910–2010* (Florence: Giunti, 2010).

87 1966年2月3日にライトがデビッド・カウルズに宛てた手紙、エイブリー図書館、コロンビア大学、ニューヨーク。Sweeney, *Frank Lloyd Wright*, pp.xxi–xxii(註78参照)からの引用

88 Levine, *The Architecture of Frank Lloyd Wright*, pp.66–71(註78参照)

89 Frank Lloyd Wright, *Florence Sketchbook of Frank Lloyd Wright, 1910*, transcribed by Alan Hyman, John Nondorf, and Jack Holzhueter (San Francisco: Wittenborn Art Books, 2010).

90 たとえば、ロビー邸の居間は1ベイ縮小した。Alofsin, *Frank Lloyd Wright*, pp.41–43(註78参照)

91 『前掲書』p.43

92 Crawford, "Ten Letters," pp.67–69(註76参照)

93 Frank Lloyd Wright, *Ausgeführte Bauten* (Berlin: Ernst Wasmuth, 1911).

94 Alofsin, *Frank Lloyd Wright*, p.23(註78参照)

95 先にヨーロッパ版が『フランク・ロイド・ライト——シカゴ』という書名によって印刷された。後のアメリカ版はドイツ語の書名『実現された建物』と題され、141頁と少し長くなっている。『前掲書』pp.76–77

96 Crawford, "Ten Letters," pp.67–69(註76参照)

97 『前掲書』

98 Alofsin, *Frank Lloyd Wright*, appx. B, pp.317–18(註78参照)。1911年2月13日のフランク・ロイド・ライトとE・ヴァスムート社との合意覚書がアンソニー・アロフシンによって転載されている。

99 アシュビーへの手紙において、ライトは1000部の契約について言及している。

100 Alofsin, *Frank Lloyd Wright*, p.72(註78参照)

101 『前掲書』p.74

TAFEL XV PERSPEKTIVE VOM HARDY-HAUS, RACINE WISCONSIN

GEDRUCKT UND VERLEGT VON ERNST WASMUTH A.-G. BERLIN

フランク・ロイド・ライト
『実現された建物と表現』の趣意書、
1910年頃

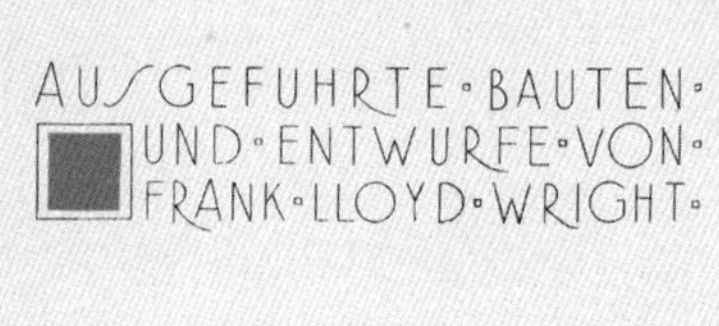

LAWRENCE DANA, SPRINGFIELD, ILLINOIS

Among the contents of the work are plans and perspectives of suburban residences and country houses of many types, modest frame houses with cement exteriors, houses of solid concrete, dignified brick houses and some in all these materials together. There is a new and original solution of the pressing small cost apartment problem of our great cities, a summer colony in a community arrangement in the Bitter Root, Montana, a great commercial administration building, that of the Larkin Co., Buffalo, a monolithic, concrete modern church, small city banks, a boat house, an amusement resort, etc., etc., some interiors and some characteristic details of rugs, glass, ornament, etc. The designs themselves are the fruit of twenty years' practice in the field —a practice devoted wholly to the ideal of an organic Architecture true to conditions as they exist here. They are not idle dreams. They are

***Ausgefuehrte Bauten
und Entwurfe***

植を見つけて受け取りを拒否した。ヴァスムート社の対応は、『特別版』の事業の整理がつくまでより収益性の高い『実現された建物と表現』の部数を管理しておくことであった。取り引きが行き詰まり、ライトは出直すためにベルリンに戻ることにした。どうやらライトは恋人のボスウィックにヨーロッパで会うことにしていて、出版社との摩擦を言い訳として使っていたようである[103]。

1911年2月、ライトとヴァスムート社は新しい条件に合意した。『特別版』の最初の4000部はヴァスムート社によってヨーロッパだけで販売され[104]、修正・増補された5000部はライトがアメリカで販売するために印刷される予定であった。ライトは『実現された建物と表現』のすべての部数を買い取り（印刷物は1,275部であったと思われるが、ヴァスムート社が先行販売していたのはわずか52部であった）、事務所を通して通信販売によってまず図版集、続いて『特別版』を販売することにした。書物の受領が遅れたために、手続きは複雑になった。図版集の第1巻は1911年6月まで到着せず、続いて1911年12月に第2巻が到着し、ライトは『特別版』を1912年11月まで待つことになった[105]。

図版集の売り上げのために、ライトは8頁のちょっとした見本を印刷させた。図版集の大きな図版写真を縮小して美しく装丁し、「アメリカの建築家の書斎が充実し、仕事の効率を上げる」[106]出版物として紹介している。文章では、二巻本は書店で50ドルで販売されるとし、たとえば、「全国の若い建築家、製図工、学生が手軽に買えるように」[107]、32ドルと送料を払えば直接ライトから購入できるとしている。ライトは、販路を読者に手渡す方法と見なした。アンソニー・アロフシンが指摘するように、直販は書物が「家庭や公民館の人々の文化的な生活に影響を与え、かたちづくる」[108]というライトの意図と関連している。直接的に書物を手渡せば、「ライトの肖像……打ちのめされた破壊者から先見の明のある預言者に」[109]変えることになる。

ヴァスムート社の出版物としての品質は高かったが、ライトは出版社の変更を検討していた。アシュビーにはヴァスムート社の「動きが遅く、絶望に追いやられています。私が見たところドイツ人気質は融通性がない」[110]と不満を漏らしていた。実際、1911年にラルフ・フレッチャー・シーモア（1876–1966）に見本の印刷を任せた[111]。シーモアはシカゴのファイン・アーツ・ビルにあるライトの事務所のすぐ下に事務所を構えていて、スウェーデンのフェミニストで教育者のエレン・ケイ（1849–1926）の『女性の道徳』のメイマー・ボスウィックによる英訳[112]の出版も手がけていた。ケイとはライトとの旅行中にヨーロッパで知り合っていた[113]。シーモアはライトの1912年の書物『日本の浮世絵』[114]も出版した。これらの事業は、1898年の『美しき住宅』と後の1932年の『自伝』[115]および『消えゆく都市』[116]の

102 交渉の詳細な説明については、Alofsin, *Frank Lloyd Wright*, pp.345–46, notes 75–96を参照

103 Alofsin, *Frank Lloyd Wright*, p.75（註78参照）。ヨーロッパへの旅行によって、ライトは日本の浮世絵の買い手を見つけ、いくつかは売却できた。ベルリンに向かう途中にロンドンに立ち寄ったのは、おそらくこの目的のためであり、ライトは競売に参加していた。

104 Frank Lloyd Wright, *Sonderheft der Architektur des XX. Jahrhunderts* (Berlin: Ernst Wasmuth, 1911).

105 Alofsin, *Frank Lloyd Wright*, p.92（註78参照）

106 Prospectus for *Ausgeführte Bauten und Entwürfe von Frank Lloyd Wright* (Chicago: F. L. Wright, [ca.1910]).

107 『前掲書』

108 Alofsin, *Frank Lloyd Wright*, p.92（註78参照）

109 『前掲書』p.78

110 1910年7月24日にライトがアシュビーに宛てた手紙、ヴィリーノ・ヴェルヴェデーレ、フィエゾレ、イタリア、アシュビー手記。Crawford, "Ten Letters," pp.67–69（註76参照）からの引用

111 Susan O. Thompson, *American Book Design and William Morris* (New York: R. R. Bowker, 1977), pp.105–10, 128–29を参照

112 Ellen Key, *The Morality of Women and Other Essays*, trans. Mamah Bouton Borthwick (Chicago: Ralph Fletcher Seymour, 1911).

113 Alice T. Friedman, "Frank Lloyd Wright and Feminism: Mamah Borthwick's Letters to Ellen Key," *Journal of the Society of Architectural Historians* 61, no. 2 (June 2002): pp.140–51.

114 Frank Lloyd Wright, *The Japanese Print: An Interpretation* (Chicago: R. F. Seymour, 1912).

115 Frank Lloyd Wright, *An Autobiography* (Longmans, Green and Co., 1932).［フランク・ロイド・ライト著、樋口清訳『自伝——ある芸術の展開』中央公論美術出版、2000年］

116 Frank Lloyd Wright, *The Disappearing City* (New York: W. F. Payson, 1932). ライトはこの書物を数回書き直し、1945年、1958年、1969年に新しい版が異なる書名によって世に出た。Sweeney, *Frank Lloyd Wright*, p.xxxii（註78参照）

→ **フランク・ロイド・ライト『実現された建物』［『特別版』］（1911年）、10–11頁、30–31頁**

ニューヨーク州バッファローのラーキン・ビル、イリノイ州オークパークのユニティ・テンプルの詳細。F・W・リトルの家
［CCA CAGE NA44.W949.2 A9 1911］

成功とともに、販路に深く関与することによって主導権を保持して利益を得ようとするライトの関心を物語っている。このことを念頭に置けば、1910年の夏にイタリアからアシュビーに宛てて書かれた切実な一文がよくわかる。

> 正直にそうすることができるなら、彼らの手から奪ってしまいたい。——そして［『特別版』を］ほかの誰かに託すか、あるいは自分で所有したい——私自身——それは作品集よりも売れると思います——そしておそらくロンドンかドイツにあるどこかの出版社にしようと思っています。ヴァスムート社以外に、急な依頼でも引き受けてくれそうなところはないでしょうか。ご存じでしょうか。[117]

後になってヴァスムート社の作品集が優れていることが判明したが、短期的に見ると商業として成功しなかった。1914年、狂った使用人がライトとボスウィックの住んでいたタリアセンの家に火を放ち、ボスウィックと息子たち、そしてさらに四人を残酷に殺害したとき、書物の在庫はなくなった。1957年にライトはこの運命について釈明した。

> アメリカ向けの版は最初のタリアセンの火災ですべて焼失しました……数日間、基壇の下からくすぶる煙の塊が立ち昇っていました。そのために、輸入されない限りアメリカではドイツ語の原本を目にすることはほとんどありませんでした。[118]

ライトの希望にもかかわらず、『実現された建物と表現』と『特別版』が一体として機能することはなかった。価格、編集、印刷、それに大きさと重量があまりにも異なっていた[119]。図版集の並外れた品質は、やがて劣悪な写真本を圧倒してしまった。前者は1920年代にライトが再評価されて再版されたが、後者はすぐに忘れられた。それにもかかわらず、この二冊を検討することによって、大きさがいかに重要であり、書物という空間のなかに描かれた建築形態と設計哲学を結びつけているかがわかる。ヴァスムート社の出版物の大きさの扱い方を理解するには、建物を理想化した図面と対応する建物写真以外に、樹木や草花にも注意を払わなければならない。

ダニエル・ネーゲルが注目するのは、オークパークとリバーサイドのプレイリー・ハウスの周りに植物があることを誇張するために、『特別版』の写真が注意深く演出されていることである[120]。1910年当時の郊外の樹木は比較的若く、またほとんどの写真は冬に撮影された。写真は周辺の寒々とした状態を補うために、葉、枝、木の全体がファサードに重なるように

117 Frank Lloyd Wright, Alofsin, *Frank Lloyd Wright*, p.338（註78参照）からの引用
118 『前掲書』p.305
119 写真集の525gと比較すると、二つの図版集は合計で7,700gの重さである。
120 Daniel Naegele, “Waiting for the Site to Show Up,” *Journal of the International Association for the Study of Traditional Environments* 254 (Fall 2014), pp.89–97, and “Frank Lloyd Wright: Waiting for the Site to Show Up” (October 2014). *HistoryPhotography: Sito di storia della fotografia 1839–1939* において無料公開されている。

Perſönlichkeit ab wie ſeine Bauwerke ſelbſt. Seine Prinzipien ſind aber auch hier vornehmer Natur; ſie treten uns am klarſten aus den eigenen Worten des Künſtlers entgegen. Er ſagt: „Um ein Bauwerk, ſeine Umgebung und ſeine innere Ausſtattung zu einem harmoniſchen „Ganzen zu geſtalten, muß man darauf hinwirken, daß das Zubehör ſich dem Geſamt- „zweck unterordnet, mag es nun künſtleriſchen oder praktiſchen Zwecken dienen, das „Bauwerk als Ganzes muß es abſorbieren, und es iſt Sache des Architekten, dafür zu „ſorgen, daß es ſich der wahren Natur des Bauwerks anpaßt. Das iſt das Hauptbe- „tätigungsfeld für den modernen Architekten, er muß es verſtehen, das Bauwerk zu einem „in ſich geſchloſſenen harmoniſchen Kunſtwerk zu geſtalten, das das Handeln und Fühlen „ſeiner Bewohner getreulich widerſpiegelt und ſo zu einer Künſtleroffenbarung wird, bei „der die Perſönlichkeit aus dem Material und ſeiner Anordnung hervorleuchtet."
Spätere Geſchlechter haben die romaniſchen Kirchen der Alten Welt mit Moſaik, Maß- werk und mit all dem Luxus ausgeſtattet, der der wachſenden Kultur und dem mit ſteigender Muße ſich mehrenden Geſchmack entſprach; vielleicht leiſten kommende Jahr- hunderte den Bauten des heutigen Amerika, die uns heute als ein Verſuch anmuten, denſelben Liebesdienſt.
Mir ſchweben dabei Bauten von Lloyd Wright vor, die ich am liebſten mit dem Zauber- ſtabe berühren möchte; ihr innerer Aufbau ſoll dabei bleiben, wie er heute iſt, nur möchte ich ſie mit zarterem, lebendigerem Schmuck verſehen. Wie das geſchehen ſoll, weiß ich heute nicht, die Zeit dazu iſt noch nicht erfüllt, und ich würde es gar nicht gern ſehen, daß Wright ſelbſt einen dahingehenden Verſuch machte, denn ich glaube, er könnte es ſelbſt nicht vollbringen. Denn der Schmuck, den ich vor Augen habe, würde zur Voraus- ſetzung haben das Beſtehen eines entwickelten Kunſthandwerks, in dem ſich Amerikas inneres kulturelles Leben widerſpiegeln müßte; es würde dann wohl einen Hauch zeigen von dieſer Ruhe, dem poetiſchen Zauber und den ausgereiſten Erfahrungen, der unſere engliſchen Kirchen und Schlöſſer überzieht und den ihnen die liebende Hand ganzer Künſtlergenerationen geſchaffen hat.
Wie dem auch ſei, die Darſtellungen, die dieſe Blätter bringen, zeigen Bauwerke. Morris ſagte einmal zu mir, als er einem vornehmen Ornament das Wort redete: „Wir verzichten darauf, es ſei denn, daß das Gebäude, auf dem wir es anbringen, an ſich ſelbſt vornehm ſei."
Lloyd Wrights Bauwerke erfüllen dieſes Poſtulat.

FÜLLUNG. LARKIN BUILDING. FRANK LLOYD WRIGHT, ARCHITEKT. RICHARD BOCK, BILDHAUER.

10

UNITY-TEMPEL, OAK PARK, ILLS.

11

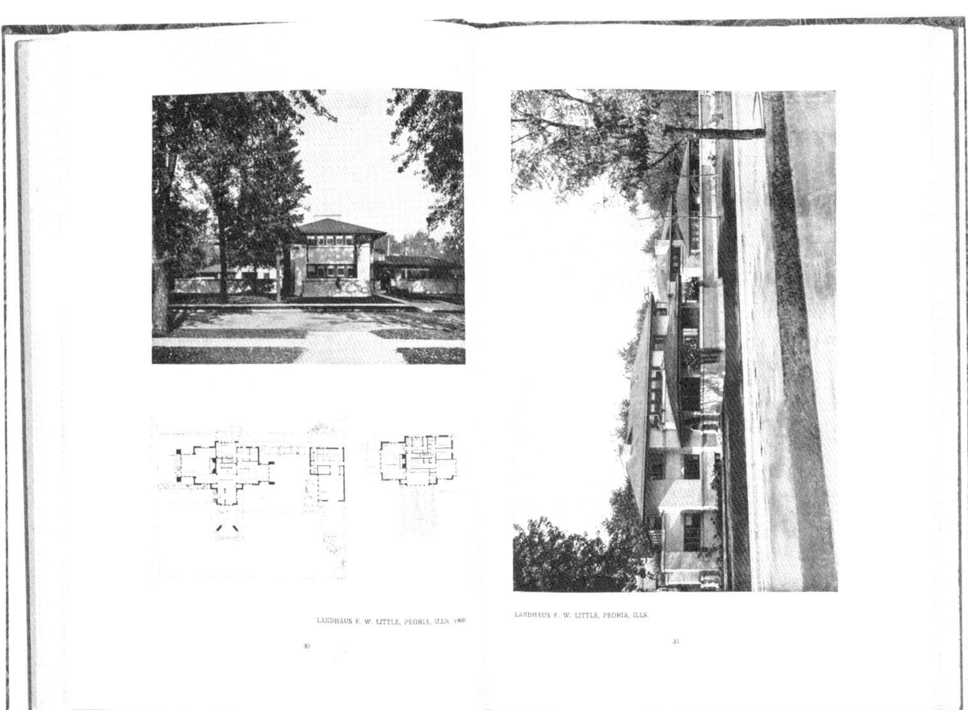

LANDHAUS F. W. LITTLE, PEORIA, ILLS. 1900

30

LANDHAUS F. W. LITTLE, PEORIA, ILLS.

31

Hardy 1905

撮影され、結果として光と影の対比が建物の形態に深みを持たせ、周囲もまた多様性に富んでいるかのように見える。環境が建物に入り込み、無垢の建築物を侵食していく様を示している[121]。前景に植生を入れるようになったのは、1900年頃にライトがウィスコンシン州のジョーンズ・バレーで撮影した写真がきっかけである[122]。写真の一つは水平に拡がるような風景であり、『美しき住宅』の冊子に掲載された野草と花のグラビア印刷写真を彷彿とさせ、丘の頂上から反対側の斜面に向かって中景にあるなんの変哲もない小木を中心にして撮影されている。右側の前景には、はっきりと焦点の合った大木の幹も写っている。枝や大木の根元は見えない。カメラが見たとおりに遠くの斜面に焦点を合わせる場合、あるいは中央の木に焦点を合わせる場合でも、幹には焦点が合わないはずである。コラージュであろうか。技術的な操作が何であれ、木の幹の一部を前景に配置することは大胆な風景構成であり、その存在が空間的な奥行きを深めている。同様の不自然さは『実現された建物と表現』の図版にもあり、樹木の葉と建築的な大きさが混じり合い、前景と背景の相対的な大きさが変化している。このような戦略は、ライトの事務所にいたマリオン・マホニー・グリフィン（1871–1961）が得意としていた建築的な演出であった。その多くをヘンリー・フォイアーマン（1861–1949）が提供したとされる『特別版』の写真においても同じように樹木が侵入しているが、プレイリー・ハウスがこぢんまりとした郊外区画から逃れ、シカゴの郊外よりもウィスコンシンの渓谷の理想的な風景にあるかのような効果を生んでいる。

『実現された建物と表現』の大きな図版は、透視図法の可能性をさらに強く押しだし、風景に溶け込む建築というライトの眼差しを理想的に表現している[123]。図版集の正投象の図面から得られる建築的な情報を自然な環境に置き換え、『特別版』の写真と同様、前景に樹木や葉が描かれ、現地にあった樹木は随分と繁茂していることが多い。植生は、表向きの主役であるはずの建築よりもはるかに詳細に描かれている。これによって、読者はライトの設計原理（肥沃な自然環境のなかで育まれる建物）と建築的な解決を同時に感じ取ることができる。ヴァスムート社の書物における建築的な図面表現と写真を見ていると、大きさを注意深く操作し、ライトの眼差しと結果として建設されたものとの調和を図るような建築的な修辞をつくりだしていることがわかる。

ヴァスムート社の件から10年後の1921年、オランダの建築家ヘンドリック・ヴェイデフェルドは、『ウェンディンゲン［回転前進］』のライト特集号を発行した[124]。『ウェンディンゲン』は1918年に設立された芸術と建築の雑誌であり、アムステルダム派の作品に焦点を当てていた[125]。あまり馴染みのなかった正方形の判型の印刷であり[126]、日本的な方法によって綴じられた二つ折り判の頁[127]、サンセリフと特別な書体、そして頁枠の灰

← **フランク・ロイド・ライト、クーンリー邸、河畔、イリノイ州、ヘンリー・フォイアーマン撮影、1909–10年頃**

［CCA PH1983:0054］

← **フランク・ロイド・ライト、トーマス・P・ハーディ邸、ウィスコンシン州ラシーン、1905年、マリオン・マホニーによる図面**

［The Frank Lloyd Wright Foundation Archives (The Museum of Modern Art | Avery Architectural & Fine Arts Library, Columbia University, New York) © 2023 Frank Lloyd Wright Foundation / ARS, New York / JASPAR, Tokyo G3322］

121 レヴィンは「植物容器、窓際鉢、および壷などによって、『自然の樹木の葉と花』が家の一部となるように設計された」ことに言及している。Levine, *The Architecture of Frank Lloyd Wright*, p.34（註78参照）

122 Anne Whiston Spirn, "Frank Lloyd Wright: Architect of Landscape," in *Frank Lloyd Wright: Designs for an American Landscape 1922–1932* (New York: Harry N. Abrams, 1996), pp.135–69、ここではp.135

123 アロフシンは、1984年のブルース・ブルックス・ファイファーによる言及を引用し、ライトは「マリオン・マホニーによる図版が好みではなかった。図面では樹木の葉が建物を圧倒しているとライトは感じていた」と述べている。ライトは死を前にして、「両義的な感情の最後の浄化のために、この作品集の図版を引き裂いてしまった」。Alofsin, *Frank Lloyd Wright*, p.305（註78参照）

124 *Wendingen* 4, no.11 (1921).

125 Martijn F. Le Coultre, Ellen Lupton, and Alston W. Purvis, *Wendingen: A Journal for the Arts, 1918–1932* (New York: Princeton Architectural Press, 2001).

126 1932年にライトは『自伝』と『消えゆく都市』の両方に正方形の判型を採用した（註115、註116参照）

127 日本の印刷工は薄い半透明の紙の片面だけに文章を印刷し、印刷された頁の内面が空白になるように紙を折りたたんだ。このやり方によって文章の滲みをなくすことができた。

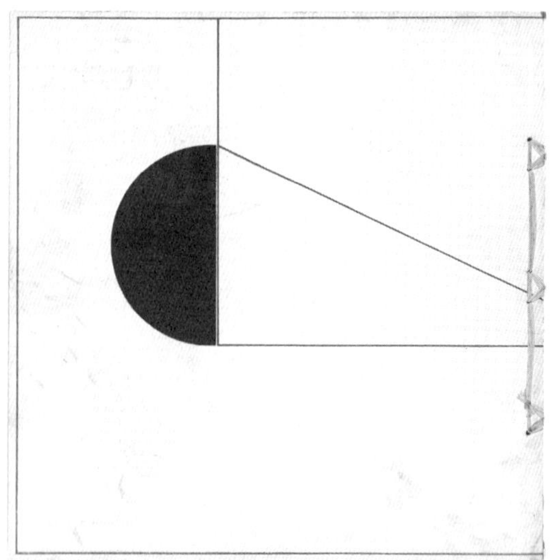

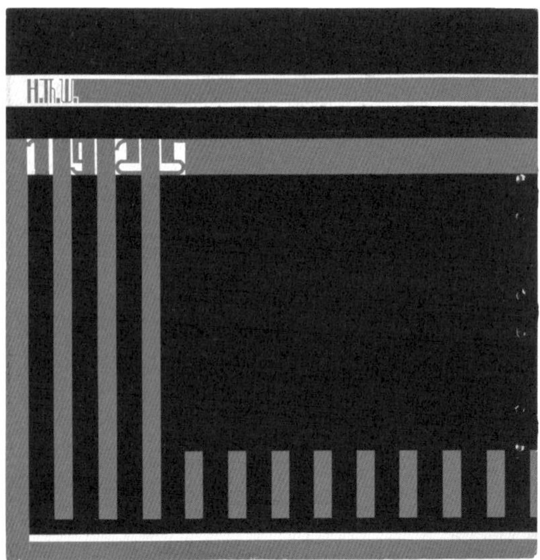

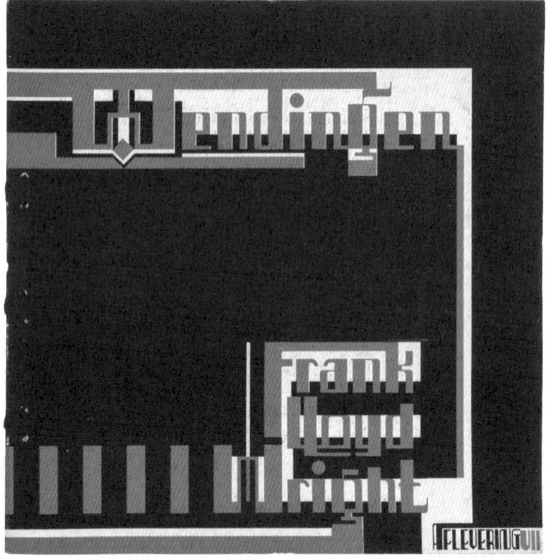

エル・リシツキー
『ウェンディンゲン』第4巻 第11号
（1921年）、H・T・ヴェイデフェルド
編集によるフランク・ロイド・ライト
小特集号の表紙
[CCA CAGE M W.W46]

フランク・ロイド・ライト
『ウェンディンゲン』
第6巻 第3–9号
（1925年）、H・T・ヴェイデフェルド
編集によるフランク・ロイド・ライト
特集号の表紙
[CCA CAGE M W.W46]

色不透明インクによる印象的な装飾である。ライト特集号の最も顕著な特徴は表紙であり、エル・リシツキーによる構成主義的な構成が、中身の統一的な表現と衝突している[128]。1925年に東京の帝国ホテルが完成すると、ヴェイデフェルドは書物として製本される予定だった七冊の増補版の一つとして、この号の大部分を再版した[129]。増補版には、ルイス・マンフォード、H・P・ベルラージ、J・J・P・アウト、マレ＝ステヴァンス、エーリヒ・メンデルゾーン、ルイス・サリヴァンによるライトに関する新しい文章が含まれ、ライトも「私のヨーロッパの同僚たちへ」という結びの言葉によって、アメリカの建築家に多大な共感を呼び起こした。ヨーロッパにおいても作品が称賛されていた時期である。『ウェンディンゲン』はライトの目論見、建設に至った成果、そして評価を統一された全体として紹介し、建物の写真によって図面の縮尺が判読できるようになっていた。

写真、図面表現、文章が分離されているヴァスムート社の書物とは異なり、ヴェイデフェルドの紙面の割り付けは異なる表現方法を一体化していた。紙面構成は装飾的な頁枠と文章と画像を一貫した体裁によって統一している。文章はつねに二段組み、文章の頁に図版がある場合は、つねに頁の上部に配置されている。写真と図面（平面図、断面図、透視図を含む）を組み合わせた全体は余白によって揃えられている。ライト建築の装飾性と『ウェンディンゲン』の装飾的な図式表現を一致させるように計算された画像の選択であり、紙面構成は全体として一貫しているように見える。表現と編集に注意が払われているにもかかわらず、おそらく美学に重点が置かれているために、リチャード・ノイトラからは厳しい批判を浴びることになった。「専門家による稚拙な演出によって、ライトの新しい建物を見せられました。間取り図もありません。ほとんど信じられないことです」[130]。しかしたったこれだけの批評によって作品集を否定することはできない。労力もさることながら、ヴェイデフェルドはライト特集号を出版するために多くの経済的な危険を引き受けたにもかかわらず、ライトが競合するような作品集をドイツにおいて出版する許可をハインリヒ・デ・フリース（1887–1938）に与えたことを知って「失望」した[131]。ヴェイデフェルドはライトの作品集をもう一冊出版することを目指して、ほかの企画を控えるように頼んでいた。「どうかほかの定期刊行物に作品を掲載するのではなく、第2巻のための宝物として置いておいてください」[132]。ヴェイデフェルドとデ・フリースによるライト作品の出版物には根本的な違いがあるにしても、どちらもほとんど同じ画像を使用している。

デ・フリースの作品集は通常の書物である。縦書きの四つ折り判であり、文章だけの頁の下部三分の一に写真が混在することもある普通の書物である。多くは図面の写真複製であり、写真だけの頁と向かい合わせになっていることが多い。1926年に出版された書物において最も目立つのは、カ

128 Le Coultre, Lupton, and Purvis, *Wendingen*, pp.122–123, 166–169（註125参照）

129 Hendrik Wijdeveld, *The Life-Work of the American Architect Frank Lloyd Wright* (Santpoort, NL: C. A. Mess, 1925).

130 リチャード・ノイトラはリチャード・ムッテッリへの手紙において、アドルフ・ベーネ、エーリヒ・メンデルゾーン、メンデルゾーンのオフィスにいるノイトラの同僚の一人デュビナージュと一緒にベルリンの『ウェンディンゲン』の会合について記し、雑誌の価格が18,000マルクであると述べている。1922年7月にノイトラがムッテッリに宛てた手紙。Dione Neutra, ed., *Richard Neutra Promise and Fulfillment 1919–1932: Selections from the Letters and Diaries of Richard and Dione Neutra* (Carbondale-Edwardsville, Southern Illinois University Press, 1986), p.66に転載

131 H. de Fries, *Frank Lloyd Wright aus dem Lebenwerke eines Architekten* (Berlin: Ernst Pollak, 1926).

132 1926年4月25日にヴェイデフェルドがライトに宛てた手紙、ヴェイデフェルド文書。Sweeney, *Frank Lloyd Wright*, pp. xxix–xxx（註78参照）からの引用

22
23
FRANK LLOYD

ラーの複製の建築図面が数点あることである。書物には当時進行中であったいくつかの建設現場の工事写真も掲載され、『ウェンディンゲン』には見られない斬新さもある。とはいえ、デ・フリースの出版物は紙面構成にほとんど関心がなく、斬新な建築を特集する書物を販売するという実用主義に重点を置いていた。すでに見てきたように、視覚的な体裁を非常に重要視するヴェイデフェルドは、究極の「著名建築家による生涯の仕事」[133]を描きだそうとしていた。逆説的なことに、どちらの書物も建築家の事務所から提供された同じ資料を使用し[134]、さらに悪いことに、資料の多くは10年以上前にヴァスムート社の出版物において使用されたものであった[135]。同じ画像でも、書物としての形式と紙面構成が明らかに異なり、編集目的が編集内容の操作に影響を与え、ライトの作品に対する異なる認識が露わになっている。結局、デ・フリースの作品集は『特別版』と同じ忘却の彼方へ追いやられ、『ウェンディンゲン』はヴァスムート社の『図版集』とともに、著名な建築家としてのライトの新たな局面を後押しすることになった。

この波に乗って、第二弾として『自伝』と『消えゆく都市』の両方が1932年に出版された。この二冊の書物において、ライトという人間の眼差しが知られるところとなったが、ライトがちょうどタリアセンでの研修事業を始めたことと偶然ではない。二冊とも文章が中心の書物である。『自伝』の章扉にはライトが入念にしつらえた図案が挿入され[136]、『消えゆく都市』には手持ちの写真素材から描き起こされた興味深い「解釈学的な図像」がふんだんに盛り込まれている[137]。これらの書物において、ライトは戦略的に建築について詳しく扱わないことに決めた。おそらく抽象的な建築の表現では自らの狙いを専門家ではない読者に伝えるのが難しいということを意識していたからである。この戦略は同年にジャン・バドヴィチによって出版された『ラルシテクチュール・ヴィヴァント』[138]のライトの四つ折り判の図版集とは大きく異なっている。ここでも、1910年代と1920年代の出版物ですでに取り上げられた同じ画像が多用されている。1932年のバドヴィチの図版集における使い古されたヴァスムート社の図面(多くはもともとの図版から切り取られている)とそこに散りばめられた写真は、ヴァスムート社の書物の大きさの戦略的な使用からはすでにかけ離れていた。

書物に対するライトの感性を完全に把握するには、トスカーナでのボスウィックとの牧歌的な日々に立ち戻る必要がある。ボスウィックはエレン・ケイを翻訳していたし、ライトの方は大きな石版印刷画のための図面をつくることに喜びを感じていた。住んでいた家は建築事務所というよりも、建築がいつか社会的な目的に到達するための準備をする創造的な場所であり、書物の大きさは建築的な目論見を効果的に普及するための手段であった。ヴァスムート社の図版集にあふれる喜びと野心は、ウィリアム・ギャネットによる1896年の『美しき住宅』において、ライトが職人技への

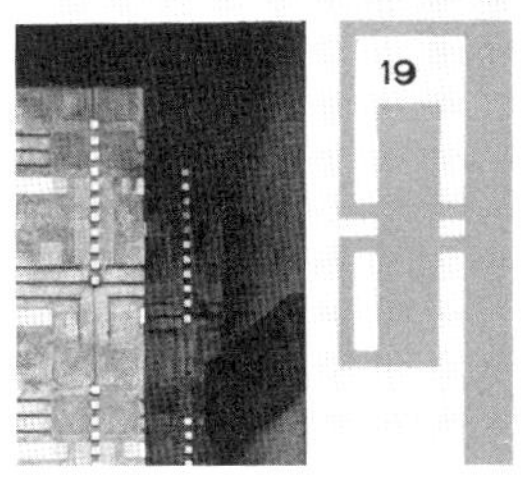

← H・T・ヴェイデフェルド
『アメリカ人建築家
フランク・ロイド・ライトの全仕事』
(1925年)
[CCA CAGE M NA44.W949.23 L5
1925 bequest of C. Donald Cook]

133 『前掲書』
134 「ライトはヨーロッパの利害を認識して、オランダとドイツを取り持った」とアロフシンは主張している。Alofsin, *Frank Lloyd Wright*, p.305 (註78参照)
135 『ウェンディンゲン』に転載された写真は、ヴァスムート社やデ・フリースの写真集よりも大きく掲載されている。
136 最後に気取らない写真一覧が付されている。
137 著者との会話において、ニール・レヴィンは建築家が手持ちの画像を使って書物の視覚的な品質を操作して管理することにこれほどまでに力を注いでいたことの可笑しさを指摘していた。
138 近代の建築と表現に関する雑誌がアルベール・モランセ社によって1923年から1932年の間に四半期ごとに発行され、最初の二年間はバドヴィチによって編集された。Hélène Jannière, *Politiques éditoriales et architecture "Moderne": L'Émergence de nouvelles revues en France et en Italie (1923–1939)* (Paris: Éditions Arguments, 2002), pp.61–67.

→ **H・デ・フリース『フランク・ロイド・ライト』(1926年)**

ヘンリー・フォイアーマンによるクーンリー邸の写真
[CCA MAIN NA44.W949.9 F75 1926 bequest of C. Donald Cook]

謝罪を刻んでいたことを思い起こさせる[139][本文はギャネットにより、以下は本文に入る前にライトが寄せた文章]。

> 閉じ込められた印刷工──職人によるありのままに反り返る雑草
> 私たちは行間の織物を紡ぐ。
> 秩序だった空間と想像の抑揚と変化のある遊び。
> 生地がつくる痕跡を求め、
> 著者の優しい言葉を貞節と気品で飾る。
> 織り成す作品の美しさへの感謝。
> ──私たちを喜ばせることもあるが、
> それでももっとよいものを手に入れ、そして、織り上げ、
> 喜びを分かち合う。

製図台を覆う緑色の紙の装丁や、柔らかな半透明の紙に印刷されたライトの日本風の花の写真の冊子もさることながら、ギャネットの言葉はライトが仕立てた衣服[ギャネットの言葉を囲むようなライトの装飾的な図案]を着せられ、手の込んだ模様がオークパークにおいて築きつつあった生活そのものを示している。ライトにとって、書物の印刷は愛の労働であった。書物をつくることは、「秩序だった空間と想像の抑揚のある遊び」[140]を意図的に創造することであり、著者の言葉に視覚と文章、物質と情愛を織り交ぜることによって気品を吹き込んでいる。手づくりならではの触覚と視覚によって、つくり手が味わった喜びを読者も共有することができる。ライトが『自伝』で語ったように。

> 精神にとって、汚されていない紙以上に楽しみを与えるものがあろうか。見本の紙質や色によって「紙」を綿密に比較し、選ぶこと以上に楽しいことがあろうか。
> 文字は芸術作品である、というより、そうでなければならない。
> 活字を選ぶこと──それは、どんなに広い趣味の人をも悩ますほど、選ぶ範囲は広い。
> 今日の印刷作業の興味深い仕組み。
> 紙面の工夫──「植字」にどれだけの余地があるだろうか。
> 真の喜びの道具である──印刷──成長する青年にとっても、金持ちの大人にとっても。[141]

139 Gannett, *The House Beautiful*(註73参照)
140 『前掲書』
141 Frank Lloyd Wright, *An Autobiography*, p.34(註115参照)

Haus Coonley in Riverside, Illinois
Treppenaufgang zum Wohnraum
6
Haus Coonley in Riverside, Illinois
7

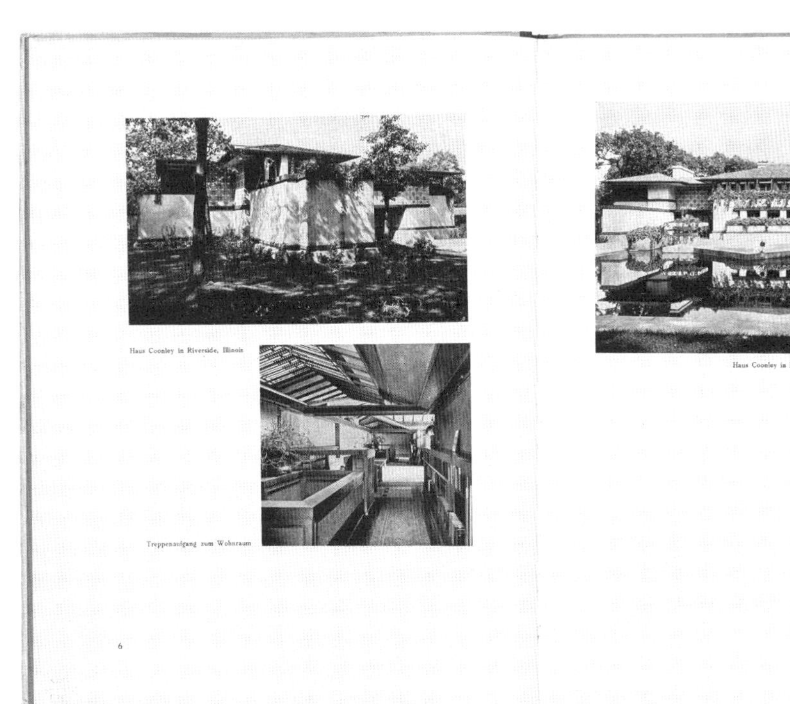

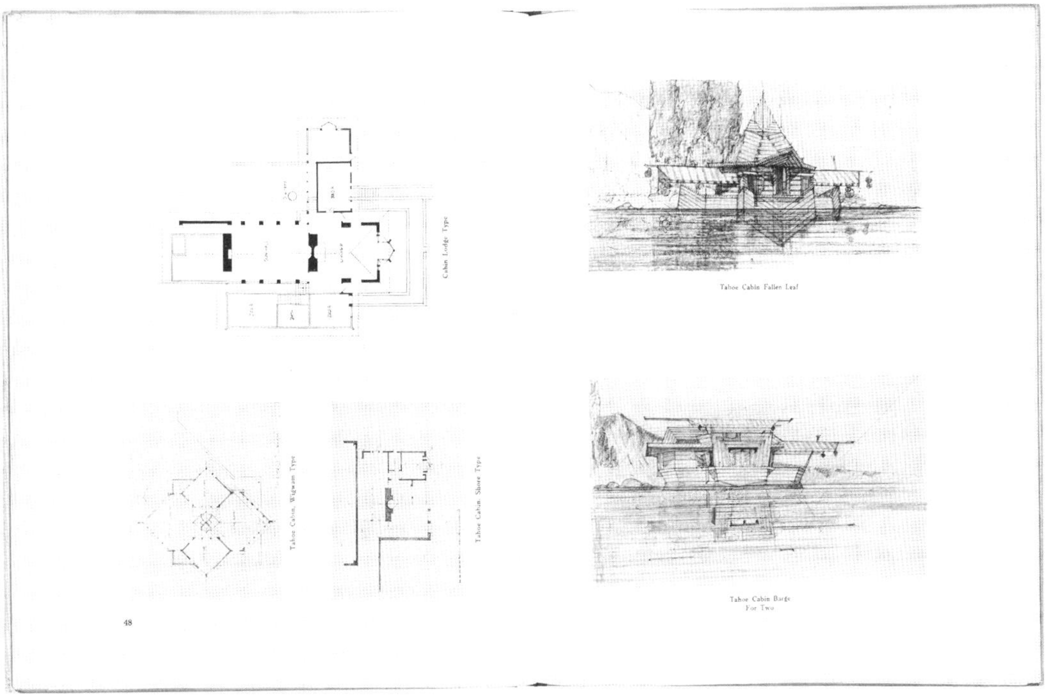

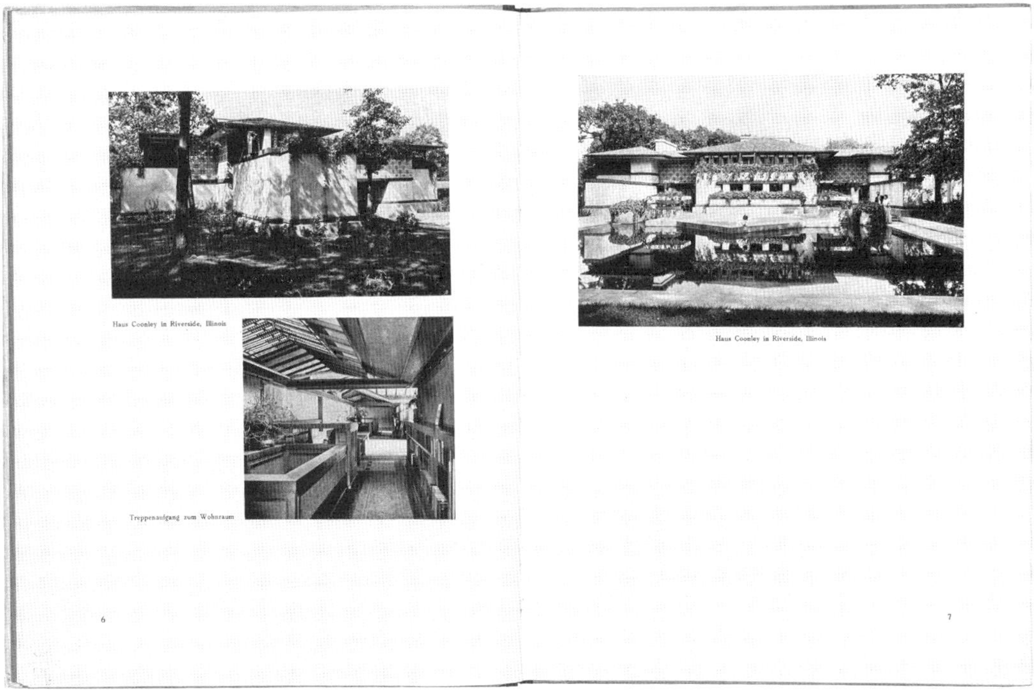

Cabin Lodge Type
Tahoe Cabin, Wigwam Type
Tahoe Cabin, Shore Type
48
Tahoe Cabin Fallen Leaf
Tahoe Cabin Barge
For Two

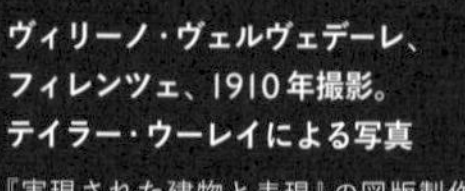

ヴィリーノ・ヴェルヴェデーレ、
フィレンツェ、1910年撮影。
テイラー・ウーレイによる写真

『実現された建物と表現』の図版製作のための製図室と庭の卓
[The University of Utah Libraries, MSS C 340 Taylor Woolley Collection]

エピローグ――ユーゴーの予言

「これがあれを滅ぼすであろう」、つまり「書物が建物を殺すであろう」。フランク・ロイド・ライトがヴィクトル・ユーゴーのこの格言を建築の鍵として取り上げてから[1]、書物や建物に関する議論においては避けられない言葉になった。『ノートル＝ダム・ド・パリ――1482年』[2]に出てくる格言であり、ユーゴーは建築の終焉が印刷機の発明から始まり、書物の機械的な複製が民衆の記憶に代わる形式をもたらしたことを小説に描いた。変化の証拠としてユーゴーがあげているのは、ルネサンスに活字が導入されて以来の建築形態の緩やかな衰退である[3]。ユーゴーは何よりもゴシック建築を擁護し、それに比べれば新古典主義は無意味であるとこき下ろした。そして書物と建物を対決させることによって、本書と同じように、鮮明には見えない書物と建築の境界線の問題にユーゴーは触れていた。「これがあれを滅ぼすであろう」。この驚くべき遺産は書物と建物の間の両義的な関係を生みだした。ニール・レヴィンはこの問題を扱った論考において、ユーゴーの主張に対する意図的な挑戦としてアンリ・ラブルーストのサント＝ジュヌヴィエーヴの図書館を位置づけている[4]。

小説の有名な一文は、「サン・マルタン修道長」の章［第五編一章］の終盤に副司教クロード・フロロによって発せられる。フロロは僧房の窓からノートル＝ダムを指さし、少し思案して、もう一方の手で卓上の開いた書物を指す。最後に、「悲しげな目を書物から建物へ移しながら」、結論づける。「ああ、これがあれを滅ぼすであろう」[5]。次章では、ヴィクトル・ユーゴー自身の語りによってフロロの主張の射程を検討し、15世紀以降、印刷機が人間の知識を牽引すべき建築の地位を引きずり下ろし、それによって建築の本来の目的が奪われ、容赦ない衰退に追い込まれたと論じた。書物は、どこにでも在るという特権において建築の永遠性に勝っていた。レヴィンが指摘しているように、ユーゴーにとって「建築は避難所の必要性から生まれたのでも……原初の小屋の理想から生まれたのでもなかった。むしろ建築は、書くことと同じ衝動から生まれた」[6]。したがって、建物は書物と同一視され、複雑な構造体は一つの文章と見なされる。「建築術は人間の思想とともに発展してきたのである。建築は無数の頭や無数の腕をもった巨大な姿となり、永遠不滅の、目に見え手で触れることのできる形態のもとに、揺れ動くあらゆる象徴を固定させた」[7]。ゴシック様式の建物は書物として機能し、碑文と意味のある形態によって、建築形態は人々の信仰の宝庫となった。しかし、グーテンベルクの印刷術が書物の歴史を変えていったように、ルネサンスにおける古典主義の復活はゴシック建築が

1 Frank Lloyd Wright, "The Art and Craft of the Machine," in *The Collected Writings of Frank Lloyd Wright, vol. 1, 1894–1930*, ed. Bruce Brooks Pfeiffer (New York: Rizzoli, 1992), pp.58–69.

2 Victor Hugo, "Ceci tuera cela," in *Notre-Dame de Paris: 1482* (Paris: Gallimard, 2009), pp.281–98. この書物は1831年3月に出版され、決定版となる1832年の第八版に「これがあれを滅ぼすであろう」の章が追加された。Translation by Isabel F. Hapgood in *Notre-Dame de Paris* (Minneapolis, MN: First Avenue Editions, 2014), p.207.［ヴィクトル・ユーゴー著、辻昶・松下和則訳『ノートル＝ダム・ド・パリ』(上)(下) 岩波書店、2016年］

3 ヨハネス・グーテンベルクは、レオン・バッティスタ・アルベルティより四歳年上であった。二人は書物づくりと建築の歴史を大きく前進させた人物と考えられている。

4 Neil Levine, "The Book and the Building: Hugo's Theory of Architecture and Labrouste's Bibliothèque Ste-Geneviève," in *The Beaux-Arts and Nineteenth-Century French Architecture*, ed. Robin Middleton (Cambridge, MA: The MIT Press, 1982), pp.139–73, 262–69.

5 Hugo, *Notre-Dame de Paris: 1482*, p.279; First Avenue edition, p.205（註2参照）

6 Levine, "The Book and the Building," p.149（註4参照）

7 Hugo, *Notre-Dame de Paris*, p.283; translation: p.190（註2参照）

宿す力を放棄し、抽象的な構成体系を打ち立てた。超越的な抽象化によって、印刷された単語が文化的装置として主導権を握る条件が整った。致命的な結果としてユーゴーが予言したのは、「これからは、捉えどころのないものが君臨するであろう。誰も身体を掴むように思考を掴むことはできない。思考には身体がない」[8]。知識はもはや触知できなかった。建築は印刷によって運命づけられた。

アンリ・ラブルーストは古典の伝統に失望していたにもかかわらず、建築の運命に関するユーゴーの終末論的な見方に同意しなかった。建築家として、ラブルーストは書物のような建物によってユーゴーに応えた。1838年から1839年にかけて設計され、1843年から1850年にかけて建設されたサント＝ジュヌヴィエーヴ図書館は古典的な手法に基づき、「書物はかつて言葉による構築物であったが、今や建物が印刷された物質となる」[9]ことを示してみせた。レヴィンの説明によると、ラブルーストのファサードは平らな石の表面に、付け柱、扉、窓などの建築的な要素を使用して、810人の著者の名の象徴的な碑文を新聞の一面さながらの文字柱として象徴的に構成している。レヴィンが述べているように、ラブルーストによる図書館の演出は、「建物を印刷機から取りだしたばかりのように見せる」[10]。ガス灯の浅い浮き彫りに挟まれた比較的控えめな扉から建物に入ると、人工照明のある図書館の斬新さが感じられる。壁に樹木が描かれた玄関広間には屋外を思わせる空間が拡がり、上部から採光された明るい階段に向かって進む。上部の壁には、彫刻と装飾によって印刷の歴史が祝福されている。一連の流れを締めくくる閲覧室には四つの壁の上部に開口部を設け、軽量鉄骨材によって構成された三次元の輝かしい空間が規則正しく拡がっている。受付と本棚の配置は図書館の目録の構成に対応している。閲覧室の下階、玄関の広間の両側には写本を収蔵する書庫があり、「世界のあらゆる記憶」を収容することを目的とした建造物の基壇として機能する[11]。

建築はユーゴーの予言から逃れ、知識を具現化する意味のある構造物を建立することができる。印刷された書物は建築家の知識を研ぎ澄ませ、建築を超えた表現手段によって思想を表現するよう駆り立てた。そして建築家が書物をつくったように、書物が建築をつくった。実際、建築家の一方への没頭はまたもう一方の制作を孕んでいた。したがって、建築家が書物をつくるとき、建築の概念が書物の頁に入り込む。逆に、書物の頁の根底にある思想は、建築家の心に入り込み、後に建設された形態として出現することもある。この過程は書物や建築家に限ったことではないが、書物と建築の歴史に共通してつねに存在している。紙面構成、印刷技術、商業戦略、記号体系、販売促進などの出版業の特殊事情とは無関係に、どうやら建築家はまるで建物であるかのように書物をつくる方法をずっと知っていたらしい。

8 Victor Hugo, 1864, Levine, "The Book and the Building," p.151（註4参照）からの引用

9 『前傾書』p.154

10 『前傾書』p.155

11 「世界のあらゆる記憶」は、1956年にアラン・レネが監督した記録映画であり、リシュリュー通りにあるラブルーストのもう一つの建物であるフランス国立図書館での書物の保管運営方法を撮っている。保存図書館であるために学術的なサント＝ジュヌヴィエーヴ図書館とはまったく異なるが、図書館の建築と所蔵の書物を同期させることによって、訪問者にその世界を包括的に理解させるというラブルーストの野心を物語っている。こうして、建築はユーゴーの非難を回避した。ラブルーストと図書館については、Jean Michel-Leniaud, ed., *Des palais pour les livres: Labrouste, Sainte-Geneviève et les bibliothèques* (Paris: Bibliothèque Sainte-Geneviève, Maisonneuve & Larose, 2002); Corinne Bélier, Barry Bergdoll, and Marc Le Coeur, eds., *Labrouste (1801–1875) Architecte: La Structure mise en lumière* (Paris: Nicolas Chaudin, 2012) を参照

謝辞

書物の研究は2011年から2014年にかけて博士課程取得後に科学技術財団から授与された給費研究員の間に実施された。2011年の春、カナダ建築センターに温かく迎えられて本格的に始まった。職員はいつも協力的であったが、なかでもアレクシス・ソルニンとレナータ・ガットマンがいつも支えてくれた。ミルコ・ザルディーニ、ジョヴァンナ・ボラーシ、アルベール・フェレは、この研究を書物にするという私の決意に欠かせない存在として、図版作成の労をとってくれた。モントリオール以外では、ロンドン、ワーウィック、ヴィチェンツァ、パリ、ニューヘブン、ケンブリッジ、ストラスブール、アインジーデルン、チューリッヒにおいて支援してくれた多くの図書館員と文書官にお礼を申し上げたい。ダニエル・ワイスとフィリーヌ・ワーグナーは建築理論・建築史研究所文書を利用する際にとくに重要な役割を果たしてくれた。私の研究の旅と孤独の日々を癒してくれたのは、モントリオールで暖かく迎え入れてくれたアニス・デ・カルヴァリョとマルセル・サン＝ピエール、そして長年の友人であるチューリッヒのマヌエル・ガイゼルとベレナ・ジェイコブである。

この書物は同僚たちの助言と助力の賜物である。議論を通じてこの研究課題全体にわたる私の考えを導いてくれたペドロ・イグナツィオ・アロンソ、ディオゴ・セイシャス・ロペス、ジェラルド・ビーズリーに深く感謝している。先人の読み方から得たものは、いくつかの章を深めるうえで重要であった。『解放された生活』の章におけるスタニスラウス・フォン・モース、『様式』の節におけるマイケル・グネーム、フランク・ロイド・ライトの節におけるダニエル・ネーゲルの論考は、どれも貴重な洞察を与えてくれた。

本書を書いている間、アニ・シュルツェは最初の貴重な読者であった。ミーガン・スプリッグスは最も忍耐強い編集者であり、私の貧弱な英語をもっともらしい文章に変えてくれた。ジャック・ギュブラーがいつものように自らの知識と時間を惜しみなく使って、原稿を注意深く読んでくれたことが大きな助けになった。アリキ・エコノミデスが引用の英語翻訳を引き受け、アナ・ラウレアノ・アルベスがポルトガル語版の文章を翻訳してくれた。

最初の原稿に対して書物になる可能性を認めてくれたラーズ・ミュラーの熱意によって本書は実現した。当初から書物の体裁を慎重に検討してくれたジョアン・ファリアと仕事ができたことは幸運であった。

本書は、「景観・遺産・領土研究所Lab2PT」、ミンホ大学からの資金提供に加え、グラハム美術高等研究財団からの助成金により出版された。

訳者あとがき

千代章一郎

André Tavares, *The Anatomy of the Architectural Book*, Lars Müller Publishers, Zurich, 2016の全訳である。ポルトガル語版André Tavares, *Uma Anatomia do Livro de Arquitectura*, Dafne Editora, Porto, 2016は著者自身が出版した原著であり、英語表現とポルトガル語表現は文脈に応じて使い分けている。建築論としてはあまり馴染みのない専門的、技術的な印刷用語などについては、[　]によって訳者が補註することにした。

また、本書において言及されている書物のなかには、ディドロとダランベール、ヴィオレ・ル・デュク、フランク・ロイド・ライト、ロラン・バルト、ヴィクトル・ユーゴーなど、いくつかの邦訳がある。先達の成果をできるかぎり尊重したつもりであるが、本書の訳語との統一性に配慮して部分的に加筆修正しているところもあることをお断りしておきたい。

本書の論点は、建築の歴史と書物の歴史の相互影響という点において一貫している。論証の対象はいわゆる建築美学の専門書だけではなく、雑誌、案内本、作品集などさまざまな形式の書物を援用して論じている。西洋文化の書物に限定されているが、建築と書物という一見相反する概念、一回性と遍在性、刹那性と永遠性、作品性と複数性などの乖離を縫い合わせ、それどころか相互に織り合わせて反転させようとしている。ごく一般的に、建築書は建築作品の従属物あるいは副産物であり、建築的な実践についての再現、そして本質的には反省である。チェザーレ・チェザーリアーノがウィトルウィウスの建築書を解釈し、ジョヴァンニ・バッティスタ・ピラネージが牢獄を描き、18世紀のフランス革命期の建築家たちが建てることのできない建築空間を紙面の上に実現したとしても、そこには現実の建物の世界と書物の世界との乖離は判然としている。筆者はその距離をはっきりと認識しながら、むしろ共通項を見いだし、両者を相互に照射する。「解剖学」は、刀を使って「建築書」から要素を剖出し、まるで人体のように観察記録し、「建築」そのものを見ようとする。

このような作業は、「建築書」とは何かという問題にも接触しているはずである。「解剖学」によって、「建築についての書物」は「建築としての書物」になろうとしているからである。筆者はおそらくこの問題に挑んでいる。カナダ建築センターという資料の宝庫において、筆者は「書くこと」と「つくること」が絡み合っていく経験をしたのかもしれない。それは本書の読書体験からも得られる感覚である。実際、原書の書物の体裁はとても手が混んでいる。本文と註釈の活字の選択、質感と臨場感のある図版（書物の制作過程の手書きの草稿、書物の厚みのわかる見開き頁、そして図書館に収蔵された書物の風景。あるいは近世の紙と近代のカラー印刷の対比）、組版と余白の調和的関係は、本書そのものがまぎれもなく「建築書の建築書」、そして（建築書の『百科全書』のごとく）「建築書」そのものになろうとしていることを物語っている。

しかし資料の限界もある。多くの章や小節では、ある特定の一冊の書物が分析の対象となっている。論点に応じて書物が選択されているために、時系列的な関連性は不明のままであり、建築と書物の関連性の変容や転回などは明らかにされていない。少なくとも、ルネサンス期の出版と建設の関係は、近代の前衛運動としての雑誌の刊行にさまざまな次元で影響を与えていたはずである。あるいは、「質感」「表面」「旋律」「構造」「尺度」という主題選定も論理的に導きだされた主題ではなく、恣意性は排除できない。当然ではあるが、書物と書物の紐づけはなく、形式的な独創性を前にして、書物に含まれる思想や哲学の読み込みには物足りなさを残している。

それは考古学的な視点を捨象する「解剖学」そのものの限界であり、可能性でもある。筆者が「解剖学」という方法論によって見たものは、おそらくもっと別のところにあった。とりわけ筆者が着目しているのは、建物をつくること、書物をつくることの行為的側面である。それゆえに書物が印刷される過程、あるいは版を重ねる過程が克明に描きだされ、書物として現れることのなかった思惑が抽出される。断念された書物の構想と実現された建築の構想の相関、あるいはその逆を照射することが、本書の成功の鍵であったといえるかもしれない。

もちろん書物をつくることの体験だけではなく、同時に読むことの体験もまた重要視されている。読み手であれ書き手であれ、身振りを伴って眼を動かし、ときに語りを伴って書物を体験する過程そのものにも人間的なものが現れる。とりわけ「質感」「尺度」「旋律」などの主題の設定は、それらが建築的な概念を含みながら、同時に感性的、身体的な体験の次元に落とし込むことのできる装置として、本書の議論を支えている。

本書は著者の最初の書物としてすでに高い評価を受けているが、本書の本当の評価は読み手である我々次第である。少なくとも、本書をひもとけば、書物を手に取ってみる我々自体の身体、そして建物の表現に触れる触感を意識することになる。本書では日本語の建築文献への言及はほとんど浮世絵版画に限られている。日本近代に関わらず、日本における「建築書」という問題への接近が、日本語の読者にとって可能になれば幸いである。

アンドレ・タヴァレスは1976年生まれの建築家であり、ポルトの独立系の建築系出版社ダフネ出版（Dafne Editora）を創設、建築雑誌の共同編集にも携わっている。定期的に執筆を続けて出版物を手がける一方、建築家としても実践を重ね、近年では2016年リスボン建築トリエンナーレのチーフ・キュレーターをはじめとする建築展覧会の企画も行なっている。近著の André Tavares, *Vitruvius Without Text: The Biography of a Book*, gta Verlag, Zurich, 2022（『言説のないウィトルウィウス』）のほか、いくつかの出版が予定されている。現在はポルト大学研究員として、さながらルネサンス期の建築家のように『建築書の解剖学』の理論を実践するタヴァレスは、新しい建築家像を築いているのかもしれない。タヴァレスの実践は「建築」の世界を西洋建築史の伝統の中心から突破する可能性を垣間見せている。

本書は鹿島出版会の渡辺奈美氏と江尻悠介氏、そしてデザイナーの渡邉翔氏による編集の賜物です。心からの謝意を表します。ウィトルウィウスからタヴァレスまで、すべての建築家、そしてすべての出版人や編集者のまなざしを日本の読者と共有できれば幸甚です。

せんだい しょういちろう／1968年京都生まれ。島根大学教授。建築理論

索引

［人名書名索引］

あ：

・アールベルグ、ハコン
Ahlberg, Hakon
10
→「イエルベリー、フランシス」を参照
・アイスラー、マックス
Eisler, Max
134–135
——『オーストリアの労働文化』
Österreichisch Werkkultur, 1916.
134–135
・アウト、J・J・P
Oud, J. J. P.
57–58, 68, 315
・アウレリウス、マルクス
Aurelius, Marcus
211
・「青本」
Blauen Bücher
49–50
・アシュビー、チャールズ・ロバート
Ashbee, Charles Robert
110, 112, 300, 303, 305, 309–310
・アダム、ジェームズ
Adam, James
281
——『ロバート＆ジェームズ・アダムの建築作品』
The Works in Architecture of Robert and James Adam, 1778–1779, 1822.
281
・アダム、ロバート
Adam, Robert
281, 285
→「アダム、ジェームズ」を参照
・『新しいフランクフルト』
Das Neue Frankfurt, 1929.
72
・アッカーマン、ルドルフ
Ackermann, Rudolph
149–150, 158, 162
——『動く童話』
Fables in Action, 1820.
149–150
——『ロンドンの小宇宙』
The Microcosm of London, [1808–10].
150, 158
・アポリネール、ギヨーム
Apollinaire, Guillaume
118, 124
——『カリグラム——戦争と平和の詩 1913–1916』
Calligrammes: Poèmes de la paix et de la guerre, 1913–1916, 1918.
118, 124
・アルタリア、ポール
Artaria, Paul
69
・アルプ、ハンス
Arp, Hans
117–118
→「リシツキー、エル」を参照
・アルベルティ、レオン・バッティスタ
Alberti, Leon Batttista
92, 95–97, 100, 170, 182, 234, 321
——『建築論』
De re aedificatoria, 1485.
92, 95, 170
・アロフシン、アンソニー
Alofsin, Anthony
303, 305, 309–310, 313, 317
・アンスラン、シャルル
Inselin, Charles
295
・アンダーソン、クリスティー
Anderson, Christy
92
・アンマナーティ、バルトロメオ
Ammanati, Bartolommeo
220
・イームズ、チャールズ
Eames, Charles
195
・イームズ、レイ
Eames, Ray
195
・イエルベリー、フランシス・ロウランド
Yerbury, Francis Rowland
10
——『スウェーデンの20世紀建築』
Swedish Architecture of the Twentieth Century, 1925.
10
・イズヌール、スティーブン
Izenour, Steven
242
・イトルフ、ジャック・イニャス
Hittorff, Jacques Ignace
10, 15, 17, 19, 25–26, 32
——『ギリシアにおける多彩色の建築』
L'Architecture polychrome chez les Grecs, 1851.
10, 15, 17, 19, 25
・インウッド、ウィリアム
Inwood, William
166
・インウッド、チャールズ・フレデリック
Inwood, Charles Frederick
166
・『ヴァイマールの国立バウハウス 1919–1923』
Staatliches Bauhaus Weimar 1919–1923, [1923].
118, 120, 195
・ヴァイヤ、レアンドル
Vaillat, Léandre
139
・ヴァスムート、エルンスト
Wasmuth, Ernst
285, 303, 305, 309–310, 313, 315, 317
・ヴァレリー、ポール
Valéry, Paul
135
・ウィール、ジョン
Weale, John
29, 33, 162, 164
——*London Exhibited in 1851*, [1851].
29
・ヴィオレ・ル・デュク、ウジェーヌ
Viollet-le-Duc, Eugène-Emmanuel
260–261, 263–267, 269–270, 324
——『建築講話』
Entretiens sur l'architecture, 1863–72.
260
——『11世紀から16世紀にかけてのフランス建築事典』
Dictionnaire raisonné..., 1854–68.
260–261, 263–267, 269–270
——『住宅の歴史』
Histoire d'une maison, [1873].
260
——『製図家の歴史』
Histoire d'un dessinateur, [1879].
260
——『フランス家具事典』
Dictionnaire raisonné du mobilier français..., 1858–75.
260
——*Discourses on Architecture*, 1875.
260
・ウィカム、ウィリアム
Wykeham, William
166
・ウィットマン、リチャード
Wittman, Richard
11
・ウィットワー、ハンス
Wittwer, Hans
117
・ウィトルウィウス
Vitruvius
88, 90, 92, 95, 97, 100, 105, 170, 172, 180, 182, 184, 250, 288, 290, 324–325
・ウィトルウィウス本（『建築十書』）
Vitruvius
90, 92, 95, 144, 146, 148, 172, 177, 180, 182, 184, 250
→ヴェローリ版（1486）は「ヴェローリ、ジョヴァンニ・スルピツィオ・ダ」を参照
→ジョコンド版（1511）は「ジョコンド、フラ」を参照
→チェザーリアーノ版（1521）は「チェザーリアーノ、チェザーレ」を参照
→バルバロ版（1556）は「バルバロ、ダニエル」を参照
→ペロー版（1673）は「ペロー、クロード」を参照
→『コルシーニ・インキュナブラ』を参照
・ヴィニョーラ
Vignola, Iacomo Barozzi
144, 220, 251
——*Regola delli cinque ordini d'architettura*, [1562?].
144
・ヴィネガー、アロン
Vinegar, Aron
265, 267
・ウィルキンス、ウィリアム
Wilkins, William
166
・ウィルキンソン、ジョン・ガードナー
Wilkinson, John Gardner
40
・ヴィルス、ヤン
Wils, Jan
57, 68
・ヴィンケルマン
Winckelmann, Johann Joachim
172
・ウィンスロー、ウィリアム・H
Winslow, William H.
300
・ヴィンチ、レオナルド・ダ
Vinci, Leonardo da
171
・ウースター・カレッジ
Worcester College
92
・ウーレイ、テイラー
Wooley, Taylor
304, 320
・ヴェイデフェルド、ヘンドリック
Wijdeveld, Hendrik
10, 313–315, 317
→「ライト、フランク・ロイド」を参照
・ヴェール、モイ
Ver, Moï
49
——『東の強制居住地区』
Ein Ghetto im Osten (Wilna), 1931.
49
・ウェッブ、フィリップ
Webb, Philip
107
・ヴェルトフ、ジガ
Vertov, Dizga
197
・ヴェルフリン、ハインリヒ
Wölfflin, Heinrich
50–52, 55, 137–138, 141
——『美術史の基礎概念』
Kunstgeschichtliche Grundbegriffe, 1915.
51–52
・ヴェローリ、ジョヴァンニ・スルピツィオ・ダ
Veroli, Giovanni Antonio Sulpicio da
90, 95
——『建築十書』
De architectura, [1486].
90
・『ウェンディンゲン』
Wendingen, 1921.
313–315, 317
・ウォーカー、エメリー

Walker, Emery
108, 110
・ヴォーゲンベダルフ社
Wohnbedarf A.G.
45, 78
・ヴォルパト、ジョヴァンニ
Volpato, Giovanni
228–231, 233
——『バチカンにおけるラファエロの回廊』
Loggie di Rafaele nel Vaticano, 1772–77.
228–231, 233–234, 242
・エイゼンシュテイン、セルゲイ
Eisenstein, Sergei
71, 195, 206, 208, 210–211
——「戦艦ポチョムキン」
Battleship Potemkin, 1925.
206
・エーステレン、コーネリアス・ファン
Eesteren, Cornelis van
57–58, 74, 76
・エセックス出版
Essex Press
303
・エッツェル、ピエール＝ジュール
Hetzel, Pierre-Jules
260–261
・エッフェル、ギュスターヴ
Eiffel, Gustave
195–196
——『300 mの塔』
La tour de trois cents mètres, 1900.
196
・エルラッハ、フィッシャー・フォン
Erlach, Johann Bernhard Fischer von
33, 290
——『歴史的建築の構想』
Entwurff einer historischen Architectur, 1721.
33, 290
・オーデンコーベン、アンリ
Oedenkoven, Henry
71
・オザンファン、アメデ
Ozenfant, Amédée
9, 132, 135, 137–139
→「ジャンヌレ、シャルル＝エドゥアール」を参照
・オッタヴィアーニ、ジョヴァンニ
Ottaviani, Giovanni
229
・オロー、エクトール
Horeau, Hector
25, 31–33
——『ムハンマド・アリーの肖像画とビネットで飾られた文章を付したエジプトとヌビアの眺め』
Panorama d'Égypte et de Nubie..., 1841.
31–32

か：
・カー、アルフレッド
Kerr, Alfred
203, 206
——『北米人たちの土地』
Yankee-Land, 1925.
203, 206
・カー、ジョン
Carr, John
285
・カーター、ジョン
Carter, John
160
・ガイザー、レト
Geiser, Reto
46, 55–56, 58, 60
・ガウ、フランツ・クリスチャン
Gau, Franz Christian
26, 105
・カウフマン、エミール
Kaufmann, Emil
51, 252, 257
・カウフマン、オイゲン
Kaufmann, Eugen
72
・カエサル、ユリウス
Caesar, Julius
211
・カスティリオーネ、バルダッサーレ
Castiglione, Baldassare
170–172, 175
・カドラー＝ヴェーゲリ、エルンスト
Kadler-Vögeli, Ernst
78
・カニュ、ジャン・ドミニク・エティエンヌ・ル
Canu, Jean Dominique Etienne Le
246
・カラトラバ、フアン
Calatrava, Juan
21, 118, 243–244, 246–247
・カリア、ヴィクトール
Calliat, Victor
260
・カルポ、マリオ
Carpo, Mario
10–12, 96, 170, 175
——『印刷時代の建築』
L'architettura dell'età della stampa, 1998.
10–12, 96, 170
・ガン、アレクセイ
Gan, Aleksei
112–113
——『構成主義』
Konstruktivizm, 1922.
112–113
・カンシー、カトルメール・ド
Quincy, Quatremère de
17
——『大系百科全書』
Encyclopédie méthodique, 1788–1825.
263
——*Le Jupiter olympien*..., 1815.
17
・カンポレッシ、ピエトロ
Camporesi, Pietro
229
・ギーディオン＝ヴェルガー、カローラ
Giedion-Welcker, Carola
77
・ギーディオン、ジークフリート
Giedion, Sigfried
11, 45–47, 49–52, 54–58, 60–62, 64–65, 67–72, 74–79, 81–83, 85–86, 131–132, 135, 137, 141, 285
——『解放された生活』
Befreites Wohnen, 1929.
11, 45–47, 49–50, 52, 54–58, 60–62, 64–65, 67–72, 74–77, 79, 81–83, 85, 131, 323
——『空間 時間 建築』
Space, Time and Architecture, 1941.
55, 86
——『後期バロック様式とロマン的古典主義』
Spätbarocker und romantischer Klassizismus, 1922.
50–51
——『フランスの建物、鉄の建物、鉄筋コンクリートの建物』(『フランスの建物』)
Bauen in Frankreich: Bauen in Eisen, Bauen in Eisenbeton, 1928.
46, 49, 56, 58, 60, 67, 72, 75, 79, 81–82, 85, 131, 135, 285
——『労働』
Arbeit
52
・『キケロ』
Der Cicerone, 1927.
58, 131
・キダー、フランク・ユージン
Kidder, Frank Eugene
281, 285
——『建築家と建設者のための測定帖』
The Architect's and Builder's Pocket-Book of Mensuration, 1885.
281, 285
・キャッターソン＝スミス、R
Catterson-Smith, R.
111
・ギャネット、ウィリアム
Gannett, William Channing
112, 300, 303, 317–318
→「ライト、フランク・ロイド」を参照
・キュヴィエ、ジョルジュ
Cuvier, Georges
263, 267, 269
・キュー、ジョン・ル
Keux, John Le
160
・キュー、ヘンリー・ル
Keux, Henry Le
160
・キュービット、ウィリアム
Cubitt, William
29
・ギュブラー、ジャック
Gubler, Jacques
67, 117
・ギルスバーガー、ハンス
Girsberger, Hans
44, 285
・キルパー
Kilpper
57
・ギンズブルグ、モイセイ
Ginzburg, Moiseï
112–113
——『様式と時代』
Stil' i èpokha, [1924].
112–113
・グーテンベルク、ヨハネス
Gutenberg, Johannes
6, 90, 321
・グシエ、ルイ＝ジャック
Goussier, Louis-Jacques
242
・グッドヒュー、バートラム
Goodhue, Bertram
110, 112
・クラウゼ、フランツ
Krause, Franz
57
・クラナッハ、ルーカス（父）
Cranach, Lucas (the Elder)
143–144
——『情熱的なクリスティと反クリスティ』
Passional Christi und Antichristi, [1521].
143–144
——『貧者のための聖書』
Biblia Pauperum, ca.1460–70.
144
・クラマー、フェルナンド
Kramer, Ferdinand
57
・グリー、ジュール
Goury, Jules
21, 24, 32, 42
→「ジョーンズ、オーウェン」を参照
・グリフィン、マリオン・マホニー
Griffin, Marion Mahony
313
・クリンクハルト・アンド・ビールマン
Klinkhardt & Biermann
45, 49, 75, 131
・クリンダー、フランシス・D
Klingender, Francis D.
8, 33, 89
・クルックシャンク、ジョージ
Cruikshank, George
162
——『国民的流行の趣味!!!』
Nashional Taste!!!, 1824.
162
・グレコ、エル
Greco, El
208
・グレベール、ジャック
Gréber, Jacques
206, 288
——*L'architecture aux États-Unis*, 1920.
206, 288
・クロゼ、ピエール＝アラン
Croset, Pierre-Alain
195
・グロピウス、ヴァルター
Gropius, Walter
10, 57, 61–62, 118, 203
——『国際建築』
Internationale Architektur, 1925.
10, 118
・クロフォード、アラン
Crawford, Alan

112, 300, 303, 305, 309
・クワリッチ、バーナード
Quatrich, Bernard
24
・ケイ、エレン
Key, Ellen
309, 317
──『女性の道徳』
The Morality of Women and Other Essays, 1911.
309
・ゲラ、ジョヴァンニ
Guerra, Giovanni
212, 215–216
・ゲルホーン、アルフレッド
Gellhorn, Alfred
58
・ケルムスコット・プレス
Kelmscott Press
107–108, 110–112, 303
・『考古学年報』
Annales archéologiques, 1847.
265–266
・コーエン、ジャン＝ルイ
Cohen, Jean-Louis
6, 76, 131, 135, 200, 203, 206, 210, 281, 285
・コール、ヘンリー
Cole, Henry
29, 105
・コールハース、レム
Koolhaas, Rem
6–7
──『S, M, L, XL』
S, M, L, XL, 1995.
6–7
・コッカレル、チャールズ・ロバート
Cockerell, Charles Robert
29, 298
──『教授の夢』
The Professor's Dream, 1848.
298
・コッホ、カール
Koch, Carl
197
・ゴフ、マリア
Gough, Maria
71, 113, 115, 117
・『コルシーニ・インキュナブラ』
Corsini incunabulum, 1486.
90, 95
・コルビュジエ、ル
Corbusier, Le
6–7, 9–11, 50–51, 68, 70, 78, 85, 131–132, 135, 137–141, 203, 281, 285
──『建築をめざして』
Vers une architecture, 1923.
6–7, 10–11, 50, 131–132, 138–139
──『今日の装飾芸術』
L'art décoratif d'aujourd'hui, 1925.
9–10, 131–132, 135, 137
──『全作品集』
OEuvre complète 1910–1929, 1930.
132, 281, 285
──『ユルバニスム』
Urbanisme, 1925.
9, 131–132
──『レスプリ・ヌーヴォー』
L'Esprit nouveau, 1920–25.
9, 131–132, 135, 137–139, 141
・コロミーナ、ビアトリス
Colomina, Beatriz
6, 9, 11, 51, 131–132, 141, 195
・コロンナ、フランチェスコ
Colonna, Francesco
112
──『ポリフィラスの夢』
Hypnerotomachia Poliphili, 1499.
112, 281

さ：
・サヴォレリ、ガエターノ
Savorelli, Gaetano
229
・サリヴァン、ルイス
Sullivan, Louis
315
・サンガッロ・イル・ジョヴァネ、アントニオ・ダ
Sangallo, Antonio (the Younger)
90, 92, 171–172, 175
・サンガッロ、ジョヴァンニ・バッティスタ・ダ
Sangallo, Giovanni Battista da
90, 92, 95, 172–173, 175
・サンテリア、アントニオ
Sant'Elia, Antonio
65
・ザント、ルードヴィヒ
Zanth, Ludwig
26
──『ヴィルヘルマ──ヴェルテンベルクのギヨーム陛下のムーア風ヴィラ』
La Wilhelma, 1855.
26
・サンドビー、トーマス
Sandby, Thomas
158
・サンドマン、R
Sandman, R.
242
──『ロンドン建築全景』
Grand Architectural Panorama of London, 1849.
239, 242
・ザンビアン、ヴェルネル
Szambien, Werner
288–290, 298
・シーモア、ラルフ・フレッチャー
Seymour, Ralph Fletcher
309
・シェファー、エミール
Schaeffer, Emil
49–50, 56, 60
・シェファウアー、ヘルマン・ゲオルグ
Scheffauer, Hermann Georg
203
・シクストゥス5世
Sixtus V
211, 214–215, 220–221
・ジッテ、カミロ
Sitte, Camillo
137
──『都市計画』
Der Städtebau..., 1889.
137
──*L'Art de bâtir les villes*, [1902].
137
・「シャウビュッシャー」
Schaubücher
48–50, 56, 60, 64, 77
・ジャコブ、ニコラ・アンリ
Jacob, Nicolas Henri
265, 269
・ジャル、アナトール
Jal, Anatole
26
・シャロウン、ハンス
Scharoun, Hans
69
・ジャンヌレ、シャルル＝エドゥアール
Jeanneret, Charles-Édouard
132, 134–135, 137–140
──『東方聖堂騎士団紀要』
Bulletin de l'Ordre de l'Etoile d'Orient, 1925.
140
──『都市の建設』
La Construction des villes, 1910.
132, 135, 137
──『フランスかドイツか』
France ou Allemagne?, ca.1915–16.
132, 134–135, 285
──*La Peinture moderne*, 1925.
132
・シュヴルール、ミシェル＝ウジェーヌ
Chevreul, Michel-Eugène
21
・シュテューラー、フリードリッヒ・アウグスト
Stüler, Friedrich August
40
・シュビッタース、クルト
Schwitters, Kurt
113
──『メルツ』
Merz
113, 115
・シュボホン
Chevojon, Studio
69
・シュミット、ハンス
Schmidt, Hans
69, 117
・シュミット、ヨースト
Schmidt, Joost
118
・シュルツェ＝ナウムブルグ、パウル
Schultze-Naumburg, Paul
137–138, 140
──『芸術と人種』
Kunst und Rasse, 1928.
137–138
・ジョーンズ、イニゴー
Jones, Inigo
92, 95
・ジョーンズ、オーウェン
Jones, Owen
20–21, 25–26, 31–33, 37–38, 42
──『アルハンブラの平・立・断面図および詳細図』
Plans, Elevations, Sections and Details of the Alhambra, 1842–45.
21, 24–25, 38, 42
──『装飾の文法』
The Grammar of Ornament, 1856.
24–25
──『ナイルの眺め』
Views on the Nile: From Cairo to the Second Cataract, 1843.
32, 38
・ジョクール、シュヴァリエ・ルイ・ド
Jaucourt, Chevalier Louis de
248
・ジョコンド、フラ
Giocondo, Fra Giovanni
90, 92, 170, 177, 180
──『ウィトルウィウス』
M. Vitruvius per Iocundum solito castigatior factus..., 1511.
90, 180
・ジョリヴェ、ジュール
Jollivet, Jules
26
・ジョルジアディス、ソクラテス
Georgiadis, Sokratis
45–46, 49, 51–52, 58, 76
・ジョルジョ・マティーニ、フランチェスコ・ディ
Giorgio Martini, Francesco di
96–97, 171
・ショワジー、オーギュスト
Choisy, Auguste
193, 195, 208
──『建築史』
Histoire de l'architecture, 1899.
195
・ジョンソン、ジェラルディン
Johnson, Geraldine
50–52
・ジョンベール、クロード＝アントワーヌ
Jombert, Claude-Antoine
286–287
・ジョンベール、シャルル＝アントワーヌ
Jombert, Charles-Antoine
247–248, 250, 287
・スカモッツィ、ヴィンチェンツォ
Scamozzi, Vincenzo
92
・スコット・ブラウン、デニス
Scott Brown, Denise
242
・スタイガー、ルドルフ
Steiger, Rudolf
68, 70, 85
・スタム、マルト
Stam, Mart
57, 70, 117
・スタントン、フィービー
Stanton, Phoebe
162
・スタンベック、エルヴァン・フォン
Steinbach, Ervin de
166
・スティーブンソン、ロバート
Stephenson, Robert
29
・ステトラー、ペッパー

Stetler, Pepper
200
・ステパーノヴァ、バーバラ
Stepanova, Varvara
113
・ステュアート、ジェームズ
Stuart, James
17
――『アテネの遺跡とギリシアの記念建造物』
The Antiquities of Athens, 1762–1816.
17
・ストッシュ、フィリップ・フォン
Stosch, Baron Philipp von
172
・スマーク、ロバート
Smirke, Robert
166
・スミス、アダム
Smith, Adam
257
――『国富論』
The Wealth of Nations, 1776.
257
・スメ、カトリーヌ・ド
Smet, Catherine de
10–11, 131–132
・スルー・ダガンクール
Seroux d'Agincourt, Jean Baptiste Louis Georges
298–299
――『モニュメントの芸術史』
Histoire de l'Art par les Monuments, 1823.
298–299
・セーガー
Saeger
57
・セネット、リチャード
Sennett, Richard
45, 81
・ゼネフェルダー、アロイス
Senefelder, Alois
17
・セルリオ、セバスティアーノ
Serlio, Sebastiano
171, 173, 175, 177, 180, 184, 247
――『第三書』
Il terzo libro..., 1540.
175, 177
――『第四書』(『建築の一般規則』)
Quarto libro, 1537.
173
・ゼントン、デイヴィッド・ヴァン
Zanten, David Van
15, 17, 26
・ゼンパー、ゴットフリート
Semper, Gottfried
25–26, 100, 103–107
――『芸術形態学』
Kunstformenlehre, 1855–56.
105
――『建築の四要素』
Die vier Elemente der Baukunst, 1851.
105
――『様式』
Der Stil..., 1860–63.
100, 103–107, 323

た：
・ダーントン、ロバート
Darnton, Robert
7–8, 244
・ダイガー、ヤン
Duiker, Jan
68, 74
・タヴァレス、アンドレ
Tavares, André
5, 324–325
・タウト、ブルーノ
Taut, Bruno
57–58
・ダグデール、ウィリアム
Dugdale, William
164
――『ウォリックシャーの歴史』
The antiquities of Warwickshire, 1656.
164
ダゲール、ルイ・ジャック・マンデ
Daguerre, Louis Jacques Mandé
26, 30–31
・ダビレ、オーギュスタン＝シャルル
d'Aviler, Augustin-Charles
248, 250, 252
――『建築講義』
Cours d'architecture, 1691 [1710].
248, 250–252
――『建築事典』
Dictionnaire d'architecture civile et hydraulique, 1755.
248, 250–252
――『建築術』
L'art de bâtir, 1693.
250
・ダミッシュ、ユベール
Damisch, Hubert
269
・ダランベール、ジャン・ル・ロン
d'Alembert, Jean Le Rond
242, 246–247, 261, 324
→「ディドロ、ドゥニ」を参照
・タラード、ジャック・ド
Tarade, Jacques de
295–296
――『ローマのサン・ピエトロ全図』
Desseins de toutes les parties de l'Église de Saint Pierre de Rome, 1713.
295–296
・タリス、ジョン
Tallis, John
235
――『タリスのロンドン街路景観』
Tallis's Street Views of London, [1838–40].
235, 238–239, 242
――*Tallis's History and Description of the Crystal Palace*, [1852].
29
・ダンテ
Alighieri, Dante
107
・チェイニー、メイマー
Cheney, Mamah
303
→「ボスウィック、メイマー」を参照
・チェザーリアーノ、チェザーレ
Cesariano, Cesare
88, 90, 92, 170, 324
――『建築十書』
De architectura libri dece, 1521.
88, 90
・チェルニホーフ、ヤコブ
Chernikhov, Iakov
113
――*Ornament: Kompozitsionnoklassicheskie postroeniia...*, 1930.
113
――*Osnovy sovremennoi arkhitektury*, 1930.
113
・チェンバース、イーフレイム
Chambers, Ephraim
246
――『百科事典』
Cyclopædia, 1728.
246
・チェンバーズ、ウィリアム
Chambers, William
41
・チチェリ、P・L・C
Ciceri, P. L. C.
26
・チヒョルト、ヤン
Tschichold, Jan
46, 117
――*Die neue Typographie*, 1928.
46, 117
・チョーサー、ジェフリー
Chaucer, Geoffrey
110
――『カンタベリー物語』
Canterbury Tales
110
――『新版ジェフリー・チョーサー作品集』
The Works of Geoffrey Chaucer Now Newly Imprinted, 1896.
110
・デイ・アンド・ハーゲ
Day and Haghe
21
・ディッキンソン
Dickinson
20–21, 33
・ディケンズ、チャールズ
Dickens, Charles
162
――『ボズの素描集』
Sketches by "Boz", 1836.
162
・ディックビー・ワイヤット、マシュー
Digby Wyatt, Matthew
18, 21, 29, 37
――『19世紀の工業芸術』
The Industrial Arts of the Nineteenth Century, 1851.
18
――*Views of the Crystal Palace and Park, Sydenham*, 1854.
37
・ティッチアーノ
Titian
51–52
・ディドロ、ドゥニ
Diderot, Denis
242–244, 246–247, 251, 256, 261, 324
――『解説つき科学、教養、機械術の図版集』(『図版集』)
Recueil de planches..., 1762.
244, 247, 250, 254
――『百科全書、あるいは自然科学、芸術、工芸の論理的辞書』(『百科全書』)
Encyclopédie, 1751–77.
242–244, 246–248, 250–252, 256–257, 260–261, 264–265, 267, 324
・デイビス、マーガレット・デイ
Davis, Margaret Daly
184
・ティボー、ジャン＝トーマス
Thibault, Jean-Thomas
288
・テイラー、ジョサイア
Taylor, Josiah
154
・テイラー男爵
Taylor, Baron
158, 160
――『絵のような旅』
Voyages pittoresques..., 1820–78.
158
・ティリット、ジャクリーヌ
Tyrwhitt, Jaqueline
55–57
・テオドロ、フランチェスコ・ディ
Teodoro, Francesco Di
170–171, 175
・テスコ、ルドヴィコ
Tesco, Ludovico
229
・デッカー、リチャード
Döcker, Richard
57, 74–75, 78
――『テラスの型』
Terrassen Typ, 1929.
74
・デッラ・ポルタ、ジャコモ
Della Porta, Giacomo
220
・デノン、ヴィヴァン
Denon, Vivant
31, 33, 200
――*Voyage dans la basse et la haute Égypte...*, 1802.
31, 200
・デペロ、フォルトゥナート
Depero, Fortunato
118, 122–124
――『未来派デペロ 1913–1927』
Depero futurista, 1913–1927, 1927.
122–123
・デューラー、アルブレヒト
Dürer, Albrecht
183
――*Etliche Underricht...*, 1527.
183
・デュバン、フェリックス

Duban, Félix
26
・デュビナージュ
Duvinage
315
・デュモン、ガブリエル＝ピエール＝マルタン
Dumont, Gabriel-Pierre-Martin
295
――*Détails des plus intéressantes parties d'architecture de la basilique de St. Pierre de Rome*, 1763.
295
・デュモン、マリ＝ジャンヌ
Dumont, Marie-Jeanne
135
・デュラン、ジャン＝ニコラ＝ルイ
Durand, Jean-Nicolas-Louis
285, 288–290, 295, 298, 300
――『講義要録』(『小デュラン』)
Précis des leçons d'architecture, 1802–05.
285–286, 290, 298
――『図版編』
Partie graphique des cours d'architecture, 1821.
298
――『選集』
Choix des projets d'édifices publics et particuliers, 1816.
298
――『比較図集』(『大デュラン』)
Recueil et parallèle des édifices de tout genre, 1799–1801.
285, 290, 298
・デュランティーノ
Durantino, Francesco Luci
92
・デラモッテ、フィリップ・ヘンリー
Delamotte, Philip Henry
28–29, 33, 37, 39, 42
――『クリスタル・パレスの内部』
Interiors of the Crystal Palace, ca.1854.
37
――『シドナム、クリスタル・パレスの写真情景』
Photographic Views of the Progress of the Crystal Palace, Sydenham, 1855.
28–29, 33, 39, 42
・デルメ、ポール
Dermée, Paul
132
・ド・キャンプ、マキシム
Du Camp, Maxime
33
――『エジプト、ヌビア、パレスチナ、シリア』
Various Views of Historical Sites and Temples..., 1852.
33
・ドナルドソン、トーマス
Donaldson, Thomas
29
・トラヤヌス
Trajan
182, 211
・トリッシーノ、ジャンジョルジオ
Trissino, Giangiorgio
184
・ドレクリューズ、エティエンヌ・ジャン
Delécluze, Étienne-Jean
265
・トロメイ、クラウディオ
Tolomei, Claudio
180

な:
・ナッシュ、ジョン
Nash, John
158, 162, 166
――『ブライトンの離宮』
The Royal Pavilion at Brighton, 1826.
158
→「ピュージン、オーガスタス・チャールズ」を参照
・『20世紀建築特別版』
Sonderheft der Architektur des XX. Jahrhunderts
305
・ニュートン、アイザック
Newton, Isaac
21
・ヌフォルジュ、ジャン＝フランソワ・ド
Neufforge, Jean-François de
295
・ネーゲル、ダニエル
Naegele, Daniel
310
・ネルソン、ロバート
Nelson, Robert
52, 55
・ノイトラ、リチャード
Neutra, Richard
69, 203, 315
・ノートン、チャールズ・エリオット
Norton, Charles Eliot
55
・ノリ、ジャンバッティスタ
Nolli, Giambattista
97, 100
――『ローマの新地図』
Nuova pianta di Roma, 1748.
97
・ノルマン、シャルル
Normand, Charles
298
――*Nouveau parallèle des ordres d'architecture...*, 1819.
298

は:
・バーガー、ジャネット
Buerger, Janet
38
・ハーゲ、ルイス
Haghe, Louis
18, 21
――『ディッキンソンの1851年大博覧会総覧図』
Dickinson's Comprehensive..., 1854.
14, 18, 20–21
・ハーマン、ヴォルフガング
Herrmann, Wolfgang
104–105
・バーン＝ジョーンズ、エドワード
Burne-Jones, Edward
107, 111
・バーンズ、ハワード
Burns, Howard
97, 172–173, 177, 180, 182, 184
・パイ、ヒョンミン
Pai, Hyungmin
9
・ハイネン、ヒルデ
Heynen, Hilde
72
・バイヤー、ヘルベルト
Bayer, Herbert
46, 118
・パウウェルス、イヴ
Pauwels, Yves
144
・バウハウス
Bauhaus
44, 46, 118, 120, 132, 141
・「バウハウス叢書」
Bauhausbücher
10, 118, 120, 131, 195
・パクストン、ジョセフ
Paxton, Joseph
26, 29, 105
・パット、ピエール
Patte, Pierre
287
・バドヴィチ、ジャン
Badovici, Jean
57–58, 193, 317
――『ラルシテクチュール・ヴィヴァント』
L'architecture vivante, 1920s–30s.
85, 193, 317
・パラディオ、アンドレア
Palladio, Andrea
10, 41, 92, 95, 146, 148, 166, 169–170, 172, 177, 180, 182–184
――『教会堂の描写』
Descritione delle chiese, 1554.
183
――『建築四書』
I quattro libri dell'architettura, 1570 [1601].
92, 95, 166, 170, 172, 177, 180, 184
――『ローマの古代遺跡』
L'antichità di Roma, 1554.
183
・バリー、チャールズ
Barry, Charles
29, 160
・バリーン、ピーター
Berlyn, Peter
29–30
――『クリスタル・パレス――建築の歴史と建設の不思議』
The Crystal Palace: Its Architectural History and Constructive Marvels, 1851.
29–30
・ハリス、アイリーン
Harris, Eileen
10, 154, 281
・バルト、ロラン
Barthes, Roland
242–244, 256, 260, 264, 324
・バルドゥス、エドゥアール
Baldus, Édouard
280
・バルバロ、ダニエル
Barbaro, Daniele
146, 148, 177, 180, 182–184
――『ウィトルウィウスの建築十書』
I dieci libri dell'architettura di M. Vitruvio, 1556.
146, 148, 182
――*De architectura libri decem cum commentariis Danielis Barbari*, 1567.
177
・バンス、バルタザール
Bance, Balthazar
260
――『建築百科』
Encyclopédie d'architecture
260
・バンハム、レイナー
Bahnam, Reyner
50, 206
・ビーズリー、ジェラルド
Beasley, Gerald
281, 323
・ピーターソン、ウィリアム
Peterson, William
105, 107, 110, 112
・ビールマン、ゲイルグ
Biermann, Georg
49, 58, 75–76
・ピガフェッタ、フィリッポ
Pigafetta, Filippo
215
――*Discorso di M. Filippo Pigafetta d'intorno all'historia della aguglia...*, 1586.
215
・ピコン、アントワーヌ
Picon, Antoine
248, 250, 252, 256–257, 260, 267, 288–290
・ビジュエット
Bijvoet, Bernard
68, 74
・ビューエグ、エデュアルド
Vieweg, Eduard
105
・ピュージン、オーガスタス・ウェルビー・ノースモア
Pugin, Augustus Welby Northmore
68, 155, 158, 160, 162–164, 166
――『イギリスのキリスト教建築復興のための謝罪』
An Apology for the Revival of Christian Architecture in England, 1843.
160
――『真実の原理』
True Principles, 1841.
162, 164
――『対比』
Contrasts..., 1836 [1841].
68, 155, 158, 160, 162–164, 166
・ピュージン、オーガスタス・チャールズ
Pugin, Augustus Charles
158–160, 162–163

――『ゴシック建築図鑑』
Specimens of Gothic Architecture, [after 1821].
158
――『ノルマンディーの建築遺跡図鑑』
Specimens of the Architectural Antiquities of Normandy, 1828.
158–160
――『パリとその近郊』
Paris and its Environs, [1829–31].
162–163
――『ブライトンの離宮』
The Royal Pavilion at Brighton, 1826.
158
――『歴史的ならびに叙述的な小論とノルマンディーの建築遺跡図鑑の彫版画』
Historical and Descriptive Essays accompanying a series of Engraved Specimens of the architectural antiquities of The Architectural Antiquities of Normandy, 1828.
159
・ヒューゲルショファー、アリス
Hugelshofer, Alice
77
・ヒューゲルショファー、ヴァルター
Hugelshofer, Walter
77
・ヒューバート、クリスチャン
Hubert, Christian
115
・ヒュエ、ベルナール
Huet, Bernard
288
・ピラネージ、ジョヴァンニ・バッティスタ
Piranesi, Giovanni Battista
96–98, 324
――『古代ローマのカンプス・マルティウス』
Campus Martius antiqvæ urbis, 1762.
96–97
――『首都の石』
Lapides Capitolini, 1762.
97–98
・ファーガソン、ジェームス
Fergusson, James
25, 32–34
――『アーメダバードの建築』
Architecture at Ahmedabad, the Capital of Goozerat, 1866.
33–34
――『インド建築のさまざまな様式の図解』
Illustrations of Various Styles of Indian Architecture, 1869.
34
――『ダーワッドとマイソールの建築』
Architecture in Dharwar and Mysore, 1866.
33–34
――*Architecture at Beejapoor*, 1866.
33
――*An Historical Inquiry into the True Principles of Beauty in Art*, 1849.
33
――*Illustrations of the Rock-Cut Temples of India*, 1845.
33
――*The Illustrated Handbook of Architecture*, 1855.
33
――*The Palaces of Nineveh and Persepolis Restored*, 1851.
33
・ファイファー、ブルース・ブルックス
Pfeiffer, Bruce Brooks
313
・ファウラー、チャールズ
Fowler, Charles
29–30
→「パリーン、ピーター」を参照
・ファシオ、ギヨーム
Fatio, Guillaume
138
・ファラデー、マイケル
Faraday, Michael
25–26
・フィールド、ジョージ
Field, George
21
・フィゾー、イポリット・ルイ
Fizeau, Hippolyte Louis
30
・フィラレーテ
Filarete, Antonio Averlino
96
・フェリビアン、アンドレ
Félibien, André
251–252, 256
――『建築原理』
Des principes de l'architecture…, 1676.
252
・フェリー、キャサリン
Ferry, Kathryn
21, 24, 26
・フェリー、ベンジャミン
Ferrey, Benjamin
162
・フォイアーマン、ヘンリー
Fuermann, Henry
313, 318
・フォークナー、チャールズ
Faulkner, Charles
107
・フォーティー、エイドリアン
Forty, Adrian
263, 267, 270
・フォックス、チャールズ
Fox, Charles
29
・フォンターナ、ドメニコ
Fontana, Domenico
192, 211, 214–215, 218, 220–222, 256
――『バチカンのオベリスクの輸送と我らが教皇シクストゥス5世の建物について』
Della trasportatione dell'obelisco vaticano…, 1590.
192, 211–212, 214–215, 218, 220, 222
・フバッハー、カール
Hubacher, Carl
77–79, 85
・フュシャンベルク、チャールズ・F
Fuchamberg, Charles F.
294
・フュズリ、オレル
Füssli, Orell
49, 56, 60, 72, 76
・ブラウン、フォード・マドックス
Brown, Ford Maddox
107
・ブラマンテ、ドナト
Bramante, Donato
170–172, 175, 177, 211, 229
・ブランカール＝エヴラール、ルイ＝デジレ
Blanquart-Évrard, Louis-Désiré
33
――『建築用語解説』
Explication des termes d'architecture, 1710.
250, 252
・フランチェスキ、ドメニコ・デ
Franceschi, Dominico de'
166, 184
・フリース、ハインリヒ・デ
Fries, Heinrich de
315, 317–318
――『フランク・ロイド・ライト』
Frank Lloyd Wright aus dem Lebenwerke eines Architekten, 1926.
315, 318
・ブリッグス、アサ
Briggs, Asa
9
・ブリットン、ジョン
Britton, John
158, 160
→「ピュージン、オーガスタス・チャールズ」を参照
・ブリノ、ジョヴァンニ
Brino, Giovanni
20–21, 25
・プルースト、マルセル
Proust, Marcel
42
・ブルジュリ、ジャン＝バティスト・マルク
Bourgery, Jean-Baptiste Marc
265, 269
――『人間解剖学論集』
Traité complet de l'anatomie de l'homme, 1866.
269
・ブルジョワ、ビクトール
Bourgeois, Victor
57
・ブルネル、イザムバード・キングダム
Brunel, Isambard Kingdom
29
・ブレ、エティエンヌ＝ルイ
Boullée, Étienne-Louis
257, 290
――『図集』
Recueil
290
・ブレッサーニ、マーティン
Bressani, Martin
264–265, 267
・ブロイヤー、マルセル
Breuer, Marcel
57, 70
・フロベール、ギュスターヴ
Flaubert, Gustave
33
・フロロ、クロード
Frollo, Claude
321
・ブロン、ジャン＝バティスト・アレクサンドル・ル
Blond, Jean-Baptiste Alexandre Le
248, 250, 252
・ブロンデル、フランソワ
Blondel, François (1618–86)
248, 250, 278–280, 288
――『建築講義』
Cours d'architecture, [1675–83].
278–280
・ブロンデル、ジャック＝フランソワ
Blondel, Jacques-François
164, 246–247, 251–252, 257, 260, 286–287, 289
――『建築講義』(『小ブロンデル』)
Cours d'architecture, 1771–77.
251, 260, 285–288
――『フランス建築、あるいは図集』(『大ブロンデル』)
Architecture françoise, 1752–56.
247, 285–289
――『別荘の間取り』
De la distribution des maisons de plaisance, 1737–38.
247, 257, 260
――*Discours sur la manière d'étudier l'architecture*, 1747.
247
――*Discours sur la necessité de l'architecture*, 1754.
247
・フロンメル、クリストフ
Frommel, Christoph Luitpold
231
・「文化作品」
Kulturarbeiten…, [1904–17].
137, 140
・ペイディアス
Phidias
138
・ペヴスナー、ニコラウス
Pevsner, Nikolaus
9, 33, 51, 107–108, 158, 164
・ヘーゲマン、ヴェルナー
Hegemann, Werner
206
――*The American Vitruvius*, 1922.
206
・ベーネ、アドルフ
Behne, Adolf
49, 315
――『週末、人に必要なもの』
Wochenende, und was man dazu braucht, 1931.
49
・ベジガー、ヴィリー
Boesiger, Willy

281
・ヘフェリー、マックス・エルンスト
Haefeli, Max Ernst
44, 46, 75, 77–78
・ベラスケス
Velázquez
51–52
・ペリアン、シャルロット
Perriand, Charlotte
78
・ベルグドル、バリー
Bergdoll, Barry
264–265, 270
・ペルシエ、シャルル
Percier, Charles
294
・ペルッツィ
Peruzzi, Baldassarre
171, 175
・ベルティング、ハンス
Belting, Hans
144
・ベルニナ鉄道
Berninabahn
57
・ベルヌヴァル、アレックス・ド
Berneval, Alex de
166
・ベルラージ、H・P
Berlage, H. P.
315
・ペレ、オーギュスト
Perret, Auguste
69, 132, 135
・ペレ、ギュスターヴ
Perret, Gustave
69
・ペロー、クロード
Perrault, Claude
250, 286
・ペロネ、ジャン＝ロドルフ
Perronet, Jean-Rodolphe
252, 256–257, 260, 267
──『構想解題』
Description des projets et de la construction des ponts…, 1782–83 [1788].
256–257
・ベン、アーネスト
Benn, Ernest
9
・ベンチューリ、ロバート
Venturi, Robert
242
・ベントン、ティム
Benton, Tim
135, 137, 139
・ベンヤミン、ヴァルター
Benjamin, Walter
42, 81
・ヘンリー二世
Henry II
144
・ペンローズ、フランシス・クランマー
Penrose, Francis Cranmer
15, 17, 19, 25
──『アテネ建築の原則の研究』
An Investigation of the Principles of Athenian Architecture, 1851.
15, 17, 19
・ボア、イヴ＝アラン
Bois, Yve-Alain
71, 115, 208, 210
・ボーデ、ダニエラ
Bohde, Daniela
137
・ポールソン、グレガー
Paulsson, Gregor
57
・ボーン、ジョン・クック
Bourne, John Cook
33
──*Drawings of the London and Birmingham Railway*, 1839.
33
──*The History and Description of the Great Western Railway*, 1846.
33
・ボスウィック、メイマー（マーサ）
Borthwick, Mamah (Martha)
303–304, 309–310, 317
・ボニファシオ、ナターレ
Bonifazio, Natale
212, 215–216
・ボノミ、ジョセフ
Bonomi, Joseph
21, 24, 40
・ホフマン、イダ
Hofman, Ida
71
・ホラン、ナンシー
Horan, Nancy
303
・ホルゲングラールス社
Horgen-Glarus
78
・ボワズレ、シュルピス
Boisserée, Sulpice
298–299
──『ケルン大聖堂の歴史と解説』
Histoire et description de la cathédrale de Cologne, 1823.
298–299

ま：
・マーシャル、ピーター・ポール
Marshall, Peter Paul
107
・マーティン、カミレ
Martin, Camille
137
・マーティン、ダーウィン
Martin, Darwin
305
・マウ、ブルース
Mau, Bruce
6
→「コールハース、レム」を参照
・マグノ、ルドヴィコ
Magno, Ludovico
279
・マッケンジー、ドン
McKenzie, Don
103
・マホニー、マリオン
Mahony, Marion
313
・マヤコフスキー、ウラジミール
Mayakovsky, Vladimir
6, 115, 117
→「リシツキー、エル」を参照
・マラルメ、ステファヌ
Mallarmé, Stéphane
104, 118, 122
──『賽の一振りは断じて偶然を廃することはないだろう』
Un coup de dés jamais n'abolira le hasard, 1897.
118
・マリエット、ジャン
Mariette, Jean
248, 286–287
──『フランス建築』
L'Architecture françoise, 1727–38.
286–287
・マリエット、ピエール＝ジャン
Mariette, Pierre-Jean
250
・マリネッティ、フィリッポ・トンマーゾ
Marinetti, Filippo Tommaso
118, 122
──『自由な口語』
Parole in libertà, 1915.
118
・マルグレイヴ、フランシス
Mallgrave, Francis
100, 104–105
・マルゼルブ、ギヨーム
Malesherbes, Guillaume
243
・マレー、C・フェアファックス
Murray, C. Fairfax
111
・マレーヴィチ、カジミール
Malevich, Kasimir
115
──『シュプレマティスム──34の素描』
Suprematism: Thirty-Four Drawings, 1920.
115
・マレ＝ステヴァンス
Mallet-Stevens, Robert
315
・マロ、ジャン
Marot, Jean
286–287
──『ジャン・マロの小建築作品』
Petit oeuvre d'architecture, 1764.
287
──『小マロ』
Petit Marot
286–287
──『大マロ』
Grand Marot
286–287
──*Recueil des Plans, Profils, et Elevations des plusieurs Palais*, 1659.
287
・マンフォード、ルイス
Mumford, Lewis
46, 315
・ミドルトン、ロビン
Middleton, Robin
15, 17, 25–26, 160, 290, 295, 321
・ミュラー＝ヴュルコウ、ヴァルター
Müller-Wulckow, Walter
49–50
──『共同体の建築』
Bauten der Gemeinschaft, 1928.
48–49
──『今日のドイツの交通と事務所建築』
Bauten der Arbeit, 1925 [1926].
48–49
──『住宅と集落』
Wohnbauten und Siedlungen, 1929.
48–49
・ミルトン、ジョン
Milton, John
107
・ムハンマド・アリー
Méhémet-Ali
31, 33
・メイ、アーネスト
May, Ernst
62, 68, 72
・メソニエ、ジュスト＝オレール
Meissonnier, Juste-Aurèle
294–295
──『最重要建造物の比較総覧』
Parallèle général des édifices les plus considèrables, ca.1745–50.
294
・メディシス、カトリーヌ・ド
Médicis, Catherine de
144
・メディチ、ロレンツォ・デ
Medici, Lorenzo de'
95
・メンデルゾーン、エーリヒ
Mendelsohn, Erich
44, 58, 200–201, 203–204, 206, 208, 210–211, 315
──『アメリカ』
Amerika, Bilderbuch eines Architekten, 1926 [1928].
44, 201, 203–204, 206, 208, 210–211
──『構造と素描』
Structures and Sketches, 1924.
203, 206
──『ロシア、ヨーロッパ、アメリカ』
Russland, Europa, Amerika, 1929.
210
・モーザー、ステファニー
Moser, Stephanie
37–38, 41–42
・モース、スタニスラウス・フォン
Moos, Stanislaus von
46, 58, 60, 71, 74, 132, 137–138, 141, 323
・モッセ、ルドルフ
Mosse, Rudolf
200, 206, 210
・モホリ＝ナジ、ラースロー
Moholy-Nagy, László
10, 46, 49–51, 55–56, 58, 71, 118, 120, 131, 195, 197, 199, 200

──「新しい印刷術」
"Die Neue Typographie," 1923.
118, 120, 195
──『絵画・写真・映画』
Malerei, Photographie, Film, 1925.
10, 46, 49, 51, 71, 195, 197–198, 200
──「都市の動態」
"Dynamik der Gross-Stadt," 1921–22.
71, 197–198, 200
・モランセ、アルベール
Morancé, Albert
139, 193, 317
・モリス、ウィリアム
Morris, William
105, 107–108, 110–112, 164, 303
──『ゴシック建築』
Gothic Architecture, 1893.
107, 110–111
──『新版ジェフリー・チョーサー作品集』
Works of Geoffrey Chaucer Now Newly Imprinted, 1896.
110
→「チョーサー、ジェフリー」を参照
──『ユートピアだより』
News from Nowhere, 1890.
108
・モリス商会
Morris & Co.
107
・モンジュ、ガスパール
Monge, Gaspard
289

や：
・ユーゴー、ヴィクトル
Hugo, Victor
208, 321–322, 324
──『ノートル＝ダム・ド・パリ』
Notre-Dame de Paris, 1482.
208, 260, 321

ら：
・ライト、フランク・ロイド
Wright, Frank Lloyd
110, 285, 300–301, 303–305, 308–310, 313–315, 317–318, 321, 323–324
──『アメリカ人建築家フランク・ロイド・ライトの全仕事』
The Life-Work of the American Architect..., 1925.
10, 315, 317
──『美しき住宅』（『ハウス・ビューティフル』）
The House Beautiful, 1897.
110, 112, 300, 303, 309, 313, 317, 318
──『消えゆく都市』
The Disappearing City, 1932.
309, 313, 317
──『実現された建物』（『特別版』）
Ausgeführte Bauten, 1911.
305, 309–310, 313, 317
──『実現された建物と表現』（『ヴァスムート・ポートフォリオ』）
Ausgeführte Bauten und Entwürfe, 1910.
285, 303–305, 308–310, 313, 320
──『自伝』
An Autobiography, 1932.
309, 313, 317–318
──『日本の浮世絵』
The Japanese Print, 1912.
309
──『フランク・ロイド・ライト──シカゴ』
Frank Lloyd Wright. Chicago, 1911.
305
・ラスキン、ジョン
Ruskin, John
10, 107–108, 110–111
──『ヴェネツィアの石』
The Stones of Venice, 1851–53.
10, 107–108, 110–111
──『ゴシックの本質』
The Nature of Gothic, 1892.
107, 110–111
・ラッハマン＝モッセ、ハンス
Lachmann-Mosse, Hans
206
──「ベルリナー・ターゲブラット」
Berliner Tageblatt
206
・『ラ・ヴィ・オートモビール』
La Vie automobile
139
・ラバッコ、アントニオ
Labacco, Antonio
172, 182–183
・ラファエロ
Raphael
51, 170–172, 175, 177, 180, 182, 184, 229, 231, 234
・ラブルースト、アンリ
Labrouste, Henri
17, 31–32, 321–322
・ラング、フリッツ
Lang, Fritz
206
・ランゲヴィッシェ、カール・ロベルト
Langewiesche, Karl Robert
49
→「青本」を参照
・ランズベルガー、フランツ
Landsberger, Franz
52
・リートフェルト、ヘリット
Rietveld, Gerrit
47, 57, 71
・リゴーリオ、ピッロ
Ligorio, Pirro
96–97
──『古都』
Antiquae urbis imago, 1602.
96–97
・リシツキー、エル
Lissitzky, El
6–7, 10, 49, 62, 71, 113, 115, 117–118, 122, 206, 314–315
──「印刷の位相学」
"Topography of Typography," 1923.
62, 71, 78, 83, 113
──『芸術』
Die Kunstismen, 1925.
117–118
──『声のために』
Dlia golosa, 1923.
6, 11, 115, 117
──『二つの正方形の物語』
Of Two Squares, 1922.
115
──*Izvestiia Asnova*, 1926.
117
・リヒター、ハンス
Richter, Hans
71
・ルイ、ヴィクトル
Louis, Victor
295
──*Salle de spectacle de Bordeaux*, 1782.
295
・ルグラン、ジャック＝ギヨーム
Legrand, Jacques Guillaume
298
──*Essai sur l'histoire générale de l'architecture*, 1809.
298
・ルコット、ジャック＝レイモンド
Lucotte, Jacques-Raymond
242
・ルゴン、オリヴィエ
Lugon, Olivier
49–50
・ルシェ、エド
Ruscha, Ed
242
・ルター、マルティン
Luther, Martin
143–144
・ルットマン、ヴァルター
Ruttmann, Walter
197
・ルドゥー、クロード・ニコラ
Ledoux, Claude Nicolas
195–196, 257
──『芸術、慣習、法制との関係の下に考察された建築』
L'Architecture considérée sous le rapport de l'art..., 1804.
193, 196
・ルベウス、ヤコブス
Rubeus, Jacobus
108
・ルペール、ジャン＝バティスト
Lepère, Jean-Baptiste
26
・ルルブール、ニコラ＝マリ・ペマル
Lerebours, Nicolas-Marie Paymal
30, 34, 42
──『ダゲール風の小旅行』
Excursions daguerriennes, 1841.
30–31, 33–34, 39–40, 42
・レ・プラトニエ
L'Eplattenier, Charles
135
・レイ、ジュリオ
Rae, Julio
10, 242
──『レイのフィラデルフィア広告・図版録』
Rae's Philadelphia Pictorial Directory..., 1851.
10, 239, 242
・レヴィン、ニール
Levine, Neil
32, 303, 305, 313, 317, 321–322
・レオミュール
Réaumur, René
242
・レクト、ローラン
Recht, Roland
135, 137
・『レディス・ホーム・ジャーナル』
Ladies Home Journal
304
・レネ、アラン
Resnais, Alain
322
・レプトン、ハンフリー
Repton, Humphry
146, 149–150, 152–155, 162
──『観察』
Observations on the Theory and Practice of Landscape Gardening, 1803.
153–154
──『サリーにあるハッチランズの赤の書』（『赤の書』）
The Red Book of Hatchlands in Surrey, 1800.
146, 150, 154–155
──『断章』
Fragments on the Theory and Practice of Landscape Gardening, 1816.
152–153, 155
──『風景庭園の素描と心得』（『素描と心得』）
Sketches and Hints on Landscape Gardening, [1795].
146, 150, 152–154
・レベット、ニコラス
Revett, Nicholas
17
→「ステュアート、ジェームズ」を参照
・レンディング、マリ
Lending, Mari
42
・レンバーグ＝ホルム、クヌード
Lönberg-Holm, Knud
206
・レンブラント
Rembrandt
51
・ロウランド、イングリッド・D
Rowland, Ingrid D.
90, 92, 170, 172, 220, 222
・ロオー・ド・フルリ、シャルル
Rohault de Fleury, Charles
68
・ローゼンフェルド、マイラ
Rosenfeld, Myra
171, 173, 175, 184
・ロシェット、ラウル
Rochette, Raoul
17
・ロス、エイミル
Roth, Emil
117

・ロセッティ、ダンテ・ゲイブリエル
Rossetti, Dante Gabriel
107
・ロトチェンコ、アレクサンドル
Rodchenko, Alexander
113, 206
・ロトビニエール、ピエール＝ギュスターヴ・ジョリー・ド
Lotbinière, Pierre-Gustave Joly de
30–31, 33–34
――『東方への旅』
Voyage en Orient, 1839–40.
30
・ロバーツ・ブラザーズ
Roberts Brothers
108
→「モリス、ウィリアム『ユートピアだより』」を参照
・ロルム、フィリベール・ド
l'Orme, Philibert de
141, 143–144, 146
――『建築第一書』
Le Premier Tome de l'architectvre, 1567.
141, 143–144, 146
・ロワ、ジュリアン＝ダヴィッド・ル
Roy, Julien-David Le
15, 17, 290, 294–295, 298
――『ギリシアの最も美しい記念碑の廃墟』
Les Ruines des plus beaux monuments de la Grèce, 1758.
17, 290, 294–295
――『さまざまな形態と配置の歴史』
Histoire de la disposition et des formes différentes..., 1764.
295
・『ロンドン・ジャーナル』
London Journal
42

わ:
・ワイトウィック、ジョージ
Wightwick, George
41–42
――『建築の宮殿』
The Palace of Architecture: A Romance of Art and History, 1840.
41–42

A:
・『ABC――建物への貢献』
ABC: Beiträge zum Bauen, 1925.
113, 115, 117
・Amstutz, Walter
49
――『宿泊施設の新潮流』
Neue Wege im Hotelbau, 1929.
49
・Beaumont, Joseph
103
――*Psyche, or Love's Mystery*, 1702.
103
・Cailleux, Achille de
160
→「テイラー男爵」を参照
・Celtibère
261
――*Monographie de Notre-Dame de Paris*, [1857].
261
・Cowles, David
305
・Edschmid, Kasimir
75
――*Davos: Die Sonnenstadt im Hochgebirge*, 1932.
75
・『G――要素による構成の素材』
G: Material zur elementaren Gestaltung, 1923.
71, 113, 115, 117
・Günther, Hanns
49
――『技術の美』
Technische Schönheit, 1929.
49
・Hope, Theodore C.
33
→「ファーガソン、ジェームス」を参照
・*Illustrated Catalogue of the Exhibition of the Industry of All Nations*, [1851].
29
・Knottnerus-Meyer, Theodor
49
――*Hunderassen, Rassenhunde*, 1929.
49
・Krieg, Paul Melchior
49
――*Das Tagewerk eines Papstes*, 1929.
49
・Küppers, Sophie
115, 117, 206
・Ladovsky, Nikolai
117
→「リシツキー、エル」を参照
・*Loggie di Rafaele nel Vaticano*, 1772–77.
229
・*MA*
197
・Melanchthon, Plilipp
143
→「Schwertfeger, Johann」を参照
・Nash, Joseph
18
→「ハーゲ、ルイス」を参照
・Newcombe, Samuel Prout
279
――『大博覧会における小さなヘンリーの休日』
Little Henry's Holiday at the Great Exhibition, 1851.
279
・Nodier, Charles
160
→「テイラー男爵」を参照
・*Official Descriptive and Illustrated Catalogue of the Great Exhibition of the Works of Industry of All Nations, 1851*, 1851.
29
・Peets, Elbert
206
→「ヘーゲマン、ヴェルナー」を参照
・Phillips, Samuel
37–38
――『クリスタル・パレス案内』
Guide to the Crystal Palace and its Park and Gardens, 1860.
38
――*The Palace and Park: Its Natural History, and Its Portrait Gallery*, [1854].
37
・Roberts, David
18
→「ハーゲ、ルイス」を参照
・Rossi, Aldo
7
――*A Scientific Autobiography*, 1981.
7
・Schwertfeger, Johann
143
――*Passional Christi und Antichristi*, [1521].
143
・Shenton, F. K. J.
38
→「Phillips, Samuel」を参照
・Sigler, Jennifer
6
→「コールハース、レム」を参照
・Strachan, Geoffrey
201
・Taylor, Meadows
33
→「ファーガソン、ジェームス」を参照
・*The Crystal Palace Sydenham*, 1911.
37

［用語索引］

・アクアチント版画
18, 150, 154
・アルブミン紙
260
・案内本
29, 38, 41–42, 242, 324
・イコノグラフィア
170, 180
・インキュナブラ
90, 112
・インク
8, 17, 89, 92, 100, 107, 111–113, 118, 313
・印刷技術
6, 12, 19–21, 24, 33–34, 49, 83, 89, 90, 164, 197, 257, 260, 264, 322
・印刷工
108, 264, 313, 318
・印刷術
90, 117–118, 122, 132, 141, 321
・印刷の位相学
62, 71, 78, 83, 113
・印刷部数
150, 154, 166, 264
・印刷頁
89, 111–112, 122
・内袋
303
・エッチング
18, 89
・鉛版
89
・凹版
18, 89, 264
・オフセット印刷
77, 82, 89–90, 122
・オルソグラフィア
170, 180
・解剖学
11, 180, 246, 265, 267, 325
・解剖図
265, 269
・街路景観本
242
・画集
29, 37, 260
・活字
46, 58, 67, 69, 71–72, 76, 79, 83, 92, 96, 100, 103–104, 108, 111–113, 115, 117, 122, 144, 150, 264, 303, 318, 321, 324
・活字組み
112
・活字写真
46, 50
・活字体
110, 112
・活版
6, 46, 89, 112–113, 117–118
・紙質
61, 111, 220, 229, 318
・カリグラム
122, 124
・キアロスクーロ
15, 19, 117
・機械
8, 29, 68, 70, 79, 89, 103, 107, 110, 164, 166, 195, 215, 244, 246, 251, 289, 300, 303, 321
・機械仕掛け
150
・機関誌
9, 117
・記念本
20, 231
・切り抜き帖
79, 100, 158
・金属板
264
・口絵
108, 166, 198, 220, 230–231, 252, 278–279, 281, 303
・組版
60, 67, 85, 110–112, 132, 164, 200, 324
・組見本
67, 77, 79, 85
・グラビア印刷
313
・グラフィック・デザイナー
112
・グリザイユ
100, 103, 112–113, 117
・クリスタル・パレス
5, 10–11, 18, 20–21, 24–26, 29, 32–33, 37–38, 41–42, 279

建築書の解剖学

2024年9月15日 第1刷発行

著者：アンドレ・タヴァレス
訳者：千代 章一郎

発行者：新妻 充
発行所：鹿島出版会
〒104-0061
東京都中央区銀座6-17-1
銀座6丁目-SQUARE 7階
電話 03-6264-2301
振替 00160-2-180883

印刷：壮光舎印刷
製本：牧製本
デザイン：渡邉 翔

ISBN 978-4-306-04705-1 C3052

本書の内容に関するご意見・ご感想は
下記までお寄せください。

URL：https://www.kajima-publishing.co.jp/
e-mail：info@kajima-publishing.co.jp